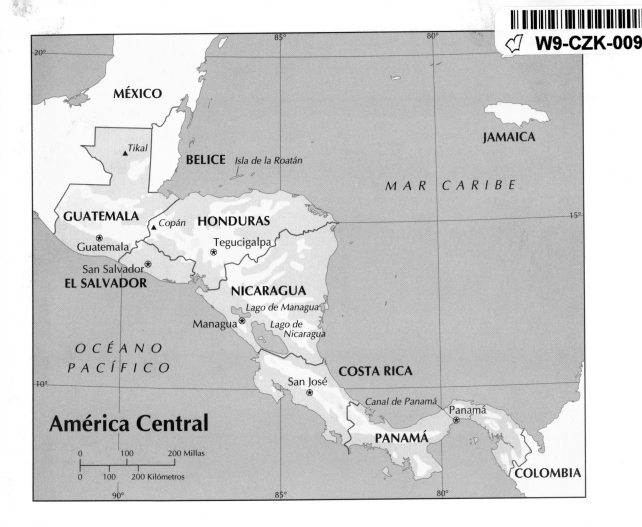

América Central

20°
85°
80°
MÉXICO
BELICE
Isla de la Roatán
JAMAICA
Tikal
M A R C A R I B E
GUATEMALA
Copán
HONDURAS
15°
Guatemala
Tegucigalpa
San Salvador
EL SALVADOR
NICARAGUA
Lago de Managua
Managua
Lago de Nicaragua
O C É A N O
P A C Í F I C O
COSTA RICA
10°
San José
Canal de Panamá
Panamá
PANAMÁ
COLOMBIA
0 100 200 Millas
0 100 200 Kilómetros
90°
85°
80°

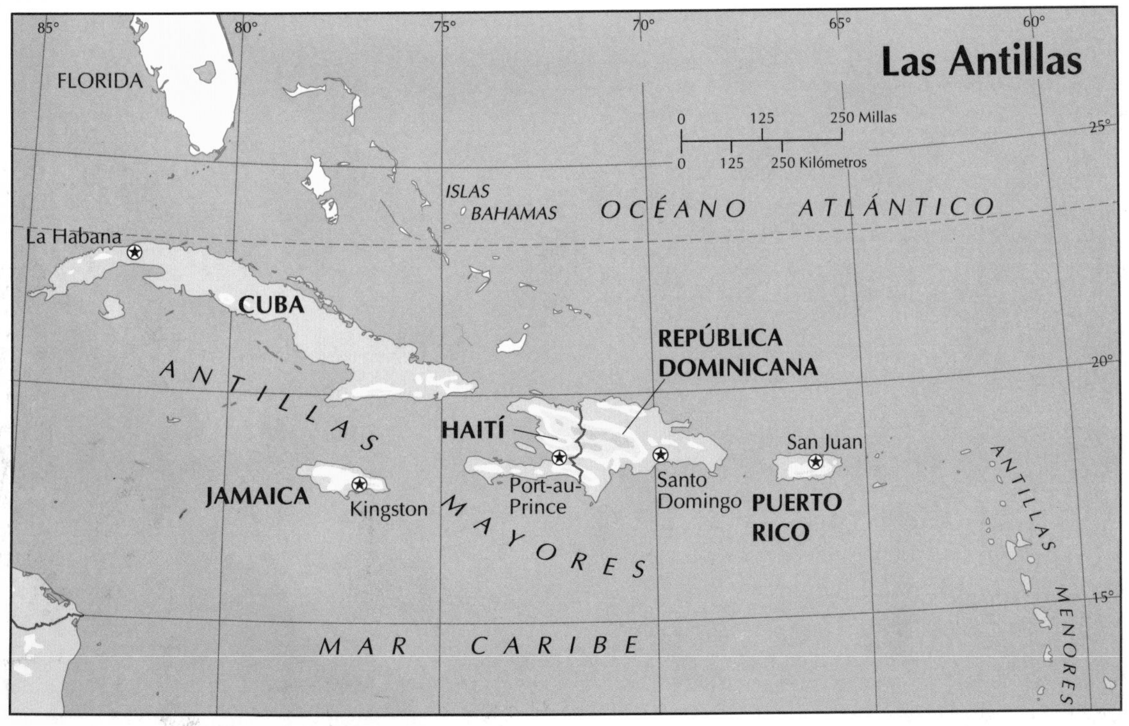

Annotated Instructor's Edition

Visión y voz

A COMPLETE SPANISH COURSE

Third Edition

VICKI GALLOWAY • ANGELA LABARCA
GEORGIA INSTITUTE OF TECHNOLOGY

JOHN WILEY & SONS, INC.

ACQUISITIONS EDITOR	Jessica Garcia
MARKETING MANAGER	Gitti Lindner
DEVELOPMENT EDITOR	María García
ASSOCIATE EDITOR	Samantha Alducin
SENIOR PRODUCTION EDITOR	Christine Cervoni
PHOTO DEPARTMENT MANAGER	Hilary Newman
TEXT DESIGNER	Word and Image Design Studio, Inc.
COVER DESIGN	Dawn Stanley, Senior Designer Norm Christiansen
COVER ILLUSTRATION	Santiago Vaquera-Vásquez
ILLUSTRATORS	Craig Attebery, Stéphane J. Bourrelle, Crowle Art Group, Francois Escalmel, Brian Hughes, Steve Schulman, Paul McCusker, Neil Stewart/NSV, Heidi Taillefer

This book was set in 10.5pt Berkeley by Word and Image Design Studio, Inc. and printed and bound by VonHoffmann Press, Inc. The cover was printed by VonHoffmann Press, Inc.

This book is printed on acid free paper. 

ISBN 0-471-44310-7

ISBN 0-471-00160-0—Annotated Instructor's Edition

Printed in the United States of America

10 9 8 7 6 5 4 3 2 1

PREFACE

Visión y voz is an interactive, learner-centered program that guides students' introduction to the Hispanic world and responds to their personal, social, and strategic needs as language learners. A rich array of authentic reading, visual, and listening materials provides a contemporary cultural context for the presentation and communicative use of Spanish. In ***Visión y voz***, students experience the Hispanic world authentically through its variety of voices and images, while using the language to sound their own voices and express their own views. Beginning-level Spanish courses attract students of varying ages, backgrounds and cultures, interests and linguistic experiences, diverse career goals, different learning styles and motivational needs, and a range of motives—from the most tentative to the most practical. Thus, each learner has a story to tell. The ***Visión y voz*** program is dedicated to each learner's story and to the instructor who guides its realization.

Hallmarks of the Visión y voz Program

The authors of ***Visión y voz*** have developed a program that is manageable in scope, practical in terms of real-life learning and language use, and straightforward in instructions and explanations that do not burden students with linguistic terminology. The program is based on the most fundamental principle of good learning: *New learning must connect to the known.* The following are features of ***Visión y voz*** directed toward this principle.

- **Web-based, discovery approach to culture.** Cross-cultural discovery is an integral aspect of language learning. Through rich in-text and Web-based authentic readings and interactive activities, ***Visión y voz*** encourages students to think independently and to dig more deeply into themes of interest to them. ***Visión y voz*** explores and expands traditional and contemporary cultural contexts reflected in the language, images, and perspectives of the diverse peoples of the Hispanic world.
- **Recognition before production.** Every chapter presents new items through recognition before requiring student production. Chapters open by introducing the theme through personalized questions and then exploring a variety of perspectives on the theme through readings or realia that foreshadow the vocabulary and structures of the chapter.
- **Dynamic visual vocabulary presentation and practice.** Visual and contextualized *Imágenes y palabras* clusters illustrate the manageable core productive vocabulary of the chapter. Words and expressions have been carefully selected for their frequency of use and student interest level.
- **Streamlined grammar explanations.** Explanations are written in functional, learner-centered language that avoids technical linguistic terminology. More complex structural features are broken down throughout the chapter or across chapters to lessen the learning load and increase proficiency in use. Grammar is practiced in context through a variety of activities that build learner comfort with new structures while fostering self-expression.
- **Systematic recycling.** Recognizing that durable learning and flexible use of language require constant reinforcement and reconnection of words, structures, and concepts, great care has been taken in ***Visión y voz*** to recombine and transfer previous learning into new contexts where it serves as the foundation for integrating new learning.
- **Cooperative learning.** The language-in-context approach fosters a sense of community in the classroom and advances the use of Spanish to connect people to one another. Students participate in natural, motivating conversations; interview and survey classmates; exchange opinions and recommendations; collaborate to collect reports and summarize exchanges and to give written or oral presentations; and engage in role-play or other simulations.

- **Guidance in learning how to learn.** *Visión y voz* focuses on the affective, social, and strategic needs of learners. Strategy-based activities help students lock in and connect vocabulary for long-term storage, integrate new grammatical structures for flexible use, map out thoughts prior to speaking or writing, interpret cultural inferences, and apply cross-cultural insights.

New to the Third Edition

- A new chapter opener design focuses students' attention on the theme of the chapter, while previewing some of the vocabulary and grammatical structures to be presented.
- Improved illustrations lend visual support to vocabulary presented in context through conversational fragments.
- A revised grammar Scope and Sequence maintains the popular learner-centered sequencing of the second edition, while responding to user suggestions for such things as earlier introduction and more sustained used of present tense, and more frequent inclusion of summary sections for aspects such as **ser/estar**, **por/para**. In addition, this Third Edition of ***Visión y voz*** has been lightened from 16 chapters to 15.
- Grammar presentations have been streamlined for improved learner accessibility. The new edition features an increased number of opportunities for controlled practice of grammar structures prior to their use in learner self-expression.
- Culture-focus sections have been streamlined and are now called *Voces hispanas*. Two or three *Voces hispanas* appear in every chapter.

Chapter Organization

In ***Visión y voz***, students learn through carefully selected authentic readings and realia, and through the voices and timeless quotes of Hispanic communities. Presentation and practice of language is carefully designed to afford students a sense of comfort and accomplishment. Throughout ***Visión y voz*** you will notice that chapters are cohesive—concepts reinforce one another to expand and deepen the learner's control of the language in a natural progression. Great care has been taken to select materials and develop opportunities that are interesting and enjoyable for you and your students.

The authors of ***Visión y voz*** would like students to find learning Spanish one of the most enjoyable and personally fulfilling experiences of their academic career. Each of the 15 chapters of ***Visión y voz*** has the following components, listed in order of appearance.

- **Metas.** Chapter goals summarize the primary lexical areas and language functions, the corresponding grammatical structures that will be used to realize them, and the principal areas of cultural learning.
- **Thematic opener and activities.** The opening section of every chapter provides a global orientation to the chapter theme and cultural context, while previewing some of the vocabulary and grammatical structures addressed in the chapter. Authentic realia, such as a wedding or job announcement, a real estate advertisement, an interview, or a health advice column, are approached through activities that guide students to access information, develop language awareness, and begin conversing in preparation for the chapter's structured presentation and practice of vocabulary and grammar.
- **Imágenes y palabras.** Through context and illustrations, *Imágenes y palabras* introduces the core productive vocabulary of the chapter. Words and expressions have been carefully selected for their frequency of use and their interest to today's adult learner. While students will encounter other words and expressions within the readings and cultural materials in each chapter, the *Imágenes y palabras* section identifies those they are expected to learn for productive use.
    - **Práctica.** Lexical activities follow the presentation of vocabulary and encourage learners to use association, memory and communication strategies to weave new items into known vocabulary, to group and connect

new words, and to instill new learning with personal value. Abundant meaningful practice supports the acquisition of vocabulary, as well as the development of efficient techniques to retain and retrieve for use.

- **Gramática.** Explanations are written in functional, learner-centered language that avoids technical

  linguistic terminology. Whenever possible, grammar explanations are preceded by a review of the familiar, reminding students, for example, that they have already used a particular structure lexically, or that they have encountered some form of it in previous lessons. More complex structural features are broken down throughout the chapter or across chapters in order to lessen the cognitive load and increase proficiency in use. Constructions are consistently recycled throughout subsequent chapters.
- **Práctica.** The presentation of grammatical structures is always followed by a carefully sequenced progression of contextualized speaking and writing activities that guide students individually or in groups to use good strategies to assimilate new grammatical structures. *The Práctica* offers a range of task goals and types. One or two controlled exercises allow students opportunities to manipulate or drill new forms prior to using them in more meaningful, open-ended activities. These are followed by activities that motivate and guide students to express their own messages and interact with others. Even the most seemingly open-ended tasks in these sections, however, are actually structured to provide the appropriate amount of guidance and support while allowing self-expression.
- **Voces hispanas.** Each chapter contains two or three culture-focus sections pertinent to the chapter and theme. Some culture lessons focus on images of the world, using realia, photographs, maps, and brief article segments as a springboard for cultural awareness and understanding. Other lessons feature the voices of the Hispanic world through interviews, surveys, poetry, or prose excerpts. The authentic material used in these sections is always accompanied by activities designed to help students *experience* a perspective other than their own. Supplemental web-based activities enhance this experience in a virtual environment.
- **En voz alta.** Listening comprehension activities are provided for use with the student tape or CD that accompanies the textbook. Segments taped by native speakers of Spanish focus on functional and topical aspects of the chapter theme. Each *En voz alta* is followed by *Mi refranero*, two or three popular sayings related to the chapter theme (and often used in the *En voz alta* segments). These *refranes* may be used for practice in imitating sounds and sound combinations.
- **Síntesis.** The *Síntesis* integrates the language and cultural materials of the chapter and expands on the core theme through a heightened cross-cultural perspective.
  - In the **Para leer** section authentic texts (popular, journalistic, or literary) are approached through a progression of multi-skill activities that guide students to discover facets of Hispanic cultures while examining their own values and behaviors. In relying on authentic texts, ***Visión y voz*** attempts to avoid the stereotyped and over-generalized statements that often result when an outsider attempts to describe another culture. Reading selections have been chosen for their appeal across age and interest groups and range from thought-provoking articles to literary works by renowned Hispanic writers.
  - **Reading activities** approach the authentic text through stages (thinking and anticipating, skimming and scanning, focusing on detail and discovery, reflecting and applying new learning in personal expression) and reinforce language learning through integrative tasks that recycle learned vocabulary and structures.
  - The **Para escribir** section guides independent composition through a step-by-step approach. Writing tasks are varied and range from personal and scenic description, letter writing, and dialog development to full narration and storytelling, poetry creation, and advertising. The steps of the writing process stimulate students to think creatively, organize cohesively, express coherently, and establish good habits for editing their work.
- **Vocabulario.** Each chapter concludes with a list of words and phrases introduced in the chapter, grouped according to categories.

Program Components

The complete *Visión y voz* program is composed of the following ancillary materials.

- The **Annotated Instructor's Edition** includes the audioscript for the *En voz alta* listening activities, as well as teaching suggestions and practical classroom tips on planning classes and teaching each chapter. Answers are provided for all discrete point activities. In addition, an icon (IOR) indicates which activities have warm-up, alternate, or expansion exercises. These additional activities are located on the Book Companion Site.
- A **Student Cassette** or **CD** accompanying every student text contains the audio program for the 15 *En voz alta* listening activities.
- The **Workbook** section of the **Activities Manual** (Combined Workbook/Lab Manual) contains a variety of controlled and open-ended activities for student practice of chapter vocabulary and grammar, including tasks for further development of reading, and writing skills. Each chapter features an authentic reading with pre- and post-reading activities as well as a guided writing assignment with helpful *Para escribir mejor* tips. The **Laboratory Manual** features pre-listening and post-listening multi-skill activities for use in conjunction with the Laboratory Audio Program. In addition, each chapter features a *Pronunciación* section. Both the Workbook and Lab Manual are also available for individual purchase.
- The **Electronic Workbook and Lab Manual**, available on CD-Rom, provides an electronic version of the print components.
- The **Laboratory Audio Program** contains recordings associated with the themes from each chapter and provides learners with exposure to a variety of native speaker accents. Instructor audioscripts and answer keys are downloadable by adopters of the text from the Book Companion Site.
- The ***Visión y voz* Video** features scripted thematic dialogues that relate to the grammar and vocabulary presented in each chapter, as well as a variety of cultural vignettes shot on location in various Spanish-speaking countries.
- **Transparencies** feature illustrations from the *Imágenes y palabras*, as well as selected realia and maps.
- The ***Visión y voz* Book Companion Site**, located at *www.wiley.com/college/vision*, includes the following components:

Instructor's Online Resources

- Supplementary writing and oral classroom activities serve to enhance the communicative classroom through additional warm-up or expansion tasks that correspond to textbook activities.
- The Test bank includes one test for each chapter that focuses on essential grammar and vocabulary and includes dedicated sections for testing writing, listening, and speaking. Items for the most part, are contextualized yet easy to grade. Personalized and open-ended questions are also included.
- A Transparency Guide provides helpful suggestions for teaching using these visual aids in the classroom.
- A Guide for Teaching Assistants is available to aid first-time teaching assistants in the instruction of introductory Spanish with ***Visión y voz.***

Student Resources

- The *Autopruebas* (Self tests) will allow students to practice online vocabulary and grammatical structures from each chapter section and receive instant feedback. These will provide excellent preparatory work for tests.
- Web discovery activities relate to content in the *Voces hispanas* and allow students to interact with authentic cultural materials using the **Panoramas culturales** Website. The site developed by John Wiley and Sons, Inc., features geographical, cultural and political content on the twenty-one Spanish-speaking countries.

Acknowledgments

The collaboration of many students, colleagues, and editorial staff has helped to make ***Visión y voz*** a true labor of love.

We wish to express our heartfelt appreciation to the excellent editorial staff at John Wiley & Sons, especially to, Jessica García, Acquisitions Editor and Anne Smith, Publisher.

Special thanks go to Marcia García, our Developmental Editor, for her careful guidance, diligence, and hands-on approach to all aspects of the conceptualization, writing and production phases of this edition of ***Visión y voz***.

We gratefully acknowledge the efforts of Wiley's production team for their meticulous attention to the myriad details of the production process and convey our deep appreciation in particular to Christine Cervoni, Senior Production Editor, for her collaborative spirit, inordinate patience, and exceptional hard work and dedication to this project.

Many people contributed to the attractive design, clear illustrations, and colorful display of our exciting program. We are grateful to Hilary Newman, who oversaw photo research efforts to capture the colorful and informative images that are central to ***Visión y voz***.

We extend our gratitude to Samantha Alducin, Associate Editor, who coordinated the development of the rich array of print and media components that accompanies the ***Visión y voz*** textbook. To Wiley's marketing manager, Gitti Lindner, we express our appreciation for her strong commitment to ***Visión y voz***, her respect for the foreign language teaching professions, and her efforts to put these exciting materials into the hands of foreign language learners.

Most of all, we offer our sincere and heartfelt thanks to the many students and teachers whose enthusiastic support encouraged our efforts and whose conscientious scrutiny and candid commentary greatly enriched this new edition of ***Visión y voz***. Throughout the development of this program we received our colleagues' suggestions eagerly. This Third Edition of ***Visión y voz*** reflects our faithful heeding of each and every reader comment and our dedication to making ***Visión y voz*** the finest classroom resource possible. We gratefully acknowledge the valuable contribution of the following reviewers.

María Amores, *West Virginia University*, Joyce Bruhn de Garavito, *The University of Western Ontario*, Wendy Caldwell, *Wright State University*, Lois B. Cooper, *Berkshire Community College*, Barbara R. Fick, *American University*, Teresa Pérez-Gamboa, *University of Pittsburgh*, Beth E. Jorgensen, *University of Rochester*, Jan Macián, *The Ohio State University*, Alice Miano, *Sanford University*, Sandra L. Reynolds, *Raritan Valley Community College*, Belinda A. Sauret, *Gainesville College*, David J. Shook, *Georgia Institute of Technology*, Carmen Schlig, *Georgia State University*, Teresa Smotherman, *Wesleyan College*, Jorge W. Suazo, *Georgia Southern University*, Helene J. F. de Aguilar, *Columbia College*.

The authors encourage all who use ***Visión y voz*** to share generously with us your ideas and comments. Please feel free to forward your comments to Gitti Lindner, Marketing Manager, at *glindner@wiley.com*

VICKI GALLOWAY
ANGELA LABARCA

Georgia Institute of Technology

Contenido

CAPÍTULO 1

¡Hola!, ¿qué tal?

ÍNDICE

Imágenes y palabras

Gramática

Cultura

Saludos, presentaciones y despedidas

Language learning is all about getting to know people. Greet the people around you with **¡Hola!***, **¿qué tal?** Your classmates will say how they are feeling with one of the following:

Muy bien, gracias.

Bien, gracias.

No muy bien.

Now greet your classmates one by one, this time also asking their names. For each, use the question: **¿Cómo te llamas?** Each will respond with **Me llamo** + *name*, and then ask about you: **¿Y tú?** Finish your exchange with **encantado** if you are a male; **encantada** if you are a female. Follow the model.

¡Hola!, ¿qué tal? — Muy bien, gracias. ¿Y tú?

Bien, gracias. ¿Cómo te llamas? — Me llamo _________. Y tú, ¿cómo te llamas?

Me llamo ________. — Encantado/a. Mucho gusto.

* **¡Hola!...** In Spanish, the letter **h** is always silent.

Conversación

1-1. ¿Y usted, profesor/a? In Spanish, you will not greet *all* people the same way. Hispanic cultures distinguish between two forms of address or two ways of saying *you*: a *formal* way, using **usted (Ud.)** and an *informal* way, using **tú**. Which greeting will you use with your instructor? Look at the chart below and practice greeting, introducing, and saying goodbye to your classmates and instructor.

Additional oral and written activities are provided on the Book Companion Site, Instructor's Online Resources, whenever the following icon appears:

Usted	**Tú**
Address your instructor or elders with . . . **usted**, señor, señora, señorita, doctor/a, profesor/a	Address a classmate with . . . **tú**, amigo/a, compañero/a
Saludos: Buenos días/ Buenas tardes/ noches. ¿Cómo está Ud.?	¡Hola!, ¿qué tal? *or* ¡Hola!, ¿cómo estás?
Presentaciones: ¿Cómo se llama Ud., Sr./Sra./Srta./Dr./Dra.?	¿Cómo te llamas?
Despedidas: Hasta luego/ mañana./ Adiós, profesor/a.	Hasta luego/ pronto.

1-2. ¿Y tu familia? In Hispanic cultures, greeting someone you know involves not just asking about the person, but also about his or her family. Notice the difference between addressing someone with **Ud.** and addressing someone with **tú**. The standard response to both questions is: **(Todos) Bien, gracias.**

To address someone with **Ud.**	To address someone with **tú**
¿Cómo está Ud., señor/a?	¿Cómo estás, amigo/a?
¿Y **su** familia?	¿Y **tu** familia?

More information on the use of **tú/Ud.** is presented in **Voces hispanas**, p. 10. For more practice on the use of **tú/Ud.**, have students: (1) say how they would greet the following people: **tu médico; tu papá, tu dentista, tu mamá, tu amiga, tu compañero, tu supervisor, el presidente de la universidad, el director del laboratorio de idiomas, el mejor amigo de tu papá**, etc.; (2) move from person to person, greeting, introducing, and saying goodbye in various ways. Step into each group as they are doing this so that they may greet you, introduce themselves and say goodbye to you as well.

1-3. Todo depende. Complete the conversations, keeping in mind the differences between **tú** and **usted**.

1. SR. COOPER: Hola, buenos días. ¿Cómo ___estás___, Guillermo? ___Te___ llamas Guillermo, ¿no?
GUILLERMO: Sí, bien, gracias. Y ___usted___, ¿cómo ___está___, señor Cooper?
SR. COOPER: ___Muy bien/ Bien/ No muy bien___, gracias.
GUILLERMO: ¿Y ___su___ familia?
SR. COOPER: Todos bien, ___gracias___.

2. PROFA. PÉREZ: Hola. ¿Cómo ___te___ llamas?
RALPH: Buenos días. Me ___llamo___ Ralph Schwartz. Y ___usted___, ¿cómo se ___llama___, doctora?
PROFA. PÉREZ: Lucinda Pérez, profesora de español básico.
RALPH: Encantado, ___profesora Pérez/ Doctora Pérez___.
PROFA. PÉREZ: ___Encantada/ Mucho gusto___.

IMÁGENES Y PALABRAS

¿Qué tal la vida en la universidad?

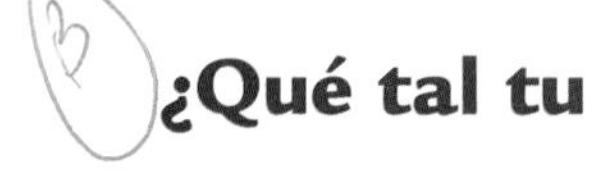

¿Qué tal tu horario?

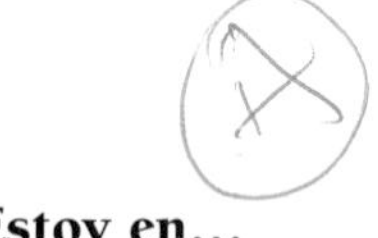

¿Dónde estás...?

...los lunes
...los martes
...los miércoles
...los jueves
...los viernes
...los sábados
...los domingos

a la una (1:00)
a las dos (2:00)
a las tres (3:00)
a las cuatro (4:00)
a las cinco (5:00)
a las seis (6:00)
a las siete (7:00)
a las ocho (8:00)
a las nueve (9:00
a las diez (10:00)
a las once (11:00)
a las doce (12:00)

Point out that the Spanish calendar always starts the week with **lunes** and that days of the week are never capitalized.

As you introduce **una** via the clock, you might take the opportunity to present the two masculine forms: **un, uno**.

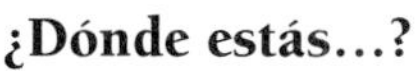

Estoy en...

el centro de deportes
el laboratorio de...
el centro de estudiantes
la biblioteca
la cafetería
la residencia
la oficina de mi profesor/a
la oficina de becas
el edificio...
casa

en la clase de...

español
inglés
matemáticas
historia
psicología
computación
química
física
biología
sociología
contabilidad
economía
literatura

¿Qué tal tu horario?

Los lunes a las diez estoy en la clase de computación.

En mi sala de clase hay...

▶ ¿Cuántos alumnos hay en la clase? Hay... alumnos.

trece (13)	catorce (14)	quince (15)	dieciséis (16)
diecisiete (17)	dieciocho (18)	diecinueve (19)	veinte (20)
veintiún (21)	veintidós (22)	veintitrés (23)	veinticuatro (24)
veinticinco (25)	veintiséis (26)	veintisiete (27)	veintiocho(28)
veintinueve (29)	treinta (30)	treinta y un (31)	

¿Qué tienes que hacer en clase?

Tengo que...

tomar apuntes en mi cuaderno con lápiz/ con bolígrafo

conversar con mis compañeros

hablar otro idioma

sacar buenas notas en mis pruebas

hacer preguntas

escribir palabras y frases

usar el diccionario

leer muchos libros

En clase, tengo que escuchar bien (*listen well*) para comprender (*understand*) y aprender (*learn*).

Cuando no estás en clase, ¿qué quieres hacer?

En mi residencia, quiero...

descansar un rato

hablar por teléfono

comer algo

- escuchar música
- mirar la tele
- hacer deporte/ hacer ejercicio

Pero no quiero...

ordenar mi cuarto

hacer las tareas

estudiar sin ayuda (*help*)

Quiero trabajar en la computadora.

Quiero...

This chapter presents only **yo** and **tú** forms of **querer** and **tener** for student production. Other forms of these verbs appear for recognition only. The complete conjugation of both verbs is presented in *Capítulo 2*, p. 49.

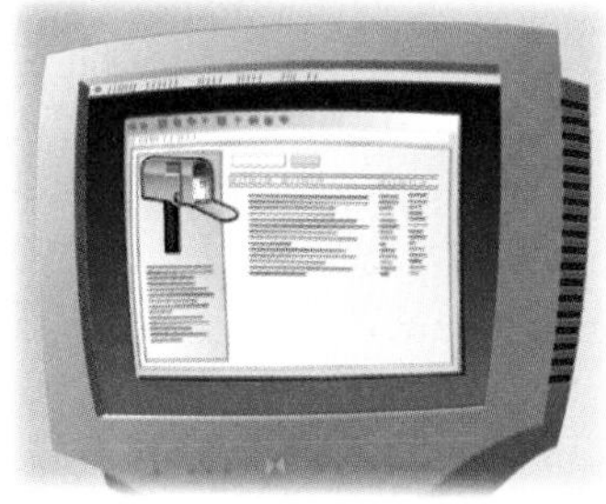

ver* mis mensajes

conversar con amigos por computadora

navegar por la red

Quiero ir... (*I want to go . . .*)

al** cine
a la fiesta
al restaurante
a la discoteca
al gimnasio
a casa
al partido de fútbol/ básquetbol/ béisbol
de compras

*__Ver__ means *to see*; **mirar** means *to watch* or *look at*.
__Al__ is a contraction of **a + **el** and means *to the*.

Práctica

1-4. Asociaciones. List words and expressions that you associate with each of the following.

Ejemplo:
tareas ⟶ **estudiar, escribir, tomar apuntes, usar el diccionario**

1. la sala de clase
2. la gente
3. la mochila
4. la computadora
5. los sábados
6. el diccionario
7. mi cuarto
8. escuchar
9. el centro de deportes

1-5. ¿Cuántos hay? Tell the class what can be found in these places, and how many of each. If you don't know, guess!

Ejemplo:
En mi computadora **hay treinta y un mensajes**.

Remind students that **veintiún** and **treinta y un** have feminine forms: **veintiuna, treinta y una**. Point out that **hay** means *there is* and *there are*.

1. en mi mochila
2. en la sala de clase
3. en mi cuarto
4. en mi residencia
5. en la oficina de mi profesor/a
6. en mi cuaderno

1-6. ¿Cuándo? Give the days of the week on which the following usually occur.

Ejemplo:
Estoy en la biblioteca **los martes y los jueves**.

1. Estoy en clase.
2. No tengo que hacer las tareas.
3. Quiero ir al partido.
4. No estoy en clase.
5. Tengo que ordenar mi cuarto.
6. Quiero ir de compras.
7. Quiero descansar.
8. Tengo que estar en el laboratorio.
9. Quiero ir al cine o a la discoteca.
10. Tengo que hacer ejercicio.

1-7. Mi horario. Say how this student describes his schedule, naming the time and the activity according to the illustrations.

Ejemplo:
A las nueve estoy en el laboratorio de química.

1.

2.

3. 

4. 

5. 

1-8. Mis recomendaciones. State what your classmate should do for each statement below.

Ejemplo:
leer un libro muy bueno
Tu compañero/a: **Quiero** leer un libro muy bueno.
Tú: **Tienes que** leer un libro de García Márquez.

1. hablar otro idioma
2. ver una película (*movie*) muy buena
3. aprender muchas palabras
4. escuchar un disco compacto
5. mirar un programa interesante en la tele
6. sacar buenas notas en las pruebas
7. ir a un sitio interesante en la red
8. hacer deporte

1-9. Mis preferencias. State your preferences for each of the following, saying what you want and what you don't want.

Ejemplo:
En la biblioteca, **quiero** leer, **pero no quiero** estudiar sin amigos.

1. En casa, quiero…, pero no…
2. En clase, quiero…, pero no…
3. En el cine, quiero ver…, pero no…
4. Con mis compañeros, quiero…, pero no…
5. En la computadora, quiero…, pero no…
6. Cuando hay mucha gente, quiero…, pero no…

1-10. Excusas. Tell your classmates that you can't do the following because you have to do other things. Then compare your answers with those of your classmates and see how many of you came up with the same responses.

Ejemplo:
ir a la fiesta
Quiero ir a la fiesta, **pero tengo que** estudiar.

1. ir de compras
2. comer algo
3. navegar por la red
4. descansar
5. conversar con mis amigos
6. ver un partido de fútbol
7. escuchar música
8. ir a la discoteca

Voces hispanas

Saludos, besos y abrazos

In Hispanic cultures, people not only make physical contact when greeting each other but also stand closer to each other than is customary in the United States. In fact, the idea of "keeping one's distance" could be interpreted by Hispanics as signifying coldness, detachment, and even contempt. Depending on the age, sex, and business of the persons involved, combinations of handshakes, pats or taps on the arms, shoulders, and head, as well as hugs and kisses, are often exchanged in greeting each other. Members of a family circle are very affectionate and expressive. Grandparents, parents, and children often kiss each other, regardless of the children's ages. **Tú** is used when talking to young children, except when they are reprimanded.

Between men of roughly the same status, handshakes and hugs are firm and fast. A loose handshake is interpreted as lack of interest, or even contempt or distrust. Among females, kisses are common, as is a tendency to remain with arms around each other for a longer time. Walking arm in arm, especially for the daily **paseo** (*stroll*) is extremely common to people of all ages, both males and females.

College-age students tap each other's arms or elbows, shake hands, or exchange a kiss on the cheek (or both cheeks) with students of the same social group. Stopping for a minute and greeting people you know is always extremely important, even if you are in a hurry. Peers, colleagues, brothers, and cousins will tend to use **tú** to address each other, although there are some regions in which **Ud**. may be preferred for family, notably in the highlands of Colombia and Costa Rica.

A. Analízate. Write a list of situations in which you normally exchange handshakes with someone you don't know, and someone you do know in the U. S. culture. Use the following situations to get started. Share your lists in small groups and identify the commonalities and differences among you.

- meeting a new supervisor or boss
- meeting someone while in an airport line
- interviewing for a new job
- meeting your Spanish professor
- meeting someone at church
- meeting someone your age at a party

B. ¿Cómo estás, de veras? Greet a peer of the same sex with a combination of any three: taps, pats, a kiss, a hug, and/or a handshake. Males may use the greeting **¡Hola, chico!, ¿cómo estás?** and females may say **¡Hola chica!, ¿cómo estás?** Rehearse with your partner before doing it for the class.

C. Prepárate. Given the tendency to more frequent and closer physical contacts in the Spanish-speaking cultures, identify situations in which you would be expected to kiss, touch, or hug someone.

1. presentarte a un profesor hispano
2. presentarte en una oficina de estudiantes
3. saludar a una chica argentina
4. saludar a un chico español
5. saludar a un bebé
6. saludar a un estudiante
7. saludar a tu compañero/a
8. ...

GRAMÁTICA

Para hacer descripciones: sustantivos y adjetivos

As you look at the new vocabulary in the **Imágenes y palabras** sections, notice some basic characteristics of the Spanish language.

1. All nouns have gender. In Spanish, all nouns are either masculine or feminine. Therefore, when you learn a new noun, you will also need to learn its gender. To help you determine the gender of a noun, here are some general indicators.

	Indicators of masculine		Indicators of feminine	
	Singular	**Plural**	**Singular**	**Plural**
definite articles (*the*)	el	los	la	las
indefinite articles (*a/an, some*)	un	unos	una	unas
nouns ending in	-o	-os	-a	-as
nouns ending in	-ma*	-mas	-ción, -sión, -tad, -dad	-ciones, -siones, -tades, -dades

When referring to *people*, you have noticed that many nouns have both masculine and feminine forms.

- Nouns ending in **-o** are made feminine by changing the **-o** to **-a**.
  el compañer**o** (*m*) → la compañer**a** (*f*)   el amig**o** (*m*) → la amig**a** (*f*)
- Nouns ending in **-or** are made feminine by adding **-a**.
  el profes**or** → la profes**ora**   Doct**or** → Doct**ora**
- Nouns ending in **-ista**, and almost all ending in **-e** do not change. They keep the same form, whether referring to a male or a female.
  el estudiante   la estudiante
  el dentista   la dentista

IOR

2. All nouns have singular and plural forms. Spanish nouns are made plural by adding **-s** to vowels and **-es** to consonants other than **-s**.

Add -*s* to the end vowel	Add -*es* to the end consonant	Add nothing to final -*s*
la profesor**a** → las profesor**as**	el profes**or** → los profesor**es**	los lunes
la fras**e** → las fras**es**	la universida**d** → las universidad**es**	los martes

* Not all nouns ending in **-ma** are masculine; however, learn the following since they are very frequently used: **el idioma**, **el sistema**, **el problema**, **el tema**, **el programa**, **el diagrama**.

- Nouns ending in **-z** are made plural by changing the **-z** to **-c** and adding **-es**:

  lápiz ⟶ lápi**ces** voz ⟶ vo**ces**

- To refer to a group composed of both masculine and feminine persons, use the masculine plural form:

  Los profesores (profesores y profesoras) de la universidad están en el auditorio.
  Los alumnos (chicas y chicos) de la clase están en el laboratorio.

3. All adjectives "agree" with the nouns they modify. Notice how the adjective **mucho** *(many/a lot of)* changes to reflect both the gender and number (singular or plural) of the noun it describes.

masculine singular: **mucho** trabajo feminine singular: **mucha** gente
masculine plural: **muchos** chicos feminine plural: **muchas** pruebas

- To make an adjective agree with a noun in gender and number, change its ending in the same way you change noun endings.

masculine singular	masculine plural	feminine singular	feminine plural
much**o**	much**os**	much**a**	much**as**
poc**o**	poc**os**	poc**a**	poc**as**
buen**o**	buen**os**	buen**a**	buen**as**
grand**e**	grand**es**	grand**e**	grand**es**
popula**r**	popular**es**	popula**r**	popular**es**
m**i**	mi**s**	m**i**	mi**s**

4. Numbers, hours, and days of the week have special rules.

- Because numbers already indicate plurality, they have no separate plural forms.

  una clase **cinco** clases **dieciséis** alumnos **veinte** mochilas

- The numbers **veintiún** and **treinta y un** become **veintiuna, treinta y una** before feminine nouns.

  veintiuna alumnas **treinta y una** palabras

- All days of the week are masculine and are ***not capitalized***. Notice the difference in meaning between use of their plural form and use of their singular form.

  los viernes *on* Fridays (in general)
  el viernes *on* Friday (a specific Friday)

- Hours of the clock are feminine and, with the exception of a **la una**, are always given with the *plural* article **las**.

  A las diez tengo que ir a la biblioteca. Quiero ir al restaurante **a la una**.

5. Possessive adjectives agree with the nouns they modify, not with the possessor. Look at the Spanish possessive adjectives in the chart. Notice that:

- The possessives **mi/mis, tu/tus**, and **su/sus** do not have separate feminine forms.
- Since the possessives **su** and **sus** can refer to *his, her, their,* or *your* (**Ud.** and **Uds.**), their meaning depends on the context.

	With masculine nouns		With feminine nouns	
	singular	**plural**	**singular**	**plural**
My	**mi**	**mis**	**mi**	**mis**
Your (tú)	**tu**	**tus**	**tu**	**tus**
His/Her	**su**	**sus**	**su**	**sus**
Your (Ud. *or* Uds.)	**su**	**sus**	**su**	**sus**
Their	**su**	**sus**	**su**	**sus**
Our	nuestr**o**	nuestr**os**	nuestr**a**	nuestr**as**

Práctica

1–11. Nuestras cosas. Indicate whether the following words are masculine or feminine by using each with the appropriate form of **nuestro** (*our*). For each, tell what clue you used to guess the gender.

Answers:
1. nuestr**os** compañeros [**-o**]
2. nuestr**o** descanso [**-o**]
3. nuestr**os** problemas [**-ema**]
4. nuestr**as** computadoras [**-a**]
5. nuestr**a** información [**-ción**]
6. nuestr**a** universidad [**-dad**]
7. nuestr**os** deportistas famosos [**-o**]
8. nuestr**a** libertad [**-ad**]
9. nuestr**a** obligación [**-ción**]
10. nuestr**os** profesores hispanos [**-or**]

Ejemplo:
ideas nuestr**as** ideas [**-a**]

1. compañeros
2. descanso
3. problemas
4. computadoras
5. información
6. universidad
7. deportistas famosos
8. libertad
9. obligación
10. profesores hispanos

1–12. ¿Muchos o pocos? Say that there is a lot or a little of the following.

Ejemplo:
estudiantes en la cafetería
Hay **muchos** estudiantes en la cafetería. *o*
Hay **pocos** estudiantes en la cafetería.

1. tareas en la clase
2. pruebas en la clase
3. ayuda en la universidad
4. lápices y bolígrafos en mi mochila
5. sitios interesantes en la red
6. mensajes en mi computadora
7. discos compactos en mi colección
8. gente inteligente en la sala
9. profesoras buenas en la universidad
10. chicas interesantes en mi residencia

1-13. ¿Dónde está nuestro profe? It's Monday and time for class, but none of you can find your instructor. Complete the following with the appropriate possessive adjective **(mi/s, tu/s, su/s, nuestro/a, nuestros/as)** according to the context, and the appropriate article **(el, los, la, las)** for days and hours.

¿Dónde está nuestro/a profesor/a? Los lunes a las ocho generalmente está en su oficina, con su café y sus libros. A las nueve, está en el laboratorio de idiomas cuando sus alumnos quieren (*want*) ayuda o hacen (*have*) preguntas. A las diez, típicamente está en su clase de literatura. A las once, tiene que ir a la cafetería a comer y conversar con sus amigos, pero a la una tiene que estar en clase con nosotros porque (*because*) nuestra/su clase es muy importante y nuestras notas también (*also*). ¡Ah!, el martes, tiene su cumpleaños (*birthday*). ¿Está con sus amigos en una fiesta?

1-14. ¿Qué quieres? Take turns telling each other what items you will need to do the following activities. Use the illustrations to help you.

Answers: 1. tu libro 2. tu computadora 3. tu mochila 4. tus bolígrafos, tus lápices 5. tus discos compactos 6. tu diccionario

Ejemplo:

estudiar historia

Tú: Tengo que/ Quiero estudiar historia.
Tu compañero/a: ¿Quieres tus apuntes?
Tú: Sí, muchas gracias.
Tu compañero/a: De nada.

1. estudiar para mi prueba

2. escribir mi composición

3. ir al gimnasio

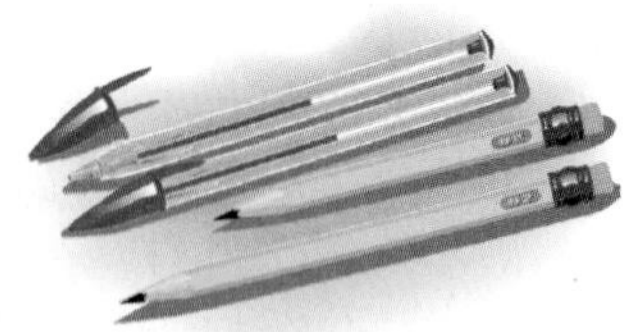

4. tomar apuntes

5. escuchar música

6. comprender una palabra

1-15. No tengo planes. Ask your partner what he or she wants to do on Saturday and Sunday. Your partner will respond by saying what she or he usually has to do on those days. Then, according to what your partner tells you, make an invitation, as in the model.

TÚ: ¡Hola!, ¿cómo estás?
TU COMPAÑERO/A: Bien, gracias. Y tú, ¿qué tal?
TÚ: Muy bien, gracias. ¿Qué quieres hacer **el sábado**?
TU COMPAÑERO/A: No sé. **Los sábados generalmente** estoy con mis amigos/as.
TÚ: ¿Y **el domingo**? ¿Qué tienes que hacer el domingo?
TU COMPAÑERO/A: **Los domingos** generalmente quiero descansar y mirar la tele. ¿Y tú?
TÚ: **Los sábados y domingos** no tengo que trabajar. ¿**Quieres** ir al cine el domingo?
TU COMPAÑERO/A: Sí, cómo no.
TÚ: ¡Ah!, muy bien. Hasta **el domingo** entonces (*then*).

Voces hispanas: Frases de cortesía

Saying *please, thank you,* and *excuse me* are essential in numerous situations.

	You say ...	The other person says ...
Excuse me.	**—Perdón.**	**—Está bien.**
Please, ...	**—Por favor, ...**	**—Sí, cómo no.**
Thank you.	**—Muchas gracias.**	**—De nada.**
To come into a room or walk through a group	**—Permiso, (por favor).**	**—Adelante; pase.**

A. Pásame eso, por favor. Your partner will ask you for the objects in the following list. If your partner says **por favor** you must give each item to him or her.

Ejemplo:
Tu compañero/a: Perdón, tu cuaderno ¿por favor?
Tú: Sí, cómo no.
Tu compañero/a: Muchas gracias.
Tú: De nada.

1. un lápiz
2. tu bolígrafo
3. tus apuntes
4. tu libro de español
5. tu diccionario
6. tu mochila

Here are some expressions to use to ask for help when you don't know a word.

¿Cómo se dice "*OK*"?
Se dice "**(está) bien**".

¿Cómo se dice "*I don't know*"?
Se dice "**no sé**".

¿Qué quiere decir "lo siento"?
Quiere decir "*I'm sorry*".

B. Una prueba de vocabulario. Practice these expressions by quizzing your classmates on the new vocabulary of this lesson. If your classmate doesn't know, he or she will respond with **Lo siento, no sé**. Reply to your partner with **muy bien** (ask another person if your partner does not know).

Para hacer descripciones: estar y hay

If students erroneously use **a** instead of **en** with **estar**, point out that **estar en** expresses being both *in* or *at* a place.

1. Estar. In this chapter, you have seen various forms of the verb **estar** (*to be*) used to describe something or someone in terms of health, feelings, or location. Use **estar** to:

- describe health or feelings

  ¿Cómo **estás**? **Estoy** bien, gracias. Y usted, señor Nava, ¿cómo **está**?

- describe location of people, places and things

  ¿Dónde **estás** los lunes? **Estoy** en la oficina.
  ¿Dónde **está** el centro de alumnos? **Está** en el edificio central.
  ¿Dónde **está** mi mochila? **Está** en casa.

Here are all the forms of the verb **estar** in the present tense.

estar (*to be*)					
One person (singular)			**More than one person (plural)**		
(yo)	estoy	*I am*	(nosotros/as)	estamos	*we are*
(tú)	estás	*you are*	(*vosotros/as*)*	*estáis*	*you are*
(usted)**	está	*you are*	(ustedes)**	están	*you are*
(él/ella)	está	*he/she/it is*	(ellos/ellas)	están	*they are*

- Notice that the subject pronouns **yo, tú, usted, él, ella, nosotros/as, vosotros/as, ustedes, ellos,** and **ellas** are given here in parentheses. This is to help you remember that in Spanish *the subject is already implied in the verb form.* Therefore, you will use subject pronouns *only* when you want to clarify, give emphasis, or contrast.

  Yo estoy aquí, pero mi amigo está en el laboratorio.
  Está con sus compañeros.

- To make a negative statement, simply place **no** *directly before* the verb.

  Mi compañero y yo **no estamos** en la residencia los sábados.

- Use the *infinitive* form of **estar** with a helping verb.

  Tengo que estar en clase a las tres.

Explain that while **estar** is used to describe condition or location, **hay** is used to state the simple existence of something or someone.

2. Hay is translated as *there is* or *there are*. Its form does not change, whether referring to singular or plural.

Hay muchos alumnos en la clase, pero sólo **hay** un profesor y no **hay** ayudantes.

*In several regions of Spain, the **vosotros/as** form is used as the plural of **tú**, *i.e.*, it is used to address more than one person with whom one is on a first-name or **tú** basis. In the rest of the Spanish-speaking world, **ustedes** is used as the plural of **tú** *and* **Ud**.
** **Usted** and **ustedes** are commonly written in abbreviated form, **Ud.**, **Uds.**

Práctica

1–16. Típicamente. Tell where the following people usually are at various times.

IOR

Answers: 1. en clase/ en la biblioteca 2. en el restaurante/ en... 3. en el laboratorio 4. en el gimnasio 5. en la residencia/ en... 6. en su oficina/en la computadora 7. en la casa/ en la discoteca 8. en el cine/ en una fiesta/ en su casa

Ejemplo:
tu familia, los domingos
Está en el cine.

1. tú, cuando tienes que tomar apuntes
2. tú y tus amigos, los sábados
3. los químicos, para hacer experimentos
4. los alumnos, para hacer ejercicio
5. tú, cuando no estás bien y quieres descansar
6. tu profesor/a, para leer tus mensajes
7. tú y tus amigos, para escuchar música
8. mucha gente, cuando no tiene que trabajar

1–17. ¿Dónde está mi compañero/a? You can't find your roommate. The only evidence you have of this person's whereabouts is the list you found of things he or she had to do. Speculate on where your roommate could be, according to each item in the list.

Ejemplo:
hacer investigación para la clase de historia
¿Está en la biblioteca/ la residencia?
¿Está con el profesor de historia/ los compañeros de la clase de historia?

Lo que tengo que hacer

experimento de química
clase de aeróbica
profe–nota de biología
café con Irene
escuchar disco compacto de español
programa de tele del canal 3
ayuda financiera $$$
investigación en la red

1-18. ¿Hay o no hay? A new classmate wants to find out about the following sites around campus. Tell how many there are and say where they can be found. If there are not any, say **No hay….** To indicate a building or street, simply give its name.

> *Ejemplo:*
> buenos restaurantes
> Tu compañero/a: ¿Hay buenos restaurantes?
> Tú: Sí, hay un restaurante muy bueno. Está en el edificio Brown. *o*
> Sí, hay dos. Están en Green y en Cooke.

1. cafeterías
2. buenas discotecas
3. laboratorios de computación
4. centros de deportes
5. cines
6. salas de arte
7. centros de compras
8. laboratorios de idiomas

1-19. No sé dónde está. Tell your partner you can't find the following items. Your partner will make suggestions about where each item might be, using **¿Está/n en…?**

Answers: 1. ¿Están en tu mochila? ¿Están en tu cuarto? 2. ¿Está en tu mochila? ¿Está en la residencia? 3. ¿Está en la biblioteca? ¿Está en el laboratorio? 4. ¿Está en tu cuarto? ¿Está en la cafetería? 5. ¿Están en tu mochila? ¿Están en tu cuarto? 6. ¿Está en tu cuarto? ¿Está en tu sala de clase?

> *Ejemplo:*
> **mis apuntes**
> Tú: Hola, por favor, quiero tu ayuda. No sé dónde están mis apuntes.
> Tu compañero/a: ¿Están en tu mochila? ¿Están en tu sala de clase?

1. mis discos compactos
2. mi diccionario
3. mi cuaderno de física
4. mi mochila
5. mis bolígrafos
6. mi libro de sociología

1-20. La prueba de cálculo. Complete the following conversation by choosing between **hay** or the appropriate form of **estar**.

ALUMNO: Hola, ¿cómo __estás__, chica?
ALUMNA: No __estoy__ muy bien. Tengo que estudiar para la prueba de cálculo.
ALUMNO: ¿__Hay__ una prueba en la clase de cálculo? ¿Cuándo?
ALUMNA: Hoy, a las tres, pero como tú nunca (*never*) __estás__ en clase…
ALUMNO: No es verdad. (*Not true.*) Yo __estoy__ en clase cuando __hay__ pruebas y cuando no tengo que __estar__ en el laboratorio.
ALUMNA: …o cuando quieres __estar__ con tus amigos o cuando __hay__ una fiesta o cuando __estás__ en el gimnasio…
ALUMNO: ¡Ay, Dios mío!, ¡tengo que estudiar! ¿Tienes los apuntes?
ALUMNA: No, chico, __están__ en mi mochila y mi mochila __está__ en casa. Bueno, tengo que ir a comer ahora. Hasta luego y ¡buena suerte (*good luck*) en la prueba!

Para hacer preguntas

1. In Spanish, all written questions are enclosed by question marks **¿...?** To ask a *yes/no* question, simply give a rising intonation to a statement.

statement	*rising intonation*
Tienes que ir.	¿Tienes que ir?

2. Notice how you may also form questions using **no**.

No *before a verb*	**No** *as a tag question*
¿No quieres ir al partido?	**Quieres ir al partido, ¿no?**
Don't you want to go to the game?	*You want to go to the game, don't you?*

3. To ask open-ended questions, use the question words in the chart. Notice that all question words have written accents: **¿quién?, ¿qué?, ¿cómo?**

—¿**Qué** quieres hacer el sábado? → —Quiero ir al partido.
—¿**Dónde** estás los miércoles? → —Estoy en el gimnasio.

how?	¿**Cómo** te llamas/ se llama?	¿**Cómo** estás?
where?	¿**Dónde** estás los lunes?	¿**Dónde** está la biblioteca?
(to) where?	¿**Adónde** quieres ir?	¿**Adónde** tienes que ir?
what?	¿**Qué** tienes que/ quieres hacer?	¿**Qué** tal?*
when?	¿**Cuándo** quieres ir?	¿**Cuándo** estás en la residencia?
at what time?	¿**A qué hora** tienes que comer?	¿**A qué hora** estás en casa?
who?	¿**Quién** está en la oficina de becas?	¿**Quiénes** están en la discoteca?
how many?	¿**Cuántos** alumnos hay en la clase?	¿**Cuántas** chicas hay en la clase?
why?	¿**Por qué** quieres mis apuntes?	¿**Por qué** estás aquí?

4. **¿Quién?** Use the plural form **¿quiénes?** if you are asking about more than one person. To say *with whom?*, simply place **con** before the form of **¿quién?**

—¿**Quién** quiere trabajar? → —Yo (*I* [*do*]).
—¿**Quiénes** quieren trabajar? → —Mis compañeros de laboratorio.
—¿**Con quién** quieres hablar? → —Con la señora Suárez.

5. **¿Cuánto?** To ask *how many?* you will need to adjust the ending of **¿cuánto?** to reflect the form of the noun following it.

	masculine	**feminine**
singular	¿**Cuánto** trabaj**o** tienes hoy?	¿**Cuánta** tare**a** tienes?
plural	¿**Cuántos** partid**os** hay el sábado?	¿**Cuántas** cafeterí**as** hay en la universidad?

*__¿Qué?__ and **¿Cómo?** may mean *What?* or *How?*, depending on the context. The expression **¿qué tal?** (*How are you?, How is ...?*) is idiomatic and is not translated literally.

6. ¿Por qué? Notice that the question *why?* is two words. The response to **¿por qué?** is **porque** (*because*)—one word, and no accent mark.

To help students distinguish between **dónde** and **ádonde**, point out that **dónde** is often followed by a form of **estar**. **Adónde** is often followed by a verb of motion such as **ir**. Give examples: **¿Dónde estás? ¿Adónde quieres ir?**

7. ¿Dónde? vs. ¿adónde? The question word **¿dónde?** simply means *where?* and is used to inquire about location. However, you will use **¿adónde?** (*to where?*) with verbs such as **ir** (*to go*) to indicate movement from one place to another.

¿**Adónde** tienes que ir?	—A la oficina de becas.
¿**Dónde** está la oficina?	—Aquí, en el edificio Brown.

For extra practice, have students listen to each of the following sentences and decide whether they would use **¿dónde?** or **¿adónde?** **1. Estamos en la cafetería. 2. Tengo que ir a la biblioteca. 3. Está en su cuarto. 4. Quiero estar en casa. 5. Quiero ir a una discoteca.**

8. ¿Cuándo? vs. ¿a qué hora? Whereas in English, the question *when?* can be used to inquire about anything related to time, Spanish uses the question **¿a qué hora?** (*at what hour?*) whenever the inquiry is about the hour of day, or clock time.

¿**Cuándo** estás en clase?	—Los lunes y miércoles.
¿**A qué hora** tienes que estar en clase?	—A la una.

9. With accents or without? When using the following words as question words, always put a written accent. However, these words are also used without accent marks, as connectors.

cuando (*when*)	**Cuando** no estoy bien quiero descansar.
que (*that, who*)	Quiero hablar con la gente **que** está aquí.
porque (*because*)	Quiero ir al laboratorio **porque** tengo que hacer mi tarea.
como (*like, as*)	El español no es **como** el inglés. Es otro idioma.

Práctica

1-21. ¿Cuántos hay? Provide the correct form of **¿Cuánto?** according to the context.

Ejemplo:
¿__________ chicas hay en física?
¿Cuánt**as** chic**as** hay en física?

1. ¿ Cuánto trabajo tienes los martes?
2. ¿ Cuánta tarea de inglés tienes?
3. ¿ Cuántos gimnasios hay?
4. ¿ Cuánta gente hay aquí?
5. ¿ Cuántas cafeterías hay en el campus?
6. ¿ Cuántos asientos hay en el auditorio grande?
7. ¿ Cuántas salas hay en el edificio de ciencias?
8. ¿ Cuántas compras tienes que hacer?
9. ¿ Cuántos partidos hay el domingo?
10. ¿ Cuánta ayuda hay en la oficina de becas?

1-22. Asociaciones. Choose the question words that each picture represents. In some cases, more than one choice is possible.

a. ¿dónde?
b. ¿quién?
c. ¿cuánto/cuántos?
d. ¿qué?
e. ¿cómo estás?
f. ¿cuándo?
g. ¿adónde?
h. ¿a qué hora?

Possible answers:
1. a, 2. g, 3. b, 4. c, 5. h, 6. f, 7. e, 8. d

1.

2.

3.

4.

5.

6.

7.

8.

1-23. Muchas preguntas. Provide the appropriate question words to complete the exchange.

1. Hola, ¿__qué__ tal?, ¿__cómo__ estás? Me llamo Carlos. ¿__Cómo__ te llamas tú?
2. Estoy en casa a las siete. ¿__A qué hora__ quieres ir al restaurante?
3. Mi cuarto está en la residencia Jones. ¿__Dónde__ está tu cuarto? ¿__Cuántos__ cuartos hay en tu residencia?
4. Hay tres compañeras de Los Angeles en mi clase de historia. ¿__Cuántas__ compañeras de Los Angeles hay en tu clase? ¿__Cuántas__ chicas de California hay en total?
5. La oficina de becas está en la Oficina de Informaciones. ¿__Dónde__ está la oficina de informaciones? ¿Con __quién__ tengo que hablar?
6. No tengo que estudiar. ¿__Qué__ quieres hacer? ¿__Adónde__ quieres ir?

1-24. Entre alumnas. Complete Clara's part of the following conversation by phrasing appropriate questions, according to the context.

CLARA: Hola... ¿Cómo estás?
LILA: Bien gracias. ¿Y tú?
CLARA: No muy bien. ¿Cómo te llamas?
LILA: Lila. Y tú te llamas Clara, ¿no?
CLARA: Sí, mucho gusto. ¿Adónde tienes que ir?
LILA: Tengo que ir al centro de deportes.
CLARA: ¿Al centro de deportes? ¿Dónde está?
LILA: En el edificio Roberts. Tienes que ver el gimnasio también. ¿Quieres ir?
CLARA: Claro que sí. ¿Cuándo estás en el gimnasio?
LILA: Estoy en el gimnasio los lunes y viernes.
CLARA: Muy bien. Y ¿a qué hora?
LILA: Generalmente a la una.
CLARA: Perfecto. Tengo que hacer ejercicio a las tres. ¡Hasta luego!

1-25. Para conocernos. Ask your partner the questions you will need to get the following information. Use the sentences given to report back to class about your partner.

Ejemplo:
Tú: ¿Cómo estás cuando estás en la clase de español? (¿Cómo...?)
Tu compañero/a: Estoy muy bien.
A la clase: Cuando está en clase, Amelia está muy bien.

Answers: 1. ¿Cuántas clases tienes? ¿Cuándo tienes clases? ¿A qué hora? 2. ¿Qué tienes que hacer hoy? ¿Qué quieres hacer el sábado? 3. ¿Cuántos/as compañeros/as de cuarto tienes? ¿Cómo se llama/n? 4. ¿Dónde está tu casa? 5. ¿Por qué estás en la clase de español? 6. ¿Adónde quieres ir, en el mundo hispano?

1. Tiene... clases. Tiene clase los..., ..., y ... a las... .
   (¿Cuántas...?, ¿Cuándo...?, ¿A qué hora...?)
2. Hoy (*today*) tiene que... . El sábado quiere... con... .
   (¿Qué...?)
3. Tiene... compañeros/as de cuarto. Uno/a se llama... y el/la otro/a se llama... .
   (¿Cuántos/as...?, ¿Cómo...?)
4. Cuando no está en la universidad, está en casa. Su casa está en... .
   (¿Dónde...?)
5. Está en la clase de español porque quiere... .
   (¿Por qué...?)
6. En el mundo hispano, quiere ir a... .
   (¿Adónde...?)

Para deletrear tu nombre

When you travel to a Hispanic country, you will quite often have to spell your name on the phone, or for university personnel, your "new" Spanish family and friends, clerks in banks, hotels, and many other places. Pronounce the following letters of the Spanish alphabet with your instructor. Then, practice spelling your **nombre y apellido** (*name and last name*).

Go through the pronunciation of the Spanish alphabet. Drill the letter stressing vowel sounds. Point out the Spanish letters **ll, rr, ñ** and model their pronunciation. You may want to point out the pronunciation of the **z** and **ce, ci** in Spain.

a (a)	**g (ge)**	**ll (elle)**	**q (qu)**	**v (ve) (uve)**
b (be)	**h (hache)**	**m (eme)**	**r (ere)**	**w (doble ve)**
c (ce)	**i (i)**	**n (ene)**	**rr (erre)**	**x (equis)**
d (de)	**j (jota)**	**ñ (eñe)**	**s (ese)**	**y (i griega)**
e (e)	**k (ka)**	**o (o)**	**t (te)**	**z (zeta)**
f (efe)	**l (ele)**	**p (pe)**	**u (u)**	

2 G 3 4

A. Ask three classmates to spell their names. Follow the model.

Ejemplo:

Tú: ¿Cómo te llamas?

Tu compañero/a: Carlos Antel. CE-A-ERE-ELE-O-ESE A-ENE-TE-E-ELE

B. Write your name vertically on a sheet of paper. Then, have each letter of your name represent a characteristic that contains that letter (it doesn't have to *begin* with that letter). Read your poem to the class.

Me llamo **Alejandro.**

A porque quiero **A**prender.

L porque tengo que **L**eer mucho.

E porque **E**stoy muy bien.

J porque tengo que traba**J**ar mucho.

A porque tengo muchos **A**migos.

N porque **N**o quiero ordenar mi cuarto.

D porque quiero **D**escansar.

R porque vivo en una **R**esidencia.

O porque tengo una **O**ficina.

The *En voz alta* audioscripts are recorded on the student tape or CD that accompanies each textbook.

Audioscript:

Conversación 1.

MIGUEL:
Buenos días, señor. Ud. se llama Ribero, ¿no?
SR. RIBERO:
Sí... ah, Miguel. Te llamas Miguel, ¿verdad? ¿Cómo estás?
MIGUEL:
Muy bien, gracias. ¿Cómo está usted?
SR. RIBERO:
Bien, gracias, Miguel. ¿Cómo está tu mamá?
MIGUEL:
Muy bien. ¿Y su señora?
SR. RIBERO:
Bien, gracias. Bueno, adiós, Miguel. Hasta pronto.
MIGUEL:
Hasta luego, señor Ribero.

Conversación 2.

JAIME:
Hola, ¿cómo te llamas tú?
LOLA:
Pues, yo me llamo Lola. ¿Y tú?
JAIME:
Me llamo Jaime. Mucho gusto.
LOLA:
El gusto es mío.

Conversación 3.

LOLA:
Hola, Jaime, ¿qué tal? Qué gusto de verte.
JAIME:
Hola, Lola. ¿Cómo estás?
LOLA:
Muy bien. ¿Y tú?
ROBERTO:
(*Interrupting*) Eh, eh, Jaime... preséntame a tu amiga.
JAIME:
¡Ah!, perdón, Roberto. Lola, te presento a mi amigo Roberto. Roberto, mi amiga Lola.
LOLA:
Hola, Roberto. Mucho gusto.
ROBERTO:
¡Oh, encantado, Lola!

EN VOZ ALTA

Listen to the recorded dialogues one at a time. After each dialog, refer to the corresponding activity. You will be asked to listen for the general message or gist and for some specific information.

A. Conversación 1. Listen to the first conversation and write down the following information:

1. the three questions Miguel asks Mr. Ribero
Ud. se llama Ribero, ¿no?
¿Cómo está usted?
¿Y su señora?

2. the three ways they say good-bye
Adiós.
Hasta pronto.
Hasta luego.

B. Conversación 2. Now, listen to the second conversation.

1. Write the questions you hear.
¿Cómo te llamas tú?
¿Y tú?

2. Then write the two sentences Jaime and Lola use to introduce each other.
Mucho gusto en conocerte.
El gusto es mío.

C. Conversación 3. Listen to the third conversation and write down the five missing words or expressions.

LOLA: Hola, Jaime, ¿ qué tal ? Qué gusto de verte.
JAIME: Hola, Lola. ¿ Cómo estás ?
LOLA: Muy bien. ¿Y tú?
ROBERTO: Eh, eh, Jaime... preséntame a tu amiga .
JAIME: ¡Ah!, perdón, Roberto. Lola, te presento a mi amigo Roberto. Roberto, mi amiga, Lola.
LOLA: Hola, Roberto. Mucho gusto .
ROBERTO: ¡Oh, encantado , Lola!

Mi refranero. Listen to the following Hispanic saying. Repeat it each time, trying to imitate the speaker as closely as possible.

La paciencia es la madre de la ciencia.
Patience is the mother of science.

SÍNTESIS

Para leer

Los hispanos de los Estados Unidos

Did you know that, at 35.3 million, the United States has the fifth largest Spanish-speaking population in the world? The magazines below are published in the United States for *Hispanic* populations. Look at the covers and find words that resemble English words you know (cognates) or Spanish words you've learned.

The first five largest Spanish-speaking countries (in millions) are: México (98), España (40), Colombia (38), Argentina (37) y Perú (25).

SÍNTESIS

Answers: 2. ¿una cultura? ¿muchas culturas? 3. ¿un idioma? 4. ¿muchos países? 5. ¿una familia? 6. ¿una pasión?

A. Una entrevista con Blades. The following is a summary of part of an interview with the Panamanian actor and musician, Rubén Blades. As you read the article, decide to which of the following does the term **hispano** refer.

1. ¿una raza (*race*)?
2. ¿una cultura? ¿muchas culturas?
3. ¿un idioma?
4. ¿un país (*country*)? ¿muchos países?
5. ¿una familia?
6. ¿una pasión?

B. ¿Latino o hispano? What might be the difference between the following pairs of adjectives?

Latinoamericano — hispano-estadounidense
Norteamericano — estadounidense
latino — hispano
latino — latinoamericano

PARA LEER BIEN

Don't worry if you come across a word you do not recognize. Rather, use clues from the context to make informed *guesses*. Rely on those words you do *know* and on those words (or parts of words) that look *familiar* to you. For example:

1. You will see many cognates. Scan the first few lines quickly and notice the cognates you find.
2. You will notice familiar endings to verbs. From what you know about the forms of the verb **estar**, for example, what persons **(yo, tú, él, ella, Ud., Uds., ellos, ellas)** would the following verb forms have as their subjects: **hacen, representamos.**

¿Quién es el hispano?

Latino. Latinoamericano. La mezcla° de culturas y razas hacen de este panameño un latinoamericano por excelencia. "Nosotros no somos una raza", insiste. "Entre nosotros hay rubios, negros, indios, chinos, de todo. Lo que nos une° es una cultura. Los latinos vienen hacia acá° por circunstancias de pobreza° o persecución política. No participan en la política por miedo° y porque muchos son indocumentados. Así se crea una diferencia entre el latino que está en Estados Unidos y el que está en su país. Los que venimos aquí perdimos la esperanza° latinoamericana. Y algo peor, "Lo que perdimos° es la pasión. La pasión es domesticada cuando se llega a este país.... Yo quisiera tener hijos° que tuvieran la posibilidad de hablar cinco o seis idiomas, que no se sientan limitados por la geografía o por un nacionalismo mal entendido. Espero que se sientan integrados al planeta".

From: "La encrucijada de Rubén Blades", *Más*, Vol. IV, No. 5 (Septiembre 1992), 47.

Palabras útiles

la mezcla unión
une unifica
vienen hacia acá *come here*
pobreza *poverty*
el miedo terror
la esperanza *hope*
perdimos *(we) lost*
los hijos *children*

C. ¿Está usted de acuerdo? Would you like your **hijos** (*sons and daughters*) to be able to speak several languages, to not feel limited by their geographical boundaries? Many Hispanics who live in the United States are, in fact, bilingual. Yet, even though their ability to speak English has enhanced their integration into society, something is lost in transferring communication from Spanish to English. Read about the experience of the Hispanic American poet, Julia Álvarez, in the following lines of the poem, "Bilingual Sestina."

"Bilingual Sestina"

por Julia Álvarez

Gladys, Rosario, Altagracia—the sounds of Spanish wash over me like warm island waters as I say your soothing names: a child again learning the **nombres** of things you point to in the world before English turned **sol, tierra, cielo, luna** to vocabulary words—*sun, earth, sky, moon*—language closed . . .

. . . the world was simple and intact in Spanish awash with **colores, luz, sueños**, as if the **nombres** were the outer skin of things, as if words were so close to the world one left a mist of breath on things by saying their names, an intimacy I now yearn for in English—words so close to what I mean that I almost hear my Spanish blood beating, beating inside what I say **en inglés**.

From: Julia Álvarez, "Bilingual Sestina," *Hispanic Culture Review*, Vol. I, No. 2 (Spring 1991), 38.

D. Why does this writer use both Spanish and English in her poem? According to her, what has been lost? Is it **la pasión** that Blades refers to? Why is speaking your own language like **estar en casa**?

Para escribir

Guía para universitarios novatos

In this section, you will approach writing as a process by using strategies of thinking, planning and organizing, and elaborating and editing. Your writing task is to work with a partner to design a *Question-and-Answer* brochure for Hispanic students who are new to your college or university.

A. Hacer una lista. What questions did you have as a new student at your college? Did you need information about where buildings or offices were located? Where the good eating, dancing, shopping spots were? How to contact a professor? Where to go to get a part-time job? With a partner, jot down ways you could finish each question, as in the model. Add your own questions to the list.

¿Dónde está la oficina de...	becas? información? programas de postgrado? alumnos internacionales? ...
¿Dónde está/n...	la biblioteca? el gimnasio? el centro de estudiantes (internacionales)? el centro de deportes/ de computación? las discotecas populares? la enfermería (*infirmary*)? ...
¿Cuántos/as... hay aquí?	alumnos hispanos, laboratorios de..., bibliotecas, cursos en un horario típico, residencias, cafeterías, cines ...
¿Hay...	clases los sábados? fiestas/ cines internacionales? partidos de fútbol/ béisbol? ayuda en español? computadoras en las salas? centros de compras? cines? laboratorios de idiomas? buenos restaurantes? tele en las residencias? ...
¿Adónde tengo que ir cuando quiero...	ayuda? una beca? estudiar con/ sin compañeros? navegar por la red? estar con/ sin muchos alumnos? hablar español? ...
¿Qué tengo que hacer cuando quiero...	hablar con mis profesores? un trabajo? sacar buenas notas? comer algo bueno? ...

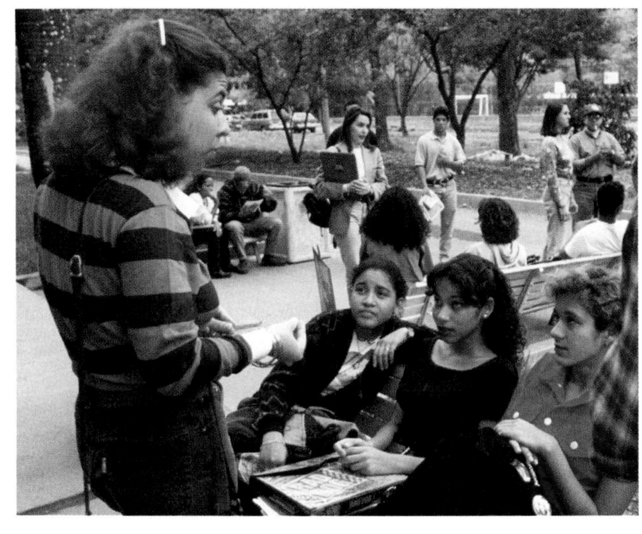

Universidad Central de Venezuela, Caracas, Venezuela

B. Elegir y completar. From your notes, now select three broad topics and form a question or statement for each, of the kind that a new student might ask. For each question, write a good response (3–6 statements), as in the model. To connect your statements, use words such as **y** (*and*), **también** (*also*), **o** (*or*), **cuando** (*when*), **si** (*if*), **donde** (*where*), **que** (*that, which, who*), **pero** (*but*), **con** (*with*), **sin** (*without*).

Pregunta: No sé qué hacer cuando no tengo que estudiar. ¿Qué hay aquí?
Respuesta: Cuando no tienes que estudiar, hay mucho que hacer aquí. Los viernes y sábados generalmente hay fiestas en las residencias, en las casas, y en el centro de estudiantes. También hay buenos restaurantes y cines. Si quieres ir a un restaurante muy bueno donde hay muchos alumnos, tienes que ir a … Cuando quieres hacer deporte, tienes que ir al centro de deportes o al parque …, que está en … También hay partidos los sábados.

C. Corregir. Now reread what you have written. Pay particular attention to the following:

1. Look at the questions you wrote. If you used a question word, did you write the accent in the appropriate place? If so, place a check (✓) next to the question.
2. Underline all the articles and adjectives you used. *Stop* at each and *go* to the nouns they modify. Do they agree? If so, congratulations!

Vocabulario

Saludos

Bastante mal. Pretty bad.
Bien. O.K.
Buenos días. Good morning.
Buenas noches. Good night.
Buenas tardes. Good afternoon/ evening.
¿Cómo está/s? How are you?
¡Hola!, ¿qué tal? Hi! How are you?
(No) Muy bien. (*Not*) Very well.
¿Qué tal? How is it going?
Todos bien, gracias. Everyone is fine, thank you.
¿Y tu/su familia? And your family?
¿Y tú?/¿Y usted? And you?

Despedidas

Bueno (pues), adiós. Well, good-bye.
Hasta luego/ pronto/ mañana. See you later/soon/tomorrow.
Pues, hasta luego. Well, see you later.

Títulos

el/la **doctor/a** **(Dr./Dra.)** doctor (*title*)
señor (**Sr.**) Mr.
señora (**Sra.**) Mrs.
señorita (**Srta.**) Miss

Presentaciones

¿Cómo se llama usted? What's your name? (*formal*)
¿Cómo te llamas? What's your name? (*familiar*)
Me llamo... My name is . . .
Mucho gusto./ Encantado/a. Pleased to meet you.

Cortesía

Adelante; pase. Come in.
De nada. You're welcome.
Lo siento. I'm sorry.
(Muchas) Gracias. Thank you (*very much*).
Muy bien. Very well., O.K., Fine.
No sé. I don't know.
Perdón. Excuse me.
Permiso. May I come in?
Por favor,... Please, . . .

La gente

el/los alumno/s, la/las alumna/s student/s
el/los amigo/s, la/las amiga/s friend/s
el/los chico/s, la/las chica/s boy/s, girl/s
el/los compañero/s, la/las compañera/s classmate/s
el/la estudiante student
la gente people
la familia family
el/los profesor/es, la/las profesora/s professor/s

Las clases

la biología biology
el cálculo calculus
el curso course (*of studies*)
la computación computer science
la economía Economics
el español Spanish
la física physics
el inglés English
la literatura literature
las matemáticas mathematics
la química chemistry
la psicología psychology
la sociología sociology

Cosas de los estudiantes

los apuntes notes
el asiento seat
la ayuda help
el básquetbol basketball
el béisbol baseball
el bolígrafo pen
el disco compacto CD
el cuaderno notebook
el descanso rest, resting
el diccionario dictionary
el ejercicio exercise, exercising
la fiesta party
la frase sentence
el fútbol soccer
el fútbol americano football
el horario (*class*) schedule
el idioma language
el lápiz, los lápices pencil/s
la lectura reading
el libro book
el mensaje message
la mochila backpack
la nota grade
la palabra word
el partido game
la pizarra chalkboard
la pregunta question
la prueba test, quiz
la puerta door
la red the Web
el reloj clock, watch
la tarea homework (*assignment*)
el teléfono telephone
la tele TV
el trabajo work

Lugares

aquí here
la biblioteca library
la cafetería cafeteria
la casa (en casa) house (*at home*)
el centro de deportes sports center
el centro de estudiantes student center
el cine (*movie*) theater, "the" movies
la clase class, course
el cuarto room
la discoteca disco, dance club
el edificio building
el gimnasio gym
el laboratorio lab
la oficina de becas scholarship office
la residencia residence, dorm
el restaurante restaurant
la sala (*class*) room
la **universidad** college, university

Adjetivos

bueno/s, buena/s good
mucho/s, mucha/s many
mi/s my
nuestro/s, nuestra/s our
otro/s, otra/s (*an*) other
poco/s, poca/s little (*amount*)
su/s your (*formal*), his, her
tu/s your (*familiar*)

Preguntas

¿Adónde...? Where to . . .?
¿A qué hora? At what time?
¿Cómo se dice...? How do you say . . .?
¿Con quién/es quiere/s...? With whom do you want to . . .?
¿Cuánto/s/ cuánta/s...? How many . . .?
¿Cuándo...? When . . . ?
¿Dónde está/s? Where are you . . .?
¿Dónde está/n...? Where is/ are . . .?
¿Por qué...? Why . . .?
¿Qué? What?
¿Qué quiere decir...? What does . . . mean?
¿Qué quieres hacer? What do you want to do/are you doing?
¿Quién/es...? Who . . .?

Acciones

aprender (bien) to learn (*well*)
comer to eat
comprender to understand
conversar con/ por computadora to talk with, to chat online
descansar to rest
escribir to write
escuchar to listen to
estudiar (mucho) to study (*a lot*)
hablar español to speak Spanish
hacer to do
hacer deporte/ ejercicio to practice sports/exercise
(No) hay there is (*not*)/there are (*not*)
ir a/ al/ a la... to go to . . .
ir de compras to go shopping
leer to read
mirar to watch
navegar por la red to surf the Web
ordenar to straighten/tidy up
quiero/ quieres I/you want to . . .
sacar buenas notas to get good grades
tengo/ tienes que... I/you have to . . .
tomar apuntes/ pruebas to take notes/tests
trabajar (en) to work (*at*)
usar to use
ver to see, check messages

La hora

a la una (1:00) at one o'clock
a las dos (2:00) at two o'clock
a las tres (3:00) at three o'clock
a las cuatro (4:00) at four o'clock
a las cinco (5:00) at five o'clock
a las seis (6:00) at six o'clock
a las siete (7:00) at seven o'clock
a las ocho (8:00) at eight o'clock
a las nueve (9:00) at nine o'clock
a las diez (10:00) at ten o'clock
a las once (11:00) at eleven o'clock
a las doce (12:00) at twelve o'clock

Los días de la semana

el/ los **lunes** (*on*) Monday/s
el/ los **martes** (*on*) Tuesday/s
el/ los **miércoles** (*on*) Wednesday/s
el/ los **jueves** (*on*) Thursday/s
el/ los **viernes** (*on*) Friday/s
el/ los **sábado/s** (*on*) Saturday/s
el/ los **domingo/s** (*on*) Sunday/s

Otras expresiones y conectivos

algo something
como since
con with
de/ del of, from
en in, on, at
generalmente usually
muy very
no no, not
para for
pero but
por around, on, by
porque because
que that, which
sí yes
sin without
y and

CAPÍTULO

¿Cómo somos?

Nombres, apellidos y títulos

Hispanic names are composed of given names plus two surnames: the father's last name (**el apellido paterno**) followed by the mother's last name (**el apellido materno**). A married woman may or may not use her husband's last name. Locate the business card for the married couple from Santiago and give the name of the wife. Follow the guide below to write your mother's full name according to the Hispanic name system.

Mónica	Moroso	Flores	de	Manzano
Nombres +	apellido paterno +	apellido materno +	**de** +	apellido paterno del esposo

Cooperativa Agrícola y Ganadera
El Toro, S.A.
ING. RUBÉN HERNÁNDEZ MASSARDO
Gte. Gral.
Avda. Chile 637 La Paz
Teléfono 223771

SCANIA M. BENZ
Importadores
Lic. Ramón Bravo Sánchez
Gte. Comercial
P° Manuel Bultó, 3868, PB
Caracas Of.: 279 40 16

LCERO
Lcda. Carmen Elena Rodríguez Ortiz
C O N T A D O R A
Manuel Carpio 105, 7° 3
08500 México, D.F.
Teléf. 582 02 ó 580 95 04

Fernando Manzano Santilli
Mónica Moroso Flores de Manzano
ABOGADOS
Fdo. Castillo Velasco 1842
Santiago Tel. 22002662

DRA. MARÍA L.
BERMEJO GARCÍA
PSICÓLOGA
C/Bravo Murillo. 764, 1ero dcha.
Madrid Teléf. 233 87 95

DR. ARMANDO YÁÑEZ MARTÍNEZ
ARQTO.
Tel. 538 60 21
1833 Buenos Aires

Conversación

2–1. ¿De dónde es? Look at the assortment of business cards on the previous page and give the name of the country each of the following people is from. Use the city as your clue.

> *Ejemplo:*
> El ingeniero Roberto Batalla **es de...** Costa Rica.

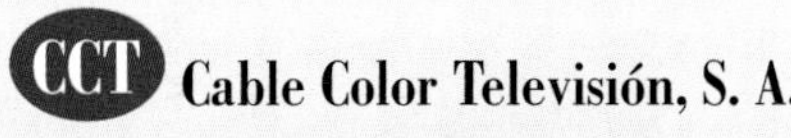

Ing. Roberto Batalla Hindelang
Gte. General

Apartado 7968-1000 San José
Tel. (506) 31-2811
Fax. (506) 31-3838

1. El doctor Yáñez es de...	Argentina
2. La licenciada Rodríguez es de...	México
3. El ingeniero Hernández es de...	Bolivia
4. El licenciado Bravo es de...	Venezuela
5. La doctora Bermejo es de...	España
6. La señora Flores de Manzano es de...	Chile

2–2. ¿Qué es? Look at the cards and identify the people in Activity 2–1 according to their professions. Use the abbreviations for professionals as your clue.

1. Uno es arquitecto.
2. Una es psicóloga.
3. Tres son gerentes (*managers*).
4. Dos son abogados (*lawyers*).

Answers: 1. Dr. Armando Yáñez Martínez 2. Dra. María Luisa Bermejo García 3. Ing. Rubén Hernández Massardo, Ing. Roberto Batalla Hindelang, Lic. Ramón Bravo Sánchez 4. Fernando Manzano Santilli, Mónica Moroso Flores de Manzano

2–3. Títulos universitarios. The names of these professionals are preceded by titles which indicate their university degrees. Which of these two would you have upon graduating?

Lic. or **Lcda. (licenciado/a)** indicates a university degree.
Ing. (ingeniero/a) indicates an engineering degree.

To address someone in a formal context, use the paternal surname, preceded by the person's title, as in **Licenciado Bravo. A la clase: Quiero presentarles al (a la) Licenciado/a [Ingeniero/a] Vásquez Brown.** In Mexico and other Spanish-speaking countries, once someone receives their college degree, they are referred to as **Licenciado/a**.

2–4. Presentaciones. Interview several people in your classroom. Find out their full names—given name and both surnames—and the professions they expect to have upon graduating.

> *Ejemplo:*
> Tú: ¿Cómo es tu nombre completo?
> Tu compañero/a: Julia Stewart Marino de Duarte
> Tú: ¿Y tu título?
> Tu compañero/a: Licenciada en Ciencias.

IMÁGENES Y PALABRAS

Soy (muy)... amable

amistosa/o

inteligente

▶ serio/a práctico/a simpático/a

A veces, también soy... impulsivo/a

desordenado/a

sensible

▶ tranquilo/a perezoso/a impaciente

Pero no soy muy... reservado/a

deportista

trabajadora, trabajador

romántico/a

▶ responsable tímido/a

▶ **Puedo...** (*I can ...*)

trabajar bien en equipo
comprender muchas palabras sin usar el diccionario
aprender idiomas rápidamente

De físico, soy...

También sé...

francés	alemán	japonés
chino	ruso	árabe

¿De dónde eres? ¿Eres de aquí?

No soy de Estados Unidos. Soy de...

¿Cuántos años tienes?

Tengo... (veinte/ treinta/ cuarenta) años.

Soy... joven **Tengo menos de...** (veinte/ treinta) **años**
mayor **Tengo más de...** (cuarenta) **años**

¿Qué intereses tienes? Tengo mucho interés en... (*I like . . .*)

los negocios

las ciencias

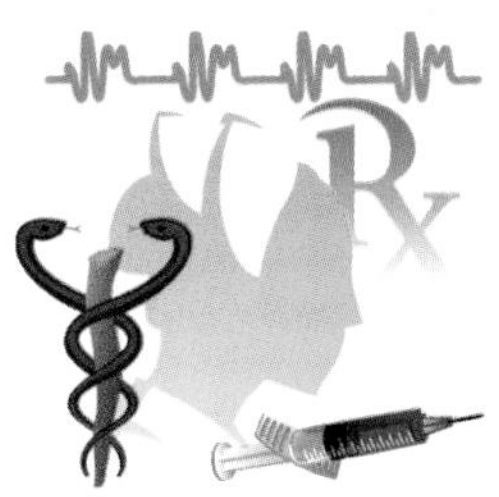

la salud

- la fotografía
- la arquitectura
- la administración
- la música
- el arte
- la ecología
- la política
- la informática
- la historia
- la tecnología

¿Qué talentos y habilidades tienes? Sé... (*I know how to . . .*)

nadar

bailar bien

diseñar páginas de la red

¿Qué quieres ser? Quiero ser... (*I want to be a . . .*)

programador/a

profesor/a

abogado/a

dueña/o de un negocio

gerente de una empresa

ingeniero/a

- psicólogo/a
- dentista
- analista de sistemas
- arquitecto/a
- médico/a
- especialista en finanzas

¿Cuándo piensas sacar tu título? Pienso sacar el título en...

Model for students how to give (a) approximate graduation date: **en mayo del 2004,** and (b) exact date: **la graduación es el primero de junio del 2004, el dos de diciembre del....** Point out that the only ordinal used in dates is **primero**, except in Spain. Give some important dates celebrated in the Spanish-speaking world: **El 1° de mayo, Día del Trabajo; el 1° de noviembre, Día de Todos los Santos.**

ENERO 200_

L	M	M	J	V	S	D
	1	2	3	4	5	6
7	8	9	10	11	12	13
14	15	16	17	18	19	20
21	22	23	24	25	26	27
28	29	30	31			

FEBRERO 200_

L	M	M	J	V	S	D
				1	2	3
4	5	6	7	8	9	10
11	12	13	14	15	16	17
18	19	20	21	22	23	24
25	26	27	28			

MARZO 200_

L	M	M	J	V	S	D
				1	2	3
4	5	6	7	8	9	10
11	12	13	14	15	16	17
18	19	20	21	22	23	24
25	26	27	28	29	30	31

ABRIL 200_

L	M	M	J	V	S	D
1	2	3	4	5	6	7
8	9	10	11	12	13	14
15	16	17	18	19	20	21
22	23	24	25	26	27	28
29	30	31				

MAYO 200_

L	M	M	J	V	S	D
		1	2	3	4	5
6	7	8	9	10	11	12
13	14	15	16	17	18	19
20	21	22	23	24	25	26
27	28	29	30	31		

JUNIO 200_

L	M	M	J	V	S	D
					1	2
3	4	5	6	7	8	9
10	11	12	13	14	15	16
17	18	19	20	21	22	23
24	25	26	27	28	29	30

JULIO 200_

L	M	M	J	V	S	D
1	2	3	4	5	6	7
8	9	10	11	12	13	14
15	16	17	18	19	20	21
22	23	24	25	26	27	28
29	30	31				

AGOSTO 200_

L	M	M	J	V	S	D
			1	2	3	4
5	6	7	8	9	10	11
12	13	14	15	16	17	18
19	20	21	22	23	24	25
26	27	28	29	30	31	

SEPTIEMBRE 200_

L	M	M	J	V	S	D
						1
2	3	4	5	6	7	8
9	10	11	12	13	14	15
16	17	18	19	20	21	22
23	24	25	26	27	28	29
30						

OCTUBRE 200_

L	M	M	J	V	S	D
	1	2	3	4	5	6
7	8	9	10	11	12	13
14	15	16	17	18	19	20
21	22	23	24	25	26	27
28	29	30	31			

NOVIEMBRE 200_

L	M	M	J	V	S	D
				1	2	3
4	5	6	7	8	9	10
11	12	13	14	15	16	17
18	19	20	21	22	23	24
25	26	27	28	29	30	31

DICIEMBRE 200_

L	M	M	J	V	S	D
						1
2	3	4	5	6	7	8
9	10	11	12	13	14	15
16	17	18	19	20	21	22
23	24	25	26	27	28	29
30	31					

del 2004... (dos mil cuatro/ cinco/ seis...)

* El 1° de mayo, Día del Trabajo, y el 1° de noviembre, Día de Todos los Santos, son fechas importantes para los hispanos.

Después de sacar el título voy a...

pagar mis cuentas

viajar a otros países

sacar la maestría

comprar un coche

vivir con un/a compañero/a
buscar pareja

▶ conocer otra gente

Quiero un puesto con...

un sueldo muy bueno

▶ un jefe/ una jefa muy amable

Voy a buscar un puesto en...

un hotel

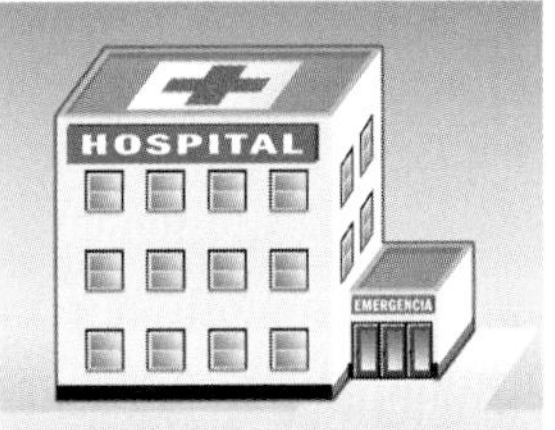

un hospital

un banco

▶ el estado de...
otro país
una ciudad grande/ pequeña
una universidad
una oficina de gobierno
una empresa grande
un colegio primario/ secundario

Pienso ganar más o menos...

B I N G O
20 viente
30 treinta
40 cuarenta
50 cincuenta
60 sesenta
70 setenta
80 ochenta
90 noventa
100 cien
1000 más de cien

...mil dólares al año

Práctica

2-5. ¿Cómo es la gente? What personality traits do you associate with the following professions?

Ejemplo:
Una médica es **seria y responsable**. No es **perezosa**.

1. un abogado
2. una ingeniera
3. un profesor
4. un analista de sistemas
5. una gerente de empresa
6. un programador
7. una psicóloga
8. un dentista

Busco una pareja
responsable, alto/a
y delgado/a y
práctico/a.

2-6. Polos opuestos. It is said that opposites attract. Based on your physical and personality traits, describe yourself and then describe your perfect mate or companion as in the personal ad.

Ejemplo:
Soy bajo/a y un poco grueso/a, impulsivo/a y romántico.

2-7. De mayor a menor. Listen to several classmates give their birthdays and ages, respond with either **Soy mayor** or **Soy menor**, and then give your birthday and age.

Ejemplo:
Tu compañero/a: **Voy a tener** veinte años el primero de marzo.
Tú: **Soy menor. Voy a tener** diecinueve años el treinta de abril.

2-8. Para pagar las cuentas. Tell how much, more or less, you would pay for the following. If you don't know, guess. Compare your answers with a classmate.

Ejemplo:
un disco compacto popular
Voy a pagar más o menos quince o dieciséis dólares.

1. un televisor
2. comer en un restaurante elegante
3. un título universitario
4. un año de alquiler (*rent*) de un apartamento
5. viajar a otro país
6. un coche deportivo
7. una computadora
8. una casa en tu ciudad

2-9. Así soy yo. List words from **Imágenes y palabras** that describe you in each of the five categories listed below. Then, look at the photographs of the three students and imagine what each one would say. Use these statements first with your partner, then with the class.

IOR

> **Soy de** los Estados Unidos, **del estado de** California. **Soy** de estatura mediana, de piel morena y pelo oscuro. **Soy muy** estudioso, muy organizado y práctico. **A veces, soy algo** tímido y **quiero ser más** sociable. **Sé** hablar alemán y **puedo** tocar el piano. **Tengo mucho interés** en el arte y la filosofía...

1. Origen: **Soy de...**
2. Físico: **Soy...**
3. Personalidad: **Soy (muy)... A veces soy algo... Quiero ser más...**
4. Habilidades: **Sé.../ Puedo...**
5. Intereses: **Tengo mucho interés en...**

2-10. ¿Cuál es tu carrera? Tell the class your career plans by completing the statements below, as in the example.

> *Ejemplo:*
> **Pienso sacar el título en** mayo del 2006. **Quiero ser** psicólogo **porque tengo** mucho interés en la gente. **Voy a buscar un puesto en** una empresa de una ciudad grande **con un sueldo de** cuarenta mil al año, más o menos. **Quiero trabajar con** una jefa seria y trabajadora **y con** compañeros responsables. **No quiero trabajar con** gente perezosa.

IOR

1. Fecha del título: **Pienso...**
2. Carreras preferidas: **Voy a ser... o... (No sé qué quiero ser.)**
3. Intereses: **Tengo mucho interés en...**
4. Puesto y sueldo preferidos: **Voy a buscar un puesto en... con un sueldo de...**
5. Jefe y compañeros: **(No) quiero trabajar con...**

2-11. El futuro. Interview a classmate about his or her plans for the future using the questions below.

1. ¿Dónde piensas vivir? **Pienso vivir en...**
2. ¿Qué quieres hacer? **Quiero...**
3. ¿Cuándo piensas sacar el título? **Pienso...**
4. ¿Dónde quiere trabajar? **Quiero trabajar en...**
5. ¿Cómo es la pareja que buscas? **Voy a buscar una pareja...**

GRAMÁTICA

Para decir la hora

In *Capítulo 1* you learned to ask and give the approximate hour at which something takes place by using statements such as the following:

¿**A qué hora** tienes que ir a clase?
Tengo que ir **a la una**. ¿Quieres ir de compras **a las cuatro**?

1. Use **y (+)** to add minutes after the hour; use **menos (-)** to subtract minutes from the upcoming hour.

y (+) 

menos (-) 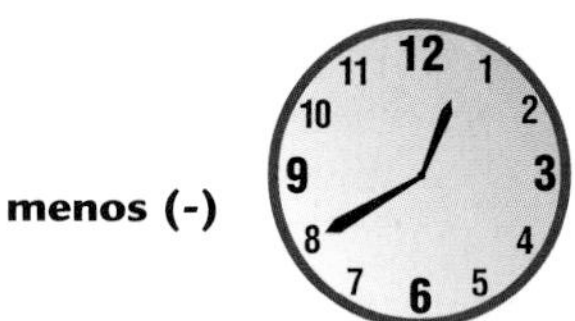

at 9.20 = a las nueve **y** veinte
at 7.10 = a las siete **y** diez

at 12.40 = a la una **menos** veinte
at 11.50 = a las doce **menos** diez

2. To express the half hour, say **...y media**.

Quiero ver un programa a las ocho **y media** (8.30).

For quarter hours, use **...y cuarto** or **...menos cuarto**.

¿Piensas ir a las nueve **y cuarto** (9.15) o a las diez **menos cuarto** (9.45)?

3. To ask or *say what time it is* now or at some other moment, use **es** or **son**, which are forms of the verb **ser**.

• To ask what time it is, say:	**¿Qué hora es?**
• To give the time, use:	**Son las...** tres/ cuatro/ cinco/ seis/ siete...
• To express the exact hour, use:	**Son las siete en punto.**
• For one o'clock and its fractions, use:	**Es la una** y cuarto (1.15). **Es la una** menos diez (12.50).

4. To distinguish between hours of the morning, afternoon, and evening, use the following expressions:

de la mañana **de la tarde** **de la noche**

Son las diez y media **de la mañana**. Tengo que tomar la prueba a las cuatro **de la tarde**.

Después, pienso bailar en la discoteca hasta (*until*) las once **de la noche**.

For exactly 12:00 noon, use:
Es mediodía.

For exactly 12:00 midnight, use:
Es medianoche.

—¿Qué hora es? ¿Son las once y media?
—No, **es mediodía**.

5. To say when something is done in reference to other activities, use **antes de** or **después de** + *infinitive*. Notice the ways this is expressed in English. In Spanish, only the *infinitive* form of verbs can follow a preposition such as **de**.

Antes de salir, tengo que ordenar mi cuarto.	*Before leaving (Before I leave), I have to straighten up my room.*
Después de comer, voy a mirar la tele.	*After eating (After I eat), I'm going to watch TV.*

Práctica

2–12. ¿Qué hora es? Give the following times, using **Son las…** or **Es la…** and **de la mañana, de la tarde,** or **de la noche**.

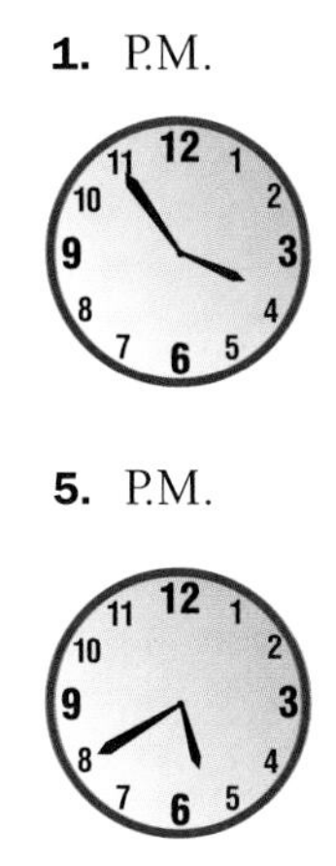

1. P.M.

2. A.M.

3. P.M.

4. P.M.

5. P.M.

6. A.M.

7. P.M.

8. A.M.

9. P.M.

10. A.M.

11. P.M.

12. P.M.

Answers: 1. Son las cuatro menos cinco de la tarde. 2. Son las siete y media de la mañana. 3. Son las once menos cuarto de la noche. 4. Es la una y cuarto de la tarde. 5. Son las seis menos veinte de la tarde. 6. Es la una y veinticinco de la mañana. 7. Son las once y media de la noche. 8. Son las ocho y catorce de la mañana. 9. Son las nueve y cuarto de la noche. 10. Es la una menos cuarto de la mañana. 11. Son las cuatro y cuarto de la tarde. 12. Son las diez y media de la noche.

Answers: 1. Estoy en el cine. 2. Estoy en el laboratorio. 3. Estoy en casa. 4. Estoy en la discoteca. 5. Estoy en la cafetería. 6. Estoy en mi cuarto.

2-13. ¿Dónde estás? Tell where you are at the following hours according to the illustrations.

> *Ejemplo:*
> Es jueves. Son las tres de la tarde.
> Estoy en la biblioteca.

1. Es sábado.
Son las diez de la noche.

2. Es lunes.
Es la una y media de la tarde.

3. Es domingo.
Son las once de la mañana.

4. Es viernes.
Es medianoche.

5. Es miércoles.
Es mediodía.

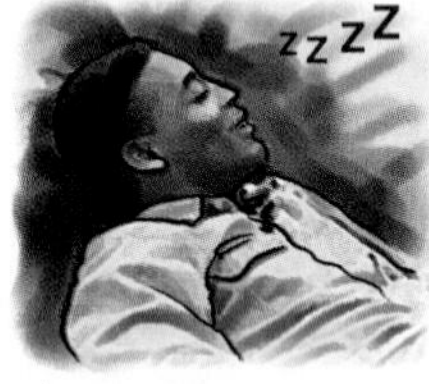

6. Es jueves. Son las diez menos cuarto de la noche.

2-14. Mis planes. Tell what you plan to do today or tomorrow before *and* after each of the following activities. For each, give the approximate time (**más o menos**). For number 6, insert something else you have to do.

> *Ejemplo:*
> comer: **Antes de comer** a la una y cuarto, más o menos, **voy a** estar en mi clase de inglés. **Después de comer**, a las dos y media, más o menos, **pienso** correr o hacer ejercicio.

1. ir a mi última (*last*) clase
2. ir a mi primera (*first*) clase
3. comer
4. salir con amigos
5. estudiar o hacer la tarea
6. ...

2-15. Un día de televisión. The following is the schedule offered by **Televisión Nacional de Chile** for one day of TV viewing. Refer to this schedule to answer the following questions.

1. ¿A qué hora es el primer programa del día?
2. ¿A qué hora puedes ver las noticias (*news*) del día?
3. ¿A qué hora puedes ver programación estadounidense?
4. ¿A qué hora puedes ver una telenovela colombiana?
5. Después de mirar la telenovela, ¿qué programa puedes ver? ¿A qué hora es?
6. Antes de ver la primera película del día, ¿qué programa puedes ver? ¿A qué hora?
7. ¿A qué horas puedes ver dibujos animados (*cartoons*)?
8. Son las cinco y media de la tarde. ¿Qué puedes ver? ¿Qué quieres ver?

Answers:
1. A las siete menos diez de la manaña. 2. A las siete de la mañana, a las dos de la tarde, a las nueve de la noche, y a la medianoche. 3. A las ocho, a las diez menos cuarto, a las once menos cuarto y a las doce del mediodía. 4. A las dos y media de la tarde. 5. Puedo ver la serie Beverly Hills 90210, a las tres y veinte de la tarde. 6. Puedo ver la serie Rescate 911, a las cinco de la tarde. 7. A las nueve menos cuarto, las nueve y diez, y las nueve y media de la mañana; a la una y diez de la tarde; y las ocho y media de la noche. 8. Puedo ver Educando a Arizona.

06.50	Carta de Ajuste	15.20	Serie: *Beverly Hills 90210*
07.00	Noticiario 24 Horas, edición matinal	16.10	Serie: *La nueva ola*
08.00	Serie: *Porque usted lo pidió*	17.00	Serie: *Rescate 911*
08.45	Dibujos: *Moo mesa*	17.30	*Educando a Arizona.* Al obtener la libertad bajo palabra, un recluso, enamorado de una joven gendarme, contrae matrimonio con ella. Ansiosos de tener un hijo, sus planes se quiebran al darse cuenta de que ella es estéril.
09.10	Dibujos: *Conan y los jóvenes guerreros*	19.00	*La increíble mujer diminuta.* Una crítica social desenfrenada, en la cual una extrovertida ama de casa empieza a disminuir gradualmente de tamaño. Protagonizada por Lily Tomlin y Charles Grodin.
09.30	Dibujos: *Panda Patrol*	20.30	Dibujos: *Los motorratones de Marte*
09.45	Serie: *Tocado por un ángel*	21.00	Noticiario 24 Horas, edición central
10.45	Serie: *Gladiadores americanos*	22.00	Tardes de Cine. *Loca Academia de Policía: Los nuevos reclutas.* El alcalde decide cerrar una de las dos academias de policía, y organiza una competencia entre las dos para eliminar a una.
12.00	Serie: *La Dra. Quinn*	00.00	Noticiario 24 Horas, edición nocturna
13.10	Dibujos: *El mundo de Bobby*	00.30	Cine nocturno. *La Guerra de los Rose.* Aficionados al arte, una pareja se conoce en un remate disputando una estatuilla. Luego de un corto romance se casan y adquieren lujosos bienes. El amor se extingue, viene el divorcio y la pelea por lo material. Protagonizada por Michael Douglas, Kathleen Turner y Danny DeVito.
13.30	*La oficina*	2.30	Cierre.
14.00	Noticiario 24 Horas, primera edición		
14.30	Telenovela: *La viuda de blanco.* Teleserie colombiana ambientada en el pueblo de Trinidad, adonde va una extraña mujer que busca su pasado. El misterio, románce y suspenso son los ingredientes de esta historia de pasión, odio e incertidumbre.		

Before doing this activity you may want to review the 24-hour clock with your students. A simple way to convert to a 24-hour time table is to add 12 to the P.M. hours: 2.00 P.M. = 2 + 12 = 14.00

Fechas, cantidades y teléfonos: los números

Because so much information is conveyed through numbers, saying and writing them correctly is very important.

In writing dates, the system most commonly used is day/month/year. Notice that months are not capitalized and may be represented by Roman numerals. To say or write out dates as part of a sentence, use . . .

el + día + **de** + mes + **del** + año

Ejemplo:
10-06-05: Pienso sacar el título **el 10 de junio del 2005** (el diez de junio del dos mil cinco).

To say **the first** day of a month, use **(el) primero**.

Ejemplo:
1-05-03: La fiesta es **el 1° de mayo del 2003**, Día del Trabajo
(el primero de mayo del dos mil tres).

A. ¿Puedes decir las siguientes fechas del siglo XX (*1900s*)?

Ejemplo:
16-VII-89: el dieciséis de julio del ochenta y nueve.

16-IX-20	12-X-92	22-XI-63
5-II-17	15-VIII-50	4-VII-76
1-I-94	1-V-66	10-VIII-95

¿Cuántos? In most of the Spanish-speaking world, the use of commas and periods to mark digits is the reverse of the U.S. system.

Se usa **una coma** para indicar los decimales: 50,4% (cincuenta **coma** cuatro por ciento)
Se usa **un punto** para indicar los miles: N$ 1.330 (mil trecientos treinta nuevos pesos)

B. ¿Puedes decir las siguientes cantidades y porcentajes?
66,2 % (por ciento) de los universitarios
N $28.013 nuevos pesos mexicanos
33,3 % (por ciento) de las empresas venezolanas
US $20.010 dólares estadounidenses
€ 264, 578 eur (euros)
₡ $79.100 colones costarricenses

¿Cuál es tu teléfono? Read the following telephone numbers listed in the agenda. For seven-digit telephone numbers, say the first number and pair all the remaining numbers. For "0," say **cero**.

Nombre	Teléfono
Ramiro Rodríguez Alonso	555-26-41
Restaurante El Molino	456-78-90
Secretaria de la universidad	234-45-77
Sandra Sanjuan Gómez	354-76-98

Ejemplo:
5 55 26 41
cinco, cincuenta y cinco, veintiséis, cuarenta y uno
8 88 74 02
ocho, ochenta y ocho, setenta y cuatro, cero dos

C. Obtain the information from your partner to complete the form below. First, put the following questions in their logical order.

7 ¿Dónde vives?
6 ¿De qué estado eres? ¿De qué ciudad eres?
1 ¿Cómo te llamas?
4 ¿Cuántos años tienes?
2 ¿Puedes deletrear tu apellido, por favor?
8 ¿Cuál es tu número de teléfono? (opcional)
5 ¿De qué país eres?
3 ¿Cuál es la fecha de tu nacimiento?

Nombre: ____________________
Nombre Apellido paterno Apellido materno

Fecha de nacimiento: ____________ 19____ **Edad:** ______
día mes año

Lugar de nacimiento: ____________ ____________
estado ciudad

Domicilio: ____________________ ____________
Ciudad Estado código postal

Teléfono: ____________________

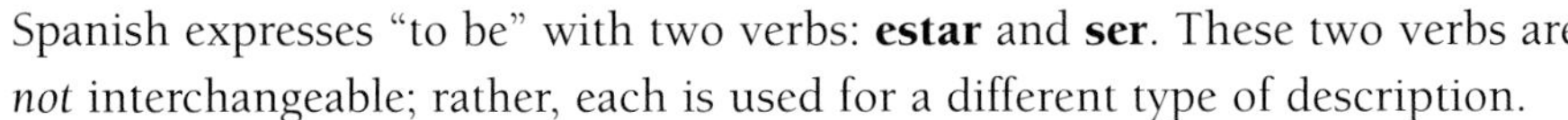

Para hacer descripciones: el verbo ser

Spanish expresses "to be" with two verbs: **estar** and **ser**. These two verbs are *not* interchangeable; rather, each is used for a different type of description.

1. You have used **estar** in *Capítulo 1* to describe health state, moods, or conditions:

¿Cómo **estás**, Diana? **No estoy** muy **bien**; **estoy nerviosa** por el examen.

Use **ser** to indicate . . .

Show students that, contrary to English, an indefinite article is not needed after **ser**: *I want to be an attorney vs.* **Quiero ser abogado.**

- identity, profession, nationality — **Soy alumno** universitario. **Quiero ser** abogado. **Soy estadounidense**.
- inherent qualities such as physical or personality traits — **Soy alto**, de pelo trigueño. **Soy** algo **tímido** y muy **serio**.
- possession with **de** — El libro **es de** mi profesora.
- possession with **del**: **de** + **el** — El cuaderno **es del** estudiante.

2. You have also used **estar** to give the location of a person, place or thing.

¿**Dónde está** tu casa? **Está en** la calle Central.

Use **ser** to . . .

When presenting the use of **ser de**, remind students that the preposition **de** contracts with **el** to become **del:** **Soy del Perú.**

- give the location of an event — La fiesta **es en** la casa de Julia, ¿no?
- indicate origin with **de** — No **soy de** aquí. **Soy de** la India.
- give the date and the time — **Es martes** y **son las dos de la tarde.**

Ser is an irregular verb. This means that its forms do not follow a regular pattern and must therefore be memorized.

ser (*to be*)					
(yo)	**soy**	*I am*	(nosotros/as)	**somos**	*we are*
(tú)	**eres**	*you are*	(*vosotros/as*)	***sois***	*you are*
(usted)	**es**	*you are*	(ustedes)	**son**	*you are*
(él/ella)	**es**	*he/she/it is*	(ellos/ellas)	**son**	*they are*

3. In Spanish, there is no neuter subject pronoun equivalent to *it*. To say *it is*, simply say **es**.

¿A qué hora es tu clase de psicología? — **Es** a las diez y media. (***It's*** *at 10:30.*)

4. Notice how the meanings of questions differ when question words are used with **ser** or with **estar**.

	With ser	With estar
¿cómo?	**¿Cómo eres? ¿Cómo es/ son?** (Personal traits: *What are you like? What is s/he like? What are they like?*)	**¿Cómo estás? ¿Cómo están?** (Health, mood: *How are you? How are they?*)
¿quién?	**¿Quién eres? ¿Quiénes son?** (Identity: *Who are you? Who are they?*)	**¿Quién está en clase? ¿Quiénes están aquí?** (Location: *Who is here?*)
¿dónde?	**¿Dónde es la fiesta? ¿Dónde es el concierto?** (Location of *event*, where something is held: *Where is the party? Where is the concert?*)	**¿Dónde está el laboratorio?** (*Object* location: *Where is the lab?*)

Práctica

2–16. Un cumplido. Everyone needs a compliment now and then. On a piece of paper, write two personality compliments: one for your instructor and one for someone in your class. Remember to use feminine endings of adjectives for females and to follow the rules for **tú/Ud.**

Ejemplo:
—Señor/a/ Profesor/a, **usted es** muy paciente y amable.
—Jim, **tú eres** muy sociable y tranquilo.

Answers: 1. Elba Rojas Lázaro, Laurentino Pérez Torres 2. Elba Rojas Lázaro, Laurentino Pérez Torres 3. Mercedes Núñez, Antonio Cortés 4. Mercedes Núñez, Antonio Cortés 5. Sonia Sandoval del Villar, Mercedes Núñez 6. Antonio Cortés 7. Mercedez Núñez 8. Elba Rojas Lázaro, Mercedes Núñez 9. Elba Rojas Lázaro, Gustavo Adolfo Mariscal, Antonio Cortés, Laurentino Pérez Torres

2–17. Correo del corazón. Scan the personal ads on the next page to find the people who fit the following descriptions. Then make statements using **ser** or **estar** appropriately, according to the context.

Ejemplo:
solteros (*single*): Sonia, Mercedes, Gustavo y Antonio son solteros.

1. divorciados
2. mayores
3. en Nueva York
4. del Caribe
5. artistas
6. de ojos oscuros
7. con hijos
8. serios
9. sociables

Anuncios Personales

Elba Rojas Lázaro
Soy una escritora mexicana, divorciada, de 39 años. Soy baja, delgada y atractiva. Me gusta nadar, viajar, conocer a otra gente y salir con amigos. Quiero una relación seria, como amigos o tal vez matrimonio, con un hombre de buena posición económica, igual que yo. Tlaxcala 75, depto. 31, Col. Roma sur, México.

Sonia Sandoval del Villar
Soy chilena, soltera de 28 años, secretaria en idiomas (inglés, francés, alemán y español). Me gusta ir al cine, escuchar música clásica, leer libros de detectives y tocar el piano. Soy buena ama de casa y sé cocinar muy bien. Soy delgada, rubia, guapa, de ojos verdes y alta. Quiero conocer a una persona sincera, responsable y con paciencia. Cueto 319, Santiago, Chile.

Mercedes Núñez
Soy una dominicana sincera y romántica. Tengo 24 años y estoy soltera. Soy asistente de enfermería pero quiero estudiar más. Tengo un hijo de 4 años. Soy de estatura mediana, fuerte y atractiva. Me gusta pintar y hacer cerámica. Soy tímida pero muy práctica. Quiero conocer a un señor respetuoso y estable para una relación seria. 644 76th St. Brooklyn, NY, EE. UU.

Gustavo Adolfo Mariscal
Soy un nicaragüense soltero, de 27 años, psicólogo. Quiero conocer a personas de ambos sexos de diferentes culturas. Me gusta la historia y la fotografía. Mis aficiones son leer y trabajar en la computadora. 1215 Dolores, San Francisco, CA, EE. UU.

Antonio Cortés
Soy soltero, de 26 años, de Puerto Rico. Soy gerente de ventas. Busco una mujer independiente, práctica y tranquila para casarme. Soy alto, de ojos oscuros. Me gusta el arte y la tecnología, salir con amigos y bailar. (212) 555–2895. Llamar después de las 20.

Laurentino Pérez Torres
Soy panameño, de 37 años, divorciado, profesor de electrónica. Quiero conocer a mujeres de diferentes nacionalidades, con fines de matrimonio. Soy sentimental y trabajador. Me gustan las mujeres inteligentes y estudiosas, mejor si son altas y rubias, de ojos claros.

2–18. Parejas. Read the personal ads and find one good match between the men and women who have submitted descriptions. Tell the class why you consider the two a good match, using forms of **ser** to describe *nationality, physical appearance, personality,* and *profession.*

Ejemplo:

______ y __________ **son** compatibles porque los dos **son**
____________________ y **son** _______________ y
______________________. Elba **es** ____________________ y Gustavo
quiere conocer a una chica ____________________. También...

2-19. Por teléfono. Mercedes has answered Antonio's personal ad on page 47. With a classmate, complete the following phone conversation between them, using appropriate forms of **ser** or **estar**.

MERCEDES: Hola, Antonio, ¿qué tal? Soy Mercedes Núñez. Llamo por tu anuncio del periódico. Yo ____soy____ la chica de tus sueños (*dreams*).

ANTONIO: Mercedes, ¿cómo ____estás____? Mucho gusto. ¿Así que ____eres____ la chica de mis sueños?

MERCEDES: Bueno, ____soy____ seria y responsable, y tengo mucho interés en el arte como tú. ____Soy____ artista en mis ratos libres. Tú y yo ____somos____ muy compatibles. Además los dos ____estamos____ en Nueva York ahora. Yo ____soy____ de la República Dominicana. Y tú ____eres____ de Puerto Rico, ¿no?

ANTONIO: Sí, ____soy____ puertorriqueño. ____Soy____ gerente de ventas de una empresa de juguetes (*toys*).

MERCEDES: ¿Juguetes? ¡Perfecto! Tengo un hijo (*son*) de cuatro años. ¿Cómo ____es____ tu familia, Antonio?

ANTONIO: Bueno, en mi familia sólo ____somos____ tres personas: mi papá, mi mamá y yo. Ellos ____son____ dueños de un negocio.

MERCEDES: Ustedes ____son____ muy trabajadores, ¿no?

ANTONIO: Sí, en el trabajo, nosotros ____somos____ muy serios. ¿Qué ____eres____ tú?

MERCEDES: Actualmente, ____soy____ asistente de enfermería (*nurse's assistant*), pero quiero algo más. Un día, quiero ____ser____ enfermera. Oye, Antonio, ¿quieres ir a una exposición de fotografía?

IOR

ANTONIO: Sí, cómo no... ¿Dónde ____es____?

2-20. ¡Mira cómo somos! Describe yourself to your partner in terms of nationality, physical characteristics, and personality. Your partner will take notes and report to the class, comparing the two of you in terms of your differences and similarities.

Ejemplo:

Diferencias: No soy como Jason porque él es muy..., pero yo soy... . Él es..., pero yo soy...

Semejanzas: En cambio (*On the other hand*), **él es**... y yo **también soy**... . **Nosotros somos** muy...

	NACIONALIDAD	FÍSICO	PERSONALIDAD
Mi compañero/a			
Yo			

2–21. ¿Quieres salir? "Call" one of your classmates on the phone by saying his or her name. Your classmate will not immediately know who you are, so you'll have to spell your name, identify yourself, and describe your physical appearance. Then, invite your classmate to a campus event, **un concierto, un partido, una exposición**. Your partner will ask where and when the event is and decide whether or not to go with you and say why. Use the model as a guide.

Tú	**Tu compañero/a**
—¿Erica?	—Sí, soy Erica.
—¡Hola!, ¿qué tal? Soy Alfredo.	—¿Quién?
—Alfredo. Estoy en tu clase.	—¿Cómo eres?
—Soy alto y pelirrojo y un poco tímido.	—¡Ah, Alfredo! ¿Cómo estás?
—Muy bien, gracias. ¿Y tú?	—Bien, gracias.
—¿Quieres ir al concierto de... el sábado?	—¿Dónde es y a qué hora es?
...	...

Variation: To "call" classmates, have students either *spell* the classmate's name, or *say* the classmate's phone number. For the latter, have each student put his or her number (anonymously) on a piece of paper. Pass these around until each student receives one.

Para describir habilidades, planes y obligaciones: algunos verbos frecuentes

GRAMÁTICA

You have learned to use the **yo** form of **tener que, querer, poder, pensar**, and **ir a** with *infinitives** to express abilities, plans, and obligations.

VERBO	PARA DECIR...	POR EJEMPLO...
tener que	what you *have to do*	**Tengo que llamar** a la oficina de becas.
querer	what you *want to do*	**Quiero ir** al extranjero y **visitar** ciudades grandes.
poder	what you *are able to do*	**Puedo hacer** la tarea en veinte minutos.
pensar	what you *plan to do*	**Pienso buscar** un puesto.
ir a	what you *are going to do*	**Voy a sacar** el título en el año 2004.

Aside from the obvious benefit of frequent usage, these verbs are shown before the formal presentation of the regular present tense for the following pedagogical reasons: (1) The students can easily focus on verb endings while (2) expanding their immediate ability to speak through use of constructions requiring the infinitive and (3) maintaining the constant flow of conversation in the classroom. Formal presentation of the full present tense of **-ar, -er, -ir** verbs appears in *Capítulo 3*.

In this section you will learn how to use these verbs to talk about other persons.

1. Use **tener (que)** (*to have to*) and **querer** (*to want*) to describe interests, obligations, and desires. As you study their forms, notice their similarities.

Both **tener** and **querer** have the *same endings* to indicate the different persons.

-o signals **yo**	**-emos** signals **nosotros/as**
-es signals **tú**	***-éis*** signals ***vosotros/as***
-e signals **él, ella, usted**	**-en** signals **ellos, ellas, ustedes**

*The verb forms that end in **-r: hablar, comer, vivir.**

Both verbs end in **-er** and have what is called a *stem change*. The stem is that part of the verb that remains after the ending (**-er**) is removed. The stem of **tener (ten-)** changes to **tien-** in all of its forms except for **yo, nosotros/as and vosotros/as**. Notice that the **yo** form of **tener (tengo)** is irregular.

The stem of **querer (quer-)** changes to **quier-** in all of its forms except for **nosotros/as** and **vosotros/as**. This stem change is often denoted as **e ➔ ie**.

tener (*to have*)				**querer** (*to want*)			
(yo)	**tengo**	(nosotros/as)	**tenemos**	(yo)	**quiero**	(nosotros/as)	**queremos**
(tú)	**tienes**	(*vosotros/as*)	***tenéis***	(tú)	**quieres**	(*vosotros/as*)	***queréis***
(él/ella)	**tiene**	(ellos/ellas)	**tienen**	(él/ella)	**quiere**	(ello/ellas)	**quieren**
(Ud.)	**tiene**	(Uds.)	**tienen**	(Ud.)	**quiere**	(Uds.)	**quieren**

- Use **tener** (*to have*) to express:

possession — **Tengo** una cámara digital muy grande.

age — —¿**Cuántos años tienes**?
—**Tengo** veinte (años).

obligation — **tener que** + *infinitive* (*to have to*)
—¿**Qué tienes que** hacer?
—**Tengo que** trabajar ahora.

- Use **querer** (*to want*) to express:

desire — **Quiero** un coche.
No quiero hacer nada.
(*I don't want to do anything.*)

plans — **Quiero** ser arquitecto.

invitations — —¿**Quieres salir** con nosotros?
—No, gracias; **no quiero**.

2. Use the verb **pensar** (*to think*) with infinitives to say what you are planning to do or thinking about doing.

—¿**Qué piensas hacer** el sábado?
—**Pienso ir** al centro comercial. **Quiero** comprar un disco compacto.

Like **querer** and **tener**, the verb **pensar** also has an **e ➔ ie** stem change in all forms except **nosotros/as** and **vosotros/as**. However, since pensar is an **-ar** verb, its endings, except for the **yo** form, contain an **-a**.

-o signals **yo**	**-amos** signals **nosotros/as**
-as signals **tú**	***-áis*** signals ***vosotros/as***
-a signals **él, ella, usted**	**-an** signals **ellos, ellas, ustedes**

		pensar (*to think*)	
(yo)	**pienso**	(nosotros/as)	**pensamos**
(tú)	**piensas**	(*vosotros/as*)	***pensáis***
(él/ella)	**piensa**	(ellos/as)	**piensan**
(Ud.)	**piensa**	(Uds.)	**piensan**

3. Use the verb **poder** (*to be able to, can*) with an infinitive to:

• describe abilities with a condition	**Puedo** sacar buenas notas sin estudiar mucho.
• state possibilities	—¿**Puedes** ir al cine? —No, gracias, **no puedo**. Tengo que estudiar.
• ask or give permission	—¿**Puedo** usar el teléfono, por favor? —Por supuesto; **puedes** usar el teléfono de la oficina.

Poder is also a stem-changing verb. It has an **o** → **ue** stem change in all but the **nosotros/as** and **vosotros/as** forms. Its endings for indicating persons are the same as those of **tener** and **querer**.

		poder (*to be able to, can*)	
(yo)	**puedo**	(*nosotros/as*)	***podemos***
(tú)	**puedes**	(*vosotros/as*)	***podéis***
(él/ella)	**puede**	(ellos/as)	**pueden**
(Ud.)	**puede**	(Uds.)	**pueden**

4. Use the verb **ir** (*to go*) followed by **a** (*to*) to:

• indicate destination	
(with a feminin noun)	**Voy a** casa **a** mirar la tele.
(with a masculine noun: **a + el = al**)	**Voy a** biblioteca antes de **ir al** concierto.
• indicate no destination	Después del concierto, **no voy a ninguna parte.** (*After the concert, I won't go anywhere.*)
• indicate destination and intention	—¿**Adónde va** Marcos? —**Va a** la biblioteca **a** estudiar.
• issue an invitation	¿**Por qué no vamos** al cine? No quiero estudiar más.
• suggest a plan ("let's go")	**Vamos** al restaurante, ¿quieres?
• indicate plans (using an infinitive)	**Voy a buscar** un puesto después de sacar mi título. Y tú, ¿qué **vas a hacer?**
• indicate lack of plans	**No voy a** hacer **nada**. (*I am not going to do anything.*)

Notice that the personal forms of the verb **ir** do not resemble the infinitive at all. The verb **ir** is *irregular*, which means that its forms must simply be memorized.

ir (*to go*)			
(yo)	**voy**	(nosotros/as)	**vamos**
(tú)	**vas**	(*vosotros/as*)	***vais***
(él/ella)	**va**	(ellos/as)	**van**
(Ud.)	**va**	(Uds.)	**van**

Práctica

IOR

2-22. En la piscina. Complete the following conversation overheard at a swimming pool (**la piscina**) with the correct form of **poder, tener,** or **tener que...**, according to the context.

MARILÚ: ¿Cuántos años __tienes__ tú?

JOSÉ: __Tengo__ once, pero sé nadar muy bien.

MARILÚ: Sé que __puedes__ nadar bien, José, pero __tienes que__ ser mayor para nadar en nuestra piscina.

JOSÉ: ¿Uds. no __tienen__ salvavidas (*lifeguard*)?

MARILÚ: Sí, aquí __tenemos__ salvavidas, pero ellos no __pueden__ mirar a todos los chicos constantemente. Tu mamá __tiene que__ estar aquí también.

JOSÉ: ¿__Puedo__ usar el teléfono para llamar a mi mamá?

MARILÚ: Claro, José. __Puedes__ usar el teléfono que está en mi oficina.

JOSÉ: Pero, no __tengo__ dinero. ¿__Tiene__ usted veinticinco centavos?

2-23. A ver quién puede. Read each item in the chart that follows and write the word **yo** beside the number that corresponds to those things *you* can do. Then, circulate among your classmates, asking them about each item on the list. If a person responds **Sí, puedo**, write his or her name on your list next to the corresponding number. Keep asking until you have a name next to each item number. Summarize your findings for the class, as in the model.

Ejemplo:
Mark puede..., pero yo no puedo. Beth y yo podemos... Beth y Mark pueden... Nadie *(no one)* **puede...**

¿Quién puede...?	**Sí puedo** yo	compañeros/as
1. tocar bien un instrumento sin tener que practicar		
2. ir a casa sin tener que viajar a otro estado		
3. pagar las cuentas sin la ayuda de los padres		
4. vivir en una ciudad grande sin tener coche		
5. sacar buenas notas sin tener que estudiar		
6. ganar dinero sin tener que trabajar mucho		
7. comer bien sin tener que cocinar		
8. sacar un título en menos de cuatro años		

Alternate or follow-up activity: Have students interview their classmates to find out in how many minutes they can complete the following activities: **leer 20 páginas, hacer la tarea de..., escribir una composición, aprender el vocabulario del** ***Capítulo 2*****, comer una pizza, correr 1 milla (*****mile*****), ordenar su cuarto.**

2-24. Planes del sábado. Interview several classmates to find out their plans for the weekend using **ir** and **ir a**. Use the choices below as a guide for your interview. Tally their answers and report the results to the class.

Ejemplo:
—¿Adónde **vas** el sábado?
—**Voy** al gimnasio.
—¿Con quién **vas**?
—**Voy** con mi amigo.../ **Voy** solo/a.
—¿Qué **vas** a hacer?
—**Voy** a hacer ejercicio.

Actividades: estudiar, trabajar, bailar, cantar, leer, mirar la tele, comer
Lugares:

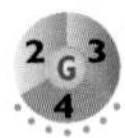

2–25. ¿Qué van a hacer? Find out what plans some of your classmates have for each of the term breaks you have this year. Take notes and report back to the class, sharing your own plans as well, using the verbs **pensar, ir a, querer**, and **tener que**. Use the following questions as a guide.

Ejemplo:

¿Qué **vas a** hacer?
¿Qué **quieres** hacer?
¿**Piensas** ver a tus amigos?
¿**Tienes que** hacer algo especial?
A la clase: Para las vacaciones de diciembre, Rumiko y Claude **van a casa a visitar** a sus padres. Esteban **piensa ir a** Puerto Rico y Melissa **quiere visitar** a su amiga de California. Yo **no voy a hacer nada**. **No pienso ir a ninguna parte** porque **tengo que** trabajar.

2–26. Buen viaje, profe. Plan a trip for your professor. He or she has the following questions for you to answer. See who can come up with the most interesting vacation.

Tu profesor/a quiere saber...

1. ¿cuándo voy a viajar?
2. ¿con quién voy a viajar?
3. ¿adónde vamos? ¿por qué?
4. ¿qué vamos a hacer?
5. ¿adónde pensamos ir allí (*there*)?
6. ¿quién va a comprar mi pasaje (*ticket*)?
7. ¿cuánto dinero tengo que tener?
8. ¿quién va a dar mis clases?
9. ¿qué van a hacer Uds.?
10. ¿por qué quiero viajar?

2–27. ¿Quieres salir esta noche? Invite two classmates to go do something with you and a friend tonight. Suggest different things to do and different places until they accept, but not before they tell you what they have to do beforehand.

Ejemplo:

—¿Quieren ir a comer con nosotros? Pensamos ir a la cafetería.
—¿A la cafetería? No gracias. Nosotras queremos ir a un restaurante elegante.
—¿Por qué no vamos al Restaurante Cometodo ? Es muy popular.
—Muy bien, pero antes tenemos que ir a la biblioteca.

Then announce to the class what excuses your classmates gave for the places you invited them and what you finally agreed upon.

Ejemplo:

A la clase: Gloria y Lisa no quieren ir a la cafetería porque quieren ir a un restaurante elegante. Pensamos ir al Restaurante Cometodo porque es muy popular. Pero antes, ellas tienen que ir a la biblioteca.

Voces hispanas

¿De dónde son los hispanos?

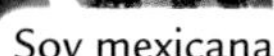
Soy mexicana.

Soy costarricense.

Soy dominicano.

Soy español.

When you travel to a Spanish-speaking country, one of the first questions you will be asked is **¿De dónde eres?** or **¿De dónde es usted?** To say that you are from the United States, you may give either of the following responses.

Soy de los Estados Unidos.
Soy estadounidense.

The United States, home to the fifth largest Hispanic population in the world, can be considered part of **el mundo hispano** (*the Hispanic world*). The term **hispano** refers to Spanish-speaking people from many different countries. Note the following countries and corresponding nationalities. Country names are capitalized; *nationalities are not.*

(la) Argentina	argentino/a
Bolivia	boliviano/a
Chile	chileno/a
Colombia	colombiano/a
Costa Rica	costarricense
Cuba	cubano/a
Ecuador	ecuatoriano/a
El Salvador	salvadoreño/a
España	español/a
(los) Estados Unidos (EE.UU.)	estadounidense
Guatemala	guatemalteco/a
Honduras	hondureño/a
México	mexicano/a
Nicaragua	nicaragüense
Panamá	panameño/a
Paraguay	paraguayo/a
(el) Perú	peruano/a
Puerto Rico*	puertorriqueño/a
la República Dominicana	dominicano/a
(el) Uruguay	uruguayo/a
Venezuela	venezolano/a

Place the Spanish-speaking countries above in the following categories:

Norteamérica	Centroamérica	Sudamérica	Europa
Estados Unidos	Costa Rica	Argentina	España
México	Cuba	Bolivia	
	El Salvador	Chile	
	Guatemala	Colombia	
	Honduras	Ecuador	
	Nicaragua	Paraguay	
	Panamá	Perú	
	Puerto Rico	Uruguay	
	República Dominicana	Venezuela	

* More precisely, Puerto Rico is an **Estado Libre Asociado**, a commonweath of the United States.

The *En voz alta* audioscripts are recorded on the student tape or CD that accompanies each textbook.

Audioscript:

Mensaje 1.

ROSA ELENA:

... Tres-dos-cero-cuatro-dos...

ANA MARÍA:

Habla Ana María Armas. Por favor, deje su mensaje después del tono. Muchas gracias. *BEEP*.

ROSA ELENA:

... Bueno, ... este... Me llamo Rosa Elena Dávila Gutiérrez. Tengo diecinueve años. Soy alumna de la Facultad de Economía y llamo porque necesito un cuarto para el próximo semestre. No tengo animales. Soy responsable y bastante ordenada. No fumo cigarrillos y tengo mucho interés en la música. Soy méxico-americana y quiero conocer gente de otros países. ¿Puedes llamarme esta noche? Mi número es dos-tres-nueve-cinco-siete. Muchas gracias.

Mensaje 2.

ANA MARÍA:

Habla Ana María Armas. Por favor, deje su mensaje después del tono. Muchas gracias. *BEEP*.

CRISTINA:

Hola, Ana María. Me llamo Cristina Moreno Osorio. Soy estudiante de computación y quiero ser analista de sistemas. Tengo veinte años y soy de Colombia. Necesito un cuarto para el próximo semestre y tengo un gatito blanco. No soy ordenada, pero soy estudiosa y seria. Tengo mucho interés en la informática y los deportes. Por favor, llámame esta noche al nueve-nueve-siete-cuatro-cero. Gracias y adiós.

EN VOZ ALTA

A. Mensaje 1. Listen to the first message left on Ana María's answering machine and provide as much of the following information as you can about the caller.

1. nombre Rosa Elena Dávila Gutiérrez
2. ocupación estudiante de Economía
3. personalidad responsable, ordenada
4. nacionalidad méxico-americana
5. intereses conocer gente de otros países, música
6. animales no tiene
7. número de teléfono 23957

B. Mensaje 2. Now listen to the second message and provide the same information about the second caller.

1. nombre Cristina Moreno Osorio
2. ocupación estudiante de computación
3. personalidad estudiosa, seria, no es ordenada
4. nacionalidad colombiana
5. intereses informática, deportes
6. animales gatito blanco
7. número de teléfono 99740

C. Avisos. Look at the ad to which both callers were responding. According to this ad, which of the two callers is most compatible with Ana María? Explain your choice, as in the example.

Ejemplo: Ana María y... **(no) son** compatibles porque Ana María quiere... y... **es...**

Alumna universitaria de ingeniería, dominicana, quiere compañera de cuarto deportista, alegre y adaptable. También ordenada y responsable. Tengo mucho interés en el arte y la fotografía. Por favor, sin animales. Apartamentos Buena Vista. Tel. 32042.

1. Ana María y Rosa Elena **son** compatibles porque son responsables y ordenadas.
2. Ana María y Cristina **son** compatibles porque tienen interés en los deportes.
3. Ana María y Cristina **no son** compatibles porque Cristina tiene un gatito blanco.

Mi refranero. The following is a popular Hispanic saying related to plans and goals. Do you agree with it?

Más vale un hoy que diez mañanas. *There is no time like the present.*

SÍNTESIS

Para leer

Para buscar un puesto en el mundo hispano

Answers: 1. estado civil, sexo, edad, buena presencia, foto 2. Amabilidad con el público, Buena presencia, Conocimientos de otros idiomas. 3. Presentarse con CV manuscrito y una foto. 4. lunes 14 de octubre de 10 a 13 y de 15 a 18 hrs.

A. Avisos de trabajo. Look at the following job ad from Mexico. Then answer the questions.

1. What personal information is included that you would not expect to find in a job ad in the U.S.?
2. What skills are required that are usually not required in the U.S.?
3. According to the ad, what should people do to apply for the job?
4. On what days and hours are the interviews for this position to be held?

ENTIDAD FINANCIERA DE PRIMER ORDEN

ofrece puesto de

JEFE DE LA SECCIÓN DE CRÉDITO

SE REQUIERE:
Escolaridad: Licenciado
Estado civil: casado
Sexo: masculino o femenino
Edad de 25 a 35 años

SE OFRECE:
Excelente ambiente de trabajo
Autonomía y flexibilidad
Desarrollo profesional
Sueldo a convenir según currículum

Conocimientos de inglés y/o alemán
Experiencia en conciliar cuentas
Experiencia en dirección de personal
Amabilidad con el público
Buena presencia

Entrevistas lunes 14 de octubre a partir de las 10 a 13 y de 15 a 18 hrs. Interesados presentarse con currículum manuscrito y fotografía reciente en Vía Morelos N° 414, Col. Santa Clara, Ecatepec, Edo. de México, con el Lic. Alfredo Caballero, tels: 755-87-77, 569-38-33

PARA LEER BIEN

When reading, use clues from the context to make informed guesses about words you do not recognize. Rely on those words you *do know*, and on those words (or parts of words) that look *familiar* to you. For example:

1. First scan the ad and identify the cognates you find: **profesional, público,** etc. Now see how many Spanish words are familiar to you: **Licenciado, sueldo, cuentas,** etc. From what you do know, make guesses about the meaning of each line. For example, you know the word **amable** and can recognize the cognate **público.** What might **amabilidad con el público** mean?
2. Use your knowledge of Spanish to guess at derivatives of familiar words. For example, find the word **conocimientos.** What *verb* might this word come from?

SÍNTESIS

B. El currículum. Carmen Elena has submitted her resumé (**curriculum vitae**) to apply for the job advertised. As you scan her **currículum** (CV), notice the following:

1. What information does she include that would not generally be included in a CV in the U.S.?
2. Notice that Carmen Elena's CV is handwritten. Why do you think Hispanic employers request handwritten resumés? Why would they request a photo?
3. Why would an employer want to know the professions of the applicant's parents?
4. Why would indication of skills in other languages be a standard feature of a resumé in the Hispanic world?

CURRÍCULUM VITAE

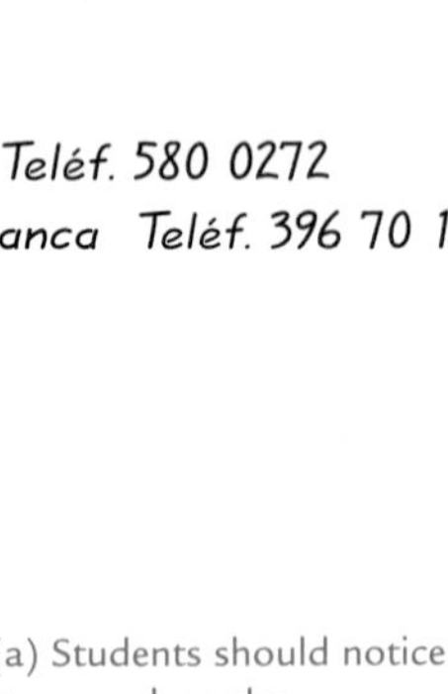

DATOS PERSONALES

Apellidos:	Rodríguez Ortiz
Nombre:	Carmen Elena
Lugar de nacimiento:	Monterrey, Nuevo León
Fecha de nacimiento:	18/4/75
Nacionalidad:	mexicana
Estado civil:	casada
Dirección y teléfono particular:	Manuel Carpio 105, 7°, 3, 08500 México, D. F. Teléf. 580 0272
Dirección profesional:	Unitec, Poniente 44, Col. San Salvador, Xochimanca Teléf. 396 70 13
Nombre/ocupación del padre:	Alberto Rodríguez Olmedos, mecánico
Nombre/ocupación de la madre:	Elvira Ortiz Martínez, secretaria

CARGO AL QUE ASPIRA Jefa, Departamento de Crédito

ESTUDIOS REALIZADOS y TÍTULOS

15 de junio de 1996: Licenciatura en Contaduría Pública
Facultad de Administración y Ciencias
Universidad Tecnológica de Monterrey

EXPERIENCIA PROFESIONAL

Septiembre 1996-presente: UNITEC, Contadora

OTROS CONOCIMIENTOS

Conocimientos de C++

Idiomas:

Inglés	Hablado: bueno	Leído: muy bueno	Escrito: regular
Francés	Hablado: regular	Leído: bueno	Escrito: regular

REFERENCIAS

Dr. Manuel García Morelos, UNITEC

FECHA 20/3/97 FIRMA *Carmen Elena Rodríguez Ortiz*

(a) Students should notice items such as the following: marital status, gender, age, appearance, residence location, foreign language skills; deliver *handwritten* resumé with *photo*. To prevent negative reactions, explain that in the Hispanic culture the focus is on the person to be hired as a person first, then as someone having particular skills.
(b) Remind students that the title **Licenciado/a**, presented in the opening to this chapter, refers to a college-degreed person and lawyers.

C. La entrevista de trabajo. In job interviews, Hispanics are generally accustomed to responding to questions that in the U.S. might be considered rather "private." Scan the article below to find the following:

1. ¿Cómo es la imagen que el candidato quiere comunicar?
2. ¿Qué tipos de preguntas tiene que contestar el candidato, por lo general?
3. ¿Qué tipos de preguntas debe (*should*) hacer el candidato?
4. ¿Qué cosas no debe hacer nunca (*never*) el candidato? ¿Por qué?

La entrevista de trabajo

Es en el caso de la entrevista de trabajo cuando se hace más real que nunca el tópico de que "una imagen vale más que mil palabras". En la conversación, primordial y primero: demostrar interés en trabajar. La entrevista busca fundamentalmente sacar una fotografía real de tu personalidad.

¿Cuáles son las preguntas típicas? Te pueden preguntar por las aficiones, la familia, las relaciones personales, cualquier cosa de tu vida privada. Una pregunta casi obligada es: "Nombra tus tres virtudes y tres defectos". También te pueden preguntar sobre tu trabajo ideal y el tipo de jefe que prefieres. Es importante dar una respuesta general, pero nunca hablar mal de un superior (tampoco de tus padres).

En la entrevista, también tienes tú la oportunidad de preguntar. Pregunta por el puesto de trabajo, las funciones que vas a tener, el horario, de quién vas a depender, etc. Pero sobre el tema del dinero, mejor no preguntar.

En general, es necesario estar tranquilo, ser preciso en las respuestas y mantener un tono de seriedad en la conversación. Tienes que comunicar una imagen de madurez.

De: "La entrevista de trabajo," *Universitarios hoy* (6/91), 46–47.

D. Posibles preguntas de la entrevista. The following are some typical interview questions. How would you respond to each as a job candidate? Address your interviewer with **Ud**.

Possible answers: 1. Demostrar interés en trabajar. 2. Por las aficiones, la familia, las relaciones personales, cualquier cosa de su vida privada, sus tres virtudes y sus tres defectos, sobre su trabajo ideal y el tipo de jefe que prefiere. 3. Por el puesto de trabajo, las funciones, el horario, de quién va a depender. 4. No preguntar por el sueldo ni hablar mal de jefes ni de los padres, mantenerse tranquilo y serio. Hay que dar imagen de madurez.

Preguntas sobre tu personalidad

1. ¿Cuáles son tus tres virtudes y tus tres defectos?
2. ¿Cómo quieres ser y dónde quieres estar dentro de cinco años?
3. ¿Cuál es el verbo que mejor te describe a ti?

Preguntas sobre tu estilo de trabajo

4. ¿Tienes interés en los problemas de otros?
5. ¿Te gusta escuchar sus opiniones?
6. ¿Con qué tipo de persona quieres trabajar?
7. ¿Con qué tipo de persona no puedes trabajar?
8. ¿Quieres trabajar solo/a o en equipo/ grupo? ¿Por qué?
9. ¿Cómo es el jefe ideal, en tu opinión?

Para escribir

Soy un buen candidato

In this section, you will approach writing as a process by using strategies for thinking, planning and organizing, and elaborating and editing.

A. Enumerar. List at least four activities in each category that you could use to present yourself to an exchange program director, host family, or employer. Make sure the activities reflect the full range of your abilities and potential, and enhance what you can do now and will be able or plan to do later.

Soy...	**Tengo (que)...**	**Voy a...**
Quiero...	**Sé.../ Puedo...**	**Pienso...**

B. Anticipar. Choose one of the persons from the following list and write at least *five* questions that he or she would expect to have answered by your self-presentation.

1. a foreign family in search of an *au pair* student
2. a foreign specialist in search of a U.S. assistant
3. a study-abroad scholarship coordinator
4. a summer internship or job-abroad coordinator

C. Expander. Add to the preceding questions two or more *branching* questions that would require detail or persuasive justification on your part. Then, answer these questions to paint yourself in the best light and to convey your best qualities and abilities.

D. Relatar y resumir. Now, in the form of a letter, weave your answers together so that thoughts follow logically. Use connective devices such as the following.

to add more information	**y, también, no soy..., tampoco...** (*either, neither*), **además** (*further*)
to contrast	**pero, en cambio** (*on the other hand*)
to provide reasons	**porque**
to provide results or consequences	**por eso,** (*therefore*)
to give examples and illustrations	**por ejemplo,**
to order events	**antes de.../ después de...** + *infinitive*
to indicate degree of intensity with adjectives	**algo..., muy..., no muy...**
to indicate quantity with nouns	**mucho, no mucho**
to qualify verbs	**muy bien..., bien..., no muy bien**

Also include some dates that are important to you and prices or totals of some relevant expenses or earnings. The following will serve as an example of how to integrate different statements to present yourself in a standard formal letter.

Tu ciudad, y la fecha: Denver, 15 de noviembre de 200...

Estimados señores:

Soy alumno/a **de** la Universidad de… y tengo diecinueve años. **Quiero ser…** y **pienso** sacar mi título en… **porque…. Voy a ir a** Colombia **a** estudiar de junio a agosto del año 200…. En Colombia, **quiero trabajar** porque **tengo que ganar** dinero para comer y viajar. **Por eso, antes de ir, pienso** buscar un puesto de más o menos… dólares al mes. **Soy muy…, y además puedo** aprender español fácilmente. **Yo sé que ustedes…**

A la espera de su amable contestación, le saludo/a atentamente.

Tu nombre y tus apellidos
Tu dirección

E. Corregir. An important final stage is careful reading of what you have written. As you read through your description, check for:

Content: Have you answered all your questions and given interesting and persuasive detail or justification?

Accuracy: Do words describing yourself *agree* with your gender? Are the dates and other numbers and intensifiers correctly chosen and spelled? Do all your verbs represent the right *persons*? Have you used **muy** only with *adjectives*? Have you used **mucho/a, muchos/as** correctly and *only* with nouns or verbs? If so, **¡felicitaciones!**

Vocabulario

Personalidad

amable kind
amistoso/a friendly
deportista athletic
desordenado/a messy
impaciente impatient
impulsivo/a impulsive
inteligente intelligent
perezoso/a lazy
práctico/a practical
reservado/a reserved
responsable responsible
romántico/a romantic
sensible sensitive
serio/a serious
simpático/a nice, pleasant
tímido/a timid
trabajador/a hard-working
tranquilo/a calm

Físico

alto/a tall
bajo/a short
de estatura mediana of medium height
delgado/a thin
grueso/a heavy
joven young
mayor older
de ojos claros/ oscuros light/dark-eyed
pelirrojo/a red-haired
de pelo castaño/ negro/ rubio brown/black/blonde hair
de piel clara/ morena/ trigueña light/dark/brown skin

Carreras

abogado/a lawyer
el/la analista de sistemas systems analyst
arquitecto/a architect
el/la dentista dentist
dueño/a de... owner of . . .
el/la gerente manager
ingeniero/a engineer
médico/a medical doctor
programador/a programmer
psicólogo/a psychologist

Actividades

bailar (bien/ mal) to dance (*well/badly*)
buscar (un puesto/ una pareja) to look for (*a job/mate*)
cantar to sing
cocinar to cook
comprar to buy
conocer (a) to know someone/a place
correr (rápido) to jog (*fast*)
diseñar to design
ganar to earn (*money*), win a race
gustar (me gusta/ me gustan) to like
ir a (voy/ vas) to go to
nadar to swim
no quiero hacer nada I don't want to do anything
no voy a hacer nada I'm not going to do anything
no voy a ninguna parte I'm not going anywhere
pagar (las cuentas) to pay (*bills*)
pensar... (+ inf.) (pienso/ piensas) to plan to
pintar to paint
poder... (+ inf.) (puedo/ puedes) to know how to, be able to
querer... (+ inf.) (quiero/ quieres) to want to
saber... (+ inf.) (sé/ sabes) to know how to
sacar (el título/ mi maestría) to get (*the degree/my MA*), to graduate
salir (salgo/ sales) to go out
sé I know (*a language/a fact/a skill*)
ser (soy/ eres) to be
tener (tengo/ tienes) to have, to be
tener... años to be . . . years old
tener que... (+ inf.) to have to . . .
tocar un instrumento to play an instrument
viajar to travel
vivir to live

Intereses

la administración Management
el arte Art
alemán German language
el árabe Arabic
chino Chinese language
las ciencias Sciences
la ecología Ecology
las finanzas Finance
la fotografía Photography
francés French language
la historia History
japonés Japanese language
los negocios commerce, trade
la política politics
ruso Russian language
la tecnología Technology

Sustantivos

el año year
el banco bank
la ciudad city
el coche car
el colegio (primario/ secundario) elementary/high school
el dólar dollar
la empresa company, firm
la entrevista (de trabajo) (*job*) interview
el equipo team
el estado de... the state of . . .
el gobierno government
el hospital hospital
el hotel hotel
el instrumento (*musical*) instrument
el jefe boss, chief
la jefa boss, chief
la medianoche midnight
el mediodía noon
el negocio firm, business
la página de la red Web page
el país country
el puesto job, post
el sueldo salary
el título degree

Meses del año

enero January
febrero February
marzo March
abril April
mayo May
junio June
julio July
agosto August
septiembre September
octubre October
noviembre November
diciembre December

Preguntas

¿Cómo eres? What do you look like?
¿Cómo es? What does he/she/it look like?
¿De dónde es/ eres, son...? Where is/are . . . from?
¿De quién es/ quiénes son? Whose is it/are they?
¿Qué eres/ es? What do you/does he/she do?

Países

Alemania Germany
(el) Canadá Canada
(la) China China
(los) Estados Unidos United States
Francia France
la India India
Inglaterra England
(el) Japón Japan
Rusia Russia

Números

veinte 20
treinta 30
cuarenta 40
cincuenta 50
sesenta 60
setenta 70
ochenta 80
noventa 90
cien 100
ciento uno 101
mil 1,000

Otras palabras y expresiones

a veces sometimes
antes (de) before . . .
al año a/per year
bien well, skillfully
después de... after . . .
fácilmente easily
grande large, big
más more than
más de... años older than . . . years
más o menos more or less
menos... to . . . (*when telling time*)
menos de... años younger than . . . years
pequeño/a small, petite
por ejemplo for example
por eso that's why
rápido fast
también also
tampoco either, neither
y cuarto/ media... and a quarter/ half . . . (*when telling time*)

Capítulo 3

¡Viva el finsemanismo!

Índice

El fin de semana

Train travel is very popular in Spain, where the **RENFE (Red Nacional de Ferrocarriles Españoles)** system provides transportation from villages to cities to other countries. Scan the **RENFE** ad to find the words that refer to vacation spots or leisure activities.

LAS CUATRO ESTACIONES

CAMBIE SU DESTINO EN CADA ESTACION

Cambie de estación. Cambie de destino. Tiene cuatro para elegir. Cuatro estaciones y más de treinta destinos. Con viajes organizados para fines de semana, puentes o semanas enteras. Con tren, hotel en régimen elegido, excursiones y visitas incluidas en el precio del billete. Viajes especiales para primavera–verano o para otoño–invierno. Para los amantes de la montaña y de la playa, del deporte y de los balnearios. Para los amantes del tren. Renfe dispone ahora de una alternativa de viaje para cualquier afición. Para que pueda cambiar de destino en cada estación.

Infórmese en su Agencia de Viajes.

RENFE

MEJORA TU TREN DE VIDA

Conversación

3–1. Las cuatro estaciones. **RENFE** promotes special travel packages for all four seasons. Find the line in the ad on the previous page that names the four seasons in order. Using this information, tell the season and months you associate with each of the following.

> *Ejemplo:*
> balnearios ⟶ **el verano**
> **Los meses de junio, julio y agosto**

1. colores vivos
2. viajar a otro país
3. acampar
4. esquiar en las montañas
5. partidos de fútbol americano
6. celebrar tu cumpleaños
7. sacar fotos
8. correr
9. flores
10. vacaciones
11. béisbol
12. jugar tenis

Palabras útiles

el balneario *beach resort*
el verano *summer*
el otoño *fall*
el invierno *winter*
la primavera *spring*

For more information about train travel in Spain you may want to direct students to log on to the RENFE web site at *http://www.renfe.es./*

3–2. Viernes, sábado y domingo. Tell your plans for an upcoming weekend. Give the date, where you are going, how you are going (**en coche, en avión, en tren, en autobús**) and what you are planning to do. If it is this coming weekend, say **este fin de semana**.

> *Ejemplo:*
> **El** 28 **de** marzo/ **Este fin de semana pienso ir a** Florida **en coche**.
> **Quiero** nadar y visitar Disney World.

3–3. Me gusta. Tell one thing you like to do during your favorite season, using **me gusta** + infinitive.

> *Ejemplo:*
> En verano, **me gusta nadar**.

1. En verano...
2. En invierno...
3. En otoño...
4. En primavera...

junio
21
Primer Día de Verano

IMÁGENES Y PALABRAS

¿Qué haces los fines de semana?

Provide additional vocabulary according to students' interests: **caminar, hacer un picnic, dormir al aire libre.**

En verano, cuando hace mucho sol, calor y humedad...

Si hace mucho sol, nado todo el día.

me gusta nadar en la piscina

También me gusta...

tomar el sol en la playa

bucear en el mar

navegar en bote de vela

Mi familia y yo vamos al río o al lago a...

Provide additional vocabulary according to seasons and students' interests: **hacer montañismo, escalar, pasear por la sierra, andar en trineo, jugar hockey.**

pescar

Si hace buen tiempo, pescamos todo el día.

También nos gusta...

esquiar en el agua

remar

- caminar
- hacer excursiones

En otoño, cuando hace fresco, ¿vas al campo a ver los árboles?

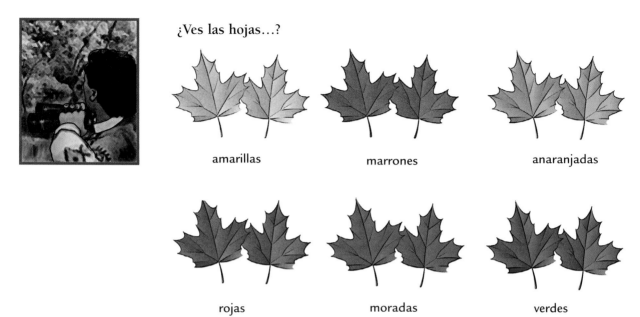

¿Ves las hojas...?

amarillas

marrones

anaranjadas

rojas

moradas

verdes

¿También te gusta...?

montar a caballo

acampar

montar en bicicleta

ir al parque de atracciones

Provide additional vocabulary related to amusement parks: **subir a la noria, a la montaña rusa.**

En invierno, hace mucho frío. Cuando nieva, el mundo es blanco, azul y gris.

A mucha gente le gusta...

esquiar en las montañas

Pero yo no esquío mucho.

A mí me gusta más...

patinar en el hielo

tirar bolas de nieve

tomar chocolate caliente

En primavera, el mundo es verde y de muchos colores.

Cuando hace buen tiempo, salgo con mis amigos a...

jugar tenis

Ellas juegan muy bien, pero yo no.

También nos gusta ir al parque a...

dar un paseo

patinar

montar en monopatín o en patineta

ver las flores

sacar fotos

jugar béisbol o frisbi

Si llueve o si hace mal tiempo, puedo...

dormir una siesta

escuchar mis discos compactos

llamar a mis amigos

alquilar una película

dar una fiesta

limpiar mi habitación

lavar la ropa

También podemos...

escribir cartas

leer el periódico o una revista

aprender a jugar naipes

Práctica

3–4. Un montón de verbos. You have learned many new verbs so far. Give the verb you associate with each of the following.

Ejemplo:
título, buenas notas, fotos ⟶ **sacar**

Answers: 1. leer 2. nadar, bucear, navegar, etc. 3. montar 4. alquilar, ver, mirar 5. esquiar, jugar, etc. 6. navegar 7. hacer 8. bucear, nadar, navegar 9. jugar 10. dar 11. patinar 12. mirar, ver

1. un periódico, una revista
2. en el agua
3. a caballo, en bicicleta, en monopatín
4. un coche, una película
5. en la nieve
6. en bote de vela
7. las tareas, excursiones
8. en el mar
9. naipes, béisbol, fútbol americano, tenis
10. un paseo, una fiesta
11. en el hielo, en el parque
12. las flores, las hojas de los árboles

3–5. Asociaciones. Give all the words from **Imágenes y palabras** that you associate with each of the following.

1. trabajar
2. la playa
3. el agua
4. el frío
5. el calor
6. la humedad
7. dar un paseo
8. en casa
9. mal tiempo
10. descansar
11. el campo
12. el ejercicio

3–6. De colores. Give the colors you associate with each of the following.

1. el otoño
2. el amor
3. la música
4. la tranquilidad
5. la ecología
6. la noche
7. la playa
8. el hielo
9. mi universidad
10. el sol
11. mi habitación
12. la montaña

3-7. Quiero aprender. Look at the illustrations and tell the class that you do not know how to do these activities but want to learn how to do them.

Ejemplo:
No sé esquiar en el agua.
Quiero aprender a esquiar en el agua.

1.

2.

3.

4.

5.

6.

7.

Answers: 1. No sé navegar. Quiero aprender a navegar. 2. No sé patinar. Quiero aprender a patinar. 3. No sé esquiar. Quiero aprender a esquiar. 4. No sé montar en patineta. Quiero aprender a montar en patineta. No se montar en monopatín. Quiero aprender a montar en monopatín. 5. No sé jugar tenis. Quiero aprender a jugar tenis. 6. No sé remar. Quiero aprender a remar. 7. No sé montar a caballo. Quiero aprender a montar a caballo.

3-8. Según el tiempo. Say what you like to do and do not like to do for each of the following conditions.

Ejemplo:
En invierno, **cuando hace frío me gusta** leer o mirar la televisión con mis amigos. **No me gusta** salir de casa.

1. En primavera, cuando hace fresco...
2. En otoño, cuando hace sol...
3. En invierno, cuando llueve...
4. En invierno, cuando nieva...
5. En verano, cuando hace mucho calor...
6. En otoño, cuando hace mal tiempo...

3-9. ¡Qué lujo! In a luxury resort many activities and services are offered. Refer to the captioned symbols and tell the season/s in which you can do each of the activities listed.

Ejemplo:
Podemos alquilar un auto en todas las estaciones.

ALQUILER DE AUTOS

PLAYA

PESCA

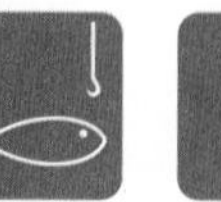
GOLF

SENDAS PARA CAMINAR

EQUITACIÓN

BUCEO

ALQUILER DE BOTES DE VELA

PATINAJE

ESQUÍ

PISCINA AL AIRE LIBRE

MASCOTAS PERMITIDAS

FACILIDADES PARA LAVAR

BICICLETA

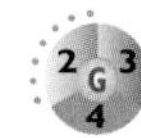
3-10. ¡Tanto que hacer! Interview your partner to find out his or her plans to visit some resort or another weekend vacation spot. Get the following information, take notes, and report back to the class.

Ejemplo:
Tú: ¿Adónde quieres ir?
Tu compañero/a: Quiero ir a San Juan.
A la clase: John quiere ir a San Juan.

1. ¿En qué estación vas a viajar?
2. ¿Cómo vas a viajar?
3. ¿Con quién vas a viajar?
4. ¿Qué piensas encontrar allí?
5. ¿Qué vas a hacer allí?
6. ¿Qué no vas a hacer allí? ¿Por qué?
7. ¿Qué puedes aprender a hacer allí?
8. ¿Cuántos días vas a estar allí?

3-11. Sugerencias. Your partner will read one of the following situations. Respond with suggestions such as **¿Por qué no vas a...?, Puedes..., o Tienes que...**

Ejemplo:
Quiero ir al campo a caminar, pero no tengo auto.
¿Por qué no vas al parque **a** dar un paseo con tus amigos?
Puedes sacar fotos de los árboles.
Tienes que acampar en el campo.

1. Me gusta esquiar, pero aquí nunca nieva.
2. Quiero conversar con mis amigos, pero no puedo salir de casa.
3. Me gusta hacer ejercicio en el parque, pero no me gusta correr.
4. Quiero ver una película, pero el cine cuesta ocho dólares.
5. Sé nadar bien, pero no me gusta nadar en el río.
6. Llueve. No puedo ir a ningún sitio.
7. No quiero estar en la ciudad.
8. Quiero bailar, pero no quiero ir a una discoteca.

Voces hispanas

Encuesta a televidentes españoles

A. On the average, how much time do you spend in front of the TV during a typical weekend? The following chart shows the results of a recent survey of weekend TV-viewing time among young Spaniards. Tell the class how your viewing time compares.

Ejemplo:
Como el doce por ciento de los españoles jóvenes, **yo veo** cuatro o cinco horas de televisión el fin de semana.

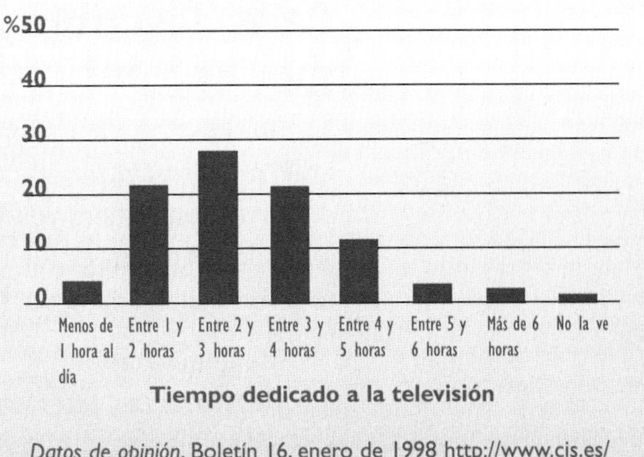

Datos de opinión, Boletín 16, enero de 1998 http://www.cis.es/

B. Give your opinion of each of the following types of TV programming in general. Then, mention a specific one that you like or do not like to watch.

Ejemplo:
En general, **a mí me gusta ver** las telenovelas, pero **no me gusta ver** "Hospital". *o*
En general, **a mí no me gusta ver** las series educativas, pero sí **me gusta** mirar el canal *Discovery*.

1. las telenovelas (*soap operas*)
2. las películas extranjeras (*foreign movies*)
3. los programas de entrevistas (*talk shows*)
4. los concursos (*game shows*)
5. las telecomedias (*situation comedies*)
6. las series educativas
7. los programas deportivos
8. los anuncios comerciales
9. los dibujos animados
10. las noticias (*news*)

Expansion suggestions: Have students give their opinion about other related activities: **Me gusta leer las revistas de deportes, pero no me gusta leer el periódico; Me gusta ver las películas serias, pero no me gusta ver las películas de amor.**

C. Now look at the results of the survey of viewing preferences of Spanish youth. Follow the model to say which types of programs they like most, which they seem to like least, and which they do not seem to like at all.

Ejemplo:
A los españoles **les gusta más** ver...
Les gusta menos ver...
Pero **no les gusta nada** ver...

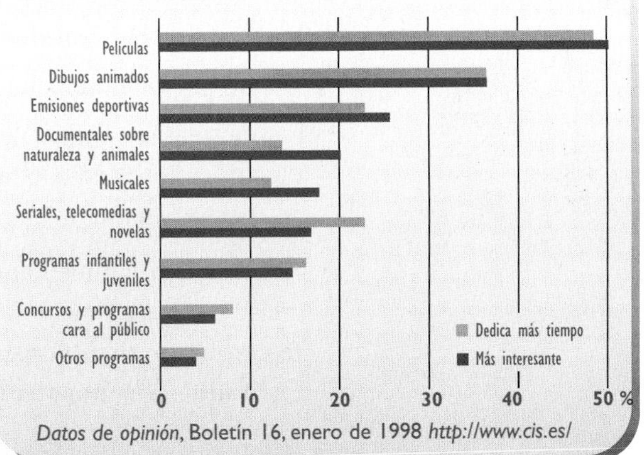

Datos de opinión, Boletín 16, enero de 1998 *http://www.cis.es/*

GRAMÁTICA

Para describir gustos y preferencias: el verbo gustar + infinitivo

1. To describe what people like or do not like to do or what activities *please* or *do not please them*, use the verb **gustar** + infinitive. This verb is a bit different from others you have learned in that its subject is *not* the person who likes, but rather the thing that *is liked*. Whereas in English we say "I like to swim", in Spanish, we say:

> **Me gusta nadar.**
> *[It pleases me] [to swim].* or *[Swimming] [is pleasing to me].*

2. To say what *I* like to do (what pleases *me*), use **me gusta**. To say what I *don't* like to do, use **no me gusta**. To emphasize or contrast your own likes to those of another person, add the phrase **a mí**.

To whom	is pleasing	what
Me	gusta	tirar bolas de nieve en invierno.
No me	gusta	hacer ejercicio en primavera.
A mí (no) me	gusta	viajar en verano.

3. To describe things others like to do, use the phrases below with **gusta**, followed by the verb that indicates the activity. The words **te, le, les, nos** indicate *to whom* the activity is pleasing. Note that the form of **gustar** does not change when followed by one (or more) infinitive verbs.

- To address a friend, use **te**.
  For emphasis or contrast, add **a ti**.

  ¿**Te** gusta dibujar?
  ¿**A ti te** gusta jugar béisbol?

- To address someone formally, use **le**.
  For emphasis or contrast, add **a usted**.

  ¿**Le** gusta pasear?
  ¿**A Ud. le** gusta más leer?

- To talk about someone else, use **le**.
  For emphasis, contrast, or clarification, add **a él/ a ella** or **a** + person's name.

  ¿**Le** gusta montar a caballo?
  A Ana no le gusta patinar.
  A ella le gusta más esquiar.

- To talk about yourself and someone else (***us***), use **nos**.
  To emphasize or contrast, add **a... y a mí...** or a **nosotros/as**

  No nos gusta trabajar los fines de semana.
  A Sandra y a mí nos gusta más salir. **A nosotras nos** gusta ir a los parques de atracciones.

- To talk about more than one person, use **les**.
  To emphasize, contrast or clarify, add **a ellos/ a ellas...** or **a** + persons' names.

  A los profesores les gusta leer muchos libros.
  A ellos no les gusta dormir la siesta.

- To address more than one person, use **les**.

  ¿Les gusta ir al lago?

  To emphasize or contrast, add **a ustedes**.

  A ustedes les gusta pescar.

In summary, to say . . .	Use . . .		
What *I* like to do	**Me gusta**	+	infinitive
What *you* like to do	**Te gusta**	+	infinitive
What *you* (formal) like to do	**Le gusta**	+	infinitive
What *he* or *she* likes to do	**Le gusta**	+	infinitive
What *we* like to do	**Nos gusta**	+	infinitive
What *you* (plural) like to do	**Les gusta**	+	infinitive
What *they* like to do	**Les gusta**	+	infinitive

IOR

4. To talk about activities you or others like a lot, use **mucho** or **muchísimo**.

   Me gusta mucho (muchísimo) ir al cine.

- If you like something too much, use **demasiado**.

  Me gusta demasiado comer.

- If you don't like something at all, use **no... nada**.

  No me gusta nada estudiar.

5. To ask others what they like to do, say **¿Qué te (le/ les) gusta hacer**?

Práctica

3-12. Para empezar. Use the following fragments to form sentences by adding **gusta** and the missing pronoun **me, te, le, les,** or **nos**.

Ejemplo:
A mis amigos/nada patinar
A mis amigos **no les gusta nada** patinar.

1. A mí/nada lavar la ropa.
2. A mi amigo/tomar el sol en la playa.
3. A muchos jóvenes no/hacer ejercicio.
4. A mis padres/acampar.
5. A ti/demasiado comer.
6. A mis amigos y a mí/bucear.
7. ¿A Ud./ir de compras?
8. A ti y a mí/muchísimo salir con amigos.
9. ¿A Uds./nada viajar?
10. A mi pareja y a sus amigos/ sacar fotos.

For questions 1, 3, and 9, remind students to say **no** before the form of **gustar**. Answers: 1. A mí no me gusta nada lavar la ropa. 2. A mi amigo le gusta tomar el sol en la playa. 3. A muchos jóvenes no les gusta hacer ejercicio. 4. A mis padres les gusta acampar. 5. A ti te gusta demasiado comer. 6. A mis amigos y a mí nos gusta bucear. 7. ¿A Ud. le gusta ir de compras? 8. A ti y a mí nos gusta muchísimo salir con amigos. 9. ¿A Uds. no les gusta nada viajar? 10. A mi pareja y a sus amigos les gusta sacar fotos.

3–13. Para contrastar. Complete the following contrasts with the missing words.

1. A ti te gusta trabajar mucho, pero a mí no me gusta nada.
2. Yo soy muy sociable, pero mi amiga no. A ella no le gusta salir por la noche, pero a mí, sí.
3. Mi pareja es muy perezosa. A él/ ella no le gusta mucho cocinar y limpiar, pero a mí me gusta ordenar la habitación.
4. Mis profesores son muy exigentes. A ellos les gusta dar muchas pruebas difíciles, pero a nosotros no nos gusta nada tomar pruebas.
5. — ¿A ustedes no les gusta esquiar?
   —Sí, pero no somos muy deportistas. A nosotros nos gusta más tomar chocolate caliente en el hotel.

As an extension, repeat the activity replacing **a los jóvenes** with **a mí** and **a nosotros**. For example: **A mí me gusta más..., pero no me gusta nada... A nosotros nos gusta más..., pero no nos gusta nada...**

3–14. Los jóvenes como yo. Tell what people who are just like you like and do not like to do for each of the following categories. For number 10, add your own activity.

Ejemplo:
A los jóvenes les gusta más…, pero no les gusta nada…

1. alquilar películas… cómicas, de aventura, de detectives, de amor, de terror, de ciencia ficción…
2. mirar deportes como… el tenis, el fútbol, el hockey, el béisbol, el golf…
3. leer revistas de… noticias, ciencias, cocina, cine, deportes, política, música…
4. hacer deportes acuáticos como… nadar, esquiar, bucear, pescar, hacer *surfing*, navegar…
5. tomar… café, chocolate, té, agua mineral, bebidas alcohólicas, jugos (*juices*)…
6. escribir… cartas, poemas, composiciones, mensajes de *e-mail*…
7. dar paseos por… la playa, el campo, el parque, la ciudad…
8. escuchar música… clásica, *rock, rap, pop, country,* salsa, *jazz*…
9. jugar… golf, tenis, naipes, fútbol americano, frisbi, vóleibol, videojuegos…
10. …

3–15. Personalidades y gustos. Suggest one activity that the following personality types will probably like and one that each will not like.

Ejemplo:
A la gente impaciente no **le gusta lavar la ropa**.

1. tímida
2. romántica
3. desordenada
4. activa
5. sociable
6. intelectual
7. artística
8. perezosa

3-16. ¿Igualitos? Interview your classmate using the pictures as cues. Take notes of your interview. Then compare your likes and dislikes, adding any other pertinent information, and report to the class.

Ejemplo:

Tú: ¿Te gusta bucear?
Tu compañero/a: Sí me gusta mucho.
A la clase: A (John) y a mí nos gusta mucho bucear. *o*
A (John) le gusta bucear, pero a mí no. A mí me gusta más remar.

1.

2.

3.

4.

5.

6.

As an extension, have students: (1) Compare themselves to three different people in terms of likes and dislikes. In each case, have them tell one thing they both like (or dislike) and one like or dislike they don't share; (2) Recycle question formation by proposing the following: Imagine that your roommate did not go to class today. Use what you know about this person to discover his or her whereabouts: **(a) ¿Qué le gusta hacer en sus ratos libres? (b) ¿Con quiénes le gusta salir? (c) ¿Adónde le gusta ir? (d) ¿Dónde puede estar, entonces?**

3-17. Encuesta estudiantil. Take a poll in your class by circulating among your classmates, asking **¿A Uds. les gusta...?** for the following activities. Then, give the results to the class. If you find no one, say **a nadie le gusta**.

Ejemplo:

Tú: ¿A ustedes les gusta bucear?
Compañero/a A: Sí, a mí me gusta bucear.
Compañero/a B: A mí también me gusta bucear.
A la clase: A dos compañeros les gusta bucear.

1. mirar la televisión a las tres de la mañana
2. esquiar en las montañas
3. acampar en el campo
4. escribir cartas de amor
5. jugar naipes
6. dar un paseo en el campo
7. navegar en bote de vela
8. sacar fotos de animales
9. tirar bolas de nieve
10. dormir una siesta en clase
11. nadar en ríos y lagos
12. montar en patineta en el parque

GRAMÁTICA

Para describir actividades rutinarias: el tiempo presente

You have already practiced talking about...	
what you are going to do	**Voy a** acampar.
what you are able to do	**Puedo** jugar ajedrez (*chess*).
what you want to do	Quiero **sacar** mi título en mayo.
what you have to do	**Tengo que** llamar a mis padres.
what you like to do	Me **gusta** bucear y hacer *surfing*.
what you want to learn to do	Quiero **aprender a** montar el monopatín.
what you plan to do	**Pienso** viajar este verano.
what you know/don't know how to do	**(No) sé** navegar en bote de vela.

1. In Spanish, the present tense is very versatile and its forms can express a variety of meanings, depending on the context.

Juego béisbol.	*I play* baseball (general description).
No juego béisbol los lunes.	*I don't play* baseball on Mondays (routine).
Juego hoy.	*I'm playing* today (plans).
No juego mañana.	*I'm not playing tomorrow* (immediate future).

2. There are three verb "families" in Spanish, marked by the endings of their infinitives: **-ar** verbs, **-er** verbs, and **-ir** verbs. All Spanish verbs belong to one of these families. Here are the present tense forms of three representative verbs. As with other verbs, the endings indicate different persons.

Have students associate endings with subject pronouns. Ask which subject pronouns they associate with each of these endings: **mos/ o/ e/ en**?

-ar verb endings

		descansar (*to rest*)			
-o	**-amos**	(yo)	descanso	(nosotros/as)	descansamos
-as	***-áis***	(tú)	descansas	(*vosotros/as*)	*descansáis*
-a	**-an**	(él/ella/Ud.)	descansa	(Uds./ellos/ellas)	descansan

-er verb endings

		correr (*to run*)			
-o	**-emos**	(yo)	corro	(nosotros/as)	corremos
-es	***-éis***	(tú)	corres	(*vosotros/as*)	*corréis*
-e	**-en**	(él/ella/Ud.)	corre	(Uds./ellos/ellas)	corren

-ir verb endings

		vivir (*to live*)			
-o	**-imos**	(yo)	vivo	(nosotros/as)	vivimos
-es	***-ís***	(tú)	vives	(*vosotros/as*)	*vivís*
-e	**-en**	(él/ella/Ud.)	vive	(Uds./ellos/ellas)	viven

3. Some verbs are *irregular*. This means they do not follow the pattern and their forms must be memorized. You have already learned to use three irregular verbs.

estar	**ser**	**ir**
estoy	soy	voy
estás	eres	vas
está	es	va
estamos	somos	vamos
estáis	*sois*	*vais*
están	son	van

4. Some verbs are irregular only in the **yo** form.

dar	**doy**, das, da, damos, *dais*, dan
hacer	**hago**, haces, hace, hacemos, *hacéis*, hacen*
salir	**salgo**, sales, sale, salimos, *salís*, salen
ver	**veo**, ves, ve, vemos, *veis*, ven
conocer	**conozco**, conoces, conoce, conocemos, *conocéis*, conocen
saber	**sé**, sabes, sabe, sabemos, *sabéis*, saben

5. To describe the frequency with which you generally do something, use words such as the following.

(casi) siempre	(almost) always
a veces	sometimes
a menudo	frequently
(casi) nunca	(almost) never

* For weather descriptions, the only form of **hacer** used is **hace**, as in **hace frío, hace calor, hace fresco**.

Práctica

Point out that: (1) **Conocer** (*to be acquainted with*) is used with people or places (to know someone or some place) and **saber** (*to know something*) is used in the context of information; (2) Used with people, the verbs **saber** and **ver** are followed by **a**. The personal **a** is explained in *Capítulo 7*.

3–18. ¿Siempre o nunca? Tell how often you do the things listed in each of the following situations. Choose from these expressions of frequency: **(casi) siempre, a veces, (casi) nunca.**

Ejemplo:

En las fiestas: bailar, comer, conocer a mucha gente, tomar bebidas alcohólicas

En las fiestas, siempre conozco a mucha gente. **A veces bailo, a veces como**, pero **nunca tomo** bebidas alcohólicas.

1. **en la biblioteca:** leer, estudiar, navegar por la red, ver mucha gente, hacer las tareas
2. **en clase:** hacer preguntas, tomar apuntes, sacar buenas notas, saber la respuesta (*answer*), conversar con mis compañeros
3. **los fines de semana:** ver televisión, dar fiestas, cocinar, limpiar mi habitación, salir con amigos a bailar
4. **en la playa:** conocer chicos/as, tomar el sol, hacer *surfing*, pescar, esquiar en el agua, bucear
5. **cuando hace mucho frío:** alquilar una película, montar en bicicleta, tomar café/ chocolate caliente, hacer excursiones
6. **en casa:** ordenar mi habitación, lavar la ropa, leer el periódico, pagar mis cuentas, escribir cartas

3–19. ¿Qué hace la gente? Tell at least two things people typically do in the following places.

Ejemplo:

En una fiesta la gente **escucha música y baila**.

1.

2.

3.

4.

5.

6.

3–20. Lógico. Based on what the following people like, speculate on how they probably spend their weekends.

Ejemplo:
Nos gusta encontrar sitios interesantes. Los fines de semana **hacemos excursiones** en el campo o **navegamos** por la red.

1. Le gusta estar solo.
2. Les gusta hacer deportes de invierno.
3. Nos gusta conocer gente.
4. Me gusta hacer deportes en el agua.
5. Nos gusta trabajar y aprender.
6. Le gusta estar en casa con amigos.
7. A ustedes les gusta sacar fotos.
8. Te gusta hacer cosas románticas.

3–21. ¿Cuántos lo hacen? Alternate asking one another the following questions. Take notes on each answer and then summarize to the class how many in your group do each of the following. Include yourself in your summary as well.

IOR

Ejemplo:
Tú: ¿Patinas por el campus?
A la clase: Marcia y Jaime patinan por el campus. Pero yo no patino. No sé patinar. (Nadie patina por el campus).

1. ¿Sales con amigos los sábados?
2. ¿Ves a tus padres a menudo?
3. ¿Diseñas páginas de la red?
4. ¿Limpias tu habitación todos los días?
5. ¿Buscas trabajo en verano?
6. ¿Montas a caballo a veces?
7. ¿Tienes piscina en casa?
8. ¿Usas la bicicleta para ir a clase?
9. ¿Das fiestas a veces?
10. ¿Sabes hablar otros idiomas?

3–22. A veces sí, pero no siempre. For each of the following situations, write three things the following people would do, and indicate how frequently they do each, using **a menudo, a veces**, or **(casi) nunca**. Then, report back to the class.

IOR

Ejemplo:
Cuando hace calor, a menudo **nado** en la piscina y a veces **tomo el sol.** Casi nunca **corro** si hace calor.

1. Cuando mis amigos van a la playa,...
2. Cuando mi familia va de vacaciones,...
3. Si llueve, nosotros...
4. En invierno, cuando hay nieve, yo...
5. En otoño, cuando hace fresco, mi amigo/a...
6. En casa, cuando no tengo nada que hacer,...
7. Si tú estás en el campo o en el lago,...
8. En primavera, si hace buen tiempo, mis padres y yo...

3–23. Nuestro tren de vida. With a partner, take turns interviewing each other and taking notes on the following aspects of your lives. Report back to the class comparing your lifestyles.

Ejemplo:

Tú: ¿Cuántas horas estudias todos los días?
Tu compañero/a: Estudio dos horas, más o menos.
A la clase: Rita estudia dos horas todos los días. Pero yo sólo estudio una hora, más o menos. Las dos estudiamos más o menos dos horas.

1. ¿Dónde vives? ¿Vives solo/a o con compañeros/as?
2. ¿Cómo pasas los fines de semana, por lo general?
3. ¿Dónde comes si estás en el campus? ¿Dónde haces ejercicio?
4. ¿Cuánta gente famosa o importante conoces?
5. ¿Cuántos libros lees al mes, por lo general?
6. ¿Cuántas clases tomas este semestre/ trimestre?
7. ¿Qué haces por la noche cuando estás solo/a en casa?
8. ¿Qué haces para aprender español?

3–24. Queridos compañeros. Imagine yourself in your favorite place during your favorite season. Write your classmates a postcard describing what it is like in as much detail as possible. Include answers to the following questions.

Queridos compañeros:

1. ¿Dónde estás? ¿Qué ves allí?
2. ¿Qué tiempo hace?
3. ¿Qué haces todos los días?
4. ¿Qué haces por la noche?
5. ¿Con quién sales?
6. ¿Qué haces mañana?

Saludos/ Abrazos/ Hasta pronto,

7. Tu nombre

NOMBRE Y APELLIDOS

DIRECCIÓN

ESTADO O PROVINCIA

CÓDIGO POSTAL

PAÍS

Voces hispanas

Los jóvenes españoles en sus ratos libres

A. ¿Qué les gusta hacer en los ratos libres? Tell which of the following you generally want to do in your free time. Then, look at the results of a survey of pastimes among Spanish youth and give the percentage of Spanish youth that share your pastime.

Ejemplo:
Aquí (no) **queremos ver** la tele en los ratos libres.
En España, un 54 (cincuenta y cuatro) por ciento de los jóvenes **quiere ver** la tele.

1. hacemos deporte o ejercicio
2. estamos con amigos
3. leemos libros, periódicos o revistas
4. escuchamos música
5. hacemos excursiones
6. jugamos con la computadora
7. vamos al cine o a un concierto
8. escuchamos la radio
9. hacemos trabajos manuales
10. salimos a tomar algo con amigos
11. visitamos un museo
12. viajamos

Nombra tres actividades que te gusta hacer durante los fines de semana y días festivos. También nombra tres actividades que desearías (*would like to*) hacer.

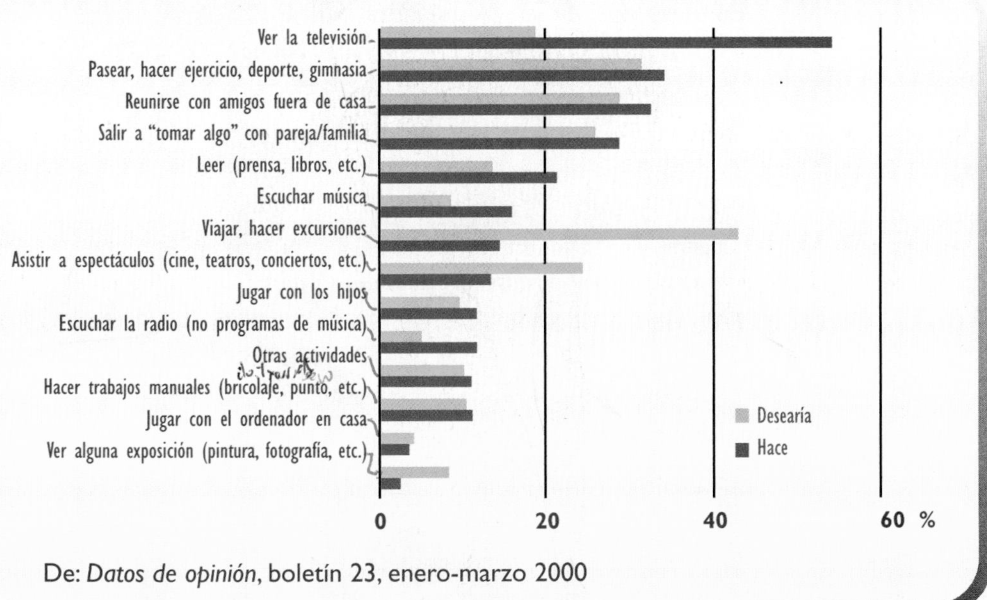

De: *Datos de opinión*, boletín 23, enero-marzo 2000

B. Ideales y realidades. You don't always do what you would like to do. Look at the contrast between Spanish students' ideal and real weekend activities and then complete the following statements.

1. A los españoles no les gusta mucho... pero es la actividad más común de todas.
2. A los españoles les gusta mucho... pero no pueden.
3. Las actividades que a mí me gustan son...

GRAMÁTICA

El presente de los verbos con cambio radical

In *Capítulo* 2 you practiced using some common verbs that have stem changes in their personal forms like this: **e ➜ ie (tener, querer, pensar)** or **o ➜ ue (poder)**. Remember that stem changes are *not* present in the **nosotros/as** or **vosotros/as** forms. The following chart presents other verbs you know that have stem changes in the present tense.

1. Some verbs with an **e ➜ ie** stem change

venir (*to come*)		**empezar** (*to begin, to start*)	
vengo*	venimos	empiezo	empezamos
vienes	*venís*	empiezas	*empezáis*
viene	vienen	empieza	empiezan

Nevar is also an **e ➜ ie** stem-changing verb; however, it is only used in one form: **nieva**.

- **Empezar + a: Empezar** is followed by **a** before an infinitive.
  Empieza a nevar ya. ¿A qué hora vienes?
  It's starting to snow. What time are you coming?

2. Some verbs with an **o ➜ ue** stem change

encontrar (*to find*)		**dormir** (*to sleep*)		**jugar**** (*to play*)	
encuentro	encontramos	duermo	dormimos	juego	jugamos
encuentras	*encontráis*	duermes	*dormís*	juegas	*jugáis*
encuentra	encuentran	duerme	duermen	juega	juegan

Llover is also an **o ➜ ue** stem-changing verb; but it is only used in one form: **llueve**.

Stem-changing verbs introduced in **Imágenes y palabras** sections of each chapter will be indicated with their stem change in parenthesis: **(ie), (ue)**. You will learn about one more type of stem change in *Capítulo 4*.

*Notice that, like **tener, venir** is irregular in the **yo** form.
****Jugar** is the *only* verb in Spanish that has a **u ➜ ue** stem change.

Práctica

3–25. ¿Más o menos? Tell how your weekend is different from other days of the week by using the phrases **más/ menos** or **más tarde** (*later*)/ **más temprano** (*earlier*).

Los fines de semana…

1. Empezar el día más tarde/ más temprano
2. Salir de casa más tarde/ más temprano
3. Jugar más/ menos con la computadora
4. Venir a casa más tarde/ más temprano
5. Encontrar más/ menos que hacer
6. Pensar más/ menos en mis proyectos
7. Dormir más/ menos
8. Hacer más/ menos tareas

3–26. Datos biográficos. Interview a classmate to find out the following information and report back to the class on your similarities and differences.

Ejemplo:

Tú: **¿De dónde vienes?**
Tu compañero/a: **Vengo de Texas, de San Antonio.**
A la clase: Los/las dos venimos de Texas. Pero Judith viene de San Antonio y yo vengo de Austin.

1. ¿De dónde vienen tus padres?
2. ¿A qué hora empiezan tus clases?
3. ¿Con qué frecuencia vienen tus padres de visita?
4. ¿Qué encuentras de bueno en la universidad?
5. ¿Qué deportes haces? (Juego...)
6. ¿Con quién/es vives?
7. ¿Cuántas horas duermes en la noche?
8. ¿Dónde trabajas?

3–27. Queridos alumnos de primer año. Integrate the following verbs in a letter to incoming freshmen at your university that describes university life as compared to high school, based on your experiences. Give personal examples to illustrate whenever possible. IOR

Ejemplo:

Cuando **viene** a la universidad, el alumno de primer año **empieza a** ver que la universidad no es el colegio secundario. **Encuentra** clases grandes con muchos alumnos y **ve…**

1. encontrar
2. ver
3. conocer
4. dormir
5. pensar
6. empezar
7. hacer
8. venir
9. salir
10. jugar
11. saber
12. pensar
13. dar
14. ser
15. estar

3-28. Deportes para todas las estaciones. Say what sports the following people play and give an appropriate season

> *Ejemplo:*
> Muchos jóvenes **juegan fútbol americano** en el otoño.

1. Mi amigo... juega fútbol

2. Mis padres... juegan tenis

3. Nosotros... jugamos béisbol

4. Ella... juega golf

5. Tú... juegas frisbi

6. Ustedes... juegan vólibol

2 G 3 4 **3-29. Nosotros vs. ustedes.** Make statements about how your professors are different from you, the students. Your instructor will deny or confirm your impression.

> *Ejemplo:*
> Nosotros nunca **dormimos** pero pensamos que **ustedes duermen** la siesta en la oficina. **¿Es verdad?**

Voces hispanas

La música: una lengua sin fronteras

La música del mundo hispano es un auténtico crisol° de ritmos, culturas y migraciones de ida y vuelta entre las dos orillas° del Atlántico. Los ritmos de raíz afrohispana del Caribe y Colombia —merengue, guaguancó, cumbia, rumba, mambo— se conocen con el nombre genérico de **salsa**, aunque en realidad la salsa es un ritmo más entre ellos. **Salsa** es la palabra que se popularizó en EE.UU. para nombrar toda la música de los artistas hispanos emigrados allí.

La gran expansión de la radio y la televisión, junto a los constantes viajes de los artistas, hace que, en la actualidad, se compartan° los estilos en fusiones de todo tipo que abren nuevos caminos para la música hispana. En España, grupos como Ketama o Pata Negra fueron los pioneros de lo que se llama "nuevo flamenco". Muchos artistas del flamenco, ese arte universal que nace en Andalucía, están captando° influencias americanas. Las fusiones con el *jazz*, los ritmos caribeños, el *blues* o el *rock* enriquecen° su creatividad.

La guitarra es, desde siempre, el instrumento musical del flamenco pero, otros instrumentos, como el piano, la flauta, el violín, el bajo y las percusiones, que aparecen de forma muy escasa en el flamenco tradicional, ahora son muy utilizados. El cajón o cajón peruano° es un caso significativo: desde que el guitarrista Paco de Lucía lo incorporó a su grupo, el cajón se ha convertido en un acompañante imprescindible en todos los estilos rítmicos del flamenco.

El mar que separa América de España no es una frontera ni para las ideas ni para la cultura. Esas aguas son una corriente° que transporta siempre entre ambas orillas, de forma interactiva, toda la energía y la inspiración de la música hispana.

A. ¿Cuáles de los siguientes tipos de música te gusta o no te gusta escuchar?

1. el rock	**5.** el soul o el blues	**9.** el reggae
2. el jazz	**6.** la música tecno	**10.** el heavy metal
3. la música clásica	**7.** el rap	**11.** el hiphop
4. la música country	**8.** la música disco	**12.** la música new age

B. ¿Conoces estos tipos de música del mundo hispano? ¿Puedes identificar sus países de origen?

1. el merengue	e	**a.** España
2. la ranchera	d	**b.** Cuba
3. la cumbia	f	**c.** Argentina
4. el chachachá	b	**d.** México
5. el flamenco	a	**e.** República Dominicana
6. el tango	c	**f.** Colombia

The "new flamenco", or "flamenca fusion," which began in the 1980s and is now reaching its height of popularity, has not always met with positive reaction in Spain. In the more orthodox camps of Andalucia, the intrusion of other influences is seen as a contamination of the traditional flamenco roots. Other detractors of the "new flamenco" claim it compromises the Spanish identity. The **jóvenes flamencos**, however, have been praised by critics for their skill in adhering to the structure, discipline, and message of the flamenco art form while masterfully positioning it in a new generation. Segments of flamenco music are available for listening on the web at *http://caf.cica.es/flamenco/discos/flamenco.html*

Palabras útiles

el crisol *mixing pot*
las orillas *shores*
compartan *share*
están captando *are capturing*
enriquecen *enrich*
el cajón (peruano) *wooden crate*
la corriente *stream*

If you have any of these types of music available, you may wish to play some segments for students to acquaint them with the different sounds and rhythms.

The *En voz alta* audioscripts are recorded on the student tape or CD that accompanies each textbook.

Audioscript:

FRANCISCO: ¿Aló?

SUSANA: Sí, Francisco, es Susana. ¿Cómo estás?

FRANCISCO: Bien, estupendo. ¿Y tú?

SUSANA: ¡De maravillas! Te llamo desde la casa de fin de semana de San Sebastián. ¿Hace mucho calor en Madrid?

FRANCISCO: Pues sí, bastante, y también llueve. ¿Qué haces en tus vacaciones?

SUSANA: Me gusta nadar en el mar y navegar en el velero de mi padre. ¿Y tú?

FRANCISCO: Juego al tenis por la mañana, o doy un paseo en el parque. Por la tarde, salgo con mis amigos. Por la noche, nos gusta ir a la discoteca y escuchar música.

SUSANA: Doy una fiesta este sábado por la noche. ¿Por qué no vienes y te quedas el fin de semana? Podemos tomar el sol en la playa y bucear en el mar.

FRANCISCO: ¡Pues claro, mujer, me parece fantástico! Te llamo para confirmar mi llegada. ¡Hasta entonces y gracias!

SUSANA: ¡Adiós!

EN VOZ ALTA

A. Escucha esta conversación con atención. Luego indica cuáles de los temas de la lista se mencionan.

Los jóvenes hablan...

- ☑ de las vacaciones
- ☐ del cine
- ☑ de sus planes
- ☑ de sábado y domingo
- ☑ del fin de semana
- ☐ de lunes, miércoles y viernes
- ☑ de un viaje
- ☐ de deportes
- ☑ de una fiesta

B. Escucha la conversación otra vez y completa las siguientes oraciones.

Susana está en __San Sebastián__. Hace __buen tiempo__.

Francisco está en __Madrid__. Hace __calor__ y __llueve__.

A Susana le gusta __nadar en el mar__ y __navegar en velero__.

A Francisco le gusta __jugar al tenis__ y __salir con sus amigos__.

Este sábado, Susana __da una fiesta__.

Francisco llama a Susana __para confirmar su llegada__.

Mi refranero. Lee este refrán popular. ¿Estás de acuerdo (*Do you agree*)? Ahora, ¡escúchalo y repítelo!

Al mal tiempo, buena cara.

SÍNTESIS

Para leer

El calendario hispano y los puentes

La **Semana Santa** es el feriado religioso en marzo o abril que comprende el día de Pascua de Resurrección o Pascua Florida (*Easter*) y los días anteriores, especialmente el Jueves Santo, el Viernes Santo (*Good Friday*) y el Sábado Santo. En todas las ciudades hispanas hay ceremonias recordatorias de la muerte de Cristo, se toca música especial y también hay procesiones organizadas por las parroquias (*parishes*) y distintos grupos de la comunidad. En las escuelas y universidades no hay clases, y muchas familias van a otras ciudades de vacaciones o van a visitar a la familia y a los amigos. La gente viaja mucho en esos días.

The holidays represented are **Semana Santa**, April 10–15; **Día del Trabajo**, May 1, **Día de la Comunidad de Madrid**, May 2. **Semana Santa** is the complete week before Easter; the official holiday usually begins on **Jueves Santo** (Maundy Thursday); Easter is **Domingo de Pascua/ de Resurrección/ de Gloria**. May 1 (**el primero de mayo**) commemorates International Workers' Day, the date of a worker massacre in Chicago, following an uprising for better working conditions in meatpacking plants. May 2 is the local celebration for Madrid, the **Día de la Comunidad**.

A. La Semana Santa. Look at the Spanish calendar for the months of April and May and say the date and day of the week for each holiday shown.

lunes	martes	miércoles	jueves	viernes	sábado	domingo
					abril	1
2	3	4	5	6	7	8
9	10 Semana	11	12 Jueves Santo	13 Santa	14	15 Domingo de Pascua
16	17	18	19	20	21	22
23	24	25	26	27	28	29
30						

lunes	martes	miércoles	jueves	viernes	sábado	domingo
mayo	1 Día del trabajo	2 Día de la Comunidad de Madrid	3	4	5	6
7	8	9	10	11	12	13
14	15	16	17	18	19	20
21	22	23	24	25		
28	29	30	31			

B. ¿Y tú, qué haces...? Give two activities you do by yourself and two that you do with friends and family for Spring break.

> *Ejemplo:*
> En vacaciones, voy a visitar a... y con mis padres damos un paseo por... y después comemos con...

The Spanish government keeps yearly figures for each **Comunidad autónoma** in the category **horas no trabajadas por vacaciones y festivos**. In Madrid, for example, 1991 records 225 hours of absenteeism; in 1996, the figures show a reduction to 180 hours.

C. Puentes y superpuentes. In the following article, the author discusses the calendar you studied and gives his opinion. First, skim the article.

LOS SUPERPUENTES

Sólo catorce días después de la Semana Santa, el calendario laboral y el calendario académico cambian otra vez por este superpuente. Como el martes es la festividad del Primero de Mayo, Día del trabajo y los trabajadores, y el miércoles es el Día de la Comunidad de Madrid, este fin de semana adquiere° dimensiones majestuosas de "superpuente".

Para los españoles, la "civilización del ocio" no es una anticipación deseable y tentadora, es casi una realidad. La tentación irresistible no son los días festivos, exactamente. La gente se tienta con los días que juntan° el fin de semana con el día de fiesta. Estos días invitan al ausentismo, invitan a ir de vacaciones más largas, invitan a irse más lejos°; y así tenemos los "puentes" o conexiones entre los días festivos y el fin de semana. En este caso concreto, tenemos un superpuente del viernes 27 de abril al jueves 3 de mayo que es, en realidad, un verdadero "acueducto".

Algo debemos° hacer para eliminar estas gigantescas pausas en el trabajo productivo. Si se fija la celebración de festividades los lunes o los sábados, se puede introducir un poco de racionalidad en las fechas de trabajo y descanso del calendario laboral y académico.

De: "Los superpuentes", *ABC de Madrid* (Sábado 28-4-90), 17.

PARA LEER BIEN

When reading, use clues from what you know about the culture and the context to make informed guesses. Use words *familiar* to you to derive meaning as well. More importantly, read the article several times, gradually trying to go deeper into it. For example:

1. First, quickly skim the article, focusing just on words you know or can recognize in order to get the gist of what the author is saying. For example, what might **calendario laboral y académico, tentación,** and **tienta** mean? Expect to find unfamiliar words, but don't let them stop you. For example, you may understand the meaning of **se fija** after reading the article two or three times, especially if you pay attention to what comes after this verbal form.
2. The second and third times, read the article more carefully to focus on details. Use Activity D to guide your comprehension paragraph by paragraph.

Palabras útiles

adquiere tiene
juntan forman unión con
más lejos a gran distancia
debemos *we should*

D. Paso a paso. Read the article paragraph by paragraph.

Primer párrafo. Choose the statement that best summarizes what this paragraph is about.

1. Después de unas vacaciones, hay otras.
2. El día de los trabajadores.
3. Mucho trabajo, poco descanso.

Segundo párrafo. Find and cite the line that tells you the following.

1. ¿Qué es un **puente**, exactamente?
2. ¿Qué hacen los puentes? ¿A qué invitan?
3. ¿Qué es un **superpuente**?

Tercer párrafo. Which of the following is the author suggesting? You may select more than one, but for each, cite the lines in the article that you used to help make your decision.

1. Celebrar feriados los sábados y los lunes no es racional.
2. Tenemos que tener más días para descansar.
3. Los días feriados interrumpen la rutina de estudio y trabajo.
4. Es importante organizar bien el calendario de festividades.
5. Todas las celebraciones deben ser los lunes o los sábados para tener un calendario laboral y académico más productivo.
6. Los trabajadores pueden tomar sus días feriados en otra fecha.

Answers: see page 91.

E. Feriados estadounidenses. In the U.S., the celebration of many commemorative days has now been standardized for celebration on Mondays in order to avoid midweek disruptions. Tell which of the days listed are considered holidays in the U.S. Then, answer the questions that follow.

el Día del Trabajo	la Semana Santa
el Día del Veterano	el Día de Martin Luther King
el día de Yom Kippur	el Día de la Independencia
el día de Año Nuevo	el Día de Acción de Gracias (*Thanksgiving Day*)
el día de Navidad	el Día de los Presidentes
la fiesta de Jánuca	el Día de la Hispanidad

1. ¿En qué mes se celebra cada uno?
2. ¿Cuáles de estos días celebras tú?
3. ¿Cuáles se celebran donde vives tú?
4. ¿Cuáles se celebran los lunes?
5. ¿Cuáles se celebran con la cancelación de clases?

6. ¿Qué haces normalmente en ese día?

SÍNTESIS

Answers for Activity D on p. 90: **Primer párrafo**. 1. Después de unas vacaciones, hay otras. **Segundo párrafo**. 1. Los puentes son conexiones entre los días festivos y el fin de semana. 2. Invitan al ausentismo, a ir de vacaciones más largas, a irse más lejos. 3. la unión del Día del trabajo, el Día de la Comunidad de Madrid, y el fin de semana **Tercer párrafo**. 3. Los días feriados interrumpen la rutina de estudio y trabajo. 5. Todas las celebraciones deben ser los lunes o los sabados para tener un calendario laboral y académico más productivo.

Para escribir

Una carta a mi profesor

In this section, you will approach writing as a process by using strategies for thinking, planning and organizing, elaborating, and editing. You are going to imagine that you are vacationing and will write a letter to your instructor telling him or her about your time there.

A. Enumerar. Look at the places pictured in these photos and choose one for a visit. Be a tourist and think beyond the photo to see movement, activity, and sights that the camera cannot capture. Think of the people and what they do there, not only in their "photo moment," but before, after, next week, and so on. Then, list the things you see in your mind's eye, using nouns with adjectives (remember to make your adjectives agree with your nouns) and verbs.

Ejemplo:
un lago y montañas ⟶ tomar chocolate caliente
gente amable y deportista ⟶ patinar

Síntesis

B. Imaginar. Now imagine that you are vacationing at this site. You have spent a week there and have another week of vacation left. List six things you imagine yourself doing there.

Ejemplo:
Me levanto temprano.
Conozco a muchos/as chicos/as.
Doy paseos por la montaña.
Tomo chocolate caliente porque hace frío.
Aprendo a esquiar.
Saco fotos de mi amigo/a.

C. Describir. Now use the lists you made in **A** and **B** to complete the following letter to your Spanish professor, from your vacation site. Double-space your lines.

- Tell where you are and what the weather is like. This is your opening statement.
- Describe the place and say what it is like, what you like about it, what the people are like, and what people do there.
- Tell how you spend your time: things you do frequently, sometimes, on certain days, or never.
- Describe how you plan to spend your remaining week.
- Ask your instructor some questions about how (or what) he or she is doing.
- Tell your instructor when you will be returning by closing with **Hasta el/la...** (*Until...*) and the date.

D. Corregir. After writing your draft, focus on the correctness of your language. Follow these steps to check for agreement of nouns with adjectives and subjects with verbs.

1. Underline all the nouns you used. Then look to the right or left of each noun, checking articles (**el**, **la**, l**os**, l**as**) and adjectives used: **las** hoj**as** amarill**as** de l**os** árbol**es**. Does the article or adjective agree with the noun (both singular/plural and masculine/feminine)? If not, change it. Place a checkmark (✔) in the margin to show you have reviewed this aspect of your writing.
2. Now go back and circle all the verbs you used. As you circle each verb, look at its ending. Does the verb ending convey the subject of the sentence? If not, you may confuse your reader. If so, place a pound symbol (#) in the margin to show you have checked this aspect.
3. Double-check your use of **gustar**. Underline each use of **gustar** twice. Look to the right to see the nouns you have used with it. Did you use the article with these nouns? Will it be clear to your reader to whom this is pleasing? Place an asterisk (*) in the margin to show you have checked these items.

E. Leer. Now that you have checked for grammar, read your letter to see if it flows smoothly. Is there a sense of beginning, middle, and end? If your answer is yes, **¡felicitaciones!**

Vocabulario

Sustantivos

el árbol tree
el campo countryside
el calor heat
la carta letter
el fin de semana weekend
la flor flower
el frío cold
el hielo ice
la hoja leaf
la humedad humidity
el invierno winter
el lago lake
la montaña mountain
el mundo world
el otoño fall
el parque de atracciones amusement park
la piscina swimming pool
la primavera spring
la revista magazine
el río river
el sol sun
el tiempo weather
las vacaciones vacation
el verano summer

Adjetivos

amarillo/a yellow
anaranjado/a orange
azul blue
blanco/a white
bueno/a good
gris gray
mal (o/a) bad
marrón brown
morado/a purple
rojo/a red
verde green

Verbos

acampar to go camping
alquilar una película to rent a movie
bucear en el mar to scuba dive
caminar to walk
conocer to be familiar with someone/something
dar un paseo to take a walk
dormir (ue) una siesta to take a nap
empezar (ie) to begin, to start
esquiar en el agua to water ski
esquiar en la nieve to ski
hace buen/ mal tiempo the weather is nice/bad
hace (mucho) calor/ frío/ humedad/ sol it's (*very*) warm/cold/humid/sunny
hace fresco it's cool (*out*)
hacer excursiones to go hiking
hacer (dar) una fiesta to throw a party
jugar (ue) básquetbol/ béisbol/ frisbi/ naipes/ tenis to play basketball/baseball/frisbee/cards/tennis
lavar la ropa to wash clothes
leer el periódico to read the newspaper
limpiar mi habitación to clean my room
llamar a mis amigos to call my friends
llover (ue) to rain
llueve it rains, it's raining
montar a caballo/ en monopatín/ en patineta/ en bicicleta to ride a horse/scooter/skateboard/bike
nadar to swim
navegar en bote de vela to sail
nevar (ie) to snow
nieva it snows, it's snowing
patinar to roller skate
patinar en el hielo to ice skate
remar to row
pescar to fish
saber to know how to do/say something
sacar fotos to take pictures
tirar bolas de nieve to throw snowballs
tomar el sol/ chocolate caliente to sunbathe/drink hot chocolate
venir (ie) to come

Expresiones de tiempo y frecuencia

a menudo often
casi (siempre/ nunca) almost (*always/never*)
nunca never
siempre always
todo el día all day long
todos los días every day

Otras palabras

a mí me gusta más... I like. . . better/I prefer. . .
allí there

CAPÍTULO

Quiero escaparme de la rutina

ÍNDICE

Imágenes y palabras
La rutina
Los estados de ánimo
Cuando me voy de vacaciones
Los números del 100 al 1.000

Gramática
Los verbos reflexivos para expresar rutina
Los verbos reflexivos para expresar estados de ánimo
Gustar + sustantivos

Cultura
De viaje al Cono Sur
Letreros útiles para el turista

Los jóvenes y las vacaciones

How do Hispanic youths spend their summer vacation? The articles and activites in this section, together with the Spanish you already know, will help you to recognize some new words and expressions that you will be learning to use in this chapter. Look at the cover of the magazine to find the following information.

gente
JOVEN
Diciembre
Año 1, nº 1
Buenos Aires
¿Qué haces en el verano?

1. ¿Para quiénes es esta revista?
2. ¿De qué país es esta revista?
3. ¿De qué mes es esta revista? ¿De qué estación?
4. ¿Cuáles son los meses de esta estación en tu país?

Conversación

4–1. De vacaciones. Think about what you usually do in the following months. List as many activities as you can think of under each month.

Answers for activity on p. 94: 1. Para jóvenes. 2. De Argentina. 3. diciembre, verano 4. julio y agosto

En junio...	**En julio...**	**En agosto...**
Duermo...	Visito a mi familia y...	Viajo a...
Trabajo en...	Voy a la playa...	...

4–2. Los jóvenes argentinos. In the following article excerpted from the magazine *Gente Joven*, young people from Argentina talk about what they do during their summer vacation. Scan the article to find which people like the following.

Answers: 1. A Daniel. 2. A Rosario. 3. A Daniel, a Rosario y a Roberto. 4. A Daniel y a Roberto. 5. A Daniel, a Rosario y a Roberto. 6. A Roberto. 7. A Roberto. 8. A Daniel.

> *Ejemplo:*
> ¿A quiénes les gustan los deportes?
> A Daniel, a Rosario y a Roberto.
> ¿A quién/es...

¿Qué hace la gente joven en el verano?

Ahora que no hay clases y todos están de vacaciones hasta marzo, les preguntamos a varios lectores qué hacen en el verano. Aquí están sus respuestas.

❦ *Daniel Rovira (20 años), Buenos Aires*
Hace tanto calor que no quiero hacer nada. Me acuesto en la terraza y duermo o leo un libro o veo la tele. No puedo hacer deporte porque estoy siempre tan cansado. En febrero nos vamos a Miramar, a la playa. Allá siempre hace más fresco. ¡Qué alivio! Entonces voy a levantarme temprano, a las seis de la mañana, para andar en bici y nadar un poco. Por la noche, siempre me junto con mis amigos y vamos a bailar a Villa Gessell, que no está lejos de Miramar.

❦ *Rosario Santilli (23 años), San Isidro, provincia de Buenos Aires*
A veces, me quedo en casa y no voy a ninguna parte. Pero me gusta ir al club a navegar con mi novio o a bailar cuando nos juntamos con otros chicos. Aquí siempre estoy con amigas y todas asistimos a clase de aerobismo los jueves. Nos encanta hacer ejercicio.

❦ *Roberto Weissman (21 años), Bariloche, provincia de Río Negro*
Me encanta el sur para las vacaciones. Tomamos la mochila y acampamos en la montaña. Ahora estamos con mis tíos por dos semanas, pero después vamos a ir a bucear a Puerto Madryn que está más al sur. El próximo verano queremos ir de mochileros al Perú, a Machu Picchu. Aquí en Bariloche me divierto muchísimo en la playa del lago y en las discotecas. Hay muchos lugares para la juventud. Nado un poco y a veces escribo cartas o escribo en mi diario de viaje. Nunca estoy aburrido porque hay mucho que hacer.

1. le gustan los libros y los programas de la tele?
2. le gusta el aerobismo?
3. les gustan las discotecas?
4. le gusta la playa?
5. les gustan los deportes acuáticos?
6. le gusta viajar?
7. le gustan los sitios históricos?
8. no le gusta hacer nada?

4-3. En otras palabras. Locate in the article on page 95 the new expressions given in the left-hand column that follows. Find the sentence to the right that best explains the meaning of each one. Use context clues in the article to help you make logical guesses.

> *Ejemplo:*
> Roberto dice: Me divierto en las discotecas.
> **En otras palabras**, le gusta bailar.

		En otras palabras,...
c	**1.** Daniel: Estoy siempre tan cansado.	**a.** no va a ninguna parte.
d	**2.** Daniel: Voy a levantarme temprano.	**b.** siempre tiene algo que hacer.
g	**3.** Daniel: Me acuesto en la terraza.	**c.** no tiene mucha energía.
e	**4.** Rosario: Nos juntamos con otros chicos.	**d.** no va a dormir la mañana.
h	**5.** Rosario: Asistimos a clase de aerobismo.	**e.** no van a estar solos.
a	**6.** Rosario: A veces, me quedo en casa.	**f.** hay diversión y entretenimiento.
f	**7.** Roberto: Me divierto muchísimo.	**g.** va a dormir bien, donde hace fresco.
b	**8.** Roberto: Nunca estoy aburrido.	**h.** van a hacer ejercicio.

4-4. ¿Cómo o dónde? In this article, you see many expressions with the verb **estar**. Remember that **estar** is used to indicate both location and feelings. Use the context of each of the following quotes to say which is being described: **¿cómo está? o ¿dónde está/n?**

1. Daniel dice:	... estoy siempre tan cansado.	¿Cómo está?
2. Daniel dice:	... no está lejos de Miramar.	¿Dónde está?
3. Rosario dice:	... siempre estoy con amigas...	¿Dónde está?
4. Roberto dice:	... Ahora estamos con mis tíos...	¿Dónde están?
5. Roberto dice:	... está más al sur.	¿Dónde está?
6. Roberto dice:	... Nunca estoy aburrido...	¿Cómo está?

IMÁGENES Y PALABRAS

¡Me muero de aburrimiento!

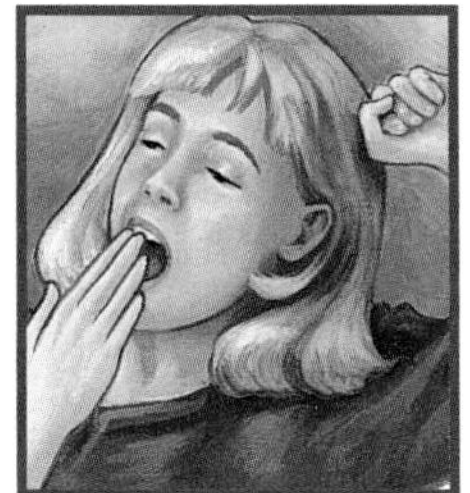

Todos los días tengo sueño porque...

Both **¡Me muero de aburrimiento!** and **¡Me muero de aburrido!** are used by native speakers. **Aburrido/a** transfers directly to expressions with **estar**.

me acuesto tarde por la noche

me despierto temprano por la mañana

Siempre tengo prisa.

Me ducho o me baño rápido.

Me levanto temprano para asistir a clases.

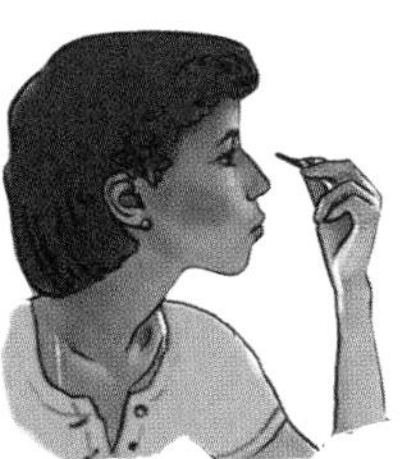

Me arreglo rápido frente al espejo.

Me visto bien para ir a trabajar.

Estoy cansado/a de...

- acostarme (ue) tarde
  despertarme (ie) temprano
  levantarme temprano para asistir a clases

Estoy harto/a de...

- ducharme o bañarme rápido
  arreglarme rápido
  vestirme (i) bien

¡Quiero irme de vacaciones! Cuando estoy de vacaciones me relajo.

Me río de mis problemas.

Me junto con mis viejos amigos.

Me olvido de los horarios.

Me divierto en grande.

No me quejo de la rutina.

No me quedo solo/a en la residencia.

No me preocupo por mis estudios.

No me siento aburrida/o.

Tengo ganas de...

- reírme (i) de mis problemas.
  juntarme con mis amigos.
  olvidarme de los horarios.
  divertirme (ie) en grande.

Estoy harto/a de...

- quejarme de la rutina.
  quedarme solo/a en la residencia.
  preocuparme por mis estudios.
  sentirme (ie) aburrido/a.

Si viajo, trato de conseguir (i) un pasaje barato, de no más de...

- doscientos (200)
  trescientos (300)
  cuatrocientos (400)
  quinientos (500)
  seiscientos (600)
  setecientos (700)
  ochocientos (800)
  novecientos (900)
  mil (1000) dólares.

Me gusta un hotel con vista al mar.

Me gustan los hoteles de lujo. Los albergues juveniles.

Una habitación con baño privado y desayuno.

Una vez lejos de aquí...

Voy a estar contento/a.

alegre, feliz

sana/o

enérgico/a

▶ tranquilo

No voy a sentirme (ie) mal.

enojado/a

deprimida/o

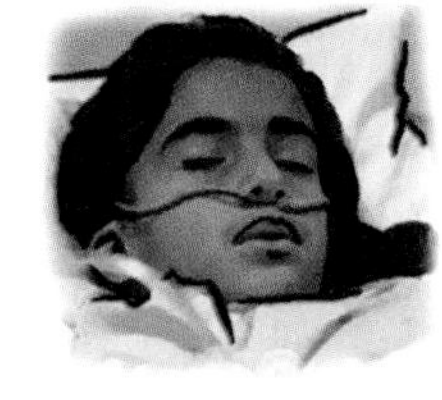

enferma/o

cansada/o

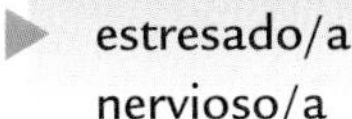

▶ estresado/a
nervioso/a

Práctica

4–5. Mi rutina. In terms of your regular routine, tell whether you do the following everyday (**todos los días**), sometimes (**a veces**), or almost never (**casi nunca**).

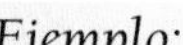

Ejemplo:

ducharse por la mañana

A veces, **me ducho** por la mañana, a veces por la noche.

1. Me arreglo antes de salir.
2. Me cepillo los dientes antes de comer.
3. Me visto con la ropa de un amigo.
4. Me junto con mis amigos.
5. Me acuesto a las tres de la mañana.
6. Me peino rápido.
7. Me baño con agua fría.
8. Me levanto a las once de la mañana.
9. Me despierto lleno/a de energía.
10. Me quedo en casa los fines de semana.

4-6. Así lo hago yo. For each of the following, use the verbs listed to make statements that express your ideas and lifestyle.

> *Ejemplo:*
> Me río cuando... estar con mis amigos, ir a fiestas, asistir a reuniones
> **Siempre me río cuando** estoy con amigos y cuando voy a fiestas. **Casi nunca me río cuando** asisto a reuniones.

1. Me relajo si... dar un paseo, hacer ejercicio, pensar en mi trabajo, dormir una siesta
2. Me divierto cuando... montar en bicicleta, jugar naipes, leer libros de texto, reírme con amigos
3. Me quejo si... morirme de aburrimiento, llover, lavar mi ropa, tener que vestirme bien
4. Me despierto tarde si... asistir a clase, sentirme enfermo/a, olvidarme de una clase, acostarme tarde
5. Me visto bien cuando... viajar en avión, asistir a una entrevista, quedarme en casa, conocer gente importante
6. Me preocupo si... gastar mucho dinero, olvidarme de una reunión, no saber una respuesta, no conseguir trabajo
7. Estoy lleno/a de energía cuando... estar cansado/a, sentirme tranquilo/a, preocuparme de mis clases, acostarme muy temprano
8. Me siento triste cuando... estar lejos de mi familia, quedarme solo/a, juntarme con amigos, olvidarme de un cumpleaños importante

4-7. Soluciones. For the following situations, provide a solution after **así que** (*so . . .*) to say what you do. In each case, give as many activities as you can think of, using phrases with **me...** from **Imágenes y palabras**.

> *Ejemplo:*
> Me siento enfermo/a, así que... **me acuesto**.

1. Trato de leer pero me muero de sueño, así que...
2. Son las 9.00 cuando me despierto. Tengo prisa, así que...
3. Es viernes y no pienso quedarme solo/a, así que...
4. Trato de conseguir un puesto y quiero presentarme muy serio/a, así que...
5. Es sábado y quiero divertirme en grande, así que no...
6. Estoy harto/a de la rutina, así que...
7. Estoy de vacaciones y no quiero pensar en problemas, así que...
8. Mañana tengo una prueba, así que para no sentirme estresado/a...

4–8. ¿Cómo te sientes? Tell how you feel in each of these circumstances, using **estoy...** or **me siento...** as indicated.

1. Me preocupo muchísimo por mis estudios. Estoy...
2. Me divierto cuando me junto con amigos. Siempre me siento...
3. Cuando me acuesto temprano y como bien, me siento...
4. Después de correr o hacer mucho ejercicio, estoy...
5. Cuando saco una mala nota, a veces estoy...
6. Si tengo que pagar mucho por un pasaje, estoy...
7. Cuando estoy lejos de mi familia, me siento...
8. Cuando sé que voy a conocer a otra gente, me siento...
9. Si no hay nada que hacer, estoy...
10. Cuando estoy en la clase de español, me siento...

Possible answers:
1. preocupado/a 2. contento/a, feliz 3. lleno/a de energía 4. cansado/a 5. deprimido/a 6. preocupado/a 7. deprimido/a, nervioso/a 8. contento/a, feliz 9. aburrido/a 10. nervioso/a

4–9. Digo yo. Tell whether or not you do the following activities and give a reason. Use the expressions **me gusta, tengo ganas de..., tengo que..., trato de..., estoy harto/a de...** with the infinitive form of the verb.

Ejemplo:

acostarme tarde

No. No **me gusta** acostarme tarde porque tengo que levantarme muy temprano.

No. **Estoy harto/a** de acostarme tarde porque después estoy cansado/a.

Sí. **Tengo que** acostarme tarde porque quiero estudiar esta noche.

1. divertirme con mis amigos después de las clases
2. despertarme temprano por la mañana
3. quedarme solo/a los fines de semana
4. juntarme con amigos los fines de semana
5. vestirme bien durante la semana
6. relajarme el domingo todo el día

4–10. Quejas y soluciones. Use the following statements to complain about your daily routine. Your partner will offer you a solution.

Ejemplo:

Tú: Me muero de aburrimiento cuando... estoy en la oficina del dentista.

Tu compañero/a: ¿Por qué no lees una revista (hablas con la gente/ duermes una siesta/ estudias para tu prueba)?

1. Siempre me quejo en.../ de...
2. Estoy harto/a de...
3. Siempre tengo prisa cuando...
4. Me muero de aburrimiento en.../ cuando...
5. A veces me preocupo por...
6. Siempre me olvido de...

De viaje al Cono Sur

For more tourist information about Bariloche, you can refer students to the Bariloche Web site at: *www.Bariloche.com*
Have students read about the interesting and funny contests of this event at *http://cab2.cnea.gov.ar/bariloche/Espaniol/Fiesta.htm* or *http://www.lafiestadelanieve.com.ar*

Mira el mapa a ver si puedes identificar los tres países que forman el Cono Sur. Compara lo que haces tú en los meses de junio, julio y agosto a lo que probablemente hacen los jóvenes en la ciudad de Bariloche, Argentina.

Ejemplo:
Aquí, es verano, hace... y nosotros...
En cambio (*on the other hand*), en Bariloche es.... Hay... y hace..., los jóvenes...

Answers: A: 1. junio, julio y agosto. 2. La noche del 18 de agosto. los esquiadores bajan de la montaña con antorchas. 3. Es como una montaña. Porque es el centro de la Fiesta Nacional de la Nieve. 4. Hay muchos turistas. Vienen de Brasil. 5. Treinta años.

B: 1. mil cincuenta dólares 2. quinientos treinta y nueve dólares 3. ochocientos diez dólares 4. setecientos sesenta y ocho dólares

Me gusta el hotel... **La Pincoya** porque está en... **el centro** y tiene... **vista a la plaza**. **Puedo conseguir** una habitación... **triple con... desayuno y cena** por **ciento setenta y cinco dólares** por semana.

A. Todos se van a la Fiesta de la Nieve. Lee el artículo que describe una celebración muy popular y contesta las preguntas.

1. ¿En qué meses es la estación invernal en Bariloche?
2. ¿Cómo empieza la fiesta?
3. Adivina (*guess*): ¿Qué es un "cerro"? ¿Por qué es famoso el Cerro Catedral?
4. ¿Cómo sabemos que éste es un sitio popular? ¿De dónde vienen muchos de los turistas?
5. ¿Cuántos años tiene ya esta celebración?

Fiesta Nacional de la Nieve en Bariloche.

Por treinta años, la Fiesta de la Nieve es una celebración muy famosa en Bariloche. En esta estación invernal, se juntan la belleza natural de las montañas y del lago Nahuel Huapi con un programa de actividades, eventos y celebraciones de primera categoría. Este año, la fiesta comienza la noche del 18 de agosto, cuando los esquiadores bajan la montaña con antorchas para iluminar la noche y anunciar la inaguración de la fiesta invernal.

El Cerro Catedral, sitio de las fiestas, es el centro de esquí más importante del hemisferio sur. Ya están aquí 27 aviones chárter con más de cuatrocientos brasileños y hoy hay más de siete mil esquiadores en las pistas de esquí. ¿Quieres venir tú también?

B. ¡Queremos divertirnos! From Bariloche, Roberto Weissman and his two cousins want to go to Puerto Montt in Chile for a week, just across the Andes and the lake. Looking at the coupons they have, figure out how much it will cost for the following stays:

Ejemplo:

Una habitación doble por una semana en el Hotel y Cabañas Millahue: cuatrocientos cuarenta y ocho dólares.

1. Una habitación triple por dos semanas en el Residencial de familia La Pincoya
2. Una habitación doble por una semana en el Hotel El Conquistador
3. Una habitación por 15 días en el Albergue Calbuco
4. Una habitación doble por 12 días en el Hotel y Cabañas Millahue

Now figure out the best deal for a week, and report to the class.

Ejemplo:

A la clase: **Me gusta** el hotel… porque está en… y tiene… **Puedo conseguir** una habitación… **con…** por… **dólares** por semana.

C. Mi propio concurso. Create and describe to the class your own unique event for a winter or summer festival where you live (**concurso, elección, competencia, carrera**). Set an original prize for the winner as well.

Ejemplo:

Carrera de políticos por las calles de Washington, D. C.,…
Competencia de sándwiches artesanales en…
Celebración de grupos nacionales de…
Concurso de profes y alumnos de…

Palabras útiles

habit.	habitación
p.	por
Pto.	Puerto

Hotel y Cabañas Millahue

Pelluco, Pto. Montt
Playa propia
Oferta de verano
Sólo US$65 habit. simple
$80 habit. doble
20% de descuento grupos jóvenes
Restaurante y lavandería

Rserv.: telefax 56-65-239 774

Residencial de familia La Pincoya

en el centro, ambiente familiar, vista a la plaza. Oferta única dobles, triples y cuádruples US$25 p. persona mínimo 3 días, con desayuno y cena.
Excepto Semana Santa, Fiestas Patrias

Reserve ya al 56-65-369 444
Bdo. O'Higgins 135, Pto. Montt

Albergue Calbuco

Centro de viaje joven
Excursionistas, viajeros
No se admiten animales
Tarifa única US$18 p. persona
Reserve antes de enero; sólo 4 triples con baño privado.

Contacte Servicio de Turismo
Al 56-65-383 874 conquistame@entel.cl

Sensacional oferta

si paga con dólares
30% descuento
Hotel El Conquistador
Sencillas $110 Dobles $150 Triples $180
vista al mar, televisión, frigobar
Precios especiales a viajeros.

Fax: 56-65-633 2520

GRAMÁTICA

Para describir tu rutina: los verbos reflexivos

In the preceding activities, you practiced verbs that used the pronoun **me**, either at the end of the infinitive (**arreglarme, juntarme**) or before the conjugated verb form (**me baño**). These verbs are called *reflexive* verbs and are used with *reflexive pronouns*.

In many cases, these reflexive pronouns convey the idea of *self* as in myself, yourself.

Me baño. I take a bath (*bathe myself*).

1. Many of the verbs you already know can also be used reflexively simply by using reflexive pronouns to indicate that the action is done **to** or **for** oneself.

Nonreflexive		Reflexive	
miro	*I look at*	**me miro**	*I look at myself (in the mirror)*
llamo	*I call*	**me llamo**	*I call myself (I am named)*
pregunto	*I ask*	**me pregunto**	*I ask myself, I wonder*
lavo	*I wash*	**me lavo**	*I wash myself*
hablo	*I speak, talk*	**me hablo**	*I talk to myself*
veo	*I see*	**me veo**	*I see myself*
preparo	*I prepare*	**me preparo**	*I get myself prepared*

Me escribo notitas para no olvidarme de cosas importantes. ***I write myself*** *notes to not forget important things.*

To talk about what other people do to or for themselves, use the pronoun that corresponds to the person. Notice in the following chart that the pronoun **se** has many different meanings and can refer to one person or more than one. The meaning is clarified through the context.

Reflexive pronouns		
yo	**me**	*myself*
tú	**te**	*yourself*
él, ella, or **Ud.**	**se**	*himself, herself, yourself*
ellos, ellas, or **Uds.**	**se**	*themselves, yourselves*
vosotros, vosotras	***os***	*yourselves*
nosotros, nosotras	**nos**	*ourselves*

2. Activities that are part of one's personal care, daily routine, or that one does to or for oneself, are very often reflexive.

acostarse *to go to bed (to put oneself to bed)*	**bañarse** *to take a bath (bathe oneself)*
levantarse *to get (oneself) up*	**arreglarse** *to get (oneself) ready*
vestirse *to get dressed (dress oneself)*	**prepararse para** *to prepare oneself*
ducharse *to shower (oneself)*	**juntarse con** *to get together with*
despertarse *to wake up (to awaken oneself)*	**quedarse** *to stay*

cepillarse los dientes
to brush (one's) teeth

peinarse
to comb (one's) hair

3. Some verbs, such as **ir**, convey a slightly different meaning when used reflexively.

ir *to go*	**irse** *to go away, to go off, to leave*
Bueno, me voy; tengo que ir a clase.	*Well, I'm leaving. I have to go to class.*
Me voy de vacaciones para Semana Santa.	*I'm going away (off) on vacation for the week of Easter.*

4. To use reflexive verbs in their conjugated form, place the reflexive pronoun directly *before* the verb form.

levantarse	
me levanto	**nos** levantamos
te levantas	***os*** *levantáis*
se levanta	**se** levantan

To add a subject pronoun or the word **no**, follow this order:

(subject pronoun for contrasting) + **no** (if needed) + **reflexive pronoun** + (conjugated verb form)

Nosotros **no nos levantamos** temprano los fines de semana.

5. Some of the verbs presented in this chapter are stem-changing verbs. You have learned how to use two kinds of these verbs, the **o → ue** and the **e → ie** changing verbs. Remember that stem changes occur in all persons except the **nosotros/as** and ***vosotros/as*** forms. Study the charts that follow.

o → ue		**e → ie**	
acostarse		**despertarse**	
me acuesto	nos acostamos	me despierto	nos despertamos
te acuestas	*os acostáis*	te despiertas	*os despertáis*
se acuesta	se acuestan	se despierta	se despiertan

The **e → ie** and **o → ue** stem changes were presented and practiced in *Capítulo 3*. This chapter presents the **e → i** stem change with only two verbs: **vestirse, conseguir** and, in the following grammar section, **reírse**.

Other verbs in this chapter belong to a third group of stem-changers: **e ⟶ i**. With these verbs, the **e** changes to **i** in all forms except in **nosotros** and ***vosotros***. Other stem-changing verbs in this chapter are modeled and practiced on page 108.

e ⟶ i			
vestirse		**conseguir**	
me visto	nos vestimos	me consigo	nos conseguimos
te vistes	*os vestís*	te consigues	*os conseguís*
se viste	se visten	se consigue	se consiguen

Práctica

IOR

4–11. Frente al espejo. Using reflexive verbs, tell what things you do when you are in front of the mirror.

1\.

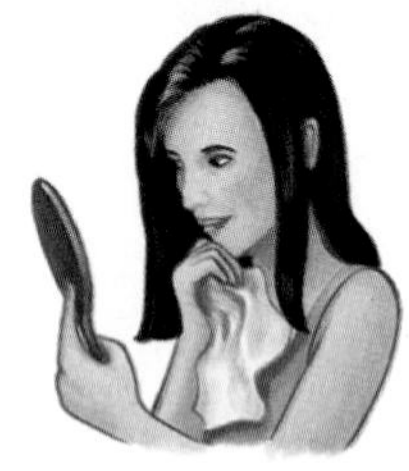

2\.

3\.

4\.

5\.

7\.

Answers: 1. Me miro. 2. Me visto. 3. Me arreglo. 4. Me pregunto. 5. Me lavo. 6. Me peino. 7. Me cepillo los dientes.

4–12. A conocernos mejor. Ask your classmate the following questions and report back to class on what he or she said.

Ejemplo:
arreglarse bien para el trabajo
Tú: ¿**Te** arreglas bien para el trabajo?
Tu compañero/a: Sí, **me** arreglo muy bien.
A la clase: Linda **se** arregla muy bien para el trabajo

1. prepararse o comprarse el desayuno por la mañana
2. despertarse fácilmente por la mañana
3. levantarse lleno/a de energía todos los días

4. juntarse con amigos o quedarse solo/a los sábados
5. acostarse temprano todos los días
6. vestirse elegante o informal?
7. irse de vacaciones de primavera?
8. prepararse más para clases interesantes o clases aburridas

4-13. Rutina diaria. Describe the sequence of activities that you and your roommate follow in these situations, using **primero**, **luego**, **después**, **entonces**, and **finalmente** to indicate their order.

Ejemplo:

por la mañana

Por la mañana, generalmente nos despertamos a las siete y media. **Primero**, nos vestimos con ropa informal. **Luego**, nos preparamos algo de comer. Y **entonces**, escuchamos la radio para saber el pronóstico del tiempo (*weather forecast*). **Finalmente**, nos vamos a clase.

1. antes de ir a una fiesta
2. por la noche
3. antes de un examen

4-14. Encuesta estudiantil. Take turns asking the group questions to find out who does each of the following things. Also ask the follow-up question provided. Take notes on which person does what, and report back to the class.

IOR

Ejemplo:

acostarse después de la medianoche los sábados/ ¿a qué hora?

Tú: ¿**Se acuestan** después de la medianoche los sábados? ¿A qué hora?

Tus compañeros/as: Sí, generalmente, **me acuesto** a la una. *o* Yo no, generalmente me acuesto más temprano.

A la clase: Los sábados mi compañera Nora generalmente **se acuesta** a la una, pero Jason **se acuesta** más temprano.

1. acostarse después de la medianoche los jueves/ ¿por qué?
2. irse a casa los fines de semana/ ¿cuándo?
3. levantarse antes de las siete los días de clase/ ¿a qué hora?
4. acostarse antes de hacer las tareas/ ¿por qué?
5. quedarse solos/as en casa/ ¿cuándo?
6. dormir más de seis horas todas las noches/ ¿cuántas horas?
7. irse a trabajar/ ¿cuándo? ¿a qué hora?
8. vestirse con ropa informal a veces/ ¿cuándo?

Para describir cómo te sientes: otros verbos reflexivos

1. Not all reflexive verbs convey the notion of *self*. Some of these verbs express moods or states of mind.

preocuparse *to worry about*	**olvidarse de...** *to forget about . . .*
cansarse (de...) *to get tired (of . . .)*	**sentirse (bien/ mal)** *to feel good/bad*
quejarse de *to complain*	**enojarse (con)** *to get angry (at)*
morirse (de...) *to be dying (of . . .)*	**divertirse** *to have a good time*
relajarse *to relax*	**reírse** *to laugh about/with/at*

2. The verbs **morirse (ue), sentirse (ie), divertirse (ie)**, and **reírse (i)** on page 98 are stem-changing verbs. Recall that stem changes occur in all persons except the **nosotros/as** and ***vosotros/as*** forms.

o ⟶ ue		**e ⟶ ie**	
morirse		**sentirse**	
me muero	nos morimos	me siento	nos sentimos
te mueres	*os morís*	te sientes	*os sentís*
se muere	se mueren	se siente	se sienten
e ⟶ ie		**e ⟶ i**	
divertirse		**reírse**	
me divierto	nos divertimos	me río	nos reímos
te diviertes	*os divertís*	te ríes	*os reís*
se divierte	se divierten	se ríe	se ríen

—¡Ay, **me muero** de aburrimiento! **Me siento** deprimido.

—¿Por qué no alquilamos una película cómica y **nos reímos** un poco?

3. To use reflexive verbs in the infinitive form, attach the pronoun to the end.

Tengo que despertar**me** temprano.	*I have to wake up early.*
Piensan quedar**se** en casa.	*They plan to stay at home.*
Queremos juntar**nos** el viernes.	*We want to get together on Friday.*
¿Vas a ducharte antes de ir**te**?	*Are you going to take a shower before you leave?*

Práctica

4–15. Mis consejos. As your instructor reads you the following problems, use the verbs that follow to suggest possible solutions. Remember to use **usted** when addressing your instructor.

> *Ejemplo:*
> Profesor/a: ¡Estoy harta de corregir pruebas!
> Soluciones: relajarse, olvidarse de, arreglarse, salir
> Tú: Si **usted** está harta de corregir pruebas, **por qué no se olvida** del trabajo y se relaja. ¿Porqué no **se arregla y sale** con amigos?

Profesor/a...	Soluciones
1. Me siento enfermo/a.	quedarse en casa/ acostarse/ dormir/ relajarse un poco
2. Estoy muy triste.	reírse/ divertirse/ juntarse con amigos/ olvidarse de sus problemas
3. Estoy enojado/a.	encontrar un sitio tranquilo/ sentirse más alegre/ reírse de sus problemas
4. Tengo ganas de viajar.	comprarse un pasaje a.../ conseguir una habitación en.../ divertirse en...
5. Siempre tengo prisa.	prepararse mejor/ despertarse más temprano/ olvidarse de los horarios
6. Me muero de estrés.	tratar de relajarse/ alquilar una película cómica/ reírse con amigos

4–16. La entrevista de Ernesto. Tell a story about Ernesto's job interview based on the cartoon strip. Use the following verbs as a guide: **sentirse**, **vestirse**, **arreglarse**, **reírse**, **enojarse**, **preocuparse**, **relajarse**, and **divertirse**.

Possible answers: 1. Ernesto tiene una entrevista. Se siente nervioso. 2. Ernesto se viste. Su compañero se ríe de su ropa. Ernesto se enoja. 3. Ernesto se preocupa porque tiene una entrevista. 4. Ernesto se relaja. Mira un programa y se ríe. 5. Ernesto consigue el puesto y se siente muy contento. 6. Ernesto se junta con sus amigos en un restaurante. Todos se divierten.

1.

2.

3.

4.

5.

6.

4-17. Profesores y alumnos. How different are you from your instructors? Use the following verbs to make statements comparing teachers to yourselves as students.

Ejemplo:
olvidarse de
A veces, los profesores **se olvidan de** corregir las pruebas, y nosotros, los alumnos, a veces **nos olvidamos** de hacer las tareas.

1. quejarse de
2. preocuparse por
3. reírse (de) cuando
4. divertirse en grande cuando
5. sentirse alegres cuando
6. sentirse deprimidos cuando
7. morirse de
8. enojarse (con)
9. vestirse (con)
10. irse de viaje, conseguir habitaciones en…

As students report back, keep a tally of responses on the board. Then, have students summarize the results: **X alumnos se preocupan por su pareja. X se preocupan por las notas. X se preocupan por sus padres. X se preocupan por su prueba de.... Todos se preocupan por sus estudios.**

4-18. Entrevista. Using the question words beside each verb, interview your partner about the following. Take notes on your partner's responses and report back to the class.

Ejemplo:
preocuparse/ ¿por qué?
Tú: ¿Por qué te preocupas?
Tu compañero/a: Me preocupo por mi pareja (mi prueba de.../ mis notas).
A la clase: Eric se preocupa por su pareja (su prueba de.../ sus notas).

1. sentirse deprimido/a/ ¿cuándo, por qué?
2. reírse/ ¿cuándo, de qué?
3. enojarse con/ ¿cuándo, con quién, por qué?
4. morirse de aburrimiento/ ¿cuándo, dónde, por qué?
5. divertirse/ ¿cuándo, dónde, con quién/es?
6. sentirse nervioso/a/ ¿cuándo, por qué?

4-19. Sugerencias para un alumno de primer año. Give a freshman at your school an orientation to student life. Use each of the following verbs to describe the practice or custom at your school; then follow up with a reason or explanation using **Tienes que…**, or **(No) Puedes…**

Ejemplo:
juntarse con amigos
Aquí **nos juntamos** con amigos para estudiar. **Tienes que** juntarte con amigos, si no, te mueres de nervios y estrés.

1. acostarse y despertarse
2. prepararse para los exámenes
3. olvidarse de las tareas
4. juntarse con...
5. vestirse con...
6. divertirse en grande
7. relajarse
8. reírse de...
9. quedarse solos/as en la residencia
10. quejarse de los profesores

4–20. Típicamente. Use the phrases **Antes de...** + infinitive, or **Después de...** + infinitive to order each set of activities, according to the routines of your peers.

> *Ejemplo:*
>
> **ducharse, irse a clase, arreglarse**
> **Antes de irnos** a clase, **nos duchamos** y **nos arreglamos.** *o*
> **Después de ducharnos** y **arreglarnos, nos vamos** a clase.

1. acostarse, hacer las tareas, prepararse para clase
2. despertarse, levantarse, prepararse o comprarse el desayuno
3. asistir a clase, juntarse con amigos, quejarse del trabajo
4. enojarse, tratar de comprender otra perspectiva, olvidarse del problema
5. vestirse por la mañana, ducharse, buscar ropa limpia
6. divertirse con amigos, quedarse un rato estudiando, dormir una siesta

Answers: 1. Antes de acostarnos, hacemos las tareas y nos preparamos para clase. 2. Después de despertarnos y levantarnos, nos preparamos o nos compramos el desayuno. 3. Después de asistir a clase, nos juntamos con amigos y nos quejamos del trabajo. 4. Antes de enojarnos, tratamos de comprender otra perspectiva y olvidarnos del problema. 5. Antes de verstirnos por la mañana, nos duchamos y buscamos ropa limpia. 6. Antes de divertirnos con amigos, nos quedamos un rato estudiando o dormimos una siesta.

4–21. Por lo general. Describe the people below. Use as many verbs as possible in each description.

> *Ejemplo:*
> **responsable**
> Por lo general, la gente responsable nunca **se olvida de** los horarios, siempre **asiste a** clases y **se preocupa** mucho **por** los estudios. **Se acuesta** temprano y **se despierta** temprano.

This activity recycles vocabulary from *Capítulos 1* and *2*. Variation: Assign each pair one personality type and give them a time limit of seven to ten minutes to prepare the most detailed description they can.

tratar de	vestirse (con)	mirarse (en)
reírse (de)	conseguir(se)	quejarse de
acostarse	preocuparse por	divertirse (en)
sentirse	enojarse (con)	cansarse (de)
dormir	preguntarse (si)	morirse de
olvidarse de	juntarse con	quedarse (en)
levantarse	relajarse	despertarse
prepararse (para)	asistir a	ducharse o bañarse

La gente...

1. sana y llena de energía
2. egoísta o materialista
3. curiosa o aventurera
4. sociable y amistosa
5. romántica o sentimental
6. pesimista o triste
7. seria o filosófica
8. puntual y ordenada

GRAMÁTICA

Para describir gustos y preferencias: el verbo gustar + sustantivos

In *Capítulo 3*, you used **gustar** with infinitives and the pronouns **me, te, le, nos, *os*, and les** to talk about what you and others like to do, or what is "pleasing to" you or others.

—¿**Te gusta montar** a caballo?

—No, a mí **me gusta montar** en patineta; no sé montar a caballo.

Remind students that phrases such as **a mí, a ti, a él** are used to contrast, emphasize, or clarify who likes or dislikes something. (1) Remind students that with infinitives, only the singular form of **gustar** is used, even if many infinitives are given: **Me gusta bailar, cantar y escuchar música.** (2) If students ask, the noun following **gustar** is generally the one that controls the verb agreement. Therefore, **A mí me gusta el cine español y la comida italiana.** (3) In the text example, guide students to see and think of **a Susanita le** as one segment and **encantan las grandes ciudades** as another.

1. To use **gustar** with nouns instead of infinitives, the form of the verb **gustar** must *agree with the noun*, and the definite article (**el, la, los, las**). A pronoun (**me, te, le, les, nos**) must be used to clarify to whom the item is pleasing.

If the noun is singular, use the singular form of the verb, **gusta**, and the singular definite article **el** or **la**.

A mí me **gusta el** hotel de lujo donde van mis padres.

If the noun is plural, use the plural form of the verb, **gustan**, and the plural definite article **los** or **las**.

A mí compañero de viaje le **gustan los** albergues juveniles porque no son caros.

To whom	is pleasing	what
(A mí) **me**	**gusta**	**el** invierno en Colorado.
Me	**gustan**	**los** deportes de invierno.
(A ti) **te**	**gusta**	**la** rutina de todos los días.
Te	**gustan**	**las** rutinas de los domingos también, ¿no?
(A usted/ él/ ella) **le**	**gusta**	**el** trabajo intelectual.
Le	**gustan**	**los** libros, **los** programas y **las** clases.
(A nosotros/as) **nos**	**gusta**	**el** sur de Argentina.
Nos	**gustan**	**las** fiestas de Bariloche.
¿*(A vosotros/as)* ***os***	**gusta**	**el** verano?
Os	**gustan**	**los** deportes acuáticos.
(A ellos/as, Uds.) **les**	**gusta**	**el** frío.
Les	**gustan**	**las** vacaciones de invierno.

2. To express a very strong like or love of something, you can also use the verb **encantar**, which is used exactly like the verb **gustar**. To say that you don't like something at all, say **no me gusta nada**.

A Susana le **encantan las** grandes ciudades; no le **gusta nada el** campo. En cambio, a sus padres les **encanta el** campo.

Práctica

4-22. Es decir. Tell what the following people like depending on their activities. In each case, use **gusta** or **gustan** and *article + noun*, as necessary.

Answers: 1. nos gustan los idiomas. 2. le gusta el cine. 3. me gustan los deportes acuáticos. 4. le gustan los deportes. 5. te gusta el campo. 6. les gusta el agua. 7. ¿les gusta el parque? 8. le gusta la música.

Ejemplo:

Siempre me divierto cuando nieva y hace frío, es decir, **me gusta** el invierno.

1. Hablamos inglés, francés, español y alemán, es decir,...
2. Usted va al cine o alquila videos todos los fines de semana, es decir,...
3. Hago *surfing* y navego en bote de vela, es decir,...
4. Mis amigos juegan tenis, vóleibol y fútbol, es decir,...
5. Siempre acampas y haces excursiones en verano, es decir,...
6. Mis padres van al lago, al río o a la playa, es decir,...
7. ¿Quieren montar en bicicleta o en patineta? Es decir, ¿...?
8. Mi compañero de cuarto escucha sus discos compactos todos los días, es decir,...

4-23. ¿Qué te gusta? Interview your classmate using the pictures as cues. Follow the model and add any other pertinent information.

Ejemplo:

Tú: ¿Te gusta la playa?
Tu compañero/a: Sí me gusta mucho. *o*
No, me gusta más el campo.
Tú: Entonces, ¿por qué no vamos a bucear/ montar a caballo?
Tu compañero/a: ¡Buena idea!

1.

2.

3.

4.

5.

6.

7.

8.

4–24. ¿Qué les gusta? React to the following, saying what you like and don't like about each.

> *Ejemplo:*
> **la playa**
> **Nos encanta** la playa. **Nos gusta** el sol. **Nos gustan** los botes de vela y los biquinis. Pero **no nos gusta** nada el calor.

1. la lluvia
2. el agua
3. las vacaciones de lujo
4. el invierno
5. el verano
6. el otoño
7. las discotecas
8. los deportes acuáticos
9. la ciudades grandes
10. la primavera

4–25. Corre la voz. Recommend your personal favorites for the following and find out how many classmates are familiar with them. If they are familiar with them, find out if they like them.

> *Ejemplo:*
> **una novela**
> Me gusta la novela *Como agua para chocolate.* ¿Cuántos conocen la novela?
> ¿Te gusta?/ ¿Les gusta?

1. un libro interesante
2. una playa grande
3. un parque…
4. los discos compactos de…
5. un programa de software
6. un video (una película)
7. un programa de televisión
8. un equipo de béisbol, fútbol
9. los viajes/ las excursiones a…
10. los hoteles (moteles, albergues)

4–26. ¿Igualitos? Compare yourself to three different people (**mi papá, mi mamá, mi mejor amigo/a, mi pareja, mis profesores**) in terms of likes and dislikes. In each case, tell one thing you both like (or dislike) and one like or dislike you do not share.

> *Ejemplo:*
> **la naturaleza**
> **A mi pareja y a mí nos gusta** la naturaleza. Pero **a mi pareja le gustan** las excursiones y la aventura y **a mí me gustan** las flores y los árboles.

1. las películas de amor
2. los colores del otoño
3. la música clásica
4. el invierno cuando hay nieve
5. las telenovelas (*soap operas*)
6. los parques de atracciones

EN VOZ ALTA

A. Escucha la conversación entre las dos amigas y marca todas las palabras que describen cómo se siente Rosa, la persona que llama.

- ☑ nerviosa
- ☑ preocupada
- ❑ alegre
- ❑ divertida
- ☑ harta
- ❑ enojada
- ☑ deprimida
- ❑ relajada

Ahora, Teresa le dice a Rosa que...

- ☑ se queja tanto
- ❑ tiene que despertarse
- ☑ puede hablar con la profesora
- ❑ se ríe demasiado
- ☑ tiene que divertirse
- ❑ puede acostarse temprano

B. Escucha otra vez a Rosa y Teresa y completa las siguientes frases según la conversación.

1. ___Estoy muy nerviosa___ porque tengo un examen el lunes.
2. ___No es el examen de biología___, es el examen de física.
3. ___Estoy harta___ de tanto estudiar.
4. ¿___No puedes hablar con la profesora___ y pedirle ayuda?
5. ___No puedo divertirme___ cuando estoy tan preocupada.
6. ___Estudia el sábado___ y nos hablamos el domingo por la mañana.

Mi refranero. El siguiente refrán ofrece un buen consejo (*advice*). Escúchalo y repítelo, tratando de imitar la pronunciación.

El que se queja, sus males aleja.

The *En voz alta* audioscripts are recorded on the student tape or CD that accompanies each textbook.

Audioscript:

TERESA: Sí, dígame.
ROSA: Hola, Teresa. Soy Rosa. ¿Cómo estás?
TERESA: Bien. ¿Y tú?
ROSA: Fatal, Teresa. Mira, tengo un examen el lunes y estoy muy nerviosa.
TERESA: Es el examen de biología, ¿no?
ROSA: No, es el examen de física. Mira, esa profesora es tan estricta. Estoy harta de tanto estudiar.
TERESA: ¡Siempre te quejas tanto!
ROSA: El que se queja, sus males aleja.
TERESA: Es malo preocuparse demasiado. ¿No puedes hablar con la profesora y pedirle ayuda?
ROSA: No, no puedo, no es muy comprensiva. Por eso te llamo, porque no puedo salir contigo el domingo. Estoy deprimida. No puedo divertirme cuando estoy preocupada.
TERESA: ¡Tienes que divertirte un poco, Rosa! Mira... estudia el sábado y nos hablamos el domingo por la mañana. Estoy segura que te vas a sentir mucho mejor después de estudiar. ¡Ya lo verás!
ROSA: Bueno,... nos hablamos entonces. Hasta el domingo.
TERESA: Hasta luego.

Letreros útiles para el turista

A. ¿Qué dicen los letreros? A great deal of information for the foreign student or traveler is available in hotel, travel agency, airport, and building signs. Using the vocabulary you already know, look at the following signs and guess what they say.

These signs show a very common use of the pronoun **se** when the intention is to indicate that something is *done* and there is no interest in saying *who* does it.

B. Pintaletreros. What signs would you put on your dorm or classroom door to indicate what is done inside?

C. De turistas. Say what can be done in each of these places, using **se puede**.

Ejemplo:
un restaurante estupendo
Se puede comer bien en...

1. un club o una disco
2. una biblioteca
3. la playa
4. en el extranjero (en otro país)

D. ¿Cómo se hace? Give directions to do the following using **se** + verb.

Ejemplo:
Para encontrar una habitación en Bariloche/ escribir www.guiahoteles.ar
Para encontrar… **se puede escribir** a www.guiahoteles.ar

1. Para encontrar información sobre turismo en España/ buscar en www.okspain.com.es
2. Para prepararse para un viaje por el campo/ mirar en http://dfa.jet.es/agroturismoasp
3. Para saber el cambio de dólares a pesetas o pesos/ conseguir un *New York Times*
4. Para pagar menos en los albergues/ sacar un carnet (*ID*) internacional de estudiante
5. Para aprender más sobre Argentina/ leer la guía Frommers www.frommers.com
6. Para reírse mucho con una tira cómica/ leer el sitio de www.condorito.cl en los Favoritos

SÍNTESIS

Para leer

Quiero ver mundo

¿Sabes dónde están estos sitios turísticos (todos son del mundo hispano)? ¿Cuáles de estos sitios te interesan más? ¿Por qué? ¿Cuál está más lejos de aquí? ¿Qué tipo de sitio te gusta visitar cuando estás de vacaciones?

Ejemplo:
Creo que... está en...
Me gustan/ encantan más las reservas naturales/ las ruinas arqueológicas/ las ciudades antiguas/ las culturas indígenas/ las montañas/ las caídas de agua... porque me gusta saber más de...

1. El Alambra, España
2. Machu Picchu, Perú
3. Chichen Itza, México
4. El Yunque, Puerto Rico
5. Salto Ángel, Venezuela

SÍNTESIS

PARA LEER BIEN

When reading, remember that you do not need to understand every word to get the message.

1. Rely on those words you *do* know and on those words (or parts of words) that look familiar to you to make intelligent guesses. For example, what English words do the following Spanish words resemble: **convertir, felinos, fantasma**?
2. Use clues from the context to make informed guesses about words you do not recognize. For example, in the tenth line of the article, you see the word **pistas**. Following it you see **de esquí**. What might **pista** mean in this context?
3. Combining word recognition with context clues opens up even more clues to meaning. For example, the word **estancia** comes from the verb **estar**. What might it mean in the context of **una estancia en el Monasterio**? In this **monasterio** you could be **con la compañía de los monjes**. From the context, guess who **monjes** might be.

A. Infinitas posibilidades. This article from a newspaper in Chile suggests some interesting vacation possibilities. First, skim the article to familiarize yourself with the type of information it provides. Then, look at the title. To what region/s does **el polo** refer in this article? To what region/s does **el trópico** refer? Which would you prefer to visit, **el polo** o **el trópico**?

Entre el Polo y el Trópico: infinitas posibilidades para un verano con imaginación

Convertir las vacaciones estivales° en algo más que 15 días en una playa típica con gente por todas partes depende en gran parte de la imaginación de cada persona. Cuando en España los termómetros marcan casi 40 grados (104 F.), en San Carlos de Bariloche y Las Leñas en Argentina, hay estupendas pistas de esquí para los amantes° del deporte blanco, que así también pueden esquiar en verano. Otra opción "fresca" puede ser ir a acampar por el Nepal o el Tibet, al pie del Everest, la montaña más alta del mundo.

Para los que el verano es sinónimo de playas blancas, aguas limpias y tranquilas pero sin gente, Costa Rica puede ser su destino. En la provincia de Guanacaste se encuentran las playas más espectaculares de Costa Rica: Tamarindo, Bahía Pez Vela, Flamingo, Hermosa y Sámara. En esta región, también están los refugios de aves migratorias y acuáticas, de simios (o monos°) y de felinos (panteras, pumas, leopardos, linces).

Para los aventureros, las vacaciones pueden tener muchos escenarios. En África, pueden hacer un safari con tiendas de campaña°, visitar las cataratas de Victoria o ir a la selva° de Kenia. Pueden buscar oro° en Laponia, o cazar° iguanas en Cayo Largo.

Si buscan emoción y terror, la perfecta organización del turismo en Gran Bretaña tiene doce hoteles con fantasma incluido, como por ejemplo, el fantasma de María Estuardo que se aparece en Dundley. Y la gente con cuentas de banco muy importantes° puede divertirse a todo lujo, porque casi todo se puede alquilar—desde un castillo inglés con lord incluido hasta una isla del Caribe en exclusiva.

Por último, para ejecutivos estresados, lo mejor es una estancia en el Monasterio de Silos (Burgos, España) en donde, por 1.800 ptas. al día, todo incluido, pueden encontrar tranquilidad en un ambiente de calma total, sólo con la compañía de los monjes. Algunas agencias de viajes ya están contratando viajes al espacio, pero no hay fechas aún.

De: "Entre el Polo y el Trópico: Infinitas posibilidades para un verano con imaginación," *Diaro 16*. Published by Grupo 16.

Palabras útiles

estivales de verano
los amantes *lovers*
los monos *monkeys*
las tiendas de campaña *tents*
la selva la jungla
el oro *gold*
cazar *to hunt*
con cuentas de banco... importantes mucho dinero

B. Información turística. Now scan the article for some specific information and, for each destination mentioned, complete the following lists.

¿DÓNDE?	¿QUÉ HACER?	¿QUÉ HAY?	¿PARA QUIÉNES?
el sur de Argentina	esquiar	pistas de esquí	amantes del deporte blanco
Nepal o Tibet	acampar	montañas	amantes del deporte blanco
Costa Rica	nadar, descansar hacer excurciones	aguas limpias; playas tranquilas; refugios de aves migratorias y acuáticas, de simios y de felinos	amantes de las playas amantes de los animales
África	safari	cataratas, selvas	aventureros
Laponia (*Lapland*)	buscar oro		
Cayo Largo (*Florida*)	cazar iguanas		
Gran Bretaña (*England*)	visitar un hotel	fantasmas	amantes del terror y suspenso
el Caribe	alquilar una isla		gente con mucho dinero
el norte de España	un retiro con monjes	un monasterio	ejecutivos estresados

C. Viajeros y turistas. Use the ideas in the article to give some travel options to the following people, according to their likes and interests.

1. Si te gusta acampar y eres amante de los animales, puedes ir al (a la)...
2. Puedes ir a un castillo inglés o a un safari sólo si te gustan...
3. Si para ti las vacaciones son una playa blanca y tranquila, es seguro que te gusta...
4. Si eres algo aventurero/a y tienes dinero, puedes irte a...
5. Si te sientes nervioso/a y estresado/a y tienes ganas de irte lejos,...
6. Si estás harto/a de todo y quieres escaparte por completo a un lugar solitario,...
7. Si no quieres preocuparte por encontrar un hotel, puedes...
8. Si te encantan la naturaleza y la ecología, puedes irte a...
9. Si te gusta el lujo y tratas de encontrar algo muy caro, puedes...

Para escribir

Una encuesta

In this section, you will follow a process to develop an effective survey. Good surveys do not ask random questions but are based on careful thought and planning; they have clear motives, focus on specific issues, and must elicit specific responses.

A. Elegir el tema. First identify a topic; then focus on specific facets.

Primer paso. Choose one of the following that interests you.

los deportes	el ocio, la diversión	la tecnología
la familia	los viajes	las vacaciones
los horarios	el dinero	la lectura (leer)
la música	el trabajo	la rutina

SÍNTESIS

Segundo paso. Narrow the scope of your topic. Choose one subtheme and explore some interesting issues related to it, as in the model.

Tema	Sub-tema	Ideas específicas
las vacaciones	sitios populares alojamiento temporadas	sitios populares para jóvenes

B. Inventar preguntas. From your **ideas** column, choose a topic to investigate through your survey. You can ask five questions, so what would you most like to know? Develop your five *best* questions, using **Ud**. forms and words and expressions such as: **¿qué? ¿cómo? ¿quién? ¿dónde/ adónde? ¿cuántos/as? ¿a qué hora? ¿de quién? ¿con quién? ¿con qué frecuencia?**

Ejemplo:
las vacaciones
Durante el año, ¿con qué frecuencia van los jóvenes de vacaciones? ¿Cuánto tiempo se quedan?

This may be done in class. Have students work in pairs to examine each other's questions and propose changes, additions, corrections, refinements, and so on.

C. Inventar respuestas. Develop responses for each question by anticipating responses you will receive. Here is a sample question with response options.

Durante el año, ¿con qué frecuencia van los jóvenes de vacaciones?
a. nunca o casi nunca
b. una o dos veces
c. tres o cuatro veces

D. Corregir. Check your survey to make sure that (a) all of the verbs agree with the subjects to which they refer; (b) you used **Ud.**, its verb forms and corresponding possessive **su/s**; (c) you used the correct reflexive pronouns, if necessary; (d) you inserted the corresponding articles **el, la, los, las** when using days of the week or the verb **gustar**; and (e) you inserted a phrase with **a** whenever you wanted to clarify the **le/s** of **le/s gustan**.

E. Recoger y resumir los resultados. Administer the survey to at least 10 people. Tally the responses and convert them into percentages of the total. Then, write summary statements such as the following, spelling out all numbers.

Un cincuenta y cinco por ciento de los encuestados va de vacaciones a la playa, **un veinte por ciento va** de vacaciones a las montañas y **un veinticinco por ciento va** de vacaciones al campo.

Vocabulario

Sustantivos

el aburrimiento boredom
el baño bathroom
el desayuno breakfast
la energía energy
el espejo mirror
los estudios study, school (*work*)
el pasaje (*airline*) ticket
el problema problem
la ropa clothes
la rutina routine

Números

doscientos 200
trescientos 300
cuatrocientos 400
quinientos 500
seiscientos 600
setecientos 700
ochocientos 800
novecientos 900
mil 1000

Adjetivos

aburrido/a bored
alegre happy, cheerful
barato/a inexpensive
cansado/a tired
caro/a expensive
contento/a happy, contented
deprimido/a depressed
enérgico/a energetic
enfermo/a sick, ill
enojado/a upset, mad
estresado/a stressed out
feliz happy
juvenil youthful
nervioso/a nervous
privado/a private, exclusive
sano/a healthy
solo/a alone
tranquilo/a calm
triste sad, low
viejo/a old

Acciones

acostarse (ue) to put oneself to bed
bañarse to take a bath
arreglarse to get ready, groom oneself
asistir a to attend
cepillarse to brush (*one's*) teeth
conseguir(se) (i) to get, find
despertarse (ie) to wake up
divertirse (ie) to have a good time, enjoy oneself
ducharse to take a shower
estar (harto/ cansado/ aburrido) de... to be (*sick of/tired of/ bored with*) . . .
ir(se) to go (*away*)
juntarse con... to get together with . . .
lavarse to wash oneself
levantarse to get up
llevar to carry, take
mirarse en el espejo to look at oneself in the mirror
morirse de (ue) to be dying for, die from
ofrecer to offer
olvidarse de... to forget about . . .
peinarse to comb (*one's*) hair
preocuparse por to worry about
prepararse to prepare oneself
quedarse (en) to stay (*at*)
quejarse (de) to complain about . . .
reírse (i) de to laugh about/at
relajarse to relax
sentirse (ie) to feel
tener ganas de... to really want to . . .
tener prisa to be in a hurry
tener sueño to be sleepy
tratar de... to try to . . .
vestirse (i) to get dressed

Adverbios

frente al in front of
lejos (de aquí) far from here
mal bad
no muy not very
tarde late
temprano early
todos los días every day
una vez once

Otras expresiones

con vista a/ al... (a la plaza/ a la playa/ al mar) with a view of the . . . (*town square/beach/sea*)
de lujo luxury, expensive
de vacaciones/viaje on a vacation/trip
en grande in a grand way
no más de... not more than . . .

CAPÍTULO

Los hitos de la vida

ÍNDICE

Celebraciones y tarjetas

In all societies, certain days are set aside to celebrate special events. Look at the following greeting cards. Will you or someone else you know be celebrating any of these events in the near future?

Ejemplo:

Voy a celebrar mi **cumpleaños** el 15 de febrero.
Papá y mamá van a celebrar su **aniversario de bodas** el 6 de enero.

El mejor de mis
deseos para ti
en este día.
¡Feliz cumpleaños!

Feliz Jánuca. Que tu hogar se llene de amor y felicidad.
Feliz Aniversario...
¡para una pareja estupenda!

En tu graduación, te felicitamos y deseamos lo mejor. ¡Felicidades en este día!
Disfruta el año que comienza

Conversación

5–1. Un buen regalo. Gift-giving is a big part of celebrations. From each category, tell which of the following types of gifts you most like to receive.

Remind students to use **gustar** + article + noun.

Prefiero los regalos...	**Me gusta/n más...**	**Pido cosas para...**
1. caros o de lujo	la ropa	divertirme o relajarme
2. prácticos y útiles	las cosas para la cocina/ el hogar	viajar
3. románticos	los artículos decorativos	mantenerme en forma
4. cómicos o locos	los juegos o aparatos electrónicos	informarme bien
5. sorpresa	los artículos de deporte	armar (*assemble, build*)
6. importados	los libros o las suscripciones	mirar o admirar
7. hechos a mano (*handmade*)	el dinero o las joyas (oro, diamantes)	comer o beber

5–2. Así lo celebran. What things do people typically do for you to celebrate important occasions? Use the following list of family members to help you tell the class. To say something is done for *me*, use the pronoun **me** before the verb, as in the model.

> *Ejemplo:*
> Para mi cumpleaños mis padres **me** visitan/ **me** llaman/ **me** compran/ **me** dan...
> Mi mamá **me** hace/ prepara..., y mi pareja **me** da/ manda (*sends*)...

mi hermano/a (*brother/sister*)
mis padres (mi papá y mi mamá)
mis tíos (tío y tía, hermanos de mis padres)
mis abuelos (abuelo y abuela, padres de mis padres)

Día del Padre is celebrated on March 19 because that is St. Joseph's name day, and Joseph is the prototypical father.

5–3. Un día especial. Read the following ad. To what occasion does it refer? What does it promote? Find the sentences that tell you
(a) whom Papá loves,
(b) whom Papá calls, and
(c) for whom you should buy this present.

19 de marzo. Día del padre.
Tu papá te quiere. Tu papá siempre te llama.
¿Qué piensas regalarle este año?
Regálale un teléfono celular.
• Marcación, grabación y navegación por voz.
• Recarga automática.
• Alerta por vibración.

IMÁGENES Y PALABRAS

La familia siempre se reúne para celebrar los hitos importantes de la vida.

Mis padres (papá y mamá) acaban de celebrar su aniversario de bodas. Hace 25 años que están casados.[1]

¿Qué hacer para su aniversario? Les puedo...

regalar una botella de vino

dar una fiesta sorpresa

llevar un pastel muy rico

preparar una cena

mandar un ramo de rosas

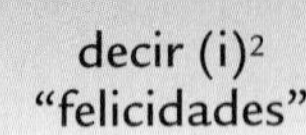

decir (i)[2] "felicidades"

Mi abuelo va a cumplir 80 años. Hace 15 años que está jubilado.[3]

Para desearle "felicidades," creo que vamos a comprarle...

una caja de chocolates

un suéter de lana

una chaqueta de cuero

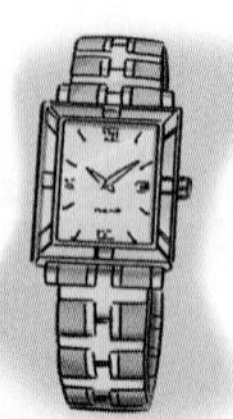

un reloj de oro

un juego de herramientas

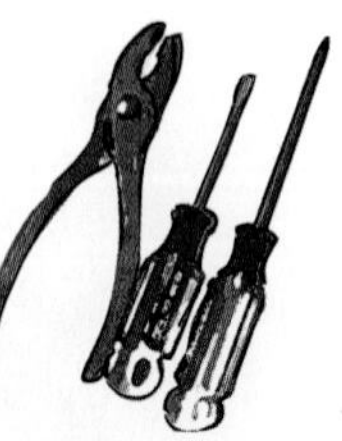

una guía de viaje

[1]**Casado/a** comes from the verb **casarse (con)** *to get married (to).*
[2]Here are the forms of **decir** (*to say, tell*) in the present tense: **digo, dices, dice, decimos, *decís*, dicen.**
[3]**Jubilado** comes from the verb **jubilarse** (*to retire*).

Mi hermana está enamorada.

Va a comprometerse. Hace tres años que ella y su novio salen juntos.

For those students who do not have brothers or sisters, give the expression: **Soy hijo único**. Also provide the following as needed: **padrastro/madrastra, hermanastro/a, medio hermano/a, hijastro/a, sobrino/a**. More vocabulary related to the family will be presented in *Capítulo 6*.

Mi padre va a comprarle

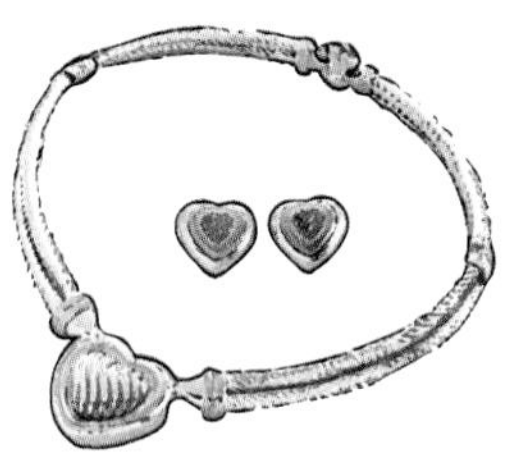

un juego de aretes y un collar de plata.

Mi hermana mayor va a darle

una caja de madera para sus joyas.

Mis abuelos van a regalarle

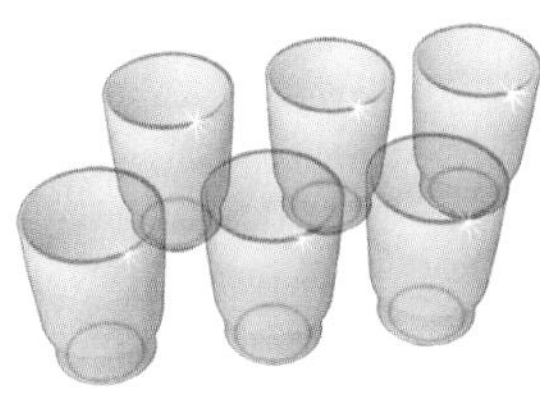

un juego de vasos de cristal.

Mi hermano menor va a conseguirle

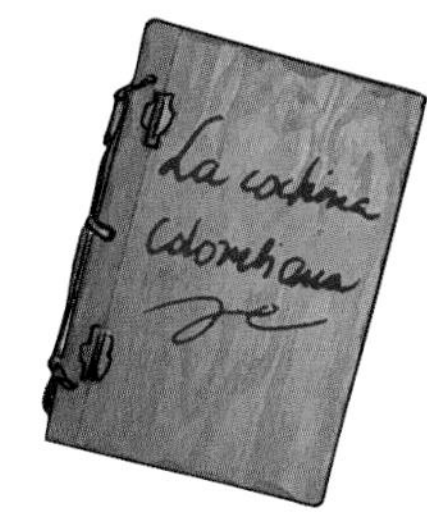

un libro de recetas.

Yo voy a buscarle

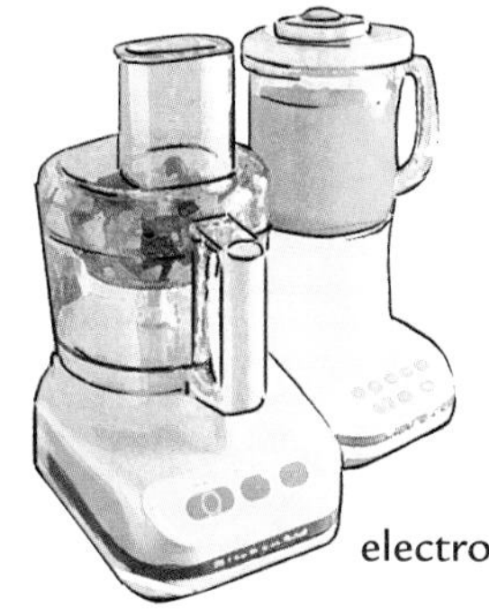

electrodomésticos.

Y mi madre va a enseñarle a cocinar

los platos preferidos de la abuela.

Mi primo acaba de graduarse. Hace dos meses que mis tíos (mi tía y mi tío) planean su fiesta de graduación.

Como no tengo dinero voy a vender algo y comprarle

una tarjeta

y una camiseta.

Hoy vamos a celebrar mi cumpleaños. Acabo de cumplir 20 años.

A mis padres, les voy a pedir (i)...

la llave de un coche nuevo

una maleta de cuero para mis viajes

un teléfono celular
un móvil

Note: Although the distinction between *bring* and *take* is often ignored in everyday English usage, in Spanish, **traer** implies to bring/carry something toward the speaker (not the listener). **Llevar**, on the other hand, implies to bring/carry something toward the listener.

Pero ellos me van a traer*...

más camisas

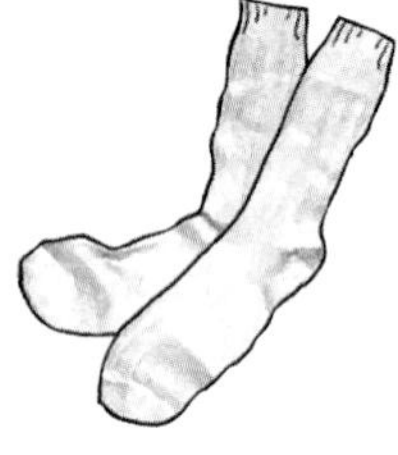

más calcetines

más billeteras

Quiero mucho a mis familiares y ha llegado el momento de darles las gracias por...

haberme dado consejos,	porque siempre me han dado buenos consejos.
haberme prestado tanta atención,	porque siempre me han prestado mucha atención.
haberme enseñado tantas cosas,	porque siempre me han enseñado muchas cosas.
haberme contestado mis preguntas,	porque siempre me han contestado mis preguntas.
haberme ayudado tanto,	porque siempre me han ayudado mucho.
haberme hecho tantos favores,	porque siempre me han hecho muchos favores.
haberme escrito tantas cartas,	porque siempre me han escrito muchas cartas.
haberme dicho la verdad,	porque nunca me han dicho mentiras.

*Here are the forms of **traer** (*to bring*) in the present tense: **traigo, traes, trae, traemos, *traéis*, traen.**

Práctica

5-4. Para organizarlo todo. As your instructor reads you the following categories, give all the words from **Imágenes y palabras** that you associate with each.

1. ayudar
2. una fiesta
3. dar
4. hitos
5. novios
6. envase (*container*)
7. el lujo
8. el hogar

5-5. El almacén virtual. En la red hay muchos almacenes virtuales donde puedes comprar una gran variedad de cosas. Di qué cosas puedes encontrar en cada uno de estos departamentos del almacén.

Ejemplo:
En la florería encuentro un ramo de rosas.

1. librería/ papelería

2. ferretería/ hogar

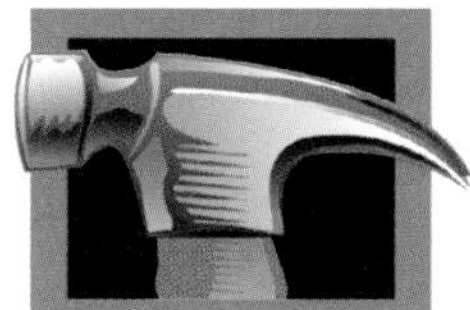

3. bombonería/ chocolatería

4. maletería/ artículos de viaje

5. ropa para damas/ caballeros

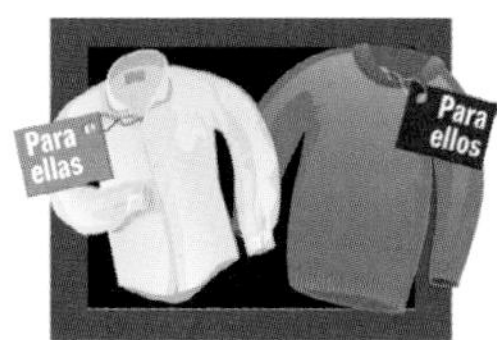

6. joyería/ relojería

5-6. Aniversarios. ¿Qué regalos les puedes hacer a unos jóvenes que van a celebrar su aniversario de bodas?

Ejemplo:
Primer aniversario: bodas de papel
Para sus bodas de papel, **les puedo regalar** un libro de poemas o...

1. Primer aniversario: bodas de papel
2. Segundo aniversario: bodas de plástico
3. Tercer aniversario: bodas de algodón (*cotton*)
4. Cuarto aniversario: bodas de cuero
5. Quinto aniversario: bodas de flores
6. Sexto: bodas de madera
7. Séptimo: bodas de dulce
8. Octavo: bodas de lana
9. Noveno: bodas de cristal
10. Décimo: bodas de bronce

Answers:
1. enamorado.
2. casarse.
3. jubilado.
4. diez años que está casado.
5. pedir dinero.
6. prestar el suéter.
7. la verdad.
8. ayudan.

5–7. Es decir... Di lo siguiente de otra manera, usando expresiones de **Imágenes y palabras**.

1. Mi primo quiere mucho a su novia. Está loco de amor.
   Es decir, está...
2. Mañana, mi hermano contrae matrimonio con su novia.
   Es decir, va a...
3. Mi abuelo puede relajarse. No tiene que ir a trabajar.
   Es decir, está...
4. Mi primo va a celebrar su décimo aniversario de bodas.
   Es decir, hace...
5. Para mi cumpleaños, quiero dinero.
   Es decir, a mis padres les voy a...
6. Mi amable amiga dice que yo puedo usar su suéter.
   Es decir, me va a...
7. Soy muy honesto/a y no me gustan las mentiras.
   Es decir, siempre digo...
8. Mis padres me hacen muchos favores.
   Es decir, me... mucho.

Answers: 1. ¿Me traes un vaso de agua, por favor? 2. ¿Me enseñas a jugar ajedrez, por favor? 3. ¿Me mandas una carta, por favor? 4. ¿Me vendes tu bicicleta, por favor? 5. ¿Me buscas una guía de viaje, por favor? 6. ¿Me prestas cinco dólares, por favor? 7. ¿Me llevas al aeropuerto, por favor? 8. ¿Me ayudas a hacer la tarea, por favor? 9. ¿Me dices por qué estás preocupado, por favor? 10. ¿Me consigues un trabajo, por favor?

5–8. ¿Me haces un favorcito? Ask a friend to help you out in each of these situations. Follow the model, using the present tense of each of the verbs provided *only once*, according to the context:

Ejemplo:
Quieres recibir un mensaje por correo electrónico.
¿**Me mandas** un mensaje, por favor?

decir	**enseñar (a)**
mandar	**llevar**
prestar	**vender**
conseguir	**buscar**
traer	**ayudar (a)**

1. Quieres un vaso de agua.
2. Quieres aprender a jugar ajedrez (*chess*).
3. Quieres recibir una carta de tu amigo.
4. Quieres comprar la bicicleta de tu amiga.
5. No encuentras una guía de viaje, tu amiga va a la librería.
6. Tienes que pagar la cena y necesitas cinco dólares.
7. Tienes que llegar temprano al aeropuerto y no tienes coche.
8. No comprendes la tarea de cálculo, pero tu amigo, sí.
9. Tu amigo está preocupado y no sabes por qué.
10. Tu amiga trabaja en una empresa donde tú quieres trabajar.

5-9. Buenas noticias. Tell the class one piece of good news that has just happened to you, a friend, or a family member, using **acabar de...** + infinitive.

Ejemplo:
Mi papá **acaba de jubilarse**, mi primo **acaba de casarse**, y mi hermana menor **acaba de llegar** de visita al campus.

5-10. ¿Cuánto hace que...? Interview your partner to find out how long he or she has been doing these things. Use **hace** + time + **que** + verb in the present tense.

Ejemplo:
salir con tu pareja.
Tú: ¿**Cuánto hace que** sales con tu pareja?
Tu compañero/a: **Hace tres meses que salgo** con mi pareja.

1. estudiar otro idioma
2. estudiar en la universidad
3. conocer a tu mejor amigo/a
4. poder conducir un coche
5. jugar...
6. ser alumno/a
7. pagar tus propias (*own*) cuentas
8. saber leer
9. votar en las elecciones
10. (no) vivir con tus padres

5-11. ¿Quién te ha hecho esto? Say who has done the following for you.

Ejemplo:
te ha mandado un ramo de flores
Mi novia (Nadie) **me ha mandado** un ramo de flores.

1. te ha dicho una mentira
2. te ha escrito una carta recientemente
3. te ha pedido un favor increíble
4. te ha dado los mejores consejos
5. te ha prestado su coche
6. te ha enseñado un juego o deporte
7. te ha hecho una cena *gourmets*
8. te ha llevado dulces o pasteles
9. te ha conseguido trabajo
10. no te ha contestado un mensaje

Answer for Activity A on p. 131: 1. Los accesorios de automóviles se encuentran en la tercera planta. 2. La joyería se encuentra en la planta baja. 3. Los artículos electrónicos se encuentran en la segunda planta. 4. Los servicios de mesa se encuentran en la séptima planta. 5. La botillería se encuentra en la octava planta. 6. Los electrodomésticos se encuentran en la séptima planta. 7. La ropa para caballeros se encuentra en la cuarta planta. 8. Los artículos de cuero se encuentran en la planta baja. 9. Los videos se encuentran en la segunda planta. 10. La papelería se encuentra en la primera planta. 11. La agencia de viajes se encuentra en la octava planta, y la maletería se encuentra en la tercera planta. 12. La ferretería se encuentra en la tercera planta.

De compras

Cerrado hasta las 16.30. En España, algunas tiendas están cerradas desde las 13.30 hasta las 16.30 o 17 horas de lunes a viernes. El comercio cierra para darle tiempo a los escolares y a la gente para la comida principal del día que es de 14.30 a 16 horas, más o menos. Hay mucha gente que usa este tiempo para comer y después volver al trabajo o a clases por la tarde. ¿A qué hora podemos ir de compras, entonces? Por la mañana, desde las 9 horas y por la tarde, hasta las 21 horas o los sábados antes de las 14 horas. Sin embargo, los grandes almacenes y otras tiendas están abiertos todo el día y también los domingos.

A. **En los grandes almacenes.** Para ir de compras en un gran almacén, debes saber que en varios países hispanos, las plantas (*floors*) de los edificios siguen un sistema de números que empieza en **la planta baja** (*first or ground floor*). Mira el diagrama de uno de estos grandes almacenes. Da el departamento y la planta adonde tienes que ir para encontrar los siguientes artículos.

Grandes Almacenes La Ciudad Condal

Todo a mano, todo de moda
Llegar, llevar y disfrutar

Novena planta	restaurante y bar, muebles de jardín y terraza, devolución de impuestos a turistas, cambio de moneda extranjera, servicio de atención al cliente
Octava planta	cafetería, tienda gourmet, botillería, tabaco, agencia de viajes
Séptima planta	muebles, alfombras, decoración del hogar, ropa blanca, cuchillería y servicio de mesa, baterías de cocina, servicio de lista de bodas
Sexta planta	ropa de niños y bebés, juguetes, triciclos, monopatines, bicicletas
Quinta planta	confecciones de damas y jóvenes, moda joven, lencería
Cuarta planta	confecciones de caballeros y jóvenes, complementos, zapatería
Tercera planta	artículos deportivos, accesorios de automóviles, ferretería, maletería
Segunda planta	artículos electrónicos, juegos de video, informática, videos
Primera planta	música, librería, prensa, papelería, fotografía, regalos
Planta baja	cajero automático, *souvenirs*, cosméticos, perfumería, complementos, bolsos y artículos de cuero, joyería/ bisutería
Primer sótano	supermercado, panadería, comida preparada para llevar, farmacia, florería
Segundo sótano	estacionamiento, salida a la Calle Catedral
Tercer sótano	garaje mecánico, salida a la Calle Jardines del Este

Ejemplo:
flores para mamá
La florería se encuentra en **el primer** sótano. *o*
El departamento de **florería** se encuentra en **el primer** sótano.

1. un espejo para mi auto
2. aretes de oro para mi hermana
3. unos cables para la computadora
4. un juego de platos para mi cena elegante
5. vino fino para mis padres
6. electrodomésticos para mi apartamento
7. una chaqueta para el abuelo
8. una billetera para mi hermano
9. una película DVD para la tía
10. una tarjeta para mi profesor/a
11. un pasaje no muy caro y una maleta
12. un juego de herramientas para papá

B. Artículos y aparatos. Si no sabemos el nombre de una cosa que buscamos, tenemos que describir el artículo. *Sin decirles el nombre*, trata de describirles a tus compañeros un artículo o aparato de **Imágenes y palabras.** Tus compañeros van a adivinar qué es y decirte en qué planta del almacén se encuentra.

Ejemplo:
una cámara fotográfica
El aparato (la cosa) que busco puede ser de plástico o de metal y es como una caja. Es para los turistas o para gente sentimental que no quiere olvidarse de los amigos o de eventos importantes. Vale más de 100 dólares. Es para sacar fotos.

¿Qué tipo de artículo es?
¿En botellas, juegos, cajas?
¿De qué material es?
¿Para quién/es es?
¿Cómo es?
¿Cómo se vende?
¿Cuánto vale más o menos?
¿Para qué es? ¿Qué haces con el aparato?

C. Carrera de dependientes. Usando la misma técnica de la actividad B, describe uno de los siguientes artículos en liquidación en el almacén español La Ciudad Condal. En tu descripción tienes que poner la información más obvia al final. Tus compañeros/as son **los dependientes** (*salespeople*) y van a tratar de identificar el artículo. Para identificar el artículo tienen que decir el precio en *euros* y decir la planta y el departamento donde se encuentra el artículo. [US $1=1 euro]

Ejemplo:
Vale... euros y se encuentra en la... planta en el departamento...

1. diccionario

2. patinete de aluminio

3. tocadiscos

4. portavelas

5. ajedrez electrónico

6. juego de perlas de Mallorca

GRAMÁTICA

Para expresar favores y atenciones: los pronombres de complemento indirecto

In some of the activities in this chapter, you used the indirect object pronoun **me** (*me*) to say what people do for you. You also used the pronouns **le** and **les** to say what you or other people do for one another or others.

Mis hermanos siempre **me** dan discos compactos para mi cumpleaños.
A los novios **les** voy a regalar un pasaje de ida y vuelta al Caribe.

1. Indirect object pronouns answer the questions *to whom* or *for whom* something is done. Notice in the chart that these are the same pronouns you used with the verb **gustar** to indicate *to whom* something is pleasing.

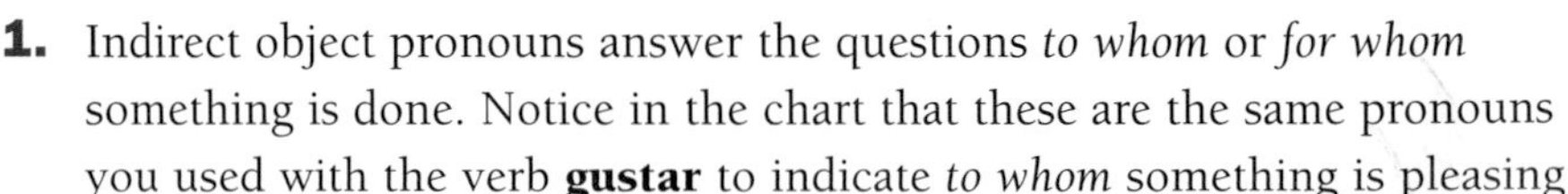

a mí	**me**	a nosotros/as	**nos**
a ti	**te**	a vosotros/as	**os**
a él/ a ella/ a Ud.	**le**	a ellos/ a ellas/ a Uds.	**les**

2. Indirect object pronouns are placed *before* a conjugated verb to indicate to or for whom an action is done. In addition, the person to whom the pronoun refers may be clarified, emphasized, or contrasted using a phrase with **a mí, a ti,** etc. as in the examples below.

a mí	Mis hermanos reciben regalos pero **a mí**, solo **me** dicen "felicidades."
a ti	¿Quién **te** da buenos consejos **a ti**?
a nosotros	**A nosotros** nadie **nos** paga la matrícula.
a él/ ella	Al abuelo **le** escribo cada dos semanas. Pero a mi tía, no. Casi nunca **le** escribo **a ella**.
a Ud.	¿Sus familiares también **le** mandan tarjetas **a Ud.**?
a Uds.	¿Nos vas a decir la verdad? —Claro, **a Uds.** siempre **les** digo la verdad.
a ellos/ ellas	Y a tus padres, ¿qué **les** dices **a ellos**?

3. When you use phrases that include a conjugated verb *and* an infinitive (as in **puedes traer, voy a enseñar, tengo que mandar**), you have two options for pronoun placement.

- You may put the pronoun *before* the conjugated verb.

  Te tengo que pedir un favor, ¿**me** puedes prestar tus discos compactos?
- You may *attach* the pronoun to the infinitive.

  Tengo que pedir**te** un favor, ¿puedes prestar**me** tus discos compactos?

4. Indirect object pronouns are used much more frequently in Spanish than in English. They *must* be used when someone is the receiver of an action. Notice the difference between Spanish and English in the examples. In Spanish, even though the indirect object is named, an indirect object pronoun *must be used* as well.

¿**Le** escribes **a tu mamá**?	*Are you writing to your mother?*
Les pido los apuntes **a mis amigos**.	*I ask my friends for the class notes.*

5. *Some verbs are routinely used with indirect object pronouns* because they imply a receiver or listener.

IOR

dar	traer	preguntar
mandar	regalar	contestar
decir	prestar	llevar
pedir	enseñar	vender

Práctica

5-12. ¿Te puedo ayudar? Carmen talks to her mother about the upcoming family reunion for her Grandpa. Fill in the conversation with the corresponding pronouns.

CARMEN: ¡Hola, mami! ¿Cómo estás? ¿Qué tal? ___Te___ llamo para saber qué ___les___ llevo a Uds. el domingo.

MAMÁ: Mira, hijita, en realidad, nada... bueno, pero si quieres ayudar___nos___ a mí y a tu abuela, ¿por qué no ___nos___ traes una botella de vino tinto, de ése que ___le___ gusta tanto a tu abuelo?

CARMEN: Sí, cómo no. ___Le/ Te___ compro el vino y a Uds. ... ¿___les___ llevo algo?

MAMÁ: No; es todo, mi linda. Y, por favor, no hay que decir___le___ nada al abuelito, para dar___le___ una sorpresa, ¿eh?

CARMEN: Sí, mami; sí. Bueno, ahora ___te___ tengo que decir adiós porque me voy a clase. ___Les___ mando un beso a ti y a la abuela. ¡Hasta luego!

Call the students' attention to the use of **a mí, a ellos**, etc., for contrast and clarification in this activity.

5-13. Recíprocamente. Say who does the following for you sometimes. Then say for whom you yourself do them sometimes. In each case, expand with specific information. For number 10, add your own ideas.

> *Ejemplo:*
> **enseñar algo**
> Mis amigos **me** enseñan matemáticas **a mí**.
> Yo **les enseño** ajedrez **a mis hermanos**.

1. cocinar una cena
2. escribir mensajes
3. decir "no"
4. pedir algo
5. vender algo
6. enseñar algo
7. dar consejos
8. prestar ropa
9. mandar flores
10. …

5-14. Buenas relaciones. Choose a relative or a friend and say what you want (or don't want) to do for him or her.

> *Ejemplo:*
> **algo que le quieres comprar**
> Quiero comprarle una chaqueta de cuero a mi hermano.

1. una cosa que le mandas a veces
2. una cosa que le pides a veces
3. una pregunta que quieres hacerle
4. una cosa que tienes que decirle
5. un favor que acabas de hacerle
6. una cosa que no quieres prestarle
7. algo que le puedes enseñar
8. una cosa que piensas regalarle

5-15. Intercambios. Take turns with a classmate to say how you can help each other.

> *Ejemplo:*
> **traer un pastel/ preparar la cena/ lavo los platos**
> Tú: Si tú me traes un pastel, yo te preparo la cena.
> Tu compañero/a: Si tú me preparas la cena, yo te lavo los platos.

1. prestar el libro de recetas/ cocinar algo delicioso/ traer chocolates
2. limpiar la habitación/ lavar la ropa/ prestar mi camiseta *rock*
3. dar lecciones de piano/ enseñar a jugar naipes/ enseño a jugar ajedrez
4. llevar los libros a la biblioteca/ reparar el coche/ prestar el coche
5. dar tus apuntes/ prestar la computadora/ pagar por los disquettes

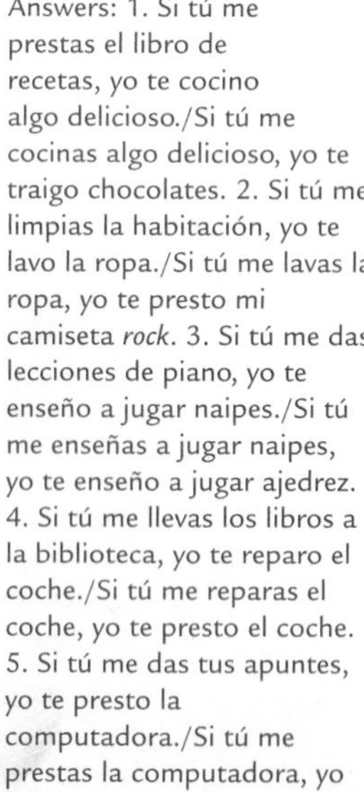

Answers: 1. Si tú me prestas el libro de recetas, yo te cocino algo delicioso./Si tú me cocinas algo delicioso, yo te traigo chocolates. 2. Si tú me limpias la habitación, yo te lavo la ropa./Si tú me lavas la ropa, yo te presto mi camiseta *rock*. 3. Si tú me das lecciones de piano, yo te enseño a jugar naipes./Si tú me enseñas a jugar naipes, yo te enseño a jugar ajedrez. 4. Si tú me llevas los libros a la biblioteca, yo te reparo el coche./Si tú me reparas el coche, yo te presto el coche. 5. Si tú me das tus apuntes, yo te presto la computadora./Si tú me prestas la computadora, yo te pago (por) los disquetes.

5-16. ¡No tanto! React to each of the following exorbitant offers and requests, as in the model, using verbs such as **prestar, dar, pagar, mandar**. Then respond with what you think is more reasonable.

> *Ejemplo:*
> Tu amigo dice: Te **presto** mi coche esta noche por 50 dólares.
> Tú: ¿Cincuenta dólares? No puedo (tengo que/ voy a) **pagarte tanto. ¡Te doy** 5 dólares y ya!

1.	Tu pareja dice:	¿Me prestas 25 dólares para el desayuno?
2.	Tus amigos dicen:	A Uds. les damos lecciones de español por 60 dólares la hora.
3.	Tus padres dicen:	Te mandamos 300 dólares para tus libros de español.
4.	El florista dice:	A Ud. le vendo este ramo de rosas por sólo 47 dólares.
5.	El vendedor dice:	Le vendemos una computadora usada por $1.550 dólares.
6.	El dueño de la residencia dice:	A Uds. les alquilo una habitación por $1.730 dólares al mes.

Answers: 1. ¿Veinticinco dólares? No puedo prestarte tanto. ¡Te doy 15 dólares y ya! 2. ¿Sesenta dólares? No podemos pagarles tanto. ¡Les damos 35 dólares y ya! 3. ¿Trescientos dólares? No pueden mandarme tanto. ¡Me mandan 75 dólares y ya! 4. ¿Cuarenta y siete dólares? No puedo pagarle tanto. ¡Le doy 20 dólares y ya! 5. ¿Mil quinientos cincuenta dólares? No puedo pagarle tanto. ¡Le doy 500 dólares y ya! 6. ¿Mil setecientos treinta dólares? No podemos pagarle tanto. ¡Le damos 600 dólares y ya!

Para dar las gracias y expresar pesar: el uso de los participios pasados

GRAMÁTICA

In some of the preceding activities, you have been using words such as **prestado, ayudado,** and **comprado** to describe what people have done for you. These words are the past participle forms of verbs (like the English *lent, helped, bought*).

To form the past participle of a verb in Spanish, replace the . . .

-ar ending with **-ado**	**-er** and **-ir** endings with **-ido**	
prest**ar** ⟶ prest**ado**	tra**er** ⟶ tra**ído**	pedir ⟶ ped**ido**

1. Many participles are used as adjectives with the verb **estar** to describe states or conditions. In this case, notice how the participle agrees with the subject.

Hace 25 años que **mis padres** están cas**ados**.
Mi hermana está muy enamor**ada** de un ingeniero.
No hay **libros** de sociología; **están** todos prest**ados**.
Estoy cans**ado** de ver tele. ¿No estás aburri**do tú**?

2. Some common verbs have irregular participles.

hacer	**hecho** (*done, made*)	decir	**dicho** (*said, told*)
abrir	**abierto** (*open*)	ir	**ido** (*gone, left*)
escribir	**escrito** (*written*)	ver	**visto** (*seen*)
poner	**puesto** (*put*)	volver	**vuelto** (*returned*)
descubrir	**descubierto** (*discovered*)	romper	**roto** (*broken, torn*)

Todavía no está **abierta** la biblioteca.	*The library is not open yet.*
¡Dicho y hecho!	*Said and done!*

3. These participles are also commonly used with the following expression when thanking someone for a favor. When used this way, the participle has only *one* form (no plural; no feminine), since it is being used as part of a verb.

Gracias por haber...	*Thank you for having . . . (done something).*
Gracias por **haber preparado** el viaje.	*Thank you for having planned the trip.*
Gracias por **haberme invitado**.	*Thank you for having invited me.*

Notice in the last example that if you use a pronoun with this expression, the pronoun is attached *to the end* of the verb **haber**.

—Gracias por haber**me hecho** un pastel para el aniversario.

—De nada, abuelo. Gracias por haber**me enseñado** a nadar.

Práctica

5–17. Preferencias. State your preferences in each case. Answer using **Prefiero...**

¿Qué prefieres,...

1. las pruebas escritas en clase o hechas en casa con el libro abierto?
2. las pruebas sobre un texto o sobre apuntes tomados en clase?
3. el dinero puesto en acciones (*stocks*) o en certificados de depósito?
4. las tarjetas compradas y mandadas por correo o las tarjetas mandadas por correo electrónico?
5. la ropa hecha a mano o a máquina?
6. las películas alquiladas o vistas en el cine?
7. los platos preparados en casa o las cenas compradas en el restaurante?
8. los jeans nuevos o los jeans rotos y bien lavados?
9. los libros usados o los libros nuevos?
10. la puerta de la sala de clases abierta o cerrada?

5–18. Está hecho ya. Give a result for the following actions. Use the appropriate form of the past participle.

Ejemplo:
¡Mi amigo acaba de romper los vasos!
Los vasos están **rotos**.

1. Mi compañero acaba de romper la computadora.
   La computadora está... rota.
2. Mi amigo acaba de hacer la cena.
   La cena está... hecha.
3. El instructor acaba de abrir el laboratorio.
   El laboratorio está... abierto.
4. El acaba de escribir los programas del día.
   Los programas están... escritos.

5. Mi papá acaba de jubilarse.
   Mi papá está… jubilado.
6. Ella acaba de descubrir la solución del problema.
   La solución está… descubierta.

5-19. Bien educado. Express your thanks for these favors.

Ejemplo:
Tu mamá te manda cien dólares.
Gracias por haberme mandado cien dólares, mamá.

1. Tu tío siempre te escribe tarjetas postales de sus viajes.
2. Una amiga te da unos consejos muy francos.
3. Tus abuelos te abren una cuenta de ahorros (*savings account*).
4. Hay camisetas en oferta, y tu novio te compra tres.
5. Tu prima acaba de traerles unos vasos finos de cristal.
6. Tu profesor/a lleva a toda la clase a un restaurante peruano.

Answers: 1. Gracias por haberme mandado (tantas) tarjetas, tío. 2. Gracias por haberme dado consejos, …. 3. Gracias por haberme abierto una cuenta de ahorros, abuelos. 4. Gracias por haberme comprado las camisetas, …. 5. Gracias por habernos traído unos vasos tan finos, …. 6. Gracias por habernos llevado al restaurante peruano, profesor/a.

5-20. Querido/a profesor/a. With a classmate, thank your instructor for (not) having done something for you. Use the following reasons or give some of your own.

Ejemplo:
Tú: Gracias por no habernos dado una prueba hoy.
Tu compañero/a: Gracias por habernos prestado tanta atención.

1. dar buenos consejos Gracias por habernos dado buenos consejos.
2. hacer favores Gracias por habernos hecho favores.
3. no dar mucha tarea Gracias por no habernos dado mucha tarea.
4. conseguir ayuda Gracias por habernos conseguido ayuda.
5. alquilar películas interesantes Gracias por habernos alquilado películas interesantes.
6. invitado a un restaurante Gracias por habernos invitado a un restaurante.

Para hacer un resumen del pasado: el tiempo presente perfecto

In this chapter you have practiced summarizing the past from specific angles: what you have *just* done, and what you have been doing for a *certain period* of time.

Acabar de + infinitive	**Hace** + time + **que** + present tense
To have just done something	*To have been doing* something for + time

Mis padres **acaban de** celebrar su aniversario de bodas; **hace veinte años que** viven juntos.

*My parents **have just** celebrated their wedding anniversary; they **have been** living together for twenty years already.*

Before presenting this section, review the formation of past participles presented on p. 135. Give students a verb and have them come up with the appropriate participle: **comer/ comido, hacer/ hecho, escribir/ escrito, ver/ visto, decir/ dicho,** and so on.

1. To summarize what you *have done* or what you *have not done yet* in more general terms, however, you will use the *present perfect tense*. Notice in the chart that this tense is formed from conjugated forms of **haber** plus a *past participle*.

haber dicho (*to have said*)	
he dicho	no hemos dicho
has dicho	*no habéis dicho*
ha dicho	no han dicho

¿**Has aprendido** algo en tus clases? ¿Yo? Sí, **he aprendido** mucho en mi clase de español, porque **hemos practicado** en grupos todos los días, mis compañeros **me han ayudado** a hacer las tareas y mis amigos hispanos **me han llevado** a fiestas donde **he podido** usar mi español. ¡**Me he divertido** mucho!

2. In the following examples, notice that reflexive and indirect object pronouns are placed *before* the conjugated form of **haber**. If the statement is negative, the word **no** precedes the pronoun.

Le hemos pedido a Lila la receta del plato del día. Su papá es chef, pero Lila todavía **no nos ha dicho** el nombre del restaurante donde trabaja. Yo **he preparado** el plato antes, pero todos **se han quejado** de mi versión.

3. You will also use this tense to ask the question, "*Have you ever . . . ?*" Here are some expressions commonly used with the present perfect tense.

ya (*already*)
alguna vez (*ever*)
nunca
todavía no (*still not, not yet*)
muchas veces

—¿Has bebido café cubano **alguna vez**?
—No. **Todavía no** he pedido café cubano, pero me han dicho que es fenomenal. *o*
Sí, **ya** he tomado café cubano **muchas veces** en casa de mi amiga.

Práctica

5-21. Experiencias. Say which of the following you have (or have not) done yet. Use **ya** or **todavía** in your responses.

Ejemplo:
buscar excursiones de viaje interesantes en la red/ viajar al extranjero
Ya he buscado excursiones de viaje interesantes en la red... pero no he viajado al extranjero **todavía**.

1. romper un contrato
2. bucear en el mar
3. decirle "te quiero" a un/a chico/a
4. comprometerse
5. escribir un poema de amor
6. enojarse con la pareja
7. conseguir un trabajo
8. ir a la ópera
9. dar una fiesta sorpresa
10. comprarse una chaqueta de cuero

Variation: Have students circulate, asking each other about the items until they find someone who has done each.

5-22. Entrevista. Interview your partner about the following. Expand your interview by asking the questions beside each verb. Take notes on your partner's responses and report back to the class.

Ejemplo:
viajar al extranjero/ ¿con quién?
Tú: **¿Has viajado** al extranjero? ¿con quién?
Tu compañero/a: **He viajado** a Chile con mi pareja.
A la clase: Chris **ha viajado** a Chile con su pareja.

1. conocer a una persona famosa/ ¿a quién?
2. ver una película controvertida/ ¿cuál?
3. divertirse mucho últimamente/ ¿dónde?, ¿con quién?
4. enojarse con alguien recientemente/ ¿con quién?
5. leer un *bestseller* este año/ ¿cuál?
6. enamorarse de alguien/ ¿de quién?
7. celebrar alguna ocasión especial/ ¿cuál?
8. volver a casa muy tarde esta semana/ ¿a qué hora?

5-23. ¡Tantas preguntas que tengo! Think about two or three questions you would like to ask the following people.

Ejemplo:
A Madonna quiero preguntarle cuántos años **ha cumplido** ya.

1. al Presidente de los EE.UU.
2. a un/a científico/a
3. a un/a cantante
4. a un/a artista de cine/ televisión
5. a un/a deportista célebre
6. a un/a jefe/a de industria
7. a un/a escritor/a
8. a un político estadounidense/ extranjero

5-24. Se da lo más que se puede. Choose an occasion from the following list and an appropriate present and tell how favors have typically been exchanged between the people you know.

Ejemplo:

los aniversarios de boda

Para los aniversarios de boda, a veces mi papá **le ha traído dulces** a mamá y a veces, **le ha regalado** algo más caro. Mi mamá siempre **le ha preparado** a papá su plato preferido.

1. el cumpleaños de tu mamá/ papá
2. el Día de la Madre/ del Padre
3. el 14 de febrero
4. los aniversarios de bodas/ parejas

5-25. Reflexiones. Choose one of the following general topics (or add your own) and make three statements about your experience with it: one must summarize the past generally (**he trabajado**), one must tell something you have been doing for some time (**hace... que**), and one must tell something you have just done (**acabo de...**). Follow the model.

Ejemplo:

el amor

Sólo tengo 19 años, pero ya **he aprendido** mucho sobre (*about*) el amor.

Hace un año que mi pareja y yo salimos juntos y yo **he estado** muy contento. Pero ella **acaba de** decirme que está aburrida y que quiere salir con otro chico.

1. el amor
2. la vida universitaria
3. las relaciones familiares
4. la amistad
5. los deportes (o la competencia)
6. la responsabilidad
7. el dinero
8. el trabajo
9. tu carrera

5-26. Guionistas. Write a dialogue between the following people. Then get ready to act out the scene in class. Use your imagination!

Ejemplo:

dos compañeros de habitación:

—¿Por qué no **has ordenado** la habitación? ¿No sabes que mis padres llegan hoy?

—Bueno, no **he podido** porque **he pasado** toda la mañana en la oficina de becas. Tú sabes que **he tenido** muchos problemas financieros y todavía no **he conseguido** ayuda.

1. dos compañeros/as de habitación
2. un/a jefe/a y un empleado/a
3. un/a cocinero/a y un mesero/a
4. dos enamorados
5. un/a profesor y un/a alumno/a
6. un padre/ una madre y un/a hijo/a

EN VOZ ALTA

Escucha el anuncio comercial y da ejemplos de los tipos de artículos que ofrece este almacén, cuáles son los precios y para quiénes son los artículos.

ARTÍCULOS PARA EL HOGAR, COMO...	ARTÍCULOS DE VIAJE, COMO...	ARTÍCULOS DEPORTIVOS, COMO...	JUGUETES, COMO...
hornos microonda	maletas	*patines*	animalitos de felpa
televisores portátiles	cámaras fotográficas	palos de golfo	cochecitos y aviones
teléfonos celulares	radios portátiles	raquetas	juegos de salón
herramientas	despertadores de bolsillo	radios para correr	*libros de cuentos*
REBAJADOS EN...	CON DESCUENTO DEL...	INSCRIPCIÓN CON LA COMPRA DE...	REBAJADOS EN...
un 30 %	*20 al 50 %*	un equipo de gimnasia Atlas	un 50%
PARA...	PARA...	PARA....	PARA...
los mayores	los viajeros	*la gente joven*	los niños

Mi refranero. Aquí tienes dos refranes relacionados con el tema de hacer favores y dar regalos. Léelos a ver si estás de acuerdo. Luego, escúchalos y repítelos, tratando de imitar la pronunciación.

Dar gusto da gusto.
La caridad empieza por casa.

The *En voz alta* audioscripts are recorded on the student tape or CD that accompanies each textbook.

Audioscript:

ANNOUNCER: En esta época de fiestas, nada como Almacenes Los Reyes para encontrar todos los regalos que necesita. ¿Busca un regalo diferente, práctico y barato? Los Reyes tiene de todo y para todos sus seres queridos. Fíjese qué precios le ofrecemos esta semana:

- Electrodomésticos y artículos para el hogar rebajados en un 30% para los mayores: hornos microonda, televisores portátiles, teléfonos celulares y herramientas.
- Para los viajeros, ofrecemos descuentos del 20 al 50% en artículos de viaje: juegos de maletas, cámaras fotográficas, despertadores de bolsillo, radios portátiles y mucho más.
- Si busca algo diferente para la gente joven, tenemos una gran variedad de artículos deportivos, como patines importados, palos de golf norteamericanos, raquetas, radios para correr... Y además, con su compra de un equipo de gimnasia Atlas, le regalamos seis meses de inscripción en el Club Deportivo San Martín.
- Y para las personitas más importantes de la familia, el más extenso surtido de juguetes importados, para todas las edades: animalitos de felpa, colecciones de cochecitos y aviones, juegos de salón y libros de cuentos, todo rebajado en un 50%.

Los Reyes, ¡la tienda para toda su familia!

Voces hispanas

La red familiar

En el mundo hispano, muchas veces se incluye a todos los familiares y los parientes°, los amigos, los padrinos° y compadres° y sus familiares en el grupo familiar. Es decir, son parte de la familia todas las personas que se mantienen en contacto y funcionan como un grupo coordinado. La principal función de este grupo es ayudarse en todo, especialmente en las relaciones personales y en los negocios.

Por lo tanto, cuando un hispano necesita ayuda para conseguir algo, puede pedirle ayuda a **un compadre**, a **un amigo** o a **un familiar**. Entonces, el compadre o familiar busca a una persona que sirva de contacto con otra persona y que pueda solucionar el problema. Es muy importante cultivar amistades en el mundo hispano, porque muchas cosas dependen de cómo se usan los contactos.

Palabras útiles

parientes *relatives*
padrinos/ madrinas *godparents*
compadres/ comadres *group of biological and godparents of the family's children*

A. Tú puedes ser de mi grupo familiar. Describe por qué un/a amigo/a puede formar parte de tu grupo familiar.

Ejemplo:
Mi amiga Rose puede ser de mi familia porque **siempre me llama** si sabe que estoy preocupado... Ella también llama para saber qué necesito o qué quiero hacer y **me...**

B. Mis salvavidas. Di a quién le pides ayuda cuando tienes un problema.

Ejemplo:
no tengo dinero para terminar el mes
Le pido ayuda a... porque él/ ella **me puede...** dar/ prestar unos 30 dólares.

1. mi auto está roto y tengo que ir a clase
2. tengo que conseguir una beca para el otoño
3. quiero vivir en un apartamento
4. no entiendo nada en la clase de...
5. mi pareja no me comprende
6. no tengo trabajo para el verano

C. Los envíos. Los miembros de un grupo familiar siempre se hacen favores para mantener buenas relaciones. Una manera muy común de hacer favores es mandarse cosas de una ciudad a otra o de un país a otro. Por ejemplo, frecuentemente los familiares que están en EE.UU. les mandan ropa, medicinas, pequeños artículos eléctricos, libros y otras cosas a los que están en el país de origen. Y los que reciben las cajas y paquetes responden con cartas, dulces y alimentos típicos.

Mira los anuncios de empresas que llevan envíos o paquetes a otros países desde Atlanta, Georgia. Luego, contesta las preguntas que siguen.

Paquetería Rodríguez
Envíos a todo México
Cualquier cosa que desee mandar, nosotros la llevamos
Con todos los permisos y licencias estatales y federales
Completamente asegurados con póliza comercial
Somos una compañía con seguridad y confianza
770-982-9808

Perú Envíos
$4 por libra
Encomiendas
Paquetes
Cartas y dinero
Satisfacción garantizada
Llamar a Alicia
770-923-3787

1. ¿A qué países se llevan paquetes?
2. ¿Hay límites en las cosas que se pueden enviar?
3. ¿Cuánto cuestan los envíos al Perú?
4. ¿Cuál compañía tiene permisos oficiales?
5. ¿Cúal compañía envía dinero?

Answers: 1. A México y a Perú. 2. No.
3. Cuatro dólares por libra.
4. La Paquetería Rodríguez.
5. La compañía Perú Envíos.

SÍNTESIS

Para leer

La familia de hoy

Según tú, ¿cómo es la familia ideal, bien equilibrada? ¿Qué hacen juntos? ¿Qué actividades haces tú en familia? ¿Qué has hecho tú en familia recientemente? ¿Les debes (*owe*) tú algunas cosas importantes a tus padres?

A. Problemas familiares. Point out five of the most common problems that affect a typical American family.

1. Los padres se enojan fácilmente.
2. Los padres tienen muchas disputas.
3. Los padres se divorcian y los hijos se preocupan mucho por el futuro.
4. Los padres pasan mucho tiempo en el trabajo.
5. Los padres no ganan mucho sueldo.
6. Los padres no comparten su tiempo y sus problemas con sus hijos.
7. Los padres tienen demasiada influencia en las decisiones de sus hijos.
8. Los familiares no se comunican bien.
9. La familia no comparte (*share*) las tareas de la casa.

B. ¿Cierto o falso? Look at the first two paragraphs of the article on pages 144–145. Then state whether the following statements are true (**ciertas**) or false (**falsas**). In each instance, quote the phrase in the article that gives you the information.

1. La educación de los niños no es sólo responsabilidad de la madre.
2. Los años 80 (la época *yuppie*) han tenido una influencia positiva en la familia.
3. Unos minutos de tiempo cualitativo al día son suficientes.
4. Los hijos no se olvidan de los momentos pasados con sus padres.

Answers: 1. CIERTA. La madre no es la única educadora; también lo es el padre. 2. FALSA. La mentalidad yuppie... convierte a los padres—y también a más y más madres—en desconocidos para sus hijos. 3. FALSA. La amistad, el cariño y la confianza crecen cuando el padre y sus hijos aprovechan el tiempo para jugar..., hacer montañismo, pintar..., etc. 4. CIERTA. Como dijo el poeta "de estos momentos cotidianos será mañana el material de mis sueños y mis nostalgias."

C. Para resumir. Read the comments in the second part of the article and guess who said the following.

Lo importante en la vida...

1. Es importante ser buen amigo y una persona sincera y honrada. — Palomo Linares
2. Teníamos el hábito de leer juntos. — Carlos Fuentes
3. Mi padre era un hombre muy responsable. — Julián Marías
4. Lo importante no es ganar un sueldo muy bueno, sino ser feliz. — Miguel Delibes
5. Yo les debo mucho a mis padres. — Julio Caro Baroja
6. Los hijos nos ayudan a descubrir otros aspectos de nosotros mismos. — Manuel Hidalgo
7. No es conveniente estar todo el día mirando la tele solos. — Carlos Fuentes
8. Lo que intento es ser amigo de mis hijos. — Palomo Linares

SÍNTESIS

PARA LEER BIEN

In this article, you will encounter words that you have not yet learned. Don't let that stop you from getting the general message. Here are some good guessing strategies you can use.

1. Look at the personal commentaries in the second part of the article. As you read each one, underline *only* those words you know or think you can recognize. Look for cognates, such as **principios, autoritario, teorías, oposición, egocéntrico**. Look for words that have similar roots to those you know, such as **reconozco** (from **conocer**).
2. Some of the verbs you see in this article have different endings from those you've learned because they appear in their *past* tenses. Try to focus on their roots to identify the verb; for example: **conocía (conocer), volví (volver)**.
3. Once you have gone through the article and underlined *only* those words you can recognize, read just these words to get the gist of the message.

¿QUÉ DICES, PAPÁ?

Si los padres no tienen tiempo para estar con sus hijos en familia, a esos niños les falta° lo fundamental: el contacto con su progenitor. La comunicación diaria, íntima, es imprescindible, necesaria y absolutamente intransferible. La madre no es la única educadora; también lo es el padre, aunque muchos padres piensan que esta tarea es solamente femenina.

La mentalidad *yuppie* que convierte a los padres—y también a más y más madres—en desconocidos para sus hijos, eliminó los sentimientos de culpabilidad° y los cambió por los conceptos de **dedicación cualitativa y dedicación cuantitativa.** Y entonces, un padre dedica sólo diez minutos al día a sus hijos, dice que es un tiempo cualitativo y se queda tan feliz. Por el contrario, la amistad, el cariño y la confianza crecen cuando el padre y sus hijos aprovechan el tiempo para jugar un partido de fútbol, hacer montañismo, pintar una pared, tomarse una coca-cola compartida en la cocina, ir de compras al hipermercado o preparar una cena sorpresa. Como dijo el poeta, "de estos momentos cotidianos será mañana el material de mis sueños y mis nostalgias."

Ahora veamos qué dicen estos famosos padres.

Miguel Delibes, escritor español

"Todos mis hijos crecieron al aire libre. Los eduqué en la idea de que lo importante en la vida no es escoger una carrera que proporcione° fuertes ingresos°, sino que° les haga felices."

D. En mi casa. Think about your own family and answer the following questions.

En tu familia,...

1. ¿quién es el/ la educador/a?
2. ¿hay comunicación diaria? ¿De qué forma?
3. ¿ven la tele juntos? ¿Es para diversión o información?
4. ¿son amigos padres e hijos?
5. ¿se juntan a comentar lo que leen a veces? ¿Cenan juntos todas las noches?
6. ¿qué responsabilidades tienen los hijos?

Carlos Fuentes, escritor mexicano

"Mis tres hijos, como todos los de su generación, son hijos de la televisión. Pero yo les dije un día: 'nada de vivir pegados a la pantalla°'. Todos los días nos sentábamos a leer a Dickens. Desde entonces, para ellos, la pantalla es otra fuente° de información, como los periódicos."

Julián Marías, filósofo, ensayista, periodista español

"A mi padre le debo algo fundamental: su rectitud y fuerza de principios. Siempre se tomó las cosas con una gran responsabilidad."

Palomo Linares, torero español

"Más que un gran padre, lo que intento es ser muy amigo de mis hijos. No soy ni muy autoritario ni muy blando. Mi mayor preocupación es que sean buenas personas, hombres de bien."

Julio Caro Baroja, antropólogo español

"Frente a las teorías de los conflictos generacionales y a lo que llaman oposición natural entre padres e hijos, reconozco que yo les debo todo a mis padres."

Manuel Hidalgo, crítico de cine

"Mi hijo me hizo descubrir una capacidad de resistencia y de esfuerzo que yo no conocía. Me volví menos egocéntrico. Creo que, en este respecto, los hijos te sacan° lo mejor que tienes en ti."

De: Florinda Salinas, "Papá, ¡hazme caso!", *Telva*, No. 627 (julio de 1991), 158–161.

Palabras útiles

les falta no tienen
la culpabilidad *guilt*
proporcione *provides*
fuertes ingresos muchísimo dinero
sino que *but instead*
la pantalla la televisión
la fuente *source*
te sacan *bring out*

7. ¿qué actividades se hacen regularmente?
8. ¿una carrera significa dinero o felicidad?

E. ¿Qué les debo? In the article *¿Qué dices, papá?* two famous people talk about what they owe their parents. Now, think: what do you owe your parents? and other relatives?

A mi padre le debo...
A mi madre le debo...
A mi hermano/a le debo...
A mi abuelo/a le debo...

Para escribir

Un retrato familiar

In this section, you will use strategies to write a tribute to any family member.

A. Piensa. Think about what a special family member has done with and for you—big things but also little things, acts not only of responsibility but also of simple love. Organize your thoughts as notes such as in the following categories, listing as much information and using as many new structures as you can in each.

Sus cualidades	generoso/a, cómico/a, inteligente, optimista, buen/a amigo/a, me escucha bien
Sus consejos	Siempre me ha dicho (que).../ Me ha enseñado a (que).../ De él/ella he aprendido a (que)/ Me ha ayudado a comprender (que)...
Tus sentimientos	Con él/ella me siento... porque.../ Con él/ella no me preocupo por...
Actividades juntos	El/ella y yo.../ Hace... que.../ A veces hemos.../ Acabamos de...
Sus actos de amor	Me ha.../ Cuando he... él/ella me ha.../ Acaba de.../ Hace... que...

B. Organiza. Use your notes to compose a tribute to this person by combining and connecting statements logically into three paragraphs.

1. Begin by describing the person, how he or she has influenced you and how you feel when you are with him or her.
2. Illustrate the ideas you presented in your first paragraph by describing things you do and have done together, and why they are important to you.
3. Further illustrate the ideas in your first paragraph by describing this person's special acts of kindness or support. Close by thanking the person for what she or he has meant to you.

C. Conecta. Review what you have written to see if you can improve the development and connection of your ideas. Consider the following:

1. **Connecting clauses with *que*.** The word **que** is used to connect two clauses (two conjugated verbs or verb phrases). Notice the difference in the following:

   Mi abuelo me ha enseñado a contar historias y a reírme de mis problemas.
   My grandfather has taught me (how) to tell stories and laugh at my problems.

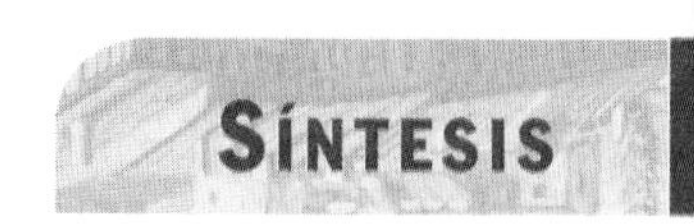

Mi abuelo me ha enseñado *que* el mejor regalo es la verdad y *que* nunca tengo que decirle mentiras.
My grandfather has taught me that the best gift is the truth and that I never have to lie to him.

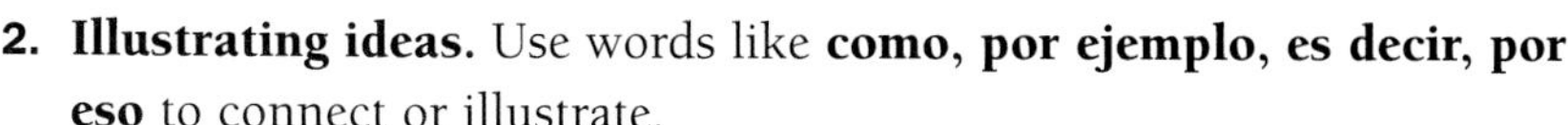

2. **Illustrating ideas.** Use words like **como, por ejemplo, es decir, por eso** to connect or illustrate.

   Como ya he dicho, mi mamá es una persona muy inteligente, **es decir**, sabe mucho de la vida. **Por ejemplo**, cuando yo he tenido un problema con una pareja, ella siempre me ha dado muy buenos consejos. **Por eso**, siempre le pido su opinión cuando creo que estoy enamorado.

3. **Contrasting ideas.** Use words such as the following to contrast your ideas:

aunque (*although*)	**Aunque** hace muchos años que mi abuelo está jubilado, sabe mucho del mundo de los negocios y le presto mucha atención cuando me da consejos.
sin embargo (*however*)	Hace muchos años que mi abuelo está jubilado; **sin embargo**, siempre le pido consejos con respecto a mi carrera.

D. Revisa y corrige. When you have finished your draft, check it carefully for the following common errors. By handing in your draft to your instructor, you are acknowledging that you have checked these aspects and found no errors.

1. Find all adjectives and make sure that they agree in gender with the person you are describing. Add **muy** if you want to give an adjective special emphasis.
2. Find and underline all uses of **ser** and **estar** and make sure that you have used each correctly. If you have forgotten the difference between these two verbs, see *Capítulos 1* and *2*.
3. Double check your use of **me/ te/ le/s/ nos**. Remind yourself continually of those verbs of saying or communicating that require the use of indirect pronouns in Spanish, even when these pronouns might not be used in English.

E. Leer. Now, read your draft one last time to make sure it flows smoothly. Is there a sense of beginning, middle, and end to your tribute? If so, **¡felicitaciones!**

Vocabulario

Sustantivos

los aretes earrings
el aniversario anniversary
la boda wedding
la billetera wallet
la botella bottle
la caja box
los calcetines socks
la camisa shirt
la camiseta tee shirt
la cena dinner
la chaqueta jacket
el chocolate chocolate
el collar necklace
los consejos advice
el cumpleaños birthday
el electrodoméstico home appliance
la graduación graduation
la guía de viajes travel guide
las herramientas tools
los hitos turning points, hallmarks
las joyas jewelry
la jubilación retirement
el juego de... a set of . . .
la llave key
la maleta suitcase
la mentira lie
el pastel cake, pastry
los platos dishes (*food*); plates
el ramo bunch, bouquet
la receta recipe
el regalo present, gift
las rosas roses
la sorpresa surprise
el suéter sweater
la tarjeta card
el teléfono celular cellular phone
la tienda store
el vaso/ los vasos glass/glasses (*to drink from*)
la verdad truth
la vida life
el vino wine

Materiales

de cristal crystal
de cuero leather
de lana wool
de madera wood
de plata silver
de oro gold

La familia

la abuela grandmother
el abuelo grandfather
los abuelos grandparents
la hermana sister
el hermano brother
los hermanos brothers (*and sisters*)
la hija daughter
el hijo son
los hijos children
la madre mother
la novia girlfriend
el novio boyfriend
el padre father
los padres parents
papá y mamá mom and dad
el/la primo/a cousin
la tía aunt
el tío uncle
los tíos uncles (*and aunts*)

Adjetivos

jubilado/a retired
menor younger
preferido/a favorite
rico/a delicious (*food*); rich, wealthy

Acciones

abrir to open
acabar de to have just . . .
ayudar to help
celebrar to celebrate
comprometerse to get engaged
contestar to answer, reply
cumplir... años to be . . . years old
darle las gracias a to thank someone
dar una fiesta to throw a party
decir(le) to tell, say
desear to wish
enseñar to teach
estar enamorado/a de to be in love with
hacer(le) un favor a to do a favor for
llegar a to arrive in, get to (*a place*)
llevar to take (*over there*); to transport
mandar to send
pedir (i) to request, ask for (*favor, gift*)
poner to put
preparar to prepare
prestar (atención) to lend (*to pay attention*)
regalar to give a present
romper to break, tear; to break up
salir juntos to go out together, to date
traer to bring (*over here*)
vender to sell

Participios irregulares

abierto open
descubierto found out
dicho said, told
escrito written
hecho done, made
ido gone
puesto put
roto broken, torn
visto seen
vuelto come back, returned

Números de plantas

el sótano basement
la planta baja ground floor
la primera planta first floor
la segunda planta second floor
la tercera planta third floor
la cuarta planta fourth floor
la quinta planta fifth floor
la sexta planta sixth floor
la séptima planta seventh floor
la octava planta eighth floor
la novena planta ninth floor

Modismos y otras expresiones

es decir... that's to say
¡Felicidades! Congratulations!; happiness
Gracias por haber... thank you for having . . .
Hace... que... for + time
¿Ha/s... alguna vez? Have you ever . . .?
tanto so much
todavía no not yet
todavía no + haber still haven't . . .
todo everything
ya already

CAPÍTULO

Asuntos de familia

ÍNDICE

¡Vivan los novios!

Cada pareja tiene su historia a la hora de hablar de amor. ¿Tienes tú una historia que contar? Di ¿cuándo conociste tú (*you met*) a una persona especial? y ¿dónde fue (*was*) el primer encuentro?

Ejemplo:

Conocí a... mi ex-novio/a/ novio/a/ pareja/ mejor amigo/a hace tres años/ cinco meses. Creo que **fue en** una fiesta de mi iglesia.

Conversación

6–1. La flecha de Cupido. En la revista ecuatoriana *Vistazo*, algunas parejas nos revelan cómo y cuándo los atrapó Cupido. ¿Cuál de las tres historias te parece más interesante? ¿Por qué?

If students ask about some of the verb forms, simply explain that these are verbs they've learned, but in their past tenses. Encourage them to guess based on the infinitives they already know.

Gustavo Navarro Guerrero (26) y Carla Sala Vallazza (27):
DICE GUSTAVO: Yo visitaba mucho su casa por mi amistad con su hermano. Una noche se fue la luz y todos corrían y corrían. En la oscuridad, ella me besó°. Yo me fui rápido para escapar de un problema con su hermano. Tenemos un año y 11 meses de enamorados.

Reinaldo Egas (30), cantante de salsa, y Verónica Noboa (19), modelo y actriz:
DICE REINALDO: El amor nos atrapó en el set. Hacíamos el papel° de enamorados en una película, y nos gustó tanto que seguimos practicándolo en la vida real.
DICE VERÓNICA: Fue cuatro meses después de la filmación, en la fiesta de lanzamiento de la serie, cuando Reinaldo me tomó la mano y me preguntó si quería estar con él. También miró a mi papá y le preguntó: "Suegro°, ¿puedo estar con su hija?" Mi papá pensó un ratito y respondió: "Lo que ella quiera°."

Viviana Arosemena Plaza (24) y Angel Jiménez (30):
DICE VIVIANA: Había un admirador anónimo que mandaba flores, chocolates y todo tipo de regalos cada día. Y como Pedro quería estar antes que él, me declaró su amor rápidamente.
DICE ÁNGEL: El amor siempre tiene sus tácticas.
DICE VIVIANA: En el amor y en la guerra° todo está permitido.

Palabras útiles

besó *kissed*
el papel *role*
el suegro *father-in-law*
lo que ella quiera *whatever she wants*
la guerra *war*

De: "Sintonía de amor," *Vistazo*, sección "Gente" (8 de Febrero 1996).

6–2. ¿Estás de acuerdo tú? *(Do you agree?)* En los comentarios, las parejas dan su opinión sobre las relaciones amorosas. ¿Con cuál de estas frases estás *más* de acuerdo tú?

1. El amor siempre tiene sus tácticas.
2. En el amor y en la guerra todo está permitido.
3. Los polos opuestos se atraen.
4. Existe el amor a primera vista.

IMÁGENES Y PALABRAS

Quiero presentarles a mi familia...

If students ask: **padrastro** = stepfather; **madrastra** = stepmother; **hijastros** = stepchildren; **medio hermano** = half brother; **media hermana** = half sister; **cuñado** = brother-in-law; **cuñada** = sister-in-law; **yerno** = son-in law; **nuera** = daughter in law. **Marido/Mujer** are the commonly used terms for *wife/husband* (although students may prefer to use **esposo/esposa**. Point out that there is no feminine counterpart for **marido**. Review the terms **hermano/a mayor** (*older brother/sister*) and **hermano/a menor** (*younger brother/sister*) presented in *Capítulo 5*.

Yo nací en mil novecientos... (19...)[1] y crecí rodeada/o de una familia tan cariñosa.

Aquí les muestro[2] una vieja foto de mi familia...

Yo me parezco[3] a mi mamá; pero soy menos guapa que ella.

Mis hermanos se parecen a mi papá; pero son más altos que él.

No recuerdo[4] bien a mis bisabuelos (los abuelos de mis padres).

Ya están muertos. Murieron hace muchísimos años.

[1]Para hablar del siglo XXI: el año... dos mil, dos mil uno, dos mil cinco, dos mil diez, etc.
[2]From **mostrar** (*to show*).
[3]**Crecer** and **parecer** are irregular in the present-tense **yo** form, like **conocer: crezco, parezco**.
[4]From **recordar** (*to remember*).

Yo soy nieta/o de los mejores (*best*) abuelos del mundo.

Ellos influyen[5] mucho en mi vida. Nos encanta sentarnos (ie) juntos a compartir historias.

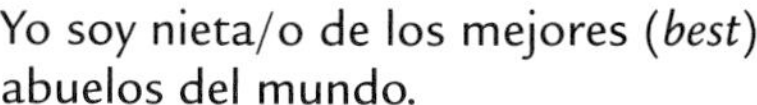

Si tengo que escoger a mi familiar preferido, escojo a mi tío (el hermano de mi papá); me llevo muy bien con él.

Es soltero; acaba de romper con su novia. Pero todos creemos que ella debe ser su mujer.

You may also wish to point out that in some countries, children, regardless of age, might call a close friend of the family **tío/a**.

Ahora ella vive con sus suegros (los padres de su marido), pero me dijo que pronto va a mudarse.

Mi tía es viuda; su marido murió el año pasado.

Me encantan mis sobrinos, los hijos de mi hermano. Son gemelos.

[5]From **influir: influyo, influyes, influye, influimos,** ***influís*****, influyen.**

Pero como son pequeños, se pelean tanto. Nunca dejan de (*stop*)...

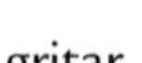

gritar

llorar

romper los juguetes

El fin de semana pasado, yo **fui** a casa y **vi** a casi toda la familia.

Mi papá **abrió** una botella de champaña; siempre abre champaña cuando yo vuelvo a casa.

Mi mamá **hizo** un pastel estupendo; siempre hace pasteles cuando yo vuelvo a casa.

Mi abuelo me **dio** veinte dólares; siempre me da dinero cuando yo vuelvo a casa.

Siempre es difícil despedirme de ellos cuando vuelvo a la universidad.

Práctica

6–3. En otras palabras. Usa el vocabulario de **Imágenes y palabras** para expresar las siguientes frases de otra manera.

> *Ejemplo:*
> Mi hermana va a casarse pronto. Es decir, **ella está comprometida.**

1. Vivo en California, pero acabo de conseguir un puesto en Michigan. Es decir, voy a... — mudarme
2. No quiero olvidarme de nuestra historia familiar. Es decir, es algo que siempre quiero... — recordar
3. Mi sobrino es alto, de pelo negro, como su papá. Es decir, mi sobrino... — se parece a su padre
4. Mi cumpleaños es el trece de noviembre. Acabo de cumplir 19 años. Es decir,... — nací en 19...
5. Mis abuelos están muertos desde el año 90. Es decir, hace muchos años que... — murieron
6. Tengo que decirles adiós a mis familiares. Es decir, tengo que... — despedirme de ellos
7. Mis abuelos tienen mucha influencia en mis decisiones. Es decir,... — influyen mucho en mi vida
8. Mi tío no se lleva bien con mi papá; siempre tienen discusiones. Es decir, ellos... — se pelean mucho
9. Cuando no están bien, los bebés nos muestran su descontento. Es decir,... — lloran
10. En los partidos de fútbol, los espectadores muestran su entusiasmo a todo volumen. Es decir,... — gritan

6–4. ¿Qué quieren decir? Da una definición o una frase para ilustrar qué quieren decir las siguientes palabras.

> *Ejemplo:*
> **nieto**
> Los nietos son los hijos de los hijos de los abuelos. Mis hermanos y yo somos los nietos de nuestros abuelos.

1. soltera
2. cariñoso
3. viudo
4. mudarse
5. sobrino
6. gemelo
7. volver
8. escoger
9. sentarse
10. estar rodeado de...

6–5. ¿Compatibles? Describe a una persona con quien te llevas muy bien y otra con quien te llevas mal. Piensa en un aspecto de su personalidad y en una actividad.

> *Ejemplo:*
> **Me llevo bien** con mi abuelita porque es muy cariñosa y divertida. Sabe mucha historia y se ríe todo el tiempo. Sin embargo, **me llevo mal** con mi hermano menor porque es muy perezoso y desordenado. Nunca limpia su habitación y habla por teléfono todo el día; nos peleamos mucho.

For those verb pairs not immediately selected, challenge the class to volunteer statements.

6–6. Lo que debo hacer. Escoge por lo menos dos pares de verbos y dile a la clase algunas cosas que debes hacer para mejorar tu calidad de vida.

Ejemplo:
Debo dejar de comer tanto y **empezar a** correr más.

1. empezar a/ dejar de
2. recordar/ olvidarme de
3. llevarme bien con/ pelearme con
4. llorar/ reírme
5. escoger/ conseguir
6. abrir/ cerrar
7. volver a/ sentarme con
8. romper con/ dejar de

6–7. Así somos. Usa las siguientes palabras para decir algo de ti y de tu familia.

Ejemplo:
compartir cosas
A veces, yo **comparto** ropa con mi hermana. Además, ella y yo siempre **compartimos** muchos secretos.

1. sentarse a
2. mostrar
3. parecerse (a)
4. compartir
5. recordar
6. gritar
7. escoger
8. influir en
9. despedirse (de)
10. mundarse a

6–8. Explicaciones. Seguramente, alguien (*someone*) ha hecho lo siguiente recientemente. Dale a la clase los detalles importantes.

Ejemplo:
alguien te **dio** dinero
Mi papá **me dio** cien dólares para mi cumpleaños.

Alguien...
1. te dijo algo cariñoso. ¿Quién? ¿Qué?
2. te dio un regalo especial. ¿Quién? ¿Qué?
3. te hizo tu plato preferido. ¿Quién? ¿Qué?
4. te hizo una invitación. ¿Quién? ¿A qué?
5. te dijo algo que no puedes creer. ¿Quién? ¿Qué?

6-9. Muchas explicaciones. Escoge dos de las siguientes frases y usando vocabulario de **Imágenes y palabras**, da tantas explicaciones como puedas. Evita (*avoid*) temas como los estudios, las clases, las tareas, las pruebas.

Ejemplo:
Una persona se siente triste.
Se siente triste porque su perro murió/ va a mudarse a otra ciudad/ tiene que despedirse de un amigo/ acaba de pelearse con sus familiares/ no se lleva bien con su compañero/a de habitación...

1. Una persona está enojada.
2. Una persona está preocupada o estresada.
3. Una persona se siente nerviosa.
4. Una persona está alegre.
5. Una persona se siente deprimida.

6-10. Quiero presentarles a mi familia. Prepara un informe de tres minutos para presentarle a la clase sobre los aspectos más interesantes de tu familia. Trae una foto si es posible. Comienza con datos básicos y luego incluye aspectos que les van a interesar a tus compañeros (usa las preguntas a continuación). En tu presentación, usa las nuevas estructuras y vocabulario de **Imágenes y palabras**.

Ejemplo:
Quiero presentarles a mi familia. Yo nací en... y he crecido rodeado/a de...
Aquí les muestro una foto de mi papá conmigo. Como pueden ver, yo me parezco mucho a mi papá. Los dos somos muy guapos, pero yo tengo más pelo que él.

Datos básicos:
¿Cuándo/ dónde naciste?
¿Con quiénes creciste?
¿A quién te pareces más? ¿Por qué?
¿Con qué frecuencia vuelves a casa?

Otros aspectos:
¿Se han mudado Uds. a menudo? ¿Por qué?
¿Qué hacen Uds. para divertirse?
¿Quién influye más en tu vida? ¿Por qué?
Si escoges a tu familiar preferido, ¿quién es? ¿Por qué?

(1) In some Hispanic countries (e.g. Colombia, since constitutional reform and separation of state and church), the civil ceremony is required by law and precedes the religious ceremony. In some places, however, a civil ceremony is not actually performed. Instead, the **novios** and **testigos** (*witnesses*) sign the papers (**partida de matrimonio**) in the church. Claudio and Anamaría are from Chile and they were already legally married at the time of the religious ceremony. They were not congratulated, however, until the church ceremony on Oct. 19.
(2) In Chile, it is customary to choose your own parents, or brothers when parents are deceased, as **padrinos**.

De las páginas sociales: compromisos y casamientos

Un compromiso y un casamiento o boda son motivos de varias celebraciones que incluyen y unen a las familias del novio y de la novia. Primero, el novio, o los padres del novio con su hijo, visitan a los padres de la novia y piden la mano de la novia. En esta **visita de estilo**, entonces, se pide el consentimiento oficial para el matrimonio de los jóvenes. Esta ocasión es muy importante porque en ese momento los novios ya están formalmente comprometidos para casarse. A veces, en esta reunión familiar un sacerdote (*priest*) bendice los anillos (*rings*) de los futuros esposos.

Vida Social
Martes, 16 de octubre de 1997

Despedida de soltera

Hoy a las cinco de la tarde, en el Hotel Panamericano, un grupo de amigas de la señorita Anamaría Quintero Harvey le ofrece un té con motivo de su matrimonio el próximo viernes 19 de octubre en la Parroquia San Pedro de Las Condes. Presentes en el té estarán también las testigos de la novia en la ceremonia civil a celebrarse mañana miércoles 17 de octubre, las señoritas Paulina Andrade Gutiérrez y Pilar Quintero Palma y las señoras Pilar Menéndez de Quintero y la hermana del novio, Irene Río Agost.

Antonio Quintero Barona
Anamaría Harvey de Quintero

Claudio Río Cáraves
Irene Agost de Río

Participan a Ud(s). el matrimonio de sus hijos
Anamaría y Claudio
y tienen el agrado
de invitarle(s) a la ceremonia religiosa,
que se celebrará el viernes 19 de octubre,
a las 21:00 hrs. en punto,
en la Parroquia de San Pedro
de Las Condes (Isabel La Católica 4360).

Santiago, septiembre de 1997

A. Los novios. Claudio y Anamaría van a casarse. Mira los tres anuncios para ver qué ocasiones se celebran. Luego, completa la tabla con la información que corresponde a cada evento.

FECHAS			
	16 de octubre	**17 de octubre**	**19 de octubre**
¿Qué?	*un té*	ceremonia civil	ceremonia religiosa
¿Quiénes?	*	**	†
¿Por qué?	*despedida de soltera*	matrimonio	matrimonio
¿Dónde?	Hotel Panamericano	n/a	††
¿A qué hora?	5:00 p.m.	n/a	9:00 p.m.

*las amigas y testigos de la novia; **los novios, los testigos, los padres; †los novios, los padres, los padrinos, los amigos, los testigos, otros familiares, el Reverendo Padre/sacerdote; ††Parroquia de San Pedro de Las Condes

B. Costumbres del mundo hispano. Estudia los tres anuncios sociales y contesta si las siguientes frases son ciertas o falsas.

1. En los países hispanos, los novios pueden tener dos ceremonias de casamiento. cierto
2. Los novios se casan muy temprano por la mañana. falso
3. Los testigos (*witnesses*) que firman el certificado de matrimonio tienen que estar presentes en la ceremonia civil. cierto
4. Antes de la boda del 19 de octubre, ya están casados los novios. cierto

C. Los apellidos. Ahora mira el anuncio (participación) de matrimonio. Escribe los nombres completos de las siguientes personas. Para el número 3, usa **los** con el apellido de la familia.

Ejemplo:

los García, los Rodríguez

1. El nombre completo del novio es: Claudio Río Agost.
2. El nombre completo de la novia, antes y después de la boda, es: **Antes:** Anamaría Quintero Harvey. **Después:** Anamaría Quintero Harvey de Río.
3. El apellido de la familia del novio: los Río.
   El apellido de la familia de la novia: los Quintero.
   El nombre de la nueva familia del novio y de la novia: ellos son los Río.
4. Para mantener los nombres de la familia sin mayores cambios, el padre del novio y el novio tienen el mismo nombre: Claudio.
   La madre de la novia y la novia tienen el mismo nombre: Anamaría.

Point out: (1) The use of **los** with no change in the family name; unlike the English pluralization ("the Smiths"), Spanish does not pluralize last names; (2) the expression **matrimonio** may refer either to *matrimony*, the *wedding*, or to a *married couple*. However, the preferred expressions for the wedding ceremony are *casamiento* and *bodas*.

Vida Social
Sábado, 20 de octubre de 1997

Matrimonio

El viernes a las 21 hrs. en la Parroquia de San Pedro de Las Condes se celebró el matrimonio de don Claudio Río Agost con la señorita Anamaría Quintero Harvey, hija de don Antonio Quintero B. Padrinos del novio fueron sus padres don Claudio Río Cáraves y señora Irene Agost de Río; padrinos de la novia fueron sus padres don Antonio Quintero Barona y señora Anamaría Harvey de Quintero. Ofició el Rdo. Padre Agustín Muñoz Cardemil.

GRAMÁTICA

Para hacer comparaciones

An important aspect of description is the use of techniques to compare and contrast, and to intensify or emphasize. Here are some words of comparison and contrast that you are already familiar with:

To compare numbers:	To compare age:
más de	**mayor que**
menos de	**menor que**

Hace **más de** 25 años que mis padres están casados. Mi mamá tiene **menos de** 50 años pero es **mayor que** mi papá; es decir, mi papá es **menor que** mi mamá.

Here is a summary of some of the ways comparisons are made.

1. To compare the characteristics of nouns using adjectives, use **más/ menos** + adjective + **que**. Remember that adjectives must always agree with the nouns they modify.

Mi hermana es **más** alta **que** su novio.
My sister is taller than her boyfriend.

Su novio es **menos** activo **que** ella.
Her boyfriend is less active than she is.

2. To compare quantity using nouns, use **más/ menos** + noun + **que**.

Tengo **menos** familiares **que** mi novio.
I have fewer relatives than my boyfriend.

Mi novio tiene **más** familiares **que** yo.
My boyfriend has more relatives than I do.

- When **más** or **menos** is followed by a number, **de** is used instead of **que**.

Esta botella de champaña cuesta **más de** 100 dólares.

This bottle of champagne costs more than $100.

3. Some adjectives have irregular comparative forms:

bueno (*good*) ⟶ **mejor** (*better*)

El reloj de plata es muy **bueno**, pero el reloj de oro es **mejor**.

The silver watch is very good, but the gold watch is better.

Los relojes de oro siempre son **mejores que** los relojes de plata, pero son mucho más caros.

Gold watches are always better than silver watches, but are much more expensive.

malo (*bad*) ⟶ **peor** (*worse*)

Las tiendas de aquí son muy **malas**.

The stores here are very bad.

Son **peores que** las (tiendas) de mi ciudad.

They are worse than the stores in my town.

4. To express *the best* or *the worst*, use an article + adjective + **de**.

Ellos son **los mejores** (abuelos) **del** mundo.

They are the best grandparents in the world.

La muerte de mi abuelo fue **la peor** experiencia **de** mi vida.

The death of my grandfather was the worst experience of my life.

5. To compare quantity or quality with verbs, use verb + **más/ menos** + **que**.

Mi mamá **influye** en mis decisiones **más que** mi papá.
My mother has more influence on my decisions than my father.

Mi sobrina llora y grita mucho **menos que** su hermana.
My niece cries and screams much less than her sister.

6. To compare things in terms of how well **(bien)** or how poorly **(mal)** they are done, use **mejor (que)** or **peor (que)** + verbs.

Yo siempre he cantado muy **mal**, pero mi hermano canta **peor que** yo.
I have always sung badly, but my brother sings worse than I do.

En casa vivo **mejor que** en la residencia estudiantil.
I live better at home than at the student residence.

- Use **bueno** (*good*) with nouns.
  Este instituto de investigación es **bueno**. (*adjective*)
- Use **bien** (*well*) with verbs.
  Me llevo **bien** con mi hermano mayor. (*adverb*)

7. To stress quantity or quality with nouns or verbs, use **tanto** (*so much, so many*). This word may be used as an adjective with nouns or as an adverb with verbs.

Tengo **tantas** tareas que no duermo nada. (adjective)	*I have so many assignments that I don't sleep at all.*
Pero estudio **tanto** porque quiero sacar buenas notas. (adverb)	*But I study so much because I want to get good grades.*

- When used as an adjective, **tanto** must agree with the noun it describes (**tanto, tantos, tanta, tantas**).

Mi hermana tiene **tantos** novios.	*My sister has so many boyfriends.*
En las reuniones familiares, siempre hay **tanta** gente.	*In our family reunions, there are always so many people.*

IOR

8. To intensify an adjective, use the word **tan** (*so*).

Mi abuelita es **tan** cariñosa con todos los nietos.	*My grandmother is so affectionate with all her grandchildren.*

Práctica

IOR

6–11. ¡Estoy harto/a! Completa lo siguiente con formas de **tanto** para expresar tus quejas.

Ejemplo:
Estoy harta de... **tantos** exámenes.

1. Estoy harto/a de...
2. Mis profesores me piden...
3. No puedo aprender...
4. En mi residencia hay...
5. En EE.UU. hay...
6. En esta ciudad hay...
7. En los almacenes hay...
8. Para mi cumpleaños me dieron...

6–12. Del álbum de fotos. Comparen los siguientes pares de fotos. Traten de hacer tantas comparaciones como puedan en cada caso.

1. 

La reina Sofía de España y su hija, la infanta Elena de Borbón y Grecia

2. 

Buenos Aires, Argentina y San José, Costa Rica

3. 

El tenista español Juan Carlos Ferrero y el futbolista español Luis Enrique

6–13. Guía turística. Identifiquen los siguientes lugares para los turistas que visitan su ciudad. Luego, seleccionen dos lugares y explíquenle a la clase las diferencias y semejanzas entre ellos.

Ejemplo:
El peor restaurante de la ciudad se llama... Allí tienen **la peor** comida, los precios **más** caros y los meseros **menos** atentos de la ciudad.

1. el peor restaurante/ el mejor restaurante
2. el peor almacén/ el mejor almacén
3. la peor tienda de ropa/ la mejor tienda de ropa
4. la peor discoteca/ la mejor discoteca
5. el mejor sitio para conocer gente simpática/ el peor sitio
6. el mejor sitio para pasar las vacaciones de primavera/ el peor sitio
7. el curso más fácil de la universidad/ el más difícil
8. el sitio más popular para la gente mayor/ para los menores de 21 años

6–14. Preferencias. Indica cuál de las dos cosas es mejor (o peor), en tu opinión, y por qué.

Ejemplo:
viajar en avión o en tren
Es **mejor** viajar en tren **que** en avión. El avión es **más** rápido **que** el tren. Sin embargo, el tren es mucho **más** divertido **que** el avión porque...

1. trabajar en un restaurante o comer
2. estar casado o estar soltero
3. la música de los años 60 o la de los 90
4. las historias de amor o las de terror
5. lavar la ropa o limpiar la casa
6. escribir cartas o mandar mensajes electrónicos
7. vivir en la ciudad o en el campo
8. las clases grandes o las pequeñas

6–15. ¿Mejor o peor? Compara a gente que conoces con respecto a lo siguiente. Sigue el modelo, usando las palabras **bueno/a/ malo/a, mal/ bien, mejor/ peor**. Cuidado con confundir los adjetivos (**bueno/ malo**) y los adverbios (**mal/ bien**).

Ejemplo:
notas
Mis notas son muy **malas/ buenas** este semestre, pero las notas de mi compañero de habitación son **peores/ mejores**. Yo siempre saco **mejores/ peores** notas **que** él.

1. sueldo
2. bailar
3. vestirse
4. consejos
5. historias
6. cocinar
7. enseñar
8. equipo deportivo

6–16. Somos parecidos pero no gemelos. Compárate con un familiar explicando qué tienen en común y qué tienen de diferente en cuanto a la edad, las características físicas, la personalidad y las actividades. Escribe cuatro oraciones.

Ejemplo:
Me parezco mucho a mi mamá porque las dos somos bajas. Pero soy **más alta que** ella y tengo el pelo **menos** oscuro. Yo soy **menos** sociable y ella es **más** trabajadora **que** yo. También canta **mejor que** yo, pero yo soy **mejor** para trabajar en la computadora.

Call students' attention to the use of subject pronouns for emphasis and the expression **soy mejor para...**

6–17. ¡Viva la diferencia! Escojan una de las siguientes parejas de personas y compárenlas.

1. los chicos y las chicas
2. los padres y los hijos
3. los menores y los mayores
4. los artistas y los científicos
5. los jefes y los empleados
6. los profesores y los alumnos
7. los solteros y los matrimonios
8. los hijos únicos y los que tienen hermanos

6–18. Difícil de creer. Elige una de las categorías que siguen y usa las estadísticas para hacer una comparación entre España y EE.UU.

Ejemplo:
España, edad promedio de los españoles al casarse: 29 años
Estados Unidos, edad promedio de los estadounidenses: 27 años
En promedio (*On average*), los españoles son **mayores que** los estadounidenses al casarse por primera vez.

Categorías	**España**	**EE.UU.**
Número de hijos por mujer en edad fértil	1,3*	2,6
Mujeres que trabajan	45%	65%
Proporción de divorcios	5%	50%
Familias monoparentales	10%	28%
Familias con madres solteras	7%	20%
Edad promedio de hombres al casarse (primera vez)	29	27
Edad promedio de mujeres al casarse (primera vez)	26	25

*Spain currently has the lowest birth rate of any country in the world. It is estimated that a 2.1 birth rate is necessary for a population to maintain its current level. Spain also currently ranks fourth in the world in terms of oldest population, and it is projected that by 2050 it will rank first.

GRAMÁTICA

Para hablar del pasado: el tiempo pretérito

In **Imágenes y palabras** you have seen some verbs used in past-tense forms: **nací** (*I was born*), **crecí** (*I grew up*). These forms are part of a past tense called the *preterit* tense. Study the forms of the preterit tense and notice the following.

- Verbs ending in **-er** and **-ir** share the same endings.
- The **nosotros/as** forms of **-ar** and **-ir** verbs are the same in the preterit tense as in the present tense.
- The **yo** and **Ud./ él/ ella** forms have written accents to show the stress placed on the final syllable.

-ar verbs		**-er verbs**		**-ir verbs**	
casarse (con)		**nacer**		**compartir**	
me casé	nos casamos	nací	nacimos	compartí	compartimos
te casaste	os *casasteis*	naciste	*nacisteis*	compartiste	*compartisteis*
se casó	se casaron	nació	nacieron	compartió	compartieron

To say . . .	**for -ar verbs use**	**for -er / -ir verbs use**
what I did	-é	-í
what you (**tú**) did	-aste	-iste
what he/she/you (**Ud.**) did	-ó	-ió
what we did	-amos	-imos
what all of you (***vosotros[as]***) did	*-asteis*	*-isteis*
what they or all of you did	-aron	-ieron

Mi hermano y yo **nacimos**, **crecimos** y **vivimos** muchos años en Denver. — *My brother and I were born, grew up, and lived in Denver for many years.*

Hace cinco años, **nos mudamos** a Albuquerque. — *Five years ago, we moved to Albuquerque.*

Mi abuela **creció** en Austria y luego **viajó** a los Estados Unidos, pero nunca **aprendió** inglés. — *My grandmother grew up in Austria and then traveled to the United States, but she never learned English.*

Conocí* a mi novia en la clase de biología. Y tú, ¿dónde **conociste** a tu pareja? — *I met my girlfriend in biology class. Where did you meet your partner?*

*The verb **conocer** (*to know or to be acquainted with*), when used in the preterit tense, conveys the meaning of *I met* or *became acquainted with*.

1. Notice that the preterit tense is formed from the infinitive; therefore, stem changes that you learned in the present tense *do not* carry over to the preterit tense.

Ayer **me desperté** temprano y **jugamos** básquetbol toda la mañana, pero nunca **resolví** los problemas de cálculo. Qué bueno que **jugué** por la mañana, porque después **llovió** mucho.

Yesterday, I woke up early and played basketball all morning, but I never solved the calculus problems. I'm glad I played in the morning, because later, it rained a lot.

2. The verbs **ser, ir, dar, ver, hacer** and **decir** are irregular in the preterit tense. As you study the chart, notice the following:

More irregular verbs will be presented in *Capítulo 7*.

- Irregular forms have no written accents.
- The verbs **ser** and **ir** are highly irregular and are *identical* in the preterit tense.
- The verbs **dar** and **ver** have *identical* endings.
- The verb **decir** is highly irregular and has an **-eron** ending in the **ellos/ ellas/ Uds.** forms.

ser/ ir		**dar**		**ver**		**hacer**		**decir**	
fui	fuimos	di	dimos	vi	vimos	hice	hicimos	dije	dijimos
fuiste	*fuisteis*	diste	*disteis*	viste	*visteis*	hiciste	*hicisteis*	dijiste	*dijisteis*
fue	fueron	dio	dieron	vio	vieron	hizo	hicieron	dijo	dijeron

Fui a la fiesta de mi prima. ¡**Fue** una fiesta estupenda! Allí **vi** a mi amigo de la escuela secundaria; él y yo crecimos juntos. Después, los dos **dimos** un paseo por la ciudad y me **dijo** que va a casarse muy pronto.

I went to my cousin's party. It was a great party! There, I saw my friend from high school; he and I grew up together. Later, the two of us took a stroll/drive around the city and he told me that he's getting married soon.

3. Here are some expressions to describe *when* something occurred in the past.

ayer	*yesterday*	**anoche**	*last night*
anteayer	*the day before yesterday*	**el fin de semana pasado**	*last weekend*
el año pasado	*last year*	**la semana pasada**	*last week*
el mes pasado	*last month*	**el otro día**	*the other day*
el lunes/ el martes pasado	*last Monday/Tuesday*	**hace** + *time period*	*ago*

Use time expressions to help students distinguish between present and preterit verb forms. Have them say **presente** or **pretérito** as they hear the following sentence pairs: **Me levanto a las siete todos los días. Ayer me levanté a las nueve; Voy a la piscina por la mañana. La semana pasada fui a la piscina por la tarde. Anoche fuimos a una fiesta. Esta noche voy a una fiesta.**

Anoche llegaron mi prima Magda y sus tres hijos. Ella se divorció **hace tres meses**, y **la semana pasada** empezó a trabajar aquí en mi ciudad.

Last night my cousin and her three children arrived. She got divorced three months ago, and last week she started to work right here in my city.

Práctica

6–19. ¿Sí o no? Cambia cada infinitivo al pretérito para decir lo que estas personas hicieron o no hicieron. Para los verbos reflexivos, usa el pronombre reflexivo y ten cuidado (*be careful*) con el verbo **gustar**.

> *Ejemplo:*
> Fui a la biblioteca anteayer... **hablar** con mis amigos, **leer** un poco, **estudiar**
> Fui a la biblioteca anteayer; allí **hablé** con mis amigos, **leí** un poco, **no estudié...**

This exercise provides highly controlled practice of all preterit verb forms presented in the **Gramática** section. As an extension, have students start a sentence with **Fui a...** and provide verbs of their own choosing. Have them write where they went and what they did and report back to the class.

Answers: 1. **limpié** mi habitación, **ayudé** a mis padres, **cociné**, **llamé** a mis amigos, **me enojé** con mi hermano/a, **comí** bien, **vi** la tele, **hice** las tareas, **escribí** una carta, **me morí** de aburrimiento, **dí** una fiesta, **me acosté**, **escuché** música, **dormí** hasta muy tarde. 2. **vimos** a nuestros amigos, **dijimos** chistes (*jokes*), **bailamos**, **conocimos** a gente simpática, **compartimos** nuestros discos compactos, **nos quejamos** de la música, **tomamos** cerveza, **volvimos** a casa muy tarde, **nos divertimos, nos gustó** la fiesta. 3. **comió** en restaurantes caros, **hizo** excursiones, **buceó**, **tomó** el sol, **hizo** esquí acuático, **se relajó**, **hizo** deporte, (no) **conoció** al Presidente, **dio** paseos, **corrió** por la playa, **jugó** naipes, **se olvidó** de sus problemas, **vio** botes de vela, **le gustó** el tiempo, (no) **se quedó** allí un año. 4. (no) **aprendieron** otros idiomas, **sacaron** fotos, **escribieron** y **mandaron** cartas, **vieron** sitios históricos, **conocieron** a gente interesante, **dieron** paseos juntos, **se enamoraron** de nuevo, **pensaron** en mí, (no) **se mudaron** allí hace un mes.

1. Fui a mi casa el fin de semana pasado... limpiar mi habitación, ayudar a mis padres, cocinar, llamar a mis amigos, enojarme con mi hermano/a, comer bien, ver la tele, hacer las tareas, escribir una carta, morirse de aburrimiento, dar una fiesta, acostarse, escuchar música, dormir hasta muy tarde
2. Fuimos a una fiesta hace unos días... ver a nuestros amigos, decir chistes (*jokes*), bailar, conocer a gente simpática, compartir nuestros discos compactos, quejarse de la música, tomar cerveza, volver a casa muy tarde, divertirse, gustarnos la fiesta
3. Mi tío fue a la playa el mes pasado... comer en restaurantes caros, hacer excursiones, bucear, tomar el sol, hacer esquí acuático, relajarse, hacer deporte, conocer al Presidente, dar paseos, correr por la playa, jugar naipes, olvidarse de sus problemas, ver botes de vela, gustarle el tiempo, quedarse allí un año
4. Mis padres se fueron al extranjero el año pasado... aprender otros idiomas, sacar fotos, escribir y mandar cartas, ver sitios históricos, conocer a gente interesante, dar paseos juntos, enamorarse de nuevo, pensar en mí, mudarse allí hace un mes

6–20. Un día común y corriente. Di qué hiciste ayer y da la hora.

> *Ejemplo:*
> al mediodía: **Primero** me junté con mis amigos. **Luego a la una**, fuimos a la cafetería. **Después** a las dos, volví a mi residencia.

1. después de despertarme:
   Primero,... Luego,... Después,...
2. después de mis clases:
   Primero,... Entonces,... Después,...
3. por la noche:
   Primero,... Luego,... Después,...
4. antes de acostarme:
   Primero,... Luego,... Después,...

6-21. Mis experiencias. Si has hecho lo siguiente alguna vez, da los detalles usando el tiempo pretérito.

This activity presents the use of two past tenses together (present perfect and preterit) as well as the time expression: **hace... que**. Before doing the activity, review formation of past participles, including irregular forms, presented in *Capítulo 5*.

Ejemplo:
¿Le **has escrito** una carta a un político?
Sí, **le escribí** una carta al senador... **hace dos años**.

1. ¿Has abierto una cuenta de ahorros (*savings account*)?
2. ¿Le has dado dinero a un desamparado (*homeless person*)?
3. ¿Has conocido a una persona importante o famosa?
4. ¿Has asistido a una boda?
5. ¿Has roto con un amigo/a o una pareja?
6. ¿Has vuelto a la ciudad donde naciste?
7. ¿Has vivido con un/a compañero/a de carácter difícil?
8. ¿Le has dicho una mentira a alguien?
9. ¿Has hecho un viaje estupendo?
10. ¿Has visto una película interesante?

6-22. ¿Cuánto hace? Entrevista a tus compañeros/as para averiguar (*to find out*) si hicieron lo siguiente. Usen expresiones de tiempo. Luego comparte la información con la clase.

Ejemplo:
salir con amigos
Tú: ¿**Cuánto hace que** saliste con tus amigos por última vez?
Compañero/a A: Salí con ellos **anoche**.
Compañero/a B: Salí con ellos **hace tres días**.
A la clase: Un/a alumno/a salió **anoche**; otro/a salió **hace tres días**, y yo salí **el lunes pasado**. Todos **salimos** con amigos esta semana.

1. llamar a casa
2. dar un paseo
3. ir a una fiesta aburrida
4. ver una película extranjera
5. hacer ejercicio
6. pelearse con un amigo
7. quejarse de una clase
8. comer en un restaurante elegante

6-23. El fin de semana pasado. Entrevista a tu compañero/a para averiguar lo que hizo el fin de semana pasado, sin incluir (*not counting*) **dormir** y **leer**. Toma apuntes sobre lo que tú y él/ella hicieron y comparte la información con la clase.

Ejemplo:
Mi compañera **dijo** que no **hizo** nada el fin de semana pasado. **Se quedó** en casa, **vio** tele, **limpió** su habitación, **trabajó** en su página de la red. Yo, en cambio, **fui** a una fiesta el viernes y el sábado **visité** a mis padres. Claro, los dos **practicamos** español todo el fin de semana.

Padres, padrinos y ahijados

En muchos países hispanos la tradición católica influye mucho en la vida social. Los católicos practicantes pasan por la iglesia para celebrar momentos importantes en la vida de una persona: el **bautizo** de un niño, la primera **comunión**, la **confirmación**, los **quince años** de una chica, la **boda** y cuando alguien se muere, el **funeral**. En estas ocasiones, casi siempre hay una ceremonia religiosa y a veces, una comida que une a toda la familia con sus parientes y amigos.

Para el bautizo, la confirmación y en algunos países, para la boda, a los hispanos se les dan otros dos padres o **padrinos (padrino y madrina)** que van a ayudarles en la ceremonia y que pasan a ser parte de la familia, si no lo son ya. En el caso del niño o **ahijado**, los padrinos se comprometen a hacerse cargo de él en caso de que los padres mueran o tengan alguna enfermedad que los impida cuidarlos.

A. Hasta un príncipe necesita padrinos.

Podemos pensar que un príncipe no necesita mucho en la vida porque ya tiene tantas cosas. Pero los padres hispanos creen que un bebé es un bebé y debe estar rodeado de muchos adultos que lo van a ayudar a crecer y ser feliz. Mira el siguiente anuncio de bautizo y con un/a compañero/a completa el resumen que sigue.

El cuarto nieto de los Reyes de España recibió el bautismo ayer en la Zarzuela
El niño recibió el nombre de Pablo Nicolás Sebastián de Todos los Santos

El segundo hijo de los Duques de Palma, la Infanta Cristina de Borbón e Iñaki Urdangarín, fue bautizado ayer por la tarde como Pablo Nicolás Sebastián de Todos los Santos, en una ceremonia que se celebró en el Palacio de la Zarzuela de Madrid. Los Reyes presidieron la ceremonia, en la que también estuvo el resto de la familia real, el Príncipe Felipe de Asturias; la Infanta Elena y su esposo, Jaime de Marichalar, acompañados de sus hijos, Felipe Juan Froilán y Victoria Federica, y los padres de Pablo Nicolás, junto a su primogénito, Juan Valentín.

El Príncipe Kubrat de Bulgaria y la Princesa Alessía de Grecia fueron los padrinos de Pablo Nicolás, séptimo en la línea de sucesión a la Corona de España, que nació el pasado seis de diciembre en Barcelona, ciudad en la que también vino al mundo su único hermano, Juan Valentín. Los padrinos se encargaron de las lecturas litúrgicas de la misa y el bautismo.

Fueron invitados los abuelos del niño, Juan María Urdangarín y Clara Liebaert, y las cuatro hermanas y el hermano de Iñaki Urdangarín, feliz padre de Pablo. Además, vinieron las hermanas del Rey Juan Carlos, las Infantas Pilar y Margarita, junto a sus respectivas familias, y la hermana de la Reina Sofía, la Princesa Irene de Grecia.

De: *La Opinión de Tenerife*, 21 de enero de 2001.

1. Los padres del bebé Pablo Nicolás Sebastián son: la Infanta Cristina de Borbón e Iñaki Urdangarín
2. Los abuelos son: Juan María Urdangarín, Clara Liebaert, el Rey Juan Carlos y la Reina Sofía.
3. Los padrinos son: el Príncipe Kubrat de Bulgaria y la Princesa Alessía de Grecia.
4. El nombre completo del bebé es: Pablo Nicolás Sebastián de Todos los Santos.
5. Su hermano mayor se llama: Juan Valentín.

B. ¿Y tus padrinos? ¿Qué familiar o amigo/a de la familia es como un padrino para ti? ¿Cuáles de estas cosas te hace tu padrino/ madrina regularmente?

Siempre/ A menudo...
me da dinero
me lleva de vacaciones
me manda regalos al campus
me llama una vez al mes
me compra los libros
me compra ropa

Para hablar del pasado: algunos casos especiales del tiempo pretérito

1. In **Imágenes y palabras**, you saw the verb **morir(se)*** used in the preterit tense.

Ya están muertos.	*They're dead.*
Se murieron en un accidente.	*They died in an accident.*
Mi tía es viuda; su marido **murió** el año pasado.	*My aunt is a widow; her husband died last year.*

In the preterit tense, the verbs **morir(se)** and **dormir** have an **o** ⟶ **u** stem change in both the singular and plural of their third-person forms; that is, both the **él/ ella/ Ud**. and the **ellos/ ellas/ Uds.** forms. All other forms of these verbs are regular.

morir(se)		**dormir**	
me morí	nos morimos	dormí	dormimos
te moriste	*os moristeis*	dormiste	*dormisteis*
se murió	**se murieron**	**durmió**	**durmieron**

Después del accidente, Laura **durmió** tranquilamente toda la noche pero sus padres, claro está, no **durmieron** nada.

After the accident, Laura slept peacefully all night, but her parents, of course, didn't sleep at all.

You will learn about other types of stem changes in the preterit in *Capítulo 7*.

2. Some groups of verbs have spelling changes in the preterit tense. These changes are necessary so that verb forms are always spelled exactly as they are pronounced.

- In the **yo** form of infinitives ending in **-car**, the **c** changes to **qu** but remains a **c** in all other forms.

-car ⟶	**-qué**
practicar ⟶	**practiqué**, practicaste, practicó, practicamos, *practicasteis*, practicaron
buscar ⟶	**busqué**, buscaste, buscó...
tocar ⟶	**toqué**, tocaste, tocó...
pescar ⟶	**pesqué**, pescaste, pescó...
sacar ⟶	**saqué**, sacaste, sacó...

*The use of **morir** and **morirse** depends on the context. Use **morir** with expressions of time: **Murió el año pasado, murieron hace diez años**. Use **morirse** when you are stating the cause of death: **Se murió de cáncer; Se murieron en un accidente**; or when **morirse** is part of an expression: **Nos morimos de aburrimiento durante la película**.

Toqué la guitarra y **practiqué** toda la tarde.	*I played the guitar and practiced all night.*

- In the **yo** form of infinitives ending in **-gar**, the **g** changes to **gu** but remains a **g** in all other forms.

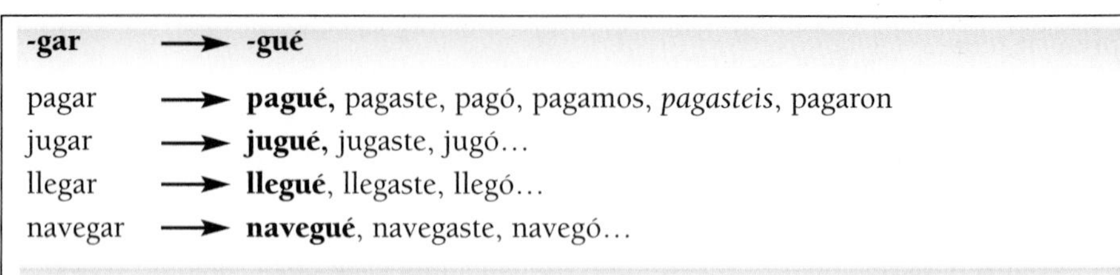

-gar	→	**-gué**
pagar	→	**pagué,** pagaste, pagó, pagamos, *pagasteis*, pagaron
jugar	→	**jugué,** jugaste, jugó...
llegar	→	**llegué**, llegaste, llegó...
navegar	→	**navegué**, navegaste, navegó...

El otro día, **navegué** en barco de vela por primera vez y **llegué** tarde a casa.

The other day, I sailed for the first time and I got home late.

- In the **yo** form of infinitives ending in **-zar**, the **z** changes to **c** but remains a **z** in all other forms.

-zar	→	**-cé**
empezar	→	**empecé**, empezaste, empezó, empezamos, *empezasteis*, empezaron
organizar	→	**organicé**, organizaste, organizó...
comenzar	→	**comencé**, comenzaste, comenzó...
almorzar	→	**almorcé**, almorzaste, almorzó...

Ayer **empecé** a cambiar mi rutina y **almorcé** a las once en vez de a la una.

Yesterday, I started changing my routine and had lunch at eleven instead of at one.

- For the verbs **leer** and **creer** and also for **-uir** verbs like **influir (en), incluir (a), construir,** and **contribuir (a)**, the singular (**él/ ella/ Ud.**) and plural third-person (**ellos/ ellas/ Uds.**) forms replace **-ió** with **-yó** and **-ieron** with **yeron,** respectively. Other persons of the verbs do not change.

leer	leí, leíste, **leyó**, leímos, *leísteis*, **leyeron**
influir (en)	influí, influiste, **influyó**, influimos, *influisteis*, **influyeron**

IOR

Mi madre **influyó** en las decisiones de mi papá y **construyeron** una casa en el campo. Pero no me **incluyeron** en su decisión, y así **destruyeron** mis planes de vivir en la ciudad.

My mother had an influence on my dad's decision and they built a house in the country. But they did not include me in their decision, and therefore destroyed my plans for living in the city.

Práctica

This activity is designed to provide highly controlled practice to target certain verb forms presented in the last **Gramática** section. Answers: 1. **Saqué** mi título, **organicé** mi currículum, **practiqué** mis tácticas para las entrevistas. 2. **Leyeron** mucho, **se murieron** de estrés, **no durmieron** nada, les **dijeron** adiós a sus profesores. 3. **Organizó** una gran boda, no **durmió** la noche anterior, **empezó** el día muy temprano, **se murió** de nervios. 4. **Crecí** con ella, **me olvidé** de su cumpleaños, **busqué** un regalo y no **encontré** nada, **llegué** tarde a su fiesta. 5. Le **dijo** que sí a su pareja, **se murió** de impresión cuando vio el anillo de diamantes, **lloró** de alegría. 6. Allí **pesqué** en el mar, **navegué** en bote de vela, **jugué** tenis toda la semana, **comencé** a leer una novela.

6-24. Una cadena de eventos. Di qué eventos causaron lo que acaba de pasar. Sigue el modelo, usando los verbos indicados.

Ejemplo:

Mi primo Jaime acaba de mudarse al campo (cansarse de la ciudad, construir una casa cerca del lago)

Se cansó de la ciudad, **construyó** una casa cerca del lago y **se mudó** al campo.

1. Acabo de conseguir un puesto. (sacar mi título, organizar mi currículum, practicar mis tácticas para las entrevistas)
2. Los alumnos acaban de graduarse. (leer mucho, morirse de estrés, no dormir nada, decirles adiós a sus profesores)
3. Mi hermana acaba de casarse. (organizar una gran boda, no dormir la noche anterior, empezar el día muy temprano, morirse de nervios)
4. Acabo de pelearme con mi amiga. (crecer con ella, olvidarme de su cumpleaños, buscar un regalo y no encontrar nada, llegar tarde a su fiesta)
5. La novia acaba de comprometerse. (decirle que sí a su pareja, morirse de impresión cuando vio el anillo de diamantes, llorar de alegría)
6. Acabo de volver de la playa. (allí pescar en el mar, navegar en bote de vela, jugar tenis toda la semana, comenzar a leer una novela)

6-25. ¡Qué va! ¡Fuiste tú! Usa las frases siguientes para acusar en forma humorística a un/a compañero/a. Tu compañero/a debe responder que la acusación es absurda y que en realidad fuiste tú quien lo hizo (*it was you who actually did it*).

Ejemplo:

Tú: Arturo sacó una F en su prueba de gramática.

Tu compañero/a: ¡Qué va! ¡Fuiste tú! Tú **sacaste** una F. Yo **saqué** una A (nunca **saqué** una F).

1. dormir en el coche anoche durmió, dormiste, dormí
2. leer el *Enquirer* ayer leyó, leíste, leí
3. pelearse con un profesor se peleó, te peleaste, me peleé
4. darle un beso y decirle una mentira a… dio, dijo, diste, dijiste
5. abrir una botella de champaña en clase abrió, abriste, abrí
6. ver las notas semestrales y empezar a llorar vio, empezó, viste, empezaste, vi, empecé
7. ir a una fiesta en un bikini fue, fuiste, fui
8. pagar 50 dólares por un café pagó, pagaste, pagué

Possible answers:
1. Típicamente **hago** ejercicios por la tarde, pero el domingo pasado **hice** ejercicios por la mañana.
2. Típicamente **llego** temprano a clase, pero esta mañana **llegué** tarde.
3. Típicamente **almuerzo** a la una, pero ayer **almorcé** a la una y media. 4. Típicamente **voy** a la biblioteca de noche, pero el sábado **fui** a la biblioteca de día.
5. Típicamente **busco** libros de ciencias, pero esta semana **busqué** libros de historia. 6. Típicamente **juego** ajedrez con mi hermana, pero el sábado **jugué** con mi primo.
7. Típicamente **vuelvo** a la residencia a las tres, pero el viernes **volví** a las cinco y media. 8. Típicamente **toco** el piano, pero ayer **toqué** la guitarra. 9. Típicamente **pago** las cuentas a tiempo, pero este mes **pagué** todas las cuentas tarde.
10. Tipicamente **me acuesto** a las diez, pero ayer **me acosté** a las once y media.

6–26. El otro día, no. Di cómo o cuándo haces las siguientes cosas generalmente y después di cómo rompiste la rutina el otro día. Usa las ilustraciones y los verbos indicados.

Ejemplo:
despertarse
Típicamente **me despierto** a las siete,
pero el domingo pasado **me desperté** a las diez.

1.

hacer ejercicio

2.

llegar tarde...

3.

almorzar

4.

ir a...

5.

buscar

6.

jugar...

7.

volver

8.

tocar

9.

pagar

10.

acostarse

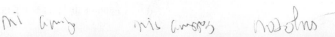

6-27. ¿Cuánto hace? Tu compañero/a te va a hacer las siguientes preguntas. Dile cuánto hace que hiciste o que te pasó lo siguiente y da una breve explicación.

Ejemplo:

aprender a leer; ¿quién te enseñó a leer?

Tu compañero/a: ¿Cuánto hace que aprendiste a leer?

Tú: Aprendí a leer hace quince años.

Tu compañero/a: ¿Quién te enseñó a leer?

Tú: Creo que fue mi abuelo.

1. empezar a hablar español; ¿te gustó?
2. dar tu primer beso; ¿a quién?
3. llegar a casa después de las dos de la mañana; ¿por qué?
4. leer un libro estupendo; ¿qué libro fue?
5. pagaste muy caro por un regalo; ¿cuánto pagaste?
6. decirle gracias a alguien; ¿por qué?
7. contribuir una persona a tus ahorros (*savings*); ¿quién fue?
8. buscar un trabajo; ¿qué trabajo encontraste?

6-28. Casos extraordinarios. Escoge uno de los siguientes temas y cuéntale a tu compañero qué pasó. Tu compañero/a va a darle un resumen a la clase.

You may wish to convert this into a writing activity.

Ejemplo:

Una cosa que influyó tus planes para el futuro.

Tú: Recibí una beca para continuar mis estudios.

Tu compañero/a: Grace dijo que recibió una beca para continuar sus estudios.

1. Una cosa estupenda que hiciste (o que hizo otra persona) hace poco.
2. Una cosa que dijiste (o que dijo otra persona) para hacer reír a alguien.
3. Una cosa que dijiste (o que dijo otra persona) que hizo llorar a alguien.
4. Una cosa que dejaste de hacer recientemente (o que dejó de hacer otra persona).
5. Una manera en que alguien influyó en tu vida.
6. Un recuerdo de la familia que quieres compartir.

6-29. Todo salió mal. Escribe una descripción de un día (real o imaginario) que no resultó exactamente como lo esperabas (*as you expected*). Di lo que haces generalmente, luego cuenta cómo ese día fue diferente. Presta atención a los verbos con cambios en el pretérito.

Ejemplo:

Después de clase, casi siempre juego fútbol con mis amigos. Llego a mi residencia a las cinco o seis de la tarde y entonces comienzo a hacer mis tareas. Pero ayer **no jugué** con mis amigos, **no llegué** a casa hasta las nueve de la noche y **no comencé** mis tareas hasta las diez.

El matrimonio, la convivencia y el divorcio: noticias de la actualidad hispana

A. Divorcio. Hasta las últimas décadas, la palabra *divorcio* casi no figuraba en el diálogo de las familias hispanas. Sin embargo, hoy en día, con las nuevas leyes de divorcio y con las tremendas presiones de la nueva vida suburbana en las grandes ciudades, las cosas han cambiado muchísimo. Lee los titulares que siguen y busca a qué países corresponden. Según los titulares, ¿cuáles son las principales causas del aumento del divorcio en estos países?

CUBANET

Diciembre 23, 1998

Matrimonio y divorcio en Cuba
El cansancio y la rutina, las mil dificultades cotidianas y las condiciones materiales de la vida matrimonial se unen para desunir muchas parejas.

Bogotá D.C. - Colombia.
Colombia, Domingo 21 de enero de 2001

26 MIL MATRIMONIOS ROTOS EN 2000

Se disparó el divorcio

La difícil situación económica, el cambio de rol de la mujer, la falta de compromiso°, el maltrato°, y la infidelidad son algunas de las causas de la avalancha de divorcios en Colombia.

B. ¿Qué dicen estos chilenos? Al revés de EE.UU., Chile es el único país del mundo occidental en el que no existe el divorcio, aunque desde 1885 se usa **la nulidad del matrimonio**, única manera de separarse. Según las encuestas, el 70% de los chilenos está a favor de una ley de divorcio, pero la ley nunca ha sido aprobada en el Congreso.

Palabras útiles

falta de compromiso *lack of commitment*
maltrato *abuse*

Answers: B. 1. ser posible, por distintas razones, entre ellas, que las personas que no son felices en su primer matrimonio tengan una segunda oportunidad. 2. no pueden divorciarse de un matrimonio anterior o porque tienen miedo de casarse y no poder divorciarse si las cosas no van bien. 3. tienen que pasar por situaciones que no les corresponden. 4. rehacer su vida. 5. piensan lo suficiente antes de tomar una decisión tan importante como casarse. 6. piensa que el divorcio es parte de la seriedad y libertad con que deberían vivir los chilenos.

Lee los siguientes comentarios personales con un compañero/a y después completen las frases que siguen con ideas tomadas de sus opiniones.

Pablo. El matrimonio es un paso que hay que dar, pero lo veo como algo lejano por el momento. Ojalá me case antes de los 35. Es complicado decidir algo así. Antes, el matrimonio era para toda la vida. Ahora no; se casan, hay problemas y se separan de inmediato. No le toman el peso a una decisión que es súper importante; puede ser que falte madurez y que se vea a la nulidad como la solución más fácil. Aún así, creo que debe existir una ley de divorcio en Chile.
http://www.quepasa.cl/revista/1431/24.html.

Consuelo. Tengo 39 años y 18 de casada, gracias a Dios muy feliz, y por eso estoy de acuerdo con la ley de divorcio, para poder darle una segunda oportunidad a las parejas que no han tenido la suerte mía. Tengo varias amigas y amigos que actualmente conviven con una pareja, ya que, por problemas de dinero o de su pareja anterior, no han podido separarse y creo que ellos merecen una segunda oportunidad.

Tania. Creo que es muy necesario establecer una ley de divorcio, ya que si hay parejas que no soportan estar juntos es mejor que se divorcien y después pueden rehacer su vida. Actualmente, se casan menos parejas por el miedo de que, si las cosas no resultan, no se pueden divorciar; es así como muchas parejas prefieren convivir.

María Teresa. Estoy completamente de acuerdo con la ley de divorcio; creo que es muy importante para todos vivir con respeto y amor y si no hay esto en el matrimonio lo mejor es solucionarlo de alguna forma. Además, parte fundamental son los hijos, que merecen el amor, respeto y cariño de sus padres y no pasar por situaciones en que sufren por algo que no les corresponde. Finalmente, pienso que es necesaria esta ley para un país como Chile, porque es parte de la seriedad y libertad con la que debemos vivir los chilenos.

De: *Foro, Mujer a mujer* sección de *www.latercera.cl/.*

1. Estos chilenos dicen que el divorcio tiene que...
2. Hay dos personas que mencionan la convivencia sin casarse. Dicen que mucha gente convive sin casarse porque...
3. Según María Teresa, si la pareja no es feliz, los hijos sufren porque...
4. Cuando hay divorcio, las personas pueden...
5. La opinión de Pablo es diferente, porque cree que las parejas (no)...
6. Sólo una persona cree que sin divorcio no hay libertad porque...

C. Y ustedes, ¿qué dicen? Escoge uno de los siguientes temas relacionados al matrimonio y en un grupo, intercambien opiniones. Toma apuntes para resumirle después a la clase lo que todos han dicho.

¿Qué piensan Uds., sí o no?

1. ¿Las madres deben quedarse en casa cuando los niños son pequeños?
2. ¿El divorcio debe hacerse más difícil de conseguir?
3. ¿Estar soltero/a es más fácil/ difícil que estar casado/a?
4. ¿Estar enamorado/a significa no pelearse nunca con la pareja?
5. ¿Los matrimonios (*married couples*) deben compartir los sueldos, el trabajo de la casa, el cuidado de los niños?
6. ¿Convivir (sin casarse o antes de casarse) es una forma aceptable de mantener y poner a prueba una unión?

Answers: 1. esposo y esposa 2. del pasado 3. casados 4. se ríen 5. mentiroso

The *En voz alta* audioscripts are recorded on the student tape or CD that accompanies each textbook.

Audioscript:

RAFAEL: ¿En qué piensas, tesoro?

JOSEFINA: En ti y en el día en que nos conocimos. ¿Te acuerdas?

RAFAEL: Pero, claro que sí. Te vi en la plaza y pensé: "Creo que conozco a esta chica".

JOSEFINA: Pero no me dijiste nada. Y luego me invitaste a la fiesta de tus primos. ¿Te acuerdas?

RAFAEL: Claro, sí; lo malo es que...

JOSEFINA: ...lo malo es que tu novia, la famosa Elenita, nos vio bailar y se enojó.

RAFAEL: Amor sin celos, no lo dan los cielos. Después se volvió a enojar porque no hablé con ella en toda la noche. ¡Pobre Elenita!

JOSEFINA: Y esa noche se pelearon definitivamente, ¿no?

RAFAEL: Bueno, la verdad es que...

JOSEFINA: ¡Rafael! No me vas a decir que volviste a verla después de esa noche... que te mato!

RAFAEL: Bueno..., una o dos veces más. Pero, ¿qué importa si me casé contigo y no con ella? Recuerda que hace veinticinco años que nos conocimos y ¡que hace más de veintidós que nos casamos! Piensa, mujer manos frías, corazón caliente.

JOSEFINA: Pero, ¿por qué no me dijiste que la viste tantas veces?

RAFAEL: Tantas veces no, mujer;... tranquila. Te quiero a ti, nada más. Estoy enamorado de ti como el primer día en la plaza.

JOSEFINA: ¡Ja, ja! Después de veinticinco años, ya no te creo. Eres un mentiroso, Rafael de mi alma.

EN VOZ ALTA

A. Escucha esta conversación entre dos personas y haga un circulo alrededor de la respuesta correcta:

1. ¿Quiénes conversan, madre e hijo, esposo y esposa o dos amigos?
2. ¿De qué conversan, del presente, del pasado o del futuro?
3. ¿Están casados, solteros o divorciados?
4. ¿Se pelean, se quejan o se ríen?
5. De acuerdo a Josefina, ¿Rafael es mentiroso, celoso o cariñoso?

B. Escucha otra vez la conversación y completa las siguientes frases:

1. Se conocieron hace __veinticinco__ años en __la plaza__. Rafael la invitó a __la fiesta de sus primos__.
2. Una chica los vio bailar y se enojó porque __era la novia de Rafael__.
3. Después de esa noche, Rafael vio a __Elenita__ sólo __dos__ veces.
4. Se casaron hace __veintidós años__. Rafael dice que está __enamorado__ de Josefina.

C. Luego, escribe un párrafo breve y cuenta tu propia historia de amor o la de tu mejor amiga/o. Sigue el ejemplo de la historia de Josefina y Rafael.

____

____

____

____

____

____

Mi refranero. En la conversación oíste los siguientes refránes. Escúchalos con atención y trata de imitar la pronunciación.

Amor sin celos, no lo dan los cielos.

Manos frías, corazón caliente. *Cold hands, warm heart.*

SÍNTESIS

Para leer

La mujer, ¿esposa, ama de casa, o a la vanguardia en la política?

Los expertos dicen que la clave de las buenas relaciones matrimoniales es el equilibrio. Para ti, ¿qué significa mantener el equilibrio en el matrimonio? ¿Qué hacen o deben hacer los esposos para ayudarse el uno al otro y compartir los quehaceres (trabajos) de la casa? ¿Qué vas a hacer tú para ayudar a tu esposo o esposa algún día?

A. ¿Esposa o ama de casa? La revista *Tú internacional* les hizo la siguiente pregunta a sus lectores: En el matrimonio, ¿la esposa deja de ser mujer para convertirse en ama de casa? Aquí tienes algunas de las respuestas de hombres y mujeres. ¿Con cuál de estos puntos de vista estás más de acuerdo? ¿Con cuál estás menos de acuerdo? ¿Por qué?

Mi esposa es una excelente ama de casa pero, cuando termina sus tareas domésticas, está tan agotada que no tiene tiempo ni para arreglarse. Por eso, me pregunto "¿para qué me casé?" Nuestra relación era más estimulante cuando éramos novios. **Juan Alberto Castro, Venezuela**.

Mi esposa no trabaja, es simplemente ama de casa. Todo lo tiene en perfecto orden. El secreto está en su organización, que le permite darse tiempo para el hogar y para mí. **Esteban Sandino, México.**

Atender a la familia y cuidar el hogar es una labor bella en una mujer. Mi hermano está casado y su esposa es la persona más desordenada que existe en el mundo. ¿Son felices? Hasta el momento, sí, pero mi hermano me dijo que a él no le gusta llegar a su casa y entrar en un cuarto donde el ambiente es incómodo. Hay que darse tiempo para todo. **Mónica V, México**.

Las labores del hogar se comparten. Eso permite a los casados tener más tiempo para divertirse juntos. **Luisa Peralta, Honduras**.

No estoy casado, pero espero encontrar una mujer que sea todo para mí: esposa, amiga, compañera, amante y ama de casa. Si ella se limita a ser sólo esto último, me voy a sentir frustrado toda la vida. **Marco Téllar, Venezuela**.

De: "Mujer vs. esposa," *Tú internacional*, Año 9, No. 7 (junio de 1988), 91.

SÍNTESIS

B. La doble jornada. Lee el siguiente fragmento del periódico español *El mundo*. Aquí se explica un fenómeno bastante reciente en la historia de las mujeres que ha llegado a ser polémico en el mundo hispano: la doble jornada. ¿En qué consiste, exactamente, la doble jornada? ¿Cuáles son sus causas? ¿Tiene tu mamá una doble jornada? Explica.

PARA LEER BIEN

1. In the article that follows, you will encounter many cognates. If you do not immediately recognize a word as a cognate from its written form, try pronouncing it to see if you can recognize it from its spoken sound: **se incorpora, poco simétrica, se ve obligada, triples**.
2. Use clues from Spanish also. For example, in the word **reparto** you see **–parto**. You know the word **compartir**. Could this be similar, given the context?

Cuando la mujer se incorpora al mundo del trabajo se ve obligada a hacer frente no sólo a las tareas propias de su profesión, sino que además debe de seguir realizando las tareas domésticas que tradicionalmente le han sido atribuidas. Dado que este trabajo se comparte de manera muy poco simétrica, la mujer se ve obligada a realizar una doble jornada, la laboral y la doméstica, que puede llegar a ser triple, si desarrolla algún tipo de actividad política, deportiva o social. Sólo en ocho de cada 100 familias españolas se produce un reparto de las tareas domésticas.

De: Irene Hernández de Velasco. **Equiparación de derechos: la clave está en los hombres**, *El mundo*, viernes, 18 de febrero de 2000.

C. Y a la vanguardia en la política. A pesar de estos problemas, en el mundo hispano, las mujeres comienzan a hacer un papel muy importante en los cuerpos legislativos, las cortes y los gabinetes presidenciales. En Hispanoamérica, el 15% de los legisladores son mujeres. ¿Qué proporción de los legisladores estadounidenses es femenina?

Mireya Moscoso, Presidente de Panamá

Violeta de Chamorro, ex-presidente de Nicaragua

Aquí tienes los resultados de una encuesta reciente de la firma *Gallup* en las mayores ciudades de Argentina, Brasil, Colombia, México y El Salvador. ¿Estás de acuerdo con las opiniones de estos iberoamericanos?

¿Quiénes pueden hacer un mejor papel en lo siguiente, hombres o mujeres?
Los encuestados dijeron:

	las mujeres	los hombres
la educación	72%	28%
la protección del ambiente	64%	36%
la pobreza	62%	38%
la economía	59%	41%
la corrupción	57%	43%
la diplomacia internacional	53%	47%
la seguridad pública	34%	66%
las fuerzas armadas	20%	80%

De: Mary A. Dempsey en *Revista Latin Trade*, Vol. 9, No. 2, febrero de 2001, 28-29.

Para escribir

Homenaje a un ser querido

Piensa en una persona querida, en un amigo/a o familiar que se murió o se mudó lejos y al cual quieres rendirle homenaje (*pay tribute*) con un poema personal. Sigue los pasos siguientes para comunicar tus sentimientos.

A. Evocar su imagen en el presente. Anota algunos aspectos básicos de su físico y personalidad. Luego, imagínate a esta persona viva y contigo y habla de ella, describiendo sus acciones (hábitos, rutina, excentricidades) y las cosas que ustedes hicieron juntos. Por ejemplo:
Su físico: ojos oscuros y pequeños, anteojos grandes, sin pelo, delgado, frágil, viste mal, camisa vieja, sin calcetines.
Su personalidad: generoso, estricto, aventurero, tímido con la gente, experto en las finanzas, divertido.
Sus acciones: te mueres de alegría, abres una botella de champaña, me das un beso, me haces muchas preguntas, le gritas al perro "*stop barking*," nos sentamos en la mesa de la cocina, me muestras artículos del periódico, te enojas, te ríes, me dices que me quieres.

B. Narrar acciones en el pretérito. Usa la forma **tú** del tiempo pretérito para hacer una lista de las cosas que esta persona hizo por ti y de las cosas que ustedes hicieron juntos.

Tú: me enseñaste a nadar, fuiste tan paciente, me diste los mejores consejos, me escuchaste como amigo, me ayudaste a escoger mi carrera, te jubilaste pero no dejaste de trabajar, viajaste a tantos sitios…
Tú y yo juntos: fuimos a conciertos de *rock* y partidos de béisbol y gritamos tanto, hicimos las tareas de álgebra, cocinamos juntos, hablamos de política…

C. Resumir su influencia en el presente perfecto. Usa el presente perfecto para resumir cómo esta persona influyó en tu vida.

Me has ayudado a ser organizado/a/ ordenado/a/ alegre, me has enseñado a…

D. Armar tu poema. Ahora, crea tu poema combinando elementos de las secciones A-C. Combina imágenes y acciones, alternando entre el presente y el pasado. Tu poema no necesita tener rima.

Ejemplo:

Homenaje a mi abuelito
Quiero volver a tu casa a verte,
sin calcetines, de camisa vieja.
Te mueres de alegría y con tus grandes anteojos
me haces mil preguntas mientras le gritas al perro
stop barking! Me besas; eres tan frágil.
Corres a mostrarme algo nuevo.
(El perro no te escuchó y te enojaste.
Pero yo siempre te he escuchado.)
Me ayudaste a comprender mejor el mundo.
Te ríes, abres la champaña, nos sentamos a hablar.
(Viajaste a tantos lugares en tu vida.
Viste tantas cosas, conociste a tanta gente.)
Te jubilaste pero no dejaste de aprender.
Me has enseñado a ser alegre y curioso.
Me has ayudado a ser ordenado y arreglado.
(Ya no me duermo en el cine.
Vuelvo temprano y no grito.)
Ay, abuelito, no fuiste santo, pero me diste tanto.

E. Corregir. Cuando termines, comprueba lo siguiente. Si no encuentras errores, **¡felicitaciones!**

1. Concordancia de sustantivos y adjetivos, de sujetos y verbos.
2. Inclusión de pronombres de complemento directo cuando usas verbos como **decir, dar, mandar, mostrar**. (Recuerda que éstos se usan mucho más frecuentemente en español que en inglés.)
3. Formas de participios pasados. (Recuerda que algunas de estas formas son irregulares.)

Vocabulario

La familia

el/la abuelo/a grandfather, grandmother
el/la ahijado/a godson/goddaughter
el beso kiss
los bisabuelos great grandparents
la convivencia living together
el familiar blood relative
el/la gemelo/a identical twin
la madrina godmother
el marido husband
la mujer woman, wife
el/la nieto/a grandson/granddaughter
el padrino godfather
el/la sobrino/a nephew, niece
los suegros parents-in-law

Adjetivos

cariñoso/a affectionate
guapo/a goodlooking
más de more than
mayor que greater/older than
(el/la) mejor better (*the best*)
menor que smaller/younger than
menos (de) less than
(el/la) peor worse (*the worst*)
rodeado/a de surrounded by
soltero/a single
viudo/a widow(er)

Verbos

almorzar to have lunch
casarse con to marry someone
compartir to share
conocí, conociste a... I/you met someone
crecer to grow up
creer (creyó) to think, believe
deber + *inf.* must, ought to + inf.
dejar de to stop
despedirme to say goodbye
dormirse (se durmió) to fall asleep
escoger (yo escojo) to choose
estar casado/a/ muerto/a/ viudo/a to be married/dead/a widow(er)
gritar to scream, yell
hace... años/ meses/ días . . . years/months/days ago
influir (influyó) en... to have influence on
llorar to weep
morir(se) (se murió) to pass away
mostrar (ue) to show
mudarse to move
nacer to be born
parecerse a... to look like . . .
pelearse (con) to fight (*with*)
recordar (ue) to remember
romper to break
sentarse (ie) to sit down
volver (ue) to return, go back

Expresiones de tiempo

el año pasado last year
anoche last night
anteayer the day before yesterday
ayer yesterday
el fin de semana pasado last weekend
luego... then, later
el lunes/ el martes pasado last Monday/Tuesday
hace + *time period* . . . ago
el mes pasado last month
el otro día the other day
pronto soon
la semana pasada last week

Otras expresiones

la doble jornada two full-time jobs
la jornada completa full-time work
el/la... del mundo the . . . in the world

CAPÍTULO

¡Buen provecho!

ÍNDICE

En el supermercado

En los paíes hispanos es muy común hacer las compras a diario en vez de comprar grandes cantidades de comida y almacenarlas (*store them*) en la cocina o en el refrigerador. Típicamente la gente va a las tiendas o supermercados cercanos a su vecindad a comprar sólo lo necesario para preparar la comida del día.

¿Sabes cocinar? ¿Te gusta ir al supermercado a hacer las compras? En tu familia, ¿cuántas veces al mes hacen grandes compras en el súper?

Conversación

7-1. Rebajas de la semana. Mira el anuncio de un periódico costarricense a ver cuántos artículos puedes reconocer en español. Ubica e identifica cada artículo y da el precio en colones costarricenses.

Have students use cognates, known Spanish words, and labels from the ad to guess the items.

Ejemplo:
el café
Cuesta cuatrocientos noventa y cinco colones.

1. una caja de helados
2. una lata (*can*) de tomates
3. una caja de detergente para lavar la ropa
4. el jamón
5. el atún
6. la mermelada de naranja
7. una botella de aceite de oliva
8. el pan
9. la leche
10. detergente para los platos

Answers: 1 Cuesta cuatrocientos cuarenta y nueve colones. 2. Cuesta cincuenta y nueve colones. 3. Cuesta seiscientos ochenta y nueve colones. 4. Cuesta ochocientos veinticinco colones. 5. Cuesta doscientos nueve colones. 6. Cuesta ciento cuarenta y nueve colones. 7. Cuesta doscientos setenta y nueve colones. 8. Cuesta ciento quince colones. 9. Cuesta sesenta y tres colones. 10. Cuesta ciento veinticinco colones.

7-2. Mi lista de las compras. ¿Cuáles de los artículos que aparecen en el anuncio compras tú a veces? ¿Cuáles no compras nunca? Identifica los productos del anuncio que correspondan a las siguientes descripciones.

1. sirven para lavar o limpiar
   detergente, detergente concentrado
2. se venden en lata
   atún, tomates
3. es para una ensalada
   jamón, aceite, queso, atún
4. es para beber
   leche, café, whiskey
5. son para el desayuno
   leche, mermelada de naranja, queso, pan, café
6. vienen del mar
   atún, merluza
7. son ingredientes de un sándwich
   jamón, queso, atún, pan
8. se venden congelados (*frozen*)
   helados, merluza

IMÁGENES Y PALABRAS

El mesero dice: Buenas noches, señores. ¿Qué desean ustedes?

Tú dices: ¡Tengo hambre! Creo que voy a **pedir mariscos...**

la langosta

los camarones

las almejas

los mejillones

Pero también **quisiera probar (ue) el pescado...**

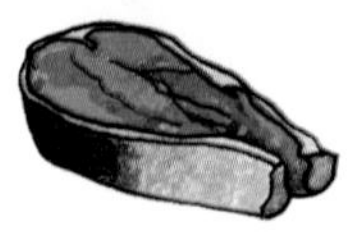
el salmón

la trucha

el atún

El mesero dice: **Recomiendo también la carne. Está muy rico/a...**

la carne de cerdo

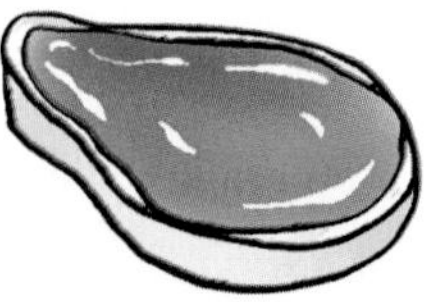
la carne de res

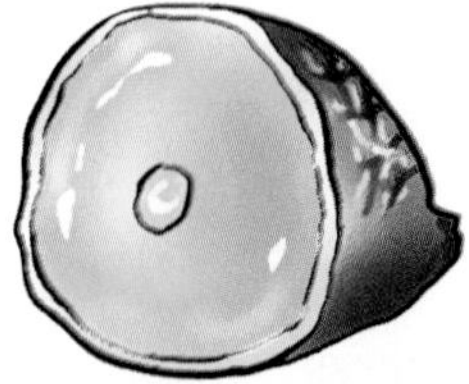
el jamón

el cordero

Y están muy buenas las aves...

el arroz con pollo

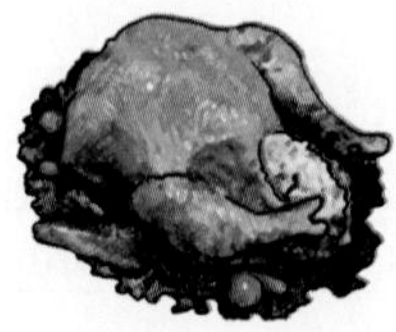
el pavo relleno

el pato asado

Todo se sirve con...

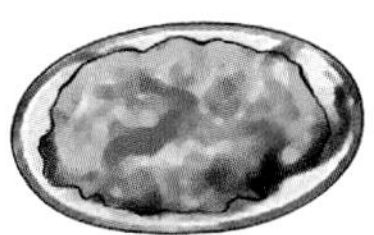

puré de papas

papas asadas

papas fritas

papas cocidas

papas rellenas

Quizás sólo voy a pedir...

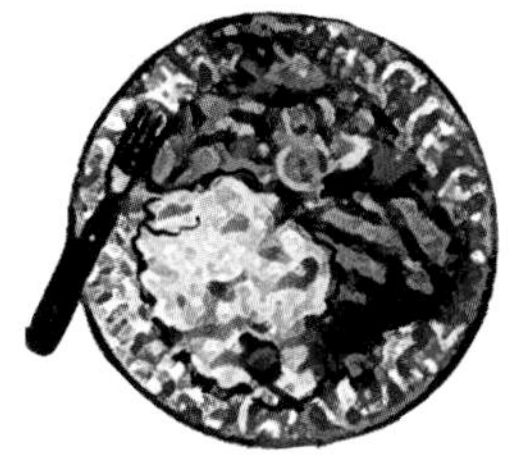

huevos revueltos

una sopa bien caliente

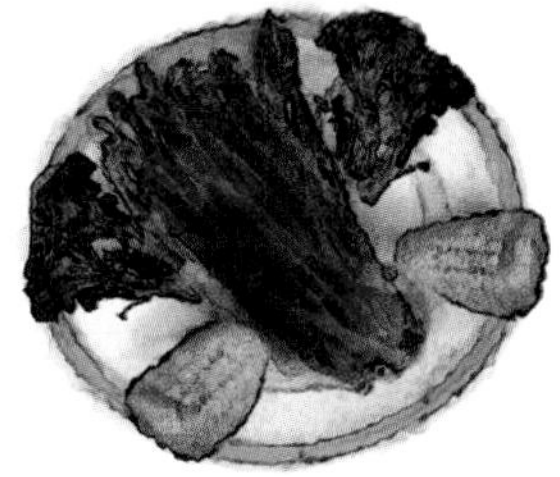

un plato vegetariano

una ensalada de...

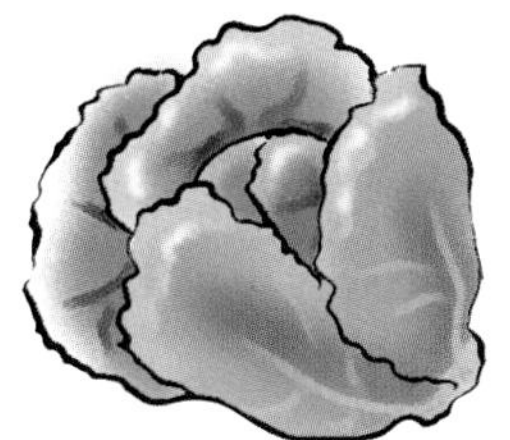

lechuga

tomate

cebolla

con aceite

y vinagre

¿Están frescas las verduras? Me encantan...

los guisantes

las habichuelas/ judías verdes

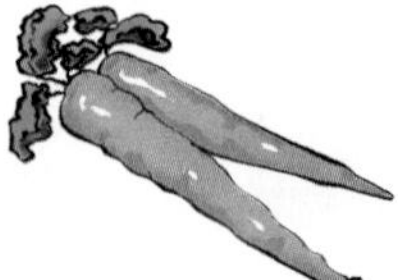
las zanahorias

los frijoles

el brócoli

la coliflor

los espárragos

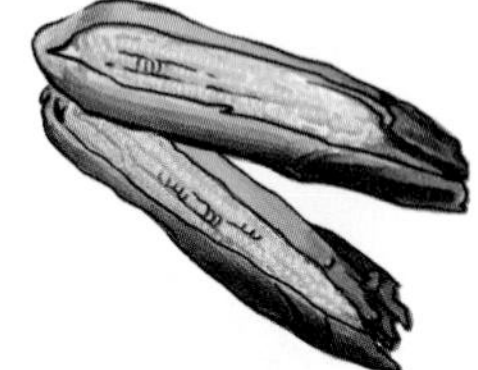
el maíz

De beber, quisiera...

agua mineral con/ sin gas

un refresco con hielo

una cerveza

una copa de vino tinto/ blanco

un jugo de...

manzana

naranja

piña

toronja

¿Qué hay de postre hoy? **Quisiera probar...**

el pastel de chocolate

la tarta de limón

el helado de chocolate/ vainilla/ fresa

queso y fruta, como...

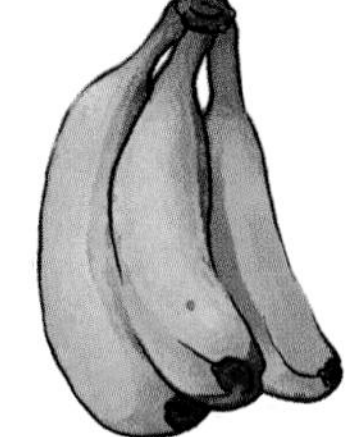

un plátano

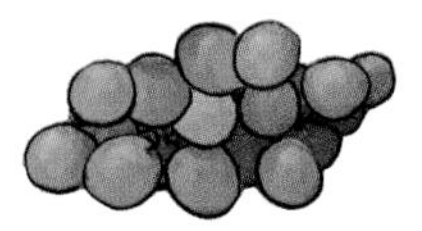

uvas

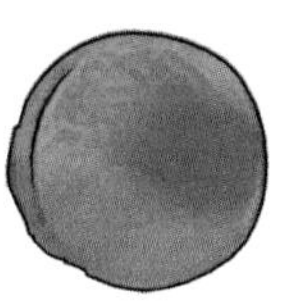

un durazno

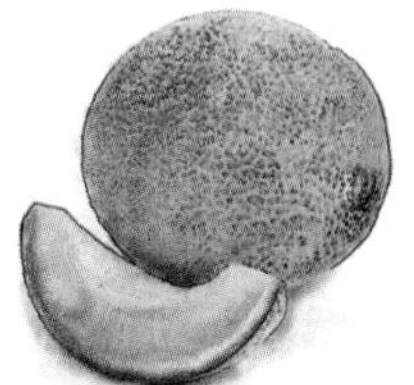

el melón

Oiga, por favor. **¿Me trae...?**

sal y pimienta

pan

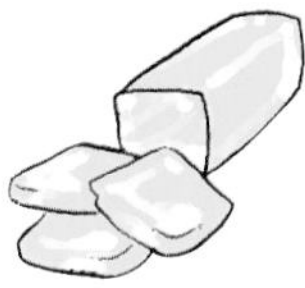

mantequilla

mayonesa

un café solo

un café con leche

un té con miel

azúcar

Bueno, vamos. **Todo estuvo buenísimo.**

Me gustaron los mariscos.
Me encantó la carne.
Me gustó mucho el pastel.
Me encantaron las verduras.

Los sirvieron con arroz.
La sirvieron con papas.
Lo sirvieron con helado.
Las sirvieron crudas, en ensalada.

Pero ahora...

¿Quién paga la cuenta?

¿Quién le deja la propina al mesero?

▶ ¿Cuánto salió?

Práctica

7–3. ¿Qué comiste? Usando el vocabulario de **Imágenes y palabras**, dile a la clase qué comiste recientemente en las siguientes ocasiones.

1. anoche
2. la última vez que viste a tus padres
3. la última vez que fuiste a un buen restaurante
4. una vez que preparaste tú la cena
5. la última vez que fuiste a un picnic
6. para celebrar un evento especial

7–4. Tantas posibilidades. Usa el nuevo vocabulario para completar lo siguiente con todas las posibilidades que puedas imaginarte.

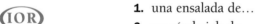

Ejemplo:

una paella de... arroz, camarones, pollo, almejas, jamón, guisantes...

IOR

1. una ensalada de...
2. un sándwich de...
3. un vaso de...
4. un jugo de...
5. una papa con...
6. una sopa de...
7. una tarta de...
8. un pastel de...
9. huevos con...
10. un helado de...

7-5. Menú monocromático. Desarrolla el menú del día en el que todos los alimentos sean del mismo color.

1. rojo 
2. verde 
3. blanco 
4. amarillo
5. anaranjado 
6. rosado 
7. morado 
8. marrón

7-6. Buenas combinaciones. Nombra un alimento que combine bien con cada uno de los siguientes platos.

1. el jamón
2. el pavo asado
3. la langosta
4. la tarta de manzana
5. el pan
6. la toronja
7. el atún
8. la carne de res

7-7. ¿Cómo se sirven? Di cómo se prepara o se sirve lo siguiente. Luego di cómo te gusta a ti.

> *Ejemplo:*
> **las zanahorias**
> Las zanahorias se sirven crudas y frías, cocidas, en ensaladas, asadas, o, a veces, en un pastel. Yo prefiero las zanahorias crudas.

Additional items: (1) **el jamón, el pavo o el pollo, los camarones, el vino.** (2) Follow up by having students give common ingredients of **una sopa de legumbres (verduras), una ensalada de verduras, una ensalada de fruta, una cacerola que saben preparar, una tortilla española, una paella.**

Se sirve/n...

crudo/a	cocido/a	en una tarta
relleno/a	frío/a	en una ensalada
caliente	en una sopa con...	frito/a
en botella	revueltos/as con...	en un pastel
en un sándwich con...	asado/a	en vaso

1. la carne de res
2. la trucha o el salmón
3. la cebolla
4. la piña
5. el maíz
6. los camarones
7. el pollo
8. el durazno
9. los guisantes
10. los huevos

7-8. Recetas caseras. ¿Con qué ingredientes se hacen los siguientes platos?

1. una ensalada de patatas
2. una sopa de verduras
3. un sándwich de atún
4. mi plato mexicano preferido
5. los huevos revueltos de mi casa
6. un plato chino que me gusta
7. la mejor hamburguesa
8. la especialidad de mi casa

Vamos a cenar: el menú o la carta

Leer un menú no siempre es fácil, especialmente en el gran mundo hispano, donde cada país o región tiene no sólo sus propios ingredientes y su propia cocina sino también su propio vocabulario. En España, por ejemplo, al menú se le llama **la carta**. La persona que sirve la comida se llama **el camarero**. En México, al restaurante se le llama **restorán** y la persona que sirve la comida se llama **el mesero**. Puedes aprender más sobre estas variaciones en la página 206. Por ejemplo:

En México, la tortilla se hace de maíz o de harina y se come como pan.
En España, la tortilla es como una *omelette*, hecha de huevos y patatas.
En Hispanoamérica, se dice **papas**, pero en España se dice **patatas**.

Answers: 1. En Casa Botín sirven almuerzo y cena. 2. El almuerzo se sirve de 1:00 a 4:00 de la tarde. La cena se sirve de 8:00 a 12:00 de la noche. 3. Está abierto todos los días. 4. Sí, la propina está includa. 5. La propina en este restaurante es del 16 %.

A. En el restaurante. Mira la carta de la Casa Botín, un famoso restaurante de Madrid y contesta las siguientes preguntas.

1. ¿Qué comidas se sirven en este restaurante: desayuno, almuerzo o cena?
2. ¿A qué horas se sirven?
3. ¿Cuántos días de la semana está abierto el restaurante?
4. ¿Incluye el precio la propina para el mesero?
5. ¿Cuánto recibe el mesero de propina?

The various categories of foods can be deduced from the identification of at least one item placed in that category, as well as from the placement and ordering of the categories themselves.

Answers: 1. sopas 2. legumbres 3. postres 4. huevos 5. asado y parrillas 6. pescados y mariscos 7. entremeses 8. jugos de fruta 9. menú de la casa

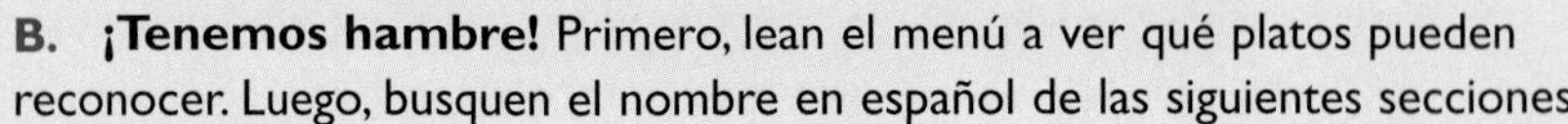

B. ¡Tenemos hambre! Primero, lean el menú a ver qué platos pueden reconocer. Luego, busquen el nombre en español de las siguientes secciones.

1. soups
2. vegetables
3. desserts
4. eggs
5. meats
6. fish and seafood
7. appetizers
8. fruit juices
9. house special

C. ¿Qué desean Uds.? Completen y practiquen el siguiente diálogo entre el/la mesero/a y dos clientes. Usen el menú del restaurante Casa Botín para pedir la cena que prefieran.

Mesero/a: Buenas noches, señores/ señoritas. ¿Qué desean Uds.?
Cliente 2: Para mí,...
Mesero/a: Muy bien. Y de beber, ¿qué les sirvo? Hay...
Cliente 1: ¿Me puede traer...?
Cliente 2: Yo quisiera tomar...
Mesero/a: Excelente. ¿Y de postre? Recomiendo...
Cliente 1: Para mí,...
Cliente 2: Yo prefiero...
Mesero/a: Para servirles.

Carta

Entremeses y jugos de fruta

Pomelo 1/2	275
Jugos de tomate o naranja	200
Melón con jamón	1.400
Aceitunas	150
Ensalada de lechuga y tomate	310

Sopas

Sopa de pescados y mariscos	950
Caldo de ave	310
Sopa de ajo	370

Huevos

Huevos revueltos con champiñón	410
Tortilla con patatas y jamón	410

Legumbres

Guisantes con jamón	530
Alcachofas salteadas con jamón	530
Judías verdes con tomate y jamón	530
Patatas fritas	190
Patatas asadas	190
Espárragos dos salsas	900

Pescados y mariscos

Salmón ahumado	1.395
Almejas BOTIN	1.600
Trucha a la navarra	900
Gambas a la plancha	1.800
Calamares fritos	950
Merluza con salsa mayonesa	1.825

Asado y parrillas

Cochinillo asado	1.550
Pollo asado 1/2	550
Chuletas de cordero	1.200
Chuletas de cerdo adobadas	800
Pechuga <<Villeroy>>	650
Filete de ternera con patatas	1.300
Ternera asada con guisantes	1.250
Lomo con patatas	1.775
Lomo con champiñón	1.775

Postres

Espuma de chocolate	350
Tarta de manzana	350
Tarta de limón	425
Flan con nata	380
Helado de vainilla o chocolate	300
Melocotón con nata	390
Fruta del tiempo	350
Fresas con crema	480
Sorbete de limón o frambuesa	350

Menú de la casa (otoño-invierno)
Precio: 2.380 Ptas

Sopa de ajo con huevo
Cochinillo asado
Flan
Vino, cerveza o agua mineral

Café	100
Pan	50
Mantequilla	60

Horas de atención: Almuerzo, de 1.00 a 4.00
Cena, de 8.00 a 12.00

Abierto todos los días del año

Hay hojas de reclamación

Servicio 16% incluido

GRAMÁTICA

Para referirse a la gente y cosas ya mencionadas: pronombres de complemento directo

Read the following paragraph aloud. What is wrong with the way it sounds?

> Acabo de comer tarta de manzana. Compré la tarta de manzana en el súper y, por eso, está pasada y sabe a plástico. En el súper tienen las tartas de manzana en el refrigerador muchos días; a veces, tienen las tartas de manzana muchas semanas.

The repetition of **la tarta de manzana** is not only irritating to the reader but may actually cause confusion. To avoid repetition of these nouns (direct objects), good speakers and writers replace them with direct object pronouns. In the following example, find the direct object pronouns and tell what noun each refers to.

> Acabo de comer tarta de manzana; ¡qué rica! **La** compré en la nueva pastelería "Rosita" y **la** llevé a casa de Manuel, mi padrino. Siempre **lo** visito los domingos por la tarde para conversar un rato. Le pido ayuda con mis problemas de cálculo y él siempre **los** resuelve más rápido que yo.

Suggestions: (1) Remind students of the pronoun **lo** in the expression **pasarlo bien** used in *Capítulo 3*. (2) Point out that direct object pronouns are not used with the verb **gustar: ¿Le/ Te gustó?** *(Did you like it? Did it please you?)*. (3) You may wish to add that the neuter pronoun **lo** is also used with adjectives to express global ideas: **lo bueno/ lo malo** (*the good part/the bad part*), **lo interesante de...** *(the interesting thing about . . .)*, **lo siguiente** (*the following things/items*). (4) Indirect and direct object pronouns are reviewed in *Capítulo 13* with presentation of double object pronouns.

Note that **la** replaced **tarta de manzana**, **lo** replaced **Manuel, mi padrino**, and **los** replaced **los problemas de cálculo**. As the following chart shows, the direct object pronoun you use depends on whether the noun replaced is masculine or feminine, singular or plural.

Use . . .	to refer to . . .
lo	him, it (*masculine noun*), or **Ud.** (*male*)
la	her, it (*feminine noun*), or **Ud.** (*female*)
los	them (*masculine*) or **Uds.** (*males or group of males and females*)
las	them (*feminine*) or **Uds.** (*females*)

In addition, the pronouns **me, te, nos,** and ***os***, which you have already learned, may serve as both indirect and direct objects.

1. Placement of direct object pronouns follows the same rules you have learned for placement of indirect object and reflexive pronouns. Refer to the chart for a summary.

	Place before	Attach to the end
With conjugated verb	No **lo** preparo nunca. ¿**Lo** probaste? ¿**Lo** has probado?	
With infinitives		El pescado, freír**lo** bien. Es necesario probar**lo**.
With conjugated verb + infinitive	**Lo** quiero probar. No **lo** sé freír bien.	Quiero probar**lo**. No sé freír**lo** bien.

For pronoun placement options, you may wish to have students select one for use at this point, either before the conjugated verb or attached to the infinitive.

2. Persons and things are referred to by the same direct object pronouns.

—¿Ha visto Ud. a la mesera?

—Yo no **la** vi pero mis amigos **la** vieron entrar en la cocina.

Notice the use of **a** in the question **¿Ha visto Ud. a la mesera?** This is called the "personal **a**," and it is required whenever the direct object refers to one or more *persons*. Because word order is very flexible in Spanish (a subject can often appear after a verb), the personal **a** serves as a marker to distinguish the direct object from the subject and avoid confusion. The personal **a** is omitted when you use a direct object pronoun.

Conozco **a** Teresa pero no conozco **a** Jorge. **Lo** voy a conocer este fin de semana.

Práctica

7-9. Buen redactor. Completa esta descripción con los pronombres directos correspondientes.

IOR

Trabajé muchísimo ayer en la cocina. Primero, escogí las mejores verduras y __las__ lavé muy bien. Después __las__ separé en tres platos y les puse aceite, vinagre y sal. El aceite es exquisito porque __lo__ traemos directamente de España y, por eso, nunca uso aderezos de botella. Luego, tuve que preparar la fruta fresca y presentar__la__ de manera muy bonita; __la__ puse en un gran plato de servir que compramos en Italia. Por último, hice el arroz con brócoli, guisantes y zanahorias y __lo__ serví con un poco de queso.

¡Me encantan los platos vegetarianos pero lleva mucho tiempo preparar__los__!

Remind students why direct object pronouns cannot be used with **gustar**.

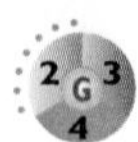

7–10. ¿Cómo los prefieres tú? Dile a tu compañero/a de qué manera te gustan a ti los siguientes alimentos. Si algo no te gusta, di cómo lo prefiere un amigo o un familiar.

Ejemplo:
las habichuelas verdes
Tu compañero/a: ¿Cómo te gustan las habichuelas verdes?
Tú: **Las** prefiero cocidas y revueltas con jamón y cebolla. *o* A mí no me gustan, pero mi amiga **las** prefiere frías, en ensalada.

1. las papas
2. los tomates
3. los mariscos
4. los huevos
5. el café o el té
6. las manzanas
7. las zanahorias
8. la cebolla

Possible answers: 1. No la he probado todavía. 2. Los he probado. ¡Son riquísimos! 3. No las he probado todavía. 4. Los he probado. ¡Son riquísimos! 5. La he probado. ¡Es riquísima! 6. No lo he probado todavía. 7. Lo he probado. ¡Es riquísimo! 8. Las he probado. ¡Son riquísimas! 9. Lo he probado. ¡Es riquísimo! 10. No la he probado todavía.

7–11. Intrépidos. Di qué cosas ya has probado o no has probado todavía.

Ejemplo:
la langosta
La he probado. ¡Es riquísima! *o*
No la he probado todavía.

1. la serpiente (*snake*) frita
2. los calamares (*squid*)
3. las ancas de rana (*frogs' legs*)
4. los caracoles (*snails*)
5. la tortilla española
6. el conejo (*rabbit*)
7. el pescado crudo al estilo japonés
8. las ostras (*oysters*)
9. el caviar
10. la yuca

Answers: 1. Anoche fui a ver... y me gustó mucho. ¿**La** vieron Uds.? ¿Les gustó? 2. Esta semana leí... y me gustó mucho. ¿**Lo** leyeron Uds.? ¿Les gustó? 3. Anoche escuché... y me gustó mucho. ¿**Lo** escucharon Uds.? ¿Les gustó? 4. Anoche vi... y me gustó mucho. ¿**Lo** vieron Uds.? ¿Les gustó? 5. Anoche probé... y me gustó mucho. ¿**Lo**/ **La** probaron Uds.? ¿Les gustó? 6. El año pasado tomé la clase de... y me gustó mucho. ¿**La** tomaron Uds.? ¿Les gustó? 7. Anoche vi... y me gustó mucho. ¿**Lo** vieron Uds.? ¿Les gustó? 8. Anoche conocí a... y me gustó mucho. ¿**La**/ **Lo** conocen Uds.? ¿Les gusta? 9. Anoche oí las noticias de... y me gustaron mucho. ¿**Las** oyeron Uds.? ¿Les gustaron? 10. Anoche visité el sitio de... y me gustó mucho. ¿**Lo** visitaron Uds.? ¿Les gustó?

7–12. ¿Lo hicieron Uds.? Cuéntale a la clase sobre las siguientes cosas que hiciste. Luego, pregúntales a tus compañeros si ellos las hicieron y si les gustó.

Ejemplo:
una exposición que viste
Anoche fui a la exposición de… y me gustó mucho.
¿**La** vieron Uds.? ¿Les gustó?

1. una película que viste
2. un libro que leíste
3. un disco compacto que escuchaste
4. un video que alquilaste
5. un plato o alimento que probaste
6. una clase que tomaste
7. un programa que miraste
8. una persona que conociste
9. unas noticias que oíste
10. un sitio de la red que visitaste

Para narrar el pasado: más verbos irregulares

In *Capítulo 6* you learned the forms of some verbs that are irregular in the preterit tense: **ser, ir, dar, ver, hacer, decir**. Here are some other very common irregular verbs. As you study the chart, notice the following:

1. The absence of written accents on irregular verbs in the preterit

The similarities between:
traer and **decir** (notice also the ending of the **ellos/ ellas/ Uds**. forms)
estar and **tener**
poder and **saber**

traer	**decir**	**estar**
traje	dije	estuve
trajiste	dijiste	estuviste
trajo	dijo	estuve
trajimos	dijimos	estuvimos
trajisteis	*dijisteis*	*estuvisteis*
trajeron	dijeron	estuvieron
tener	**poder**	**saber**
tuve	pude	supe
tuviste	pudiste	supiste
tuvo	pudo	supo
tuvimos	pudimos	supimos
tuvisteis	*pudisteis*	*supisteis*
tuvieron	pudieron	supieron
querer	**venir**	**haber**
quise	vine	**(hay)***
quisiste	viniste	hubo
quiso	vino	
quisimos	vinimos	
quisisteis	*vinisteis*	
quisieron	vinieron	

*The preterit form of **hay** (*there is, there are*) is **hubo** (*there was, there were*). Only one form is used for both singular and plural.

2. In addition to their literal meanings, the verbs **saber, querer, poner(se), poder,** and **tener** may also acquire a slightly different meaning when used in the preterit tense. Study the following examples.

SABER	**Supe** todos los problemas de mi prueba esta mañana. ***I figured out*** *all the problems for my test this morning.* **Supieron** que mañana traen la torta y los regalos del almacén. ***They found out*** *that the cake and gifts are arriving from the store tomorrow.*
QUERER	**Quiso** probar el pescado antes de servirlo. ***He tried*** *to taste the fish before serving it.* **No quise** probar las ostras porque soy alérgica a los mariscos. ***I refused*** *to try the oysters because I'm allergic to seafood.*
PONER(SE)	**Me puse** furioso cuando mi hermano usó mi coche sin pedir permiso. ***I became*** *mad when my brother used my car without asking for permission.*
PODER	**No pude** encontrar todos los ingredientes para la tarta. ***I couldn't*** *find* (***did not succeed in*** *finding) all the ingredients for the pie.*
TENER	Ayer **tuve** carta de mi pareja, pero no **tuve** tiempo de responderle. ***I had (I got)*** *a letter from my boyfriend/girlfriend yesterday, but* ***I didn't get*** *time to respond.*
CONOCER	Annoche **conocí** a la chica de mis sueños. *Last night,* ***I met*** *the girl of my dreams.*

To summarize, here are some of the possible meanings conveyed by these verbs in the preterit tense. Only the **yo** forms are modeled here.

supe	*I learned, found out, figured out*
quise	*I wanted, tried, meant to*
no quise	*I refused*
puse	*I put, placed*
me puse	*I became + an adjective*
pude	*I was able to, succeeded in*
tuve	*I had, got, received*
conocí	*I met*

Práctica

7-13. Juan y Juana. Completa el siguiente diálogo entre Juan y Juana, según el contexto. Usa la forma apropiada de los verbos indicados en el tiempo pretérito. Algunos verbos se pueden usar más de una vez.

If done in class, you may wish to have students work in pairs. Remind students to pay attention to the subject of each verb through the logic of the context. See workbook for additional mechanical practice.

decir	poder	saber	traer	ir
estar	querer	tener	hacer	venir

JUAN: __Quise__ (1) hablarte anoche, Juana, pero, como nadie contestó el teléfono a las once de la noche, __dije__ (2) "¿qué le pasa a Juana, que no me contesta?"

JUANA: Ah, Juan, es que ayer __vinieron__ (3) a visitarme papá y mamá y __tuve__ (4) que salir con ellos a buscar un regalo para mi abuela. No __pude__ (5) llamarte porque nosotros __tuvimos__ (6) que irnos rápido a la tienda.

JUAN: Pero ayer por la mañana cuando te pregunté por tus planes, no me __dijiste__ (7) nada de la visita de tus padres.

JUANA: Pues, sólo __supe__ (8) de su visita cuando me llamaron a la una.

JUAN: ¿Adónde __fueron__ (9) Uds.?

JUANA: Ya te __dije__ (10), Juan, que __fuimos__ (11) de compras al almacén Macy's. __Estuvimos__ (12) allí dos o tres horas y luego __fuimos__ (13) a ver una película.

JUAN: Y después, ¿qué __hicieron__ (14) Uds.? Te llamé a las once y después también llamé a tus padres.

JUANA: Sí, ellos me __dijeron__ (15) que llamaste a las once. Juan, ¿quieres venir a cenar? Mis padres me __trajeron__ (16) mucha comida y yo tengo algo que contarte. ¿Recuerdas esa semana que yo __estuve__ (17) en Chicago? Pues, allí conocí a un chico...

7-14. Comparaciones. Infórmate sobre las siguientes actividades de tu compañero/a, haciéndole las preguntas apropiadas. Luego compara sus actividades a las tuyas.

Ejemplo:

qué tuvo que hacer anoche

Tú: ¿Qué tuviste que hacer anoche?

Tu compañero/a: Tuve que preparar la cena.

A la clase: Anoche, Tom tuvo que preparar la cena y yo tuve que limpiar mi habitación.

1. dónde estuvo el mes de julio del año pasado
2. qué hizo para las vacaciones de primavera
3. cuándo fue a ver a sus padres/ abuelos
4. dónde conoció a su mejor amigo/a
5. qué cosa que quiso hacer ayer pero no pudo

7-15. Pero una vez fue diferente. Completa las siguientes frases para describir tu rutina. Luego, contrasta la rutina con una vez en que todo fue diferente. Cuando sea posible, usa los pronombres de complemento directo para evitar la repetición.

Ejemplo:
Mi profesor/a siempre me pone... en mis exámenes.
Mi profesor/a siempre me pone una A en mis exámenes, pero una vez me puso una C.

1. En verano casi siempre me voy a... fui
2. Mis amigos casi siempre/ nunca tienen fiestas los... tuvieron
3. Casi siempre puedo levantarme a las... pude
4. Mis padres casi siempre/ nunca me dan... me dieron
5. Casi siempre/ nunca veo... vi
6. Cuando salgo por la noche casi siempre/ nunca conozco a... conocí
7. En esta ciudad, casi siempre/ nunca hay mucho tráfico... hubo
8. Casi siempre quiero ir a... quise
9. Casi siempre/ nunca estoy... estuve

7-16. La pura verdad. Hagan y contesten las siguientes preguntas. Tu compañero/a te hace las cinco primeras preguntas; tú le haces las otras cinco. Tomen apuntes para resumir sus respuestas.

Ejemplo:
Alguien te escribió una notita. ¿Quién? ¿Qué te dijo?
Mi novio/a me escribió una notita ayer. Me dijo: "te quiero."
A la clase: A Joan, su novio le escribió una notita ayer. Le dijo: "te quiero."

1. Alguien te trajo comida de un restaurante. ¿Quién? ¿Qué te trajo?
2. Te pusiste rojo/a de enojo. ¿Con quién? ¿Por qué?
3. Viniste a esta ciudad a estudiar. ¿Cuándo? ¿De dónde? ¿Por qué?
4. Quisiste ayudar a alguien. ¿A quién? ¿Qué le hiciste?
5. Tus padres te dijeron "gracias." ¿Cuándo? ¿Por qué?
6. Alguien te dijo una mentira. ¿Quién?
7. Supiste un secreto. ¿Quién te dijo esto? ¿Sobre quién es el secreto?
8. Estuviste en una reunión. ¿Cuándo? ¿Con quiénes?
9. Tuviste una entrevista. ¿Con quién? ¿Por qué?
10. No pudiste ir a clases. ¿Cuándo? ¿Por qué?

7-17. Yo, en el restaurante. Haz el papel del cliente en el siguiente cuento y narra en primera persona lo que pasó, usando por lo menos los verbos indicados y pronombres de complemento directo cuando sea necesario para evitar la repetición. Piensa en algo original para la última escena.

Allow students a few minutes to study the sequence and plot out their statements before beginning. Have students conclude the story by proposing a final scene. Reverse the perspective, having students tell the story from the point of view of the waiter.

llegar saludar mostrar sentarse venir traer

1.

2.

leer pedir decir poner traer

3.

4.

olvidarse de ponerse gritar decir querer

5.

6.

GRAMÁTICA

Para narrar el pasado: verbos con cambios de radical

Aside from irregular verbs, there also are stem-changing verbs in the preterit tense. *All* **-ir** verbs that have stem changes in the present tense will also have stem changes in the preterit tense. These changes will occur *only* in the third persons, singular and plural (singular: **él, ella, Ud.**; plural: **ellos, ellas, Uds.**). There are *no* stem changes in any **-ar** or **-er** verbs in the preterit tense.

The preterit of **morir(se)** and **dormir** was introduced in *Capítulo 6*. You may want to refer again to the slight differences in context between **morir/ morirse** and **dormir/ dormirse**. Use **morir** when referring to time of death: **Murió en el año 1998**. Use **morirse** when referring to cause of death or when you want to be more personal. **Mi abuelito se murió el año pasado. Se murió de un ataque al corazón. Dormir** means *to sleep*. **Durmió ocho horas. Dormirse** means *to fall asleep*. **Se durmió en la clase.**

- Here are some stem-changing **-ir** verbs you've learned so far. Check the accompanying chart for their preterit forms.

pedir	servir	divertirse	dormir(se)
despedirse	sentirse	conseguir	morir(se)
reírse	preferir	vestirse	

- Two **-ir** verbs have an **o** to **u** change in the **él/ ella/ Ud**. and **ellos/ ellas/ Uds.** forms.

o ⟶ u

morir(se)		**dormir(se)**	
me morí	nos morimos	me dormí	nos dormimos
te moriste	*os moristeis*	te dormiste	*os dormisteis*
se murió	**se murieron**	**se durmió**	**se durmieron**

- A number of **–ir** verbs have an **e** to i change in the **él/ ella/ Ud**. and **ellos/ ellas/ Uds.** forms. The following are some examples.

Point out that the **nosotros** form of stem-changing **-ir** verbs is the same in the present and the preterit and its use must be guessed from context.

e ⟶ i

pedir		**vestirse**		**sentirse**	
pedí	pedimos	me vestí	nos vestimos	me sentí	nos sentimos
pediste	*pedisteis*	te vestiste	*os vestisteis*	te sentiste	*os sentisteis*
pidió	**pidieron**	**se vistió**	**se vistieron**	**se sintió**	**se sintieron**

divertirse		**reirse**	
me divertí	nos divertimos	me reí	nos reímos
te divertiste	*os divertisteis*	te reíste	*os reísteis*
se divirtió	**se divirtieron**	**se rió**	**se rieron**

conseguir		**servir**	
conseguí	conseguimos	serví	servimos
conseguiste	*conseguisteis*	serviste	*servisteis*
consiguió	**consiguieron**	**sirvió**	**sirvieron**

Práctica

7-18. Muchas explicaciones. Para cada situación da posibles explicaciones, usando los verbos indicados.

1. Me enojé con el mesero porque... (servirme café frío, reírse de mi novia, pedirme una propina, no traerme el postre)
2. A mi pareja le gustó la fiesta porque... (divertirse con mis amigos, no sentirse nervioso/a, conocer a mucha gente, todos vestirse elegantes)
3. El profesor tiene mucho sueño porque... (no dormir anoche, preferir trabajar toda la noche, servirse mucha cerveza, tener que leer nuestras tareas)
4. Mi amigo se sorprendió cuando... (conseguir el trabajo, servirle un pastel de cumpleaños, ver a su novia con otro, el policía ponerle una multa [*ticket*])
5. Me puse alegre cuando mis padres... (hacerme una llamada, poner dinero en mi cuenta, divertirse en su aniversario, reírse en la fiesta)

IOR

Answers: 1. me sirvió, se rió, me pidió, me trajo
2. se divirtió, se sintió, conoció, se vistieron
3. durmió, prefirió, se sirvió, tuvo
4. consiguió, le sirvieron, vio, le puso
5. me hicieron, pusieron, se divirtieron, se rieron

7-19. ¿Quién lo hizo? Hazles preguntas a tus compañeros a ver cuántos hicieron lo siguiente y trata de averiguar más información. Resume las respuestas.

Ejemplo:

salir a un restaurante recientemente y pedir el plato más caro

Tú: ¿Salieron a un restaurante recientemente y pidieron el plato más caro?

Compañero/a A: Sí, yo salí con mi pareja a un restaurante y pedimos el plato más caro.

Compañero/a B: Yo también salí a un restaurante con mi pareja y pedimos el plato más caro.

A la clase: David y Mario salieron con sus parejas recientemente a un restaurante y pidieron el plato más caro. *o* Todos salimos./ Nadie salió.

1. ir de compras
2. vestirse elegante recientemente
3. sentirse frustrados después de la prueba
4. reírse como locos en la clase de hoy
5. no divertirse el fin de semana pasado
6. conseguir dos semanas de vacaciones
7. preferir no estudiar anoche
8. traerles rosas a un/a amigo/a especial
9. estar en el extranjero recientemente
10. dar una fiesta recientemente

7-20. ¿Lo has hecho? Escoge uno de los siguientes temas y responde con tantos detalles como puedas, usando el tiempo pretérito y, cuando sea necesario, los pronombres de complemento directo para evitar la repetición.

Ejemplo:
¿Has probado la comida caribeña alguna vez?
Sí la probé el año pasado cuando mi pareja y yo fuimos al restaurante Tropical. Yo pedí... y mi pareja pidió...

1. ¿Has tenido una gran cena en tu casa? ¿Hace cuánto? ¿Qué pasó?
2. ¿Has llegado tarde a una cita (*appointment*) muy importante? ¿Qué pasó?
3. ¿Has hecho un sándwich fenomenal? ¿Cómo lo preparaste?
4. ¿Te has quejado en un restaurante alguna vez? ¿Hace cuánto? ¿Qué pasó?
5. ¿Te has puesto furioso/a recientemente? ¿Por qué? ¿Qué hiciste?

7-21. Acciones y reacciones. Di qué hiciste tú o qué hizo otra persona que causó las siguientes reacciones de tus amigos, parientes, jefes o profesores. Usa los verbos indicados para crear por lo menos tres frases.

Ejemplo:
reacción: enojarse **acción:** pedir el coche
Mi mamá **se enojó** cuando **le pedí** su coche.
Yo **me enojé** cuando mis amigos me **pidieron** dinero.

Acciones	
servir	hacer
vestirse	dar
destruir	saber
ver	venir
mostrar	pedir
llegar	probar

Reacciones	
querer irse (correr, etc.)	sentirse enfermo/a
enojarse	reírse
decir	divertirse
sentirse alegre/ triste	ponerse nervioso/a
preocuparse	tener hambre

7-22. Entrevista. Tu compañero/a va a escoger uno de los siguientes temas de conversación y tú vas a hacerle las preguntas asociadas y luego resumirle a la clase lo que dijo tu compañero.

Fui al cine.
¿Qué película viste? ¿Te gustó? ¿Con quién fuiste? ¿Te divertiste? ¿Te reíste? ¿Cómo te sentiste? ¿Qué hiciste después? ¿A qué hora llegaste a casa?

Conseguí un puesto.
¿Qué puesto conseguiste? ¿Cómo lo hiciste? ¿Quién influyó en tu decisión? ¿Cuándo comenzaste el trabajo? ¿Cómo te vestiste el primer día? ¿Cómo te sentiste el primer día? ¿Te quejaste de algo? ¿Trabajaste en equipo el primer día? ¿Te gustó?

Asistí a una celebración.
¿Qué tipo de celebración fue? ¿A quién viste allí? ¿Te divertiste? ¿Cómo te sentiste? ¿Qué hiciste? ¿Qué hicieron los otros? ¿Qué comida sirvieron? ¿Cuánto tiempo te quedaste allí? ¿A qué hora te despediste de la gente? ¿Te gustó?

Dime qué pides y te diré de dónde eres

¿Qué imágenes tienes tú de la cocina del mundo hispano? Pues, todas las regiones del mundo hispano tienen platos e ingredientes típicos según el clima, la geografía y la tradición cultural del lugar. En México, por ejemplo, algunos ingredientes básicos son **el maíz, los chiles, los jitomates (tomates), el aguacate** (*avocado*) y muchos tipos de **calabaza** (*squash*). En España, sin embargo, algunos de los alimentos más típicos son el arroz, **las aceitunas** (*olives*) **y el aceite de oliva, los mariscos, el jamón** y una variedad de **pan, quesos** y **carnes saladas** y **ahumadas** (*smoked*). Por eso, las comidas de estas dos partes del mundo hispano tienen muy poco en común. Por ejemplo, ya sabes que una tortilla no es lo mismo en México que en España.

Con la distinta comida también varían las palabras que se usan para referirse a las horas de comida y ciertos alimentos.

Ejemplo:
En Madrid, le pides **un tinto** al camarero y te trae **una copa de vino tinto**.
En Bogotá, le pides **un tinto** al camarero y te trae un **café solo** (exprés).

En México, lees el menú y pides un **jugo de jitomate**.
En España, lees la carta y pides un **zumo de tomate**.

En Madrid, pides **gambas** y **patatas**.
En Hispanoamérica, pides **camarones** y **papas**.

Aquí tienes otros ejemplos de esta rica cazuela (cacerola) de palabras con su región aproximada.

ALIMENTO	España	Caribe
frijoles	alubias, judías	caraotas, habichuelas
habichuelas verdes	judías verdes	
refresco	gaseosa	la bebida (de fantasía), refresco
plátano	plátano	guineo
maíz	maíz	
toronja	pomelo	
cacahuete	cacahuete	cacahuate
pavo	pavo	
durazno	melocotón	durazno
aguacate	aguacate	aguacate
sándwich	bocadillo	medianoche, emparedad

A. ¿Me trae..., por favor? Pide los siguientes platos y alimentos usando otro nombre.

1. sándwich de plátano y mantequilla de cacahuete
2. media toronja con azúcar o miel
3. pavo relleno, con judías verdes
4. sopa de alubias blancas
5. tarta de melocotón
6. papas asadas
7. cereal con guineo
8. aguacate con gambas y mayonesa
9. jugo de naranja
10. choclo asado

Possible answers: 1. torta de banano y mantequilla de cacahuate 2. medio pomelo con azúcar o miel 3. guajolote relleno con habichuelas 4. sopa de ejotes 5. tarta de durazno 6. patatas asadas 7. cereal con plátano 8. palta con camarones y mayonesa 9. zumo de naranja 10. maíz asado

B. El menú estadounidense. Los Estados Unidos tiene muchas especialidades también. ¿Conoces los siguientes platos? Escoge uno (u otra especialidad de tu región) y descríbeselo a una persona de habla española.

1. pot roast
2. Manhattan clam chowder
3. corn bread
4. Boston baked beans
5. jambalaya
6. gumbo
7. grits
8. matzo balls

México y Centroamérica	Región andina	Cono Sur
frijoles	frijoles	porotos
ejotes		chauchas
la bebida (de fantasía), refresco	la bebida (de fantasía), refresco	la bebida (de fantasía), refresco
banano	guineo, seda	plátano, banana
elote	mazorca, choclo	choclo
toronja		pomelo
cacahuate	maní	maní
guajolote	pavo	pavo
durazno	durazno	durazno
aguacate	aguacate	palta
torta	sándwich	sándwich

The *En voz alta* audioscripts are recorded on the student tape or CD that accompanies each textbook.

Audioscript:

MESERO: Buenas noches, damas y caballeros. ¿Desean una mesa para cuatro?
ARTURO: Sí, por favor. Si es posible, con vista al lago.
MESERO: ¡Cómo no! Síganme, por favor.
MESERO: Por aquí, señora...
ESTHER: Muchas gracias, esta mesa está estupenda.
MESERO: Aquí tienen la carta. ¿Desean algo de beber?
JORGE: ¿Puede traernos agua, por favor?
MESERO: De inmediato.
ESTHER: Veamos, ¿cuál es la especialidad de la casa?
MESERO: Les recomiendo los mariscos. Son muy buenos y muy frescos.
RAQUEL: ¡Mariscos! Yo quiero camarones al pilpil, por favor.
ESTHER: Yo deseo probar el pollo con mango a la caribeña. No me gustan los mariscos.
ARTURO: ¿Y tú, Jorge?
JORGE: Quiero pavo relleno con verduras cocidas y bastante salsa. ¡Y una sopa de lentejas!
MESERO: ¿Y para el señor?
ARTURO: Para mí, carne de res bien cocida con puré de patatas y brócoli.
MESERO: ¿Y de primer plato?
JORGE: ¿Qué les parece si pedimos una ensalada de langosta para dos?
RAQUEL: Sí, está bien, la compartimos, ¿verdad?
MESERO: ¿Y desea elegir algún vino el señor?
ARTURO: Sí, por favor, tráigame la carta de vinos.
JORGE: ¿Qué tal si probamos los mejillones al ajillo para empezar?
RAQUEL: Jorge, ¡comes más con los ojos que con el estómago!
JORGE: Mira, Raquel, ¡disfruta, come y bebe que la vida es breve!
EVERYBODY: [*Laughs*]

EN VOZ ALTA

A. Vas a escuchar una conversación que tiene lugar en un restaurante. Indica con **C** (cierto) o **F** (falso) cuáles de las siguientes actividades reconoces en la conversación

1. _C_ El mesero saludó a los clientes.
2. _F_ Pidieron una mesa para dos.
3. _C_ A Esther le gustó la mesa.
4. _C_ Jorge pidió las bebidas.
5. _C_ Escucharon las especialidades de la casa.
6. _C_ Esther probó el pollo a la caribeña.
7. _F_ Arturo quiso la carne de res cruda.
8. _F_ Compartieron una ensalada César para dos.

B. Escucha la conversación y elige del menú todos los platos que pidió esta gente.

Aperitivos

- ☑ mejillones al ajillo
- ☐ jamón con melón
- ☐ ensalada de frutas
- ☐ ensalada mixta (lechuga y tomate)
- ☑ ensalada de langosta
- ☑ sopa de lentejas

Platos principales

- ☑ pavo con verduras
- ☐ chuletas de cerdo
- ☑ camarones al pilpil
- ☐ zarzuela de mariscos
- ☑ carne de res
- ☑ pollo a la caribeña

Bebidas

- ☑ vino
- ☑ agua
- ☐ cerveza
- ☐ refrescos
- ☐ agua mineral

Mi refranero. Aquí tienes unos refranes populares relacionados con la comida. Léelos a ver si estás de acuerdo con ellos. Luego, escúchalos y repítelos tratando de imitar la pronunciación.

Disfruta, come y bebe que la vida es breve.

El hambre es la buena, no la comida.

SÍNTESIS

Para leer

Hoy y ayer, aquí y allá

Lo que come la gente varía según la región del mundo y las preferencias culturales. Por eso, muchos de los platos y alimentos que nos gustan tienen una historia muy rica. En esta sección, vas a aprender algo de la historia de algunos alimentos indígenas de América, en general, y de Hispanoamérica, en particular. ¿Puedes imaginarte los platos de las Américas en la época precolombina (antes de la llegada de Cristóbal Colón)?

A. Platos del mundo hispano. Los siguientes platos y alimentos hispanos son muy populares. Con otra persona, divídanlos en las siguientes categorías. Hay algunos que pueden ponerse en las dos categorías.

Platos y alimentos de España
Platos y alimentos de Hispanoamérica

Platos	Alimentos
paella, arroz con pollo, tacos al carbón, gambas a la plancha, cochinillo asado, tortilla de maíz, tamales, tortilla de patatas, salsa de chiles picantes, sopa de ajo (*garlic*), ceviche, arroz con frijoles negros	el maíz, la carne de res, la carne de cerdo, el aguacate, el aceite de oliva, los cacahuetes, el cacao, las papas, las aceitunas, la yuca, el chocolate, el jamón, la piña, la calabaza

B. Alimentos de América. El siguiente artículo trata de los alimentos indígenas en la época precolombina. Míralo y busca los alimentos nombrados en la actividad anterior. ¿Cuántos puedes encontrar? ¿Los clasificaste bien?

C. Lee un poco. Lee el primer párrafo del artículo y completa las siguientes frases con el nombre de una nacionalidad.

1. La palabra *ketchup* viene de un nombre... chino
2. El ketchup está hecho de tomate, que es una fruta... de América
3. **Pomodoro** es su nombre... italiano
4. **Jitomate** es su nombre... mexicano

Point out words in the article on pages 210–211 that describe the flavor or opinion of certain foods or dishes: **Nos vuelve locos**.

SÍNTESIS

PARA LEER BIEN

To approach a longer text, it is beneficial to summarize to yourself each paragraph as you read it. The activities in this section will help you do this. As you read each section and respond to the questions, do not worry if you do not understand every word. Remember to use good strategies for guessing. For example:

1. You will encounter some verb forms that you haven't learned yet. One of these is another past tense that has endings in **-aba** or **-ía**. When you encounter these verb forms, simply remember that they are in the past time and try to identify a familiar root if possible. For example: **llamaba (llamar), asaba (asar)**. The verb **era** is also from this past tense and comes from the verb **ser**.
2. You will also encounter many cognates, words similar to English words. What might the following verbs mean: ***cultivaban, convirtiera, adquiría***?

Palabras útiles

carecía no tenía
gusanos *worms*
alfombras *carpets*
Se cuece de cocer, cocido
la savia *sap*
sinfín gran número
moneda dinero
aderezar *to season or dress*
sabor *flavor*

D. Para resumir. Ahora lee los otros párrafos y completa el siguiente resumen.

1. **Antes de la llegada de los españoles, en América ya había** (*there were already*):
   verduras como... el maíz, las calabazas, los pimientos, los zapallos
   frutas como... aguacates, guavas, papayas y piñas
   condimentos y especias como... pimientos y chiles
   dulces como... la miel y la savia de maguey
   carne de animalitos y... pescados, patos y pavos
   insectos comestibles como... cigarras, saltamontes y hormigas
   flores comestibles como.... la flor del izote y la flor de mayo
2. **Sin embargo, en el Nuevo Mundo *no* había...** vacas, cerdos y corderos.
3. **Dos alimentos muy importantes eran...** el maiz **y ...** las papas.

EL MENÚ PRECOLOMBINO

Sin pensarlo, usamos *ketchup* a menudo. El nombre viene de la China, donde era una salsa para el pescado que se llamaba *ket siap*. Sin embargo, gracias al tomate, un nativo de América, la salsa tomó nueva vida. En realidad, tuvo que pasar algún tiempo para que el *xitómatl* (así lo llamaban en la lengua náhuatl de México) se convirtiera en ingrediente d cocina. Originario del norte del Perú, en México se cultivaban tomates rojos, amarillos, verdes y hasta blancos. Llegó a Europa en 1523 y fuero los italianos los primeros en usarlo y llamarlo *pomodoro*, "el fruto de oro En México todavía se le llama *jitomate*.

Otros alimentos americanos llevados por conquistadores y exploradores a Europa fueron el maíz, los frijoles, las calabazas, los pimientos, los zapallos, y los aguacates, cacahuetes, guavas, papayas piñas, amén del guajolote, que después se convirtió en el pavo de nues comidas festivas. El cacao, que hoy nos vuelve locos preparado como chocolate moderno, merece un capítulo aparte.

La dieta prehispánica carecía° de animales de granja como vacas, cerdos y corderos. Era rica en proteínas, sin embargo, con la carne de pequeños animales y pescados, patos y pavos, una gran variedad de insectos como cigarras, saltamontes y hormigas, además de larvas y gusanos° comestibles. Por ejemplo, los gusanos blancos de la planta llamada maguey tienen un gusto muy sabroso. Se asaban hasta que adquirían un tono dorado y una consistencia crocante. Hoy en día, se hacen exquisitas tortas de gusanos blancos con huevos de pava.

Uno de los aspectos que más impresionó a los españoles fue la importancia de las flores en la vida de los indígenas. Todos los días, había grandes cantidades de flores en el mercado y se utilizaban hasta de alfombras° para celebrar a los dioses. Pero algunas flores también se comían. Un bocado apetecido es la flor del izote, que se corta antes de que se abra por completo. Se cuece° al vapor en agua con sal y se prepara con huevos revueltos o en tamales. La flor de mayo—rosada, amarilla y blanca—se come en ensaladas. También se pueden preparar dulces, cociéndolas por unos instantes en miel y agua.

Los principales dulces en los tiempos prehispánicos eran la miel y la savia° de maguey. Con miel se endulzaba el cacao (el chocolate moderno), que se servía después de la comida. Otro tipo de miel se recolectaba de las hormigas de la miel, que llevan una cápsula con una gota de miel en la cola.

Pero nada es más importante en este menú que el maíz y las papas, principales alimentos de los pueblos prehispánicos. Preparado en forma de tortillas (*tlaxcalli*) tamales y un sinfín° de combinaciones, el maíz (los elotes) era también usado como moneda°, tal era su importancia. Las papas, originarias del Perú, son un alimento extraordinario con más de mil variedades de distinto color, textura y uso. En el área andina, las papas son tan importantes que el verbo "papear" significa *comer* y "estar en la papa" es *estar bien informado*.

El menú precolombino era también muy sabroso. Para aderezar° cualquier comida y darle el típico sabor° picante a los platos precolombinos y poscolombinos, no creo que haya mejor condimento que la extensa variedad de pimientos picantes, o chiles, que se encuentran en América. Verdes, amarillos o rojos, todo el que los haya probado sabe cómo se adereza un buen platillo americano.

De: Gabriela Frings, "El menú precolombino," *Revista del Domingo, El Mercurio* (25 de noviembre de 1990), 16-17.

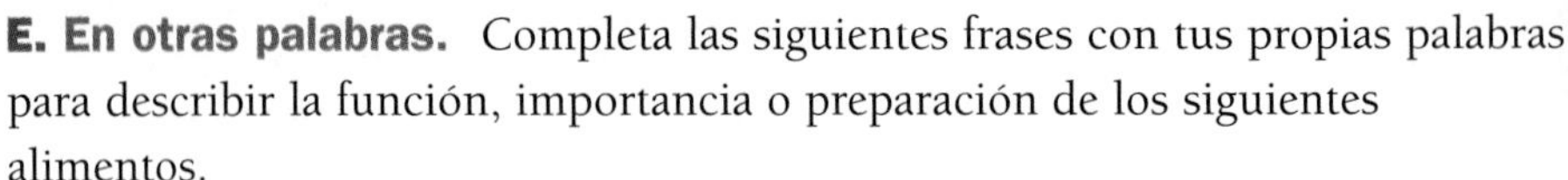

SÍNTESIS

Answers: 1. chocolate, miel, después de la comida 2. maguey, huevos de pava 3. celebrar a los dioses, prepararon con huevos revueltos o en tamales 4. moneda 5. el verbo "papear" significa *comer* y "estar en la papa" es *estar bien informado*

E. En otras palabras. Completa las siguientes frases con tus propias palabras para describir la función, importancia o preparación de los siguientes alimentos.

1. Para hacer... combinaron cacao y... Lo sirvieron...
2. Sirvieron los gusanos de... con...
3. Usaron flores para... y también para la cocina. Las...
4. Además de alimento, el maíz se usó como...
5. La papa es tan importante que...

F. Los cinco sentidos. Una de las primeras plantas cultivadas en Mesoamérica fue **el chile**. Se dice que el chile tiene la virtud de agradar a cuatro de los cincos sentidos:

la vista, con sus brillantes tonos de verde, amarillo, naranja, rojo y negro
el gusto, en que puede ser picante, ligero o dulce
el olfato, con su fuerte aroma
el tacto, porque manejarlo sin guantes (*gloves*) produce una sensación de picazón (*itching, burning*) en la piel

Piensa en un alimento que te gusta y di cuál sentido evoca y por qué: ¿**la vista, el gusto, el olfato, el tacto, o el oído**?

Para escribir

Una semana en la vida de tu pobre estómago

En esta sección vas a hacerle una encuesta a tus compañeros sobre sus hábitos de comida.

A. Enumerar. Escribe diez preguntas para hacerles a tus compañeros sobre sus hábitos de comida durante esta semana.

ENCUESTA

1. ¿Cuántas veces tomaste desayuno?
2. Como promedio (On the average), ¿cuánto tiempo te llevó (took) cada comida?

B. Anticipar y agrupar respuestas. Para usar estas preguntas en la encuesta, vas a necesitar una variedad de respuestas. Para cada una de las diez preguntas, incluye al menos tres opciones posibles (*plausible choices*) para poder obtener más respuestas. Usa expresiones como las siguientes:

más/ menos de...	**...veces al día/ al mes/ a la semana**
casi/ siempre	**rara vez**
de... a... minutos/ horas/ porciones	**casi/ nunca**

Ejemplo:

Como promedio, ¿cuánto tiempo te llevó almorzar o cenar esta semana?

a. menos de 15 minutos
b. de 15 a 60 minutos
c. de una a dos horas
d. más de dos horas

3 **C. Relatar y resumir.** Entrevista por lo menos a diez compañeros. Entonces, toma nota de sus respuestas y prepara un resumen de los resultados. Usa expresiones de cantidad como las siguientes:

Ejemplo:

Sólo **un tercio de los encuestados dijo** que comió verduras todos los días. La mayoría sólo comió tres o cuatro porciones de verduras en toda la semana.

Un 30/ 40/ 60 por ciento de →	los encuestados →	dijo que...
Un cuarto (1/4) de	los alumnos entrevistados	respondió que...
Un tercio (1/3) de	cada diez alumnos	opinó que...
La mitad (1/2) de		pienso que...
Uno (Dos/ Tres) de		creó que...
La mayoría de		
Una minoría de		
Ninguno de		

D. Analizar y concluir. Escribe un párrafo final analizando los resultados de tu encuesta, desde diferentes perspectivas.

- ¿Puedes hacer generalizaciones en base a edad, sexo, nacionalidad, condiciones de convivencia (*living conditions*) u otros factores?
- ¿Qué puedes especular (*speculate*) o concluir acerca de tu cultura?
- Si quieres, también puedes especular si estas respuestas serían (*might be*) diferentes en el mundo hispano y por qué.

SÍNTESIS

E. Corregir. Lee lo que has escrito, fijándote en lo siguiente:

1. Evitar las repeticiones. ¿Encuentras mucha repetición de palabras como **gente**, **encuestados**, **dijo que**...? Entonces, trata de reestructurar tus oraciones para que sean más variadas. Revisa para asegurarte de que no repitas los objetos directos cuando puedes usar **pronombres** de objeto directo.

2. Conectar y relacionar. ¿Has conectado las oraciones para formar párrafos cohesivos, o suenan más bien (*do they sound more*) como una lista? ¿Necesitas expresiones como las siguientes para conectarlas?

con respecto a (*regarding*)	**además** (de) (*besides*)
sin embargo (*however*)	**en cambio** (*on the other hand*)
como (*since, because*)	**igual a** (*just as*)
tampoco (*neither*)	**por el contrario** (*on the other hand*)

3. Concordancia. No te confundas con sustantivos colectivos (sustantivos que son singulares pero que se refieren a más de una persona). Si el sujeto de una oración es singular (**la mitad, la mayoría, un 20 por ciento de..., toda el mundo, toda la gente**), requiere la forma singular de un verbo. Revisa también la concordancia de sustantivos y adjetivos (masculino/ femenino; singular/ plural).

4. Captar el interés del lector. Por último, ¿es *interesante* tu resumen? Has podido ir más allá de (*beyond*) anotar unas cuantas cantidades? ¿ Has podido elaborar la información y sacar algunas conclusiones? Si es así, **¡felicitaciones!**

Vocabulario

Sustantivos

el aceite oil
el agua (mineral) (f.) (mineral) water
el alimento food, staple
la almeja clam
el arroz rice
el atún tuna fish
el ave (f.) poultry
el azúcar sugar
la banana/ el plátano banana/plantain
la bebida drink
el brócoli broccoli
el café coffee
el camarón/ la gamba shrimp
la carne meat
la cebolla onion
el cerdo pork
la cerveza beer
la coliflor cauliflower
la comida food, meal
la copa wine glass
el cordero lamb
el desayuno breakfast
el durazno/ melocotón peach
la ensalada salad
los espárragos asparagus
la fresa strawberry
los frijoles beans
la fruta fruit
los guisantes peas
las habichuelas/ judías verdes green beans
el helado ice cream
el jamón ham
el jugo juice
la langosta lobster
la leche milk
la lechuga lettuce
las legumbres legumes (*beans, lentils*); vegetables
el limón lemon
el maíz corn
la mantequilla butter
la manzana apple
los mariscos shellfish, seafood
la mayonesa mayonnaise
el mejillón mussel
el melón melon
el menú menu
el mesero/ camarero waiter
la mesera/ camarera waitress
la miel honey
la naranja orange
el pan bread
la papa/patata potato
el pato duck
el pavo turkey
el pescado fish
la pimienta (*black*) pepper
la piña pineapple
el pollo chicken
el postre dessert
la propina tip
el puré de papas mashed potatoes
el queso cheese
el refresco soft drink
la res beef
la sal salt
el salmón salmon
el sándwich sandwich
la sopa soup
la tarta tart, pie
el tomate tomato
la toronja grapefruit
la tortilla tortilla (*Mex.*); omelette (*Spain*)
la trucha trout
las uvas grapes
la vainilla vanilla
las verduras greens, vegetables
la zanahoria carrot

Adjetivos

agrio/a sour
asado/a roasted
buenísimo very good
caliente hot
cocido/a boiled, steamed, cooked
crudo/a raw
dulce sweet
fresco/a fresh
frito/a fried
picante hot (*spicy*)
quemado/a burnt
relleno/a stuffed
revuelto/a tossed, scrambled
rico/a tasty, delicious
sabroso/a delicious
tinto red (*wine*)
vegetariano/a vegetarian
verde unripe

Verbos

almorzar (ue) to eat lunch
beber to drink
cenar to eat supper
cocer (ue) to cook, boil
cubrir to cover
desagradarle to dislike
freír (i) to fry
probar (ue) to try
recomendar (ie) to recommend
servir (i) to serve

Otras expresiones

alguna vez ever
con/ sin gas carbonated/natural
quisiera I'd like
quizás maybe, perhaps
sabe a... it tastes like . . .
sabe bien/ mal tastes good/bad
sólo only
tengo hambre I'm hungry

CAPÍTULO

La buena mesa

ÍNDICE

Imágenes y palabras

Para describir cómo se prepara la comida
Medidas y porciones
Para describir cómo se pone la mesa

Gramática

Repaso de los verbos **ser** y **estar**
Preposiciones de lugar
Los adjetivos demostrativos

Cultura

Quien come bien, bien bebe
¡A comer se ha dicho!
Odas elementales
Hay que hacer las compras

Grandes culturas, grandes cocinas

En Miraflores, un barrio de Lima, Perú, hay restaurantes muy buenos. Mira el menú de uno de estos restaurantes y di cuál de los tres desayunos corresponde a tu desayuno típico. ¿Cuál de los tres vas a pedir tú si vas a Lima?

Desayuno americano

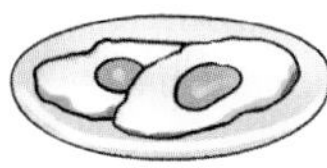

❖ ❖ ❖

Jugo (papaya, naranja)
Huevos fritos o revueltos con jamón o tocino
Pan o panqueques
Café con leche

Desayuno continental

❖ ❖ ❖

Jugo (papaya, naranja)
Café, té o chocolate
Pan
Mantequilla o mermelada

Desayuno peruano

❖ ❖ ❖

Jugo de naranja
Tamal
Chicharrón con camote frito
Té o café

Conversación

8–1. Por favor, ¿me puede decir qué es esto? Imagínate que estás en este restaurante limeño. Quieres probar el desayuno peruano pero, como no sabes qué es el **chicharrón**, le pides una explicación al mesero. Completa la siguiente conversación según el contexto, con las preguntas que le haces. En la última línea, dile al mesero si vas a pedir el plato o no y por qué.

TÚ: ¿...? ¿Qué es el chicharón?
EL MESERO: Es carne de cerdo o de res frita.
TÚ: ¿...? ¿Cómo lo preparan?
EL MESERO: Cortamos la carne en trozos, la ponemos en agua y la dejamos hervir hasta que el agua se evapore y la carne empiece a freírse en su propia grasa.
TÚ: ¿...? ¿Cómo lo sirven?
EL MESERO: Por lo general, lo servimos con camote amarillo. El camote, primero lo hervimos en agua, luego lo freímos en aceite.
TÚ: ¿...? ¿Qué es un camote?
EL MESERO: El camote, o ñame, como se llama en otras partes, es un tubérculo. Se parece a la papa, pero tiene color anaranjado o amarillo.
TÚ: ...

8–2. A ver el menú. En el restaurante limeño tienes que elegir del siguiente **menú** para pedir el almuerzo y la cena. Di qué vas a pedir, seleccionando un plato de cada categoría.

ENTRADAS	SOPAS	PLATOS DE FONDO	BEBIDAS FRÍAS
Ceviche de corvina	*Pisca con arepa*	*Corvina al ajo*	*Gaseosa*
Palta rellena	*Crema de zapallo*	*Pollo a la cerveza*	*Cerveza*
Papa a la huancaína	*Sopa de verduras*	*Papa rellena con arroz*	*Jugos*
Ensalada mixta	*Chupe de pescado*	*Bistec con papas fritas*	*Limonada*
			Agua mineral
			Chicha

POSTRES	BEBIDAS CALIENTES	
Mazamorra morada	*Café*	*Chocolate*
Arroz con leche	*Café con leche*	*Manzanilla*
Crema volteada	*Té negro*	*Mate de coca*
Ensalada de frutas		

Palabras útiles

el zapallo *squash*
la harina… para espesar *flour to thicken*
tamizar *to strain, put through a sieve*
agregar *to add*
la canela *cinnamon*
los clavos de olor *clove*
los orejones *dried apricots*
los huesillos *dried peaches*
los guindones *dried cherries*
el camote/ el ñame *sweet potato*
la corvina *sea bass*
el perejil *parsley*
las galletas de sal *saltines*

8–3. Medidas y porciones. ¿Qué alimentos se miden o se encuentran en las formas indicadas? Usa los alimentos de estas recetas del mundo hispano y agrega por lo menos un alimento más si puedes.

Ejemplo:
un kilo de zapallo, papas, tomates,…

1. un paquete de…
2. una taza de…
3. una lata de…
4. una cucharada de…
5. una cucharadita de…
6. unas gotas de…
7. unas hojas de…
8. un trozo o pedazo de…
9. unas rebanadas de…
10. unas rodajas (*slices*) de…

Crema de zapallo°°

1 kilo de zapallo
2 cucharadas de margarina
1 cebolla grande picada
1/4 cucharadita de ajo° molido
sal y pimienta
2 cubos de caldo de carne
3 cucharadas de queso parmesano
1 lata de leche evaporada
harina en agua fría para espesar°
rebanadas de pan

Poner en una olla el agua con el zapallo en trozos pequeños. Una vez cocido, licuar y tamizar°. Freír en la margarina la cebolla y el ajo. Mezclar el caldo de zapallo y el caldo de carne y dejar hervir. Agregar° el queso parmesano y, si es necesario, la harina en agua fría. Servir con pan frito.

Mazamorra morada

1/2 kilo de maíz morado
1 piña pequeña
1 manzana
1 palo de canela°
4 clavos de olor°
12 tazas de agua
2 tazas de azúcar
100 gramos de orejones°
100 gramos de huesillos°
100 gramos de guindones°
1 taza de harina de camote°
canela molida

Poner en una olla grande el maíz, clavo de olor y agua. Tapar y dejar fermentar.

Ceviche de corvina°

1 corvina de 2 a 3 kilos
2 cebollas grandes
2 cabezas de ajo
perejil°
1/2 litro de jugo de limón
1/4 taza de vinagre blanco
1 litro de vino blanco
cilantro

Cortar en trozos el pescado. Picar las cebollas y los ajos. Poner el pescado en una fuente de madera y vaciarle el limón y el vinagre. Dejarla por media hora. Vaciar el vino y dejar por dos horas.

Crema volteada

8 cucharadas de azúcar
1 lata de leche evaporada
1 lata de leche condensada
7 huevos
unas gotas de vainilla
hojitas de menta

Use un molde redondo. Echar allí el azúcar y llevarlo a fuego lento. Sacudir el molde para mover el azúcar hasta que se convierta en caramelo.

Papas a la huancaína

1/2 kilo de papas
1 lechuga pequeña
3 huevos
1 paquete de queso fresco
3 ajíes (jalapeños)
1/4 taza de aceite
1 lata de leche evaporada
1 paquete de galletas de sal°
aceitunas negras
sal y pimienta al gusto

Hervir las papas y los huevos con un poquito de sal. Pelar las papas y cortarlas en rodajas. Lavar la lechuga y deshojarla. Pelar los huevos y cortar la cebolla y el tomate en pequeños pedazos. Cuando el agua y las papas hayan hervido por un tiempo, agregar el ajo, la sal y el aceite. Después de que haya hervido por cinco minutos, se le agrega el tomate y la cebolla. Antes de servirse, se le agregan los huevos (tibios) y el cilantro. Servirla bien caliente.

8–4. Para preparar los platos. Asocia el utensilio con su nombre y di para qué receta de la página 218 vas a usar cada uno.

un abrelatas	una cuchara	una cuchara de madera	una cucharita
un cuchillo	una fuente de madera	una licuadora	una olla
una taza (de medir)	un tenedor	una sartén	un sacacorchos

With reference to the recipes in this section, guide students to (1) think about the context to make logical guesses: **hervir** (*Think:* What kind of cooking is done with water?); **trozos** (*Think:* How is meat cut for cooking?); **lata** (*Think:* In what kind of container is evaporated milk sold?); **gota** (*Think:* What is produced when one squeezes a lemon?); (2) combine context clues with their knowledge of Spanish: **deshojar** (*Think:* You have learned the word **hoja**. In the context of preparing lettuce, what might **deshojar** mean?).

1. una fuente de madera

2. un sacacorchos

3. una sartén

4. una olla

5. una cuchara de madera

6. una licuadora

7. un abrelatas

8. una taza (de medir)

9. una cucharita
una cuchara
un tenedor

10. un cuchillo

Ahora, trata de asociar los utensilios de la columna A con las acciones de la columna B.

A		B
1. un abrelatas	c	**a.** cortar
2. una cuchara de madera	d, b	**b.** batir
3. un cuchillo	a	**c.** abrir
4. una fuente de madera	i, d	**d.** mezclar
5. una licuadora	b, d	**e.** freír
6. una olla	f	**f.** hervir
7. una taza	g	**g.** medir
8. una sartén	e	**h.** sacar
9. un sacacorchos	h, c	**i.** servir

IMÁGENES Y PALABRAS

IOR ¡Qué aroma! A la hora del desayuno, la cocina del restaurante Miraflores huele* a...

tocino

panqueques americanos

pan tostado

panecillos

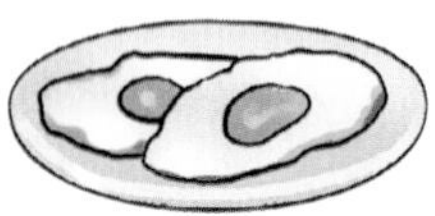

Estos huevos fritos están buenísimos.

Esta avena con canela es muy saludable. Quisiera una porción con azúcar.

Estos panqueques son deliciosos con miel o sirope.

Quisiera tres rebanadas con mantequilla o margarina.

Quisiera un panecillo con mermelada y media toronja, por favor.

Aquí, en este restaurante, el almuerzo se sirve de la una a las cuatro. Pero a las diez ya todo el mundo está muy ocupado en la cocina.

Los ingredientes del plato del día son...

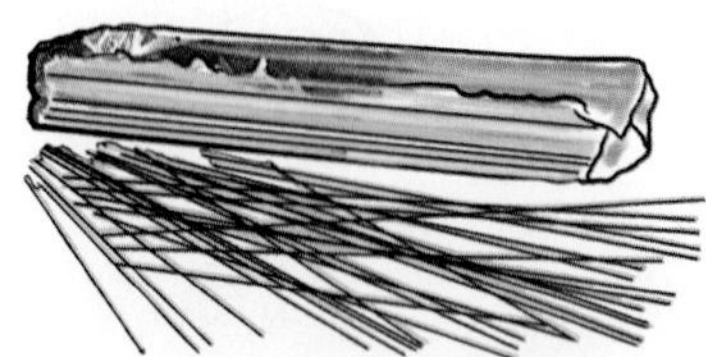

un paquete de fideos

tres cucharadas de queso parmesano

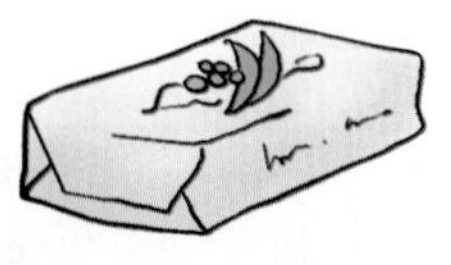

medio kilogramo de guisantes congelados

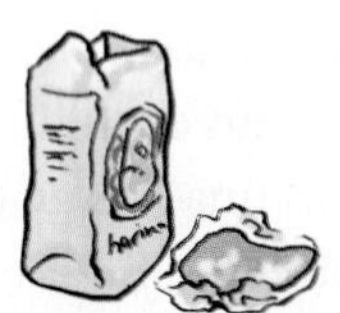

harina

*__Huele__ is a form of the verb **oler** (*to smell*): **huelo, hueles, huele, olemos, *oléis*, huelen.**

dos latas de salsa de tomate

un frasco de chiles verdes

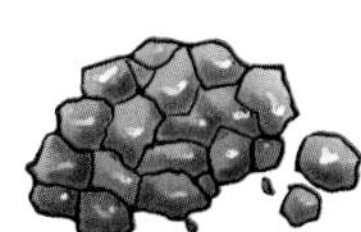

un kilogramo (2 libras) de carne de res cortada en trozos

dos cucharaditas de ajo picado

dos tazas de cebolla cortada en aros

media cucharadita de mostaza

unas gotas de vinagre

Para preparar este menú, hay que...

medir* bien los ingredientes

pelar y cortar las verduras

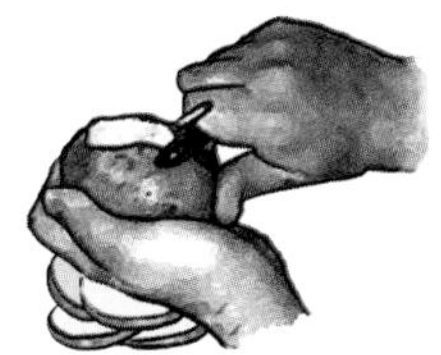

freír* la carne en una sartén

El cocinero...

midió bien los ingredientes.

peló y cortó las verduras.

frío la carne en la sartén.

Para preparar este menú, hay que...

agregar especias

hervir** los fideos en una olla

sacar los fideos del agua

El cocinero...

agregó las especias.

hirvió los fideos en una olla.

sacó los fideos del agua.

Para preparar este menú, hay que...

mezclar los ingredientes

servir* el plato bien caliente

El cocinero...

mezcló los ingredientes.

sirvió el plato bien caliente.

*__Medir, servir,__ and __freír__ are __(i)__ stem-changing verbs.
** __hervir (ie, i)__

¿Está bien puesta esta mesa? Vamos a ver…

¿El mantel?	El mantel está en la mesa. *o* Lo pusimos en la mesa.
¿El vaso para el agua?	El vaso está detrás de la copa.
¿La copa para el vino?	La copa está al lado de la taza.
¿La taza?	La taza está delante de la sal y la pimienta.
¿El plato?	El plato está entre el tenedor y el cuchillo.
¿La servilleta?	La servilleta está sobre el plato.
¿El tenedor?	El tenedor está a la izquierda del plato.
¿El cuchillo?	El cuchillo está a la derecha del plato.
¿La cucharita?	La cucharita está a la derecha del cuchillo.
¿La cuchara?	La cuchara está a la derecha de la cucharita.

La cena se sirve de las ocho de la tarde a las once de la noche. Pero si tienes hambre por la tarde, ¿por que no comes…?

unas golosinas

un trozo de torta

una barra de chocolate

unas galletas

o unos antojitos

un yogurt

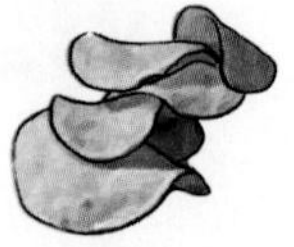

unas papitas fritas

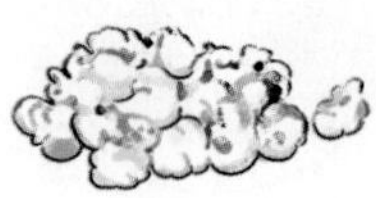

unas palomitas de maíz

Práctica

(IOR)

8–5. Para mí, por favor. Describe con detalles cómo te gusta comer las siguientes cosas.

Ejemplo:
Para mí, los fideos no son fideos sin queso parmesano/ sin salsa de tomate/ sin crema y mariscos.

(IOR)

1. los fideos
2. el pan
3. la avena
4. los panecillos
5. la papa al horno (*baked*)
6. la ensalada mixta
7. la ensalada de fruta
8. un huevo frito
9. los panqueques
10. las papitas fritas

8–6. ¿Qué le agregas? Di qué le agregas a cada uno de los siguientes platos y alimentos. Menciona la cantidad específica.

Ejemplo:
Al café siempre **le** agrego **unas gotas de** leche y **una cucharadita de** azúcar.

1. a los fideos o espaguetis
2. a las palomitas de maíz
3. a una hamburguesa
4. a una ensalada de lechuga y tomate
5. a un sándwich de jamón y queso
6. a media toronja
7. a los panqueques
8. a la avena o al cereal
9. al pan tostado
10. al té

(IOR)

8–7. ¡Qué aroma! Di qué aroma te evocan los siguientes lugares y ocasiones.

Ejemplo:
Estás en un mercado al aire libre.
Huele a flores, frutas y legumbres.

1. Es el Día de Acción de Gracias.
2. Es domingo por la mañana en casa.
3. Tu mamá prepara tu plato preferido.
4. Estás en una panadería.
5. Estás en un restaurante de comida al paso (rápida).
6. Es el día de tu cumpleaños.
7. Estás en un restaurante italiano.
8. Estás en una frutería.

8–8. ¿Cómo se preparan? Describan cómo se prepara uno de los siguientes platos. Digan qué ingredientes y qué utensilios se usan y qué se hace por lo general.

> *Ejemplo:*
> Para preparar el puré de papas, primero pelas y cortas las papas en trozos. Luego, las pones en una olla con agua y las hierves por 15 minutos. Después, pones las papas en una licuadora y las mezclas con leche y margarina.

1. los panqueques
2. los tacos
3. una ensalada de verduras
4. una ensalada de papas
5. una sopa de verduras
6. una ensalada de fruta

Encourage use of measurement and portion vocabulary: **rebanada, trozo, aro, cucharada, gota, porción**, and so on.

8–9. Del súper a la casa. Di cómo se venden los siguientes alimentos en caja/ bolsa/ paquete/ lata/ frasco/ botella y, luego, cómo y con qué se sirven.

> *Ejemplo:*
> los champiñones (*mushrooms*)
> **En el supermercado los venden en** latas o en cajas de plástico.
> **En casa, los servimos en** trozos, **con** el bistec.

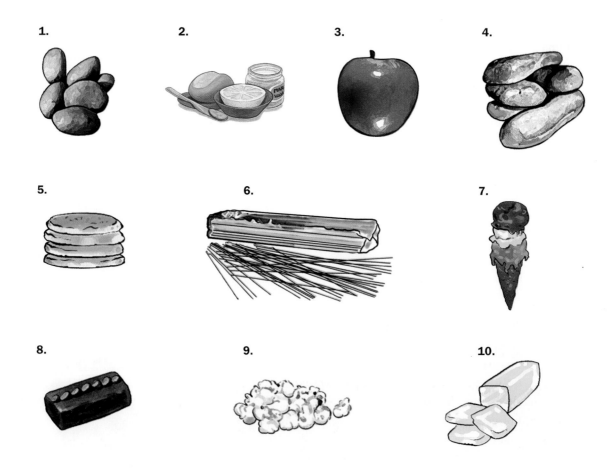

1. **2.** **3.** **4.**

5. **6.** **7.**

8. **9.** **10.**

8–10. ¿Qué falta? En el restaurante hay que pedirle al mesero lo que falta. ¿Qué le vas a decir al mesero en las siguientes situaciones?

> *Ejemplo:*
> De postre, pediste una tarta de manzana, pero no tienes cubiertos.
> Señor, ¿me trae un tenedor, por favor?

1. Pediste la comida, pero no tienes con qué protegerte la ropa.
2. Pediste sopa de verduras, pero no tienes con qué tomarla.
3. Pediste vino, pero sólo hay vasos en la mesa.
4. Uds. pidieron carne, pero no hay con qué cortarla ni comerla.
5. De postre, pidieron pastel, pero no hay con qué comerlo.
6. Pediste una hamburguesa, pero el mesero no te dio ningún condimento.
7. Pediste una ensalada, pero no te trajo aderezo (*dressing*).
8. Pediste un café, pero no te gusta el café solo.

Answers: 1. Señor, ¿me trae una servilleta, por favor? 2. Señor, ¿me trae una cuchara, por favor? 3. Señor, ¿me trae una copa, por favor? 4. Señor, ¿nos trae cubiertos/ tenedores y cuchillos, por favor? 5. Señor, ¿nos trae unas cucharitas/ tenedores, por favor? 6. Señor, ¿me trae mayonesa/ mostaza/ salsa de tomate/ cebolla, por favor? 7. Señor, ¿me trae aceite y vinagre, por favor? 8. Señor, ¿me trae un poco de leche/ azúcar, por favor?

8–11. Cómo poner la mesa. Descríbeles a tus compañeros cómo pones la mesa. Usa preposiciones de lugar tales como: **a la derecha, a la izquierda, al lado, delante de, detrás de,** y **entre**.

> *Ejemplo:*
> **Primero, pongo el mantel en la mesa, entonces...**

8–12. ¡Qué desastre! Relata un episodio en el que trataste de preparar algo pero no te salió bien.

> *Ejemplo:*
> Una vez quise preparar puré de papas. Pelé y corté las papas y las puse a hervir. Luego, las metí en la licuadora y agregué media taza de leche. Pero, después, en vez de echarle sal, me equivoqué y le agregué una cucaradita de azúcar. ¡Qué desastre!

Quien come bien, bien bebe

Nacionalidades:
peruano(a)
boliviano(a)
ecuatoriano(a)

En el menú del restaurante limeño, aparecen bebidas frías como **la chicha.** También hay infusiones calientes (tés o mates) como **el mate de coca, la manzanilla** (*chamomile tea*) **y la menta.** Recuerda que el café no se cultiva al sur de Colombia. **La chicha morada** y **el mate de coca** son muy populares en la región andina y la gente dice que son muy buenos para la salud y la digestión. En la región andina, **el mate de coca**, o infusión de hojas de coca, es usa para calmar los síntomas de la enfermedad de las grandes altura que se llama **soroche** o **puna.** Y no te preocupes, porque el mate de coca no es ni droga ni cocaína. Las hojas de coca contienen menos del uno por ciento (1%) de cocaína pura y tienen un efecto parecido al de la cafeína, excepto que una taza de café probablemente contiene más cafeína. **La manzanilla** es buena para los dolores de estómago, el insomnio y las inflamaciones.

Ask students what the word **andina** refers to. Aside from **Perú**, what countries might be part of **la región andina**?

Answers: Sur de Colombia, Ecuador, Perú, Bolivia, noroeste de Argentina, pequeña región en la cordillera del extremo norte de Chile.

A. ¿Qué bebida fría o caliente prefieres tú en las siguientes situaciones?

1. Tienes una influenza tremenda.
2. Hace calor y tienes mucha sed.
3. Tienes sueño y tienes que estudiar.
4. Hace muchísimo frío.
5. Estás nervioso/a y estresado/a.
6. Te sientes deprimido/a.

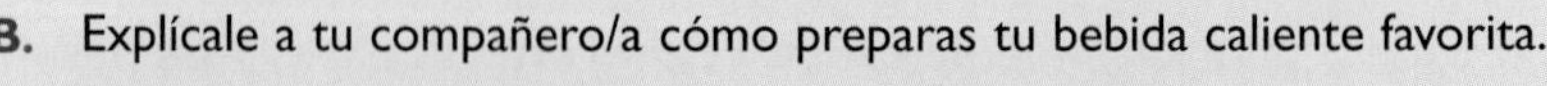

B. Explícale a tu compañero/a cómo preparas tu bebida caliente favorita.

Ejemplo:
té caliente con limón

Hiervo el agua, pongo una bolsita de té en la taza, corto una rodaja de limón, pongo el agua en la taza y le agrego el limón.

GRAMÁTICA

Para hacer descripciones: repaso de los verbos ser y estar

In this chapter, you have seen **estar** used in phrases such as **todo el mundo está muy ocupado, estos huevos fritos están buenísimos, la mesa está puesta.** You have also used **ser** to describe foods and **estar** to describe how they are prepared. This section will help you review some of the ways you have used these two verbs. You have seen that although both of these verbs translate as *to be*, their use is not interchangeable.

¿Cómo **está** tu papá?	*How is your father?*	*(health or condition)*
¿Cómo **es** tu papá?	*What is your father like?*	*(personal characteristics or attributes)*

Here is a summary of some of the uses of **ser** and **estar** that you have learned thus far.

1. The verb **ser** basically relates to the inherent qualities, nature, or make-up of people, places, and things. You have used **ser** for the following purposes.

- with nouns to state identity, nationality, or profession; to name people, places, and things
  —¿Quién es Arturo?
  Es mi novio. **Es** mexicano.
  —¿Qué **es**?
  Ahora **es** mesero, pero quiere **ser** chef ejecutivo.
- with adjectives to describe inherent physical and personality characteristics
  —¿Cómo **es** Arturo?
  Es alto, de piel trigueña y ojos oscuros. **Es** muy amable, pero a veces **es** algo introvertido.
- with **de** to indicate origin
  —¿**De** dónde **eres** tú? ¿**Eres** de México?
  No, Arturo **es de** México, pero yo **soy de** los Estados Unidos.
- with **de** to indicate ownership
  —¿**De** quién **son** estas galletas?
  Son de Arturo.
- with **de** to describe what something is made of
  —Me encanta tu chaqueta. ¿**De** qué **es**? ¿**Es de** cuero?
  No, creo que **es de** material sintético.
- to give the time of day, or to say when something takes place
  —**Es** tarde; ¿no? ¿Qué hora **es**?
  Son las cuatro ya. Vamos.
  —¿Cuándo **es** la cena?
  Es mañana, ¿no?

Remind students that **haber**, not **ser** or **estar**, is used to express *there is/there are, there was/were.*

This section reviews uses of **ser** and **estar** that students have already practiced. No new uses are presented at this point. Remind students of expressions of perception learned in *Capítulo 7* with foods: **Está muy bueno/a, está frío/a, está crudo/a.** Suggestions: To help students remember basic differences between **ser** and **estar**, you may wish to relate the uses of these verbs through their noun form; **el ser**, or *being*, such as **el ser humano**, captures the idea of one's inherent makeup, composition, character, classification, the types of things that form one's **ser**: **el estado**, or *state*, captures the idea of moods and conditions.

2. The verb **estar** relates moods, conditions, states, and impressions. It is also used to describe the location of people and places. You have used **estar** for the following purposes.

- with adjectives to describe feelings, moods, or health
  —¿Cómo **está** tu papá? Dicen que **ha estado** enfermo.
  Está bien ahora, gracias. Pero **está** tan aburrido del hospital.
- to describe states or conditions of people, places, and things
  Está muy limpia su habitación, pero la comida que le sirven en el hospital siempre **está** fría.
- with past participles to describe states or conditions of people, places, things
  Siempre se queja de que la carne **está quemada** y no la puede comer o que el arroz no **está cocido** o que las verduras no **están bien preparadas**.
- with prepositions to say where a person, place or thing is located
  —Quisiera visitarlo. ¿Dónde **está** el hospital?
  Está en la Quinta Avenida.

3. While **estar** is used to give the location of people, places and things, **ser** is used to indicate where *an event* is held or takes place.

La cena va a **ser** en el Restaurante Miraflores.
The dinner is going to be held at Restaurante Miraflores.

El Restaurante Miraflores **está** en la Calle… al lado de…
Miraflores Restaurante is (located) on . . . Street, beside . . .

4. Whereas **ser** is used to describe characteristics, **estar** is used to express perception and impression.

—**Eres** muy guapa, Rosa María.	*You're very pretty, Rosa María.*
—¡Qué guapa **estás** hoy!	*How pretty you look today!*
—Dicen que aquí los tacos de pollo **son** muy ricos.	*They say the chicken tacos here are very good.*
—¡Qué va! **Están** duros y secos.	*No way! They're (they taste) hard and dry.*

5. You have learned that both **ser** and **estar** may be used with adjectives. However, **ser** with adjectives will communicate inherent characteristics and **estar** with adjectives will communicate states or conditions. Notice, therefore, how the meanings differ.

Las manzanas **son** verdes.	*The apples are **green** (green is their characteristic).*
Las manzanas **están** verdes.	*The apples are **unripe** (green is their state or condition).*
El mesero **es** muy listo.	*The waiter is very **smart** (clever).*
El mesero no **está** listo.	*The waiter is not **ready**.*
Soy aburrido.	*I am boring.*
Estoy aburrido.	*I am bored.*

Práctica

8–13. En la fiesta. Piensa en una fiesta a la que fuiste recientemente. Descríbele a la clase cómo fue e incluye todos los detalles: cuándo, quienes, dónde, etc., prestando atención al uso apropiado de **ser** y **estar**.

Ejemplo:
Mi pareja y yo **estuvimos** en dos fiestas el fin de semana pasado. La primera fiesta **fue** el sábado. **Fue** en casa de... Todos nuestros amigos...

8–14. Viejos amigos. En la siguiente conversación, dos amigos se encuentran después de tres años sin verse. Completa lo que dicen con la forma **y el tiempo** apropiados de **ser** o **estar**, según el contexto.

MARTÍN: ¡Roberto, hombre! Hola, ¿qué tal?, ¿cómo estás/ has estado?

ROBERTO: Martín, ¿qué tal? Hace mucho tiempo que no nos vemos.

MARTÍN: Sí, hace como tres años. Pero, ¿tú __estás__ aquí en la universidad?

ROBERTO: Sí, __estoy__ en tercer año. __Estoy__ casi listo para sacar el título. Sólo un año más... estas clases __son__ tan difíciles.

MARTÍN: ¡Qué va! Tú siempre __has sido__ muy listo, muy serio y diligente. En el colegio, tú __fuiste__ el mejor alumno de nuestra clase.

ROBERTO: __Eres__ muy amable, Martín. Pero, dime, ¿y tú? ¿Qué estudias?

MARTÍN: Pues, yo no __soy__ alumno aquí. Sólo __estoy__ de visita. Mi novia trabaja aquí; __es__ coordinadora en la Facultad de Ciencias Naturales.

ROBERTO: ¿Tu novia? Martín, ¿tú __estás__ enamorado? ¿Tú, que siempre __has sido__ tan solitario?

MARTÍN: Sí, he conocido a la chica de mis sueños. Ella __es__ mi vida.

ROBERTO: Pues, dime, ¿cómo __es__ tu novia? Tiene que __ser__ una chica extraordinaria.

MARTÍN: Pues, mira, __es__ de oro esta chica. __Es__ muy paciente, nunca __está__ enojada y, además, __es__ muy guapa. __Es__ peruana. La conocí el año pasado en una reunión.

(En ese momento, llega la novia, Carmen Luz.)

MARTÍN: ¡Ah, aquí __estás__, mi amor! Pero, ¡qué elegante __estás__ Carmen Luz! ¿Adónde vas?

CARMEN: Tengo una entrevista a las tres. ¿Qué hora __es__?

MARTÍN: __Son__ las dos y media. Pero, mira, Carmen, te quiero presentar a Roberto. Roberto __es__ un viejo amigo mío.

CARMEN: Encantada, Roberto. Martín me ha hablado mucho de ti.

ROBERTO: Mucho gusto, Carmen. Mira, ¿dónde __es__ tu entrevista? Si quieres, te puedo llevar en coche.

CARMEN: Ah... no sé... ¿__Está__ bien, Martín?

MARTÍN: Sí, claro. Pero cuidado, que Roberto __es__ muy conservador.

ROBERTO: Vamos, mi coche no __está__ lejos. Te quiero contar muchas historias de tu novio.

8–15. Exageraciones. Usen cada par de palabras para dar una descripción exagerada con **ser** o **estar**, según el contexto.

Ejemplo:
chico / aburrido
Ese **chico es** tan **aburrido** que entre cada palabra se duerme una siesta.

1. restaurante / lejos
2. comida / quemada
3. mesero / ocupado
4. receta / difícil
5. menú / mal escrito
6. cocinero / listo

8–16. Dicho y hecho. El cocinero quiere asegurarse de que sus ayudantes hayan hecho todos los preparativos para la cena. Para cada cosa en la lista, primero di quién la hizo; luego dile al cocinero que está hecha.

Ejemplo:
hacer la mayonesa *Mario*
Mario hizo la mayonesa.
La mayonesa está hecha.

LISTA

1. hacer la mayonesa	Mario
2. escribir el menú del día	Carmela
3. poner el menú en la vitrina	Andrés
4. escoger los vinos	Antonio
5. freír el pollo	Mario
6. cortar las cebollas	Esmeralda
7. medir los ingredientes	Mario
8. calentar la salsa	Carmela
9. hervir los fideos	Esmeralda
10. mezclar las especias	Antonio

8-17. ¿Qué pasa aquí? Describe este dibujo de un restaurante. Usa las preguntas como guía y agrega los detalles necesarios.

IOR

1. ¿Quiénes son Jorge y Armando?
2. ¿Dónde están?
3. ¿Cómo se llama el lugar?
4. ¿Qué hora es?
5. ¿Cómo son físicamente?
6. ¿Cuántos clientes hay en el restaurante?
7. ¿Cómo están?
8. ¿Cómo está el comedor?
9. ¿Qué hacen los clientes?
10. ¿Cómo está la comida?
11. ¿Es un restaurante bueno?
12. ¿...?

¡A comer, se ha dicho!

En las culturas hispanas, la comida es una ocasión en que se reúne la familia o se hace amigos. Por eso, hay que comer lentamente y disfrutar de la conversación y la buena compañía. La gente no se retira de la mesa tan pronto se termina de comer, sino que continúa conversando. Esta costumbre se llama **la sobremesa** y puede durar de media hora a tres horas, según el día de la semana, la ocasión y el lugar.

Las horas de comida varían de una cultura hispana a otra. También varía el nombre de la comida. Por ejemplo, en España y en partes de México, no se dice **el almuerzo**, sino **la comida**. El almuerzo o la comida del mediodía es la comida principal, y por lo general se sirve entre la 1.00 y las 4.00. Entre estas horas, en muchas ciudades las tiendas y los negocios se cierran para que los empleados puedan ir a casa a comer con sus familiares. Luego, las tiendas vuelven a abrirse a las 4.30 o las 5.00 y se quedan abiertas hasta las 8.30 o las 9.00 de la noche.

En general, la cena se sirve tarde, entre las 8.30 y las 11.30 de la noche, según el lugar y la estación del año. El vino se considera parte de la comida; así que si no bebes vino, pide agua, agua mineral o un refresco antes de que te ofrezcan vino.

Cada cultura tiene sus propias costumbres. Por ejemplo, en muchos lugares se toma un té a media tarde. Esto es **la merienda**. En España las horas antes de la cena (como desde las 7.00 hasta las 9.00) son las horas del **tapeo**, cuando la gente se congrega en los bares y cafés a tomar una copa de vino o una **caña** (un vaso pequeño de cerveza) y a probar las deliciosas **tapas** (antojitos o canapés) que se ofrecen, tales como aceitunas, gambas al ajillo, calamares fritos, ensaladas, frutos secos—en fin, una selección infinita.

A. Las costumbres. Prepara cinco preguntas para descubrir las costumbres familiares de tus compañeros/as. Luego, entrevista a cuatro compañeros/as y usa los resultados de tu encuesta para explicarle a un/a hispano/a las costumbres relacionadas con la comida en los EE.UU.

Ejemplo:
¿Cuántas veces a la semana se sientan a la mesa a comer todos juntos?

B. Las buenas maneras. Digan cuáles de las siguientes cosas hacen Uds. típicamente en casa o en un restaurante. Entonces, según lo que ya sepan de las culturas hispanas o de la etiqueta en general, expliquen por qué típicamente no se harían en casa de una familia hispana.

Ejemplo:
Empiezas a comer tan pronto como (*as soon as*) te sirves la comida.
En casa, todos empezamos a comer tan pronto como nos servimos la comida.
En general, está mal visto empezar a comer si todos no se han servido la comida.

1. Te invitan a cenar y tú llegas a las seis de la tarde y con un hambre feroz.
2. Te olvidas de dar las gracias cuando te sirven o descuidas el por favor al pedir una cosa.
3. Pasas el tenedor a la mano derecha después de cortarte un trozo de carne.
4. Mientras comes, mantienes la mano izquierda sobre la rodilla (*on your knee or lap*).
5. Te sirves grandes porciones de cada plato.
6. Comes en silencio.
7. Te quejas de la comida.
8. No te gusta el pescado y les dices que ni quieres probarlo.
9. Te ofrecen más porciones de varios platos, pero tú no aceptas comer más.
10. Después de comer, te peinas/ te arreglas/ te maquillas sentado/a a la mesa.
11. Les pides poner la tele porque estás aburrido/a.
12. Te retiras de la mesa inmediatamente después de comer.

GRAMÁTICA

Para indicar dónde está algo: Algunas preposiciones de lugar

1. In the preceding chapters you have used a variety of prepositions to express relationships between nouns/pronouns and other words in a sentence.

a (*to, at*) **con** (*with*) **de** (*from, of, about*) **en** (*in, on, at*) **sin** (*without*)

Estudiamos **en** la biblioteca **de** cinco **a** siete.	*We study in the library from five to seven.*
Quiero un café **con** leche y **sin** azúcar.	*I want a coffee with milk and without sugar.*

2. When a preposition is followed by a verb, the verb is always in the infinitive form (the verb form that ends in **-ar**, **-er**, and **-ir**). Notice that the English equivalent for the infinitive is an *-ing* form.

Antes de comer, fui a la biblioteca.	***Before eating,*** *I went to the library.*
Después de estudiar, me acosté.	***After studying,*** *I went to bed.*
En vez de cocinar, fui a un restaurante.	***Instead of cooking,*** *I went to a restaurant.*

3. The following prepositions allow you to indicate where something is located.

sobre	*over, upon, on top of*	**entre**	*between*
detrás de	*behind*	**a la izquierda de**	*to the left of*
delante de	*in front of*	**a la derecha de**	*to the right of*
al lado de	*beside, next to*	**debajo de**	*under*
enfrente de	*facing, across from*	**arriba de**	*over, on top of*
lejos de	*far from*	**dentro de**	*inside of*
cerca de	*near*	**fuera de**	*outside of*

Práctica

8-18. ¿Quién es?/ ¿Qué es? Describe dónde está un objeto o una persona de tu clase sin identificarlo/a. Tus compañeros deben adivinar lo que estás describiendo.

Ejemplo:
Esta persona está **delante de** Mary, **entre** Joseph y Juan Carlos.
Este objeto está **arriba de** la pizarra, **al lado** del reloj.

8-19. En la cocina. Mira el dibujo e indica si las siguientes oraciones son correctas o falsas seguin tu perspectiva. Si son correctas, di que sí. Si son falsas **corrígelas** usando la preposición correcta.

Ejemplo:

El cocinero está **delante** de la mesa.
El cocinero no está **delante** de la mesa; está **detrás de** la mesa.

1. El perro está sobre de la mesa.
2. El mesero está a la derecha del cocinero.
3. La licuadora está entre las bananas y la leche.
4. El pollo está al lado de la olla.
5. La fuente está detrás de la olla.
6. El abrelatas está al lado de la lata de tomates.
7. Las papas están a la izquierda de la sartén.
8. La servilleta está debajo el plato.

8-20. ¿Conoces Lima? Usa preposiciones de lugar para describir uno de los lugares en el mapa de la ciudad de Lima sin identificarlo por su nombre. Tus compañeros deben adivinar el lugar que describes. Usa las descripciones siguientes y luego inventa otras tres más.

Ejemplo:

Tú: Está al lado del correo, cerca de la Plaza de Armas.
Tu compañero/a: ¿Es el Palacio de Gobierno?
Tú: Sí.

1. Está a la izquierda del Teatro Segura, en la avenida Tecno.
2. Está muy lejos del Congreso, detrás del Museo Nacional.
3. Está entre el Teatro Segura y el Hotel Maury.
4. ...
5. ...
6. ...

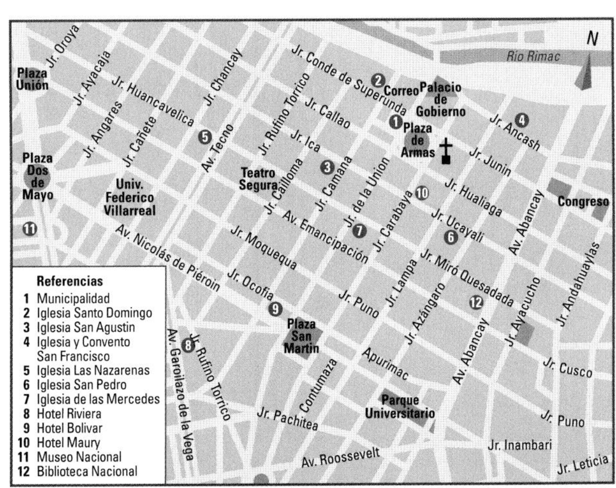

Odas elementales

Uno de los poetas más famosos del mundo hispano es el chileno Pablo Neruda. Su poesía está dedicada a todo el universo y a las cosas básicas de la tierra, como las piedras, las plantas y los alimentos. El siguiente poema está dedicado al tomate, una fruta originaria de la región andina. ¿A ti te gusta el tomate? ¿Con qué meses del año asocias el tomate? ¿Con qué mes asocia el tomate este poeta? ¿Por qué?

A. Lee el poema y presta atención a las imágenes. Cita las palabras que usa Neruda para asociar el tomate con lo siguiente.
1. un ser humano
2. la naturaleza
3. los artículos en la mesa
4. con qué se sirve
5. la alegría

B. Cita los versos (*lines*) donde Neruda les da atributos humanos a otros alimentos comunes y corrientes.

C. Describe el almuerzo completo que Neruda nos ha preparado a través de este poema. ¿A qué huele esta cocina chilena?

Students may have seen the movie *Il postino* in which both the poetry and persona of Pablo Neruda inspire a young postman to create and capture his dreams.

2 C 3 4

D. Escribe tu propia oda a un alimento preferido, según el modelo. Luego léeselo a la clase sin dar el título, a ver si tus compañeros/as adivinan a qué te refieres.

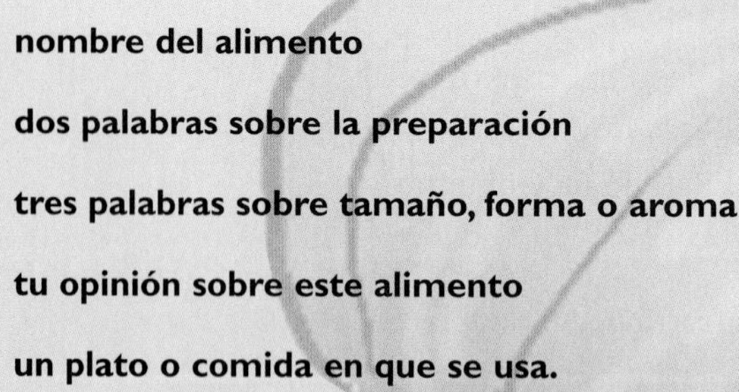

nombre del alimento	Cebolla
dos palabras sobre la preparación	cruda o frita,
tres palabras sobre tamaño, forma o aroma	pequeños aros aromáticos.
tu opinión sobre este alimento	Hueles mal; me haces llorar.
un plato o comida en que se usa.	Pero sabes a gloria en las hamburguesas.

Oda al tomate*

La calle
se llenó de tomates,
mediodía,
verano,
la luz
se parte
en dos
mitades°
de tomate,
corre
por las calles
el jugo.
En diciembre
se desata°
el tomate,
invade
las cocinas,
entra por los almuerzos,
se sienta
reposado
en los aparadores,°
entre los vasos,
las mantequilleras,
los saleros azules.
Tiene
luz propia,°
majestad benigna.
Debemos, por
desgracia,
asesinarlo:
se hunde°
el cuchillo
en su pulpa viviente,
en una roja
víscera,
un sol
fresco,
profundo,
inagotable,°
llena las ensaladas
de Chile,
se casa alegremente
con la clara cebolla,
y para celebrarlo
se caer deja
caer
aceite,
hijo
esencial del olivo,
sobre sus hemisferios
entreabiertos,
agrega
la pimienta
su fragancia,
la sal su magnetismo:
son las bodas
del día,
el perejil
levanta
banderines,°
las papas
hierven vigorosamente,
el asado
golpea°
con su aroma
en la puerta,
¡es hora!
¡vamos!
y sobre la mesa, en la
cintura
del verano,
el tomate,
astro de tierra,
estrella
repetida
y fecunda,
nos muestra
sus circunvoluciones,
sus canales,
la insigne plenitud
y la abundancia
sin hueso,
sin coraza,
sin escamas ni espinas
nos entrega
el regalo
de su color frogoso
y la totalidad de su
frescura.

*The word **tomate** comes from the náhuatl or Aztec word, *xitómatl.*

De: Pablo Neruda. "*Oda al tomate.*" Reprinted with permission of Agencia Literaria de Carmen Balcells.

Palabras útiles

mitades *halves*
se desata *cuts loose*
en los aparadores *sideboards*
luz propia *its own light*
se hunde *plunges*
inagotable *inexhaustible*
banderines *little flags*
golpea *knocks, beats*

GRAMÁTICA

Para señalar personas o artículos específicos: los adjetivos demostrativos

When you go shopping or when you give instructions, it's often necessary to use words like *this, that, these, those* to distinguish between different items.

—¿Están maduros **estos** (*these*) plátanos?
—Sí, **esos** (*those*) plátanos ya están maduros.
—¿Y **esas** (*those*) manzanas?
—No, **estas** (*these*) manzanas todavía están verdes.

1. In Spanish, demonstrative adjectives always come before the nouns they refer to. They also agree in gender and number with the nouns. Study the following chart:

		FEMININE	MASCULINE
Aquí cerca	*this*	**esta** servilleta	**este** cuchillo
	these	**estas** golosinas	**estos** antojitos
Un poquito más lejos	*that*	**esas** cucharas	**ese** vaso
	those	**esas** botellas	**esos** platos
Allá lejos	*that (over there)*	**aquella** tienda	**aquel** restaurante
	those (over there)	**aquellas** rosas	**aquellos** vinos

You may wish to explain at this point that demonstrative adjectives can be used as pronouns to replace a noun (this one, that one). In that case, they have an accent mark: **éste, ésta, éstos, éstas, ése, ésa, ésos, ésas, aquél, aquélla, aquéllos, aquéllas**. Example: Este cuchillo no corta. Quiero **ése** que tienes allí. Only neuter pronouns **esto, eso, aquello, ello** don't have accents.

2. The choice of which demonstrative adjective to use depends on the location of the object in relation to the speaker.

Práctica

8–21. En la frutería. Tienes que comprar fruta para hacer una ensalada. Tu compañero/a será un/a vendedor/a y tú un/a cliente. Indícale qué quieres. Usa formas de los adjetivos **este, ese, aquel,** según la distancia y agrega algún detalle para ayudar a expresar lo que quieres. Sigue el modelo. (IOR)

VENDEDOR/A: Buenos días, señor/señorita. ¿Qué desea?
CLIENTE: Quiero un kilo de estas bananas.
VENDEDOR/A: ¿Esas bananas?
CLIENTE: Sí, y también dos piñas. ¿Están maduras?
VENDEDOR/A: Por supuesto, señor/señorita. Están deliciosas. ¿Desea otra fruta?
CLIENTE: Sí, quisiera dos kilos de uvas.
VENDEDOR/A: ¿Estas uvas verdes?
CLIENTE: Sí, aquellas uvas. ¿Cuánto cuestan?
VENDEDOR/A: Estas uvas cuestan treinta pesos el kilo.

8–22. ¿Quiénes son? Describe a tres compañeros/as de clase con respecto a sus aspectos físicos: una persona que esté cerca de ti, otra persona que esté un poquito más lejos y otra persona que esté bastante lejos de ti. Tus compañeros/as adivinan quiénes son.

Ejemplo:
Este chico es alto y delgado, de ojos oscuros, **esa** chica es rubia, de estatura mediana y de ojos claros y **aquella** chica es baja, de ojos verdes y de piel morena.

8–23. ¿Cómo se llama? Eres guía de turismo en Lima y tienes que contestar las preguntas de tus clientes. Hagan los papeles de guía y turistas. Usen formas de los adjetivos **este, ese** o **aquel** según el contexto. Sigan el ejemplo.

Answers: 1. Aquel cerro es El Agustino. 2. Esa avenida se llamaba Larco. 3. Aquel parque se llama Bosque del Olivar. 4. Esa playa se llama La Herradura. 5. Esta plaza se llama Plaza San Martín. 6. Aquella torre se llama Torre Tagle. 7. Ese teatro es el Teatro Municipal.

Ejemplo:
el restaurante que está aquí / Cordano
¿Cómo se llama el restaurante que está aquí?
Este restaurante se llama Cordano.

1. el cerro (*hill, mountain*) que se ve a lo lejos / El Agustino
2. la avenida donde hicimos compras esta semana / Avenida Larco
3. el parque que se ve allí, a lo lejos / Bosque del Olivar
4. la playa que está allí / La Herradura
5. la plaza donde estamos ahora / Plaza San Martín
6. la torre que se ve a la distancia / Torre Tagle
7. el teatro que está allí enfrente / Teatro Municipal

For the audioscript for *Capítulo 8*, please refer to p. 498.

EN VOZ ALTA

A. Escucha la conversación entre doña Ángela y Élida y anota todos los ingredientes que se mencionan de los siguientes grupos.

CARNES Y AVES	CEREALES Y CARBOHIDRATOS	PESCADOS Y MARISCOS
pollo	arroz	mariscos
		camarones
		almejas

VERDURAS	CONDIMENTOS	GRASAS Y ACEITES
cebolla	sal	aceite de oliva
zanahorias	azafrán	caldo
pimiento rojo	ajo picado	
	hierbas y especias	

B. Escucha la conversación otra vez y marca (✓) cuáles de las siguientes indicaciones le da Élida a doña Ángela para preparar el plato.

- ☑ freír dos tazas de arroz
- ☑ cocinar a fuego lento
- ☑ echar hierbas y especias
- ❑ poner en el refrigerador
- ☑ picar una cebolla
- ❑ medir 1/2 taza de harina
- ❑ revolver la sopa
- ☑ cortar los trozos de pollo
- ☑ añadir agua o caldo

C. Ahora, completa el siguiente párrafo con las palabras apropiadas, de acuerdo a lo que interpretas de la conversación.

Élida es la __nuera__ de doña Ángela. Élida está casada con el __hijo__ de doña Ángela. El __marido__ de Élida se llama Mario. Élida y doña Ángela se llevan __bien__.

Mi refranero. Aquí tienes unos refranes populares relacionados con la comida. Léelos a ver si estás de acuerdo con ellos. Luego, escúchalos y repítelos, tratando de imitar la pronunciación.

Comida que mucho hierve, sabor pierde.
Buen alimento, mejor pensamiento.
Lo que no mata, engorda.

Hay que hacer las compras

¿Adónde vas para comprar los alimentos e ingredientes que necesitas para preparar la comida? En los Estados Unidos, típicamente la gente hace las compras en grandes supermercados que tienen muchos departamentos o secciones.

¿Qué secciones puedes nombrar tú? Para ti, ¿visitar el supermercado es una lata (*hassle*) o una aventura? ¿Por qué? En esta sección vas a aprender algo de cómo se hacen las compras en el mundo hispano.

A. Para identificar patrones. En un grupo, analicen los patrones (*patterns*) familiares con respecto a la compra de alimentos. Respondan a las siguientes preguntas y luego hagan un resumen para informarle a la clase de los resultados.

Ejemplo:
Un 50/ *20*/ *30* por ciento de las familias de nuestro grupo va…

Tu familia, ¿cuántas veces al mes…

1. hace grandes compras en el supermercado?
2. hace compras pequeñas en el supermercado?
3. va a un mercado al aire libre?
4. hace otras compras (ropa y otros artículos)?
5. come en un restaurante de comida al paso (comida rápida)?

Tu familia…

6. ¿hay un día específico para hacer las compras?
7. ¿compran todos los alimentos en el supermercado, por lo general?

B. ¡Tantas tiendas! Averigua cuántos de tu grupo van a menudo a una de las siguientes tiendas. ¿Qué compran allí? ¿Las prefieren al súper? ¿Por qué?

1. una panadería o pastelería
2. una carnicería
3. una pescadería o marisquería
4. una frutería
5. una verdulería
6. una heladería
7. una florería
8. una lechería
9. una farmacia
10. una tienda naturista o un herbolario

C. El tiempo es oro. Como muchas veces no hay tiempo para preparar una comida tradicional, en los Estados Unidos se ha hecho muy popular la comida rápida. Con un grupo de compañeros/as, hagan una lista de platos y alimentos que Uds. compran de las siguientes formas.

1. precocinados
2. enlatados
3. congelados
4. procesados
5. en cajas o paquetes
6. frescos

SÍNTESIS

Para leer

Estampas peruanas

En los países hispanos, la gente también va a los grandes supermercados. Pero por todas partes, desde la ciudad más cosmopolita hasta el pueblo más humilde, también hay grandes mercados en cada barrio donde los vendedores les ofrecen sus productos frescos a los clientes. La gente visita el mercado, especialmente los domingos, para comprar estos alimentos frescos a muy buen precio. En estos mercados hay puestos (*stands*) de todo: carnes y aves, pescados y mariscos, legumbres y frutas, quesos y fiambres (*deli meats and sausages*), hierbas y medicamentos naturales, té y café. En algunas partes, también hay ropa, zapatos, herramientas, juguetes, aparatos para el hogar, discos y libros.

A. Primer paso. Los puestos más tradicionales están en el mismo mercado pero, a veces, hay muchos otros en las calles cercanas. En las siguientes escenas de Pacasmayo, una ciudad costera del norte de Perú, vas a ver que el mercado hispano es mucho más que un lugar impersonal donde hacer las compras. Lee el primer párrafo y…

1. di con qué frecuencia hace las compras la gente.
2. anota en dos columnas los siguientes tipos de información.

VOCES	IMÁGENES
gritos	toda clase de personas

B. Repaso rápido. Ahora mira rápidamente los otros párrafos y di qué tipos de puestos se describen en estas estampas. Puedes usar la lista de la actividad B, página 241. Según esta información, ¿qué aromas hay en el mercado central?

El mercado huele a...

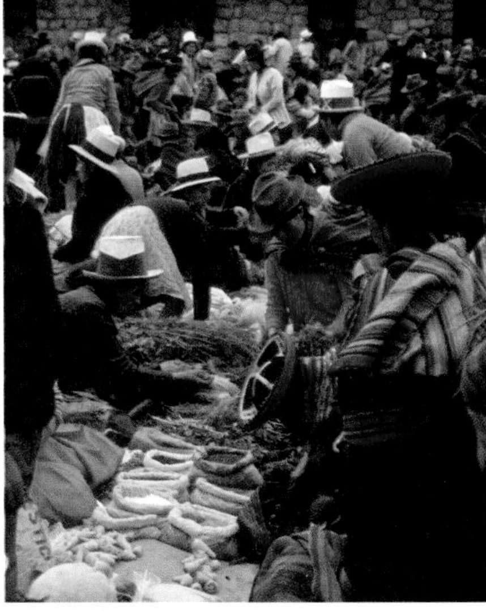

El mercado pacasmayino

Por el mercado desfilan cada siete días toda clase de personas, toda clase de animales y de cosas. Es un centro clave de operaciones comerciales, donde se observan las más diversas costumbres, métodos de ventas, ceremonias, gritos, pregones°, silbidos°, maldiciones, súplicas, remedios, chismes°, etc., etc.

Cada mañana, al entrar por la puerta del mercado, el primer pregón que se oye es el del matarife° diciendo: "A 20 soles° el medio kilo..." Otro dice: "A 10 soles..." En medio de estas insistentes ofertas, para ganar la clientela del vecino, uno de ellos grita "¡Esa carne es de perro!" El ofendido contesta: ¡La tuya ha muerto con aftosa°...! Así, entre dimes y diretes°, los carniceros se mantienen en alerta para hacer su venta. Cuando viene la clientela, que generalmente son damas, el matarife emplea el lenguaje más galante y persuasivo para vender su carne.

En el mercado existen vendedoras que tienen sus puestos de cemento. Según la temporada, hay abundancia de naranjas, mangos, piñas, ciruelas, melones, etc. Oír las diferentes transacciones comerciales que se realizan entre el público y las vendedoras es muy divertido. Así se reciben lecciones prácticas de las ciencias económicas. Las hábiles placeras°, para ganar a su clientela, emplean la persuasión y el característico arte del regateo°.

—¿Cuánto cuesta el ciento de naranjas?

—Venga caserita°, se las doy a 30 soles.

Aquí comienza el palabreo de ambos lados. Después de agotarse todos los métodos persuasivos, la vendedora dice:

—¿Cuánto me ofrece?

—Le doy 25 soles. ¿Qué dice?

La vendedora, al ver que la cliente está por irse, le dice:

—¡Llévelo caserita!, con Ud. no pierdo nada.

Palabras útiles

los pregones *street vendors' cries*
los silbidos *whistles*
los chismes *gossip*
el matarife carnicero
los soles *Peruvian currency*
la aftosa enfermedad de las vacas
dimes y diretes peleas o disputas
las placeras vendedoras
el regateo negociación
la caserita *customer*

SÍNTESIS

Palabras útiles

al alcance *accessible*
los nudos *knots*
el seno *bodice of a dress*
róbalo *sea bass*
concha *conch*
el rezago *remnant*

Las herbolarias también han tendido sus mesas en el mercado pacasmayino, en donde venden hierbas milagrosas que curan toda clase de enfermedad. En estas singulares "farmacias", las conductoras de estas ventas no sólo venden sino que aun extienden recetas. Ir a estos puestos de venta es como ir al confesionario, se oye de todo. Una señora muy preocupada se acerca y habla con la "farmacéutica" y, en voz baja, le cuenta sus dolores. De inmediato "la doctora" comienza a mirar toda la existencia de su medicina. Tomando un poquito de aquí y otro de allá, comienza a hacer paquetes con un cálculo tan meticuloso que no necesita balanza para medir. ¡Qué sabiduría! ¡Qué recetas tan prácticas! Los médicos están lejos del corazón del pueblo porque guardan los secretos de su ciencia. Por esta razón, las herbolarias cumplen una eficiente función social en beneficio del pueblo. Son comprendidas por todos y, sobre todo, sus medicinas están al alcance° de los bolsillos del pueblo.

En el Mercado Central están las cocineras que saben más que los mejores economistas profesionales. Todo se vende, nada se pierde, porque todo cuesta dinero. Ellas nunca llevan libros de cuentas. Se las arreglan con granos de maíz o haciendo nudos° en el pañuelo, que luego guardan en el seno°.

La venta del pescado es una escena muy pintoresca. En una larga fila de mesas se exhiben los róbalos°, tollos, rayas, sucos, cangrejos, conchitas° negras y blancas, frescas y saladas. Acercarse a las vendedoras de pescado es acercarse a un pasado muy remoto. Es ver en ellas el lamento por la muerte del Inca. Ese profundo sentimiento se manifiesta en cubrirse con el riguroso vestido negro, símbolo de dolor y tristeza. Ellas son un rezago° de nuestros antepasados.
—Venga, caserita, llévame mis robalitos, están fresquecitos.
—¡Conchitas... frescas! ¡Conchitas... blancas! ¡Conchitas negras!

De: Octavio Polo Briseño ("don Polito"), "El mercado pacasmayino," *Estampas: costumbres pacasmayinas. http://rtpnet.org:80/;aifelipe/estampas/costumbr.htm;nsMercado*

C. Paso a paso. Ahora, lee "El mercado pacasmayino" otra vez, párrafo por párrafo y contesta las siguientes preguntas.

Segundo párrafo:

1. ¿Qué se vende en estos puestos?
2. ¿Se llevan bien los carniceros? ¿Por qué sí o no?
3. ¿Cómo se hablan el uno al otro?
4. ¿Cómo les hablan a sus clientes?

Tercer párrafo:

¿Aquí se vende a precio fijo (*fixed*)? Explica.

Cuarto párrafo:

1. ¿Qué vende la herbolaria?
2. ¿Por qué la visita la gente?
3. ¿Es médica o farmacéutica la herbolaria?
4. ¿Cómo beneficia al pueblo la herbolaria?

Quinto párrafo:

1. ¿Por qué son buenas economistas las cocineras de los restaurantes del mercado?
2. ¿Qué sistema usan las cocineras para recordar los pedidos y poder calcular las cuentas de sus clientes?

Sexto párrafo:

1. ¿Cómo son las vendedoras de pescado?
2. Para el autor, ¿qué sentimientos y recuerdos evocan estas vendedoras? ¿Por qué?

Para escribir

Estampas estadounidenses

En esta sección vas a escribir una estampa estadounidense (o una estampa universitaria) para captar las imágenes, los ruidos, las voces y los aromas de un lugar que quieres describirle a un/a estudiante de otro país.

A. Seleccionar. Piensa en un lugar específico sobre el que te gustaría escribir.

Ejemplo:

un supermercado	un estadio
un centro comercial (*mall*)	un club o una disco
un almacén tipo *Walmart*	una feria de la calle
un restaurante de comida al paso	un centro estudiantil

B. Los cinco sentidos. Haz una lista de las cosas que se pueden ver, oír, tocar, oler y saborear en este lugar.

Ejemplo:

En la feria

Para ver: puestos, gente, vendedores, niños, turistas
Para oír: conversaciones entre clientes y vendedores, gritos, música, niños que lloran, gente que ríe
Para oler: comida, flores, perfumes, basura, aromas
Para tocar: objetos, ropa, comida
Para saborear: comidas, bebidas, golosinas, antojitos

SÍNTESIS

C. Describir. Describe este lugar usando el presente o el pretérito y las ideas que anotaste en la sección B.

1. Describe cada lugar y no hagas una lista solamente. Trata de variar la estructura de tus oraciones y evita la repetición de verbos, adjetivos y sustantivos.
2. Busca adjetivos para describir detalladamente los elementos de las listas que acabas de hacer para cada sentido.
3. Para hacer la estampa más entretenida, incorpora fragmentos de diálogos que oyes en ese lugar. Incluye los verbos **ser** y **estar**.

Ejemplo:

Los vendedores de maíz ofrecen mazorcas bañadas con mantequilla que te hacen agua la boca.

—¡Maíz calentito, maíz delicioso! ¡Compren maíz calentito recién salido de la parrilla!— gritan los vendedores.

D. Corregir. Después de escribir tu borrador, revísalo.

1. **Evita las repeticiones.** ¿Hay muchas palabras repetidas? Si es así, trata de reestructurar tus oraciones para que sean más variadas. Comprueba para asegurarte de que no usas siempre los mismos adjetivos. Reemplaza objetos directos con pronombres.
2. **Sé preciso/a.** Comprueba que los verbos concuerden con los sujetos, los adjetivos con los sustantivos. Asegúrate de que hayas empleado los usos correctos de **ser** y **estar**. Repasa la puntuación, especialmente en los diálogos.
3. **Repasa el contenido.** ¿Has incluido suficientes detalles? ¿Es tu descripción interesante? ¿Es tu narración variada? Si es así, **¡felicitaciones!**

Vocabulario

Sustantivos

el abrelatas can opener
el ajo garlic
los antojitos snacks
el aroma aroma
la avena oatmeal
la barra de chocolate chocolate bar
la canela cinnamon
los chiles verdes green chiles
la cocina cuisine, kitchen
la cuchara spoon
la cucharada tablespoonful
la cucharadita teaspoonful
la cucharita teaspoon
el cuchillo knife
las especias spices
la fuente serving dish
los fideos noodles, spaghetti
el frasco jar, container
las galletas cookies; crackers
las golosinas sweets
la gota drop
la harina flour
las hierbas herbs
el huevo egg
los ingredientes ingredients
el kilo(gramo) kilo(gram)
la lata (*tin*) can
la libra pound
la licuadora blender
el mantel tablecloth
la margarina margarine
la mermelada jam, preserves
la mostaza mustard
la olla pot (*for cooking*)
el orégano oregano
las palomitas de maíz popcorn
los panecillos rolls
los panqueques pancakes
las papitas fritas potato chips
el paquete package
el plato principal main dish, entree
la porción serving
la rebanada slice (*of bread*)
el sacacorchos bottle opener
la salsa de tomate tomato sauce, ketchup
la sartén frying pan
la servilleta napkin
el sirope syrup
la taza cup
el tenedor fork
el tocino bacon
la torta cake
el trozo piece
el vinagre vinegar
el yogurt yogurt

Adjetivos

congelado/a frozen
cortado/a (en aros) cut, sliced (*in rings*)
maduro/a ripe
medio/a half
picado/a chopped
saludable healthy
tostado/a toasted

Verbos

agregar to add
cortar to cut
desayunar to eat breakfast
hervir (ie, i) to boil
medir (i) to measure
mezclar to mix
oler (ue) a to smell like
pelar to peel
poner la mesa to set the table
sacar to remove, to take out

Otras palabras y expresiones

al lado de next to
enfrente de across
entre between
a la derecha to the right
a la izquierda to the left
delante de in front of
detrás de behind
lejos (de) far (*from*)
cerca (de) near
sobre upon, over
arriba de above
debajo (de) under
dentro (de) inside of
fuera (de) outside of

CAPÍTULO 9

Hogar, dulce hogar

ÍNDICE

Imágenes y palabras

Para describir las habitaciones, los muebles y adornos de la casa
Para hablar de tu niñez
Para hablar de los quehaceres
Para dar fechas y precios: números de 1.000 (mil) a 1.000.000.000 (mil millones)

Gramática

Para describir condiciones en el pasado: el tiempo imperfecto
Para diferenciar algunos usos del imperfecto y del pretérito

Cultura

A cada cual lo suyo
La casa y la identidad
¿Cuánto cuesta?

Casas, casitas y casonas

Para ti, ¿qué imágenes evoca la palabra **hogar**? ¿Dónde se encuentra tu hogar? ¿En la casa, apartamento o residencia donde vives ahora o en casa con tus padres, en la casa de tus abuelos, en la casa de tu niñez? En esta sección, vas a ver cómo se describen las casas y los apartamentos. Mira el anuncio y di para quién es esta urbanización (*housing development*) en la ciudad de Miami. Contesta las preguntas con **sí** o **no**.

¿Es para...?

1. los que buscan descanso
2. los deportistas
3. las familias grandes
4. los ejecutivos
5. los solteros
6. la gente a quien le gusta nadar
7. la gente a quien le gusta divertirse
8. los que tienen interés en la naturaleza

La UNICA Manera de Vivir

En medio de la exuberante naturaleza de un precioso parque, donde usted disfrutará de un estilo de vida más sosegado, más tranquilo, rodeado de un ambiente silvano y hermosos lagos, se encuentra **West Fontaine.**

Además de ofrecerle un ambiente tranquilo, esta nueva comunidad en Fontainebleau Park le ofrece toda la diversión que usted busca... con dos campos de golf, canchas de tenis y de "handball," piscinas, senderos para correr, montar en bicicleta y mucho, mucho más.

En estas cómodas residencias de 2 habitaciones y 2 baños, usted encontrará todas las conveniencias de la vida moderna, desde sólo **$51,400.**

Y todo lo que necesita está muy cerca de usted: a minutos de las principales arterias de tránsito, centros comerciales y restaurantes.

Así es que si busca u estilo de vida más placentero, no busqu más allá de West Fontaine. **Porque sól hay una manera de vivir... en West Fonta**

Fontainebleau Park

Donde el hábito del buen vivir se hace naturaleza.

9795 Fontainebleau Blvd., Miami, Florida 33172 • Tel. (305) 553-3024

TRAFALGAR COMMUN

Conversación

9–1. Bienes raíces. Mira los anuncios y di qué anuncio es más adecuado para una persona que…

México

VALLE DE BRAVO (México): 500.000 dólares

Rancho de 45 hectáreas con cuatro casas, dos almacenes y seis cuadras de caballos en un total de 940 metros cuadrados construidos. Cuenta con una gran variedad de herramientas agrícolas como tractor, sembradoras, equipo de riego por aspersión, empacadora y camioneta *jeep*. Actualmente está dedicado a la siembra de maíz, avena y papas. 52 millones de pesetas. (Sr. Escalera. Apdo. Correos 131, Valle de Bravo, Estado de México. 51200).

Colombia

CASA EN CALI

Avenida 5 Calle 29. 231 m2 de lote. 330 m2 de construcción. Frente 10.20 mt y fondo 22.65 mt. 2 plantas. Sala, comedor, estudio, 4 alcobas, terraza, 4 baños, garaje doble, jardines. $120.000.000. Informes teléfono: 6132712, Santafé de Bogotá.

En San Lorenzo de Flores-Heredia, 2km al norte de San Joaquín y rodeada de las más bellas montañas, tenemos su casa con todos los detalles de calidad y elegancia que siempre soñó:

- 3 ó 4 dormitorios
- 2 y 1/2 baños
- Garaje para dos carros
- Amplias zonas verdes con jardines
- Agua caliente con colector solar
- Alarma con sensores infrarrojos

- Cerámica y azulejos italianos
- Techo de shingle americano
- Enchufes polarizados
- Maderas de lujo
- Closets y muebles de cocina completos

¡Venga a conocerlo!

errenos desde 420 m2 y 190 m2 de construcción.
esde $103.300 (pagaderos en colones)
nanciamiento con el Banco Nacional
on la Mutual Heredia.

su cita, comuníquese por el
265-5163. Fax.: (506) 265-6431.
rio: de lunes a domingo
2 p.m. a 5 p. . a 12 md.
el residencial.

Casas de máxima categoría...

12161

Costa Rica

Dos Opciones para Un Gran Estilo de Vida

CONDOMINIO SCORPIO

SALINAS
SECTOR DE SAN LORENZO

- 8 Modernos departamentos con vista al mar.
- Zona residencial.
- En dos y tres dormitorios.
- Parqueo cubierto y bodega.
- Equipados con anaqueles de cocina y closets.
- Acabados de primera.
- Financiación directa y sin intereses

VISITE NUESTRO PISO MODELO
ATENCION EN OBRA
SABADOS Y DOMINGOS.

Ecuador

TENERIFE: 49 millones

Casa de 380 metros cuadrados en dos plantas. Cinco habitaciones, tres baños, garaje doble, piscina, jardines y terrazas con vistas. (Apdo. Correos 2, Playa Américas-Tenerife Sur.)

Canarias (España)

1. quiere vivir en el campo con mucho terreno
2. le gusta una residencia cerca de las montañas
3. busca una residencia lujosa con vista al mar
4. prefiere una residencia con jardín y piscina
5. necesita una residencia de dos plantas con cuatro alcobas

Palabras útiles

Apdo. correos *P. O. box*
los azulejos *wall tiles*
la parcela *lot*
los metros cuadrados (m²) *square meters*
la hectárea *10.000 m² o 2,47 acres*

This chapter focuses on the use of the imperfect for certain verbs of state. Remind students of the preterit forms of these verbs and their meanings, given in *Capítulo 7.* Interaction of preterit and imperfect tenses is practiced in *Capítulo 10.*

Answers for p. 248: 1. sí 2. sí 3. no 4. sí 5. sí 6. sí 7. sí 8. sí

Answers: 1. el rancho mexicano 2. la casa costarricense 3. el condominio ecuatoriano 4. la casa española 5. la casa colombiana

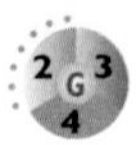

9–2. Adentro y afuera. Mira los anuncios de la página 249 otra vez y hagan una lista de las cosas que se encuentran adentro (*inside*) y afuera (*outside*).

Adentro podemos encontrar	Afuera podemos encontrar
la cocina	*cuadras de caballos*

9–3. Asociaciones. Asocia cada palabra de la columna de la izquierda con una acción de la columna de la derecha.

Ejemplo:
el patio
El patio **sirve para** estar al aire libre/ tener flores.

Answers: 1. g 2. e, f 3. h 4. a 5. f 6. c 7. d 8. b, f

1. el garaje	**a.** dormir
2. la piscina	**b.** plantar flores y árboles
3. la camioneta *Jeep*	**c.** ducharse y lavarse
4. el dormitorio o la alcoba	**d.** relajarse y juntarse con los familiares
5. la terraza	**e.** nadar
6. el baño	**f.** estar al aire libre
7. el salón	**g.** estacionar coches
8. el jardín	**h.** viajar por terreno difícil

IOR

Redistribute student ads among classmates for Activity 9-4.

9–4. Se vende o se alquila. Escribe un anuncio para vender o alquilar la casa, habitación, residencia estudiantil o apartamento donde vives ahora. Usa palabras de los anuncios para dar una descripción completa de sus características (adentro y afuera). Incluye tu teléfono o apartado de correos.

Ejemplo:
Se vende/ Se alquila un apartamento a... minutos de... **Tiene... Afuera** hay... **Adentro** hay... **Teléfono... Apdo....**

Review telephone protocols. Before their conversations, allow students two or three minutes to prepare a list of questions that reflect what they are looking for in an apartment.

9–5. Busco vivienda. Llama por teléfono a un/a compañero/a que quiere vender o alquilar su apartamento o residencia. Hazle por lo menos tres preguntas sobre las características de la residencia.

Ejemplo:
¿Cuántos dormitorios tiene? ¿Cuántos baños tiene? ¿Cómo es la cocina? ¿En qué piso está? ¿Tiene ascensor (*elevator*)?

IMÁGENES Y PALABRAS

La casa de mi niñez estaba en...

las afueras de la ciudad

el campo

Era...

pequeña y antigua

grande y moderna

Tenía...

un garaje para guardar el carro/ coche

pero no tenía ascensor

(1) Students may notice regional differences for the word "car." In Colombia, Venezuela, and the Caribbean, **carro** is used for car and **coche** refers to a *horse-drawn buggy*. The opposite holds in Spain, where **coche** is used for car, and **carro** for a horse-drawn buggy. In the Southern Cone, a car is **auto** or **coche**; **coche** is also used for a *buggy* or a *baby stroller*.
(2) Ask students for examples of variations in English from one region to another.

Adentro había...

un salón con...

una cocina con...

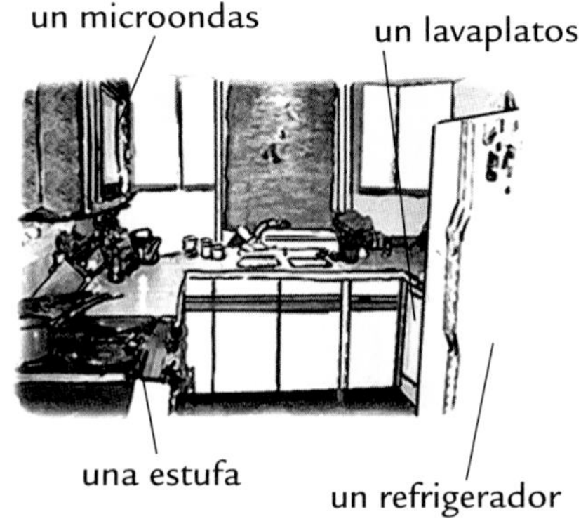

un baño completo

un comedor con...

un retrato de mis padres en la pared

un aseo

Abajo había un sótano con...

Tenía que subir ↑ y ↓ bajar...

Allí podía guardar mis...

Arriba había tres dormitorios.
Mi dormitorio era pequeño, pero cómodo. Tenía muchos muebles...

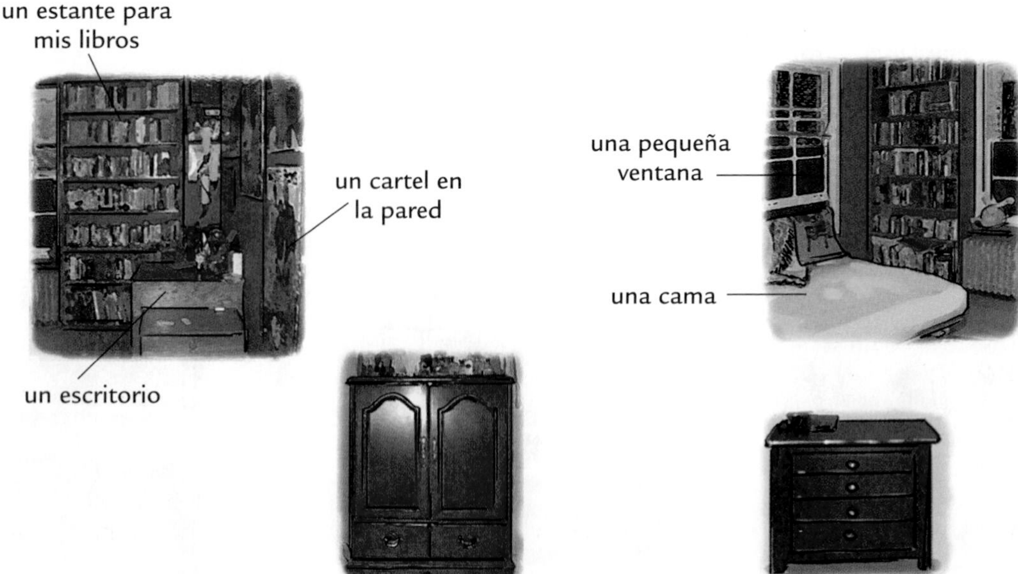

Cuando era chico/a, en mi casa siempre había muchos quehaceres. Tenía que...

sacar la basura

sacudir los muebles

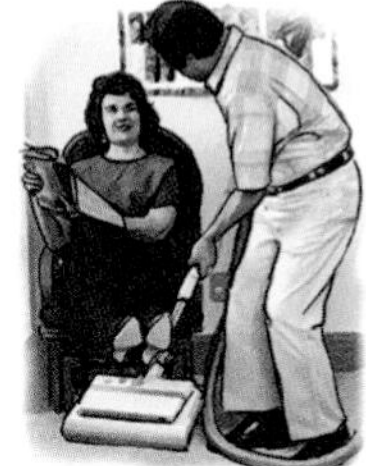
pasar la aspiradora

ordenar mi dormitorio

sacar a pasear al perro

lavar y secar los platos

darle comida al gato

hacer las camas

poner la mesa

darle comida al perro

Afuera había un jardín. A mí me gustaba...

regar (ie) las plantas

cortar el césped

barrer el patio

Expansion: Do the same with **el césped, el aseo una alfombra, una cama, un video, una lámpara, una pared.** Variation or follow-up: Write on cards the names of rooms, furniture, or objects in the home. Have each student draw a card and prepare a definition. Classmates will guess the word.

Possible answers: 1. Sirve para guardar ropa/ poner cosas. 2. Sirve para poner en la pared/ decorar la casa/ recordar a mi familia. 3. Sirve para sacudir los muebles. 4. Sirve para lavar la ropa. 5. Sirve para guardar/ poner la ropa. 6. Sirve para subir/ bajar pisos/ plantas. 7. Sirve para preparar comida/ mezclar ingredientes. 8. Sirve para viajar/ irme a....

Práctica

9–6. ¿Para qué sirve? Pregúntale a tu compañero/a para qué sirven estas cosas.

Ejemplo:

un garaje

Tú: ¿Para qué sirve un garaje?

Tu compañero/a: Sirve para guardar el coche/ el carro.

1.

2.

3.

4.

5.

6.

7.

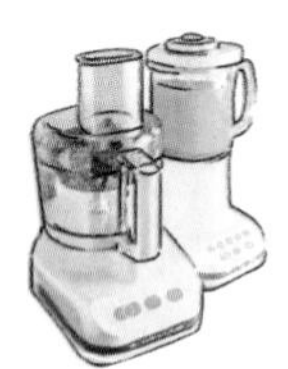

8.

IOR

Remind students that the word for "dorm" (*dormitory*) is **residencia estudantil**.

9–7. ¿Dónde lo haces? Describe de una manera detallada dónde haces las siguientes actividades.

Ejemplo:

estudiar

Casi siempre estudio en el escritorio de mi dormitorio, pero a veces estudi en el salón o en la mesa grande del comedor.

1. preparar la comida
2. dormir una siesta
3. descansar y pensar
4. hablar por teléfono
5. ver la tele
6. guardar cosas viejas
7. divertirse al aire libre
8. comer con amigos

(1) Remind students of preterit forms of **poner**. (2) Expand with **mudarse de una residencia a otra, cortar el césped, cantar en el baño, pasar la aspiradora por la sala, limpiar el sótano, preparar una cena completa en el microondas.**

9–8. ¿Quién lo hizo? Donde vives tú, ¿quién hizo lo siguiente recientemente? ¿Tú?, ¿tu compañero/a de cuarto?, ¿tu pareja?, ¿tus padres? ¿O es que nadie lo hizo?

Ejemplo:

pasar la aspiradora

Yo pasé la aspiradora anoche (hace una semana/ ayer/ esta mañana).

1. poner los platos en el lavaplatos
2. sacar la basura
3. regar las plantas
4. poner un cartel o un retrato en la pared
5. ordenar el armario
6. sacudir los muebles
7. hacer la cama
8. poner la mesa
9. barrer el suelo de la cocina

9-9. ¿Dónde lo pones? Para cada una de las siguientes opciones, usa el vocabulario presentado en **Imágenes y palabras** para decir al menos dos lugares donde guardas esta/s cosa/s, o al menos dos cosas que puedes poner en estos lugares.

Ejemplo:

cosas viejas Pongo mis cosas viejas en el sótano o en el garaje.
en la cómoda Pongo mi ropa, mis joyas y… en la cómoda.

1. ropa vieja
2. en la pared
3. afuera
4. la comida
5. los estantes
6. en el suelo del dormitorio
7. los discos compactos
8. en el escritorio
9. cosas secretas

9-10. Para llegar a un acuerdo. Escríbele una notita a una persona con quien vives: tu compañero/a de habitación, tu pareja, tu mamá, tu papá, tu amigo/a. Tienes que sugerirle una división de los quehaceres. Incluye tres propuestas (*proposals*). Sigue el modelo.

Querido compañero/a:
Tenemos que llegar a un acuerdo con respecto a los quehaceres de la casa. Por eso te propongo, el siguiente plan:
1. Si tú limpias el refrigerador a menudo, yo pongo la mesa todas las noches.
2. Yo lavo los platos todos los días si tú sacas la basura.

9-11. Recuerdos de mi niñez. Completa las siguientes frases para hacer una descripción de tu casa y tus quehaceres cuando eras chico/a.

1. Mi casa/ apartamento estaba en… (la ciudad de…/ el campo/ las afueras de…/ cerca de…). Era moderna y…
2. Tenía…/ dos dormitorios/ un sótano,…. Pero me sentía más cómodo/a en…
3. (No) Me gustaba mi dormitorio porque…
4. Afuera había… Cerca de mi casa había…
5. En casa, yo siempre tenía que… (barrer…/ hacer la cama/ sacudir…/ darle comida al gato/perro,…)
6. Cuando yo era niño/a, me gustaba… (cortar el césped/ bajar al sótano y…/ jugar afuera/ trabajar en el jardín,…)

IOR

9-12. La casa de mis sueños. Escribe una descripción detallada de tu casa ideal. Incluye los muebles y un accesorio que te guste o interese.

IOR

Ejemplo:

La casa de mis sueños está en… y tiene… Afuera hay… Arriba hay… Abajo hay… En el salón voy a poner… porque… En mi habitación voy a… Pero en el garaje no voy a…

A cada cual lo suyo

Si viajas a distintas partes del mundo hispano, vas a ver y oír muchas diferencias porque cada región del mundo hispano tiene su propia variedad regional o dialecto. Si buscas un apartamento en México o Argentina, por ejemplo, vas a hablar de un **departamento**. En España vas a usar la palabra **piso**. Si quieres que el apartamento tenga piscina, en México vas a preguntar si hay **alberca** y en Argentina vas a usar la palabra **pileta**. No debes tratar de aprender todas las variaciones que existen, pero si visitas un país hispano debes prestar atención a las palabras que se usan en esa región.

Have students identify the country in which each of these properties is located.

A. Mira los anuncios de la página 249 y di en qué país/es se usan las siguientes palabras para referirse a estas dos habitaciones de la casa.

una habitación para dormir	un lugar para juntarse con los familiares
un dormitorio	el comedor
una alcoba	la sala
una habitación	el salón

B. ¿Qué imágenes asocias con la palabra **casa**? Como puedes ver, en el mundo hispano la palabra **casa** evoca muchas imágenes diferentes. ¿Cuál de estas casas te gusta más?

San Juan

Mérida, Península de Yucatán

Sevilla

Caracas

GRAMÁTICA

Para describir condiciones en el pasado: el tiempo imperfecto

In *Capítulos* 6 and 7 you learned to use the preterit tense to relate actions that occurred in the past.

This section presents the imperfect with verbs that express state and condition. Habitual actions and narration in the imperfect are presented in *Capítulo 10*.

Mis hermanos y yo **nacimos** en Honduras, pero hace cinco años **nos fuimos** a Chile y **vimos** la nieve de los Andes por primera vez.

*My brothers and I **were born** in Honduras, but five years ago **we went** to Chile and **saw** snow on the Andes for the first time.*

Some verbs, however, tend to express *states* or *conditions* instead of actions.

state of ownership:	**tener**	obligation:	**tener que**
state of being:	**ser, estar**	knowledge:	**saber**
ability:	**poder**	desire:	**querer**
thought/belief:	**creer**	familiarity:	**conocer**
existence:	**hay (haber)**	like/dislike:	**gustar**

In this chapter, you have seen some of these verbs used in another past tense, the *imperfect tense*. The imperfect tense, rather than the preterit tense, is commonly used to describe a state or condition in the past.

desinencias / formas / endings

Point out that the **yo** and **él/ ella/ Ud.** forms are the same.

Yo tenía 18 años cuando me mudé. **Quería** vivir sola en la universidad porque **me gustaba** ser independiente. No **podía** cocinar en mi residencia, pero muy cerca **había*** muchos restaurantes.

***I was 18 years old** when I moved. I **wanted** to live alone at the university because I **liked** being independent. I **couldn't** cook in my dorm, but **there were** many restaurants close by.*

1. The imperfect tense is formed by replacing the ending of the infinitive with imperfect tense endings.

Replace **-ar** with				Replace **-er** or **-ir** with			
-aba	estaba	**-ábamos**	estábamos	**-ía**	podía	**-íamos**	podíamos
-abas	estabas	***-ábais***	*estábais*	**-ías**	podías	***-íais***	*podíais*
-aba	estaba	**-aban**	estaban	**-ía**	podía	**-ían**	podían

***Había**, like its present tense form **hay** (*there is/are*), is used only in the singular form to express *there was* or *there were*.

2. There are only three irregular verbs in the imperfect tense.

ser	era	eras	era	éramos	*érais*	eran
ir	iba	ibas	iba	íbamos	*íbais*	iban
ver	veía	veías	veía	veíamos	*veíais*	veían

3. The following are some ways you have used verbs of state in the present tense. Notice how they are used in the *imperfect tense* to describe the same conditions in the past.

	PRESENTE	**PASADO**
To give the time	No **es** la una; **son** las dos.	No **era** la una; **eran** las dos.
To describe personality or physical appearance	**Soy** amable y divertido. **Somos** altos y delgados.	**Era** amable y divertido. **Éramos** altos y delgados.
To indicate location of people or place	La casa de mis abuelos **está** lejos de aquí.	La casa de mis abuelos **estaba** lejos de aquí.
To describe moods and feelings	Todos **estamos** contentos. Nadie **está** enojado.	Todos **estábamos** contentos. Nadie **estaba** enojado.
To describe surroundings or express quantities	No **hay** sótano pero **hay** cinco dormitorios.	No **había** sótano pero **había** cinco dormitorios.
To give one's age	**Tengo** veintiún años.	**Tenía** veintiún años.
To express intentions	**Voy a** alquilar un apartamento.	**Iba a** alquilar un apartamento.

Yo **estaba** en casa. **Eran** las cinco y los hijos de mi hermano **iban a** llegar muy pronto. El mayor **tenía** ocho años y **era** muy activo. Siempre **estaba** aburrido cuando no **había** nada que hacer.

Práctica

9–13. ¡Qué linda era la vida! Describe tu vida cuando estabas en la escuela secundaria. Usa el siguiente esquema como guía.

Ejemplo:
Teníamos siete horas de clase, pero no **teníamos** mucha tarea.

1. Las clases eran…	y no eran…
2. Había…	pero no había…
3. Podíamos…	pero no podíamos…
4. Teníamos que…	pero no teníamos que…
5. Los maestros eran…	pero no eran…
6. Yo estaba…	pero no estaba…
7. Siempre íbamos a…	pero no íbamos a…
8. Nos gustaba/n…	pero no nos gustaba/n nada…

9-14. Antes y ahora. Entrevista a tu compañero/a para averiguar cómo era su vida hace dos o tres años y cómo es ahora. Tu compañero/a debe decir si **todavía** es así o si **ya no** es así.

Ejemplo:

Tú: ¿Eras tímido/a antes? ¿Y ahora?
Tu compañero/a: Sí, antes era tímido/a pero ahora **ya no** soy tímido/a. *o* **Todavía** soy tímido/a.

1. ¿Qué programas de la tele te gustaban? ¿Y ahora?
2. ¿Tenías que ayudar con los quehaceres? ¿Y ahora?
3. ¿Sabías hablar español? ¿Y ahora?
4. ¿Creías que tus clases eran difíciles? ¿Y ahora?
5. ¿Podías diseñar programas de computadora? ¿Y ahora?
6. ¿Querías vivir solo/a? ¿Y ahora?
7. ¿Conocías bien a tus compañeros? ¿Y ahora?
8. ¿Estabas enojado/a a veces? ¿Y ahora?
9. ¿Veías a tus amigos frecuentemente? ¿Y ahora?

9-15. Sueños infantiles. Escoge tres cosas de la siguiente lista (o inventa otras) que siempre querías hacer cuando eras chico/a. Después, explícale a la clase por qué no podías hacerlas.

Ejemplo:

salir con amigos por la tarde
A la clase: Siempre quería salir con amigos por la tarde, pero no podía porque tenía que quedarme en casa/ hacer mis tareas/ estudiar.

1. ver televisión hasta las tres de la mañana
2. comer golosinas y antojitos
3. beber vino o cerveza
4. conducir el coche de mi papá
5. jugar con los juguetes de mi hermano
6. montar en monopatín por el salón
7. ir a Disney World
8. comprar videojuegos

9-16. Las cosas cambian. Mira cuánto han cambiado las cosas en estos años. Compara tu niñez con tu juventud con respecto a lo siguiente. IOR

Ejemplo:

el cine
Antes, mis amigos y yo no íbamos a ver películas para mayores, pero **ahora** puedo verlas todas.

1. la ropa
2. la televisión
3. las fiestas
4. los quehaceres de la casa
5. la comida
6. la computadora

9-17. ¡Qué lata! Anota tres quehaceres de la casa que tenías que hacer cuando eras chico/a. Luego, usa tu lista para entrevistar a tu compañero/a. Después, explícale a la clase qué cosas hacían los/las dos y qué cosas hacía sólo uno/a de Uds.

Ejemplo:

A tu compañero: ¿Tenías que lavar los platos?

A la clase: Las dos **teníamos que** lavar los platos. Yo **tenía que** secarlos también, pero ella no. Ella **tenía que** pasar la aspiradora, pero yo **tenía que** barrer el patio.

9-18. Familias de hoy y de ayer. Prepara con tus compañeros un breve informe para presentar a la clase comparando algunos aspectos de la vida de estas familias de los años 50 y 90. Usa el tiempo imperfecto y las sugerencias.

Ejemplo:

En los años 50 los matrimonios tenían más hijos. En los años 90 las familias eran más pequeñas con uno o dos hijos.

Sugerencias

tamaño (*size*) de la familia	pasatiempos
tipo de vivienda	quehaceres
trabajo de los padres	obligaciones

Voces hispanas

La casa y la identidad

¿Crees que una casa o un apartamento refleja la identidad de su dueño o habitante? Cuando ves una casa, ¿te preguntas a veces cómo es la gente que vive en ella?

A. ¿Qué tipo de vivienda asocias con la siguiente gente?

1. una mujer emprendedora (*enterprising*)
2. una persona sin trabajo
3. una familia grande adinerada
4. una ejecutiva soltera
5. un matrimonio joven
6. un padre soltero
7. tres amigas jóvenes
8. cuatro universitarios
9. un soltero muy sociable
10. una viuda con un perro

B. Según la poeta argentina Alfonsina Storni, las casas revelan mucho de la gente. Lee el poema y explica qué símbolos usa para comunicarnos los siguientes temas: la conformidad, la apatía, el terror de no tener identidad.

Cuadrados y ángulos

Las gentes ya tienen el alma° cuadrada,
Casas enfiladas°, casas enfiladas
Casas enfiladas.
Cuadrados°, cuadrados, cuadrados.
Casas enfiladas.
Las gentes ya tienen el alma° cuadrada,
Ideas en fila°
y ángulo en la espalda°.
Yo misma he vertido ayer una
lágrima°.
Dios mío, cuadrada.*

Palabras útiles

el alma *soul*
enfiladas *in rows*
cuadrados *squares*
en fila *in a row*
la espalda *back*
he vertido... una lágrima *I shed a tear*

C. ¿Se puede ver la conformidad en las casas estadounidenses? ¿Qué aspectos de tu casa reflejan la conformidad y cuáles el individualismo?

*De: Alfonsina Storni, "Cuadrados y ángulos," *El dulce daño*, 1918.

Para diferenciar algunos usos del imperfecto y del pretérito

As you learned in *Capítulo 7*, some verbs of state can convey different meanings when used in the preterit. In the following chart, notice that the preterit of these verbs captures a *moment or point in time* and the imperfect of these verbs describes a *general state or condition*.

The verb	in the imperfect means	but in the preterit *may* mean
tener	**tenía** (*had*)	tuvo (*got, received*)
saber	**sabía** (*knew how to*)	supo (*found out*)
querer	**quería** (*wanted to, loved to*)	quiso (*tried to*)
	no quería (*didn't want to*)	no quiso (*refused to*)
poder	**podía** (*was able/allowed to*)	pudo (*could, succeeded in*)
hay (*haber*)	**había** (*there was/were*)	hubo (*there occurred/happened/appeared*)
conocer	**conocía** (*was familiar with/ was acquainted with*)	conoció (*met*)

To help students distinguish between the preterit and imperfect use of state verbs, ask them which tense they would use in the following situations: finding out from a classmate that there was no exam that day (preterit); meeting a new instructor (preterit); refusing to do a chore (preterit); stating that they always wanted to live near the beach (imperfect); stating that they already knew how to cook paella (imperfect); describing the furniture that was in their room (imperfect); stating that an accident occurred (preterit).

No **sabía** que mi hermano Carlos **quería** tanto a Andrea. Pero anoche **supe** que los dos iban a casarse cuando **tuve** una llamada telefónica de Carlos. **Quise** decirle que él no la **conocía** bien (la **conoció** hace sólo un mes), pero Carlos **no quiso** escucharme. No **pude** convencerlo de su error.

I didn't ***know*** *that my brother Carlos* ***loved*** *Andrea so much. But last night, I* ***found out*** *that they were going to get married when I* ***got*** *a phone call from Carlos. I* ***tried*** *to tell him that he didn't* ***know*** *her well enough (he only* ***met*** *her a month ago), but Carlos* ***refused*** *to listen to me. I* ***could*** *not convince him of his mistake.*

You will learn more about the uses of the imperfect and preterit tenses in *Capítulo 10*.

Práctica

9-19. Un cuento. El siguiente cuento es una versión moderna de una fábula antigua. Complétalo con la forma apropiada de los verbos indicados en el tiempo imperfecto o el tiempo pretérito, según el contexto.

Give students this helpful hint: The preterit is used thirteen times. Follow up by asking students to justify their choice of preterit or imperfect in each case.

En el pueblo de Ríos Fuertes todos __conocían__ (1. conocer) y __podían__ (2. poder) contar la historia de dos amigos, Flojo* Saltamontes y Antonio Obrero**. Flojo __era__ (3. ser) un joven muy gracioso que siempre __estaba__ (4. estar) de buen humor. Le __gustaba__ (5. gustar) reírse, dar fiestas y pasarlo bien todo el día, pero como no __era__ (6. ser) nada trabajador, __tenía__ (7. tener) que vivir en un coche viejo cerca del río. En cambio, su amigo Antonio __sabía__ (8. saber) pensar en el futuro; __era__ (9. ser) muy emprendedor y __creía__ (10. creer) que, con largas horas de trabajo, algún día __iba a__ (11. ir a) poder comprarse la casa que __quería__ (12. querer). Después de muchos años de trabajar y ahorrar, __llegó__ (13. llegar) el momento en que Antonio por fin __pudo__ (14. poder) comprarse la casa de sus sueños. Mientras tanto, Flojo todavía __estaba__ (15. estar) en su coche-casa cerca del río, donde, por supuesto, no __había__ (16. haber) ni refrigerador, ni cama, ni baño. Un día, cuando __supo__ (17. saber) de la casa nueva de su amigo Antonio, __tuvo__ (18. tener) una gran idea: ¡__iba a__ (19. ir a) hacerse su compañero de habitación! Inmediatamente, se fue a hablar con Antonio, pero al llegar, ¡qué sorpresa __tuvo__ (20. tener)! Antonio le __cerró__ (21. cerrar) la puerta y no __quiso__ (22. querer) hablarle. Flojo, insistente, le __dijo__ (23. decir): —¡Antonio, Antonio! (Yo) __creía__ (24. creer) que tú y yo __éramos__ (25. ser) buenos amigos. ¿Recuerdas cuando tú __tenías__ (26. tener) 14 años y no __podías__ (27. poder) salir de noche? Una noche, yo te __ayudé__ (28. ayudar) a escapar de casa. Cuando tú y yo __estábamos__ (29. estar) en la escuela, una vez yo te __conseguí__ (30. conseguir) las respuestas de un examen. ¿Recuerdas? Pero nada. No __hubo__ (31. haber) ni una palabra de respuesta y Flojo __se fue__ (32. irse). Al día siguiente, __hubo__ (33. haber) una inundación del río y se llevó el coche de Flojo. Desde entonces, Antonio no puede dormir tranquilo.

*__Flojo__ significa *lazy*.
El apellido **Obrero significa "trabajador".

9–20. Recientemente. Haz unas frases para contarle a la clase algo de los eventos recientes de tu vida.

> *Ejemplo:*
> algo que querías hacer... no pudiste hacerlo
> **Quería** comprar una computadora nueva, pero no **pude** porque no tenía dinero.

1. algo que querías hacer... no pudiste hacerlo
2. algo que no sabías antes... lo supiste recientemente
3. una persona que no conocías antes... la conociste recientemente
4. algo que no querías hacer... tuviste que hacerlo
5. algo que ibas a hacer... no lo hiciste
6. querías a una persona... algo pasó
7. querías algo... por fin lo conseguiste

9–21. ¿Qué te pasó? Relata un incidente gracioso o interesante que te ocurrió recientemente. Usa el pretérito y el imperfecto de los verbos **tener, saber, querer, poder, haber, conocer**. Presta atención al uso de los tiempos según el contexto. Sigue el modelo.

> *Ejemplo:*
> Ayer **hubo** una fiesta super divertida en la residencia. **Había** más de cien personas. Allí **conocí** a un chico muy guapo, pero cuando él **quiso** besarme le dije que no **podía** porque no lo **conocía** muy bien todavía. Él se fue medio enojado. Después me sentí mal y lo busqué por todas partes pero no lo **pude** encontrar. Bueno, creo que hice bien porque después **supe** por una amiga que él ya **tenía** muchas novias.

EN VOZ ALTA

For the audioscript for *Capítulo 9*, please refer to p. 498.

A. Escucha la conversación que ocurre en una tienda de muebles y toma apuntes. Después, marca (✓) de qué se habla.

- ❑ de comprar muebles para un regalo
- ☑ de comprar muebles para una nueva casa
- ❑ de vender una mesa y seis sillas para la cocina
- ☑ de muebles modernos y de estilo
- ☑ de precios en dólares
- ❑ de precios en pesos
- ☑ de tener niños
- ☑ de la calidad de los muebles

B. Escucha los precios que se ofrecen y escribe los artículos para cada uno de los siguientes precios:

1. más de 1.000 dólares sofás grandes o pequeños, modernos o coloniales
2. menos de 1.000 dólares mesas y mesitas, estantes para la biblioteca
3. 200 dólares mesas y mesitas
4. 400 dólares estantes para la biblioteca
5. rebajados a mitad de precio mesa de comedor, seis sillas, armario, dos mesitas y lámparas de cristal

C. ¿Qué dice doña Manuela que ocurría en sus tiempos?

En mis tiempos,
todo se hacía con meses de anticipación.

En mis tiempos,
el juego de dormitorio era de estilo clásico.

En mis tiempos,
en la sala sólo se recibían visitas.

¿Y qué le contesta Jorge?

En sus tiempos,
los muebles duraban más que la abuela.

Mi refranero. En la conversación que escuchaste oíste el siguiente refrán. Escúchalo con atención y trata de imitar la pronunciación.

No es oro todo lo que reluce. *All that glitters is not gold.*

Aquí tienes otros dos refranes que se refieren a la casa. Escúchalos con atención y trata de imitar la pronunciación.

Casa con dos puertas, mala es de guardar.
Casa chica, infierno grande.

Daily exchange rates are posted on the Internet at *http://pacific.commerce.ubc.ca/xr/*. Rates for Latin American only: *http://cnnfn.cnn.com/markets/currencies/americas.html*

Answers: 1. $51.800.000 Bungalow: Chile 2. Bosques de La Cañada: Colombia 3. Santa Inés: Venezuela, 4. Urbanización Las Nieves: España 5. Sans Denis: Estados Unidos 6. Urbanización Las Magnolias: Costa Rica 7. Colonia Alta Vista: México

(1) Remind students that periods, not commas, are used to separate thousands and millions, and that commas, not periods, are used to indicate decimals (presented in *Capítulo 2*).
(2) Exactly 100 is **cien**, but subsequent numbers are **ciento uno/ dos/ doce/ veinte**.
(3) **doscientos, trescientos...** have feminine forms when followed by feminine nouns.
(4) The number 1.000 is mil (not "un mil"), but 1.000.000 is **un millón**, used with **de** when followed by a noun.
(5) You may wish to point out that a billion in Spanish is **mil millones**.
(6) Both **¿cuánto cuesta?** and **¿cuánto vale?** have been used in this text. Students should be accustomed to hearing and practicing both expressions (**vale** is used primarily in Spain).

Voces hispanas

¿Cuánto cuesta?

Cada país hispano tiene su propia economía y su propia moneda. La siguiente tabla te da información sobre la moneda que usan algunos países hispanos. Como puedes ver, hay varios países que usan distintos **pesos**. Para representar el peso se usa el símbolo $ (el mismo símbolo que se usa para el dólar estadounidense).

LAS MONEDAS DE ALGUNOS PAÍSES HISPANOS

País	Moneda	Símbolo	Tasa de cambio por cada US$
Argentina	peso	$	1.60
Chile	peso	$	674
Colombia	peso	$C	2256
Costa Rica	colón	₡	330
Ecuador	sucre	S/.	25000
España	euro	€	181,15
Estados Unidos	dólar	US$ (USD)	
México	nuevo peso	N$	9
Perú	nuevo sol	NS	3.5
Uruguay	nuevo peso	NU$	13
Venezuela	bolívar	Bs	728

A. Mira los anuncios clasificados y trata de identificar el país donde está cada casa o apartamento que se vende, según la moneda que se menciona.

¿Está en Chile, Colombia, Costa Rica, España, Estados Unidos, México o Venezuela?

$51.800.000 Bungalow de lujo, nuevo, 4 dormitorios con closets de eucalipto, 2 baños, cocina americana con comedor de diario, estar separado para niños, garaje de dos autos, calefacción, alfombrado. Venden sin comisión sus constructores-arquitectos. Verlos Rucalhue 18.135 final Camino Los Refugios. Aceptamos ofertas. Teléfono 274738.

2. **Bosques de la Cañada.** Apartamentos de tres alcobas, tres baños, cuarto y baño de servicio, estar con chimenea, biblioteca, dos garajes, bosque reservado, cancha de tenis, caminos para jogging. $C 165.405.882. Informar 258 68 20.

SANTA INÉS alquilo apartamento 4 habitaciones, 3 baños, salón, comedor, cocina equipada, estacionamiento, urbanización privada, seguridad y tranquilidad. Bs 17.900.000. Información 5644831.

4. **Urbanización Las Nieves.** Chalet con jardín privado, 4 dormitorios, 2 baños y 1 aseo, garaje 4 coches, cocina amueblada, suelos de gres. 13.478.260€ 637 44 55

5. **Sans Denis.** Residencias de 3 y 4 dormitorios, 2 baños. Alfombras pared a pared, cocina europea equipada. Desde US$ 67.460. (305) 5122.

6. **VENDO CASA EN URBANIZACIÓN LAS MAGNOLIAS.** 3 dormitorios, 2 baños completos, sala, comedor, cocina, patio grande, cochera para dos autos. Dos plantas. Precio ₡ 5.102.500, se escuchan ofertas. 2202324.

7. **Colonia Alta Vista.** 4 recámaras, sala amplia, estudio, 3 baños, aseo, garaje 2 autos, rodeada de balcones y terrazas, 200m². N$ 2.280.000

B. Para hablar de casas y otras cosas caras (como muebles y automóviles), hay que usar números grandes. Usa la siguiente tabla para decir cuánto cuestan las casas y los apartamentos de los anuncios.

De mil a mil millones
1.000 mil dólares/ euros
15.000 quince mil bolívares/ dólares
50.000 cincuenta mil bolívares/ pesos uruguayos/ dólares
100.000 cien mil colones/ dólares
500.000 quinientos mil pesos/ euros
800.000 ochocientos mil bolívares/ colones/ euros
1.000.000 un millón de nuevos pesos/ bolívares/ euros
3.500.000 tres millones quinientos mil de colones/ pesos
11.000.000 once millones de bolívares/ dólares
100.000.000 cien millones de dólares/ pesos/ euros
1000.000.000 mil millones de pesos/ colones/ euros

SÍNTESIS

Para leer

"El Verano." 1937. Antonia Ruiz, mexicano.

En esta sección, vas a conocer a gente que no tiene ni trabajo ni casa. Son **desamparados**. Es decir, viven al margen de la sociedad porque no son tan afortunados como los demás. Mira el cuadro. ¿Cómo es la gente que vas a conocer?

A. Piensa en el tema. Mira el título y lee sólo **el primer párrafo**, usando buenas estrategias para adivinar las palabras desconocidas. Ahora que sabes de qué trata este artículo, busca la palabra **malvivir** en este párrafo. Copia palabras y expresiones relacionadas con el tema de **malvivir**. Luego, completa las siguientes frases para describir qué es **malvivir**.

1. Una persona malvive si...
2. Esta gente no puede...
3. La persona vive... y sólo gana... (es decir,... US$).

La ruta de los pobres

Antonio tiene 62 años y busca trabajo; Gabriel ha cumplido los 92 y recoge cartones° cada mañana para ayudar en casa. Antonio se encuentra entre los dos millones de españoles considerados indigentes y Gabriel malvive, bajo el nivel de pobreza (dispone de menos de 21.000 pesetas al mes*). Como ellos, hay más de ocho millones de personas que no pueden vivir con dignidad.

Antonio quería ver a los Reyes Magos el 6 de enero** y, como un niño más, se puso en la fila. De repente escuchó a una señora que le dijo a una amiga: "¡Cuidado!°" El peligro° era él, Antonio, un hombre vestido con ropa vieja, con el pelo un poco largo y con zapatillas°. Las señoras pensaron que quizás él les iba a robar la cartera y se fueron.

Una noticia en el periódico sobre las concentraciones de marginados llevó a Antonio hasta una iglesia del barrio de Entrevías, donde contactó con la Coordinadora de Barrios. La Coordinadora es una de las instituciones que organizó la movilización de marginados.

Llegó a la iglesia a pie°. En el bolsillo, llevaba 40 pesetas y en la cartera, el carné de identidad, un permiso para dormir en un

B. Lee un poco. Lee **el segundo párrafo**, donde se describe un incidente en que participó Antonio. Completa las preguntas sobre el incidente.

1. ¿Cómo era Antonio?	Tenía... porque era...
2. ¿Dónde estaba Antonio?	Estaba en...
3. ¿Quiénes estaban allí?	Había...
4. ¿Qué quería hacer? ¿y qué hizo?	Antonio quería... Por eso, ...
5. ¿Qué pasó? ¿por qué?	Entonces, una señora le dijo... a su amiga y las dos creían que...

C. Lee otro poco. Mira **el tercer y cuarto párrafos** para tener una idea general de otra parte de la historia de Antonio. Luego, busca las palabras del artículo que completan este resumen.

1. Antonio no tenía mucho dinero, sólo...
2. Como no tenía casa, Antonio tenía que dormir en un...
3. Allí había otros desamparados, es decir, había otros...
4. Antonio fue a..., donde había una organización que quería...
5. Creía que la organización era... pero allí encontró...
6. Antonio quiso traer a... a una demostración por los derechos de..., pero ellos no..., porque ya estaban acostumbrados a...

albergue municipal° y la cartilla de beneficiencia. "Llevo 62 años sufriendo pero todavía creo en Dios," dice. "Pensé que era caridad° y vine aquí, pero me encontré con un grupo de gente que trabajaba por los derechos° de los 'sin casa,' de los marginados de este país". Trabajó toda la semana para la Coordinadora y trató de traer a sus compañeros de albergue a la demostración, pero ellos no quisieron. "Ellos no quieren saber de nadie, se acostumbraron a la miseria y al desamparo."

Trabajó como conductor de un camión° durante nueve años y eso es lo que quiere hacer ahora. Pero a su edad nadie le da trabajo y es demasiado joven para jubilarse y recibir una pensión. Y no tiene dirección fija. Sin embargo, no se resigna a ser un hombre sin derechos y exige: "Quiero trabajar, no me gusta la caridad. Me cansé de hablar con todas las asistentas sociales de todos los distritos. Durante el invierno, conseguí un trabajo temporal; asaba castañas° en la calle. Ganaba 2.500 pesetas por trabajar 11 horas."

Pero ahora ya no es temporada de castañas y Antonio no tiene ni trabajo ni casa. Es un sin casa, un desamparado más.

De: "La ruta de los pobres," *El País* (domingo 1° de abril de 1990), 26.

*As of March 2002, the Spanish peseta (US$1 = 188 ptas.) has been totally replaced by the euro, the currency of most countries of the European Union.

Los Reyes Magos. In the traditional religious celebration of the Epiphany honoring the visit of the Wise Men, the three Magi parade the street in Spain and other countries, and bring gifts to children on January 6.

SÍNTESIS

Students should recognize many words from previous lessons; for example, **cumplir años, fila, cartera, bolsillo, cansarse de**.

Answers: 1. Tenía el pelo largo, ropa vieja y zapatillas porque era pobre. 2 Estaba en la fila para ver a los Reyes Magos. 3. Había dos señoras. 4. Antonio quería ver a los Reyes Magos. Por eso, se puso en la fila. 5. Entonces, una señora le dijo "Cuidado" a su amiga y las dos se fueron; Las dos creían que Antonio les iba a robar la cartera.

These statements present a summary of the article and thus do not necessarily match the order in which the ideas are presented.

Answers: 1. 40 pesetas 2. albergue municipal 3. pobres 4. una iglesia, organizar a los marginados 5. caridad; un grupo de gente que trabajaba por los derechos de los sin casa. 6. sus compañeros de albergue; los sin casa; quisieron; la miseria y el desamparo.

Palabras útiles

recoge cartones recolecta cajas de cartón
¡Cuidado! *Be careful!*
el peligro *danger*
las zapatillas *sneakers*
a pie *on foot*
el albergue municipal *city shelter*
la caridad *charity*
los derechos *rights*
el conductor de un camión *truck driver*
asaba castañas *roasted chestnuts*

SÍNTESIS

D. Para terminar. Ahora, lee **los dos últimos párrafos**, sólo para tener una idea general de lo que le reserva el futuro a Antonio. Luego, completa el resumen con tus propias palabras.

1. Antonio quería ser... conductor
2. No podía jubilarse porque... Sin embargo, tampoco pudo conseguir trabajo porque era demasiado... todavía era joven; de mayor
3. Pero tenía que trabajar porque no quería aceptar la... caridad
4. Durante el invierno consiguió un trabajo... Pero su sueldo era de sólo... temporal; 2.500 Ptas. por trabajar 11 horas
5. Cuando se acabó el invierno, se acabó... Antonio se quedó sin... Era... la temporada; trabajo; casa, un desamparado más.

Answers: 1. cierto 2. cierto 3. falso: "Y no tiene dirección fija." 4. cierto 5. cierto 6. falso: "Trabajó como conductor de un camión durante nueve años y eso es lo que quiere hacer ahora." 7. falso: "Quiero trabajar, no me gusta la caridad." 8. falso: "Me cansé de hablar con todas las asistentas sociales de todos los distritos."

E. Busca detalles. Lee las siguientes frases y, según el artículo, di si son ciertas o falsas. Si son falsas, debes corregirlas.

Antonio...

1. podía leer.
2. era religioso.
3. tenía dirección fija.
4. creía en la misión de la Coordinadora.
5. no era joven.
6. no sabía exactamente lo que quería hacer.
7. no tenía interés en el trabajo.
8. no conocía a nadie.

F. Cuenta la historia. Completa las siguientes frases con los verbos dados para contar algunos episodios de la historia de Antonio.

1. Antonio ___sabía___ leer. Por el periódico, ___supo___ que había una organización que lo ___podía___ ayudar. (**podía, sabía, supo**)
2. Antonio ___podía___ conducir camiones, pero no ___pudo___ conseguir trabajo. (**pudo, podía**)
3. Antonio ___quería/ quiso___ hacer algo para ayudar a la Coordinadora; por eso, ___quiso___ traer a sus compañeros a las demostraciones, pero ellos no ___quisieron___ participar. (**quería, quisieron, quiso**)
4. ___Había___ un desfile (el de los Reyes Magos) y Antonio ___quiso___ verlo; por eso, se ___puso___ en fila. Pero una señora creía que Antonio ___era___ un peligro y le ___dijo___ "¡Cuidado!" a su amiga. (**creía, dijo, era, había, quiso, puso**)

G. Nuestro punto de vista. La organización Coordinadora de Barrios trata de ayudar a los marginados, movilizándolos para luchar por sus derechos. ¿Qué piensas de esta idea? Elijan uno de los siguientes temas y prepárense para presentar su punto de vista a la clase.

1. ¿Tener casa es un derecho o un privilegio?
2. ¿Los marginados deben organizarse y movilizarse para protestar sus condiciones?
3. Además de las organizaciones de caridad, ¿quién tiene la responsabilidad de ayudar a los pobres, el gobierno o cada persona? ¿las iglesias o las empresas?
4. ¿Crees que mucha gente prefiere aceptar la caridad en vez de trabajar?
5. ¿Qué solución existe para los pobres que ya están acostumbrados a su situación?

Para escribir

Un rincón del alma

Una buena descripción le permite al lector no sólo visualizar una escena, sino también experimentarla y comprenderla de una manera personal. Esta sección te va a ayudar a escribir descripciones intercsantes de lugares y cosas de tu pasado.

A. Identificar. Escoge un lugar muy específico y especial que recuerdes bien de un hogar de tu infancia. (No tiene que ser de **tu** casa.)

Ejemplo:

el sótano (el ático) de la casa de mis abuelos	la cocina de mi abuela
un rincón (*corner*) del dormitorio de mis padres	el jardín de mi vecino
un armario debajo de la escalera	la terraza de la casa de mi tía

B. Imaginar. Imagínate que estás en ese lugar. Contesta las siguientes preguntas con tantos detalles como puedas. No hagas este paso de prisa y sino prestando mucha atención. Los detalles que generes ahora van a hacer mucho más interesante la descripción.

¿Dónde estás?	en un rincón del dormitorio de mis padres
¿Cómo es?	Es un lugar cómodo, secreto, interesante, algo desordenado, silencioso, oscuro.
¿Qué hay allí?	la cómoda grande de mi mamá; perfumes, lociones y cosméticos; cajitas de plata; fotos de familiares en marcos de madera; la mesita pequeña; la lámpara antigua; el reloj cucú en la pared; las zapatillas de casa de mi mamá; las revistas de finanzas de mi papá

¿Cómo te sientes?	aventurera, curiosa, tranquila, segura
¿Qué haces?	Me siento en el silla, sacudo la cómoda, miro las fotos, pienso en...

C. Describir. Describe tu lugar especial como un recuerdo, usando el tiempo imperfecto y las ideas que pusiste en la Actividad B como núcleo. Mientras escribes, considera las siguientes normas.

1. Haz una descripción, no una una lista. Los lectores no quieren leer inventarios, como **había..., también había...,** y **además, había...** Usa estructuras variadas y intenta evita la repetición de verbos y sustantivos.
2. Elabora cuando sea posible para expresar un significado personal. Usa adjetivos para evocar sentimientos, imágenes y experiencias personales.
3. Combina y entremezcla tus ideas de formas interesantes. En la Actividad B, desarrollastes muchas imágenes e ideas. Ahora mezcla estas ideas de forma creativa, para crear una descripción vida.

Ejemplo:

Me sentía **tranquila y segura** en el rincón **desordenado** del dormitorio de mis padres. No sé cuántos años tenía **el sofa viejo** donde pasaba tantas horas en mi **silencioso** mundo de fantasía, pero...

La cómoda de mamá era **grande**, de una madera oscura, y yo siempre creía que guardaba muchos **secretos**. Me gustaba sacudirla, arreglar la **maravillosa** colección de **perfumes**, tocar las **cajitas de plata** sin abrirlas...

D. Corregir. Después de haber escrito tu borrador, haz una evaluación.

1. **Repasa el contenido.**
   ¿Has dado suficientes detalles? ¿Es interesante tu descripción? ¿Revela tu descripción algo sobre ti?
2. **Evalúa tu expresión.**
   Lee la descripción en voz alta. ¿Oyes alguna repetición de verbos o sustantivos? Si oyes verbos que se repiten, reestructura tus oraciones; si oyes sustantivos que se repiten, usa pronombres si es posible.
3. **Comprueba tu precisión.**
   a. Marca que has repasado la concordancia de adjetivos y pronombres de complemento directo poniendo el símbolo ✓ **a** (adjetivos) y ✓ **p** (pronombres de objeto directo) en el margen de cada línea en la que aparecen.
   b. Marca que has repasado las terminaciones verbales poniendo el símbolo ✓ **v** en el margen de cada línea donde aparecen verbos.

Vocabulario

Sustantivos

las afueras suburbs
la alfombra carpet
el apartamento apartment
el armario wardrobe, closet
el ascensor elevator
el aseo half bath
la aspiradora vacuum cleaner
la basura trash, garbage
la cama bed
el cartel poster
el césped lawn
el comedor dining room
la cómoda dresser
el dormitorio bedroom
la escalera staircase
el escritorio desk
el estante (para libros) (*book*) shelf
la estufa stove
el garaje garage
el gato cat
el jardín (*flower*) garden
la lámpara lamp
la lavadora de ropa washer
el lavaplatos dishwasher
la mesa table
la mesita side/small table
el microondas microwave oven
el mueble piece of furniture
la niñez childhood
la pared wall (*interior*)
el patio yard, patio, courtyard
el perro dog
los quehaceres household chores
el refrigerador refrigerator
el retrato portrait
el salón living room
la secadora de ropa clothes dryer
la silla chair
el sofá sofa
el sótano basement
el suelo floor
la ventana window

Adjetivos

antiguo/a old, of antique quality
cómodo/a comfortable
completo/a full; complete
moderno/a contemporary

Adverbios de lugar

abajo downstairs
adentro inside
afuera outside
arriba upstairs
cerca (de) near, close (*to*)

Verbos

bajar to go downstairs, to descend
barrer to sweep
cortar el césped to mow the lawn
darle comida al/a la... to feed (*pet*) . . .
guardar to put away, to keep
hacer la cama to make the bed
pasar la aspiradora to vacuum
regar (ie) to water (*plants*)
sacar a pasear al/ a la perro/a to walk (*dog*) . . .
sacudir to dust
secar to dry
subir to go upstairs, to climb

Números

cien mil 100,000
un millón 1,000,000
mil millones 1,000,000,000 (*billion*)

CAPÍTULO

10 Historias de mi niñez

ÍNDICE

Imágenes y palabras

Para hablar de tus recuerdos de la niñez: juegos, pasatiempos y actividades

Para describir tu rutina diaria

Para narrar una historia con descripción del ambiente y de lo que ocurrió

Gramática

Para describir y narrar el pasado: el imperfecto y el pretérito

Para contar una historia: repaso de los tiempos imperfecto y pretérito

Para hablar de un evento anterior a otro evento en el pasado: el pretérito pluscuamperfecto

Cultura

Los superlativos de los jóvenes

La voz de Mafalda

Intereses, aficiones, pasatiempos

¿Qué intereses tienes tú? ¿Los tenías de niño/a también? Como vas a ver en esta sección, las aficiones de la gente joven son muy variadas. Mira las revistas de esta página. ¿Cuál te interesa más a ti? ¿Por qué?

Conversación

10–1. Mi hobby. ¿Qué hobby tenías tú cuando eras niño/a? ¿Te gustaba coleccionar cosas? Usa el siguiente modelo para decir qué cosas te fascinaban a ti.

Me fascinaba/n...	**Tenía...**	**Coleccionaba...**
la biología	un microscopio	insectos
los planetas	un telescopio	libros de astronomía
la música rock	una guitarra	carteles de grupos musicales
los animales	un perro y un gato	calcomanías (*stickers*) de animales
el béisbol	un guante	tarjetas de béisbol con autógrafos
la tecnología	una computadora	videojuegos

10–2. ¿Qué se ofrece? En los anuncios de un periódico mexicano, unos alumnos de colegio tratan de vender cosas que ya no usan. Mira los anuncios y di qué anuncio ofrece algo relacionado con las siguientes categorías. No es necesario comprender cada palabra para identificar el artículo.

Ejemplo:
instrumentos o equipo musical
En el número uno, una persona vende un órgano y un amplificador de guitarra.

AVISOS ECONÓMICOS ESCOLARES

1	Vendo órgano Casio en SK8 nuevo a la mejor oferta. También amplificador de guitarra N$1.035*. Llamar al 5877480. También permuto.
2	Vendo SEGA MASTER con dos controles, pistola y cartuchos perfectas condiciones. Llamar al 2272331.
3	Vendo computadora AST en buen estado con módem, ratón y 95 disquettes. También discos compactos Myst, Encarta. Teléf. 2275307. Fernando.
4	Vendo discos los Beatles y los Doors, llamar al 5472662.
5	Vendo par zapatillas marca Reebok americanas blancas número 44, nuevas, sin uso, N$658. Teléf. 6962005, también teléf. 5568360.
6	Vendo gafas del sol y nieve marca Vic francesas nuevas. Llamar al 5749418 o al 5748094.
7	Vendo traje de artes marciales negro kung fu, impecable N$113, par de zapatillas, especial salto alto jabalina NY40-41, N$85, impecables. Tel. 6966346.
8	Equipo buceo italiano completísimo mujer talla 42-44, vendo N$1.487. Oportunidad. 2933695.
9	Vendo raqueta de tenis Prince Response, 90, casi nueva. Teléf. 6833698, N$847.
10	Vendo piscina Barbie y accesorios de muñeca. Llamar al 29204430.
11	Colección monedas de todo el mundo. Ofertas sobre N$800. 2735430.
12	Regalo hermosos gatitos. Tel. 5668536.
13	Cachorrito Doberman, 7 meses, precioso, vacunado, regalado en N$320 por cambio a departamento, 4061997.

Answers:
1. En el #2, una persona vende un SEGA MASTER con dos controles.
2. En el #5 venden zapatillas Reebok; en el #7 venden un traje de artes marciales.
3. En los avisos 12 y 13, se ofrecen gatitos y un cachorrito Doberman.
4. En el #11, una persona vende una colección de monedas de todo el mundo.
5. En el #3, una persona vende una computadora AST y programas.
6. En el #6, gafas del sol y nieve; en el #8, equipo de buceo; y en el #9, una raqueta de tenis.
7. En el #10, una persona vende una piscina Barbie y accesorios de muñecas.
8. En el #4, una persona vende discos de los Beatles y los Doors.

1. equipo para videojuegos
2. ropa
3. mascotas o animales domésticos
4. recuerdos de viaje
5. computadora o software
6. equipo deportivo
7. juguetes de niñas
8. casetes y discos compactos

10–3. ¿Qué quiere decir? Une las palabras de los anuncios de la columna A con las palabras de la columna B que tengan un significado similar.

A		B
1. cachorrito	c	**a.** cambio
2. marca	d	**b.** protector para la gente que esquía
3. estado	e	**c.** perrito
4. gafas de sol y nieve	b	**d.** nombre de la compañía
5. permuto	a	**e.** condición

10–4. ¿Qué se puede hacer? Busquen en los anuncios de la página 275 un artículo o aparato relacionado con cada una de las siguientes actividades.

Ejemplo:
tomar el sol
Las gafas de sol y nieve **sirven para** tomar el sol.

1. bucear
2. tocar música
3. jugar tenis
4. hacer karate
5. jugar a las muñecas
6. jugar a los videojuegos
7. esquiar
8. correr

Write on the board the list of information that the ads should include: **¿Cómo es? (marca, color, talla, atractivos especiales); ¿Está en buenas condiciones? (casi nuevo, en impecable estado, inigualable); ¿Cuánto cuesta? ¿Aceptas la mejor oferta? ¿Es conversable el precio?**

10–5. ¡Súperbueno! Los vendedores quieren dar la impresión de que sus artículos son de muy buena calidad. Hagan una lista de las palabras que usan en los avisos para expresar esto. Luego, escriban su propio aviso para vender "en línea" algo que ya no usan.

Ejemplo:
Vendo patines **en perfectas condiciones**, número 7, regalados en $40.00. Llamar al...

10–6. Artículos y aficiones. Describe cosas de tu niñez. Usa palabras de los anuncios para describir lo que tenías y lo que querías, según el modelo.

Ejemplo:
Cuando era niño/a, tenía una computadora súperbuena, de marca... que me gustaba mucho. **Siempre quería...** pero...

IMÁGENES Y PALABRAS

Cuando era niño/a, tenía que cuidar a mis mascotas. Tenía...

un/a perrito/a

un/a gatito/a

una lagartija

un pez*

un pájaro

una tortuga

un conejo

un ratoncito

(1) Provide words students request to talk about other pets: **conejillo de Indias (cuy), hámster, rana, araña, caballo, serpiente,** etc. (2) Ask students which of these pets they had when they were little. (3) What characteristics do they associate with each? For example, **gatito (independiente), perrito (leal), tortuga (lenta), conejo (rápido), pájaro (cantor).**

En casa o en la guardería, mis amigos y yo jugábamos...

al papá y la mamá

a las muñecas

a la pelota

al escondite

Con los chicos de mi vecindario, me gustaba...

IOR

columpiarme en el parque

treparme a los árboles

explorar lugares peligrosos

disfrazarme de fantasma

*Plural of **pez** = **peces**.

Cuando me quedaba en casa, me gustaba...

saltar en las camas

mirar los dibujos animados

construir o armar cosas

leer las tiras cómicas

Fingía que era...

jugador/a de...
cantante de rock
piloto
astronauta
científico/a loco/a
actor o actriz famoso/a

Coleccionaba...

IOR

monedas

insectos

estampillas

Other words for *stamps*: **timbres, sellos**.

animalitos de felpa

conchas de mar

Como era niño/a, a veces lloraba cuando...

me hacía daño

me caía**

me perdía***

rompía algo

soñaba*** con monstruos

Caerse is irregular in the **yo** form of the present tense: **me caigo**.
***Perderse (ie), soñar (ue),** and **volver (ue)** are stem-changing verbs in the present tense.

Era algo travieso/a. Mis padres me regañaban cuando...

Remind students of **pelearse con (me peleaba con), llevarse bien con (no me llevaba bien con)**, used in previous chapters. Ask students if any of these apply to them. Then ask: **¿Qué les hacían los padres si dejaban ropa en el suelo (si volvían a casa tarde/ si hacían mucho ruido/ si rompían algo)?** You may want to introduce the word **castigar** at this point.

hacía mucho ruido

dejaba la ropa en el suelo

tiraba piedras

volvía*** a casa muy tarde

asustaba a mi hermanito

Siempre me quejaba cuando tenía...

Remind students of **tener ganas de** (*Capítulo 4*). Ask students: **¿Lloraban cuando tenían miedo? ¿Lloraban cuando tenían razón y nadie los comprendía? ¿Lloraban cuando tenían sueño?** You may also wish to introduce **tener suerte, tener cuidado** at this point.

mucha sed

miedo

hambre

calor

frío

razón y nadie me comprendía

sueño

prisa

Práctica

10–7. Asociaciones. Di qué lugares, personas, cosas o actividades asocias con estas palabras.

> *Ejemplo:*
> insectos y lagartijas → el jardín

1. conchas y arena
2. treparse
3. hacerse daño
4. tirar piedras
5. guardería
6. perderse
7. tener miedo
8. disfrazarse
9. columpiarse
10. ser travieso
11. colecciones
12. juguetes

10–8. Niños precoces. Usa el vocabulario de **Imágenes y palabras** para decir qué cosas probablemente les gustaban a los siguientes tipos de niños.

> *Ejemplo:*
> **imaginativa**
> Le gustaba armar o construir cosas o...

1. curiosa
2. aventurero
3. artista
4. deportista
5. solitario
6. sociable
7. cómico
8. traviesa
9. desordenada
10. coleccionista
11. inteligente
12. sentimental

10–9. Cuando era niño. Haz una encuesta para averiguar quién hacía estas actividades cuando era niño/a. Informa los resultados a la clase.

> *Ejemplo:*
> **jugar a las muñecas**
> Marisa y Terry jugaban a las muñecas cuando eran niñas.

1. coleccionar tarjetas de béisbol
2. mirar dibujos animados
3. leer historietas
4. jugar a la pelota
5. creer en Santa Claus
6. dormir con un animalito de felpa
7. treparse a los árboles
8. saltar en las camas
9. asustar a otros niños

10–10. Mascotas preciosas. Hazle preguntas como las siguientes a tu compañero/a para saber algo sobre las mascotas que tenía cuando era niño/a. Toma apuntes y descríbele a la clase cómo eran sus mascotas.

¿Cuántos años tenías cuando tuviste tu primera mascota? ¿Qué era? ¿Cómo se llamaba? ¿Cómo era? ¿Qué le gustaba hacer? ¿Qué tenías que hacer para cuidarla? ¿Tenías otras mascotas?

10–11. ¡Qué bien lo pasaba! Piensa en cuando eras niño/a. Di qué recuerdos asocias con las expresiones que siguen.

Ejemplo:
la naturaleza
Me gustaba mirar las plantas, los insectos y las flores en el jardín de mi casa.

1. cosas de miedo o peligrosas
2. en el bosque o el lago
3. cosas de niños
4. cosas entretenidas
5. a solas en casa
6. en la playa
7. cosas de niñas
8. cosas aburridas
9. cosas traviesas
10. cosas imaginarias

10–12. Ansias. Para cada situación, di cuándo o por qué te sentías así de niño/a.

Follow up by asking, **Y entonces, ¿qué hacías?**

Ejemplo:
Tenías hambre.
Siempre tenía hambre cuando me despertaba por la mañana, cuando volvía a casa después de clase.

1. Tenías prisa.
2. Tenías ganas de llorar.
3. Tenías miedo.
4. Tenías mucho sueño.
5. Tenías frío o calor.
6. Tenías razón.

10–13. Entrevista. Usa las siguientes preguntas para entrevistar a tu compañero/a con respecto a su niñez. Toma apuntes para informarle luego a la clase.

Ejemplo:
Tú: ¿Cuándo llorabas?
Tu compañero/a: Lloraba cuando me hacía daño o cuando no podía ver la televisión.
A la clase: Dennis lloraba cuando se hacía daño o cuando no podía ver la televisión.

1. ¿Cuál era tu juguete favorito?
2. ¿Cuándo te reías?
3. ¿Cuándo te quejabas?
4. ¿Tenías un/a amigo/a imaginario/a? ¿Cómo se llamaba?
5. ¿Cuándo te enojabas?
6. ¿Con quién jugabas? ¿A qué jugaban?
7. ¿Cuándo te hacías daño?
8. ¿Cuándo te regañaban tus padres?
9. ¿Qué te gustaba coleccionar?
10. ¿Cuándo eras algo travieso/a?
11. ¿Cuándo creías que tenías razón?
12. ¿Cuándo lo pasabas muy bien?

IOR

Los superlativos de los jóvenes

¿Reconoces algunos de estos superlativos? Como puedes ver, cuando los jóvenes quieren decir que algo es súperbueno, disponen de muchas palabras y expresiones.

¡divino!
¡maravilloso! ¡fantástico!
¡extraordinario! ¡estupendo!
¡notable! ¡glorioso! ¡increíble!
¡legendario! ¡tremendo! ¡fenomenal!
¡la octava maravilla! ¡súper! ¡fabuloso!
¡MAGNÍFICO! ¡DE PRIMERA!
¡inspirado! ¡EXCEPCIONAL!
¡el número uno!
¡indescriptible!
¡singular! ¡REGIO!
¡espectacular!
¡lo mejor de lo mejor! ¡ENCANTADOR!

You may wish to give students other expressions young people use to describe the "best of the best": **La última Coca-Cola en el desierto; La venida en la Quinta Avenida; La monedita de oro; La región más transparente del hombre invisible.** In pairs, have students develop their own expressions of the best of the best.

Si quieres poner énfasis en algún adjetivo, puedes agregarle el sufijo **-ísimo/a**. Por ejemplo, para decir que un libro es muy bueno, puedes decir que es **bue*nísimo***. Para decir que una clase es muy buena pero muy difícil, dices que es **bue*nísima*** pero **dificil*ísima***. Trata de expresar lo siguiente usando los sufijos **-ísimo/s, -ísima/s**.

1. unas clases muy fáciles facilísimas
2. un libro muy aburrido aburridísimo
3. una carta muy interesante interesantísima
4. unas colecciones muy caras carísimas
5. un bosque muy peligroso peligrosísimo
6. unos amigos muy curiosos curiosísimos

GRAMÁTICA

Para describir y narrar el pasado: el imperfecto y el pretérito

In *Capítulo 9* you practiced using verbs in the imperfect to describe conditions or states (**poder**, **tener**, **ser**, **estar**, **saber**, **querer**) in the past. In this chapter you have practiced using the imperfect for another purpose: to describe what you habitually, routinely, or frequently did or used to do in the past. Remember that to express an action in the imperfect, you need to replace the infinitive ending as shown in the chart.

Review forms of the imperfect, including irregular verbs presented in *Capítulo 9*.

Replace -ar with	**Replace -er or -ir with**
-aba	-ía
-abas	-ías
-aba	-ía
-ábamos	-íamos
-abais	*-íais*
-aban	-ían

1. Use the imperfect tense to

- describe *routine or habitual actions* in the past (what you *used to do*)

  Cuando **asistía** a la escuela primaria, siempre **me levantaba** a las seis.

- give the *time or weather*

  Eran las siete y media de la mañana y **hacía** mucho frío. El cielo **estaba** oscuro. **Iba** a nevar.

- describe two or more *simultaneous actions* in the past, using **mientras** (*while*).

  Mientras todos **cantaban** en el autobús escolar, mis amigos y yo **hacíamos** las tareas.

2. Use the preterit tense to

- *relate* or *narrate* what happened at a specific point in time or on a specific occasion.

  Ese día, cuando **fui** al parque me **caí** del columpio y me **hice** daño.

3. Some verbs, such as **querer**, **tener**, **poder**, **saber**, **conocer**, and **haber (hay)**, typically express states or conditions rather than actions. As you learned in *Capítulo 9*, these verbs may be used in either the preterit or imperfect tense with some differences in meaning.

- When used in the preterit, the focus is on a specific moment in time. The preterit tense often indicates the point at which a state or an activity ended or began; for example, **conocí** *(I met)*; **supe** *(I found out)*.

  Cuando la conductora paró el autobús, **supe** que nos iba a regañar. **Tuve** miedo porque no tenía buena cara. Traté de darle una excusa, pero no **pude**.

- When used in the imperfect, the focus is on the description of the state as a background or period of time, or on the recurrence of the action or event.

  Todos **sabíamos** que no se debía gritar en el autobús porque la conductora se **podía** distraer y **podía** haber un accidente.

Notice the contrast between description of a period of time and narration of events at different points in time in the following paragraphs.

Description: Era muy feliz en ese pueblo. **Conocía** bien a todos mis vecinos y **tenía** muchos amigos.

Narration of events: Pero entonces **tuvimos** que mudarnos a otra ciudad y todo **cambió** muchísimo. El primer día en esa ciudad extraña **conocí** mi nueva escuela y a mi nueva profesora. Ninguna de las dos me **gustó**. Ese año no **fue** fácil, pero creo que entonces **aprendí** que la vida puede ser difícil hasta para una niña de nueve años.

4. **Ser**, **estar**, and **gustar** are three other verbs that refer to *states* or *conditions* rather than actions. Notice how their uses vary in the imperfect and in the preterit.

	IMPERFECT	**PRETERIT**
gustar	• to express *what you used to like* **Me gustaban** las fiestas de cumpleaños.	• to express *reaction to* something that occurred **Me gustó** la fiesta de Enrique.
ser	• to describe *what something was generally like* Las fiestas en mi casa **eran** siempre muy divertidas.	• to express *reaction to* something that occurred ¡La fiesta de anoche **fue** fenomenal!
estar	• to express where something or someone was *when something else happened* **Estaba** en la fiesta cuando llamaste.	• to express where something or someone was *for a specific period of time* **Estuve** allí más de cuatro horas.
	• to describe *how someone generally felt* Siempre **estaba** contentísimo cuando venían a visitarnos los abuelos.	• to express a *sudden feeling* or reaction to an event Pero, cuando mis abuelos se fueron después de mi cumpleaños, **estuve** muy mal por un mes.

5. Here are some expressions you can use to describe routine (imperfect) and nonroutine (preterit) in the past.

Period of time (imperfect)	**Point/s in time (preterit)**
antes, en ese tiempo	ayer, anoche, ese día, ese mes, ese año
(casi) siempre, generalmente	pero una vez (una noche/ un día/ un año)
todo el tiempo	hace... años
a menudo	en 1999, ese año, ese día, esa vez
todos los días	al + (*infinitivo*): al verlo/ empezar (*upon seeing him/starting*)
por lo general	
a veces, de vez en cuando	por unos días (dos horas/ una semana/ un rato/ un tiempo)
mientras	

Práctica

10–14. Vacaciones de verano. Completa la siguiente narración con la forma apropiada de los verbos indicados. Usa el pretérito o el imperfecto según el contexto.

Cuando yo __era__ (1. ser) niño, todos los veranos mi familia y yo __visitábamos__ (2. visitar) a mis abuelos. El viaje __era__ (3. ser) muy largo porque mis abuelos __vivían__ (4. vivir) en Montana y nuestra casa __estaba__ (5. estar) en Indiana. Siempre __íbamos__ (6. ir) en coche y recuerdo que mi hermana y yo __nos peleábamos__ (7. pelearse) y __nos quejábamos__ (8. quejarse) porque los dos __estábamos__ (9. estar) tan aburridos. A veces, __llevábamos__ (10. llevar) al perro, Kong. Kong __olía__ (11. oler) muy mal y siempre __tenía__ (12. tener) hambre.

Pero un verano, en vez de visitar a los abuelos, mis padres nos __dijeron__ (13. decir) que __iban__ (14. ir) a llevarnos a otro sitio. ¡Qué felices __estuvimos__ (15. estar) mi hermana y yo al escuchar esta buena noticia! __Dejamos__ (16. dejar) a Kong en casa de unos vecinos y __nos fuimos__ (17. irse) todos en avión a... ¡la playa! Allí __estuvimos__ (18. estar) diez días en un hotel de lujo. Nos __gustó__ (19. gustar) muchísimo. Mi hermana y yo __saltamos__ (20. saltar) las olas, __hicimos__ (21. hacer) muchos paseos para coleccionar conchas, __fuimos__ (22. ir) a los parques de diversiones y __conocimos__ (23. conocer) a muchos chicos. ¡__Fueron__ (24. Ser) unas vacaciones fantásticas! Mis padres __se divirtieron__ (25. divertirse) también, porque por fin no __tuvieron__ (26. tener) que escuchar las peleas de sus hijos ni los llantos (*cries*) patéticos de Kong.

10–15. Antes. Seguramente, ya no haces las cosas como las hacías de niño/a. Di qué hacías antes en las siguientes circunstancias.

> *Ejemplo:*
> De niño/a, cuando veía películas aburridas **me dormía.**

De niño/a,

1. cuando te quedabas solo/a en casa
2. cuando salías con amigos
3. cuando vivías en otro lugar
4. cuando hacía buen tiempo
5. cuando veías dibujos animados
6. cuando no trabajabas ni estudiabas
7. cuando ibas a casa de tus abuelos o familiares
8. cuando llegaban las vacaciones de invierno

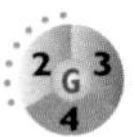

10–16. En la guardería. Tu compañero/a te va a entrevistar sobre tus experiencias en la guardería. Añade tanto detalles como puedas. Usa expresiones de frecuencia como **siempre, a veces, por lo general, todos los días/ casi nunca**.

> *Ejemplo:*
> ir a la guardería/ ¿Quién te llevaba?
> Tu compañero/a: ¿Ibas a la guardería? ¿Quién te llevaba?
> Tú: Sí, iba a la guardería todos los días. Me llevaba mi mamá, por lo general.

1. tener miedo de la maestra/ ¿Por qué?
2. quejarse de algo/¿De qué?
3. construir o armar cosas/ ¿Qué cosas?
4. asustar a los otros niños/ ¿Por qué?
5. disfrazarse/¿De qué?
6. jugar al escondite/¿Con quién?
7. explorar lugares/¿Cuáles?
8. leer tiras cómicas/¿Cuáles?
9. fingir ser una persona famoso/ ¿Quién?

10–17. ¡Qué bien lo pasábamos! Di qué hacían tú y tus hermanos o amigos en las siguientes situaciones cuando eran niños.

> *Ejemplo:*
> **Si no había clases,** todos nos íbamos al parque y jugábamos a la pelota.

1. si sus padres no estaban en casa
2. si alguna vez nevaba mucho
3. si alguno/a de Uds. rompía algo de valor
4. si alguno/a de Uds. estaba enfermo/a
5. si tenían ganas de salir pero no tenían dinero
6. si tenían que cuidar a un/a hermano/a o a una mascota
7. si uno/a de Uds. perdía las llaves de la casa
8. si tu mamá los llevaba de compras al centro comercial

10-18. Todo cambió. Elije uno de los siguientes temas y contrasta la rutina de la primera parte (a) con la ocasión específica de la segunda parte (b).

IOR

Ejemplo:

a. Antes de saber conducir un coche, **tenía que** practicar/ aprender las reglas de conducir/ tomar lecciones.

b. Recuerdo muy bien el día que **saqué** mi licencia de conducir. **Me sentí** muy feliz/ contento/a.

1. a. antes de poder salir con un/a chico/a — b. la primera vez que saliste
2. a. la rutina del colegio cuando eras chico/a — b. al llegar a la universidad
3. a. tu cumpleaños cuando eras chico/a — b. el día que cumpliste 18 años
4. a. las vacaciones/ los viajes con tus padres — b. el primer viaje con tus amigos
5. a. antes, cuando no tenías que trabajar — b. después de conseguir trabajo

10-19. En el parque. Describe esta escena en el parque usando el imperfecto. Usa las preguntas como guía.

¿Dónde ocurría esta escena?
¿Qué hora era?
¿Qué estación era?
¿Qué tiempo hacía?
¿Qué hacían los niños?
¿Qué hacía el perro?
¿Qué hacían las madres?

Answers:
La escena ocurría en el parque. Eran las tres de la tarde. Era invierno. Hacía frío. Dos niños se columpiaban y otros niños corrían y jugaban al escondite. Dos niñas jugaban a las muñecas. Un perro corría detrás de una pelota. Un bebé dormía. Las madres hablaban y sonreían.

10-20. Mi ciudad. Describe un lugar de tu niñez y luego, una ocasión en que te divertiste mucho.

Ejemplo:

Vivía en... que era una ciudad... Estaba cerca de... Recuerdo que había... Un año/ verano,...

Para contar una historia: repaso de los tiempos imperfecto y pretérito

USE THE IMPERFECT TO . . .	USE THE PRETERIT TO . . .
• refer to periods or stages *globally*	• refer to events of *specific* duration or at specific points in time
Antes vivía en la universidad,	pero el semestre pasado me mudé a un apartamento. Viví allí cuatro meses.
• describe *routines* or *habits*	• relate *non-routine events*
Siempre tenía una fiesta para mi cumpleaños,	pero cuando cumplí 16 años, fuimos a un restaurante carísimo.
• describe *intentions*	• relate *outcomes* or *results*
Íbamos a ir a la fiesta,	pero no pudimos porque llegaron los amigos del colegio.
Quería verlos,	por eso los invité a mi casa.
• *evaluate* events *in general*	• react to *specific* events
Generalmente, me gustaban mis clases, trimestre. No me gustó nada.	pero la clase de química fue muy difícil ese
• describe *general states* or *conditions*	• indicate the *beginning or end* of a state
Antes no conocía a mis vecinos.	Anoche los conocí en una reunión.
• describe *motivation* or *momentum*	• *capture the moment*
Me sentía triste y no quería estar allí,	pero al ver a mis padres, me sentí tan emocionada.
• describe an *action in progress*	• relate *actions that interrupted* those in progress
Hablaba por teléfono con mi novio	cuando me llamó mi mamá por la otra línea.
• describe the *setting* or *background*	• narrate *what occurred* (the actions)
Eran las diez de la noche. Nevaba y hacía mucho frío.	De repente, hubo un ruido afuera. Yo salté de miedo.

The preterit tense generally serves to list actions or narrate events, much like a series of snapshots. Its use with the imperfect tense, however, results in something more like a videotape that allows others to "live" the experience. Recounting an experience is like telling a story. Notice how the imperfect and preterit tenses are meshed to achieve this goal.

1. To set the scene in the past, to provide the background to a story, or to describe what was happening when certain actions took place, use the *imperfect* tense.

> **Eran** las cuatro de la tarde y mis amigos y yo **jugábamos** a la pelota con unos vecinos en la calle. Uno **tiraba** la pelota y los otros **corrían** y **gritaban**. **Era** a fines de noviembre. **Nevaba** y **hacía** bastante frío, pero mis amigos y yo sólo **llevábamos** la camiseta del colegio. **Nos divertíamos** mucho a pesar del frío que **teníamos**, porque **éramos** el mejor equipo y **sabíamos** que **íbamos** a ganar.

2. But a story is not a story without action. To narrate what happened or to relate the events that took place against the background, use the *preterit* tense.

> De repente, un coche **apareció** en la calle. Yo **salté** y **grité**, pero en ese momento mi amigo **se cayó** en el hielo. El coche **se detuvo** y el conductor y una chica **bajaron** para ayudarlo. Así **fue** cómo mi amigo **se hizo** daño y **tuvo** que pasar dos días en el hospital. Así también **fue** cómo yo **conocí** a mi futura esposa.

3. Recounting an episode in the past is not simply a matter of writing a paragraph in the imperfect tense followed by one in the preterit tense. Even as you narrate actions, you need to "step back" from time to time to provide description.

> De repente, un coche apareció en la calle. El conductor **era mayor, de pelo trigueño y tenía la misma camiseta que nosotros**. Al ver el coche, yo salté y grité, pero mi amigo **estaba tan entusiasmado que no me podía escuchar** y de repente se cayó en el hielo. El coche se detuvo. El conductor y una chica rubia bajaron para atender a mi amigo. **La chica tenía más o menos 13 años. Era baja, algo gruesa, de ojos claros. Recuerdo que lloraba de miedo.** Así fue cómo mi amigo...

4. Here are some useful expressions for showing the contrast between the setting and the action that occurred, or between an ongoing activity and the events that interrupted it.

de repente *(suddenly)*
en ese momento *(at that moment)*
en seguida *(immediately)*
al + infinitivo *(on/upon doing something)*

5. To sequence a narration, use the following expressions: **entonces**, **luego**, **después**, **por fin**, **por último**.

Point out the use of the dash (—) to indicate dialogue or quotation.

Práctica

10-21. El maravilloso traje del emperador. Completa el siguiente cuento con las formas apropiadas de los verbos indicados. Usa el infinitivo, el imperfecto o el pretérito, según el contexto.

Hace muchos años había (1. haber) un emperador muy vanidoso y egoísta. A él le gustaba (2. gustar) tanto la ropa que sólo pensaba (3. pensar) en comprarse trajes (*suits*) y sombreros elegantes. Todos los días, se vestía (4. vestirse) cuidadosamente con las sedas (*silks*) y los brocados más caros y se miraba (5. mirarse) por horas en el espejo. Estaba (6. Estar) muy contento el emperador.

Un día, llegaron (7. llegar) al palacio dos sastres (*tailors*) y pidieron (8. pedir) permiso para conocer al emperador. Cuando por fin lo conocieron (9. conocer) al emperador tuvieron (10. tener) la oportunidad de hablar con él, le dijeron (11. decir) y que iban (12. ir) a hacerle un traje mágico:

—Nuestros trajes son mágicos porque sólo la gente más inteligente del país puede verlos —le explicó (13. explicar) el primer sastre.

En seguida les dieron (14. dar) a los falsos sastres sedas de la mejor calidad y los sastres fueron (15. ir) a una habitación donde pretendían que trabajaban. Después de un mes el emperador entró (16. entrar) a la habitación pero ¡no vió (17. ver) nada! De repente se sintió (18. sentirse), muy nervioso porque recordó (19. recordar) que sólo la gente más inteligente del país podía (20. poder) ver el traje mágico. En seguida les dijo (21. decir) la los sastres:

—¡Qué maravilla! ¡Este sí que es el traje más magnífico del mundo!

El día del gran desfile (*parade*) para su cumpleaños, el emperador se vistió (22. vestirse) con el traje mágico y salió (23. salir) del palacio a la calle. Mientras iba (24. ir) por las calles, todos aplaudían con entusiasmo. Pero después de un rato, el emperador escuchó (25. escuchar) una voz infantil.

—¡El emperador no lleva ropa! ¡Está desnudo (*naked*)!— gritó (26. gritar) una niñita.

De repente, hubo (27. haber) un gran silencio y en seguida todos los espectadores se rieron (28. reírse) a la vez. En ese momento, el emperador supo (29. saber) la verdad y se sintió (30. sentirse) muy humillado. Quiso (31. Querer) esconderse pero no pudo (32. poder) y entonces, volvió (33. volver) al palacio. Fue (34. Ser) un día muy triste para el emperador, pero aprendió (35. aprender) una gran lección, que la vanidad no viste a los grandes hombres.

10–22. Nunca lo hice. Di cuatro cosas que pensabas hacer la semana pasada que nunca hiciste. Luego, explica por qué no las hiciste. Usa expresiones como **Iba a..., Tenía ganas de..., Pensaba..., Quería....**

> *Ejemplo:*
> **Iba a** estudiar para mi examen de sociología, pero **vinieron** unos amigos y me **llevaron** a una discoteca.

10–23. Bocetos. Completen las escenas que siguen con al menos una acción o un evento (el tiempo pretérito), según el modelo.

> *Ejemplo:*
> **Yo tenía diez años cuando** murió mi abuelito y tuvimos que ir a Chicago.

1. Mi dormitorio estaba desordenado y, por eso,...
2. Un día estábamos en la playa cuando...
3. Era medianoche y estábamos en un barrio distante cuando, de repente,...
4. Estábamos en un hotel de otra ciudad. Hacía frío y teníamos sueño. Entonces,...
5. Ese día había tres pruebas y, por eso,...
6. Para mi cumpleaños siempre hacíamos una fiesta, pero ese año...

10–24. ¿Qué pasaba? Escriban una frase de trasfondo (*background*) para estas acciones. ¿Qué pasaba cuando ocurrió lo siguiente?

> *Ejemplo:*
> me caí al agua
> **Una vez, cuando navegaba** en bote de vela con mi papá me caí al agua.

1. hubo un ruido tremendo
2. me llamó
3. me perdí en el bosque
4. me caí en el hielo/ al agua
5. rompí
6. me hice daño
7. me vio mi novio/a
8. mis padres llegaron

You may wish to have pairs of students choose *one* of the items and provide more detailed background to the action. Follow-up suggestion: Respond to students by asking questions to elicit expansion. For example: **¿Y qué pasó entonces? ¿Qué hicieron Uds.? ¿Se enojaron los padres?**

10–25. ¿Cómo terminó? Seleccionen una de las siguientes situaciones y digan cómo terminó.

Ejemplo:

Eran las once de la noche y yo estaba solo en el sótano del edificio; lavaba la ropa mientras escuchaba la radio. De repente, bajó mi amiga Kathy y decidimos ir a comer algo. Entonces, dejé la ropa en la lavadora y subimos la escalera juntos. Pero al llegar a la planta baja, vimos...

1. Estaba sola en casa; hablaba por teléfono con... Eran las... de la tarde/ noche... De repente,...

2. Hacía las tareas en mi habitación. Mi compañero estaba en una fiesta y no iba a volver hasta la medianoche. Hacía frío y fui a cerrar la ventana, pero, en ese momento,...

3. Era tarde y tenía sueño. Además, estaba harta de la fiesta porque la gente conversaba sobre cosas aburridas. De repente,...

4. Mi amigo y yo estábamos en una calle oscura. Eran las once de la noche y teníamos miedo porque no conocíamos esa parte de la ciudad. Vimos las luces de una tienda abierta pero, al entrar,...

Encourage partners to ask questions to elicit detailed information.

10–26. Una vez... Descríbele a tu compañero/a una ocasión en que una rutina de tu familia cambió. Tu compañero/a va a tomar apuntes para después contarle a la clase lo que pasó.

Ejemplo:

Por lo general, Adrián y su familia iban de vacaciones a Colorado todos los veranos. **Pero una vez**, en el año 1996, no fueron (no pudieron ir) porque **de repente** su papá se enfermó. **Entonces**, Adrián tuvo que...

Para hablar de un evento anterior a otro evento en el pasado: el pretérito pluscuamperfecto

In *Capítulo 5* you learned to summarize what you or others *have done* by using the present perfect tense. To form this tense you used a conjugated form of the verb **haber** and a past participle.

Ya **he conseguido** muchas estampillas para mi colección y mis amigos me **han dado** muchas más, pero todavía no las **he puesto** en el álbum.

You may wish to review the formation of regular and irregular past participles presented in *Capítulo 5*, before introducing the past perfect.

1. To talk about what you or someone else *had done* before another event took place, you will use the *past perfect (pluperfect)* tense.

Ayer devolví los videos que **había alquilado** la semana pasada.	*Yesterday I returned the videos that I had rented last week.*
La fiesta ya **había empezado** cuando llegamos.	*The party had already started when we arrived.*

2. To form the past perfect tense, use an imperfect form of **haber** and a *past participle.*

imperfect of haber + llegado (*had arrived*)

había llegado	habíamos llegado
habías llegado	*habíais* llegado
había llegado	habían llegado

3. Note how the preterit and past perfect tenses interact in the following paragraph.

Cuando **fui** por primera vez a la guardería **me sentí** muy triste y **empecé** a llorar. Siempre **había sido** un poco tímida y nunca **había estado** sola en un lugar sin mi mamá. Pero cuando la maestra **me llevó** al salón de clases y me **mostró** todos los juguetes, **empecé** a sentirme mejor. ¡Nunca **había visto** tantos juguetes!

4. Just as with the present perfect, object and reflexive pronouns are placed before the conjugated form of **haber**.

Mi hermanita me explicó que **se había caído** del árbol pero que por suerte no **se había hecho daño**. Cuando llegamos a casa, fui a llamar al doctor, pero mamá me dijo que ya **lo había llamado**.

Answers: 1. Nunca había comido en la cafetería antes. 2. Nunca habíamos aprendido a contar hasta diez. 3. Nunca habían escrito todas las letras del alfabeto. 4. La clase nunca había puesto todos los juguetes en orden. 5. Nunca le había dado comida a un ratoncito. 6. Nunca había pintado un retrato de su gato.

Práctica

10–27. El primer día de clase. ¿Qué hicieron los alumnos de primer grado y su maestra el primer día de clase que no habían hecho antes? Usa el pluscuamperfecto según el modelo.

Ejemplo:

Susana construyó aviones de papel. Nunca **había construido** aviones de papel.

1. Yo comí en la cafetería de la escuela.
2. Todos aprendimos a contar hasta diez.
3. Tom y Jim escribieron todas las letras del alfabeto.
4. La clase puso todos los juguetes en orden.
5. Yo le di comida a un ratoncito.
6. Mary pintó un retrato de su gato.

Answers: 1. ¿Has compartido tu habitación? ¿Con quién? ¿Habías compartido tu habitación antes? 2. ¿Has conocido a gente de otros países? ¿De dónde? ¿Habías conocido a gente de otros países antes? 3. ¿Has sido miembro de un club de la universidad? ¿De cuál? ¿Habías sido miembro de un club antes? 4. ¿Has hecho un viaje de estudios? ¿Adónde? ¿Habías hecho un viaje de estudios antes? 5. ¿Has escrito tarjetas postales? ¿A quién/es? ¿Habías escrito tarjetas antes? 6. ¿Has estudiado otros idiomas? ¿Cuáles? ¿Habías estudiado otros idiomas antes?

10–28. Este año o antes. Pregúntale a tu compañero/a si ha hecho estas actividades este año. Luego, pregúntale si las había hecho antes o no. Sigue el modelo.

Ejemplo:

Tú: ¿Has buscado trabajo este año?
Tu compañero/a: Sí, he buscado un puesto en un banco.
Tú: ¿Habías buscado trabajo antes?
Tu compañero/a: Sí, ya había buscado varias veces. *o*
No, nunca había buscado trabajo antes.

1. compartir tu habitación ¿Con quién?
2. conocer a gente de otros países ¿De dónde?
3. ser miembro (*member*) de un club de la universidad ¿De cuál?
4. viajar al extranjero ¿Adónde?
5. escribir tarjetas postales ¿A quién/es?
6. estudiar otros idiomas ¿Cuáles?

10–29. Antes de los dieciséis años. Averigua tres o cuatro cosas interesantes de la vida de tus compañeros antes de los dieciséis años. Luego, infórmale los resultados a la clase.

Ejemplo:

Tú: ¿Que cosas interesantes habías hecho antes de cumplir dieciséis años?
Tu compañero/a: Antes de cumplir dieciséis años, había aprendido a conducir. Cuando cumplí dieciséis años, ya había sacado mi licencia.
A la clase: Antes de cumplir dieciséis años, Kevin había aprendido a conducir. Cuando cumplió dieciséis años, ya había sacado su licencia.

En voz alta

A. Toma apuntes mientras escuchas una conversación entre varias personas. Luego, marca (✓) las palabras que describen el tema de esta conversación.

For the audioscript for *Capítulo 10*, please refer to p. 499.

- ☑ peleas
- ❑ amor
- ❑ dificultad
- ❑ sorpresas
- ❑ quejas
- ❑ vejez
- ❑ diferencias
- ☑ miedo
- ☑ experimentos
- ❑ responsabilidad
- ☑ niñez
- ☑ recuerdos
- ☑ travesuras
- ☑ viajes
- ☑ imaginación
- ☑ diversión

B. Escucha la conversación entre los jóvenes e indica (✓) qué juegos y actividades se describen.

- ☑ jugar al papá y la mamá
- ☑ jugar al científico loco
- ☑ jugar a las muñecas
- ❑ jugar a la escuela
- ❑ jugar a la pelota
- ☑ coleccionar cosas
- ☑ tirar piedras
- ☑ jugar al escondite
- ❑ mirar dibujos animados
- ☑ jugar a los astronautas
- ❑ trepar árboles
- ❑ jugar a las canicas

C. A continuación, menciona las actividades que se describen en las columnas correspondientes a los nombres de los juegos

Jugar al papá y la mamá	Jugar al científico loco	Jugar a las muñecas	Jugar al escondite
Venir del trabajo	*Tener lagartijas, tortugas y ratoncitos*	*Pasarse horas con las muñecas*	*Tener un lugar secreto en el jardín*
Llegar a la casa	*Darles mucha comida*	*Vestirlas*	*No poder encontrarla*
Cocinar la comida	*Ponerles la radio*	*Desvestirlas*	*Irse a otra casa*
Lavar la ropa	*Querer ver cómo reaccionaban*	*Darles de comer*	*Ponerse a llorar*
Limpiar la casa	*Hacer un experimento sicológico*	*Bañarlas*	*Esconderse de personas imaginarias, de monstruos gigantescos*
Comer		*Acostarlas en sus camitas*	*Tirarles piedras*
Ir a descansar			

Mi refranero. En esta conversación oyeron dos refranes. Escúchalos otra vez y repítelos.

A cada pajarillo le gusta su nidillo.
Lo que se aprende en la cuna, siempre dura.

La voz de Mafalda

Todo el mundo de habla hispana conoce a Mafalda, una niña de las tiras cómicas del caricaturista argentino Quino (Joaquín Salvador Lavado). Mafalda es una chica muy adulta, muy inteligente y muy aguda, que hace comentarios tremendos sobre las cosas que pasan en su casa, la calle o el país. Tienes que conocerla.

Como es argentina, Mafalda dice **vos** y no **tú**. En Argentina y muchos otros países como Uruguay, Paraguay y Costa Rica, la gente prefiere el **vos**. El presente de los verbos con **vos** es muy fácil, porque viene directamente del infinitivo, sin cambios ni irregularidades. Observa las diferencias en estos ejemplos.

Mafalda dice: Mamá, ¿**vos** qué **pensás** de la liberación de la mujer? ¿**Querés** explicármelo? ¿Qué me **decís**?

Otras niñas dicen: Mamá, ¿**tú** qué **piensas** de la liberación de la mujer? ¿**Quieres** explicármelo? ¿Qué me **dices**?

Según estas dos tiras, ¿qué cosas le preocupaban a Mafalda? Y a ti, ¿te preocupaban estos temas cuando eras chico/a?

1. —Mamá, ¿vos qué futuro le ves a ese movimiento por la liberación de la muj... No, nada, olvidalo.
2. —¡Cambiar° el mundo! ¡Jáh! ¡Cosas de la juventud!
   —También yo cuando era adolescente tenía esas ideas, y ya ve...
3. —¡Sonamos, muchachos! Resulta que si uno no se apura° a cambiar el mundo, después es el mundo el que lo cambia a uno!

Palabras útiles

cambiar *to change*
se apura se da prisa

SÍNTESIS

Para leer

Ilusiones y desilusiones

En esta unidad tuviste la oportunidad de pensar en tu niñez y contar recuerdos de tu casa, tus juegos y aventuras, tus familiares y amistades, tus sueños e ilusiones. La niñez es un período en que las imágenes y los sueños son tan vivos que parecen reales. ¿Qué sueños e ilusiones tenías tú de niño/a? Comparte tus experiencias con las de otros compañeros.

Soñaba con tener... Fingía que era... Me imaginaba que...

Se dice que los niños pueden confiar y creer en todo, sólo *por querer* confiar y creer.

Cuando tú eras niño/a...

¿Creías en... ?
la suerte
las cosas mágicas

¿Confiabas en... ?
las promesas de otros
la palabra de los adultos

En esta sección, vas a pensar en lo inmensa que puede ser la ilusión infantil y lo destructiva que puede ser la desilusión cuando los sueños infantiles no se cumplen. En este cuento de la escritora mexicana Silvia Molina, también te vas a dar cuenta que no sólo los niños pueden vivir en un mundo ficticio. A veces, también los adultos se alimentan de ilusiones.

A. Recuerdos. Mira el título del cuento "La casa nueva" y piensa en tus propias experiencias. ¿Tuviste que mudarte a otra casa o a otro vecindario alguna vez? ¿Qué recuerdos tienes de ese episodio?

1. ¿Cómo te sentías antes de mudarte? ¿Qué esperabas encontrar? ¿Qué imágenes tenías del nuevo lugar?

   Ejemplo:
   Antes de mudarme, tenía miedo porque no sabía cómo iba a ser el nuevo lugar y no conocía a nadie allí. Pero también estaba tan entusiasmado/a porque iba a tener nuevas oportunidades y porque... Me imaginaba que...

2. ¿Cómo te sentiste al llegar a la nueva casa? ¿Qué hiciste ese primer día?

   Ejemplo:
   Recuerdo que al llegar a la casa nueva, me sentí muy... Primero, subí la escalera a ver... Luego, fui a...

SÍNTESIS

Answers: 1. mamá, está usted como mi papá; papá, un soñador, un enfermo; narradora, nada de que vamos a sacar la lotería, la vida no es ninguna ilusión. 2. un recuerdo de infancia, una desilusión, una promesa no cumplida.

Answers: 1. con su padre "Aquella tarde que mi papá me llevó a ver la casa nueva de la colonia Azures." "Mi papá se detuvo antes de entrar y me preguntó..." 2. a un hombre uniformado. "La cuidaba un hombre uniformado." 3. con reja blanca, recién pintada. "Tenía la reja blanca, recién pintada." 4. la recámara de la niña. "Cuando subimos me dijo: —Está va a ser tu recámara." 5. imágenes de comodidad y felicidad. "no tendría que dormir con mis hermanos... me dieron ganas de saltar en la cama... me tendí con el pensamiento en esa tina inmensa, suelto mi cuerpo para que el agua lo arrullara."

Palabras útiles:

de plano claramente
y se acabó *that's that*
se niega a no quiere
la reja *gate*
la recámara habitación
había inflado el pecho *he had felt proud*
se le cortaba la voz casi no podía hablar
acomodadita bien arreglada
en las tablas *on the shelves*
colgados *hung up*
los cajones *dresser drawers*
tenderse *to lie down*
la tina *bathtub*
suelto mi cuerpo para que el agua lo arrullara *my body relaxed for the water to caress it*

B. Datos importantes. La primera parte del cuento presenta a los personajes (*characters*) y revela algo de cada uno. Lee sólo esta parte y haz lo siguiente.

1. Apunta los personajes que se mencionan y, al lado de cada uno, cita las palabras y frases que revelen algo acerca de su personalidad.
2. ¿Qué tipo de recuerdo nos va a relatar la narradora?

La casa nueva
Silvia Molina, mexicana

I. Claro que no creo en la suerte, mamá. Ya está usted como mi papá. No me diga que fue un soñador; era un enfermo—con el perdón de usted.

¿Qué otra cosa? Para mí, la fortuna está ahí o de plano° no está. Nada de que nos vamos a sacar la lotería. ¿Cuál lotería? No, mamá. La vida no es ninguna ilusión, es la vida y se acabó°. Está bueno para los niños que creen en todo: "Te voy a comprar la camita", y de tanto esperar, pues se van olvidando. Aunque le diré, a veces, pasa el tiempo y uno se niega a° olvidar ciertas promesas; como aquella tarde en que mi papá me llevó a ver la casa nueva de la colonia Anzures.

C. Al entrar. Lee la segunda sección, donde la narradora nos va a contar un recuerdo que tiene de su niñez. ¿A quién le relata el recuerdo? ¿Te parece un recuerdo bonito? Contesta lo siguiente y cita las frases donde se encuentra la información.

1. ¿Con quién visitó la casa?
2. ¿A quién vieron al llegar a la casa?
3. ¿Cómo era el exterior de la casa?
4. ¿Qué parte de la casa vieron primero?
5. ¿Qué imágenes se forma la niña de su vida allí?

II. Mi papá se detuvo antes de entrar y me preguntó:

—¿Qué te parece? Un sueño, ¿verdad?

Tenía la reja° blanca, recién pintada. A través de ella vi por primera vez la casa nueva... La cuidaba un hombre uniformado...

Abrí bien los ojos, mamá. Él me llevaba de aquí para allá de la mano. Cuando subimos me dijo: "Ésta va a ser tu recámara°". Había inflado el pecho° y hasta parecía que se le cortaba la voz° por la emoción. Para mí solita, pensé. Ya no tendría que dormir con mis hermanos. Apenas abrí una puerta, él se apresuró: "Para que guardes la ropa". Y la verdad, la puse allí, muy acomodadita° en las tablas°, y mis tres vestidos colgados°; y mis tesoros en aquellos cajones°. Me dieron ganas de saltar en la cama del gusto, pero él me detuvo y abrió la otra puerta; "Mira", murmuró, "un baño". Y yo me tendí° con el pensamiento en aquella tina° inmensa, suelto mi cuerpo para que el agua lo arrullara°.

D. Un recorrido por la casa. Lee la tercera parte del cuento para seguir el recorrido por la casa nueva. A través de la imaginación de la niña vas a conocer mejor a su familia.

1. Haz una lista de los ocho cuartos que vieron en esta parte del cuento.
2. Con tus propias palabras, describe algunas de las imágenes que la niña se formó al ver los siguientes cuartos:

la habitación de los padres	**la habitación de los niños**	**el despacho de papá**

Ejemplo:
En la habitación de los padres se imaginaba a los padres abrazados. También se imaginaba que...

3. Las siguientes frases son ciertas o falsas, en distintos grados. En cada caso, di si la frase es: **completamente cierta**, **cierta sólo en parte**, o **completamente falsa**. Luego, explica por qué, usando citas del cuento.

- La casa donde vivía la niña en esa época era bastante pequeña y se tenía que compartir todo el espacio.
  completamente cierta
- La familia era muy pequeña y la narradora era la hija mayor.
  cierta sólo en parte
- Los hijos varones (los niños) eran muy jóvenes.
  cierta sólo en parte
- La niña respetaba el territorio de los adultos, pero sólo hasta cierto punto.
  cierta sólo en parte
- La mamá defendía y ayudaba a su marido porque él trabajaba muy duro.
  completamente cierta

Students may need help with the final line of this section in which the narrator interrupts the narration with the voice of her mother.

Answers:
1. la recámara de los padres; el baño; el vestidor; el cuarto de las niñas; el cuarto de los niños; la sala; el comedor; la cocina; el cuarto de lavar y planchar. 2. Las respuestas variarán.

III. Luego me enseñó su recámara, su baño, su vestidor... Y yo, mamá, la sospeché° enlazada a° él en esa camota—no se parecía en nada a la suya°—en la que harían sus cosas, sin que sus hijos escucháramos. Después, salió usted, recién bañada, olorosa a° durazno, a manzana, a limpio. Contenta, mamá, muy contenta de haberlo abrazado a solas, sin la perturbación ni los lloridos de mis hermanos.

Pasamos por el cuarto de las niñas y las camitas gemelas°; y luego, mamá, por el cuarto de los niños que "ya verás, acá van a poner los cochecitos y los soldados". Anduvimos por la sala porque tenía sala; y por el comedor y por la cocina y el cuarto de lavar y planchar. Me subió hasta la azotea° y me bajó de prisa porque "tienes que ver el cuarto para mi restirador°". Y lo encerré° para que hiciera sus dibujos, sin gritos ni peleas, sin "niños, cállense que su papá está trabajando, que se quema las pestañas° de dibujante para darnos de comer".

Palabras útiles:
sospechar imaginar
enlazada a abrazada a
la suya la cama de ustedes
olorosa a con perfume de
gemelas dos camas pequeñas
la azotea techo
restirador mesa de trabajo
encerrar cerrar con llave
quemarse las pestañas trabajar mucho y hasta muy tarde

SÍNTESIS

Answers: 1. Pensaba que iban a tener una vida feliz, limpia y con comodidades. 2. Quería estar segura de que era real, y no otro sueño del padre. 3. Porque tenían que cerrar la casa, que no era de ellos. 4. Que para tener la casa primero tenían que ganar la rifa.

E. Una vida de promesas. Ahora lee la última sección del cuento a ver qué pasó. Contesta lo siguiente.

1. ¿Qué visiones tenía la niña de su vida en esta casa? ¿Qué pensaba hacer ella allí? En su imaginación, ¿cómo iba a cambiar la vida de sus familiares?
2. ¿En qué pensaba la niña cuando volvió a visitar su futura habitación?
3. ¿Por qué le habló el hombre uniformado a la niña?
4. Al final, ¿qué le reveló el papá a la niña?

IV. No quería irme de allí nunca, mamá. Aun encerrada viviría feliz. Esperaría que llegaran ustedes, miraría las paredes lisitas°, me sentaría en los pisos de mosaico, en las alfombras, en la sala acojinada°; me bañaría en cada uno de los baños; subiría y bajaría cientos, miles de veces la escalera de piedra y la de caracol°; hornearía° muchos panes para saborearlos° despacito, en el comedor. Allí esperaría la llegada de usted, mamá; la de Anita, de Rebe, de Gonza, del bebé. Y mientras, escribiría una composición para la escuela:

La casa nueva

En esta casa, mi familia va a ser feliz. Mi mamá no se volverá a quejar de la mugre° en que vivimos. Mi papá no irá a la cantina; llegará temprano a dibujar. Yo voy a tener mi cuarto, mío, para mí solita. Y mis hermanos...

No sé qué me dio por soltarme° de su mano, mamá. Corrí escaleras arriba, a mi recámara, a verla otra vez, a mirar bien los muebles y su gran ventanal; y toqué la cama para estar segura de que no era una de tantas promesas de mi papá, que allí estaba todo tan real como yo misma, cuando el hombre uniformado me ordenó:

—Bájate, vamos a cerrar.

Casi ruedo° las escaleras; el corazón se me salía por la boca.

—¿Cómo que° van a cerrar, papá? ¿No es ésa mi recámara?

Ni con el tiempo he podido olvidar que iba a ser nuestra *cuando* se hiciera la rifa°.

De: Silvia Molina, "La casa nueva". Angel Flores, ed. *Narrativa de Hispanoamérica 1816-1981. Historia y antología: VI La generación de 1939 en adelante.* Siglo XIX Editores, S.A. de C.V.

Palabras útiles:

lisitas sencillas, sin adornos
acojinada cómoda
de caracol en forma de espiral
hornear... panes *to bake bread*
saborear *to savor*
mugre *grime*
qué me dio por soltarme por qué me separé
ruedo me caigo en
¿cómo que...? ¿por qué dice que...?
cuando se hiciera la rifa al ganarse la lotería

F. Perspectivas y puntos de vista. En este cuento, la narradora le cuenta a su mamá un episodio del pasado según su propio punto de vista. Pero, ¿hay otras perspectivas? Escriban un párrafo en el que cuentan la historia según el punto de vista del *papá*. Piensen en lo siguiente:

- ¿Por qué les hacía tantas promesas el papá a la familia?
- ¿Por qué llevó a su hija a la casa nueva?

G. Ni con el tiempo viene el olvido. Todos hemos sentido gran desilusión cuando los sueños no se realizan, cuando las promesas se rompen, o cuando las imágenes son muy diferentes de la realidad. Escribe un párrafo para describir alguna desilusión que recuerdes de tu niñez. Luego, compártelo con la clase.

SÍNTESIS

Ejemplo:

Tenía siete años. Era Nochebuena y esperaba la llegada de Santa Claus. Mis padres creían que yo dormía en mi habitación pero en realidad estaba... Oí las voces de mis padres que conversaban en el salón y bajé la escalera a ver qué pasaba. De repente...

Para escribir

Personajes célebres del pasado

Esta sección te va a ayudar a escribir de forma más precisa sobre el pasado y a corregir tu narración para un buen desarrollo.

A. Identificar y hacer una lista. ¿Puedes identificar a las siguientes personas de tu colegio o de tu niñez?

En el colegio, ¿quién era...?	Entre los profesores, ¿quién era...?
el loco o la loca	el nervioso o la nerviosa
el supermán o la mujer biónica	el cómico o la cómica
el don Juan o la coqueta	el ratón de biblioteca
el mandón (*bully*) o la mandona	el tirano o la tirana
el/la que copiaba en las pruebas	el despistado o la despistada (*absent-minded person*)
el chismoso o la chismosa (*gossiper*)	el/la cascarrabias (*short-tempered person*)
el regalón o la regalona (*teacher's pet*)	el/la aguafiestas (*party pooper*)

Escoge tres de estos personajes de tus años de escuela primaria o secundaria y haz una lista de las siguientes cosas para cada uno.

Ejemplo:

Amy, la regalona

¿Cómo era?	¿Qué (no) hacía?	¿Qué le interesaba?
superbuena	Ordenaba la sala. Nunca se peleaba con...	sacar buenas notas

SÍNTESIS

B. Describir. Crea un dibujo de tus años de escuela primaria o secundaria, usando a estas tres personas como los personajes principales. Haz comparaciones y da detalles sobre sus costumbres y comportamientos típicos, así como sobre las reacciones de los otros compañeros y maestros.

1. Prepara la escena en el pasado.
   Cuando estaba en el colegio... y tenía... años, había mucha gente... Recuerdo a la chica que copiaba y a...
2. Describe y contrasta acciones y eventos rutinarios.
   Cuando teníamos prueba, la que copiaba siempre traía una chuleta *(cheat sheet)* y la miraba... Recuerdo que en esa clase teníamos un profesor muy... que...
3. En esta escena, relata un incidente memorable en el que se incluye uno de estos personajes.
   Una vez, cuando estábamos en prueba de..., doña Cascarrabias miró a... y le dijo que tenía que...

C. Leer y autocriticarse. Después de escribir el borrador, vuelve al principio y léelo de principio a fin. ¿Estás satisfecho/a con la manera en la que has desarrollado a tus personajes? Si no, ¿qué falta? ¿Estás satisfecho/a con los detalles que has incluido? Si no, ¿qué falta? Al final de tu composición, escribe una de las siguientes frases.

1. He leído lo que he escrito y estoy satisfecho/a.
2. He leído lo que he escrito y no estoy satisfecho/a. Tengo los siguientes problemas...
3. He leído lo que he escrito y estoy bastante satisfecho/a, pero tengo problemas para expresar lo siguiente...

D. Corregir. Ahora examina tu borrador a ver si has usado los verbos precisos. En cada línea, marca con un círculo todos los verbos que encuentres. Luego, mira cada uno de los verbos:
(1) ¿La terminación corresponde con la persona (sujeto) a la que se refiere?
(2) ¿Has usado correctamente los tiempos imperfecto, pretérito y pretérito perfecto? Aquí tienes algunas reglas generales.

1. Usa formas del imperfecto si estás describiendo las costumbres de personajes y las acciones del pasado o si estás preparando el escenario para un incidente.
2. Usa formas del pretérito si estás relatando una serie de pasos o una cadena de acciones que formaron parte de un incidente concreto.
3. Usa formas del pretérito perfecto (pluscuamperfecto) si te refieres a un evento anterior a otro evento en el pasado.

Vocabulario

Sustantivos

el actor actor
la actriz actress
el animalito de felpa stuffed animal
el/la astronauta astronaut
el avión airplane
el/la cantante singer
el/la científico/a scientist
las conchas de mar sea shells
el conejo rabbit
los dibujos animados cartoons
el/al escondite hideaway, hide-and-seek
la estampilla stamp
el/la fantasma ghost
el/la gatito/a kitten
la guardería daycare center
el insecto insect
el/la jugador/a player
el juguete toy
la lagartija lizard
la mascota pet
la moneda coin; currency
el monstruo monster
la muñeca doll
el niño child, little boy
la niña child, little girl
el pájaro bird
la pelota ball
el/la perrito/a puppy
el pez/ los peces fish
la piedra rock
el/la piloto pilot
el ratoncito (*little*) mouse
el ruido noise
la (tarjeta) postal postcard
las tiras cómicas comics
la tortuga turtle
el vecindario neighborhood

Adjetivos

extranjero/a foreign
famoso/a famous
loco/a crazy
peligroso/a dangerous
travieso/a mischievous

Verbos

armar to put together, build
asustar to scare
caerse to fall down
coleccionar to collect
columpiarse to play on a swing
construir to build
cuidar to take care of
dejar (en el suelo) to leave (*on the floor*)
disfrazarse de (fantasma) to dress up as a (*ghost*)
explorar to explore
fingir to pretend
hacer ruido to make noise
hacerse daño to hurt oneself
jugar al papá y la mamá/ al escondite to play house/ hide-and-seek
perderse (ie) to get lost
saltar to jump, to leap
soñar (ue) (con) to dream (*about*)
tirar piedras to throw rocks
trepar to climb

Expresiones con tener

tener calor to be warm
tener frío to be cold
tener hambre to be hungry
tener miedo to be afraid
tener priso to be in a hurry
tener razón to be right
tener sed to be thirsty
tener sueño to be sleepy

Expresiones de tiempo, frecuencia y secuencia

de repente suddenly
de vez en cuando from time to time
en ese momento at that moment
en ese tiempo during that time
en seguida immediately
esa vez that time
ese día/ mes/ año that day/month/year
mientras while
por lo general in general
por un rato for a few minutes/hours
por un tiempo for a while
por una noche/ un día/ un año for one night/day/year
por una semana/ dos horas for a week/two hours
por unos días/ meses/ años for a few days/months/years
todo el tiempo all the time

Otras palabras

al + infinitivo on/upon doing something
nadie no one

CAPÍTULO

11

¿Qué me pongo?

ÍNDICE

Ropa por catálogo

¿Has pedido alguna vez una prenda de ropa o un accesorio por catálogo o por Internet? ¿Qué ropa o accesorio pediste?

PARA ÉL

Clásico. Traje de lana con doble botonadura. Hugo Boss $730

Natural. Pantalón color azul marino. $385

Casual. Camisas clásicas de algodón de distintos colores. Massimo Dutti $65

Nudo corredizo. Corbata° de seda amarilla estampada°. Marks & Spencer $25

Clásico

Atrevido. Camisa de algodón negra con cremallera. Hugo Boss $200

A cuadros.° Jersey tipo polo. Green Coast $49

Sobrio. Cinturón° de cuero negro con hebilla de metal. Adolfo Domínguez $59

De abrigo. Bufanda° para los que nunca se quedan a cuadros. Massimo Dutti $39

Deportiva. Chaqueta roja de 100% algodón. Ralph Lauren $97

Fundamental. Pantalón clásico de algodón chino. Tommy Hilfiger $52

Con ritmo. Para el golf, un chaleco° blanco, sin mangas y cuello de V. Ralph Lauren $105

La gota fría. Impermeable, gabardina clásica. Promod $99

La gota fría

PARA ELLA

Formal. Traje de color gris con cinco botones. Robert Max $498

Ácida. Camisa de color verde ácido. Amaya Arzuaga $142

Ponerse morado. Pantalón satinado de color morado. Fiorucci $90

Mil rayas. Camiseta a rayas con manga corta y cuello de V. Benneton $29

A cubierto. Gorro° de angora. Amaya Arzuaga $49

Formal

Mil rayas

Largometraje. Falda° de terciopelo° hasta el tobillo Promod $39°.

Deportiva. Chaqueta modelo aviador. Cortita, de polipiel y con cremallera. Naf-Naf $95

Artes plásticas. Ni de oro, ni diamantes. Estos anillos son de puro plástico, de moda. $7

A la cabeza. Los estilistas han resucitado los pasadores°. De metálico y negro. Promod $9

Ultramar. Pañuelo de seda anaranjado para el cuello o el asa de un bolso. Scooter $49

Sofisticado. Zapatos de tacón alto, con piel imitación cocodrilo y tacón de carey. Jaime Mascaró $110

Sofisticado

Conversación

11-1. De compras. Mira las descripciones del catálogo e imagínate qué prendas llevarías para las siguientes ocasiones.

1. para una entrevista de trabajo
2. para ir a una discoteca
3. para una clase de golf
4. para ir a clase
5. cuando hace fresco
6. cuando hace frío
7. cuando llueve
8. para verte elegante

Massimo Dutti in Spain is similar to Banana Republic in the U.S., and Amaya Arzuaga is a designer from Spain.

Palabras útiles

la corbata *necktie*
estampado con dibujos, formas geométricas o flores
a cuadros *checkered*
el cinturón *belt*
la bufanda *winter scarf*
el chaleco *vest*
el gorro *cap, hat*
la falda *skirt*
el terciopelo *velvet*
hasta el tobillo *ankle length*
el pasador *hair barrette*
zapatos de tacón alto *high-heeled shoes*

11-2. De colores. Lean las descripciones e identifiquen las prendas del catálogo que son de los siguientes colores.

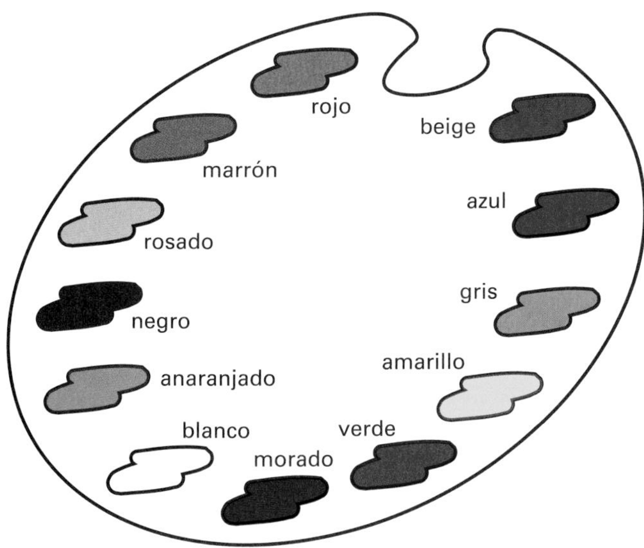

Colors were first presented in *Capítulo 3*.

Answers for Activity 11-2: 1. rojo: chaqueta deportiva de Ralph Lauren 2. marrón: zapatos con tacón de carey 3. rosado: camisas clásicas de algodón de Massimo Dutti 4. negro: camisa de algodón con cremallera y pasadores metálicos y negros cinturón de cuero 5. anaranjado: pañuelo de seda Scooter 6. blanco: chaleco de golf sin mangas y cuello en V, Ralph Lauren 7. morado: pantalón satinado Fiorucci 8. verde: camisa de color verde ácido de Amaya Arzuaga 9. amarillo: corbata de seda estampada 10. gris: traje de Robert Max con cinco botones 11. azul: pantalón azul marino 12. beige: pantalón de algodón chino de Tommy Hilfiger

11-3. A dictar la moda. Según el contexto, completa las siguientes frases con ejemplos de colores y prendas de ropa. Indica qué colores son buenos para qué tipos de ropa. Luego, pregúntale a tu compañero/a si está de acuerdo o no y por qué.

Ejemplo:

Tú: Los colores oscuros como el negro son buenos para ropa de noche.

Tu compañero/a: No estoy de acuerdo. Los colores oscuros son también buenos para llevar durante el día.

Colores	Prendas de ropa
1. Los colores neutros como...	son buenos para...
2. Los colores cálidos (*warm*) como...	son buenos para...
3. Los colores fríos como...	son buenos para...
4. Los colores oscuros como...	son buenos para...
5. Los colores claros como...	son buenos para...
6. Los colores vivos como...	son buenos para...

Answers: 1. camisa con cremallera, pantalón de algodón chino, chaqueta roja, 2. anillos, 3. falda hasta el tobillo, 4. corbata amarilla, pañuelo anaranjado, 5. pasadores, 6. tacón de zapato, 7. cinturón, zapatos, 8. traje, bufanda, 9. impermeable, 10. gorro

11–4. Telas y materiales. El catálogo en la página 304 menciona muchos tipos de telas y materiales. Identifica las prendas hechas de lo siguiente.

1. de algodón
2. de plástico
3. de terciopelo
4. de seda
5. de metal
6. de carey (*tortoise shell*)
7. de cuero
8. de lana
9. de gabardina
10. de angora

11–5. ¿Qué prefieres tú? ¿De qué estilo, diseño, tela o material te gustan las siguientes prendas?

Ejemplo:

un vestido de noche, ¿satinado o de terciopelo?
Lo prefiero satinado.

una chaqueta de algodón, ¿de un color vivo o neutro?
La prefiero de un color vivo.

1. un impermeable, ¿de plástico o de gabardina?
2. una camisa o blusa, ¿de seda lavable o de algodón?
3. una corbata, ¿a rayas, estampada con flores o de un solo color?
4. una falda elegante, ¿de seda o de terciopelo?
5. zapatos de dama, ¿con o sin tacones altos?
6. una corbata, ¿de seda o de poliéster?
7. los pantalones, ¿caqui o jeans?
8. un reloj, ¿de plata o de oro?
9. un traje, ¿de un solo color o a cuadros?
10. las faldas, ¿largas o cortitas?

11–6. El último grito de la moda. Cuando compras ropa o accesorios, ¿prestas mucha atención a la marca (*label*) o simplemente buscas el mejor precio? Di cuanto pagaste la última vez que compraste los siguientes artículos.

1. una camisa
2. una camiseta
3. unos zapatos de tenis
4. un reloj
5. una bolsa o billetera
6. un abrigo para el frío
7. unos anteojos de sol
8. unos aretes
9. unos shorts
10. un suéter de lana
11. una mochila
12. unos jeans

IMÁGENES Y PALABRAS

¿Qué conjunto voy a llevar hoy? ¡No hay nada en mi guardarropa que esté de moda! ¡No tengo nada que ponerme!

Esta tienda ofrece los mejores precios. Pero no creo que haya ropa de marcas conocidas.

The following are some dialectal variations: *los jeans:* **los vaqueros** (España); *el suéter:* **el pulóver**, **el jersey** (España), **la chompa** (región andina); *la sudadera:* **el chándal** (España), **el buzo** (Argentina); *la billetera:* **la cartera**; *la camiseta:* **la remera, la polera, la polo, la franela, la playera** (México); *la chaqueta:* **la campera** (Argentina), **la casaca** (Chile), **la cazadora** (España), **la chamarra** (México); *las gafas:* **los anteojos**, **los lentes**, **los espejuelos**; *el anillo:* **la sortija** (España, Puerto Rico); *la falda:* **la pollera**, **la enagua**, **la saya**; *los aretes:* **los pendientes**, **los aros**, **los zarcillos**; *el impermeable:* **la gabardina**, **la trinchera**; *el cinturón:* **la correa, el cinto**; *la bolsa:* **el bolso, la cartera**.

No quiero gastar mucho. En la sección de caballeros, voy a escoger...

una camisa a rayas

un cinturón de cuero

un impermeable

un traje

Me pongo y me quito...

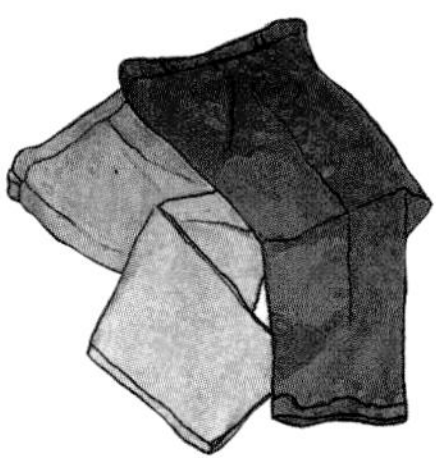

varios pantalones de lana o de algodón

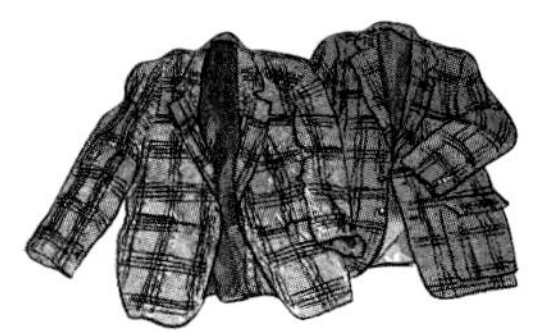

dos sacos a cuadros

una corbata de seda

En la sección de damas, espero que haya...

una blusa de encaje

una falda de algodón estampado

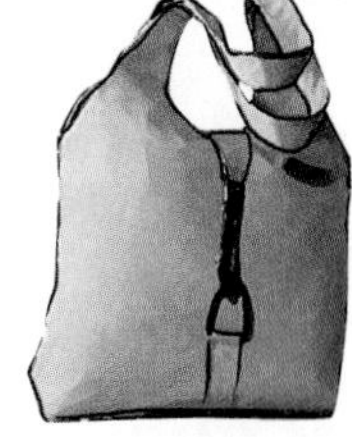

un bolso de cuero que sea de marca

un collar de perlas

un anillo

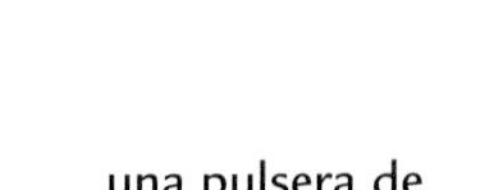

una pulsera de diamantes

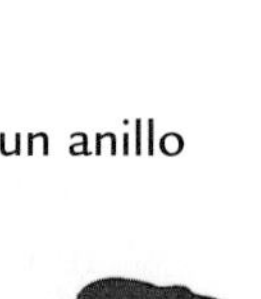

un vestido de terciopelo

un abrigo de lana que sea abrigado

pantalones de pana que tengan bolsillos

Quiero probarme* un traje de baño de...

colores vivos.

*probarse (ue)

Me queda bien el color...

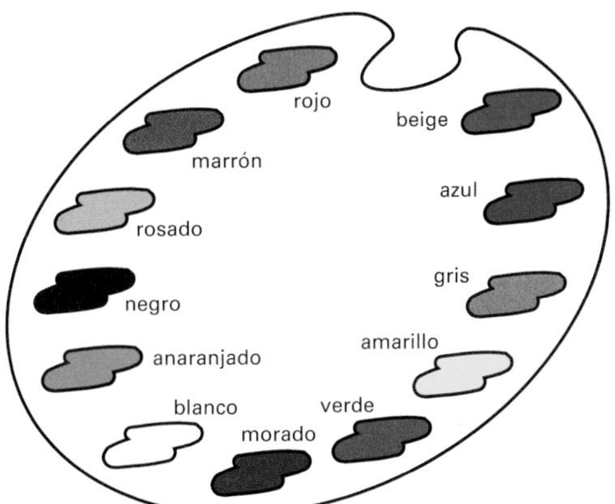

Para mi cumpleaños, quiero que mis padres me compren...

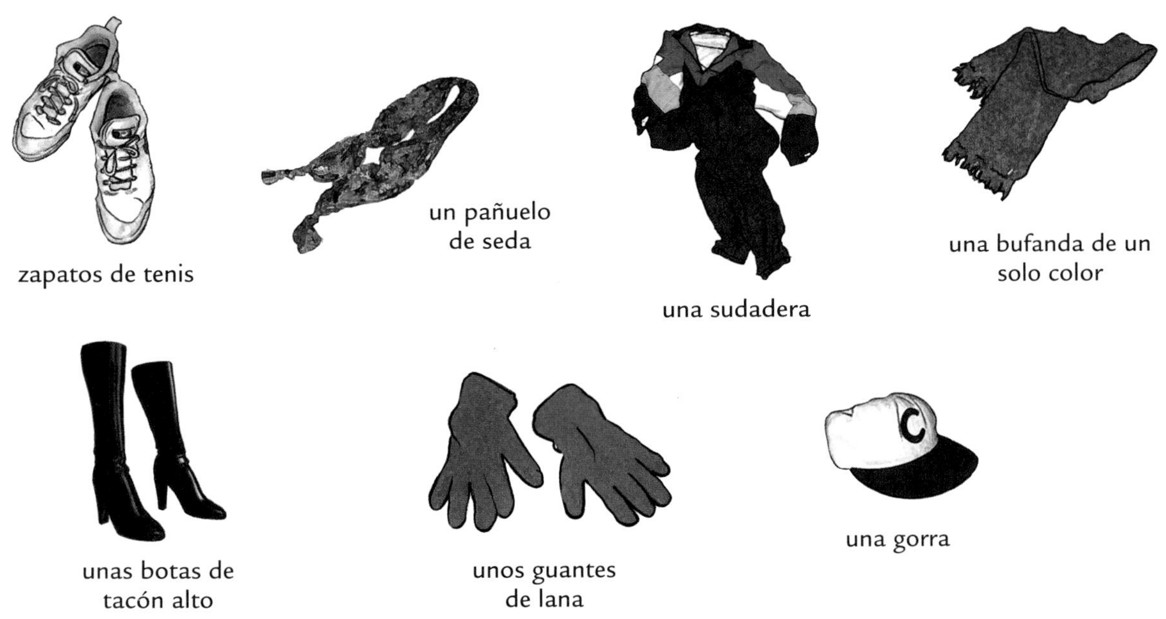

zapatos de tenis

un pañuelo de seda

una sudadera

una bufanda de un solo color

unas botas de tacón alto

unos guantes de lana

una gorra

Espero que nadie me haya comprado...

un pijama

ropa interior

un paraguas de lunares

Práctica

11-7. Por departamentos. Clasifica todas las prendas de ropa de acuerdo con los siguientes grupos.

1. ropa de material sintético
2. ropa de primavera u otoño
3. ropa de seda o algodón
4. ropa de noche
5. ropa elegante
6. ropa para la lluvia
7. ropa de lana
8. ropa de verano
9. ropa de cuero
10. ropa de invierno

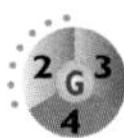

11-8. ¿Cómo te sientes? Hablen de los colores de ropa que asocian con los siguientes estados de ánimo.

Ejemplo:

triste

Tú: ¿Qué te pones cuando te sientes triste?
Tu compañero/a: Cuando me siento triste me pongo ropa negra. ¿Y tú?
Tú: Yo prefiero ponerme ropa de colores vivos para alegrarme.

1. aburrido/a, deprimido/a o cansado/a
2. contento/a, alegre
3. sociable, aventurero/a
4. enamorado/a
5. enojado

11-9. ¿Qué me pongo? Di qué ropa te pones para ir a los siguientes lugares.

Ejemplo:

Para ir a..., me pongo...

1. para ir al cine
2. para ir a la iglesia o al templo
3. para ir a un baile elegante
4. para ir a un partido de fútbol americano
5. para pasar la noche en casa de un/a amigo/a
6. para ir a la playa cuando hace mucho calor
7. para asistir a clase cuando hace frío
8. para relajarme en casa los domingos
9. para asistir a una boda
10. para acostarme

11-10. Adivina qué es. Piensa en una prenda de ropa o accesorio sin nombrarlo. Tu compañero/a te va a hacer preguntas para adivinar de qué artículo se trata. Usen las preguntas del modelo o inventen otras.

TU COMPAÑERO/A:	TÚ:
¿Es para damas o para caballeros?	Generalmente es para damas, pero a veces los caballeros también lo llevan.
¿De qué material es?	Puede ser de algodón o de seda.
¿En qué estación lo usas?	En todas las estaciones.
¿Para qué sirve?	Para adornar un traje, un suéter o un bolso.
¿Es un pañuelo?	Sí.

11-11. Y tú, ¿quién eres y qué llevas? Mira a tu alrededor y elige a un/a compañero/a. Luego, describe la ropa que lleva sin decir el nombre de la persona. Tus compañeros/as deben adivinar quién es.

Ejemplo:
Esta persona lleva un pantalón de pana de color negro...

11-12. Pasado de moda. Piensen en una época de la historia o en una década reciente (como los años 70) y describan la ropa que llevaba la gente en aquel entonces. Tus compañeros/as van a adivinar de qué época se trata. IOR

Ejemplo:
En aquel entonces, los caballeros llevaban trajes de terciopelo y camisas de encaje...

11-13. Una llamada telefónica. Tú quieres reunirte con algunos compañeros de clase para cenar todos juntos esta noche. Llamas a una persona de la clase para invitarla, pero resulta que él o ella no sabe quién eres. Descríbete; incluye aspectos físicos y de tu personalidad y describe también la ropa que llevabas hoy en clase para que él o ella recuerde quién eres. Sigue el modelo.

Ejemplo:
Tú: Aló, ¿hablo con Rachel Sachs?
Ella: Sí, con ella. ¿Con quién hablo?
Tú: Con Andy, de la clase de español. Soy un chico bajito y alegre, que estudia geología y siempre lleva un gorro negro. Hoy llevaba shorts verdes oscuros, una camiseta beige y zapatos de tenis. IOR

Trajes tradicionales

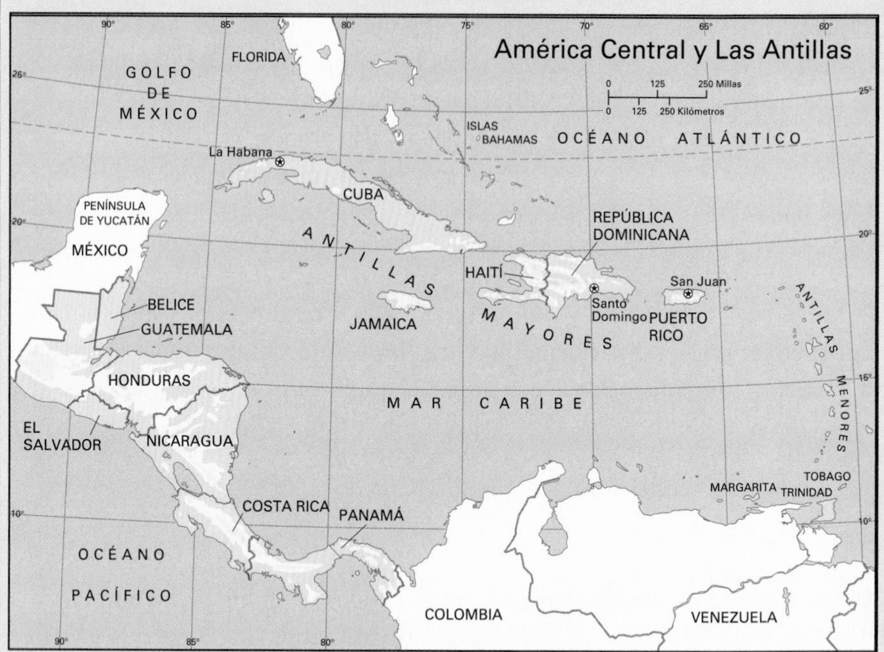

Además del variado vocabulario, cada región del mundo hispano también tiene trajes y adornos típicos. ¿Cómo es el traje típico o el "uniforme" de los jóvenes estadounidenses? Da una descripción completa para tus amigos/as hispanos/as que quieren saber cómo se visten los/las universitarios/as como tú.

Una niña cuna de la isla de San Blas, Panamá.

Una niña maya con traje tradicional.

GRAMÁTICA

Para expresar duda o deseo sobre lo que haya pasado: el presente perfecto del subjuntivo

In this chapter you encountered the expressions **No creo que haya...** to say what you don't think there will be, and **Espero que haya...** to say what you hope there is. Notice that, like **hay**, **haya** does not change when it is used to mean *there is/there are*, regardless of whether you are referring to one (singular) or several things (plural).

En un gran almacén:	**Espero que haya** dependientes (*clerks*) amables.
En la tienda:	**Espero que no haya** mucha gente. **No creo que haya** ropa de marca.

1. In the previous chapters you have used **hay** and **había** to express *there is/are* and *there was/were*. These words come from the infinitive **haber**. **Haya** is the *present subjunctive* form of **haber**. The present subjunctive is always used after the expressions **esperar que...** (*to hope that . . .*) and **no creer que...** (*to not think/not believe that . . .*).

Espero que haya dinero en mi billetera.	*I hope **there is** money in my wallet.*
No creo que haya más bolsos. Están todos vendidos.	*I don't think **there are** any more bags left. They are all sold out.*

2. The present subjunctive of **haber** may also be used with a past participle to form the present perfect subjunctive. In the following examples, notice the difference between **ha** + *past participle* to express what has actually happened and **haya** + *past participle* to express what you *hope* has happened or what you *don't think* has happened.

Mis padres dicen que me **han comprado** un regalo muy especial para mi cumpleaños. Espero que me **hayan comprado** un collar de perlas.

*My parents tell me that **they have bought** me a very special gift for my birthday. I hope that **they have bought** me a pearl necklace.*

Ya sé que Uds. **han visto** los zapatos, pero **no creo que hayan visto** las botas.

*I know that **you have seen** the shoes, but **I don't think that you've seen** the boots.*

At this time you may wish to review the formation of regular and irregular participles presented in *Capítulo 5*.

3. To form the present perfect subjunctive, a form of **haber** is used in the present subjunctive followed by the past participle. Recall that past participles were presented in *Capítulo 5*.

Todos esperan que...		Pero no creen que...	
yo	**haya** comprado el regalo	nosotros/as	**hayamos** comprado el regalo
tú	**hayas** comprado el regalo	*vosotros/as*	***hayáis*** comprado el regalo
él/ ella/ Ud.	**haya** comprado el regalo	ellos/ ellas/ Uds.	**hayan** comprado el regalo

4. Remember to place object and reflexive pronouns *before* the conjugated form of **haber**.

No creo que mi novio **me haya llamado.**	*I don't think my boyfriend **has called me.***
Espero que **no se haya olvidado** de mi número de teléfono.	*I hope **he hasn't forgotten** my phone number.*

Práctica

11–14. Lo doy por sentado. ¿Qué esperas que haya en los siguientes lugares?

Ejemplo:
en un quiosco de revistas
Espero que haya revistas de moda.

1. en la playa
2. en un hotel de lujo
3. en la cafetería de la residencia
4. en un almacén grande
5. en la cocina de un apartamento
6. en una zapatería (*shoe store*)
7. en un restaurante elegante
8. en mis clases del próximo semestre
9. en una residencia estudiantil nueva
10. en una fiesta de fin de semana

Answers: 1. Espero que las hayan hecho. 2. Espero que la hayan sacado. 3. Espero que la hayan llevado a lavar. 4. Espero que lo hayan sacado a pasear. 5. Espero que lo hayan preparado. 6. Espero que los hayan contestado. 7. Espero que las hayan recogido. 8. Espero que le hayan dado comida al gato.

11–15. Crisis. Imagínate que has tenido que irte de viaje y que varias personas se han ofrecido a ayudarte en casa. Di qué esperas que ellos hayan hecho.

Ejemplo:
¿Limpiaron la sala?
Espero que **la hayan limpiado**.

1. ¿Hicieron las compras?
2. ¿Sacaron la basura?
3. ¿Llevaron la ropa a lavar?
4. ¿Sacaron a pasear al perro?
5. ¿Prepararon la cena?
6. ¿Contestaron tus mensajes?
7. ¿Recogieron tus cartas?
8. ¿Le dieron comida al gato?

11–16. Situaciones. Completa las siguientes frases. Usa pronombres de complemento directo y/o indirecto según sea necesario.

Ejemplo:
La fiesta es el sábado. ¿Te invitaron?
Espero que me hayan invitado.

1. No quedan muchas faldas estampadas en la tienda. ¿Las han vendido todas? No creo que...
2. No sé si ya han abierto el nuevo almacén. Espero que...
3. No sé si mis padres han pagado las cuentas. No creo que...
4. ¡Qué ruido! ¿El niño ha roto los vasos? Espero que no...
5. Esos zapatos de tenis no son muy cómodos. ¿Los has comprado? Espero que no...

Answers: 1. No quedan muchas faldas estampadas en la tienda. ¿Las han vendido todas? No creo que las hayan vendido todas. 2. No sé si ya han abierto el nuevo almacén. Espero que ya lo hayan abierto. 3. No sé si mis padres han pagado las cuentas. No creo que ya las hayan pagado. 4. ¡Qué ruido! ¿El niño ha roto los vasos? Espero que no los haya roto. 5. Esos zapatos de tenis no son muy cómodos. ¿Los has comprado? Espero que no los hayas comprado.

11–17. ¡Qué va! Haz una lista de tres cosas increíbles que hayas hecho. Por lo menos una de estas cosas debe ser una mentira (*lie*). Ahora, vas a decírselas a tu compañero/a y él o ella va a decidir si te las cree o no. Si quieres, puedes usar las sugerencias de abajo o inventar otras.

Ejemplo:
saltar de un avión en paracaídas (*parachute*)
Tú: He saltado de un avión en paracaídas.
Tu compañero/a: No creo que hayas saltado de un avión.

Sugerencias

1. ver las pirámides de Egipto
2. probar la sopa de tortuga
3. entrevistar al Presidente
4. conducir un Rolls Royce
5. correr en un maratón
6. escribir un *"bestseller"*
7. recibir un Oscar
8. recorrer todo el mundo en bote de vela

Lo que queremos que hagan otros: el tiempo presente del subjuntivo

In the **Imágenes y palabras** section of this chapter, you saw the phrase **Quiero que me compren...** to express what someone wants *other people* to buy for him or her. In this expression, the verb **comprar** takes a new form, the *present subjunctive* form. What is different about it?

1. You have learned how to say what *you* want to do by using **Quiero** + *infinitive*.

Quiero comprarme un traje azul.	*I want to buy myself a blue suit.*

However, to say what you want *someone else* or *others* to do, use this formula with the present subjunctive: **Quiero que...** + *subjunctive form*.

Quiero que compres ese traje azul.	*I want* ***you*** *to buy that blue suit.*

Note that the above sentence has two parts connected by the word **que**. Each part has a different subject: **(Yo) quiero/ (tú) compres**. The part that follows **que** has a subjunctive form.

You will also use the subjunctive to say what you or another person recommends, suggests, orders, or advises someone else to do. Here are some expressions that trigger use of the subjunctive.

Te **recomiendo que**...	*I recommend that you . . .*
Te **sugiero que**...	*I suggest that you . . .*
Es mejor que tú...	*It's better that you . . .*
Le **pido que**...	*I'm asking him/her to . . .*
Me **aconsejan que**...	*They advise me to . . .*
(No) **Necesito que** él...	*I (don't) need him to . . .*
(No) **Me gusta que** Uds....	*I (don't) like that you . . .*

2. To form the present subjunctive, take the **yo** form of the present indicative tense, remove the **-o** ending and replace it with the *opposite vowel*. For **-ar** verbs, the opposite vowel is **-e;** for **-er** and **-ir** verbs, the opposite vowel is **-a**.

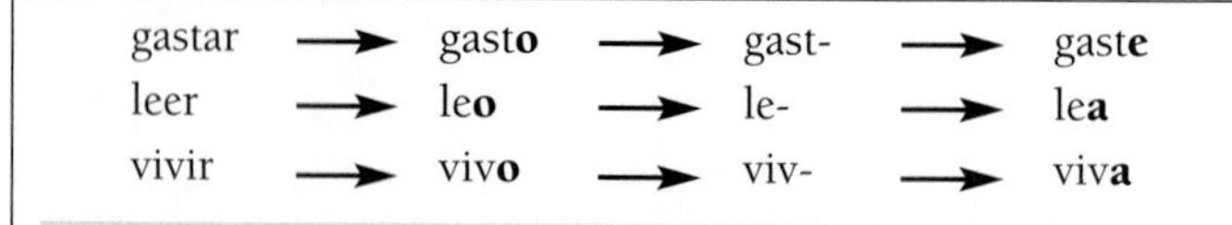

gastar	→	gast**o**	→	gast-	→	gast**e**
leer	→	le**o**	→	le-	→	le**a**
vivir	→	viv**o**	→	viv-	→	viv**a**

With this form as the base, notice how the other persons of the verb are formed using the **-s**, **-mos**, **-n** endings you are familiar with. As you can see in the following chart, the **yo** and **él/ ella/ Ud.** forms are the same.

- **-ar** verbs change to **-e** endings:

llevar → llev**o** → llev**e**, llev**es**, llev**e**, llev**emos**, *llev**éis***, llev**en**

- **-er** and **-ir** verbs change to **-a** endings:

vender ⟶ vend**o** ⟶ vend**a**, vend**as**, vend**a**, vend**amos**, *vend**áis***, vend**an**

vestirse ⟶ me vist**o** ⟶ me vist**a**, te vist**as**, se vist**a**, nos vist**amos**, *os vist**áis***, se vist**an**

Los diseñadores quieren que nosotros, los clientes, **nos vistamos** a la moda. En cambio, nosotros preferimos que ellos **vendan** ropa más práctica y no tan cara.

3. Always form the subjunctive from the **yo** form of the present indicative so that any changes that exist in this form are carried over to the subjunctive, as in the following examples. Notice that, just as in the present indicative, there are *no two-vowel stem changes* (**ue, ie**) in the **nosotros** and **vosotros** forms of the present subjunctive.

probarse	me prueb**o**	me prueb**e**	te prueb**es**	se prueb**e**	nos probem**os**	*os prob**éis***	se prueb**en**
ponerse	me pong**o**	me pong**a**	te pong**as**	se pong**a**	nos pongam**os**	*os pong**áis***	se pong**an**
conocer	conozc**o**	conozc**a**	conozc**as**	conozc**a**	conozcam**os**	*conozc**áis***	conozc**an**
hacer	hag**o**	hag**a**	hag**as**	hag**a**	hagam**os**	*hag**áis***	hag**an**
pedir	pid**o**	pid**a**	pid**as**	pid**a**	pidam**os**	*pid**áis***	pid**an**
seguir	sig**o**	sig**a**	sig**as**	sig**a**	sigam**os**	*sig**áis***	sig**an**
construir	construy**o**	construy**a**	construy**as**	construy**a**	construyam**os**	*construy**áis***	construy**an**
escoger	escoj**o**	escoj**a**	escoj**as**	escoj**a**	escojam**os**	*escoj**áis***	escoj**an**

4. Many high-frequency verbs have *irregular* forms in the subjunctive, which must be memorized. Look for patterns to help you remember them.

haber	haya	hayas	haya	hayamos	*hayáis*	hayan
hecho	hecho	hecho	hecho	hecho	*hecho*	hecho
ir	vaya	vayas	vaya	vayamos	*vayáis*	vayan
ser	sea	seas	sea	seamos	*seáis*	sean
estar	esté	estés	esté	estemos	*estéis*	estén
dar	dé	des	dé	demos	*deis*	den
saber	sepa	sepas	sepa	sepamos	*sepáis*	sepan

You may wish, at this point, to review present tense indicative **yo** forms of verbs such as: **escoger, proteger (-jo), incluir (-yo), seguir, conseguir (-go)**. You may also wish to point out other spelling changes in subjunctive forms. These are listed in the *Verbos Appendix* on p. 465: **-car: c** > **qu** before **e (seque, busque, toque, explique); -zar: z** > **c** before **e (empiece, almuerce, organize); -gar: g** > **gu** before **e (llegue, riegue, juegue, pague).** Depending on the control and comfort level of your students, you may also wish to explain that **–ir** stem-changing verbs show a stem change in the **nosotros** and **vosotros** forms: **pedir: pidamos, pidáis; seguir: sigamos, sigáis; dormir: durmamos, durmáis**. A more extensive review of both stem-changing and spelling changing verbs in the subjunctive will be presented in *Capítulo 13*. However, they may be presented at any point.

5. Remember: When someone expresses desires or needs about his or her *own* actions, the infinitive is used. In contrast, the subjunctive is used when someone expresses desires, needs, or recommendations regarding the actions of *another* person.

Voy a cambiar todo mi guardarropa porque ***mis amigos quieren que yo esté*** más a la moda.

Quiero comprarme otro traje, pero ***mi padre no quiere que me compre*** nada nuevo.

Práctica

11–18. A cuidar los niños. Imagínate que tienes que cuidar a unos niños porque los padres han salido por la noche. Contesta como adulto cada frase de los niños. Usa el mismo verbo en el presente del subjuntivo.

> *Ejemplo:*
> Yo sé escribir mi nombre.
> ¡Qué bien! Es necesario que sepas escribir tu nombre.

	Dice el niño	Y tú le dices
1.	Salgo muy bien en mis pruebas.	¡Qué bien! Es muy importante que...
2.	Mis amigos y yo siempre nos peleamos.	¡Qué pena! No me gusta que Uds....
3.	No quiero acostarme tan temprano.	Ya lo sé, pero tus padres quieren que...
4.	Voy a ponerme los jeans para ir a la iglesia.	No, porque tus padres no quieren que...
5.	Me gusta reírme de mis amigos.	Pero no es bueno que...
6.	Quiero ver televisión. No quiero dormir.	Pero tus padres no quieren que... Es mejor que...
7.	¿Le doy mi sándwich al perro?	No. Es mejor que no...
8.	De desayuno voy a pedir un helado de chocolate.	Recomiendo que no... Es mejor que...

Answers: 1. ¡Qué bien! Es muy importante que salgas muy bien en tus pruebas. 2. ¡Qué pena! No me gusta que Uds. siempre se peleen. 3. Ya lo sé, pero tus padres quieren que te acuestes temprano. 4. No, porque tus padres no quieren que te pongas los jeans para ir a la iglesia. 5. Pero no es bueno que te rías de tus amigos. 6. Pero tus padres no quieren que veas televisión. Es mejor que duermas. 7. No. Es mejor que no le des el sándwich al perro. 8. Recomiendo que no pidas un helado para el desayuno. Es mejor que tomes leche.

11–19. Deseos y consejos. Usa el verbo indicado para completar las oraciones siguientes. Según el contexto, usa el infinitivo, el presente de indicativo o el presente del subjuntivo.

1. (ver) Yo quiero __ver__ esa película y espero que tú la __veas__ también.
2. (escoger) Mi amigo necesita __escoger__ otra clase y me dijo que es mejor que yo __escoja__ otra también.
3. (saber) Mi profesor dice que es importante que (nosotros) __sepamos__ todas las fórmulas, pero yo quiero __saber__ si él las __sabe__ también.
4. (conocer) Mi amigo quiere que yo __conozca__ a su novia, pero la verdad es que ya la __conozco__.
5. (pedir) ¿Por qué no les __pides__ dinero a tus padres? A los padres les gusta que sus hijos les __pidan__ dinero.
6. (aprender) Es importante que los niños __aprendan__ a vestirse solos. No van a __aprender__ nunca si tú los ayudas.
7. (leer) Quiero __leer__ tu composición. ¿Por qué no quieres que yo la __lea__? Si la __leo__, te puedo ayudar a mejorarla.
8. (decir) Te aconsejo que me __digas__ la verdad. Siempre es mejor __decir__ la verdad, porque si mientes, nadie va a saber cuándo creerte.

11–20. A corregir los errores. Da recomendaciones sobre cómo vestirse mejor. Usa expresiones como **le aconsejo que..., le recomiendo que..., es mejor (importante/ necesario) que..., le sugiero que...**

Ejemplo:
Para venderles una casa a los clientes, el señor se puso una camisa de lunares. **En vez de ponerse** una camisa de lunares, **es mejor que se ponga** una camisa de un solo color...

1. Para una entrevista de trabajo, la chica lleva una minifalda anaranjada, una camisa verde ácido y unos zapatos de tacones muy altos.
2. Para una entrevista de trabajo, el chico lleva un saco de lana a cuadros, una camisa a rayas y un pantalón de poliéster.
3. Para salir por primera vez con la chica más guapa del mundo, el chico se viste de jeans, una camisa roja y una corbata estampada con dibujos de Disney.
4. Para conocer a sus futuros suegros (*in-laws*), la novia se pone un pantalón de sudadera y una blusa cara.
5. Para ir a un baile elegante, el chico lleva una chaqueta de cuero, una camisa de seda azul y anteojos de sol.
6. Para ir de picnic, la chica se viste de pantalón satinado, cinturón de plástico y pañuelo de seda.

11–21. Para que estén elegantes. ¿Qué recomendaciones les puedes dar a las siguientes personas para que se vean más elegantes y a la moda? Usa el subjuntivo para completar las frases.

Ejemplo:
A mi mamá le aconsejo que vaya de compras con zapatos de tenis, pero que se quite la sudadera vieja.

1. A mi papá le aconsejo que (no)...
2. A mi mejor amigo/a le recomiendo que...
3. Quiero que los chicos/as de mi edad (no)...
4. Sugiero que los mayores en general...
5. Para buscar un puesto, es importante que los jóvenes (no)...

11–22. ¿Qué buscas en una pareja ideal? Indica en la lista si lo siguiente es importante o no. Luego, busca a dos compañeros que tengan respuestas similares y escriban un párrafo corto para presentar a la clase.

Ejemplo:
Nosotros queremos un/a compañero/a o amigo/a que **sea cariñoso/a**. Todos pensamos que no es importante que **tenga** dinero, pero preferimos que **se vista** bien cuando salimos.

LISTA

Quiero...

- ❑ sea cariñoso/a
- ❑ tenga dinero
- ❑ me dé muchos regalos
- ❑ me escriba cartas de amor
- ❑ se vista bien cuando salgamos
- ❑ me diga siempre la verdad
- ❑ sepa escuchar mis problemas

Posible answers: Mi compañero/a quiere que... 1. yo **arregle/ limpie** la habitación. 2. yo me **ponga** otra camisa. *o* ... me **quite** la camisa estampada. 3. yo me **quede** en casa. *o* ... **vaya/ salga** con él/ ella. 4. yo le **preste/ dé** dinero. 5. yo me **ponga** un abrigo/ suéter. 6. yo me **vista** pronto. 7. yo le **lave** la ropa. 8. yo **vaya** al supermercado. *o* ... **vayamos** a un restaurante.

11–23. Una indirecta. A veces, la gente no nos dice directamente lo que piensa; lo sugiere indirectamente. Di qué quiere tu compañero/a de habitación que hagas tú, según sus indirectas. Sigue el modelo.

Ejemplo:
Me gusta tanto tu suéter nuevo.
Mi compañero/a quiere que yo le preste mi suéter nuevo.
Estoy cansado/a y no puedo pasar la aspiradora.
Mi compañero/a **quiere** que **yo pase** la aspiradora.

1. Es difícil caminar por la habitación con todo este desorden.
2. ¡Qué horror! ¿Te vas a poner esa camisa estampada?
3. No me gusta estar solo/a.
4. No tengo dinero para comprarme este traje.
5. Vas a tener frío si sales así.
6. La película empieza pronto. ¿No te vas a vestir?
7. No tengo tiempo de lavar la ropa.
8. Tengo hambre pero no tengo ganas de ir al supermercado.

11–24. Así se hace aquí. Escoge una de las siguientes ocasiones y da recomendaciones para explicarle a un grupo de alumnos hispanos qué deben hacer con respecto a la ropa, la comida y las actividades.

Ejemplo:
las bodas
Para una boda, **es costumbre que** el novio le **dé** un anillo a la novia. **No es necesario que** la novia **lleve** blanco, pero es importante que **se vista** elegante.

1. 

2. 

3. 

4. 

5. 

6. 

7. 

8. 

11–25. Nuestro consultorio. Ya que son muy inteligentes, Uds. siempre reciben cartas de gente que les pide consejos. Escojan una de las siguientes cartas y denle a cada persona por lo menos tres sugerencias para ayudarle a remediar su problema. Piénsenlas bien.

Ejemplo:

Todos los meses, mi pareja gasta todo su sueldo en ropa; no ahorra* (save) *nada. Yo creo que debe pensar menos en su imagen y más en el futuro.

Tienes razón; es mejor que tu pareja ahorre parte de su sueldo. **Es importante que** piense más en el futuro. Por eso, **le aconsejamos que…**

1. *Creo que mi amiga se preocupa demasiado por las marcas de prestigio. La ropa que llevo yo no es de marca pero es de buena calidad. Sin embargo, siempre la critica. ¿Qué debo hacer?*

2. *Mi pareja siempre me compra ropa y accesorios que no necesito (y además, no me gustan). Parece que quiere comprarme con regalos. ¿Qué piensan Uds.?*

3. *Quiero estar a la moda pero no tengo mucho dinero. No puedo comprarme jeans de marca porque cuestan muy caros. Me da pena no poder vestirme como mis amigos. ¿Qué puedo hacer?*

4. *Mi amiga siempre me pide que le preste ropa. Un día es un suéter; otro día, una chaqueta; otro, unos aretes. Bueno, lo que pasa es que nunca me devuelve estas cosas. Quiero mucho a mi amiga pero no me gusta esta situación. ¿Qué recomiendan que haga?*

Lo que buscas y no encuentras: el presente del subjuntivo y las expresiones negativas

You have practiced describing articles of clothing and accessories in terms of colors and fabric.

Tengo una chaqueta de cuero que me queda muy bien.
Quisiera probarme ese conjunto de seda morada.

In such cases, you have described *specific* and *known* articles that someone owns, that you have seen, or that you are aware of. However, sometimes you will want to describe or give *specifications* for an *unknown* or *nonspecific* person, place, or thing—someone or something that you need, want, or are looking for ("I'm looking for shoes that don't have such high heels. I need a design that fits better and is more comfortable"). To describe a person, place, or thing in terms of *specifications*, you will use the subjunctive.

Busco zapatos que **sean** cómodos.
Busco un compañero de habitación que no **fume**.

Description of a known, specific item	*Description of an unknown, nonspecific item*
Me compré una chaqueta azul que **tiene** unos bolsillos enormes y que **es** muy abrigada.	Busco unas botas que **tengan** tacón alto y que **sean** de marca.

Point out to students that the person, place, or thing is described in an adjective clause. Show how the whole clause serves as an adjective by circling it on the board and replacing it with one-word adjectives.

Quiero una chaqueta cómoda que me quede bien.

1. Use the subjunctive to describe nonspecific and possibly even nonexistent people, places, or things in adjective clauses.

- to describe a person or persons whose *identity* is *unknown* and who may or may not exist

  Busco **profesores** que **sean** simpáticos y que **enseñen** bien.

- to describe an object that you are looking for but haven't found yet and that may or may not exist

  Quiero que inventen **un programa** de computadora que **escriba** mis composiciones.

- to describe a place whose identity is unknown and that may or may not exist

  Quiero alojarme en **un hotel** que **tenga** piscina y que **ofrezca** desayuno.

2. You will also use the present subjunctive in adjective clauses to describe people, places, and things that *do not exist*.

- to describe a person who does not exist or does not meet your specifications, use **no... nadie que...**

  En esta tienda **no hay nadie que sepa** hablar español.

  In this store ***there's no one who knows*** *how to speak Spanish.*

  No conozco a nadie que escoja una prenda de ropa sólo por su marca.

  I don't know anyone who chooses *an article of clothing only because of its label.*

- to describe an object or place that does not exist or cannot be found, use **no... nada que...**

  Aquí **no hay nada que me guste.** Además, **no puedo encontrar nada que me quede** bien.

  There's nothing I like *here. Besides,* ***I can't find anything that fits*** *well.*

To practice these negative constructions with the subjunctive, give students phrases such as the following and have them convert to a subjunctive construction: **Nadie me entiende (No hay nadie que me entienda); Nadie me corrige la manera de vestir; En esta tienda, nadie me ofrece un descuento; Nada combina bien con esta camisa; Al saber el precio, nadie se ríe; Aquí nada me gusta; nada me queda bien;** etc.

Práctica

11-26. Compatibles. Haz una lista de por lo menos ocho de tus intereses, aficiones y metas. Luego, describe el tipo de persona que sea compatible contigo. Sigue el modelo.

Ejemplo:
Juego ajedrez.
Busco una persona inteligente y seria que juegue ajedrez.

11-27. Se busca. Busca por lo menos una persona de la clase que haga cada una de las siguientes cosas. Luego, infórmale a la clase los resultados.

Ejemplo:
lavarte el coche
Busco a alguien que me lave el coche.
Brian me va a lavar el coche. *o* No hay nadie que me lave el coche.

1. prestarme sus apuntes
2. nunca llegar tarde a clase
3. haber viajado al extranjero
4. trabajar de mesero/a
5. jugar cartas
6. divertirse en la ópera
7. siempre vestirse bien
8. hacer trucos de magia
9. dormir más de ocho horas al día
10. saber hablar tres idiomas
11. reparar computadoras
12. vivir en las afueras

Answers: 1. Busco una persona que me preste sus apuntes. 2. Busco una persona que nunca llegue tarde a clase. 3. Busco una persona que haya viajado al extranjero. 4. Busco una persona que trabaje de mesero/a. 5. Busco una persona que juegue cartas. 6. Busco una persona que se divierta en la ópera. 7. Busco una persona que siempre se vista bien. 8. Busco una persona que haga trucos de magia. 9. Busco una persona que duerma más de ocho horas al día. 10. Busco una persona que sepa hablar tres idiomas. 11. Busco una persona que repare computadoras. 12. Busco una persona que viva en las afueras.

11–28. Ya lo tengo, pero... Con respecto a los siguientes artículos, describe lo que tienes y lo que buscas o deseas tener.

> *Ejemplo:*
> una camisa
> Ya tengo muchas camisas, pero busco una que esté más de moda.

1. una mochila
2. una chaqueta
3. un saco o un abrigo
4. un cinturón
5. un paraguas
6. unos jeans
7. unas gafas de sol
8. una gorra
9. un reloj

11–29. Nunca estamos contentos. No importa qué tengamos, siempre deseamos algo más, ¿verdad? Completa las siguientes oraciones. Trata de usar diversos verbos.

1. Los estudiantes quieren profesores que...
2. Los padres quieren hijos que...
3. Los adolescentes quieren padres que...
4. Los estadounidenses quieren un presidente que...
5. Los jefes quieren empleados que...
6. Los jóvenes quieren ropa que...
7. Los meseros quieren clientes que...
8. Los viajeros quieren hoteles que...

11–30. Quiero... Describe tu ideal con respecto a cada uno de los siguientes lugares, personas o cosas.

> *Ejemplo:*
> un puesto
> **Quiero** un puesto **que me ofrezca** un buen sueldo... y **donde no haya nadie que me diga** qué tengo que hacer.

1. una pareja
2. una clase
3. unos/as amigos/as
4. un lugar para estudiar
5. un/a jefe/a
6. un/a profesor/a
7. un restaurante
8. una residencia
9. una tienda
10. un gimnasio

11-31. Nada ni nadie, te digo. Exagera un poco para describir a alguna gente y cosas estupendas o muy malas.

Ejemplo:
cocinar mejor/ peor
No hay nadie que cocine mejor/ peor que mi padre.
ser más difícil.
No hay nada que sea más difícil que la física.

No hay nadie que...

1. vestirse mejor/ peor
2. jugar (ajedrez, fútbol, tenis, etc.) mejor/ peor
3. dormir más/ menos
4. mentir (ie) menos
5. llorar más

No hay nada que...

6. gustarme más/ menos
7. preocuparme más
8. relajarme más
9. ser más peligroso/a o darme más miedo
10. costar más

Answers: 1. se vista, 2. juegue, 3. duerma, 4. mienta, 5. llore, 6. me guste, 7. me preocupe, 8. me relaje, 9. sea más peligroso/a *o* me dé más miedo, 10. cueste

11-32. Videocasamentero. Si buscas el amor de tus sueños, hay muchas agencias que se especializan en las actividades de casamentero (*matchmaking*) por video. Imagínate que has visitado una de estas agencias.

Primero, di cómo vas a presentarte en tu video: ¿Qué ropa llevas? ¿Cómo son tus características físicas? ¿Cómo eres? ¿Qué intereses tienes?

Segundo, describe a la persona que buscas: ¿Cómo es? ¿Qué buscas con respecto a sus características físicas y su personalidad? ¿Qué gustos, intereses y metas debe tener esta persona?

Ejemplo:
Busco una señorita de unos 20 años de edad que **quiera** casarse. Quiero conocer una chica que **sepa** escucharme y que me **preste** mucha atención... Es preferible que **tenga**... No es necesario que **sea** muy..., pero no quiero a nadie que **use** tantos cosméticos que la gente se ría de ella. Además, es importante que...

En voz alta

For the audioscript for *Capítulo 11*, please refer to p. 499.

A. Escucha la conversación sobre la ropa y toma apuntes. Después, indica con **C** (cierto) o **F** (falso) lo que oyes en la conversación.

1. Cristina dice que es necesario que alguien interprete los gustos de las muchachas jóvenes. C
2. Los diseños de María Carolina son diferentes y atractivos. C
3. Ella usa una tela con diseños tropicales para la ropa de invierno. F
4. Carlos le pregunta qué colores usa con más frecuencia. F
5. María Carolina dice que sus diseños son clásicos y vitales. C
6. Sus diseños son sólo de camisas y chaquetas de caballero. F

B. Escucha la conversación otra vez. Mira las dos listas y encuentra los pares.

1. tela de diseños tropicales	c	**a.** colores del sol
2. guardarropas de verano	a	**b.** algodón que no se arruga (*wrinkle*)
3. diseños masculinos	e	**c.** vestido fresco y vaporoso
4. camisas y chaquetas	d	**d.** algodón como seda
5. trajes de oficina de hombres y mujeres	b	**e.** corte diferente

C. ¿Qué opinas sobre lo que escuchaste? Escribe seis oraciones para explicar por qué estás de acuerdo o no.

____

____

____

____

____

____

Mi refranero. En la conversación que escuchaste se mencionan los siguientes refranes. Escúchalos con atención y trata de imitar la pronunciación lo mejor posible.

Lo que a unos afea, a otros hermosea.

La novedad de hoy es lo antiguo de mañana.

Aquí tienes otro refrán relacionado con la ropa y la moda. Escúchalo con atención y trata de imitar la pronunciación lo mejor posible.

Lo que es moda no incomoda.

Voces hispanas

De dichos y refranes, miles de planes

Hay muchos dichos y refranes en inglés que también usan la ropa como símbolo para comunicar un mensaje. Aquí tienes algunos ejemplos. ¿Puedes dar otros?

If the shoe fits, wear it.
She wears many hats.
Let a smile be your umbrella.
It knocked my socks off!

En esta sección, vas a ver que en español también hay muchos dichos y refranes que usan la ropa como símbolo. Mira los refranes. ¿Hay algunos que correspondan a lo que se dice en inglés?

1. **La ropa sucia** (*dirty*) **se lava en casa.** c
2. Este coche **me viene como anillo al dedo.** b
3. En esta casa, **el que lleva los pantalones soy yo.** e
4. Hacía calor y ella andaba **en traje de Eva.** h
5. Fueron a Las Vegas y **se jugaron hasta la camisa.** g
6. Mi primo es muy **aficionado a las faldas.** d
7. Los políticos **se cambian de camisa** a cada rato. a
8. Ese collar **es más caro que la camisa de Margarita.** f

Ahora, conecta cada refrán o dicho con una de las siguientes explicaciones.

Ejemplo:
El niño salió corriendo **en traje de Adán.**
Estaba totalmente desnudo; no llevaba ropa.

a. Cambian de opinión por conveniencia.

b. Es precisamente lo que necesito.

c. Las cosas de la familia no se discuten en público.

d. Ese chico es un Don Juan.

e. Soy el jefe.

f. Vale una fortuna.

g. Lo gastaron todo en el casino.

h. Estaba desnuda.

SÍNTESIS

Para leer

El amor a primera vista

¿Qué piensan tú y tus compañeros del amor a primera vista? ¿Es un enamoramiento típico de los adolescentes o creen que también afecta a los adultos? ¿Puede un amor a primera vista convertirse en una relación duradera (*lasting*)? En la lectura a continuación van a conocer a una pareja que se enamora locamente a primera vista. ¿Cuáles de estas reacciones asocian ustedes con una persona que se enamora de "un flechazo"?

- ❑ enojarse
- ❑ gritar
- ❑ escuchar música romántica
- ❑ llorar
- ❑ reír
- ❑ cantar
- ❑ regañar
- ❑ mirarse por horas en el espejo
- ❑ no saber qué ponerse
- ❑ estar distraído/a
- ❑ aburrirse

Answers: 1. Significa que algo es muy caro. 2. En Lima, en el siglo XVIII, en el año 1765. 3. Margarita Pareja y su padre, el colector de impuestos, don Raimundo Pareja. 4. Es una leyenda.

A. Datos importantes. La lectura de la página 330 narra la historia de una prenda muy especial. Lee los dos primeros párrafos y contesta las siguientes preguntas.

1. ¿Qué significa, "es más caro que la camisa de Margarita Pareja"?
2. ¿Dónde ocurrió esta historia y hace cuánto tiempo?
3. ¿Qué personajes se mencionan?
4. ¿Qué tipo de narración es?: ¿un ensayo, una leyenda, un artículo o una biografía?

B. Organiza la información. Ahora lee toda la narración y mientras leas, toma apuntes sobre los personajes en un diagrama como el siguiente.

Personaje	¿Quién es?	¿Cómo es?
1. Margarita Pareja	hija de Raimundo	hermosa de ojos negros
2. Raimundo Pareja	padre de Margarita	rico, inteligente
3. Luís Alcázar	el novio de Margarita	joven, arrogante, pobre
4. Honorato	tío de Luis	solterón, muy rico

C. A ver si comprendiste bien. Di si estas frases son ciertas o falsas según la leyenda de Margarita Pareja. Si alguna no es cierta, corrígela.

1. El padre de Margarita era rico.
2. Margarita era la única hija de don Raimundo.
3. El sobrino de don Honorato recibió toda la fortuna de su tío.
4. Los dos jóvenes querían casarse.
5. Don Luis se enamoró de doña Margarita, pero ella no quiso casarse.
6. Al principio, el papá de doña Margarita y el tío de don Luis prohibieron el matrimonio de los jóvenes.
7. Doña Margarita se puso tan triste que se fue a un convento.
8. El papá decidió que lo mejor era hablar con Luis, de hombre a hombre.
9. El tío se puso furioso y les dijo que no iba a pagar nada porque las bodas eran muy caras.
10. El papá y el tío llegaron a un acuerdo: Margarita podía casarse con Luis pero sin recibir el dinero que su familia le tenía para la boda.
11. Don Honorato aceptó que el papá le regalara la camisa de novia pero nada más.
12. La camisa de novia de Margarita estaba hecha de seda.

Answers: 1. Cierto. 2. Falso. Margarita era la hija más mimada de don Raimundo. 3. Falso. No había heredado la fortuna todavía. 4. Cierto. 5. Falso. Ella quería casarse. 6. Cierto. 7. Falso. Dijo que quería hacerse monja, pero no se fue a un convento. 8. Falso. Don Luis fue a hablar con el padre. 9. Falso. El tío se puso furioso porque don Raimundo dijo que don Luis era muy pobre para su hija. 10. Cierto. 11. Cierto. 12. Falso. La camisa estaba hecha de encaje, de oro y de brillantes.

D. En otras palabras. Busquen y escriban todas las palabras y expresiones del cuento que ilustren o describan lo siguiente.

1. un precio demasiado alto
2. la belleza de Margarita
3. la pobreza de Luis
4. una prenda de ropa muy cara
5. una enfermedad del alma (*soul*) que no se cura
6. la riqueza de los viejos
7. el amor a primera vista
8. la furia, el enojo
9. la tristeza y la desesperación
10. la dote

E. Un poquito exagerados. Pónganse un poco exagerados y completen las siguientes descripciones.

Ejemplo:
Es tan rica que…
Es tan rica que **duerme con una camisa adornada con diamantes**.

1. Es tan rico/a que…
2. Es tan generoso/a que…
3. Es tan bello/a que…
4. Es tan pobre que…
5. Es tan testarudo (*stubborn*) que…
6. Es tan triste que…

F. Mi propia leyenda. Escribe una leyenda que explique uno de los dichos de la página 327.

SÍNTESIS

La camisa de Margarita

Ricardo Palma (peruano, 1833–1919)

Palabras útiles

los impuestos *taxes*
los galanes jóvenes
le flechó el corazón se enamoró de ella
el partido elección de novio
la monja *nun*
la dote *dowry*
el ajuar manteles y otra ropa para la casa y la novia
el alfiler *pin*
el compromiso acuerdo
al pie de la letra literalmente

Cuando las viejas de Lima quieren quejarse del precio de una prenda dicen: —¡Qué! Si esto es más caro que la camisa de Margarita Pareja.— Y ésta es la historia de la camisa de Margarita.

Corría el año de 1765 y Margarita Pareja era una hermosa limeñita, la hija más mimada del colector de impuestos° del Callao, don Raimundo Pareja. Tenía un par de ojos negros como dos torpedos cargados con dinamita que hacían explosión en el corazón de todos los galanes° de Lima.

Por aquel tiempo, llegó de España un arrogante joven, llamado don Luis Alcázar, que tenía en el Perú un tío solterón muy rico y todavía más orgulloso de su apellido y su familia. Sin haber heredado la fortuna del tío todavía, don Luis era más pobre que una rata. Pero un día conoció a la bella Margarita y se sintió más rico que un Virrey, porque la muchacha le llenó el ojo y le flechó el corazón°. La verdad es que los dos jóvenes se enamoraron locamente, y don Luis fue a hablar con don Raimundo para pedirle la mano de Margarita.

—Quiero que Margarita sea mi esposa —dijo el joven. Pero a don Raimundo no le gustó mucho la idea, porque pensó que don Luis era muy pobre para su hija, y dijo que no. Además, les contó a sus amigos que don Luis no era un buen partido° para su hija. Uno de estos caballeros fue con la historia a don Honorato, el tío de don Luis, quien se puso furioso por la ofensa.

Don Raimundo también le dijo a Margarita: —No quiero que veas a don Luis— y a Margarita le dio un ataque de nervios. Todos los días desde entonces lloraba todo el tiempo y se arrancaba el pelo, gritaba y perdía sus colores y no quería salir a ninguna parte. ¡Quería hacerse monja°!

Entonces, don Raimundo se empezó a preocupar muy en serio y también los médicos dijeron que la única medicina para los nervios de Margarita no se vendía en la farmacia. ¡Había que casarla con don Luis o Margarita moriría! Por eso corrió don Raimundo a la casa de don Honorato y le dijo: —Quiero que los muchachos se casen lo antes posible, porque no hay otro remedio para mi niña.— El diálogo fue violento porque don Honorato recordaba que don Raimundo se había expresado muy mal de su sobrino Luis. Por fin, el tío consintió en que Luis y Margarita se casaran, pero con una condición, dijo don Honorato: —No quiero que Ud. le dé ni un centavo a su hija para la boda.—

Lima, centro histórico.

—Quiero que la niña venga a casa de su marido sólo con la ropa puesta —dijo don Honorato.

—¿Puedo darle su dote° y regalarle algo de ropa nueva y el ajuar°? —preguntó el padre.

—No, nada; ni un solo alfiler°, ni ajuar, ni muebles, ni dinero, ni nada —contestó el tío, pero finalmente aceptó que don Raimundo le diera a Margarita sólo la camisa de noche para cambiarse.

Don Raimundo Pareja cumplió con el compromiso° al pie de la letra°. El único regalo que recibió Margarita cuando se casó fue su camisa de novia. Sólo que la camisa estaba adornada con encajes que costaron una fortuna y que el cordoncillo del cuello era una larga cadena de oro y brillantes que bien valía un Perú.* Y así fue como la camisa de Margarita se hizo famosa en Lima, por lo única y por lo cara.

Adaptado de Ricardo Palma, *Tradiciones peruanas completas*.

*La inmensa cantidad de oro y plata que los españoles llevaron del Perú a España en la época colonial le dieron al país tal fama que desde entonces cualquier cosa de gran valor se compara con el Perú y se dice que "vale un Perú".

SÍNTESIS

Para escribir

Querido lector

Esta sección te servirá de guía para escribir más precisamente, haciéndote prestar atención especial a la organización y la edición.

A. Imaginarse. En una revista para adolescentes, tú escribes una columna que les da consejos y orientación a los lectores que comparten sus problemas. Elige una de las siguientes cartas que acaban de llegar.

1. *Acabo de conseguir mi primer empleo y mi madre insiste en que me ponga una falda o pantalones en vez de jeans. Sin embargo, he preguntado en la oficina y me dijeron que no hay normas estrictas con respecto a la ropa.*
   Carolina

2. *Tengo 12 años y quiero arreglarme como mis amigas y ponerme minifalda y pantalones elásticos y usar cosméticos pero mi papá no quiere que me ponga ropa llamativa. Ya soy grande.*
   María Paz

3. *Mis padres no me comprenden. Les he dicho que es necesario llevar ropa de la marca que está de moda. Pero ellos se resisten a comprarme ropa tan cara sólo por la marca.*
   Beatriz

B. Analizar. Analiza los varios aspectos del problema escogido para poder dar consejos completos y detallados. Haz un borrador (*draft*) de la respuesta que le darías a cada aspecto, incluyendo razones, consecuencias, excepciones y ejemplos en cada caso.

Ejemplo:

Carta 1:

Con respecto a **los jeans,** es mejor que no **los lleves** si...

Si pensamos en **los consejos** de tu mamá, es mejor que **los sigas** porque...

Con relación a **las normas** de..., te aconsejo que **las observes** porque...

Hablando del **primer empleo**, es necesario que **lo tomes** en serio porque...

C. Corregir. Asegúrate de que todas tus oraciones sean claras y precisas. Marca con un círculo todos los pronombres y formas subjuntivas que hayas usado.

D. Integrar. Combina las oraciones en una carta coherente con párrafos claros y bien formulados. Asegúrate de que tu respuesta sea interesante y apropriada para adolescentes de la edad de los lectores de tu revista. Trata de evitar la repetición de verbos comunes **(tener, querer, necesitar)** y busca variedad en el uso de adjetivos.

Vocabulario

Prendas de ropa y accesorios

el abrigo overcoat
el anillo ring
la blusa blouse
el bolsillo pocket
el bolso bag
las botas boots
la bufanda winter scarf
la camisa shirt
el cinturón belt
el collar necklace
el conjunto outfit
la corbata tie
la falda skirt
las gafas/ los anteojos glasses
la gorra cap, hat
los guantes gloves
el impermeable raincoat
el pantalón/ los pantalones pants
el pañuelo neck scarf, handkerchief
el paraguas umbrella
las perlas pearls
el pijama pajamas
la pulsera bracelet
la ropa interior underwear
el saco jacket
la sudadera sweat suit
el traje suit, dress
el traje de baño swimsuit
el vestido dress
los zapatos shoes
los zapatos de tenis running shoes, sneakers

Materiales y telas

el algodón cotton
el cuero leather
el encaje lace
la pana corduroy
la seda silk
el terciopelo velvet

Otros sustantivos

los caballeros men
las damas ladies
el guardarropa closet, wardrobe
la marca brand name

Colores y otras características de las telas

a cuadros checkered
a rayas striped
abrigado/a warm (*clothing*)
beige beige
de lunares polka dotted
de un solo color one-colored, solid
estampado/a patterned
vivo/a bright (*color*)

Verbos y expresiones

conocido/a well-known
de marca designer clothes
de tacón alto high-heeled (*shoes, boots*)
estar a la moda to be dressed in fashion
estar de moda to be in fashion
gastar to spend money
llevar to wear
me queda bien it fits well/looks good on me
pasado de moda out of fashion
¡No tengo nada que ponerme! I've nothing to wear!
ponerse to put on (*clothing*)
probarse (ue) to try on
quitarse to take off (*clothing*)

CAPÍTULO

12

El físico es muy importante

ÍNDICE

El "reloj interno" del cuerpo

Según los científicos, cada función del cuerpo humano tiene un "reloj interno". Por eso, los médicos nos recomiendan que sigamos un horario fijo para comer, dormir y hacer ejercicio. ¿Tienes tú un horario fijo para hacer estas cosas? ¿Cuáles de las siguientes acciones confunden tu reloj interno? ¿Cómo te sientes después? Da un ejemplo.

Ejemplo:

hacer un viaje al extranjero

Si hago un viaje al extranjero en avión, me siento cansado y estresado. Una vez tuve que viajar en avión desde la Florida hasta California y me fue difícil adaptarme al nuevo horario. Cuando eran las once de la noche para mí, sólo eran las ocho en California.

11:00 P.M.

5:00 A.M.

1. hacer un viaje largo en avión/ en coche
2. estudiar para un examen y no dormir
3. dormir una siesta durante el día
4. hacer ejercicio antes de dormir
5. cenar muy tarde por la noche
6. no almorzar

Conversación

12–1. Cambio de hora. Imagínate que vas a viajar a los siguientes lugares y que el vuelo llega a las nueve de la mañana. ¿Qué hora es según tu reloj interno?

Answers: 1. desorientación 2. malestar 3. incomodidad 4. disminución de las funciones físicas e intelectuales 5. cansancio 6. insomnio 7. exceso de sueño 8. irritabilidad 9. dolor de cabeza 10. falta de concentración 11. trastornos digestivos

12–2. Para aliviar el *jet-lag*. Si has hecho un viaje largo en avión, ya sabes las consecuencias de haber estado sentado/a por muchas horas. El siguiente artículo te ofrece algunos consejos para combatir los efectos negativos de estos largos viajes. Lee el primer párrafo y haz una lista de los síntomas del *jet-lag* que se mencionan.

Ejercicios en el aire

Para los pasajeros de avión, todos los viajes largos conllevan algún tipo de inconveniente. El principal enemigo es el *jet-lag*, esa desorientación y malestar que sufre un individuo al traspasar dos zonas de tiempo diferentes. Todo viaje prolongado que implique cambio de horario confunde nuestro reloj interno. Y esa confusión se traduce en incomodidad y disminución de las funciones físicas e intelectuales. No todo el mundo reacciona igual. Pero, en mayor o menor grado, el *jet-lag* se manifiesta como cansancio, insomnio o exceso de sueño, irritabilidad, dolor de cabeza, falta de concentración y trastornos digestivos. Estos simples ejercicios son muy efectivos para estimular la circulación, aliviar el estrés a bordo y evitar el *jet-lag* una vez en tierra. Haz de estos ejercicios una rutina en todos los vuelos largos.

1. Mueve las manos y gira las muñecas. Presiona cada dedo mientras cuentas hasta cien. Haz pequeños círculos con las muñecas.

Palabras útiles

el respaldo parte de atrás de un asiento
los pómulos *cheekbones*
ajustada *tight*
suelta *loose*
tápate *cover*
los pulmones *lungs*

2. Estira el cuello y los hombros. Mantén la cabeza contra el respaldo° del asiento y muévela a derecha y izquierda. Haz pequeños círculos con los hombros. Luego, sube y baja los hombros diez veces. Después, pon la mano en el hombro y gira la cabeza hacia los lados.

3. Activa la circulación de la sangre. Extiende las piernas y mueve los pies por 15 o 20 minutos durante intervalos de una hora. Con el pie derecho, forma las letras del alfabeto; luego, repítelo con el pie izquierdo. Después, presiona los dedos de los pies contra el suelo.

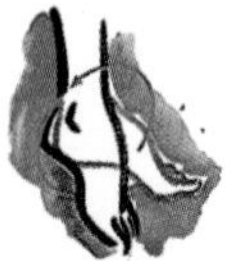

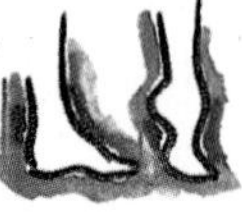

4. Relájate. Masajea con las dos manos la cabeza y la cara (especialmente debajo de los ojos). Masajea también los pómulos° y mueve la mandíbula. Frótate la nariz y presiona las orejas.

Además, te ofrecemos los siguentes consejos:

- Evita el alcohol y el café. Bebe agua. Durante el vuelo se pierde líquido y la deshidratación produce cansancio. No tomes mucho alcohol, ya que el alcohol y la cafeína deshidratan.
- Al llegar, no duermas siesta. Dormir durante el día es lo peor para eliminar el *jet-lag*.
- No te vistas con ropa ajustada°. Ponte ropa suelta° y cómoda para el viaje.
- Mastica chicle. Masticar chicle ayuda a igualar la presión en los oídos en momentos en que el avión se aproxima a la pista de aterrizaje. Otro método: cierra la boca, tápate° la nariz con la mano y presiona el aire de los pulmones°.

12–3. Buenos consejos. Ahora, lee el artículo entero y di si los viajeros deben o no deben hacer las siguientes cosas, según los consejos de la escritora.

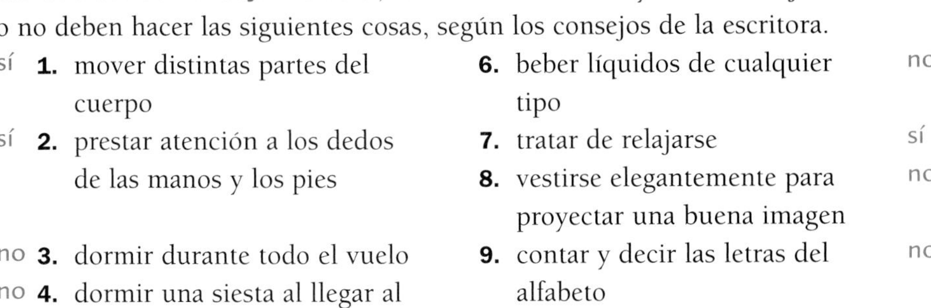

sí **1.** mover distintas partes del cuerpo

sí **2.** prestar atención a los dedos de las manos y los pies

no **3.** dormir durante todo el vuelo

no **4.** dormir una siesta al llegar al destino

sí **5.** masajearse la cara

6. beber líquidos de cualquier tipo no

7. tratar de relajarse sí

8. vestirse elegantemente para proyectar una buena imagen no

9. contar y decir las letras del alfabeto no

10. frotarse la nariz y presionar las orejas sí

12–4. Las partes del cuerpo humano. En este artículo se mencionan muchas partes del cuerpo humano. Hagan una lista de por lo menos 15.

If students ask, tell them that Spanish distinguishes between the external ear and the internal hearing organ: **la oreja** refers to the external, visible ear; **el oído** refers to the internal ear and the sense of hearing.
Answers: 1. las manos 2. las muñecas 3. los dedos de las manos 4. el cuello 5. los hombros 6. la cabeza 7. las piernas 8. los pies 9. los dedos de los pies 10. la cara 11. los ojos 12. los pómulos 13. la mandíbula 14. la nariz 15. las orejas 16. los oídos 17. la boca 18. los pulmones 19. la sangre

12–5. Las órdenes. En este artículo, la autora se dirige al lector de manera directa usando **tú** y le da consejos usando formas del imperativo (*commands*), como las siguientes, que vas a aprender en este capítulo.

Mueve las manos y **masajea** la cara.	*Move your hands and massage your face.*

Escriban dos listas con las órdenes que aparecen en el artículo: cosas que debes hacer (**Sí**) y cosas que no debes hacer (**No**). Luego, miren las formas verbales de cada columna y anoten tres cosas sobre la formación de los imperativos. ¿Pueden identificar las formas irregulares?

Ejemplo:

	Sí	**No**
masajear	*Masajea la cabeza.*	
tomar		*No tomes alcohol.*
1. mantener	Mantén la cabeza contra el respaldo del asiento.	
2. hacer círculos	Haz pequeños círculos con los hombros.	
3. subir y bajar	Sube y baja los hombros diez veces.	
4. ponerse	Ponte ropa suelta y cómoda.	
5. cerrar	Cierra la boca.	
6. vestirse		No te vistas con ropa ajustada.
7. mover	Mueve las manos.	
8. evitar	Evita el alcohol y el café.	
9. dormir		No duermas la siesta al llegar.
10. masticar	Mastica chicle.	

IMÁGENES Y PALABRAS

¿Te importa* tener buena salud y llevar una vida sana?

Haz unos ejercicios si te duele/ duelen*...

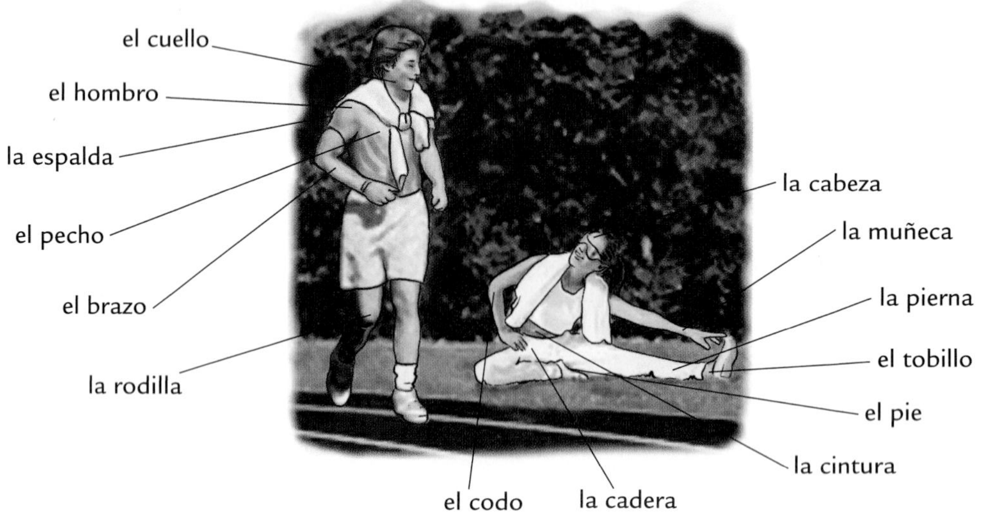

Para combatir el estrés, relaja los músculos de la cara, sobre todo los de...

Para mejorar la circulación de la sangre, mueve y estira...

*The verbs **importar, doler,** and **molestar** are like **gustar** and are used with indirect object pronouns: **me importa/n, te importa/n, le importa/n; me duele/n, te duele/n, le duele/n; me molesta/n, te molesta/n, le molesta/n**. Like **gustar**, these verbs must agree in number with the noun they refer to: Me **duele** la cabeza. Me **duelen** los hombros.

Si te molesta* el frío...

ponte ropa abrigada

tápate las orejas y la nariz

frótate las manos

Para evitar enfermedades, cuida tu cuerpo y tu salud para que tengas...

Inform students that **dientes** is used to talk about teeth unless one has a toothache, in which case one uses **dolor de muelas (Me duelen las muelas).**

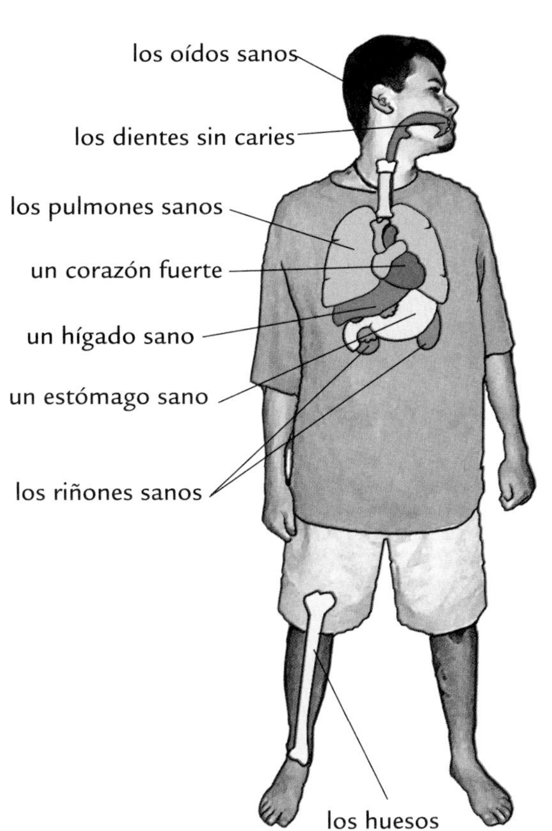

Si quieres tener...

buenos pulmones

deja de fumar

el hígado sano

deja de beber

Práctica

12–6. Póntelo. Dile a tu compañero/a dónde debe ponerse la siguiente ropa o accesorios.

Answers: 1. Ponte los aretes en las orejas. 2. Ponte las gafas o los anteojos en la nariz. 3. Ponte la gorra de béisbol en la cabeza. 4. Ponte los frenillos en los dientes. 5. Ponte los calcetines en los pies. 6. Ponte la bufanda o el pañuelo en el cuello. 7. Ponte el cinturón en la cintura. 8. Ponte el anillo en el dedo. 9. Ponte los guantes en las manos. 10. Ponte la pulsera en la muñeca. 11. Ponte los pantalones en las piernas. 12. Ponte el collar en el cuello.

> *Ejemplo:*
> el reloj
> Ponte el reloj en la muñeca.

1. los aretes
2. las gafas o los anteojos
3. la gorra de béisbol
4. los frenillos (*braces*)
5. los calcetines
6. la bufanda o el pañuelo
7. el cinturón
8. el anillo
9. los guantes
10. la pulsera
11. los pantalones
12. el collar

12–7. Asociaciones. Di todas las partes del cuerpo que asocias con las siguientes acciones o actividades.

Answers: 1. la boca, los pulmones 2. la boca, los dientes, el estómago 3. las orejas, los oídos 4. los ojos 5. los brazos, las muñecas, las manos, las piernas, los pies 6. las piernas, los pies, las rodillas, los tobillos 7. la espalda los hombros 8. los brazos, las piernas, la espalda, los hombros, la cabeza 9. la boca, los pulmones 10. el corazón 11. los hombros, la espalda, la rodilla, el tobillo, la pierna, el pie, la cabeza 12. las piernas, los pies, la cintura, la cadera, la espalda, los hombros, los brazos, las manos, la cabeza

1. fumar
2. comer y digerir
3. usar el teléfono
4. llorar
5. jugar al tenis
6. correr y saltar
7. llevar la mochila
8. nadar
9. cantar
10. enamorarse
11. jugar fútbol
12. bailar

12–8. ¿Quién soy yo? Adivina qué parte/s del cuerpo se describe/n en cada frase.

> *Ejemplo:*
> Somos dos y nos necesitas para correr.
> Son las piernas.

1. Somos dos ventanas al mundo que se cierran por la noche. Son los ojos.
2. Me usas para reírte, hablar y probar deliciosos platos. Es la boca.
3. Somos dos y servimos para abrazar a un amigo. Son los braz
4. Si bebes demasiado, me pongo muy enfermo. Es el hígado.
5. Cuando estás asustado/a, te acelero el pulso. Es el corazón
6. No me gusta que comas demasiado. Es el estóma
7. Si patinas y te caes, puedes hacernos daño. Son las piern
8. Cuando hace mucho frío me pongo roja. Es la nariz.
9. Nos frotas para calentarnos. Son las man
10. Nos necesitas para escuchar música. Son los oído

12–9. ¿Dónde les duele? La siguiente gente espera en el consultorio del médico porque tiene distintos dolores. Imagínate por qué está allí cada persona. ¿Qué le duele?

Ejemplo:
un niño adicto a los dulces
Le duele el estómago. *o* **Le duelen** las muelas.

1. una persona sedentaria pero muy trabajadora
2. una niña que se cayó de un árbol
3. un secretario ejecutivo
4. una señora de 70 años y su marido
5. un adolescente adicto a la red electrónica
6. un jugador de vóleibol
7. una fumadora
8. una jugadora de tenis

12–10. La comunicación no verbal. Se ha dicho que por lo menos el 65 por ciento de nuestra comunicación es sin palabras porque podemos comunicarnos eficazmente usando gestos (*gestures*). Explica cómo se comunican las siguientes ideas de una manera no verbal. Usa verbos como:

cruzar	estirar
abrir	frotarse
ponerse	mover
taparse	mostrar

Ejemplo:
para indicar que tenemos frío
Cruzamos los brazos o nos frotamos las manos.

1. para indicarle a una persona que guarde un secreto
2. al meter la pata
3. para decir que sí
4. para indicar dirección hacia la izquierda o la derecha
5. para evitar las escenas horribles de una película de terror
6. para hablar cara a cara con un niño pequeño
7. para indicar una gran sorpresa
8. al oír mucho ruido
9. para ilustrar lo grande que es algo

Answers: 1. Nos ponemos un dedo sobre la boca. 2. Nos ponemos rojos, nos tapamos la boca con la mano. 3. Movemos la cabeza de arriba a abajo. 4. Estiramos el brazo en esa dirección, mostramos la dirección con el dedo. 5. Nos tapamos los ojos con las manos. 6. Nos ponemos de rodillas. 7. Abrimos mucho la boca y los ojos. 8. Nos tapamos las orejas con las manos. 9. Estiramos los brazos.

12-11. Remedios. Dale consejos a tu compañero/a sobre los remedios (además de la aspirina) que puede tomar. Incluye una cosa que **no** debe hacer.

Ejemplo:

Pasar muchas horas frente a la computadora y dolerle los ojos.

Tu compañero/a: Paso muchas horas frente a la computadora y me duelen los ojos.

Tú: **Te aconsejo/ sugiero/ recomiendo que** te tapes los ojos con una toalla fría y que descanses. **Es mejor que no** te frotes los ojos.

1. Salirle sangre de la nariz.
2. Dolerle la cabeza.
3. Molestarle el ruido.
4. Querer bajar de peso.
5. Querer evitar las caries.
6. Dolerle la espalda.
7. Molestarle el aire frío de la habitación.
8. Importarle tener el hígado y los pulmones sanos.
9. Usar zapatos con tacones altos y dolerle los pies y los tobillos.

12-12. ¿Hacia dónde va la evolución? Dicen los científicos que el ser humano siempre se adapta a su medio ambiente. Si así fuera, imagínate entonces cómo va a verse el ser humano dentro de cinco mil años. Describe el cuerpo humano del futuro. Menciona por lo menos seis partes del cuerpo que van a cambiar y por qué.

Ejemplo:

Después de cinco mil años sentado en la computadora, el ser humano tiene 20 dedos pero ya no tiene pies.

Para no meter la pata

It cost me an arm and a leg! Así se dice en inglés cuando un artículo cuesta muy caro. En cada idioma hay muchas expresiones o **modismos** que no se traducen **al pie de la letra** (literalmente). De hecho, si tratamos de traducir frases como ésta del inglés al español, podemos **meter la pata** muy fácilmente; es decir, podemos cometer un error.

A. Usa el contexto para adivinar qué quieren decir estas expresiones. ¿Hay una expresión equivalente en inglés?

La cirugía estética **cuesta/ vale un ojo de la cara.**

Se vistió muy bien, **de pies a cabeza.**

Mañana me caso y me voy. ¡No, no! Es una broma. Sólo quería **tomarte el pelo**.

Está de muy mal humor. **Se levantó con el pie izquierdo** hoy.

Si quieres que el proyecto tenga éxito, tienes que **levantarte con el pie derecho**.

A mi amigo le encanta conversar; **habla hasta por los codos.**

Tenemos que terminar este proyecto hoy, así que **¡manos a la obra**, amigos!

Es muy tonto ese chico; **habla a boca llena** de política pero no sabe nada.

¿Viste el postre que hizo mamá? **Se me hace agua la boca.**

¡Qué lista tan desordenada escribió! **No tiene ni pies ni cabeza**.

¡Ojo! No digas nada, que **las paredes oyen**.

Me quemé las pestañas (*eyelashes*) anoche; tuve tantas tareas.

B. Selecciona una de las expresiones de la sección anterior para completar las siguientes frases.

1. ¿Es verdad que sacaste una A en cálculo? ¿Hablas en serio o me...?
2. Tenemos mucho que hacer, así que...
3. Esta medicina es carísima,...
4. Le dije a ese señor que no les tenía ningún respeto a los médicos. Pero resultó que él era médico también.
5. No quise interrumpir a mi jefe, pero la verdad es que nunca calla y...
6. Debes ir al médico para que te haga un examen completo...
7. No me explico por qué mi hermano está de mal humor hoy. Parece estar enojado con todo el mundo.
8. El profesor me puso una C. Creo que es injusto porque yo...
9. A esa chica no le molesta expresar su punto de vista francamente. De todo,...

Answers: 1. estás tomando el pelo 2. manos a la obra. 3. cuesta un ojo de la cara. 4. Metí la pata. 5. habla hasta por los codos. 6. de pies a cabeza. 7. Se levantó con el pie izquierdo. 8. me quemé las pestañas. 9. habla a boca llena.

GRAMÁTICA

Para referirte a gente y cosas ya mencionadas: pronombres de complemento directo e indirecto

In preceding chapters, you have practiced using three types of object pronouns. You have used indirect object pronouns (**me, te, le, nos, *os*, les**) to refer to people or things to whom or for whom something is done.

Indirect object pronouns were presented in *Capítulo 5*.

Como Carlos tenía dolor de cabeza, **le** di una aspirina.
Les sugerí a **él** y **a sus amigos** unos ejercicios para relajarse.

You have also used direct object pronouns (**me, te, lo, la, nos, *os*, les**) to avoid repetition of the direct object.

Me encanta **el yogurt** y además es muy nutritivo. **Lo** tomo con frecuencia.

And you have used reflexive pronouns (**me, te, se, nos, *os*, se**) to indicate what someone does to or for himself or herself.

Direct object pronouns were presented in *Capítulo 7*.

Tuve que **taparme** los ojos en las escenas violentas de esa película.

Often, you will want to use two pronouns (indirect and direct object or reflexive and direct object) together. Study the following examples.

—¿Quién **te** hizo ese suéter, Inés?	*Who made that sweater for you, Inés?*
—**Me lo** hizo mi madrina. *o*	*My godmother made it for me.*
—**Me lo** hice yo misma.	*I made it for myself.*

1. Notice that all object pronouns (reflexive, direct and indirect) go before the conjugated verb form. They may be attached to infinitives.

—¿Por qué no **me** prestas tus gafas de sol?	*Why don't you lend me your sunglasses?*
—No **te las** puedo prestar porque las necesito. *o* No puedo prestártelas.	*I can't lend them to you because I need them.*

2. Always place the object pronouns in this order: reflexive **(R)**, indirect object **(I)**, direct **(D)** object. Think "**RID**" as a way of remembering the order of these object pronouns, although you will never use more than two object pronouns together at one time.

—¿Quién **te** dijo que necesitas frenillos?	*Who told you you need braces?*

—**Me lo** dijo el dentista.
I D

The dentist told me.

—¿Y cuándo **te los** van a poner?
I D

And when are they going to put them on you?

—Van a **ponérmelos** la semana que viene.
I D

They're putting them on next week.

—Creo que va a ser difícil cepillarme los dientes.

I think it'll be difficult to brush my teeth.

—¿No **te los** cepillas de la misma manera?
R D

Don't you brush them the same way?

3. If the indirect object pronoun is **le** or **les**, replace it with **se** when both indirect and direct object pronouns are used together.

—¿Quién **le** trajo la medicina a **Jorge**?

*Who brought the medicine **for Jorge**?*

—**Se la** trajo su hermana Mónica.

*His sister Mónica brought **it for him**.*

In the statement "**se la trajo**," notice that **se** replaces the indirect object pronoun **le** (a Jorge) and the pronoun **la** replaces the direct object **la medicina**. **Se** also replaces the plural indirect object pronoun **les** when both indirect and direct object pronouns are used together.

—¿Quién **les** trajo la aspirina?

*Who brought the aspirin **for them**?*

—**Se la** trajo una amiga.

*A friend brought **it for them**.*

- To clarify to whom you are referring, use a phrase with **a** + person.

Una amiga **se la** trajo **a los amigos de Jorge**.

Guide students to see that use of **se** as an indirect object pronoun in these contexts actually helps them speed their production since, when referring to another person or persons, they do not need to think about singular or plural. To demonstrate, give students contexts, such as (1) things you give your parents; (2) things you give a friend; (3) things you give me, your professor (**Ud.**); (4) things you give a waiter. For each, give students the same items: **manzanas, tarjetas de cumpleaños, regalos, propinas, consejos, etc.** Have them respond to each, using the same verb, **dar,** and repeating use of **se:** A las padres, **¿qué les das, manzanas? (No se las doy); ¿tarjetas de cumpleaños? (Sí, se las doy), etc.**

4. When attaching *two* pronouns to the infinitive, an accent mark is added to the infinitive ending to keep the stress intact.

¿Tienes la dirección del dentista? Quiero **dársela** a mi amigo.
o **Se la** quiero dar a...

Do you have the dentist's address? I want to give it to my friend.

—No puedo **dártela** ahora porque la tengo en casa.
o No **te la** puedo dar...

I can't give it to you now because I have it at home.

5. When the infinitive is used *alone*, however, without a conjugated verb form, pronouns *must* be attached.

Me encanta el médico que me recomendaste. Gracias por habér**melo** recomendado.

I like the doctor who you recommended to me. Thank you for recommending him to me.

Práctica

12-13. Lo bueno y lo malo. De la siguiente lista, di cuáles de estas cosas tienes y quién te dio o causó cada una.

Ejemplo:
un reloj
Tengo un reloj de oro.
Me lo dio/ regaló/ consiguió mi papá.

Cosas buenas	Cosas malas
un puesto excelente	dolor de cabeza
una computadora	una mala nota
un coche	mucho estrés
unas postales del extranjero	un resfrío (*a cold*)
una pulsera	una alergia

12-14. Buena gente. Pregúntale a tu compañero/a quién le ha hecho las siguientes cosas.

Ejemplo:
prepararle la cena anoche
Tú: ¿Quién te preparó la cena anoche?
Tu compañero/a: Mi novia/o **me la** preparó. *o* Yo mismo/a **me la** preparé.

1. pagarle la cuenta cuando fue a cenar
2. prestarle unos dólares el mes pasado
3. hacerle una fiesta para su cumpleaños
4. comprarle los zapatos que lleva ahora
5. darle el dinero para los libros
6. recomendarle una buena dieta
7. pagarle la matrícula
8. mandarle unas golosinas

12-15. Gracias por... Usa pronombres de complemento directo e indirecto para completar las siguientes expresiones.

Ejemplo:
A mi compañera le gusta el ejercicio que le enseñé.
Ella me dijo: Gracias por **habérmelo enseñado**.

1. A mis amigos les encantaron las galletas que les hiciste. Me dijeron: Gracias por...
2. Me olvidé de hacerte las compras ayer. Siento no...
3. Todos los días mi hermano y yo usamos el microondas que nos prestaste. Gracias por...
4. Leí y releí el poema que Uds. me escribieron. Gracias por...
5. Ayer me resolviste un gran problema. Gracias por...
6. Quise devolverle el libro a Ud. pero no tuve tiempo. Siento no...

Answers: 1. Gracias por habérnoslas hecho. 2. Siento no habértelas hecho. 3. Gracias por habérnoslo prestado. 4. Gracias por habérmelo escrito. 5. Gracias por habérmelo resuelto. 6. Siento no habérselo devuelto.

12-16. ¿Quién lo hizo? Usa pronombres de complemento directo e indirecto para indicar quién hizo lo siguiente y para quién lo hizo: **la médica, la recepcionista, el paciente**.

Answers: 1. El paciente se la pidió a la médica. 2. La médica se la puso al paciente. 3. El paciente se la hizo a la recepcionista. 4. La médica se los recomendó al paciente. 5. La médica se lo explicó al paciente. 6. La médica se lo curó al paciente. 7. El paciente se lo llenó a la recepcionista. 8. La médica se los dió al paciente.

Ejemplo:
pagar la cuenta
El paciente **se la pagó** a la recepcionista.

1. pedir la receta médica (*prescription*)
2. poner la inyección
3. hacer la cita
4. recomendar los ejercicios
5. explicar el problema
6. curar el dolor
7. lenar el formulario
8. dar consejos

3 **12-17. Consejos de mis compañeros.** Pregúntale a tu compañero/a lo que debes hacer en las siguientes situaciones. El/ella te dará las recomendaciones indicadas.

Ejemplo:
Preocuparme la salud / tomarme las vitaminas: sí, todos los días
Tú: Me preocupa mucho la salud. ¿Debo tomarme las vitaminas?
Médico/a: Sí, recomiendo que **te las** tomes todos los días.

1. Dolerme los oídos / taparme la cabeza: sí, especialmente cuando hace frío
2. Dolerme los pies / ponerme zapatos cómodos: sí, especialmente cuando corres
3. Dolerme la cabeza / tomarme aspirina: sí, pero sólo una o dos al día
4. No querer enfermarme / lavarme las manos más a menudo: especialmente antes de comer
5. Sentirme cansado/a / dormirme siestas: sí, de vez en cuando
6. Dolerme el estómago / pedirle medicina al médico: no… mejor comprártela en la farmacia.

12-18. No me resultó. Imagínate que ibas a hacerles favores a varias personas, pero al fin no los hiciste. Dale a tu compañero/a tres ejemplos de cosas que no has hecho todavía y explícale por qué. Sigue el modelo usando las sugerencias.

Ejemplo:
lavarle el coche a…
Iba a lavarle el coche a mi novia, pero llovió y todavía **no se lo he lavado**.

Sugerencias:

hacerle las compras a…	pedirle una tarea/ un libro a…	ordenarle… a…
escribirle una carta a…	contarle algo a…	limpiarle… a…
mandarle… a…	darle… a…	enseñarle… a…
comprarle… a…	lavarle… a…	devolverle… a…
resolverle… a…	buscarle… a…	conseguirle… a…

Para darles consejos a otros: las órdenes formales

In *Capítulo 11*, you practiced saying what *you want, recommend*, or *advise* people to do in an indirect manner. The imperative forms of verbs, however, actually allow you to directly tell or command someone to do something.

As you know, in Spanish there are two ways of addressing people. Generally, courtesy requires that you use **Ud.** forms to show respect for those who are in positions of authority (professors, bosses, elders), or whom you do not know well (salespersons, waiters, etc.).

1. To give advice or make a direct request of someone whom you would normally address with **Ud.**, form a command with the **Ud.** form of the *present subjunctive.*

Por favor, señor, no **fume**. Le tengo alergia al humo.

2. Very often, however, you will need to use reflexive, direct object, or indirect object pronouns with these command forms, as in *put it on, take it off, (don't) tell me, (don't) sit down*. In the examples that follow, notice that all object pronouns (reflexive, indirect and direct) are attached to these command forms using the same **RID** order you have learned.

En la farmacia:	Por favor, **déme** una crema para la piel.
En el centro médico:	Por favor, **escríbame** una excusa para mis profesores.
En urgencias:	Por favor, **póngame** una inyección de penicilina.

3. In forming commands, sometimes you must add a written accent to the vowel of the verb in order to maintain the original stress. To remember when the accent mark should be added, use the 1 + 2 and 2 + 1 rule. Add an accent mark to keep the original stress of the verb if:

1 + 2 the command form is one syllable and you add two pronouns

Déselo. *Give it to him/her.*

2 + 1 the command form is two or more syllables and you add one or more pronouns

Quítese el abrigo y **siéntese**. *Take off your coat and sit down.*

4. While pronouns are attached to affirmative command forms, they are placed *before negative commands*. Notice in the examples below how to tell someone not to do something.

No le diga a mi papá que tiene que operarse. **No se lo diga** si no está seguro.

5. If you are giving a command to a group of people, use the **Uds.** form of the present subjunctive and follow the same rules for placement of pronouns.

Muevan la cabeza. **Muévanla** a la izquierda. **No la muevan** a la derecha.
Si tienen frío **pónganse** los guantes. **No se los pongan** todavía.

Práctica

3 **12–19. Estimado profesor.** Hagan una lista de seis órdenes que quieran darle a su profesor/a. Sigan el modelo y no repitan los verbos.

IOR

Ejemplo:
Por favor, **háblenos** más despacio y **repita** las frases.

12–20. En el gimnasio. Haz el papel de instructor/a en la clase de ejercicio y dales órdenes a tus alumnos. Usa órdenes formales con Uds.

Ejemplo:
seguir las instrucciones
Alumnos, sigan instrucciones.

1. extender las piernas y estirarlas
2. saltar con el pie izquierdo y contar hasta diez
3. repetirlo con el pie derecho
4. poner las manos en la cintura y doblar las rodillas
5. mover los hombros en pequeños círculos
6. sentarse y relajarse un poco
7. levantarse y correr en el mismo lugar por dos minutos
8. tomarse el pulso
9. girar el cuello hacia los dos lados
10. respirar profundamente; gritar su nombre

IOR

12–21. Más consejos. Dales órdenes a las siguientes personas usando los verbos indicados. Diles qué cosas deben o no deben hacer.

Ejemplo:
Le duele la espalda. (descansar, hacer ejercicios vigorosos, comprarse otra silla)
Descanse, no haga ejercicios vigorosos, cómprese otra silla.

1. Se siente estresada. (estirar el cuello, dejar de trabajar, mover las piernas, dar un paseo, pensar en el trabajo)
2. Llora. (frotarse los ojos, estar triste, contarle el problema a un amigos, olvidarse del problema, divertirse)
3. Está deprimida. (acostarse, dormir todo el día, hacer ejercicio, preocuparse por los problemas, reirse más)
4. Ha engordado (*gained weight*) y quiere bajar de peso. (pedir consejos, ir al médico, disminuir las calorías, mejorarse la dieta, empieze a correr)
5. Tiene insomnio. (salir de la casa, llamar a un amigo, tomar café, ver televisión, mantener un horario sano)

Answers: 1. **Estire** su cuello, **deje** de trabajar, **mueva** las piernas, **dé** un paseo, no **piense** en el trabajo. 2. **Frótese** los ojos, no **esté** triste, **cuéntele** el problema a un amigo, **olvídese** del problema, **diviértase**. 3. No **se acueste**, no **duerma** todo el día, **haga** ejercicio, no **se precoupe** por los problemas, **ríase** más. 4. **Pida** consejos, **vaya** al médico, **disminuya** las colorías, **mejórese** la dieta, **empiece** a correr. 5. **Salga** de la casa, llame a un amigo, no **tome** café, (no) **vea** telivisión, **mantenga** un horario más sano.

12-22. Deseos raros. ¿Qué le vas a decir a una persona que tenga las siguientes características? En cada caso, dale por lo menos dos sugerencias.

Ejemplo:
No les importa estar aburridos.
Si a Uds. no les importa estar aburridos, estudien todo el día y no salgan por la noche.

1. No les importan las notas.
2. No les importa gastar todo lo que ganan.
3. Quieren salir mal vestidos/as.
4. No quieren conseguir trabajo.
5. No les molestan las opiniones de otros.
6. Quieren que sus profesores se enojen.
7. Les molesta la gente.
8. No les importa la salud.

12-23. ¡Atención! Imagínense que tienen la oportunidad de pedirle algo a toda la gente de la lista. Elijan a cuatro grupos de personas y denle a cada grupo su mensaje.

Ejemplo:
A los alumnos universitarios
Por favor, tomen en serio sus estudios y sean diligentes.

1. a los políticos del mundo
2. a los enamorados
3. a los ricos del mundo
4. a los padres del mundo
5. a los del sexo opuesto
6. a los periodistas y reporteros
7. a los ancianos
8. a los adolescentes

12-24. ¡No, no y no! Escoge uno de los siguientes contextos e imagínate que tienes que darle tres buenos consejos al tipo de cliente indicado. Luego, desarrollen una conversación en la que, a cada orden que le des, tu compañero/a responda negativamente, como en el modelo.

Ejemplo:
Doctor y paciente que quiere perder unos kilos (*lose a few pounds*)

Tú: Señor, si Ud. quiere perder unos kilos, haga ejercicio.
Tu compañero: No quiero hacer ejercicio; soy perezoso.
Tú: Coma más fruta.
Tu compañero: No me gusta la fruta. Prefiero el chocolate.
Tú: Evite las papitas fritas.
Tu compañero: No puedo vivir sin ellas. Soy adicto a las papitas.

1. banquero/a y cliente con muchas deudas (*debts*)
2. supervisor y empleado irresponsable
3. profesor/a y estudiante que quiere sacar buenas notas
4. agente de viajes y viajero/a que no quiere gastar mucho
5. psiquiatra y paciente estresado
6. dueño de un restaurante y cliente que se queja de la comida

12-25. Una receta de fantasía. En la red electrónica, el grupo Abraza Palabras de Caracas, Venezuela, comparte su poesía. El siguiente poema de los jóvenes poetas es una receta para la preparación de un cuento. Escojan un tema y escriban su propia receta de fantasía, siguiendo el modelo del poema. Usen las órdenes formales.

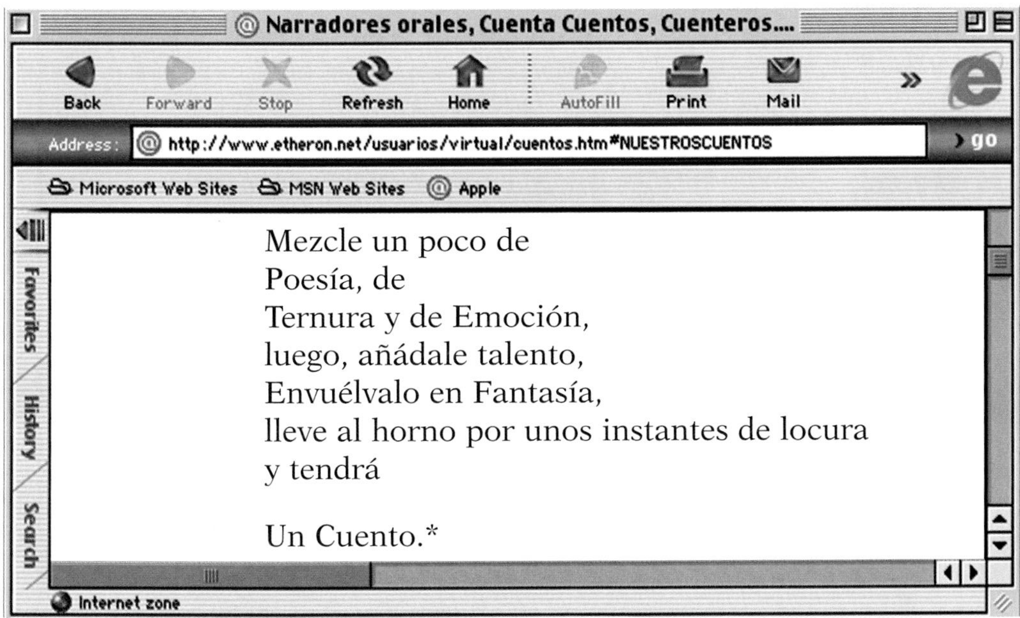

*http://www.etheron.net/usuarios/virtual/cuentos.htm#NUESTROSCUENTOS

12-26. El mundo de lo absurdo. El cuerpo humano ha sido tema de muchas obras literarias. En el siguiente fragmento humorístico del escritor argentino Julio Cortázar, una acción insignificante se convierte en extraordinaria.

Instrucciones para cantar

Empiece por romper los espejos de la casa, deje caer los brazos, mire vagamente la pared, olvídese. Cante una sola nota, escuche por dentro. Si oye un río por donde bajan barcas (*ships*) pintadas de amarillo o negro, si oye un sabor de pan, un tacto de dedos, una sombra de caballo, creo que estará bien encaminado. Por favor, no cante por la nariz y deje en paz a Schumann.

Julio Cortázar, *Historias de cronopios y de fama* (Barcelona: Edhasa, 1988), 11–12.

Elijan una de las siguientes acciones (o piensen en otra) y usen formas imperativas para dar instrucciones detalladas (y cómicas si pueden) de cómo se hace. Sigan el modelo de Cortázar.

subir una escalera	llorar	bailar salsa	engordar
bostezar	enamorarse	reírse	correr

La tercera edad

La tercera edad, o la ancianidad, es un tema muy importante hoy en día, ya que hoy la gente vive más que en el pasado. Para ti, ¿qué significa **ser viejo**? ¿Hasta qué edad vive la mayoría de la gente estadounidense? Pues, en un rincón del mundo los habitantes han descubierto el secreto de la longevidad y lo han guardado muy bien. Lee el artículo y di cuántos años tiene esta gente y qué explicaciones se ofrecen. Según tú, ¿cuál es la explicación verdadera?

Vilcabamba, en Ecuador, se llama el "valle de la longevidad" porque aquí vive la mayor cantidad de "viejos" del mundo en proporción total del pueblo. Hasta ahora, nadie tiene una explicación científica de este fenómeno. Puede ser el aire limpio de esta región semi-selvática o el agua pura y supervitaminada que beben los habitantes. Puede ser el clima, o la alimentación, o la falta de contacto con el resto del mundo, o el ejercicio físico. En fin, puede haber muchas explicaciones.

Abertano Roa, de 120 años, es uno de los tantos ancianos que viven en este pueblo y todavía hace las labores del campo como cualquier joven. Sarita, su esposa (con 116 primaveras que parecen no más de 80), sostiene que la vida tranquila de la zona es la clave de la larga vida. Alfonso Ojeda Bastida, de 94 años, es presidente de un "club de amigos" muy singular. Todas las semanas se juntan para conversar y tomarse sus traguitos de chicha de maíz. Pero lo curioso es que la edad promedio de sus 20 socios es de 109 años. El decano de este círculo es Juan Peñaloza, que el mes pasado cumplió 125 años.

—Yo tengo mucho camino por delante todavía. Tengo que ver crecer a mis tataranietos (*great-great-grandchildren*) —dice este "super abuelo" mientras se toma un vaso de chicha de maíz. ¿Es ésta la clave de su longevidad? ¡Tal vez!

De: "¡Estos sí que son viejos!" Hombre internacional. Vol. 19, N°2, pág. 78.

A. Según una de las ancianas de este pueblo, la longevidad se atribuye a la tranquilidad y al modo de vivir de la gente. ¿Estás de acuerdo? Aunque se piensa que los avances tecnológicos del mundo hacen más fácil y cómoda la vida, a veces el resultado es todo lo contrario. ¿Qué enfermedades producen la tecnología y la civilización moderna?

B. Piensa en las condiciones de vida de los ancianos en los Estados Unidos. ¿Crees tú que llevan una vida sana?

1. ¿Qué problemas de salud sufren los ancianos?
2. Por lo general, ¿recibe buena atención médica esta gente?
3. ¿Cómo trata la sociedad a los ancianos?
4. Según tú, ¿disfruta de la vida esta gente?

Para darle consejos a un/a amigo/a: las órdenes informales

In the article on page 336, you saw many informal command forms, such as **mantén, gira, ponte, evita**. These forms are used to tell someone you would address with **tú** what to do and what not to do.

Duerme más.	***Sleep*** *more.*
Come más pescado.	***Eat*** *more fish.*
Estira las piernas.	***Stretch*** *your legs.*
Tápate las orejas.	***Cover*** *your ears.*

1. Notice that these **tú** commands use a form of the present tense with which you are already familiar, the **él/ ella/ Ud**. form of the present tense.

pensar	→	**Piensa** en tu salud.
pedir	→	**Pide** una cita con el médico.
cuidar	→	**Cuida** tu corazón.
contar, saltar	→	**Cuenta** hasta diez y **salta** con el otro pie.

2. The commands **¡mira!** and **¡oye!** are often used as attention-getting phrases, similar to *Hey!, Look!*, or *Listen!* in English. **¡Anda!** is used as an expression of surprise meaning *You're kidding!* or to say *Move, get going!*

—**¡Anda!** Tenemos prisa. El concierto empieza a las siete.
—**Mira**, no puedo ir. El novio de Ana me viene a visitar.
—**¡Anda!** ¿El novio de Ana? ¿Por qué te visita a ti?
—**Oye**, no le digas nada a Ana. Vamos a planear su fiesta de cumpleaños.

3. Some verbs have irregular informal command forms. Study the following chart.

ir(se)	**ve(te)**
decir	**di**
venir	**ven**
poner(se)	**pon(te)**
hacer	**haz**
ser	**sé**
salir	**sal**
tener (mantener)	**ten (mantén)**

4. To tell someone *not* to do something, you will use the **tú** form of the *present subjunctive*, which you practiced in *Capítulo 11*.

hablar	**no hables**
comer	**no comas**
pedir	**no pidas**
contar	**no cuentes**
poner(se)	**no (te) pongas**
venir	**no vengas**
ser	**no seas**
salir	**no salgas**
ir(se)	**no te vayas**
ver	**no veas**
decir	**no digas**
tener	**no tengas**
hacer	**no hagas**
oír	**no oigas**
mover(se)	**no (te) muevas**

No hagas ejercicio si no te sientes bien.
No salgas a correr con este frío; te puede dar bronquitis.

5. The rules for placement of object pronouns are the same for **tú** commands as those that you learned for **Ud./Uds**. commands. In other words, pronouns are *attached to affirmative* commands and *placed before negative* commands. Accent marks are written in using the 1 + 2 or 2 + 1 rule you learned in the previous section.

—**Acuéstate** si no te sientes bien. **Ven** acá, **relájate**.
—Gracias. **Pásame** las aspirinas, por favor.
—¿Estas aspirinas?
—Sí, **pásamelas** por favor. Y **dame** un vaso de agua para tomarlas, ¿quieres?
—Bueno, aquí tienes tu suéter, también. **Póntelo** si tienes frío.
—Estoy bien, no tengo frío. No **me lo des**. **Ponlo** en la mesa.

The following chart reviews the formation of **tú, Ud.**, and **Uds.** commands, using the verb **decir** as a model.

	Sí (pronouns attached)	**No (pronouns before)**
tú	Dímelo.	No me lo digas.
Ud.	Dígamelo.	No me lo diga.
Uds.	Díganmelo.	No me lo digan.

Práctica

IOR

Possible answers: 1. ten cuidado, sigue las instrucciones, duerme bien la noche anterior, no seas tímido, no te preocupes 2. ven a mi casa, no hagas una reservación en un hotel, dime el día de tu llegada, recuerda mi dirección, no traigas ropa muy elegante 3. consíguete un puesto, gánate un buen sueldo, no te olvides de tus amigos, sal todas las noches, no te pongas serio/a 4. lee los consejos de los expertos, deja de tomar bebidas alcohólicas, haz ejercicio, no seas perezoso/a, no te mires en el espejo todos los días 5. no mientas, di la verdad, pide perdón, no tengas miedo, no guardes el secreto

12–27. ¿Hacerlo o no? ¿Qué consejos les darías a estos amigos? Dile a cada amigo/a si debe o no debe hacer las siguientes cosas.

1. Tu amigo que va a hacer paracaidismo por primera vez:
   tener cuidado, seguir las instrucciones, dormir bien la noche anterior, ser tímido, preocuparse
2. Una buena amiga que va a visitar tu ciudad:
   venir a tu casa, hacer reservación en un hotel, decirte el día de su llegada, recordar tu dirección, traer ropa muy elegante
3. Tu compañero/a de habitación que va a graduarse:
   conseguirse un puesto, ganarse un buen sueldo, olvidarse de sus amigos, salir todas las noches, ponerse serio/a
4. Un familiar que quiere ponerse a dieta:
   leer los consejos de los expertos, dejar de tomar bebidas alcohólicas, hacer ejercicio, ser perezoso/a, mirarse en el espejo todos los días
5. Una amiga que ha cometido un error grave:
   mentir, decir la verdad, pedir perdón, tener miedo, guardar el secreto

12–28. Hazlo ahora. Tu amigo se olvidó de hacer algunas cosas. Dile que las haga.

usen pros.

Ejemplo:
Me olvidé de llamar a mi amiga. → **Llámala** ahora, pues.
No les di la dirección del restaurante a mis padres. → **Dásela** ahora, pues.

1. No les escribí la notita a mis abuelos. Escríbesela ahora.
2. Me olvidé de lavarte la ropa. Lávamela ahora.
3. No les he contado mi secreto a Uds. Cuéntanoslo ahora.
4. No me puse los guantes. Póntelos ahora.
5. Todavía no me he probado mis zapatos nuevos. Pruébatelos ahora.
6. Me olvidé de darle mi composición al profesor. Dásela ahora.
7. No te mostré mis fotografías todavía. Muéstramelas ahora.
8. Me olvidé de decirle "gracias" a mi tío. Díselo ahora.

12–29. La próxima vez. Regaña a tu amigo/a por lo que ha hecho. Usa las sugerencias entre paréntesis para contestar.

Ejemplo:
Tu compañero/a: Ayer tuve tanto frío. (ponerse un abrigo)
Tú: La próxima vez, ponte un abrigo.

1. Estoy muy cansado/a. (acostarse temprano) La próxima vez, acuéstate temprano.
2. Mi amigo está enojado porque le dije una mentira. (decirle la verdad) La próxima vez, dile la verdad.
3. Me olvidé de pagar mis cuentas. (pagarlas más pronto) La próxima vez, págalas mas pronto.
4. Fui a la reunión del club y me aburrí. (quedarse en casa) La próxima vez, quédate en casa.
5. Perdí las llaves. (ponerlas en el bolsillo) La próxima vez, ponlas en el bolsillo.
6. Salí mal en la prueba. (prepararse mejor) La próxima vez, prepárate mejor.

12–30. ¿Qué te cuesta a ti? Estás muy perezoso/a hoy así que por cada cosa que te pide tu compañero/a de habitación, tú le contestas que es mejor que lo haga él o ella.

Ejemplo:

Tu compañero/a: Pon el canal del tiempo; no pongas la telenovela.

Tú: **Ponlo** tú.

1. Lavar los platos después de comer.

2. Guardar la comida en el refrigerador; no dejarla afuera.

3. Hacer las camas, para que se vea mejor el cuarto.

4. Sacar a pasear al perro, porque ya es tarde.

5. Cerrar la ventana, porque hace frío.

6. Regar las plantas, porque necesitan agua.

12-31. ¿Qué dice la gente? Digan qué órdenes de los padres o sugerencias de otra gente se pueden escuchar a menudo en los siguientes lugares. Den por lo menos dos en cada caso.

You may wish to require students to give at least one affirmative and one negative command in each case.

Ejemplo:
en la casa
¡Saca los codos de la mesa! ¡No pongas los pies en el sofá! ¡Ve al supermercado!

1. en la playa o la piscina
2. en la oficina del médico
3. en tu dormitorio
4. en la sala de urgencias del hospital
5. en la clase de español
6. en la biblioteca
7. en casa de un/a amigo/a
8. en el gimnasio

12-32. Pequeñas cosas que molestan mucho. Piensa en las cosas que te molestan todos los días. ¿Qué le dirías a la persona que hace esas cosas que te molestan? Prepara cinco letreros para pedirle que no lo haga.

IOR

Ejemplo:
Tu compañero/a de habitación siempre deja la ropa en el piso.
Tu letrero: No dejes la ropa en el piso, por favor.

12-33. Oye, ¿me haces un favorcito? Pídele los siguientes favores a tu compañero/a. Él/ella te dice que no. Cuando tú insistes, tu compañero/a te explica por qué no puede hacértelos. Sigue el modelo.

Ejemplo:
Tú: Oye, ¿me das tus apuntes, por favor?
Tu compañero/a: Lo siento. **No puedo dártelos.**
Tú: **Dámelos**, por favor.
Tu compañero/a: **No te los doy** porque... tú siempre los pierdes/ están en otro cuaderno/ se los he prestado a otra persona.

1. prestar su chaqueta
2. dar su calculadora
3. hacer tu tarea
4. mostrar las fotos de su novio/a
5. decir su número de teléfono
6. comprar tu almuerzo
7. conseguirte un trabajo
8. leer la carta de su amigo/a

12–34. Hablemos con franqueza. Imagínate que ahora puedes decir lo que piensas. Pídeles a tus amigos/as o familiares que no hagan ciertas cosas que te molestan. Usa órdenes con **tú** o **Uds**.

> *Ejemplo:*
> tus hermanos menores
> Chicos, por favor, **sean amables. No me despierten** con la tele todos los días.

1. tu compañero/a de cuarto
2. tu novio/a
3. tus padres
4. un/a compañero/a de clase
5. tus primos
6. un/a amigo/a

12–35. Buenos consejeros. Uds. son consejeros/as en un campamento de verano para chicos de 11 a 13 años. Elijan dos de los siguientes problemas y propónganle a cada persona una solución.

IOR

1. Una chica se muere de aburrimiento.
2. Un chico asusta a los niños más pequeños.
3. Un chico se enojó con su amiga.
4. Un chico está harto de los juegos en equipo.
5. Un chico le ha roto el corazón a una chica.
6. A una chica no le gusta la comida.
7. Un chico come muchas golosinas.

12–36. No metas la pata. Decidan qué consejos le pueden dar a un estudiante extranjero que acaba de llegar a su universidad. Díganle, por ejemplo, qué cosas no hacer en ciertas ocasiones, qué ropa no usar, los lugares adonde no debe ir, las cosas que no debe comer y lo que no debe hacer en las clases.

> *Ejemplo:*
> No vayas al restaurante Mario's porque la comida es terrible. No tomes el desayuno en el centro estudiantil porque los huevos siempre están fríos. No compres nada en… porque los precios son un escándalo y no vayas nunca a…

12-37. Querido/a lector/a. Imagínate que eres el/ la responsable de una columna que publica cartas para la gente joven en busca de consejos. Hoy recibiste varias cartas; escoge una y contéstala con los mejores consejos posibles. Usa órdenes informales.

You may wish to have students work in pairs for this activity.

1. *María Teresa, 16. Cuando salgo por la noche con un chico, me molesta que mis padres siempre insistan en que el chico se siente a conversar con ellos unos minutos. En esos momentos, le hacen muchas preguntas, es casi como una entrevista. Lo peor es que al final siempre le dicen al chico que yo tengo que estar en casa a las 11.00 de la noche. Ninguna de mis amigas tiene que estar en casa a una hora fija. ¿Qué puedo hacer para que mis padres dejen de tratarme como una niña?*

2. *José Antonio, 21. Necesito tu ayuda. Hace tres años que fumo y quiero dejar de fumar pero no puedo. He tratado todos los remedios que se venden en la farmacia, pero ninguno me sirve. Dame tu consejo y ¡pronto! Y, por favor, no me digas que coma en vez de fumar. Eso ya lo he hecho y engordé bastante.*

3. *Silvia, 17. Soy una chica inteligente, bien educada y dicen que bastante atractiva. La verdad es que no tengo problemas para relacionarme con la gente y cuento con buenos amigos y amigas, pero nunca he tenido pareja. Tengo un amigo que me cuenta sus problemas con la novia, pero no me presta atención a mí. No sabe que me gusta y que quiero salir con él. Sufro mucho cuando habla de su novia. ¿Cómo le puedo decir que conmigo va a ser más feliz que con ella?*

4. *Juan Carlos, 19. Creo que a mi novia le gusta otro chico. No he visto nada sospechoso, pero el corazón me dice todas las noches que ella está interesada en otra persona. Ya le dije que no debe hablarle a nadie si quiere ser mi novia, pero hay tantas horas del día en que no está conmigo. Por favor, dime cómo puedo decírselo más claramente. No quiero que otro hombre se enamore de ella.*

5. *Cristián, 23. Acabo de terminar mis estudios de ingeniería y ando buscando trabajo, pero no encuentro nada. Mi novia ha perdido el interés y, a veces, me parece que me toma el pelo cuando me pregunta tantas veces si ya encontré algo. Pienso que es mejor dejar de verla todas las semanas y esperar hasta que pueda avisarle que ya conseguí trabajo. Ya dejé de ver a mis amigos porque no tiene caso salir si estoy tan preocupado. Me siento solo. Dame un consejo. ¿Qué me pasa?*

EN VOZ ALTA

For the audioscript for *Capítulo 12*, please refer to p. 500.

A. Escucha la grabación de una programa de televisíon y contesta lo siguiente:

1. ¿Qué tipo de programa es?
   - ❑ de instrucciones para niños
   - ☑ de ejercicios para relajarse
   - ❑ para enseñar los pasos de un baile
   - ❑ para aprender a correr
2. Lo que la entrenadora hace parece...
   - ❑ fácil
   - ☑ difícil
   - ❑ necesario
   - ❑ imaginativo
3. Es un programa dirigido a...
   - ❑ amas de casa
   - ☑ mujeres que trabajan
   - ❑ hombres que juegan al golf
4. ¿Qué clase de ejercicios se enseñan en este programa? Son ejercicios...
   - ❑ aeróbicos
   - ❑ para bajar de peso
   - ❑ para la oficina
   - ☑ antiestrés

B. Escucha el programa de ejercicios otra vez y anota todas las partes del cuerpo que se mencionan.

las piernas	la cabeza	los brazos
la espalda	los dedos	las piernas
las manos	los dedos de los pies	el estómago

C. Anota lo que la entrenadora indica que debe hacerse con cada una de estas partes del cuerpo.

las piernas... levantarlas y bajarlas

la espalda... estirarla

las manos... ponerlas en la parte superior de la cabeza

los dedos... cruzarlos detrás de la cabeza

la cabeza... levantarla

los dedos de los pies... estirarlos

la cabeza... girarla suavemente

el estómago... mantenerlo firme, duro

Mi refranero. Aquí tienes dos refranes muy populares. ¿Puedes adivinar qué significan? Escúchalos y repítelos, tratando de imitar la pronunciación.

En boca cerrada no entran moscas.
A lo hecho pecho.

SÍNTESIS

Para leer

Médico, cúrate a ti mismo

Ésta es una expresión que seguramente has oído. Pero actualmente se oye también "Paciente, cúrate a ti mismo". Hoy en día los médicos nos hablan mucho de la medicina preventiva, de la autoevaluación y de la responsabilidad que tenemos todos de mantener el cuerpo sano. En el cuento que vas a leer en esta sección, el personaje principal aprende muy bien el significado de esta responsabilidad. Según tú, ¿cuál es la función principal del médico?

darnos consejos
recetarnos medicamentos
protegernos
ayudarnos en la autoevaluación
darnos instrucciones
enseñarnos a cuidar el cuerpo
operarnos

A. Primer paso. Lee el título y la primera parte del cuento para encontrar la siguiente información.

1. Quién hizo lo siguiente: ¿el médico, el paciente o la enfermera?
   a. Se recostó en la cama.
   b. Seleccionó un instrumento.
   c. Mostró un cuaderno.
   d. Señaló un diagrama de la incisión.
2. ¿Qué tipo de incisión iba a ser necesaria?
3. ¿Qué anunció el médico? ¿Te parece extraña esta decisión?

Answers: 1. a. el paciente, b. el médico c. la enfermera, d. la enfermera 2. Un tajo horizontal, de siete centímetros de longitud, al lado izquierdo del cuello. 3. Que no iba a haber anestesia. Sí, es extraña.

Una operación

Andrés Acosta (México, 1996)

I. Me comunicaron que necesitaba una operación y declaré que cuanto antes, mejor°. El médico me hizo recostar sobre una camilla. De entre su instrumental seleccionó un bisturí con dos filos°. La enfermera puso en mis manos un cuaderno, en donde se ilustraban distintos tipos de intervenciones quirúrgicas° y señaló una. Era un tajo° horizontal, de siete centímetros de longitud, a la altura del cuello, del lado izquierdo.

—No habrá° anestesia —sentenció el médico.

Palabras útiles

cuanto antes, mejor muy pronto
un bisturí con dos filos *two-edged scalpel*
quirúrgicas *surgical*
el tajo incisión
no habrá no va a haber

SÍNTESIS

B. Segundo paso. Ahora lee la segunda parte, prestando mucha atención a los verbos para entender bien qué hizo cada personaje. Pon (✓) en la columna apropiada para indicar quién lo hizo: el paciente, el médico o la enfermera. Luego, lee las dos primeras partes otra vez a ver si las entiendes bien.

verbos	el paciente	el médico	la enfermera
1. tomar el bisturí	✓		
2. encontrar el sitio de la operación	✓		
3. estirar la piel	✓		
4. hacer la primera incisión	✓		
5. tocar la herida para quitar la sangre y el dolor			✓
6. dar instrucciones		✓	
7. escuchar instrucciones	✓		
8. mirarse en el espejo	✓		
9. hacer más grande la incisión	✓		
10. mantener abierta la incisión	✓		
11. supervisar el proceso		✓	
12. quedarse sentado		✓	

Palabras útiles

la diestra mano derecha
la gasa *gauze*
la herida *wound*
cedieron *stopped*
pulgada *inch*

II. Tomé el bisturí que me ofreció. Con la mano izquierda localicé el área en donde debía estirar mi piel. Con la diestra° hice una primera incisión, dolorosa; tuve abundante sangrado. La enfermera se apresuró a envolver sus dedos en una gasa° y los puso sobre la herida°: la sangre, lo mismo que el sufrimiento, cedieron°.

El médico, desde su asiento giratorio, mostró su desacuerdo:

—Utiliza el otro lado para prolongar el corte una pulgada° —indicó. Me dieron un espejo e introduje de nuevo el bisturí en mi cuello. Profundicé el tajo y lo agrandé.

—Muy bien —dijo él— Mantenlo abierto con tus dedos.

C. Tercer paso. Lee la tercera parte del cuento y responde **sí** o **no** a las siguientes frases.

1. El médico le insertó un instrumento sin esterilizarlo primero. no
2. El médico quitó un objeto del cuello del paciente. no
3. El paciente tuvo que seguir las instrucciones de un libro. sí
4. La enfermera le mostró el objeto al médico. sí
5. Guardaron el objeto en un frasco. sí
6. El paciente se cerró la herida. no
7. Después de haber hecho la operación, el médico se sintió cansado. sí
8. Después de la operación, el paciente se sintió perfectamente bien. no

III. Tomó una aguja° de aproximadamente quince centímetros de largo y la expuso a la llama° de un soplete. Me la entregó° todavía caliente, en silencio. La enfermera me mostró la ilustración de la página opuesta. La observé en detalle. Sostuve la aguja con la mano izquierda; la hundí° gradualmente en la herida hasta sentir que pinchaba un cuerpo denso. Extraje la aguja y ahí estaba; era un objeto ovalado, sanguinolento, como un gusano°. La enfermera me lo retiró para mostrárselo al médico.

—Correcto —aseveró él.

Lo recibió con pinzas y lo dejó caer dentro de un frasco que contenía un líquido incoloro. La enfermera cosió° mi herida, la cerró por completo con movimientos hábiles. Al levantarme sentí vértigo. El médico se quitó el gorro azul y se llevó las manos a la cara. Cerró los ojos un momento.

—Hemos concluido.

SÍNTESIS

Palabras útiles

la aguja *needle*
la llama *flame*
entregar dar
hundí inserté
el gusano *worm*
cosió *sutured*

D. Cuarto paso. Ahora, lee el resto del cuento.

1. ¿Qué observación hizo el paciente con respecto al médico?
2. ¿Qué cambio notó el paciente al terminar la operación?
3. ¿Qué le ofreció el médico al paciente antes de despedirse de él? ¿Lo aceptó? ¿Por qué?

Answers: 1. Tenía la voz más grave. 2. Tenía una antigua cicatriz en el lado izquierdo del cuello. 3. El médico le ofreció al paciente el frasco con lo que le había salido del cuello. El paciente no lo aceptó. No le sirve para nada.

IV. Me dio una palmada en la espalda y estrechó mi mano. En el lado izquierdo de su cuello, noté una cicatriz°, blanca y antigua, poco visible.

—Gracias por la operación, doctor —contesté.

Mi voz sonó distinta. Más grave, quizá. Tomé el frasco: el cuerpecillo lucía arrugado°, insignificante. Sonreí.

—Puedes llevártelo —dijo él.

—No tiene caso° —repuse orgulloso° de mi nueva voz y dejé caer el recipiente en la basura.

Palabras útiles

la cicatriz *scar*
lucía arrugado *looked wrinkled*
No tiene caso No sirve para nada
orgulloso *proud*

E. Analiza un poco. Piensen en los siguientes temas y ofrézcanle sus opiniones a la clase.

1. ¿Qué aspectos de la ironía se encuentran en este cuento?
2. ¿Qué significado tiene la cicatriz del médico? ¿Y la voz "más grave" del paciente?
3. ¿Qué símbolos hay en esta obra?
4. Según ustedes, ¿cuál es el mensaje del autor?

Allow students to discuss these aspects in English.

Para escribir

La publicidad

Esta sección te va a ayudar a combinar tu experiencia, tu imaginación y el lenguaje de la persuasión para atraer al lector a través de la publicidad.

A. Pensar y organizar. Piensa en un producto de salud para el que vas a escribir un anuncio. Puede ser tu propia creación o algo que ya se vende en el mercado. Haz dos columnas. En la de la izquierda, escribe cinco **características** del producto. En la de la derecha, escribe los **beneficios** del producto. Ésta es la información que vas a incluir en el anuncio.

Características	Beneficios
1.	1.
2.	2.
3.	3.
4.	4.
5.	5.

B. Imaginarte. La buena publicidad no es sólo una serie de órdenes. Al contrario, las palabras evocan **una imagen**, crean **un ambiente**, llaman la atención a **los sentidos** para invitar y persuadir. Primero, piensa en las imágenes que quieres que tu anuncio produzca en la mente del consumidor. Segundo, haz una lista de al menos cinco palabras positivas que se te ocurren cuando piensas en esa imagen (la imagén, no el producto). Tercero, haz una lista de cinco órdenes relacionadas con esta imagen.

Imagen	Palabras positivas
______________________	______________________
______________________	______________________
______________________	______________________
______________________	______________________
______________________	______________________

Órdenes

____

____

____

____

____

C. Captar la atención. Para poner tu imagén en la mente de los lectores, necesitas usar técnicas que llamen su atención. Mira estos anuncios. ¿Cuáles de las siguientes técnicas se usan de forma efectiva?

Students should be using **tú** forms in the commands of their ads. Have them check to make sure that they have been consistent in references to their audience with use of the reflexive, indirect, and direct object pronouns.

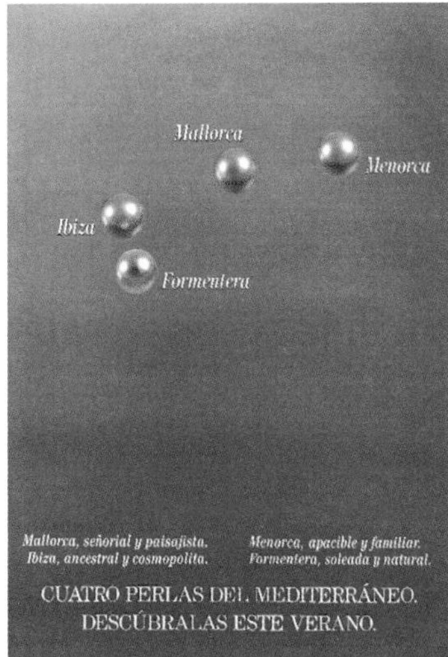

1. **Juegos de palabras:** aliteración (la repetición del mismo sonido) o incluso la creación de nuevas palabras.

   FAXilísimo... Con FAXilidades de pago. Xerox.

   Equipo superSONYco. Sony.

2. **Uso de una frase hecha** o proverbio o una adaptación que correponda a tu producto.

   Dime en qué andas y te diré quién eres. Toyota.

3. **Uso de palabras que evocan** sentimientos buenos y agradables o que crean un ambiente que tienta (*tempts*) al lector.

   Pon en tu copa el sabor de Jamaica, los aromas del café.

4. **Repetición de ideas** o sonidos para mantenerlos en la memoria.

   Unidos en nuestra historia, nuestra América, nuestra herencia y nuestro futuro. Coca-Cola.

   Para cada casa. Para cada cosa. Para cada caso. Nixdorf Computer.

5. **Abundancia de adjetivos** con connotaciones culturales positivas.

   Frío, seco, inconfundible. Domecq.

SÍNTESIS

D. Atar cabos. Ahora diseña tu anuncio combinando los siguientes elementos.

1. una o más de las técnicas publicitarias que llamen la atención de tu lector (Actividad C)
2. selección cuidadosa de palabras que lleven la imagen deseada a la mente de los lectores (Actividad B)
3. al menos cuatro órdenes que le hablen directamente al lector. Escoge las órdenes que reflejen la imagen deseada. Evita las órdenes pasadas de moda, como "Llama al 1-800-..." (Actividad B)
4. información sobre el producto (Actividad A)

E. Corregir. Al completar tu anuncio, compruébalo para asegurarte de que hayas incluido todos los elementos necesarios (Actividad D). Al pie de tu anuncio, a la derecha, escribe la técnica o técnicas que has usado. Luego:

1. **Busca los adjetivos que has usado.** Asegúrate de que cada adjetivo corresponda (masculino/femenino; singular/plural) con su sustantivo y pon la marca ✓ **a** al pie de la página a la izquierda para mostrar que lo has comprobado.
2. **Comprueba todas las formas del imperativo que has usado.** Estudia bien tu anuncio para asegurte de que no hayas mezclado las formas de **tú** y **Ud.** Si usaste **tú**, ¿Todas las órdenes son informales? ¿Incluiste el pronombre reflexivo cuando era necesario? ¿Están los pronombres de complemento directo e indirecto correctamente colocados? Después de comprobarlo, pon la marca ✓ **p** al pie de la página a la izquierda.
3. **Comprueba el resto de las formas verbales.** Si estás seguro que has conjugado correctamente los verbos, manteniendo el mismo sujeto durante todo el anuncio y usando el subjuntivo cuando necesario, pon la marca ✓ **v** al pie de la página a la izquierda.
4. **Piensa en tu trabajo.** ¿Te gusta del producto final? ¿Has invertido tiempo e imaginación para prepararlo? Si es así, **¡felicitaciones!**

Vocabulario

Sustantivos

la boca mouth
el brazo arm
la cabeza head
la cadera hip
la cara face
la carie cavity
la ceja eyebrow
la cintura waist
la circulación circulation
el codo elbow
el corazón heart
el cuello neck
el cuerpo body
el dedo finger
el dedo del pie toe
el diente tooth
la enfermedad disease, illness
la espalda back
el estómago stomach
el estrés stress
la frente forehead
el hígado liver
el hombro shoulder
el hueso bone
la mano hand
la muela molar
la muñeca wrist
el músculo muscle
la nariz nose
el oído inner ear; hearing
la oreja outer ear
el pecho chest
el pie foot
la pierna leg
el pulgar thumb
el pulmón lung
el riñón kidney
la rodilla knee
la salud health
la sangre blood
el tobillo ankle

Adjetivos

brillante shiny
derecho/a right
fuerte strong
izquierdo/a left

Verbos

combatir to fight, to combat
cruzar to cross
dejar de + infinitivo to stop + *-ing*
dolerle (ue) to hurt, to ache
estirar to stretch
evitar to avoid
frotar(se) to rub
fumar to smoke
hacer ejercicios to do exercises
importarle to care
llevar una vida sana to lead a healthy life
masajear to massage
mejorar to improve
molestarle to bother
mover (ue) to move
sanar to heal
taparse to cover

Otras expresiones

sobre todo above all

CAPÍTULO

Vida sana

ÍNDICE

Imágenes y palabras

Para describir síntomas y enfermedades

Para hablar de alergias

Para hablar de tratamientos médicos y remedios

Gramática

Para formar el tiempo presente del subjuntivo de verbos con cambios ortográficos y de radical

Para expresar tus sentimientos y opiniones: repaso y otros usos del tiempo presente del subjuntivo

Para expresar propósito, causa, destinación y motivo: las preposiciones **por** y **para**

Cultura

La medicina complementaria

No gracias, tengo que manejar

Remedios naturales

Cuando no te sientes bien, ¿vas al médico de inmediato? Mucha gente prefiere los remedios naturales como las hierbas y los tés o los remedios caseros aprendidos de sus padres, abuelos o bisabuelos. ¿Usan tú u otra persona algún remedio natural de plantas o frutas o algún remedio casero? Describan los remedios naturales o caseros que Uds. conozcan para los siguientes problemas.

Ejemplo:

Para el resfrío común, mi abuela recomienda el caldo de ave.

1. el dolor de cabeza
2. un ojo morado
3. las quemaduras de sol
4. el dolor de garganta (*sore throat*)
5. un ataque de nervios
6. el dolor de espalda
7. el dolor de estómago
8. las picaduras de insectos
9. el hipo (*hiccups*)
10. la influenza o el resfrío común

Conversación

13–1. Noticias sanas. En muchos periódicos se ofrece una sección dedicada a la vida sana. Aquí tienes una de estas columnas escrita por la tía Ernestina. Mírala y marca en la lista qué tipos de consejos contiene.

On page 368, students should guess the meaning of **caseros** through its root, **casa**.

Consejos prácticos de la tía Ernestina

- Coma un plátano para el desayuno. Esta fruta, rica en potasio, contribuye a bajar los niveles de colesterol.
- Si tiene un resfrío, no haga ejercicio. Acuéstese y tome caldo de ave y muchos líquidos tibios°.
- Para los dolores de espalda, póngase hielo. Ponga la bolsa sobre el área inflamada por 20 minutos y luego retírela por 20 minutos. Repita este proceso durante 2 ó 3 horas.
- Si le duele la garganta, tome té con limón o té con miel o haga gárgaras° de salmuera°.
- Para el insomnio, moje una servilleta en vinagre con agua de bensebé° y aplíquesela sobre la nuca°.
- La leche es ideal para la piel. Lávese la cara con leche al levantarse y antes de acostarse. Su piel quedará más suave y tersa.
- Si le picó un insecto, haga un emplasto° de barro° y póngalo sobre la picadura.
- Para la sinusitis, corte un pedazo de pimiento picante y póngaselo debajo de la nariz por unos minutos.
- Contra la bronquitis, coma mucha fruta. El consumo de frutas y verduras frescas ricas en vitaminas C y E protege los pulmones y tiene efectos terapéuticos.
- Si ha comido demasiado, coma piña o papaya porque ayudan a la digestión de una comida pesada.
- No use jugo de toronja para tomar píldoras. La toronja contiene sustancias que pueden reducir o aumentar los efectos de ciertos medicamentos con resultados posiblemente peligrosos.
- El jugo de uva puede disminuir el riesgo° de enfermedades coronarias, ya que contiene sustancias que previenen la formación de coágulos en las arterias coronarias. Además, es una bebida ideal para deportistas y estudiantes.
- Para las quemaduras, compre sávila° y manténgala en el refrigerador. Si se quema o lastima, aplíquese un poco de jalea directamente sobre la parte afectada y el dolor se le pasará rápidamente.
- Pasar mucho tiempo frente a la pantalla de la computadora puede producir no sólo dolores de espalda sino también dermatitis. Para los adictos a la red electrónica, entonces, ¡cuídense la piel!
- La gente que se ríe mucho, vive más. Por eso, si hace mucho que anda serio, ríase ya y se sentirá mejor.

Palabras útiles

tibios ni fríos ni calientes
haga gárgaras *gargle*
la salmuera agua con sal
el bensebé planta medicinal
la nuca parte de atrás del cuello
el emplasto compresa
el barro *mud*
el riesgo *risk*
sávila *aloe vera*

CONSEJOS

- ☑ consejos para prevenir enfermedades graves
- ☑ consejos de belleza
- ☐ consejos para bajar de peso
- ☑ consejos para una dieta más sana
- ☑ consejos para disminuir dolores o molestias
- ☐ consejos para hacer ejercicio

13-2. En otras palabras. Ahora, lee los consejos y con tus propias palabras, di para qué sirven estos alimentos y bebidas. Usa los siguientes verbos: **evitar, aliviar, remediar, mejorar, disminuir.**

Ejemplo:
El jugo de toronja sirve para **disminuir** los efectos de ciertos medicamentos.

1. el plátano
2. el jugo de uva
3. el caldo de ave
4. el hielo
5. el té
6. la leche
7. el pimiento (chile) picante
8. la fruta rica en vitamina C

Answers: 1. tienes un resfrío. 2. es bueno para la sinusitis. 3. no debe usarse para tomar píldoras. 4. caldo de ave y muchos líquidos tibios. 5. sávila. 6. es buena para la piel. 7. la bronquitis. 8. tomar jugo de uva. 9. para la digestión. 10. reírse mucho.

13-3. Para resumir. Completa las siguientes frases para resumir algunos de los consejos de la tía Ernestina.

1. El ejercicio es bueno para la salud excepto si...
2. El pimiento picante es riquísimo y también...
3. El jugo de toronja es muy saludable. Sin embargo,...
4. Si estás resfriado/a, no tomes medicamentos, sino...
5. Si te quemas en la cocina, puedes usar hielo o...
6. La leche es una buena fuente de calcio. Además,...
7. Los cítricos previenen el resfrío común y también...
8. Si quieres cuidar tu corazón, debes...
9. La piña, fuente de vitamina C, también es buena...
10. Para vivir más, el mejor remedio es...

Answers: 1. Acuéstate y toma caldo de ave y líquidos tibios. 2. Haz un emplasto de barro y póntelo sobre la picadura. 3. Aplícate un poco de sávila. 4. Toma un té con limón o con miel y haz gárgaras de salmuera. 5. Lávate con leche al levantarte y antes de acostarte. 6. Come piña o papaya. 7. Ponte una bolsa de hielo por 20 minutos y luego retírala. Repite el proceso por 2 ó 3 horas. 8. Ríete.

13-4. Entre amigos. Usa las órdenes informales para sugerirle a tu amigo un remedio casero para cada uno de los siguientes problemas. Dile qué debe o no debe hacer, según la tía Ernestina.

Ejemplo:
No puede dormirse.
Ponte una compresa de bensebé en la nuca.

1. Tiene un resfrío.
2. Le picó un insecto.
3. Se quemó en la cocina.
4. No puede hablar porque le duele la garganta.
5. Tiene la piel muy seca.
6. Comió una comida muy pesada.
7. Le duele la espalda.
8. Está triste y deprimido.

13-5. Nuestros propios remedios. En los consejos de la tía Ernestina, se ven muchas órdenes formales (Ud.). Primero, hagan una lista de ellas. Luego, escriban su propio remedio casero o consejo práctico para dos de las siguientes condiciones mencionadas por la tía Ernestina. Usen algunas de las órdenes formales que encontraron en el artículo (**coma, haga, acuéstese,** etc.).

Students may choose any other ailment not included in Ernestina's list. Remind students that formal commands were presented in *Capítulo 12.*

1. para el colesterol muy alto
2. para el insomnio
3. para las erupciones de la piel
4. para sentirse mejor después de una comida pesada
5. para el dolor de espalda
6. para las quemaduras del sol

IMÁGENES Y PALABRAS

Ay, ¡qué lástima! Siento que usted tenga...

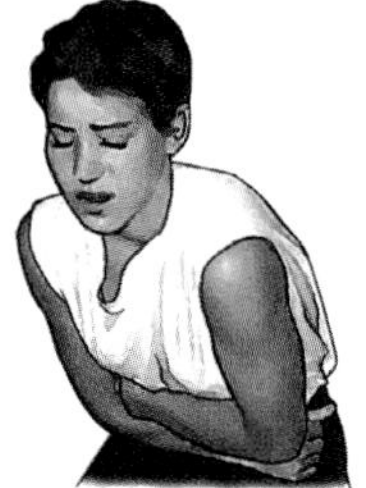

náuseas

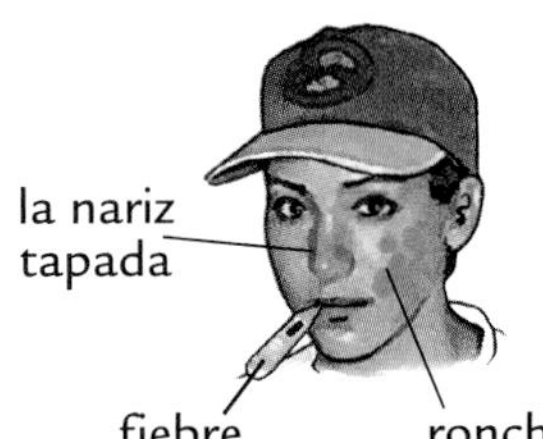

For *acne*, present the words **granos/ espinillas; ronchas** generally connotes *rash*.

tos

escalofríos

dolor de muelas

No sé si tiene gripe* o sólo un resfrío. A ver los síntomas...

¿Le arde la garganta?

¿Estornuda a menudo?

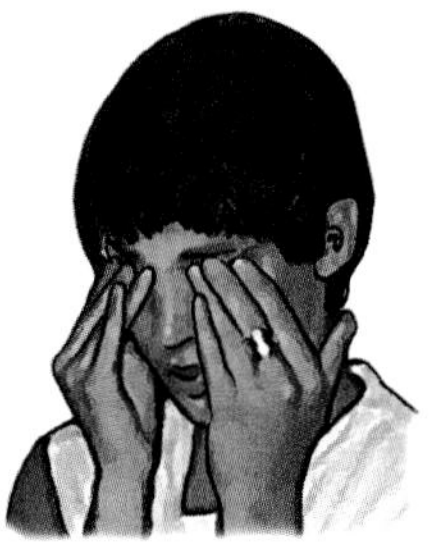

¿Le pican los ojos?

¿Tiene la nariz tapada?

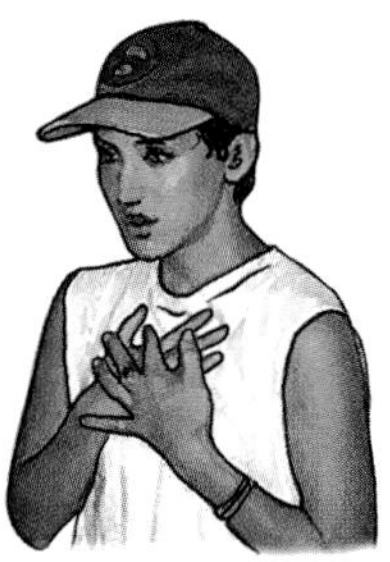

¿Le duele el pecho?

*__Gripe__ is feminine.

También es posible que sea una alergia. ¿Es Ud. alérgico/a...?

a los perfumes o cosméticos

al polvo

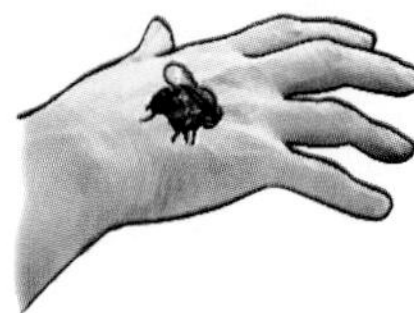

a las picaduras de abeja

a ciertos medicamentos o drogas

al humo

al polen

Es una pena que Ud. sufra tanto. Para que se mejore pronto, le voy a poner una inyección.

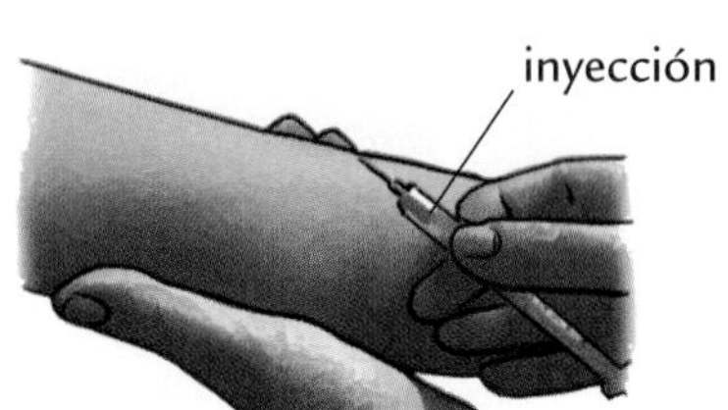

También le voy a recetar...

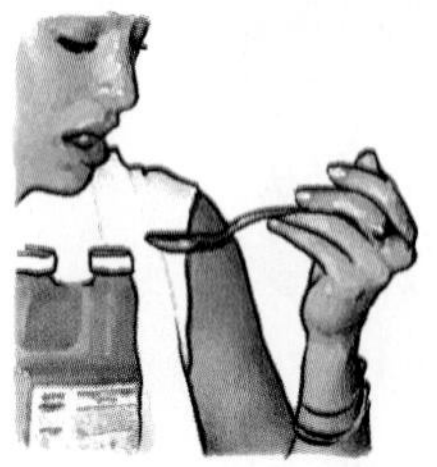

este jarabe para la tos

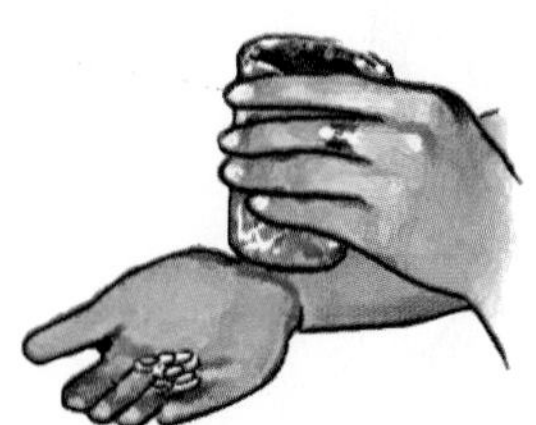

estas píldoras

un antiácido

este antihistamínico

un jabón especial

Si Ud. es deportista, tiene que protegerse. Tenga cuidado de no lastimarse. Por ejemplo…

(1) Point out that **quebrarse** is preferred to **romper** when referring to body parts.
(2) Model for students the use of articles in expressions such as **cortarse la mano** and **quebrarse una pierna**.

quebrarse* un hueso

doblarse un tobillo

caerse**

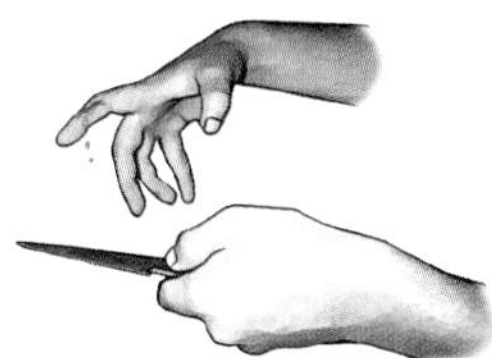
cortarse

Para la…

Enyesar, instead of **ponerle un yeso**, is used in many areas abroad: **Ayer se cayó y le enyesaron la pierna ayer.**

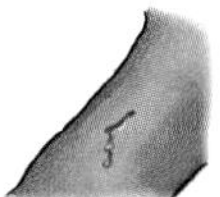
cortadura

quemadura

lastimadura

Le van a poner…

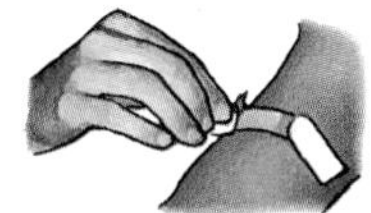
una curita

una crema con antibiótico

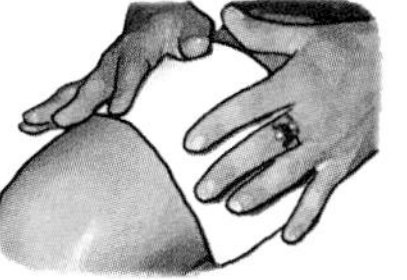
una venda

Para la…

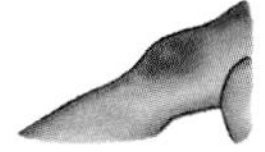
rodilla hinchada

fractura

Le van a poner…

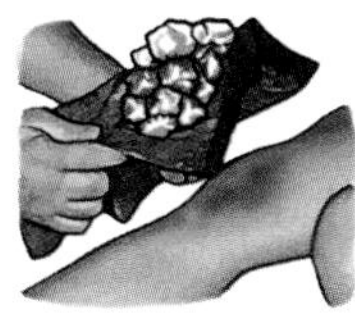
hielo

un yeso

Espero que pronto haya una cura contra ciertas enfermedades graves como…

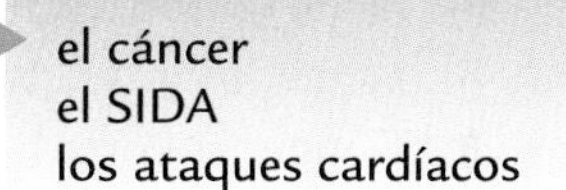
el cáncer
el SIDA
los ataques cardíacos

SIDA is the acronym for **Síndrome de inmunodeficiencia adquirida**.

*quebrarse(ie)
**caerse: me caigo, te caes, se cae…

Práctica

13–6. Síntomas. Describe los síntomas que generalmente se asocian con los siguientes problemas o enfermedades.

1. la gripe
2. la laringitis
3. la alergia al polen o al humo
4. la alergia a cosméticos o alimentos
5. la pulmonía (*pneumonia*)
6. el resfrío común
7. las picaduras de insectos
8. las caries
9. la fiebre
10. un hueso quebrado

13–7. Malestares y remedios. Di con qué asocias cada uno de los siguientes consejos o remedios.

> *Ejemplo:*
> ponerse una crema con antibiótico: **una quemadura**

1. tomar un jarabe
2. ponerse compresas frías en la frente
3. usar un termómetro
4. darse un baño muy caliente
5. ponerse una venda
6. tomar caldo de ave
7. ponerse hielo de inmediato
8. bañarse con agua fría
9. tomar dos aspirinas
10. tomar antihistamínicos

Answers: 1. Si tiene una picadura de insecto, es aconsejable que se ponga una crema con antibióticos. 2. Si le arde la garganta, es aconsejable que tome un jarabe. 3. Si tiene la nariz tapada, es aconsejable que tome un antihistamínico. 4. Si tiene dolor de estómago, es aconsejable que tome un antiácido. 5. Si tiene dolor de muelas, es aconsejable que tome una aspirina o vaya al dentista. 6. Si tiene una cortadura, es aconsejable que se ponga una curita. 7. Si tiene ronchas en los brazos, es aconsejable que tome un antihistamínico o que se ponga una crema. 8. Si tiene el tobillo hinchado, es aconsejable que se ponga hielo.

13–8. Primeros auxilios. Dile a la clase qué debe hacer o no hacer el paciente en caso de tener los siguientes síntomas o trastornos.

> *Ejemplo:*
> Si **tiene una quemadura, es aconsejable que** se ponga hielo o una crema con antibiótico. **Es mejor que** no se ponga una curita.

1. Tiene una picadura de insecto.
2. Le arde la garganta.
3. Tiene la nariz tapada.
4. Tiene dolor de estómago.
5. Tiene dolor de las muelas.
6. Tiene una cortadura.
7. Tiene ronchas en los brazos.
8. Tiene el tobillo hinchado.

13-9. La receta del médico. Explica por qué el médico le receta los siguientes remedios a la paciente.

Ejemplo:
El médico dice: Póngase esta crema con antibióticos.
Es posible que la paciente tenga unas picaduras o una quemadura.

1. Le tengo que poner un yeso.
2. Tómese este jarabe cuatro veces al día.
3. Descanse y trate de no mover la rodilla.
4. Le voy a recetar un antiácido.
5. Tiene que quitarse la venda después de dos días.
6. Le voy a poner una inyección de penicilina.
7. Evite trabajar en el jardín.
8. Prepare agua con sal.
9. Trate de bajar su nivel de colesterol.
10. Use este jabón de avena.

Possible answers: 1. Es posible que la paciente se haya quebrado un hueso. 2. Es posible que la paciente tenga tos. 3. Es posible que la paciente se haya caído/ se haya doblado la rodilla. 4. Es posible que la paciente tenga problemas digestivos/ dolor de estómago. 5. Es posible que la paciente tenga una lastimadura. 6. Es posible que la paciente tenga una infección/ la gripe. 7. Es posible que la paciente sea alérgica al polen. 8. Es posible que la paciente tenga dolor de garganta. 9. Es posible que la paciente haya comido muchas grasas/ haya sufrido un ataque cardíaco. 10. Es posible que la paciente tenga ronchas.

13-10. Fue culpa tuya. Di qué hizo o qué no hizo un/a amigo/a que tiene los siguientes síntomas.

Ejemplo:
Le pican los ojos.
Es posible que haya estado delante de la computadora toda la noche.

1. Tiene laringitis.
2. Le duele el pecho.
3. Tiene la nariz tapada y estornuda.
4. Tiene una quemadura de sol grave.
5. Tiene náuseas y vómitos.
6. Le duelen las muelas.
7. Se quebró la pierna.
8. Tiene ronchas en las piernas.

13-11. Síndromes de la vida moderna. La vida moderna produce malestares nuevos. Lean las siguientes descripciones de enfermedades ficticias. Luego, inventen su propio síndrome moderno y descríbanlo con respecto a los síntomas y las causas. Denle un nombre (por ejemplo, "síndrome del sábado", "matematiquitis", "dolor de bolsillo". Puede ser alguna molestia que hayan experimentado Uds.

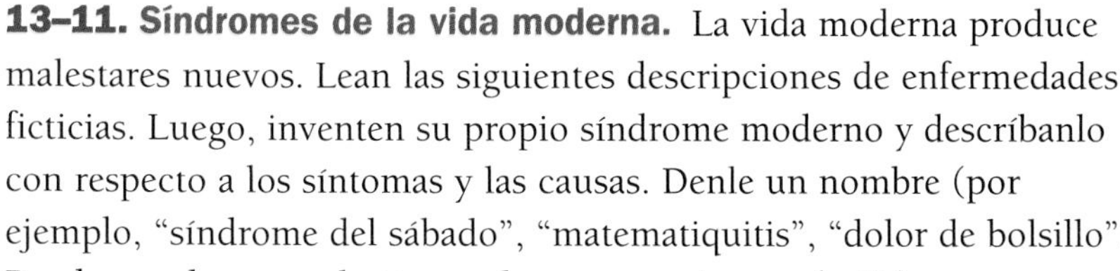

Ejemplo:
Síndrome del domingo.
Síntomas: Los enfermos son profesionales o universitarios que sufren de angustia, irritabilidad y miedo.
Causa: Saben que les espera una larga semana de trabajo.

Additional example:
Sordera rocanrolera.
Síntomas: Los enfermos son jóvenes y parece que no oyen cuando la gente les habla.
Causa: Se debe al volumen tan alto de los conciertos de música rock.

La medicina complementaria

Para combatir el dolor y las molestias crónicas, además de ver al médico y tomar medicamentos, la gente usa otros tratamientos.

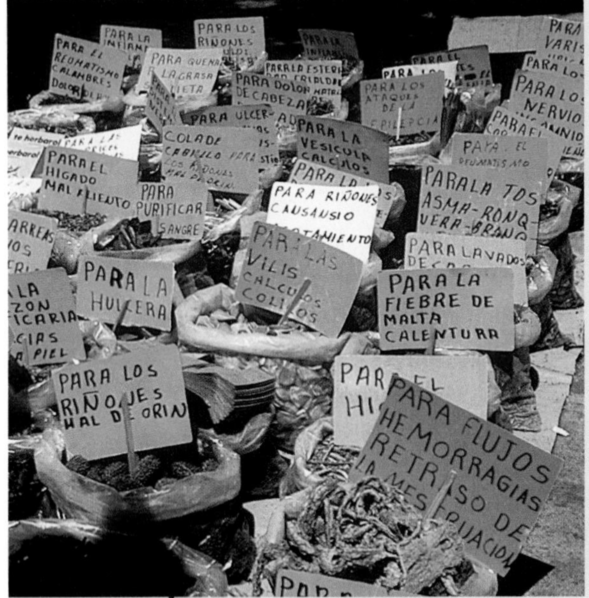

¿Para qué sirven las hierbas y plantas que se venden en este mercado de San Miguel, México?

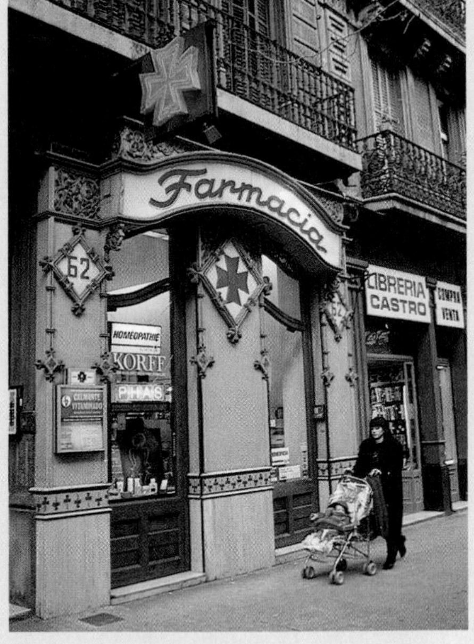

Barcelona, España. En muchas partes del mundo hispano, los farmacéuticos pueden recetar medicamentos, incluso antibióticos.

A. ¿Conoces algunos de estos tratamientos? ¿Para qué sirve cada uno? ¿Conoces a alguna persona que los haya probado? ¿Cómo le resultó? ¿Qué opinión tienes tú de la medicina complementaria?

la quiropráctica	el masaje
la biorreacción	la hipnosis
la acupuntura	la fitoterapia (el uso de hierbas y plantas)

el ajo	Un viejo remedio contra la artritis, también previene los ataques cardíacos y el cáncer del estómago.
el aguacate	Sirve para fortalecer los huesos. Una infusión de hojas de aguacate es buena para la tos y el resfrío y también para los dolores de cabeza.
la albahaca (*basil*)	Es para calmar el estómago.
el clavo de olor (*clove*)	Se usa para los dolores de muelas.
el diente de león (*dandelion*)	Sirve para bajar de peso, ya que elimina los líquidos. También beneficia los riñones y el hígado.

el mirasol o girasol (*sunflower*)	Es para la tos y el resfrío. También limpia y suaviza la piel.
la manzanilla (*chamomile*)	Se usa para los dolores de estómago, el insomnio, la ansiedad y las quemaduras de sol.
el romero (*rosemary*)	Es para el estrés y los dolores de cabeza.
la salvia (*sage*)	Combate la calvicie (la pérdida del pelo). También calma los nervios y alivia el dolor de las picaduras de insectos.
el tomillo (*thyme*)	Cura la falta de apetito y el cansancio.
la violeta	Es para la fiebre.
la menta (*mint*)	Se usa para los dolores de estómago y de cabeza.
la sávila (*aloe vera*)	Es para quemaduras y erupciones de la piel.

Explain that the U.S. designation of "over-the-counter drugs" does not transfer the same connotations to Spanish, as the traditional Hispanic concept of pharmacist is one who not only dispenses drugs, but also counsels patients and prescribes medications. There are indications, however, that this traditional pharmacist role may be changing. Students may wish to research this topic for various countries via the Internet.

B. "Gástalo en la cocina y no en la medicina", dice un refrán. En las culturas tradicionales, la gente va al médico, pero también usa otras cosas como hierbas y plantas con valores curativos. Generalmente, estas plantas se preparan de dos maneras: se les extrae el jugo o aceite para aplicárselo directamente al cuerpo o se preparan como una infusión o té para beber. Aquí tienes algunas hierbas y plantas comunes. ¿Cuál te parece más útil?

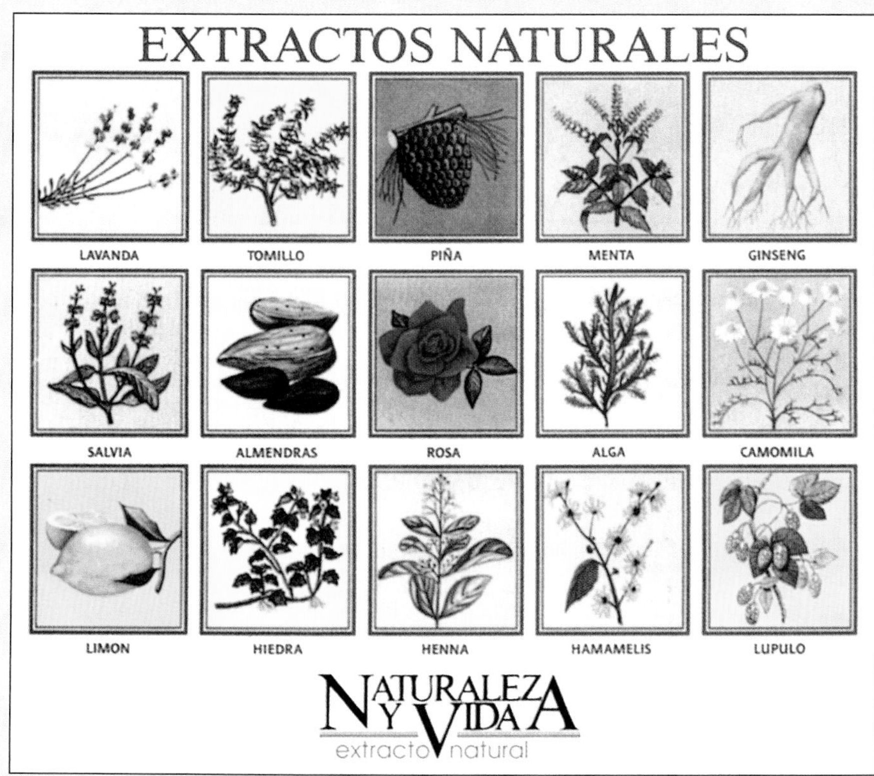

EXTRACTOS NATURALES
LAVANDA
TOMILLO
PIÑA
MENTA
GINSENG
SALVIA
ALMENDRAS
ROSA
ALGA
CAMOMILA
LIMON
HIEDRA
HENNA
HAMAMELIS
LUPULO
NATURALEZA Y VIDA
extracto natural

GRAMÁTICA

Para formar el tiempo presente del subjuntivo de verbos con cambios ortográficos y de radical

In *Capítulo 11*, you learned to form the present subjunctive by taking the **yo** form of the present indicative and replacing the **-o** ending with **-e** (**-ar** verbs) or **-a** (**-er** and **-ir** verbs). Here are some other things you will need to keep in mind as you use the subjunctive.

Remind students that the **-que, -gue** forms of the subjunctive are not stressed, except when using **vosotros, nosotros.**

1. Some verbs have spelling changes to represent the written language as it is pronounced. Notice how infinitives ending in the following syllables have spelling changes.

Infinitive ending	Spelling change
-gar	**-gue** (**jugar**: jue**gue**, jue**gues**, jue**gue**, ju**guemos**, *ju**guéis***, jue**guen**) Also: **llegar, pagar, agregar, navegar, regar**
-car	**-que** (**sacar:** sa**que**, sa**ques**, sa**que**, sa**quemos**, *sa**quéis***, sa**quen**) Also: **buscar, tocar, practicar, pescar, secar, explicar, equivocarse**
-zar	**-ce** (**almorzar:** almuer**ce**, almuer**ces**, almuer**ce**, almor**cemos**, *almor**céis***, almuer**cen**) Also: **comenzar, empezar, organizar**
-ger or **-gir**	**-ja** (**escoger:** esco**ja**, esco**jas**, esco**ja**, esco**jamos**, *esco**jáis***, esco**jan**) Also: **proteger, corregir (i), elegir (i), fingir, dirigir**
-guir	**-ga** (**seguir:** si**ga**, si**gas**, si**ga**, si**gamos**, *si**gáis***, si**gan**) Also: **conseguir**
-uir	-ya (**incluir:** inclu**ya**, inclu**yas**, inclu**ya**, inclu**yamos**, *inclu**yáis***, inclu**yan**) Also: **construir, destruir, disminuir, influir**

Quiero que vayas a la farmacia y **busques** una loción protectora para el sol. Es importante que **protejas** tu piel.

2. Some verbs have **two stem changes** in the present subjunctive. In *Capítulo 11*, you saw that stem-changing verbs keep their stem changes in the present subjunctive. However, all **-ir** verbs with **e ⟶ ie** or **o ⟶ ue** stem changes have an additional change in the **nosotros** and **vosotros** forms.

convertir		dormir	
con**vie**rta	con**vi**rtamos	d**ue**rma	d**u**rmamos
con**vie**rtas	*con**vi**rtáis*	d**ue**rmas	*d**u**rmáis*
con**vie**rta	con**vie**rtan	d**ue**rma	d**ue**rman

Remind students that these are the same verbs that have stem changes in the third person of the preterit.

Also: **divertirse, hervir, preferir, mentir, requerir, sentir, sugerir, morir**

Nuestros padres quieren que **nos divirtamos** por la noche, pero nos aconsejan que no **nos durmamos** en clase al día siguiente.

Práctica

13-12. Alumnos y profesores. Usa los siguientes verbos para indicar lo que Uds., los alumnos, quieren que hagan los profesores y lo que los profesores quieren que hagan los alumnos.

Queremos que ellos...

1. divertirse y reírse en clase
2. sentirse bien
3. organizar bien el tiempo
4. almorzar en clase
5. explicar bien la lección
6. corregir rápido nuestras pruebas

Ellos (no) quieren que nosotros...

7. escoger clases fáciles
8. sacar malas notas en las pruebas
9. morirnos de sueño en clase
10. llegar puntualmente a clase
11. mentir cuando faltamos a clase
12. sugerir estrategias para aprender

Answers: 1. se diviertan y se rían en clase, 2. se sientan bien, 3. organicen bien el tiempo, 4. (no) almuercen en clase, 5. expliquen bien la lección, 6. corrijan rápido nuestras pruebas, 7. escojamos clases fáciles 8. saquemos malas notas en las pruebas, 9. nos muramos de sueño en clase, 10. lleguemos puntualmente a clase, 11. mintamos cuando faltamos a clase, 12. sugiramos estrategias para aprender

13-13. Unos consejos. Completa las siguientes frases con la forma apropiada del verbo en el presente del subjuntivo.

1. Quiero que __riegues__ (regar) las plantas. Es importante que las plantas no __se sequen__ (secarse).
2. Te aconsejo que no __te duermas__ (dormirte) en el sofá. Es mejor que __busques__ (buscar) otro lugar más cómodo para dormir.
3. Es importante que nosotros __escojamos__ (escoger) ropa práctica y que no __nos convirtamos__ (convertirnos) en esclavos (*slaves*) de la moda.
4. El cocinero recomienda que nosotros __hirvamos__ (hervir) el caldo y que __agreguemos__ (agregar) un poco de sal.
5. Te recomiendo que __almuerces__ (almorzar) bien todos los días y que __incluyas__ (incluir) más verduras en tu dieta.
6. Espero que ustedes __consigan__ (conseguir) la casa de sus sueños y que no __paguen__ (pagar) mucho por ella.

Answers: 1. **Los profesores quieren que** no nos equivoquemos en las pruebas, corrijamos los errores, pensemos bien, durmamos bien, nos divirtamos en clase. 2. **Los entrenadores deportivos quieren que** practiquemos, hagamos ejercicio, elijamos alimentos sanos. 3. **Los médicos quieren que** disminuyamos las grasas, no nos enfermemos, empecemos un programa de ejercicio. 4. **Los diseñadores quieren que** escojamos sólo sus marcas, nos vistamos bien, nos sintamos elegantes. 5. **Los padres quieren que** no mintamos, organicemos bien el tiempo, paguemos la matrícula, saquemos un título universitario. 6. **La policía quiere que** disminuyamos la velocidad, nos protejamos, no destruyamos la propiedad de otros. 7. **Los amigos quieren que** les prestemos ropa, resolvamos sus problemas, salgamos con ellos. a menudo, nos divirtamos con ellos. 8. **Los meseros quieren que** recordemos el buen servicio y les incluyamos una propina, no nos quejemos, les pidamos los platos más caros.

13–14. No es justo. Parece que todo el mundo sabe exactamente lo que deben y no deben hacer los estudiantes. Da las opiniones de los siguientes grupos de gente. Usa la forma de **nosotros**.

Ejemplo:
Los médicos: dormir, almorzar sólo hamburguesas, comer frutas frescas
Los médicos quieren que los estudiantes **durmamos** más, que **no almorcemos** sólo hamburguesas y que **comamos** frutas frescas.

1. **Los profesores:** equivocarnos en las pruebas, corregir los errores, pensar bien, dormir bien, divertirse en la clase
2. **Los entrenadores deportivos:** practicar, hacer ejercicio, elegir alimentos sanos
3. **Los médicos:** disminuir las grasas, enfermarnos, empezar un programa de ejercicio
4. **Los diseñadores:** escoger sólo sus marcas, vestirnos bien, sentirnos elegantes
5. **Los padres:** mentir, organizar bien el tiempo, pagar la matrícula, sacar un título universitario
6. **La policía:** disminuir la velocidad, protegernos, destruir la propiedad de otros
7. **Los amigos:** prestarles ropa, resolver sus problemas, salir con ellos a menudo, divertirnos con ellos
8. **Los meseros:** recordar el buen servicio e incluirles una propina, quejarnos, pedirles los platos más caros

Answers: 1. ...**nos sintamos** cómodos. En cambio, nosotros queremos que los diseñadores **produzcan** ropa más práctica. 2. ...**nos divirtamos** con la moda. En cambio, nosotros queremos que los diseñadores **no escojan** colores tan vivos. 3. ...**sigamos** la moda. En cambio, nosotros queremos que los diseñadores **analicen** mejor los deseos y las necesidades de la gente. 4. ...**escojamos** ropa de buena calidad. En cambio, nosotros queremos que los diseñadores **ofrezcan** ropa de buena calidad y barata. 5. ...**nos veamos** bien. En cambio, nosotros queremos que los diseñadores **no jueguen** con el público. 6. ...**paguemos** precios altos. En cambio, nosotros queremos que los diseñadores **no se equivoquen** con los consumidores.

13–15. Consumidores y diseñadores. Usa los siguientes verbos para decir lo que los diseñadores de moda quieren que hagamos nosotros, los consumidores, y lo que nosotros queremos que hagan los diseñadores.

Ejemplo:
Los diseñadores quieren que nosotros **busquemos** prendas de calidad. En cambio, nosotros queremos que los diseñadores **no** nos **digan** qué llevar.

Consejos de los diseñadores para nosotros	**Consejos de los consumidores para los diseñadores**
1. sentirse cómodos	producir ropa más práctica
2. divertirse con la moda	no escoger colores tan vivos
3. seguir la moda	analizar mejor los deseos y las necesidades de la gente
4. escoger ropa de buena calidad	ofrecer ropa de buena calidad y barata
5. verse bien	no jugar con el público
6. pagar precios altos	no equivocarse con los consumidores

13–16. Así es la vida. Los amigos y compañeros de habitación siempre quieren que hagamos algo. ¿Qué quiere tu compañero/a que hagas o que no hagas tú (o que hagan tus amigos y tú)?

> *Ejemplo:*
> ¿Puedes sacar tus zapatos de la sala, por favor?
> Mi compañero de habitación quiere que **saque** mis zapatos de la sala.

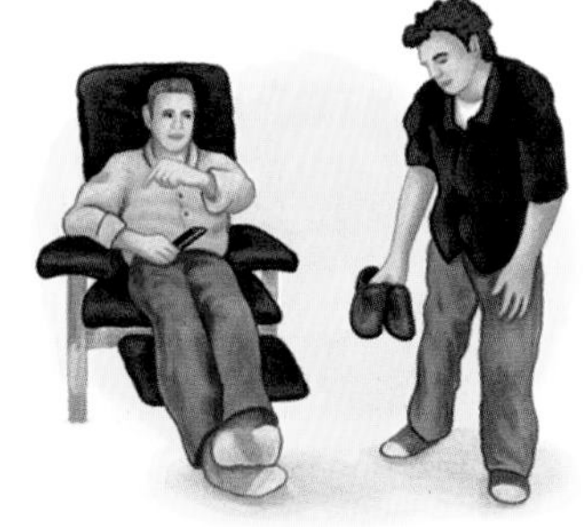

Answers: 1. quiere que llegue más temprano y organice mejor mi horario. 2. quiere que le consiga una chaqueta de cuero como la que yo llevo. 3. no quiere que mi perro y yo durmamos en el sofá. 4. quiere que mis amigos y yo nos divirtamos, pero no quiere que convirtamos la sala en una discoteca. 5. no quiere que juegue béisbol en la sala. Quiere que escoja otro lugar. 6. quiere que mis amigos y yo nos sintamos cómodos, pero no quiere que destruyamos la casa. 7. no quiere que seque mis calcetines en el horno. 8. no quiere que riegue más esa planta porque ya está mojada.

1. ¿Por qué llegas siempre tarde? ¿No puedes organizar mejor tu horario?

2. ¿Me puedes conseguir una chaqueta de cuero como la que llevas ahora?

3. ¿Tú y tu perro siempre tienen que dormir en el sofá?

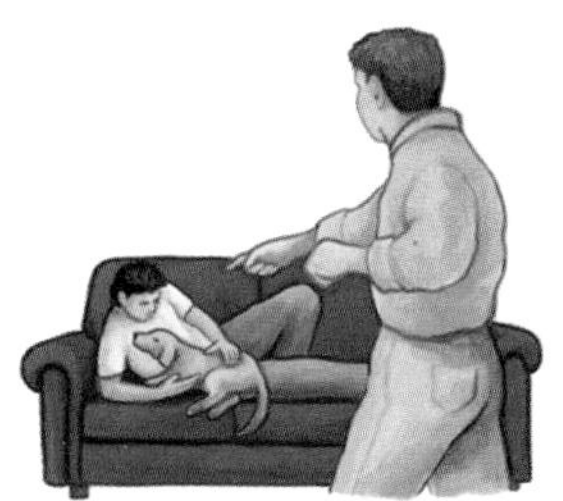

4. Es bueno que tú y tus amigos se diviertan pero ¿por qué tienen que convertir la sala en una discoteca?

5. No es posible jugar béisbol en la sala. ¿Puedes escoger otro lugar?

6. Quiero que tú y tus amigos se sientan cómodos aquí, pero no deben destruir la casa.

7. ¿Siempre tienes que secar tus calcetines en el horno?

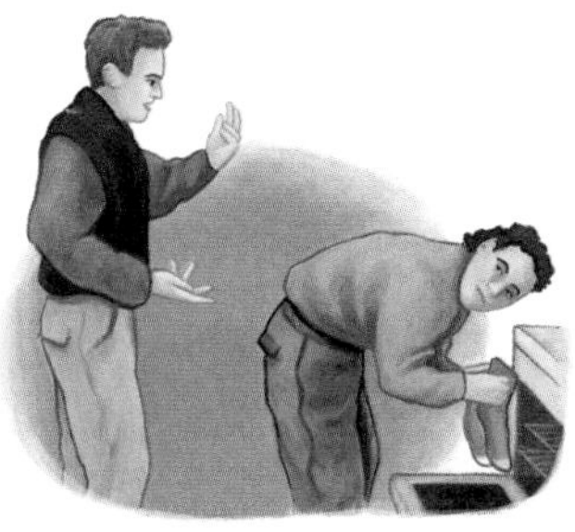

8. No debes regar más esa planta. Ya está mojada.

Para expresar tus sentimientos y opiniones: repaso y otros usos del tiempo presente del subjuntivo

Remind students of other triggers in this category: **aconsejar, es aconsejable, sugerir, es recemendar, recomendable, es necesario, es importante, es mejor, es conveniente**.

1. You have used the present subjunctive to:

- say what you want or hope will happen

  Quiero que me **acepten** en la Facultad de Medicina. **Espero que** me **den** una beca también.

- make recommendations or suggestions to others

  Insisto en que te pongas una compresa fría en la pierna. Y **te aconsejo que** no la **muevas**.

- give specifications for a nonspecific person, place, or thing

  Busco **un jabón que no contenga** perfume.

Other statements of doubt or disbelief: **dudo que, es posible que**.

- state disbelief or doubt about an action

  No creo que haya sido muy grave su enfermedad.

- tell a friend what *not* to do, using a familiar **(tú)** command

  No vayas al campo si eres alérgica a las picaduras de abejas.

- give advice to someone you address as **Ud.** or to more than one person **(Uds.)**, using a command

  Señor, **tenga** cuidado; **no se enferme**. Niños, **tengan** cuidado; **no se corten** los dedos.

The expression **siento que** is used with the subjunctive only in expressions of regret. If students try to use it to express their opinions (*I/We feel that. . .*), provide appropriate expressions: **Creo que... Yo opino que... Desde mi punto de vista... Según mis amigos...** Other expressions of emotion: **qué horror que, es triste que, qué bueno/malo que, tener miedo de que, enojar, (no) gustarle que, esperar que, molestarle que**.

Ojalá (*May Allah grant that . . .*) is a linguistic artifact of the Arab occupation of Spain (711-1492). It is used with or without the **que**.

2. In this section, you will practice some other very common uses of the subjunctive.

- Use the present subjunctive after expressions of regret.

  Siento que te hayas doblado el tobillo.
  Es una lástima que no **puedas** comer nada porque acabo de preparar arroz con pollo.
  ¡**Qué pena que** tu hijo **tenga** la gripe!

- Use the present subjunctive after expressions of emotion, such as hope, happiness, anger, fear, or sadness.

  Me alegro de que te hayas mejorado tan pronto.
  Qué bueno que ya **estés** bien. **Ojalá* que puedas** volver a clase mañana.

***Ojalá** means *I hope*; its form never changes.

- Use the present subjunctive after expressions of doubt, uncertainty, or absolute denial.

Quizás (*perhaps*) **tenga** la influenza pero **es posible que sea** un resfrío y nada más.
No hay nada que pueda combatir esta epidemia. **Es posible que sea** un nuevo tipo de virus.
No hay nadie que pueda perder tantos kilos tan rápido. **Es increíble que** lo **haya hecho** sólo con una dieta especial.
¿**Hay un medicamento que pueda** curar estas ronchas? **No creo que** este jabón **me sirva.**

Remind students that **creo que** is an expression of belief and therefore does not take the subjunctive, although many English speakers use I think . . . to begin a statement of uncertainty.

3. State the purpose for which something is done using **para que** (*in order to, so that*).

Le voy a recetar unas tabletas **para que se mejore**.

Point out that the expressions **a menos que** and **con tal (de) que** imply doubt, since the occurrence of one event is contingent on the occurrence of another and may or may not occur.

4. Always use the present subjunctive after the expressions **a menos que** (*unless*) and **con tal de que** (*provided that*).

No voy a ponerle la inyección **a menos que sea** absolutamente necesario.
Puede dejar de tomar esas píldoras **con tal de que se sienta** mejor.

Práctica

13–17. ¡Ánimo, chicos! Sé optimista y dale ánimo a tus amigos/as. Completa las siguientes frases para reaccionar a los comentarios de tus amigos. Usa el presente del subjuntivo. No te olvides de usar los pronombres cuando sea necesario.

Students are to use the verb in bold in their responses.

Ejemplo:
Dicen que mañana nos van a **devolver** las pruebas.
Espero que nos **las devuelvan**.

1. Parece que voy a **conseguir** el puesto de enfermero.	¡Qué bueno! Espero que…
2. El entrenador se enoja porque no **dormimos** bastante.	Es una pena que nunca…
3. Vamos a vacunarnos (*to get innoculated*) para **protegernos** contra la gripe.	Me alegro de que…
4. Si juegas fútbol americano, vas a **quebrarte** un hueso.	No creo que los futbolistas siempre…
5. No **sé** cómo quitarme esta tos.	¡Qué mala suerte! Aquí no hay nadie que…
6. Debo **pagarle** al dentista este mes.	Ojalá que…
7. Mi padre no quiere **cuidarse** ni **dejar de** fumar.	Espero que…
8. Ya me empezó a **doler** el tobillo.	Ojalá que mañana no…
9. Es difícil **almorzar** bien.	Espero que hoy…
10. Dicen que mi mamá no **vuelve** del hospital hoy.	¡Qué lástima! Siento que…

Answers: 1. ...que lo consigas. 2. ...durmamos/duerman bastante. 3. ...se protejan contra la gripe. 4. ...se quiebren los huesos. 5. ...que sepa cómo quitarte esta tos/ quitarse la tos. 6. ...le pagues este mes. 7. ...se cuide y deje de fumar. 8. ...te duela. 9. ...almuerces bien. 10. ...no vuelva del hospital hoy.

13–18. ¿Mitos o realidad? Lean las siguientes ideas y las del artículo acerca de la salud. Expresen su duda acerca de aquéllas que no les parezcan correctas. Si es posible, expliquen por qué están o no están de acuerdo.

Niños cambian flores por cigarros en Día Mundial sin Tabaco

Tegucigalpa

En la celebración del "Día Mundial sin Tabaco", varios niños ofrecieron ayer flores y confites* por cigarros, con el propósito de formar conciencia de no fumar, pues perjudica la salud.

Bajo el lema "Enciende la vida apagando un cigarillo. Toma una flor en señal de amor a la vida", los niños, tras dar la flor o el confite y recibir el cigarro, destruían éste con sus zapatos.

Según la Comisión Nacional de Control del Tabaquismo, unos 1.100 milliones de personas fuman en el mundo y 800 millones se encuentran en América Latina.

IOR

Ejemplo:
Las preferencias alimenticias **se heredan**.
No creemos que se hereden porque a mis padres (no) les gusta(n)... y a mi, no (sí).
Sí, creemos que se heredan porque a mis padres (no) les gusta(n)... y a mi, también (tampoco).

1. El alcoholismo, el tabaquismo y la drogadicción se heredan.
2. Los gemelos tienden a demostrar las mismas preferencias.
3. Si cenas muy tarde, roncas (*snore*) toda la noche.
4. El caldo de ave alivia los síntomas del resfrío común.
5. Tomar leche protege los huesos contra las fracturas.
6. El alcohol puede disminuir las células del cerebro.
7. El SIDA se transmite por los besos.
8. La música a todo volumen puede destruir los oídos.
9. Una mente sana contribuye a un cuerpo sano.

*__Confites:__ dulces

13-19. Sueños. Completa las siguientes frases para describir el amor de tus sueños. Usa un verbo diferente en cada frase.

> *Ejemplo:*
> **Ojalá que** sea una persona divertida **para que** los dos **nos riamos** mucho.

1. Ojalá que... para que no...
2. Busco una persona que... con tal de que...
3. Prefiero que... y que no... a menos que...
4. No hay nadie que... pero me alegro de que...
5. Es posible que...
6. Dudo que...

13-20. La hora de la verdad. Da lo bueno y lo malo de dos cosas de tu vida. Para cada evento, di qué sientes y de qué estás contento/a.

> *Ejemplo:*
> Mis padres están divorciados. **Siento que se hayan divorciado.**
> En cambio, **me alegro de que** mi papá me **visite** todas las semanas.

13-21. ¿Verdad o mentira? Escribe cuatro frases, dos sobre tu rutina o tus pasatiempos diarios (una verdadera y una falsa) y dos sobre cosas que te hayan pasado (una verdadera y una falsa). Léele tus frases a la clase; tus compañeros/as van a darte su opinión como en el ejemplo. Puedes usar las sugerencias siguientes.

> *Ejemplo:*
> correr una milla todos los días después de desayunar
> Tú: Corrí una milla esta mañana. **Corro** una milla todos los días después de desayunar.
> Clase: **Dudamos que hayas corrido una milla... Es posible que corras** una milla todos los días pero no después de desayunar. **Qué bueno que corras** una milla..., pero **es mejor que corras** antes de desayunar.

Sugerencias
pasar cinco años en la cárcel (*jail*)
ir a la escuela en pijama
comprar una copia del examen de español
bailar con Jennifer Lopéz/ Ricky Martin en una discoteca
ganar un millón de dólares en la lotería
darle al/a la profesor/a cien dólares por una buena nota

13–22. ¡Pobrecito/a! Tu mejor amigo/a está bastante enfermo/a. Ofrécele algunos consejos sobre qué hacer o advina qué le causó su enfermedad. Usa las expresiones indicadas en cada caso.

> *Ejemplo:*
> tener un resfrío
> Tu compañero/a: Tengo un resfrío.
> Tú: **Siento que tengas** un resfrío. **Es posible que no te hayas cuidado bien/ necesites** tomar más vitamina C. **Ojalá que te sientas** mejor mañana.

1. dolerle la cabeza/ Siento que… Es importante que… y que no…
2. sufrir laringitis/ Es posible que… Espero que… para que…
3. tener ronchas en la cara/ Es posible que… Le aconsejo que…
4. tener fiebre/ No creo que… a menos que…
5. quemarle el sol/ Es posible que… Insisto en que… para que…
6. picarle los mosquitos/ Es posible que… con tal de que…
7. doblarse la muñeca/ Lástima que… Espero que… y que no…
8. tener la nariz tapada/ No hay nada que… a menos que… Pero dudo que…

Possible answers: 1. Los profesores explican bien la lección para que los estudiantes la entiendan. 2. Los actores nos entretienen a nosotros para que nos divirtamos/ nos riamos. 3. Los padres les envían dinero a sus hijos para que paguen la matrícula/ las cuentas. 4. Los adultos regañan a los niños para que se sean buenos. 5. El médico/ enfermero le pone una inyección al paciente para que no se enferme/ se mejore. 6. Los médicos nos recomiendan que no fumemos para que no nos destruyamos los pulmones.

13–23. ¿Para qué? Decidan quién hace lo siguiente y para qué.

> *Ejemplo:*
> **recetar un jarabe**
> El médico receta un jarabe **para que** el paciente **no sufra tos**.

1. explicar bien la lección
2. entretener con películas
3. enviar dinero
4. regañar a los niños
5. poner una inyección
6. recomendar no fumar

13–24. Ya me decidí. Hay ciertas cosas que no son tan negativas como parecen. Completa con algunas condiciones las siguientes frases; usa **con tal de que…** o **a menos que…**

> *Ejemplo:*
> Los deportes como el fútbol americano son buenos para los niños **con tal de que** sepan protegerse para no lastimarse (**a menos que** se quiebren un hombro).

1. A nadie le gusta que le pongan inyecciones…
2. Es posible curar algunos tipos de cáncer…
3. El estudio de la genética va a durar muchísimos años…
4. Van a desaparecer de la tierra muchas plantas curativas…
5. Se pueden donar órganos para muchos enfermos que los necesitan con urgencia…
6. Hay muchas productos bajos en grasas y calorías que ayudan a mantener el peso…

Para expresar propósito, causa, destinación y motivo: Las preposiciones por y para

The prepositions **por** and **para** are often translated as *for*. However, they convey different meanings in Spanish. Study the following chart to find out the most frequent meanings and uses of **por** and **para**.

Use **por** to indicate:

- **Cause, reason, or motive:** *because of, on behalf of*
  Por no ir al médico, Carmen se enfermó más.
  Fui a la farmacia **por** ella.

- **Duration of time:** *for, in, during*
  Tome estas píldoras **por** una semana.
  Tómelas **por** la mañana y **por** la noche.

- **Price, rate, or exchange:** *for, per*
  Me compré una computadora **por** 800 dólares.
  Te cambio este libro **por** ése.
  Pagaron 10 pesos **por** persona.

- **Movement around a general area:** *around, along, down, through*
  No caminen **por** el parque.

Use **para** to indicate:

- **A deadline or specific time:** *for, by*
  Necesito estos documentos **para** el viernes.

- **Purpose or function of an object:** *to, in order to, for*
  Es un cuchillo **para** cortar carne.
  Compré este detergente **para** lavar la ropa.

- **Direction or destination:** *to, toward*
  El tren sale **para** Washington a las 10:00.

- **Recipient:** *for*
  Este bolso es **para** mi hermana.

(1) Students may find it helpful to envision these differences in terms of arrows:
↷ **por** = movement around, through
↔ **por** = exchange *and* closed time frame
← **por** = looking *back* to motive or cause of an action
→ **para** = looking *forward* to destination, deadline, intended purpose, or recipient
(2) Remind students that: (a) in many cases, the preposition to be used is *neither* **por** nor **para**. For example: **Voy a la farmacia a comprarme los medicamentos;** (b) the verbs **buscar, pedir,** and **esperar** *(to wait for)* are not followed by **por** or **para**, nor are expressions such as *"It is easy/difficult to . . ."*: **Es fácil/difícil curar el insomnio;** (c) whereas English may use the preposition "for" to indicate for whom something is done, Spanish may use the indirect object pronoun: **Le compré el jarabe a mi abuela.**

Práctica

13-25. ¡Qué día! Completa la historia de Marisa usando **por** o **para**.

Marisa salió rápido para la oficina a las 8:15. Por salir tan de prisa se olvidó el bolso en casa y tuvo que regresar para buscarlo. Cuando llegó a la oficina, ya eran las 9:30 y su jefe le dijo: "Tenemos que preparar estos documentos para mañana. Yo no puedo hacer este trabajo por usted." La pobre Marisa estaba tan estresada que salió de la oficina por unos minutos para calmarse y fumar un cigarrillo.

Luis, un compañero de trabajo, la vio y le dijo: "Creí que habías dejado de fumar. ¿No sabes que es malo para la salud? ¿Por qué no tiras el cigarrillo y te ayudo a terminar el proyecto?" "Gracias por el consejo, Luis. Tienes razón. Voy a tirar el cigarrillo y aceptar tu ayuda."

A/ Por la tarde, Marisa, ya había terminado el trabajo y se sentía más contenta. Entonces decidió ir al centro comercial a/ para comprar unos regalos. Mientras estaba en la tienda, compró una corbata para su novio y una billetera para Luis, el compañero que la ayudó. Pagó ochenta pesos por la corbata y la billetera. Cuando regresó a la oficina, su jefe ya estaba de buen humor y le dio las gracias por el buen trabajo que había hecho.

Después del trabajo, Marisa salió para la casa de su novio. Al llegar, le dio la corbata y él le dijo: "Gracias por la corbata, mi amor. ¡Es preciosa! Y ahora tengo una sorpresa para ti." Y le dio un anillo de compromiso. Por la noche, los dos salieron para un restaurante elegante y donde celebraron su compromiso. Después de todo, el día no terminó tan mal, ¿verdad?

13-26. Planes de viaje. Hagan planes para ir de viaje a un país hispano. Empleen los usos de **por** y **para** y las sugerencias correspondientes de abajo para formular su plan.

Ejemplo:

Planeamos ir **para** Argentina y dar un paseo **por** la provincia de Buenos Aires **para** visitar una estancia y montar a caballo. Tenemos pasajes **para** el 31 de enero. Vamos a quedarnos allí **por** unas dos semanas y pensamos volver para el 15 de febrero. Los pasajes cuestan 950 dólares **por** persona. Una vez allí, vamos a comprar recuerdos típicos del país **para** nuestros amigos y familiares.

destino	para dónde van a ir, por dónde van a ir
propósito	para qué van
horario	cuándo van a salir para allí
duración	por cuánto tiempo van a estar allí; para qué fecha tienen que volver
precio	cuánto van a pagar por persona
destinatario	para quién/es van a comprar regalos

EN VOZ ALTA

A. Escucha la grabación de un programa de radio y completa lo siguiente:

Sí, claro. Esta semana vamos a hablar de __las necesidades calóricas de los chiquitos__, de los más pequeños.

Es necesario que ponga atención: __una dieta de bajas calorías__ con leche descremada, carne desgrasada y huevos sin yemas es excelente para los adultos, pero no para los niños pequeños. Los padres que deseen comer __alimentos con poca grasa__ pueden seguir esta dieta, pero los niños menores de dos años no la necesitan.

En realidad, __la reducción de grasas__ y colesterol en la dieta de los pequeños puede traerles problemas. Cuando los pequeños no reciben __suficiente colesterol__ en la alimentación, no pueden desarrollar ciertas células del cuerpo, especialmente las del __sistema nervioso__.

Si Ud. desea que su bebé crezca sanito y contento, no le reduzca las calorías que se encuentran en la grasa de la leche o de la carne, ni la cantidad de huevos que le da.

B. Ahora, escucha de nuevo la grabación y contesta **sí** o **no**.

sí	no	
☐	☑	Una dieta de bajas calorías es buena para todos.
☑	☐	La reducción de grasas es buena para los adultos.
☐	☑	El colesterol es peligroso para los niños.
☑	☐	La falta de colesterol puede causarles problemas a los bebés.
☑	☐	El colesterol y las grasas influyen mucho en el crecimiento.

C. Estos verbos se oyen en la grabación. Úsalos para completar las ideas que siguen.

1. Es necesario que (poner atención)...
2. Es importante que (comer alimentos)...
3. Queremos que los niños (seguir una dieta)...
4. Te recomiendo que (no reducir las calorías)...

Mi refranero. Aquí tienes un refrán relacionado con el tema de este capítulo. Léelo a ver si estás de acuerdo con lo que dice. Después, escúchalo otra vez y repítelo, tratando de imitar la pronunciación.

Lo que remedio no tiene, olvidarlo es lo que se debe.

Aquí tienes dos refranes muy populares. ¿Puedes adivinar qué significan? Escúchalos y repítelos, tratando de imitar la pronunciación.

Cabeza grande y gran cabeza son dos cosas muy diversas.
De médico, poeta y loco, todos tenemos un poco.

The *En voz alta* audioscripts are recorded on the student tape or CD that accompanies each textbook.

Audioscript:

PHIL VILLALOBOS: ¿Menos colesterol para los niños también?

Sí, claro. Esta semana vamos a hablar de las necesidades calóricas de los chiquitos, de los más pequeños.

Es necesario que ponga atención: una dieta de bajas calorías con leche descremada, carne desgrasada y huevos sin yemas es excelente para los adultos, pero no para los niños pequeños.

Los padres que deseen comer alimentos con poca grasa pueden seguir esta dieta, pero los niños menores de dos años no la necesitan.

En realidad, la reducción de grasas y colesterol en la dieta de los pequeños puede traerles problemas. Cuando los pequeños no reciben suficiente colesterol en la alimentación, no pueden desarrollar ciertas células del cuerpo, especialmente las del sistema nervioso.

Si Ud. desea que su bebé crezca sanito y contento, no le reduzca las calorías que se encuentran en la grasa de la leche o de la carne, ni la cantidad de huevos que le da.

Desde el Departamento de Agricultura en Washington, D.C., les informó Phil Villalobos.

No gracias, tengo que manejar

La vida moderna trae no sólo malestares nuevos, sino problemas mucho más graves. Lee el siguiente poema a ver de qué tema se trata. ¿Qué reacción te produce? ¿Conoces algún incidente similar que haya ocurrido donde vives tú? El primer verso y el último repiten lo mismo: "ojos de idiota perdido". ¿En qué sentido se emplean las palabras en estos dos casos?

Luego, lee el párrafo para saber del reglamento de una ciudad hispana que trata de reducir el número de conductores ebrios. Según esta ley, ¿cuántos vasos de alcohol se te permiten a ti? ¿Cómo castigan a los que no obedezcan la ley? En tu opinión, ¿qué más puede hacerse para reducir el número de accidentes causados por el alcohol? Haz una lista de cinco recomendaciones.

El loco del volante
Miguel Castell Esteban

Con ojos de idiota perdido
por el vacío°, el sonido y las caderas,
salió de la discoteca
imbécil de whisky, de cola y de ginebra°.
. . .
De un portazo se sentó al bólido°
y con ojos ausentes de beodo°
se agarrotó en el diminuto volante°
. . .
. . .ciento veinte ciento ochenta
y luego doscientos cuarenta.
Aullaban los ocho cilindros
reventando° pistones, sus juntas, válvulas
mientras los pobres lentos coches
horrorizados quedaban atrás clavados
. . .
recto enfiló° el volante
a su encuentro maldito
a ciento veinte por hora.
Y en el quebrado farol°
quedó allí, empotrado°,
entre hierros, humo y chatarra°;
abierta la boca, con hilo sangrante,
fijo y quieto al mirar,
preso° en la nada, en el olvido,
imbécil de whisky, de cola y de ginebra,
y con ojos de idiota perdido.

Have students find out how fast the driver was going in **kilómetros**.

De: Miguel Castell Esteban, "El loco del volante", *Poemas de la autopista* (Barcelona: Joan Busquets), 29.

CONCENTRACION DE ALCOHOL

Peso versus gramos de alcohol en la sangre.

KILOS	VASOS 1	VASOS 2	VASOS 3	VASOS 4	VASOS 5
45	0,4	0,8	0,11	0,15	0,23
56	0,3	0,6	0,9	0,12	0,15
68	0,3	0,5	0,8	0,10	0,13
79	0,2	0,4	0,6	0,9	0,11
91	0,2	0,4	0,6	0,8	0,9
102	0,2	0,3	0,5	0,7	0,8
113	0,2	0,3	0,5	0,6	0,8
125	0,1	0,3	0,4	0,5	0,7
136	0,1	0,3	0,4	0,5	0,6

ELIMINACION DE ALCOHOL

Horas necesarias para que la concentración de alcohol baje a un nivel inferior a 0,2.

VASOS KILOS	1 HORAS	2 HORAS	3 HORAS	4 HORAS	5 HORAS
45	3	6	7	9	10
56	2	5	6	8	9
68	1	4	6	7	8
79	0	3	5	6	7
91	0	3	4	6	6
102	0	2	4	5	6
113	0	2	3	5	6
125	0	1	3	4	5
136	0	1	3	4	5

Nota: Las cantidades que aparecen en los cuadros son aproximadas y pueden variar por diferentes causas como: estado de salud, sexo y consumo de alimentos.

Un vaso de bebida alcohólica es equivalente a: 45 cc de licor fuerte (whisky, vodka, etc.), 360 cc de cerveza y 150 cc de vino.

Palabras útiles

el vacío *emptiness*
la ginebra *gin*
el bólido auto deportivo
el beodo uno que ha bebido demasiado
el volante *steering wheel*
reventando *bursting*
enfiló dirigió
el farol *street light*
empotrado *wrapped*
la chatarra *scrap metal*
preso *imprisoned*

En las grandes ciudades de Latinoamérica se están implementando campañas para evitar la mezcla mortal de alcohol y gasolina. En Santiago de Chile, por ejemplo, se ha instalado en los pubs y bares el *Alcotest*, un aparato que sirve para medir la presencia de alcohol en el aliento del cliente, fijando el límite máximo permitido en 0,49 gramos. Allí, un conductor que sea sorprendido manejando ebrio puede pasar en la cárcel entre 61 y 541 días, según la gravedad de la infracción. Según recientes estadísticas, todavía no se ha producido una baja significativa en el consumo de alcohol en esta ciudad; sin embargo, se ha hecho más común el que una persona del grupo tome un jugo, con el comentario resignado de "tengo que manejar".

SÍNTESIS

Para leer

A. Para orientarte. El siguiente episodio es de la novela *Como agua para chocolate*, de la escritora mexicana Laura Esquivel. La narradora es Tita, la protagonista de la obra. La familia de Tita, preocupada porque ella dejó de hablar, ha llamado a John Brown, un médico estadounidense. Este médico se lleva a Tita a su casa donde están su consultorio y su laboratorio. Lee el primer párrafo y contesta las siguientes preguntas para resumir la historia de John.

Answers: 1. Norteamericana y kikapú. 2. Porque eran de distintas culturas, ellos eran norteamericanos y ella era indígena. 3. Le hizo construir un cuarto al fondo de la casa. 4. Investigar las propiedades curativas de las plantas. 5. Era motivo de orgullo.

1. ¿Qué culturas representaban los abuelos de John Brown?
2. ¿Por qué no se llevaba bien la familia del abuelo con su esposa?
3. ¿Qué hizo el abuelo para satisfacer a su esposa?
4. ¿Qué le interesaba más a la abuela?
5. ¿Qué actitud tenía la abuela hacia su propia cultura?

Como agua para chocolate (fragmento)

Palabras útiles
raptado *kidnapped*
netamente totalmente

I. La afición por experimentar la heredó de su abuela, una india kikapú a la que su abuelo había raptado° y llevado a vivir con él lejos de la tribu. La orgullosa y netamente° norteamericana familia del abuelo nunca la aceptó fácilmente como su esposa. El abuelo le había construido un cuarto al fondo de la casa, donde la abuela podía pasar la mayor parte del día dedicándose a la actividad que más le interesaba: investigar las propiedades curativas de las plantas. Para los Brown, la palabra "kikapú" encerraba lo más desagradable de este mundo. Para ella, significaba todo lo contrario y era un motivo de enorme orgullo.

B. Lee un poquito más. En la historia de John, ya sabemos que los bisabuelos no quisieron aceptar a la esposa india de su abuelo. ¿Por qué? Los párrafos dos y tres son muy importantes, ya que nos dan información sobre las actitudes que separaban las dos culturas. Lee estos dos párrafos y completa el siguiente resumen.

De: Laura Esquivel, *Como agua para chocolate* (New York: Doubleday, 1993), 106-108.

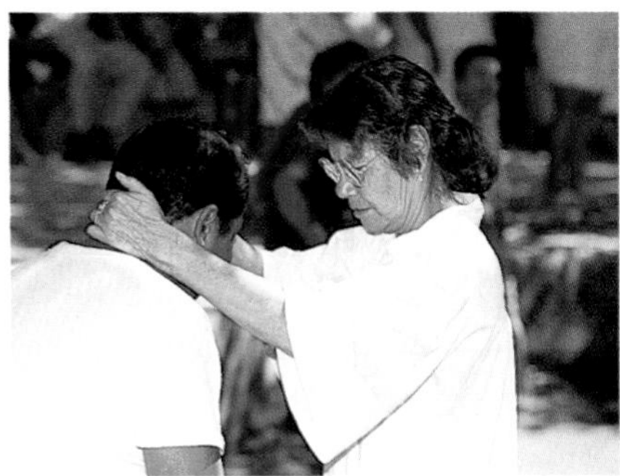

1. La bisabuela de John se llamaba... y el bisabuelo se llamaba...
2. Un día, el bisabuelo se puso muy enfermo. Tenía... y los síntomas eran...
3. Su esposa se creía muy capaz de curarlo porque ella era...
4. El método que ella iba a usar era... y por eso tuvo que aplicarle a su esposo...
5. La bisabuela se creía muy superior a su nuera (*daughter-in-law*) porque...

Answers: 1. La bisabuela de John se llamaba Mary y el bisabuelo se llamaba Peter. 2. Un día, el bisabuelo se puso muy enfermo. Tenía una enfermedad de los bronquios y los síntomas eran acceso de tos y falta de aire, se ponía morado. 3. Su esposa se creía muy capaz de curarlo porque ella era hija de un médico. 4. El método que iba a usar era hacerle una sangría y por eso tenía que aplicarle sanguijuelas en el brazo a su esposo. 5. La bisabuela se creía muy superior a su nuera porque era norteamericana y se creía moderna y al tanto de los mejores conocimientos científicos.

II. Este era sólo un pequeño ejemplo de la gran diferencia de opiniones y conceptos que existían entre estos representantes de dos culturas tan diferentes. Tuvieron que pasar años antes de que los Brown se adentraran° un poco en la cultura de "la kikapú". Fue cuando el bisabuelo de John, Peter, estuvo muy enfermo de los bronquios. Los accesos de tos lo hacían ponerse morado constantemente. El aire no le entraba libremente a sus pulmones. Su esposa, Mary, hija de un médico, sabía que en estos casos el organismo del enfermo producía cantidad de glóbulos° rojos; para contrarrestar esto, era recomendable hacerle una sangría° a Peter, para que el exceso de glóbulos no le produjera° un infarto.

III. Mary entonces empezó a preparar las sanguijuelas° con las que le haría la sangría a su esposo. Mientras lo hacía, se sentía de lo más orgullosa de estar al tanto° de los mejores conocimientos científicos, que le permitían cuidar la salud de su familia de una manera moderna y adecuada, ¡no con hierbas como "la kikapú"!

Palabras útiles

antes de que se adentraran antes de entender
los glóbulos *blood cells*
la sangría dejar salir la sangre
produjera del verbo producir
las sanguijuelas *leeches*
estar al tanto saber

C. Una receta de la ciencia moderna. Lee el cuarto párrafo, que presenta instrucciones para curar la enfermedad del bisabuelo y resume las instrucciones usando órdenes formales. ¿Te parece muy "moderno" este remedio?

Ejemplo:
Ponga las sanguijuelas dentro de un vaso...

Answers: Ponga las sanguijuelas dentro de un vaso con medio dedo de agua por espacio de una hora. Lave con agua azucarada la parte del cuerpo donde las va a aplicar. Luego retírelas y....

Palabras útiles

heridas *wounds*
cataplasmas compresas

IV. Las sanguijuelas se ponen dentro de un vaso con medio dedo de agua, por espacio de una hora. La parte del cuerpo donde se van a aplicar se lava con agua tibia azucarada. Mary hizo todo esto al pie de la letra, pero cuando retiró las sanguijuelas del brazo de Peter, éste se empezó a desangrar y no podía contenerle la hemorragia. Cuando "la kikapú" escuchó los gritos de desesperación provenientes de la casa corrió a ver qué era lo que pasaba. Al momento se acercó al enfermo y, al poner una de sus manos sobre las heridas°, logró de inmediato contener el sangrado.... Se pasó toda la tarde al lado de su suegro, cantándole melodías extrañas y poniéndole cataplasmas° de hierbas. Muy entrada la noche abrió la puerta de la recámara y salió rodeada de nubes de incienso. Tras ella, Peter hizo su aparición, completamente restablecido.

Answers: 1. No. Peter se empezó a desangrar. 2. No. Mary empezó a dar gritos de desesperación y la kikapú fue a ayudarla. 3. Sí. Quiso y pudo contener la hemorragia. 4. Sí. 5. No. Ese día "la kikapú" curó a su suegro y la familia y la comunidad empezaron a aceptarla.

D. ¿Qué pasó? Ahora, lee el resto de la narración a ver qué pasó. Responde **sí** o **no** a las siguientes frases. Si contestas **no**, corrige la frase.

1. Cuando Mary le quitó las sanguijuelas todo salió perfectamente bien.
2. Mary se sentía orgullosa e invitó a "la kikapú" a ver lo que acababa de hacer.
3. "La kikapú" quiso contener la sangre.
4. Las hierbas de "la kikapú" dieron buenos resultados.
5. Ese día "la kikapú" se fue de la ciudad, sintiéndose triste y desgraciada.

V. A partir de ese día, "la kikapú" se convirtió en el médico de la familia y fue plenamente reconocida como curandera milagrosa entre la comunidad norteamericana.

E. Piensa un poco. Esta lectura evoca muchas preguntas. Traten de contestar las siguientes preguntas.

1. ¿Es posible que la "ciencia moderna" de hoy no sea nada más que "la sangría" de un tiempo futuro? Expliquen.
2. ¿Creen que muchas veces llamamos "magia" a lo que no entendemos? Si la ciencia moderna nos puede explicar algo, ¿deja de ser "magia"?
3. Mientras más fuertes sean las presiones de la modernización, más peligro hay de que la valiosa información de los viejos curanderos se pierda para siempre. ¿Qué papel tienen los jóvenes en la conservación de estas tradiciones? ¿Qué conflictos se les presentan a estos jóvenes hoy?

Para escribir

En el consultorio

Esta sección te va a ayudar a explorar la variedad en la elección de palabras y a usar tu propia experiencia e imaginación para producir un diálogo vivaz e interesante.

A. Imaginar y anotar. Probablemente ya conoces algunos de los tipos de pacientes y doctores que se listan en las columnas siguientes. Escoge una palabra de cada grupo e imagina una conversación entre los dos. Haz un esquema (*outline*) de tu conversación pensando en lo que vas a escribir en las siguientes áreas:

- una descripción detallada de los síntomas, usando preposiciones de lugar
  Me duele aquí atrás a la izquierda, debajo de la cintura.
- respuestas a los síntomas y consejos (Usa el imperativo y preposiciones.)
  Póngase hielo detrás de la rodilla y no doble el pie hacia atrás.

PERSONAL MÉDICO
el/ la charlatán (*quack*)
el/ la billete largo (*money-hungry*)
el/ la misterioso/a
el/ la metetentodo (*nosy*)
el/ la sufrocontigo

ENFERMO/A
el/ la cascarrabias (*short-tempered*)
el/ la hipocondríaco/a
el/ la despreocupado/a (*carefree*)
el/ la miedoso/a (*worrywart*)
el/ la fatalista

B. Redactar. Usa tu esquema para desarrollar un intercambio de 12 líneas entre los dos personajes que has escogido. Asegúrate de reflejar las personalidades de estos personajes e incluye al menos tres verbos diferentes en el *presente del subjuntivo*.

Ejemplo:
—Pero, ¿por qué tengo que hacerle otra visita si me siento perfectamente bien? —dijo la **despreocupada**.
—Entiéndame, señora. Me importa mucho su salud y si no me visita Ud. una vez a la semana, es posible que se empeore —dijo el **billete largo**.

C. Expandir para evocar imágenes. Lee tu diálogo para ver si puedes hacerlo más vivaz explicando más el **tono** y los **gestos** de cada personaje. En el ejemplo, la palabra **dijo** se puede sustituir con otras palabras o expresiones que evoquen las segundas intenciones de este doctor. Fíjate cómo los cambios siguientes dan más información sobre el personaje del doctor y sus motivos.

...es posible que su enfermedad se ponga peor —**amenazó** el **billete largo** mientras **se frotaba** las manos.

Fíjate cómo los verbos siguientes dan más información y evocan imágenes diferentes.

con una voz azucarada/ de desesperación...

gritar	**suspirar** (*to sigh*)	**llorar**
persuadir	**explotar**	**susurrar** (*to whisper*)
amenazar (*to threaten*)	**estallar** (*to explode*)	**lloriquear** (*to whine*)

D. Corregir. Vuelve a leer el diálogo acabado para comprobar los siguientes elementos.

1. **Concordancia de sustantivos y adjetivos.** Busca en cada línea los adjetivos y pon un círculo alrededor de cada uno que encuentres. Pon el símbolo ✓ **c** en la parte inferior de la hoja para indicar qué has mirado y corregido la concordancia de cada uno.

2. **Formas en pretérito.** Comprueba todos los verbos en pretérito que hayas usado. ¿Estás seguro/a de que has usado la forma correcta? Pon atención especial a los verbos **-ir** que puedan tener cambios radicales (**pedir, reír, sentirse**). Cuando hayas confirmado que los verbos están bien, pon una ✓ **v** en la parte inferior de la hoja.

3. **Subjuntivos.** Finalmente, comprueba el uso de los verbos en presente del subjuntivo. ¿Estás seguro/a de haberlos usado cuando **y sólo cuando** la frase los requiere? ¿Has usado la forma correcta? Si es así, pon una ✓ **s** en la parte inferior de la hoja. **¡Felicitaciones!**

Vocabulario

Sustantivos

la abeja bee
la alergia allergy
el antiácido antacid
el antibiótico antibiotic
el antihistamínico antihistamine
el ataque cardíaco heart attack
el cáncer cancer
la cortadura cut
los cosméticos cosmetics
la crema crema
la cura cure
la curita bandaid
la droga medicine, drug
los escalofríos chills
la fiebre fever
la fractura fracture
la garganta throat
la gripe flu
las hierbas herbs
el hipo hiccups
el humo smoke
el jabón soap
el jarabe (*cough*) syrup
la lastimadura bruise, cut, scrape
el medicamento drug, remedy
las náuseas nausea
el perfume perfume
la picadura (*insect*) bite
la píldora pill
el polen polen
el polvo (*house*) dust
la quemadura burn
el resfrío cold
la roncha skin rash or eruption
el SIDA AIDS
el síntoma symptom
la tos cough
la vacuna vaccination
la venda bandage
el yeso plaster (*cast*)

Adjetivos

alérgico/a allergic
cierto/a certain
grave serious (*condition*)
hinchado/a swollen
tapado/a congested, stuffed up

Verbos

arder to burn
cortarse to cut oneself
doblarse to twist, to turn
estornudar to sneeze
lastimarse to hurt, to bruise, to cut oneself
mejorarse to get better
picar to itch
poner una inyección to give a shot/injection
protegerse to protect oneself
quebrarse (ie) un hueso to break a bone
recetar to prescribe
sufrir to suffer, to hurt
tener cuidado (de) to be careful (*to*)

Otras expresiones

a menos que unless
con tal de que provided that
dudo que I doubt that . . .
es increíble que it's incredible that
es una lástima/ pena que it's a pity that
me alegro de que I'm happy that
ojalá que I hope that
para que so that, in order that
¡Qué lástima! What a pity!
siento que I am sorry that

CAPÍTULO

14

Ciudades de ahora y de siempre

ÍNDICE

Las grandes ciudades

Mira estas fotos de la ciudad más grande del mundo hispano, México, D.F. (el Distrito Federal). ¿Cómo se describe? ¿Qué hay en esta ciudad?

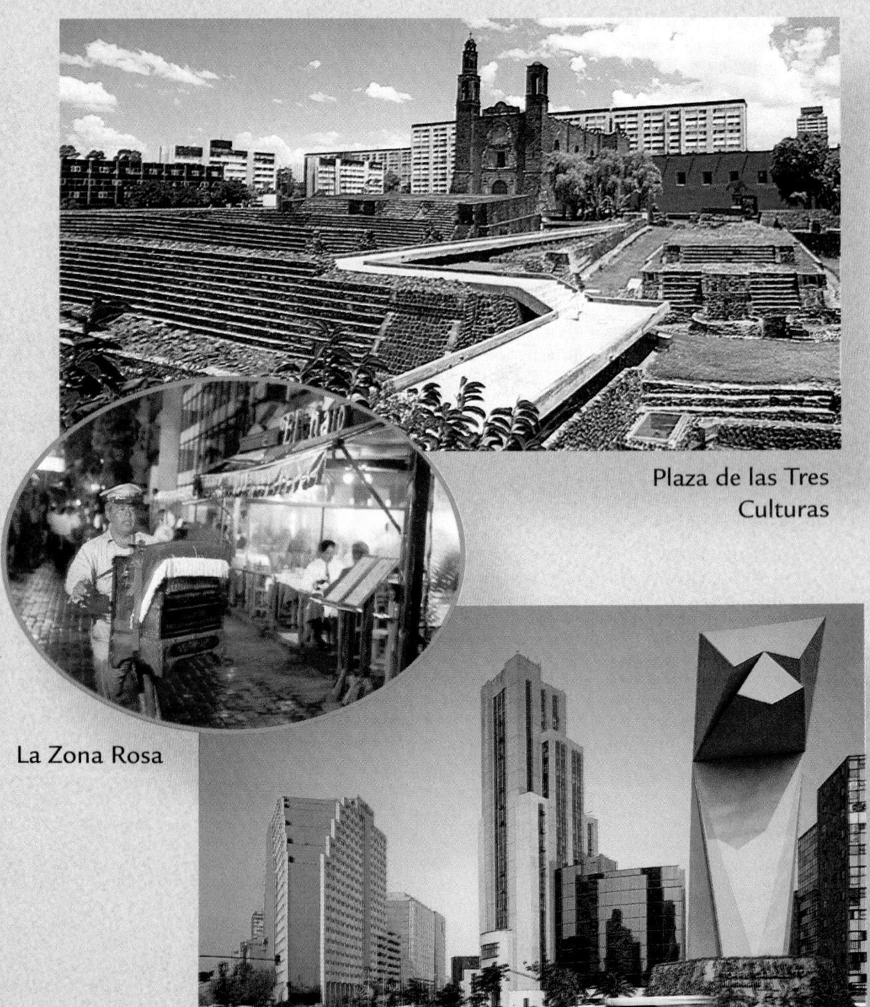

Plaza de las Tres Culturas

La Zona Rosa

El Paseo de la Reforma

El Museo de Antropología

La Universidad
Autónoma de México

El Centro Bursátil

¿Qué prefieres tú, la ciudad o el campo? ¿Por qué? ¿Dónde vive tu familia, en una ciudad grande, en las afueras de la ciudad, en un pueblo pequeño o en el campo? Piensa en tu ciudad o en una ciudad que esté cerca de donde vives. ¿Qué cosas se encuentran allí? En tu opinión, ¿qué debe haber en esta ciudad?

En mi ciudad hay… Me parece que debe haber más (menos)…

1. rascacielos o edificios muy altos
2. edificios antiguos
3. transporte público
4. plazas donde se congrega la gente
5. parques y espacios verdes
6. monumentos y sitios históricos
7. muchas obras en construcción
8. museos y teatros
9. hoteles y hospitales
10. mucho tráfico

Conversación

14–1. El sol español. Aunque las ciudades grandes ofrecen un sinfín de oportunidades como empleo, educación y diversión, no faltan las molestias y las incomodidades. En el ensayo siguiente, una escritora española describe la ciudad de Madrid en verano. Léelo rápidamente, usando tus conocimientos de inglés y de español para facilitar tu comprensión. Luego di cuáles de estas imágenes también representan tu ciudad en verano.

Plaza de la Cibeles, Madrid

Palabras útiles

el territorio nacional España
arrastran *drag*
derretirse *to melt*
se arriesguen *take the risk*
los semáforos *luces que* dirigen el tráfico
el reto *challenge*
soler *to usually*
No es de extrañar No es una sorpresa
largarse irse, escaparse

Answers: 1. ... largarse de la ciudad cuanto antes. 2. ...deben seguir vistiendo con traje y corbata, zapatos y calcetines. 3. ...se recalientan sin remedio bajo el implacable sol. 4. ...deben abrigarse la garganta y los pies. 5. ...neutraliza el efecto refrescante que suele tener la parte de atrás de las casas. 6. ...los aeropuertos, las estaciones y las salidas por carretera están bloqueados y sobrecargados permanentemente.

Verano, verano

Carmen Rico-Godoy

El verano se abalanza sobre todo el territorio nacional° con furia destructora. Hace apenas mes y medio todavía nevaba y helaba en muchos puntos. Y de repente la naturaleza se vuelve loca y el infierno se instala, sobre todo, en las grandes ciudades.

Las grandes ciudades se convierten en hornos crematorios. Los turistas incrédulos arrastran° sus almas y sus pies hacia museos o iglesias por el asfalto que se va derritiendo° bajo sus pies. Ellos, al menos, pueden ir con el mínimo de ropa, aunque se arriesguen° en los semáforos° a sufrir quemaduras de tercer grado. Los nacionales, en cambio, deben seguir vistiendo con traje y corbata, zapatos y calcetines. Muchos automovilistas sienten no haber comprado el coche con aire acondicionado como les aconsejó en el mes de marzo el vendedor. El transporte colectivo también se vuelve insufrible en esta época. A ninguno de los taxistas madrileños se le ha olvidado poner la prohibición de fumar, pero son pocos los que tienen aire acondicionado.

En las oficinas es peor. Los inmensos edificios modernos, ideados por geniales arquitectos que pusieron paredes de cristal por todas partes, se recalientan sin remedio bajo el implacable sol. El aire acondicionado hay que ponerlo al máximo, echando tanto frío que es necesario abrigarse la garganta y los pies. Tras ocho horas allí dentro, la salida a la calle es un reto° para el organismo humano. En las oficinas antiguas, sólo hay aire acondicionado en la zona noble, es decir, en los despachos de los jefes que suelen° dar a la calle. En las zonas del interior de estos edificios, como no hay luz natural, la luz artificial neutraliza el efecto refrescante que suele tener la parte de atrás de las casas.

No es de extrañar° que los ciudadanos quieran largarse° de la ciudad cuanto antes y adonde sea. Los aeropuertos, las estaciones y las salidas por carretera están bloqueados y sobrecargados permanentemente. Los niños se deshidratan, los animales domésticos se ponen en estado de precoma y los cerebros se licúan. Uno piensa que el ritmo de actividad europeo es incompatible con los veranos españoles. Este verano va a ser fino y no ha hecho más que empezar.

De: Carmen Rico-Godoy, "Verano, verano". *Cambio 16*, No, 1.024 (8/7/91), 114.

14–2. La ironía de la ciudad. Lee el ensayo otra vez y luego completa las siguientes frases para expresar la ironía que evoca la ensayista.

1. Los turistas vienen a la ciudad, pero los ciudadanos madrileños quieren...
2. Los turistas pueden vestirse cómodos, pero los habitantes de Madrid...
3. Los edificios de cristal parecen muy modernos, pero con tanto vidrio...
4. Los edificios modernos tienen aire acondicionado, pero los empleados...
5. Dentro de los edificios antiguos hace más fresco, pero la luz artificial...
6. Los madrileños quieren irse de la ciudad, pero la salida es difícil porque...

14–3. Exageraciones. La ensayista emplea la exageración para evocarle imágenes fuertes al lector. Busca y copia las palabras o frases que ella usa para describir lo siguiente.

Ejemplo:
la intensidad del calor en la ciudad ⟶ **"el infierno se instala"**

1. el cansancio que produce el calor
2. lo que le pasa a la gente que se detiene un momento
3. el efecto del aire acondicionado
4. lo que les pasa a los niños
5. lo que les pasa a los animales domésticos

Answers: 1. "los cerebros se licúan" 2. "se arriesgan a sufrir quemaduras de tercer grado" 3. "es necesario abrigarse" 4. "se deshidratan" 5. "se ponen en estado de precoma"

14–4. En los Estados Unidos. La misma ensayista también ha descrito la ciudad estadounidense de Los Ángeles. Lee lo siguiente y di si estas observaciones se aplican también a tu ciudad y a las ciudades estadounidenses en general.

> Creo que el primer lugar del mundo donde tendrá lugar una mutación del ser humano será en Los Ángeles. Allí el coche forma ya parte del cuerpo humano, porque es una prolongación necesaria. La gente de Los Ángeles va en coche o corriendo. Nadie camina por la calle, sino los extranjeros. Cuando salen a la calle sin el coche es para hacer *jogging*. Los taxis son inexistentes y los autobuses públicos van de un extremo a otro, pero no hacen paradas intermedias. Es fascinante porque uno se puede sentir completamente idiota en una acera del bulevar Santa Mónica, a diez kilómetros del hotel, y saber que nunca podrá llegar a ese hotel más que con ayuda de la policía, o en ambulancia o haciéndose el muerto.*

IOR

*De: Carmen Rico-Godoy, "¿Qué pasa, USA?", *Cambio 16*, No. 828 (1991), 210.

14–5. Mi ciudad. Elijan uno de los siguientes títulos (u otro tema que les interese) y escriban un párrafo de exageraciones que describa alguna ciudad grande conocida.

Verano, verano	Por la noche	¡Qué gente!
Invierno, invierno	Tráfico atascado (*congested*)	Vistas, ruidos, aromas y olores

IMÁGENES Y PALABRAS

Actualmente, en mi ciudad hay...

Recycle previous vocabulary and integrate into new settings by having students contribute to a semantic map on the theme of **la ciudad**. Possible categories: **edificios, gente, actividades, tiendas y almacenes, oportunidades, problemas, diversiones.**

rascacielos

puentes

carreteras y autopistas para conectar el centro con las afueras

tráfico atascado

poco estacionamiento

paradas de taxi y autobús

También se ven...

fábricas que echan humo

calles anchas

conductores locos

muchos choques de autos

En cada cuadra se encuentran...

edificios de acero y cristal

obras de construcción

letreros y semáforos para dirigir el tráfico

Los ciudadanos pagamos impuestos para mantener...

al alcalde/a la alcaldesa

a los empleados de la municipalidad

los parques y zonas verdes

las cárceles

El gobierno puede aumentar los impuestos para...

disminuir la deuda pública

apoyar los servicios públicos

invertir* en el futuro

*invertir (ie)

En el próximo siglo creo que habrá...

más apoyo a las organizaciones caritativas

más hogares de ancianos

más guarderías infantiles

más transporte colectivo

más aceras para peatones

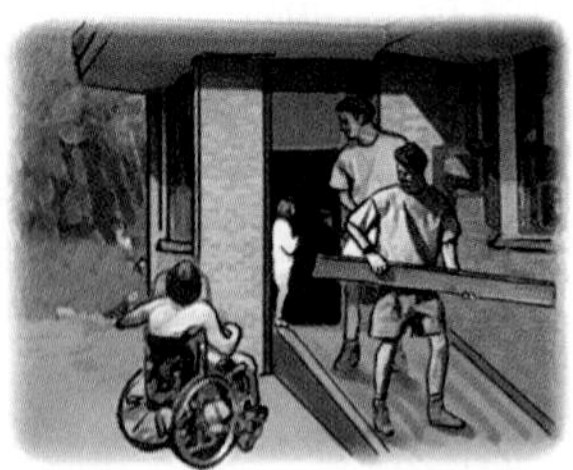

más instalaciones para los discapacitados

más sendas para bicicletas

más estaciones de metro

Creo que no habrá...

tantos empleados desamparados

tanta basura y contaminación

tanta delincuencia

tantas huelgas de trabajadores

tanto ruido de bocinas

tantas máquinas que no funcionan

Práctica

14–6. Análisis. Piensa en tu ciudad y di qué te gusta y qué no te gusta. Da una solución para cada problema que mencionas.

> *Ejemplo:*
> El tráfico de las cinco de la tarde es imposible.
> **Debe haber** más transporte colectivo y más aceras para los peatones.

14–7. Antes y ahora. ¿Qué cambios han ocurrido en este siglo en las ciudades grandes? Explica cómo han cambiado los siguientes aspectos de tu ciudad.

> *Ejemplo:*
> el transporte:
> **Antes no había** tanto tráfico atascado.
> **Ahora hay** choques de autos todos los días.

1. el transporte
2. el empleo
3. la contaminación
4. la delincuencia
5. los edificios
6. las calles y las carreteras
7. los servicios comunitarios
8. la población de la ciudad

14–8. Ventajas y desventajas. Piensa en cada una de las siguientes cosas y da una ventaja (lo bueno) y una desventaja (lo malo).

> *Ejemplo:*
> Lo bueno de los (las)... es que... Lo malo es que...

1. los rascacielos
2. los semáforos
3. los letreros
4. las guarderías
5. los espacios públicos
6. las fábricas
7. los hogares para ancianos
8. las autopistas
9. las obras en construcción
10. los parques

For Activity 14–9, encourage the use of both affirmative and negative commands. Other places: **un restaurante, la oficina del alcalde/ de la alcaldesa, la oficina de una organización caritativa, una casa particular, un autobús, un hospital, una escalera mecánica, una obra en construcción.**

14–9. Letreros. En la municipalidad están pintando letreros para la ciudad. Escribe un letrero de dos frases para cada uno de los siguientes lugares.

> *Ejemplo:*
> el parque
> No tire basura.

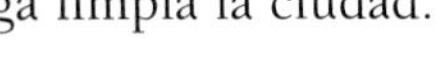
Mantenga limpia la ciudad.

1. estacionamiento
2. estación de metro
3. museo
4. semáforos o esquinas de la ciudad
5. autopista o carretera
6. jardines, plazas y zonas verdes
7. escuela o guardería infantil
8. acera

Sugerencias:
apoyar, correr, disminuir la velocidad, entrar, estacionar, evitar, fumar, mantener, parar *(to stop)*, poner, respetar, tirar, tocar, usar

14-10. Ciudades para su gente. Piensa en la gente de tu ciudad (empleados municipales, niños, alumnos universitarios, personas ancianas, discapacitados, profesionales, desamparados, los pobres, los ricos) y di qué necesita o quiere cada grupo y lo que esperas que pase.

Ejemplo:
Los niños y sus padres necesitan guarderías y calles seguras. Espero que más empresas les ofrezcan servicios de guardería a sus empleados. También es importante que la municipalidad disminuya la delincuencia en las calles.

14-11. En coche por la ciudad. No es fácil orientarse en una ciudad que uno no conoce bien. Por eso, el departamento de señalización coloca letreros en todas partes para guiar a los automovilistas. Para practicar un poco, lean los siguientes letreros y luego conviértanlos en órdenes. Sigan el ejemplo.

Answers: 1. No doble a la izquierda. 2. No siga derecho. 3. No estacione ni se detenga. 4. Ceda el paso. 5. Vaya a menos de 90 km. 6. No toque bocina. 7. Deténgase. 8. No cambie de carril.

Ejemplo:
Prohibido girar en U.
No gire en U.

1.

Prohibido doblar a la izquierda.

2.

Prohibido seguir derecho (*go straight*).

3.

Prohibido estacionar o detenerse.

4.

Ceder el paso.

5.

Velocidad máxima 90 km.

6.

No tocar la bocina.

7.

Detenerse.

8.

No cambiar de carril (*lane*).

14-12. Problemas y propuestas. Piensen en una de las cuestiones que se debaten actualmente en la ciudad donde Uds. estudian. Expliquen el problema; describan lo que se propone hacer y den sus propias opiniones al respecto.

14–13. Paseando por Medellín. Lee la siguiente conversación entre un turista y la Sra. Botero, de Medellín, Colombia, y mirando el plano de la ciudad, marca la ruta que describen las instrucciones.

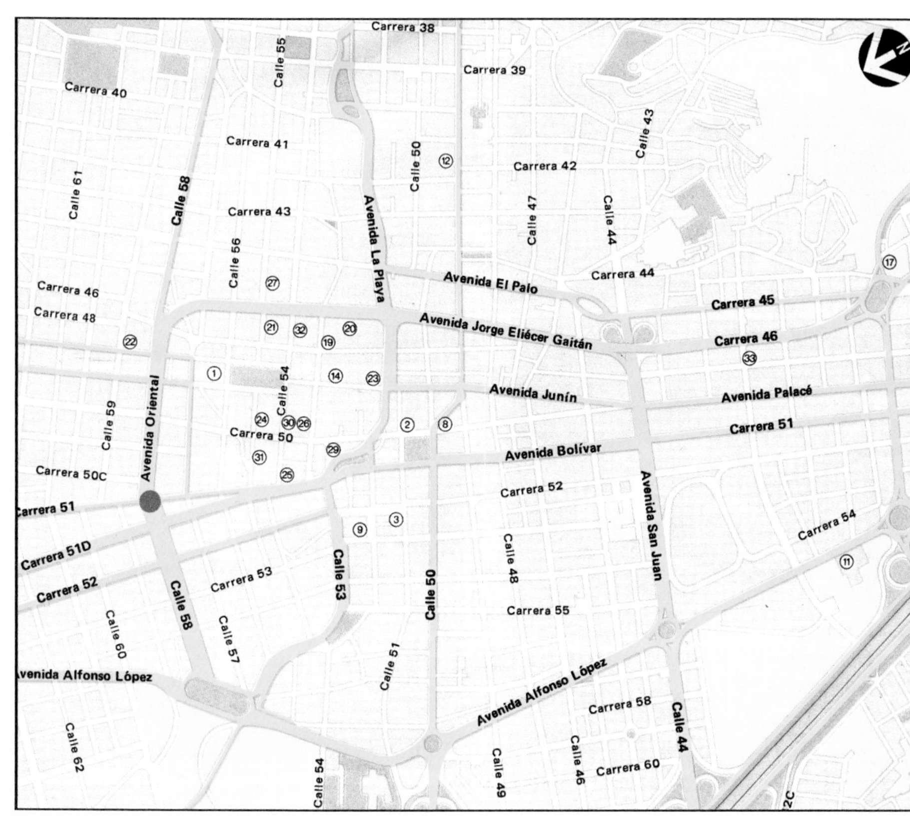

Palabras útiles

¿Dónde queda? ¿Dónde está?

Siga derecho *Go straight*

Manténgase a la derecha *Keep to the right*

Doble a la derecha *Turn right*

la esquina *corner*

TURISTA: Señora, por favor. ¿Dónde queda° la catedral?

SRA. BOTERO: En la Plaza de Bolívar; no está muy lejos. Siga derecho° por la Avenida Oriental hasta la Carrera 48 y...

TURISTA: ¿A cuántas cuadras de aquí está la Carrera 48?

SRA. BOTERO: Unas cuatro o cinco... Bueno, manténgase a la derecha° y en la Carrera 48, doble a la derecha° y siga derecho.

TURISTA: ¿Cuántas cuadras?

SRA. BOTERO: Dos, nada más. Entonces ahí, a la izquierda, en la esquina° de la Calle 56 y la Carrera 48, está la catedral.

TURISTA: Ah, señora, ¡qué bueno! Es muy fácil. Muchas gracias.

SRA. BOTERO: De nada. Que le vaya bien.

In Colombia, north-south streets are called **carreras (Cra.)**, and east-west streets are **calles**.

Point out to students that (1) the words **derecho** and **derecha** have different meanings: **seguir derecho**, *go straight*, **doblar a la derecha**, *turn to the right* (2) both **¿dónde queda?** and **¿dónde está?** are used to ask location.

14–14. ¿Dónde queda...? Miren el plano de Medellín y preparen instrucciones para que otro/a compañero/a vaya a cierta esquina.

Ejemplo:

Estás en la esquina de la Carrera 55 y la Calle 46. Para ir a la Avda. Bolívar con la Avda. San Juan tienes que mantenerte a la izquierda y seguir derecho cuatro cuadras y...

Have students direct classmates to an unidentified place on campus or in your city. Classmates will follow directions and guess where they arrive.

Guide students to use the expression **hasta que** with the subjunctive: **Sigue derecho hasta que llegues a...**

México, D.F., visto por sus niños

A. Los siguientes comentarios fueron escritos por niños mexicanos. Mientras los leen, piensen en qué actitudes se expresan. Elijan entre las siguientes.

optimismo	enojo
pesimismo	tristeza
orgullo *(pride)*	esperanza
miedo	confusión

Me gusta mi ciudad por su belleza. Es grande y espaciosa y tiene muchas industrias donde pueden trabajar muchas personas, pues tiene las fábricas más importantes. Me gusta también porque en ella hay diversiones y buenos espectáculos. Tiene también grandes centros comerciales donde puede uno comprar cosas a muy buen precio. Tenemos la Torre Latinoamericana, que desde arriba se alcanza a ver parte de nuestra ciudad, pero no muy bien por el smog. Después de todo, prefiero vivir en la ciudad llena de smog a un pueblo en donde no hay ni agua.

Eres grande como aquel inmenso mar
Eres grande como el anochecer
Como una flor yo te quiero a ti mi ciudad.
Pero sólo un defecto yo te encuentro en ti
Todos tus habitantes son muy irresponsables
Tiran y tiran basura y hacen que se vea mal mi ciudad.

Pienso que sacar petróleo de la tierra es malo, porque se le hacen heridas a la tierra. Pasa como con nosotros, y nuestra piel y nuestra sangre. El petróleo es la sangre de la tierra.

La ciudad es bonita porque hay edificios muy altos que no podemos ver en un pueblo y hay gente muy alegre y otra triste. Yo pienso que con tanto automóvil caminando por su combustible, si un día hubiera una crisis de combustible, ¿qué pasaría con toda esta gente que no sabe más que andar en automóvil divirtiéndose y otra que tiene que ir a su trabajo? En realidad es un problema el transporte.

De: "México visto por sus niños," 1981. National Foundation for the Improvement of Education, Suite 628, 1201 16th St., NW, Washington, D.C. 20036. (202) 833-4402.

B. ¿Cuáles son los aspectos buenos y malos de México, D.F., según estos niños? Hagan una lista de lo bueno y lo malo de la ciudad donde viven ustedes.

Lo bueno	Lo malo
1.	1.
2.	2.
3.	3.
4.	4.

GRAMÁTICA

Para hablar del futuro: el tiempo futuro y más usos del subjuntivo

In **Imágenes y palabras**, you saw the word **habrá** used to indicate what there will be in the future. **Habrá** is the future tense of **hay**. When you want to forecast or predict what *will* happen in the future, use the future tense.

1. To form the future tense, attach the following endings to the *infinitive*.

(yo)	**é**	vivir**é**	**Viviré** siempre en una ciudad grande.
(tú)	**-ás**	vivir**ás**	¿Dónde **vivirás** tú?
(él/ella/Ud.)	**-á**	vivir**á**	Mi abuelo **vivirá** mejor con nosotros.
(nosotros[as])	**-emos**	vivir**emos**	Mi hermana y yo **viviremos** en la misma ciudad.
(vosotros[as])	***-éis***	*vivir**éis***	¿***Viviréis*** en una casa o en un apartamento?
(ellos/ellas/Uds.)	**-án**	vivir**án**	Mis amigos dicen que **vivirán** con sus padres.

¿Qué piensas tú? ¿**Disminuirá** el número de accidentes de tráfico?

¿**Aprenderán** más los niños que van a las guarderías por varios años?

2. Some frequently used verbs have irregular stems in the future. Notice the three patterns of these irregular verbs.

Two verbs have a change in their stems:

decir → dir-	diré	dirás	dirá	diremos	*diréis*	dirán
hacer → har-	haré	harás	hará	haremos	*haréis*	harán

You must *delete* the **-e** from the infinitive of four verbs before adding the endings:

haber → habr-	habré	habrás	habrá	habremos	*habréis*	habrán
saber → sabr-	sabré	sabrás	sabrá	sabremos	*sabréis*	sabrán
poder → podr-	podré	podrás	podrá	podremos	*podréis*	podrán
querer → querr-	querré	querrás	querrá	querremos	*querréis*	querrán

Form the stem of the following verbs by *replacing* the **-er** or **-ir** of the infinitive with **-dr**:

poner ⟶	**pondr-**	pondré	pondrás	pondrá	pondremos	*pondréis*	pondrán
tener ⟶	**tendr-**	tendré	tendrás	tendrá	tendremos	*tendréis*	tendrán
salir ⟶	**saldr-**	saldré	saldrás	saldrá	saldremos	*saldréis*	saldrán
venir ⟶	**vendr-**	vendré	vendrás	vendrá	vendremos	*vendréis*	vendrán

¿**Habrá** menos tráfico y más horas libres en el siglo XXI? **Tendremos** que encontrar nuevas tecnologías y así **podremos** trabajar a distancia desde la casa.

3. When you speculate about what may happen at some uncertain point in the future, you will often use **cuando** or **hasta que** with the present subjunctive. Use the subjunctive with these expressions *only* when you are referring to the future.

Para llegar a mi apartamento, sigue derecho **hasta que llegues a** la esquina de la Calle 45 y la Sexta Avenida. **Cuando llegues a** mi edificio, bajaré a buscarte.

Práctica

IOR

14–15. Condiciones futuras. Para las siguientes frases, di si las condiciones aumentarán o disminuirán en el futuro, usando **más** o **menos** y el tiempo futuro.

Ejemplo:
Actualmente, hay muy pocas instalaciones para los discapacitados. **En el futuro,** es posible que construyan instalaciones para los discapacitados en todos los edificios.

1. Actualmente, **construimos** muchos edificios de cristal. En el futuro,...
2. Actualmente, **hay** mucha contaminación. En el futuro,...
3. Actualmente, **sabemos** muy poco de los planetas. En el futuro,...
4. Actualmente, mucha gente no **puede** conseguir empleo. En el futuro,...
5. Actualmente, muchos jóvenes **quieren** asistir a la universidad. En el futuro,...
6. Actualmente, muchos inmigrantes **vienen** a los Estados Unidos. En el futuro,...
7. Actualmente, **pagamos** muchos impuestos. En el futuro,...
8. Actualmente, el gobierno no **hace** casi nada por los niños pobres. En el futuro,...

Answers: 1. Tendrás problemas de estacionamiento hasta que uses el transporte colectivo. 2. Los jóvenes bailarán hasta que se cansen. 3. La niña se vestirá bien cuando vaya a la fiesta. 4. Pondré la mesa cuando lleguen los invitados. 5. Nos sentiremos más seguros cuando disminuyas la velocidad. 6. Cuando me gradúe, tendré que buscar trabajo. 7. No les diremos "felicidades" hasta que se casen. 8. Haré mis planes para el futuro cuando me gane la lotería. 9. No ganarás nada hasta que inviertas tu dinero. 10. No firmaré ese contrato hasta que me ofrezcan el sueldo que quiero.

14–16. ¿Qué ocurrirá? Di qué ocurrirá en cada caso, usando la expresión entre paréntesis. Sigue el modelo y la fórmula **futuro** + ***cuando / hasta que*** + **subjuntivo**.

Ejemplo:
El bebé llora porque su niñera no le presta atención.
(hasta que)
Llorará hasta que la niñera le **preste** atención.

1. Vas a tener problemas de estacionamiento si no usas transporte colectivo.
(hasta que)
2. Los jóvenes bailan. Van a cansarse.
(hasta que)
3. La niña quiere vestirse bien. Va a ir a la fiesta.
(cuando)
4. Ya llegan los invitados. Voy a poner la mesa.
(cuando)
5. Si disminuyes la velocidad, vamos a sentirnos más seguros.
(cuando)
6. Voy a graduarme. Tengo que buscar un trabajo.
(cuando)
7. Todavía no se han casado. No les vamos a decir "felicidades".
(hasta que)
8. Sé que me voy a ganar la lotería. Entonces voy a hacer planes para el futuro.
(cuando)
9. No ganas nada porque no inviertes tu dinero.
(hasta que)
10. No voy a firmar ese contrato. No me ofrecen el sueldo que quiero.
(hasta que)

14–17. Oráculo. Di cuándo va a ocurrir cada una de las siguientes cosas, aproximadamente.

Ejemplo:
Viajaré cuando…
Viajaré cuando tenga bastante dinero.

1. Compraré un/a… cuando…
2. No iré de vacaciones hasta que…
3. Me quedaré en la universidad hasta que…
4. No estaré tranquilo/a hasta que…
5. Tendré más dinero cuando…
6. No saldré de mis deudas hasta que…
7. Obtendré mi título cuando…
8. No podré dormir hasta que…

14–18. Pregúntale a la bola de cristal. Escribe tres preguntas sobre las dudas que tengas con respecto al futuro.

Have students answer their own questions with a statement using the subjunctive: **Es posible que termine... No me casaré hasta que... Ojalá que esté... .**

Ejemplo:

14–19. Galletitas de la fortuna. Escriban cinco mensajes en papelitos pequeños para poner en unas galletitas. Dénselos a otros alumnos para que ellos lean los mensajes que reciban.

Ejemplo:

IOR

14–20. A través de los siglos. Di cómo era la vida hace un siglo o más, cómo es ahora y cómo será en el futuro. En el número 8, agrega tus propias ideas y tu pronóstico para el futuro.

ANTES	ACTUALMENTE	EN EL FUTURO
1. Montábamos a caballo.	Viajamos en coche.	Viajaremos en...
2. Vivíamos en el campo.		
3.	Asistimos a colegios y universidades.	
4.	Hacemos las compras en almacenes.	
5. Nos comunicábamos por telegrama.		
6. Teníamos aire puro.		
7.	Muchos están desempleados.	
8. ¿...?		

14–21. ¿Qué piensas hacer? Escribe preguntas para un/a compañero/a sobre los temas que siguen. Cada pregunta debe incluir un contexto personal usando una frase con **cuando**, como la del modelo. Hazles las preguntas a tres personas y resume la información para informarle a la clase lo que dicen. En el número 10, agrega tu propia pregunta.

> *Ejemplo:*
> dejar los hijos en una guardería
> **Cuando te cases y tengas** hijos, ¿los **dejarás** en una guardería?
> **A la clase:** Dos personas dicen que cuando se casen y tengan hijos, los pondrán en una guardería. Una persona dice que se quedará en casa con ellos en vez de dejarlos en una guardería.

1. poner a los padres en un hogar para ancianos
2. vivir en la ciudad o en las afueras
3. trabajar como voluntario/a para organizaciones caritativas
4. pagarles bien a los empleados
5. invertir o gastar el dinero
6. tener una oficina en un rascacielos o...
7. poner a los hijos en una escuela privada
8. apoyar a alcaldes que ayuden a los desamparados
9. ser conductor/a loco/a
10. ...

14–22. Poema del futuro. El siguiente poema del mexicano Amado Nervo fue escrito hace cien años. Lee la primera estrofa y piensa: ¿a quién representa Cristóbal Colón? Luego, piensa en tu propio héroe —una persona famosa que haya logrado cambiar o mejorar el mundo— y completa la estrofa de tu propio poema.

Palabras útiles
logrará podrá
sondar explorar
acaso posiblemente

El gran viaje

¿Quién será, en un futuro no lejano,
el Cristóbal Colón de algún planeta?

¿Quién logrará°, con máquina potente,
sondar° el océano
del éter y llevarnos de la mano...?

¿Y qué sabremos tras el viaje augusto?
¿Qué nos enseñaréis, humanidades
de otros orbes, que giran
en la divina noche silenciosa,
y que acaso°, hace siglos que nos miran?

...

¿Quién será, en un futuro no lejano,
el Cristóbal Colón de algún planeta?

Mi poema

¿Quién será, en un futuro no lejano,
el (la)... de...?

¿Quién podrá, con...,
... y...?

¿Quién... y...?

¿Y qué...(nosotros)...?

IOR

Para hablar de lo que está ocurriendo actualmente: el tiempo progresivo

At times you may want to describe things you are doing that are moving you toward a goal in the future. You may also want to simply describe what is going on at this moment (**actualmente**) or what actions are in progress. In these cases, use the *present progressive* tense.

Estoy aprendiendo mucho ahora.	*I am learning a lot now.*
Paso los días **estudiando**.	*I spend my days studying.*
Sigo estudiando arquitectura.	*I continue to study (am still studying) architecture.*
Ando buscando trabajo.	*I am (going around) looking for work.*

1. To form a progressive tense, you need to combine two components; both are necessary to express your idea.

Combine a form of

estar *(to be doing something)*
andar *(to go around doing something)*
seguir *(to continue/to keep doing something)*
pasar… días/ horas *(to spend time doing something)*

} with the *present participle* of a verb of action

To form the *present participle*, replace the **-ar** ending of the infinitive with **-ando**; replace the **-er** or **-ir** ending with **-iendo**. These endings are equivalent to the *-ing* endings of English.

aumentar ⟶ aument**ando** hacer ⟶ hac**iendo** salir ⟶ sal**iendo**

Los funcionarios de gobierno no **están** prest**ando** mucha atención a las quejas de los ciudadanos.

Siguen aument**ando** la deuda pública pero no **están** mejor**ando** la calidad de los servicios públicos.

El alcalde **anda** ofrec**iendo** excusas por el malgasto del dinero que recibe la ciudad.

Mientras tanto, los trabajadores **están** protest**ando** por medio de huelgas, los ciudadanos **están** escrib**iendo** cartas de protesta y los empleados municipales **pasan todo el día** respond**iendo** a cartas y llamadas de los ciudadanos enojados.

2. With certain infinitives, formation of the present participle requires changes in either the stem or the ending.

- All stem-changing **-ir** verbs have a *stem* change in the present participle.

decir → d**i**ciendo	divertirse → div**i**rtiéndose
pedir → p**i**diendo	invertir → inv**i**rtiendo
reírse → r**i**éndose	dormir → d**u**rmiendo

- Verbs ending in **-uir** (as well as the verb **oír**), and **-eer** or **-aer** form the present participle with **-yendo**.

construir → constru**yendo**	leer → le**yendo**
disminuir → disminu**yendo**	creer → cre**yendo**
oír → o**yendo**	traer → tra**yendo**

3. Notice that with reflexive verbs like **divertirse**, you attach reflexive pronouns to the end of the present participle. You also attach other object pronouns, such as indirect object (**me, te, le, les, nos, os**) and direct object **(me, te, lo, la, nos, os, los, las)** pronouns to present participles. When pronouns are attached, you must place a written accent over the stressed vowel sound of the participle.

Estoy **divirtiéndome** muchísimo en la clase de música.
Ando **durmiéndome** por la mañana porque siempre me acuesto tan tarde.
Paso los días **enseñándoles** a los niños de una guardería.

4. The present participle is *not* used in Spanish as frequently as the *-ing* form is used in English.

Notice some of the cases in which the present participle is used in English but *not in Spanish*.

Remind students that only infinitives may follow prepositions.

	En inglés decimos...	**Pero en español decimos...**
Para indicar el futuro	***I'm working*** *this weekend.*	**Voy a trabajar (Trabajo)** este fin de semana.
Como sustantivo	**Raising** taxes is not the answer.	**Aumentar** los impuestos no es la solución.
Como adjetivo	The children **going** to daycare . . .	Los niños **que van** a las guarderías...
Después de preposiciones (antes de/ después de, sin, por, para, en vez de, al)	***Before investing*** *in . . .*	**Antes de invertir** en...

Estoy escribiendo un trabajo sobre los dominicanos **que viven** en Nueva York y me he dado cuenta que **ponerlos** en la categoría "caribeños" no me ayuda mucho porque, **al hacer** esto, uno se olvida de sus características específicas. Por eso, **voy a evitar** las generalizaciones.

Práctica

14–23. ¿Qué están haciendo actualmente? Di lo que cada persona está haciendo según las circunstancias.

Ejemplo:

Tengo un examen mañana.
Estoy estudiando como loco/a. No estoy divirtiéndome.

1. Marta pone la ropa en la lavadora.
2. El profesor lee las pruebas de español.
3. El niño se cayó del columpio.
4. Los jóvenes están en la playa.
5. Mi padre perdió la llave de la casa.
6. La maestra se cortó un dedo.
7. Mi hermana está en el gimnasio.
8. Mis amigos y yo estamos en el restaurante.

Possible answers:
1. Marta está lavando la ropa. 2. El profesor está corrigiendo las pruebas. 3. El niño está llorando. 4. Los jóvenes están nadando/ tomando sol. 5. Mi padre está buscando la llave. 6. La maestra se está poniendo una curita. 7. Mi hermana está haciendo ejercicio. 8. Mis amigos y yo estamos comiendo.

14–24. Así ando. Primero, escribe una lista de tus actividades. Luego, descríbeselas a la clase.

Ejemplo:

Ando igual que siempre, trabajando como loca. Estoy aprendiendo a tocar la guitarra y estoy tomando un curso nuevo de computación. También estoy estudiando español y sigo sacando buenas notas. Pero ya no estoy...

14–25. ¿Qué está pasando? Describe lo que está pasando en esta escena usando el presente progresivo.

14–26. ¿Qué están haciendo? Completa las respuestas a los siguientes comentarios para decir lo que la gente está o no está haciendo. Usa los pronombres apropiados.

Ejemplo:

Vístete pronto. Tengo prisa. Ten paciencia.
Ya me estoy vistiendo (estoy vistiéndome).

Answers:
1. Creo que la están disminuyendo. 2. Pero si no estoy mintiéndote. Estoy diciéndote la verdad. 3. Según sus postales, están divirtiéndose mucho. 4. Pero si no estamos riéndonos. 5. Ahora mismo estoy leyéndolo. 6. Yo también estoy muriéndome de hambre. 7. ¿Por qué sigues invirtiendo tu dinero? 8. Pues, en nuestro campus, están construyéndolas. 9. Pero si estoy buscándolo.

1. Los funcionarios deben disminuir la deuda.
   Creo que la están...
2. No me mientas. ¿Por qué no me dices la verdad?
   Pero si no estoy... Estoy...
3. Espero que tus padres se diviertan en la playa.
   Según sus postales, están...
4. No se rían de esa gente.
   Pero si no estamos...
5. ¿No has leído el capítulo?
   Ahora mismo estoy...
6. Me muero de hambre.
   Yo también estoy...
7. Voy a invertir mi sueldo en vez de gastarlo.
   ¿Por qué sigues...?
8. Deben construir instalaciones para los discapacitados.
   Pues, en nuestro campus, están...
9. Si quieres empleo, búscalo.
   Pero si estoy...

14–27. ¿Por dónde andamos? Imagínate que estás en un lugar específico y describe lo qué está ocurriendo ahí en este momento. La clase debe adivinar dónde te encuentras.

Ejemplo:

Tú: Somos cinco personas y estamos esperando algo. Todos estamos mirando la puerta o el suelo, pero nadie está hablando. Un señor está leyendo un anuncio que hay en la pared.

Tus compañeros/as: Estás en un ascensor.

14-28. Cuando te gradúes. Quieres saber qué planes tienen tus compañeros/as para después de graduarse. ¿Qué seguirán haciendo? ¿Cómo pasarán sus días? Escribe cinco preguntas específicas para dos personas. Sigue el modelo y toma apuntes para informarle a la clase sus planes.

Ejemplo:
Cuando **saques el título**, ¿**seguirás estudiando** español?
¿Cómo **pasarás** tus ratos libres? **¿leyendo?** ¿**escuchando** música?

14-29. Muy ocupados. Describe tres cosas que están haciendo los oficiales de tu ciudad o universidad para mejorar los problemas que existen.

Ejemplo:
1. Los edificios son viejos y tienen muchas escaleras, pero actualmente **están mejorando** las instalaciones para los discapacitados.
2. **Están trabajando** para mantener limpio el parque, pero la gente **sigue tirando** basura allí.
3. **Están construyendo** más estacionamiento, pero los alumnos **siguen dejando** sus coches en las aceras.

14-30. Dichos de mi generación. Sigan el modelo para desarrollar un dicho que les ofrezca buenos consejos a los jóvenes.

Ejemplo:
Durmiendo bien en casa, **no tendrás** tanto sueño en clase.
Invirtiendo más tiempo en tus metas, **invertirás** en tu futuro.

14-31. Viaje al futuro. Estás en el futuro. ¿Han cambiado mucho las cosas? Escríbeles una postal a tus amigos para describirles lo que ves.

Queridos compañeros:
Les escribo desde el año... Aquí en el futuro, muchos siguen usando coches, pero la mayoría... Ya no andamos contaminando el aire como antes y por eso... También pasamos el día... A veces, nos divertimos haciendo visitas al planeta Marte y...

USA 60

Los ciudadanos protestan

Las ciudades del mundo no son perfectas. ¿De qué se queja la gente en la ciudad donde vives tú? Lee las siguientes cartas escritas por ciudadanos de varias ciudades hispanas.

De San José, Costa Rica

La avenida que pasa frente a Jardín de Niños Justo Facio está sin demarcación, ni zona de seguridad. Por allí pasan buses, camiones y vehículos a gran velocidad. Nunca hay autoridades que regulen el tránsito para ayudar un poco a los niños.

De Lima, Perú

Es obligación de todo peruano proteger y respetar nuestro pasado. Por eso es penoso y vergonzoso comprobar que en todas partes nuestros monumentos sufren la afrenta de personas inconscientes que los destruyen, invaden o echan basura a importantes ruinas hasta el extremo de hacerlas desaparecer.

De Caracas, Venezuela

Existe la contaminación visual, así como la sónica o la ambiental, pero esta primera es la que practica la gente del Hotel Resort La Trucha Azul colocando por kilómetros de la carretera trasandina unos avisos bien fastidiosos como una truchita, cuyo único oficio es perturbar el espectacular paisaje de montaña. No sé quién les dio el permiso ni por qué, pero por respeto a todos los viajeros de la carretera, por favor, sáquenlos.

De Madrid, España

Resulta contradictorio que en un país tan aficionado al deporte del ciclismo haya tan poco respeto por los aficionados a montar en bicicleta. Con cierta frecuencia suelo irme en bicicleta hasta el parque del Retiro con el propósito de dar una vuelta. Pues bien, el trayecto desde mi casa hasta ese parque es un canto al riesgo° y el motivo no es otro que el gran desprecio al que nos someten los conductores madrileños, bocina en mano. Los ciclistas somos los parias de la ciudad, y eso que no contaminamos.

De México, D.F.

Los choferes°, aunque los vistan de seda, cafres° se quedan. Sólo falta que le digan al pasajero: ¡Súbale, todavía hay lugar debajo de los asientos!

Los problemas del Metro son tan viejos como sus vagones. Después de hacer la fila para ser atendido, hay que hacer colas para entrar. Cuanto más prisa tenga uno, más tiempo tiene que esperar y entonces llega a otra estación —pero no a otra estación del Metro, sino del año.

No sabía si llorar o reír cuando supe que Taco Bell abría una sucursal° en México. ¿Cómo es posible que los gringos traten de vender tacos en México? Nada de esto se menciona en las negociaciones del Tratado de Libre Comercio°. Si a esto hemos llegado, ¿dónde se detendrá el ataque? Espero que no se vaya a prestar el Ángel de la Independencia° para anunciar Diet Coke.

Palabras útiles

los choferes taxistas
los cafres *louts*
la sucursal *branch (office)*
El Tratado de Libre Comercio (TLC) *NAFTA*
el riesgo *risk*
el Ángel de la Independencia *famous landmark monument in Mexico City*

Da el nombre de la ciudad de donde viene cada una de las siguientes quejas.

QUEJA	PAÍS
la comercialización	Caracas, Venezuela
la gente descortés, la falta de respeto	Lima, Perú
la organización de algunos sistemas públicos	México, D.F.
la seguridad de los deportistas	San José, Costa Rica
la contaminación visual	Caracas, Venezuela
el ruido	Madrid, España

¿Estos problemas existen en tu comunidad también? ¿Cuál de las cartas le mandarías al alcalde de tu ciudad?

El Metro, México, D.F.

San José, Costa Rica

La Iglesia de San Francisco, Lima

El Parque del Retiro, Madrid

The *En voz alta* audioscripts are recorded on the student tape or CD that accompanies each textbook.

Audioscript:

TOURIST GUIDE: Hoy vamos a recorrer la ciudad capital de México, llamada Ciudad de México, D.F. por el Distrito Federal, o "el D.F." como lo llaman sus habitantes (similar a la designación de Washington, D.C.) que aloja las oficinas del gobierno central. Se considera que México es la capital más grande del mundo hispano. En realidad, esta ciudad no sólo es el asiento del gobierno federal, pero también es el centro dominante de la vida del país.

MARY: Oh! Mira, Joe, ¡qué bonito es aquí! Señorita, ¿qué es esto?

TOURIST GUIDE: Estamos viendo la Plaza delas Tres Culturas, donde se encuentran lado a lado una pirámide azteca, edificios modernos y una iglesia que data de la época de la colonia. Construida sobre las ruinas de la antigua ciudad de Tenochtitlán, la parte central que alberga más de mil edificios ha sido designada como el Centro Histórico. La ciudad de México ha sido el centro de vida y de actividad comercial del país por dos siglos, y diferentes civilizaciones han contribuido a aumentar su patrimonio histórico.

JOE: ¿Es verdad que hay mucha delincuencia en esta ciudad?

TOURIST GUIDE: Lamentablemente, el nivel de delincuencia es alto. También la contaminación debido al tráfico intenso de vehículos es alta, y por la misma razón, hay muchos accidentes y choques. Hay que ser cuidadoso al caminar por la calle.

JOE: ¿Hay muchas empresas internacionales en México?

TOURIST GUIDE: Muchas empresas tienen un enfoque internacional y se interesan por México y otros países de la América Latina, de tal modo que ahora, una persona bilingüe tiene más oportunidades de trabajo en diversas industrias. Ahora, estamos pasando por enfrente del Palacio de Bellas Artes. Aquí se desarrollan diversas actividades culturales, con representantes de todas las artes a nivel internacional. Es el resultado del trabajo de varios artistas y arquitectos mexicanos y extranjeros, y contiene obras de Rivera, Orozco y Siqueiros.

MARY: ¡Oh, sí! La profesora de español nos habló de Diego Rivera y Frida Kahlo, dos famosos pintores mexicanos que vivieron una historia de amor muy romántica!

JOE: ¡Ay, mujer! ¡Nunca te curas de tu romanticismo!

MARY: ¡Claro que no! ¡Así que ahora mismo le preguntas a la guía turística adónde me llevas esta noche para escuchar una orquesta de mariachis!

EN VOZ ALTA

A. Escucha la conversación durante una visita turística a la Ciudad de México, y completa lo siguiente:

1. La capital más grande del mundo hispano es México.
2. La zona que aloja las oficinas del gobierno central es el Distrito Federal.
3. La zona histórica donde se ven una pirámide azteca, edificios modernos y la Catedral colonial es la Plaza de las Tres Culturas.
4. El edificio donde hay obras de Rivera, Orozco y Siqueiros es el Palacio de Bellas Artes.

B. Ahora, vuelve a escuchar la conversación y menciona al menos cinco acciones que Mary y/o Joe están haciendo durante su visita guiada. Utiliza el presente progresivo. Aquí te damos una lista de verbos que puedes usar.

mirar	ver	comentar	averiguar	preguntar
observar	exclamar	aprender	apreciar	

1. ______
2. ______
3. ______
4. ______
5. ______

C. Vuelve a escuchar la grabación. Menciona por lo menos tres aspectos negativos y tres aspectos positivos de la Ciudad de México, propios de las grandes ciudades.

Negativos:	Positivos:
1. Alto nivel de delincuencia.	1. Capital más grande del mundo hispano.
2. Contaminación debida al tráfico.	2. Centro de vida y actividad comercial del país.
3. Tráfico intenso de vehículos.	3. Importante patrimonio histórico.
4. Muchos accidentes y choques.	4. Centro de actividades culturales y artísticas.

Mi refranero. Escucha los siguientes refranes con mucha atención. ¿Estás de acuerdo?

Unos tener tanto y otros tan poco, es propio de este mundo loco.
El mayor desprecio es no tener aprecio.

Aquí tienes otros dos refranes relacionados con el tema de este capítulo. ¿Conoces alguno similar en inglés?

No hay cuesta abajo sin cuesta arriba.
Ocasión perdida, no vuelve más en la vida.

For exercise C, remind students that crime is a part of all big cities (and Mexico City is the biggest). However, share the following with students to put the **Distrito Federal** into perspective: FBI comparison statistics indicate that Washington, D.C. has a crime rate 230% *above* that of Mexico City, Detroit's crime indices are 292% higher, those of Los Angeles are 94% higher, and New York's are 63% higher.

SÍNTESIS

Para leer

No está de balde* el alcalde

¿Qué papel hace el alcalde o la alcadesa de una ciudad? De las siguientes responsabilidades, ¿cuáles no le corresponden? De las que sí le corresponden, ¿cuáles son las más importantes según tú?

1. conservar el orden público
2. crear más empleos
3. apoyar a los empresarios
4. invertir los fondos públicos
5. controlar los gastos municipales
6. supervisar los sistemas de transporte
7. proteger a los ciudadanos
8. construir viviendas públicas
9. supervisar los servicios de salud
10. mantener limpios el aire, el agua y las zonas verdes
11. promover (*to promote*) las expresiones de cultura popular
12. mantener bien las instalaciones de deportes y recreo

A. Prioridades. Imagínate que tú eres alcalde (alcaldesa) de la ciudad donde vives. ¿En cuáles de las siguientes metas invertirás más tiempo y energía? Escoge tus tres prioridades y ponlas en orden de importancia (o agrega tus propias prioridades).

IOR

____ luchar contra la pobreza y el desempleo
____ disminuir la contaminación
____ luchar contra la delincuencia
____ mejorar los sistemas de transporte
____ construir más aceras para peatones/ sendas para ciclistas
____ dar más ayuda a los niños, ancianos y discapacitados
____ luchar contra el desinterés, la indiferencia y la pasividad
____ aumentar el aprecio por el arte

B. Un alcalde poco convencional. En el siguiente artículo, vas a ver cómo ha respondido a los problemas de su ciudad el alcalde de Bogotá, Colombia, Antanas Mockus. Lee la introducción y el primer párrafo del artículo y di por qué es diferente este alcalde y qué parece ser su prioridad número uno. Cita las palabras y expresiones que te den la información.

Answers for Activity B: No tiene experiencia como político sino como rector de la Universidad Nacional. Es filósofo y matemático. Toma medidas enérgicas y poco convencionales. Tiene el aspecto de un monje y recorre la ciudad vestido de supercívico para alentar a la gente a convertirse en superciudadanos.

*sin motivo

Un alcalde diferente

Desilusionados con la política tradicional, los ciudadanos de Bogotá, Colombia, eligieron alcade al rector de la Universidad Nacional, Antanas Mockus. Filósofo y matemático, Mockus no tenía experiencia política, ni se preocupó en montar una campaña. Pero como alcalde rige el destino de Bogotá con enérgicas y poco convencionales medidas de reforma social.

Palabras útiles

las políticas *policies*
los acontecimientos eventos
alentar inspirar

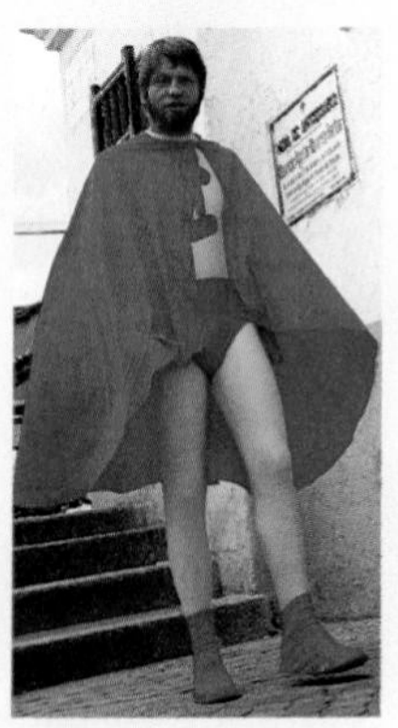

I. Como alcalde, Antanas Mockus rompe el molde en todos los aspectos. A diferencia de sus colegas y predecesores, el alcalde se viste descuidadamente y tiene un corte de pelo poco común, además de barba. Su apariencia ha sido comparada con la de un monje loco o con la de uno de los diminutos compañeros de Blanca Nieves. Desde que es alcalde, las políticas° de Mockus han sido tan extrañas como los acontecimientos° que lo llevaron al poder. Recorre el centro de la ciudad vestido de "supercívico", para alentar° a los compradores y a los vagabundos a que se conviertan en superciudadanos. La prensa local está organizando concursos para encontrar el "superciudadano del año" y las empresas locales les dan a sus empleados tiempo libre para participar.

Answers: 1. Frente a una ambulancia en el centro de Bogotá. 2. A los jóvenes colombianos. 3. Se libera simbólicamente de su propia violencia, escribe un deseo y recibe una vacuna también simbólica. 4. Una gota de agua en la lengua. 5. Todo tipo de gente se ha acercado a participar. 6. Para que la gente se familiarice con el humor, el arte y la creatividad y esté mejor dispuesta para aceptar el cambio. 7. Las respuestas variarán. 8. Las respuestas variarán.

C. Una inyección de civismo. La segunda parte del artículo describe una ceremonia simbólica que ha implementado Mockus para lograr una de sus metas. Lee esta parte y contesta las siguientes preguntas.

1. ¿Dónde tiene lugar la ceremonia?
2. ¿A quiénes se dirige el proceso?
3. ¿Qué hace la gente en la ceremonia?
4. ¿Qué tipo de "vacuna" recibe la gente?
5. ¿Qué indicadores del éxito del programa se notan?
6. Según Mockus, ¿para qué sirve la ceremonia?
7. ¿Qué piensas tú de la psicología que usa Mockus?
8. ¿Qué mensaje pondrías tú en el "árbol de los deseos"?

Palabras útiles

el globo *balloon*
fija *posts*
el éxito buenos resultados
las reglas *rules*

II. Mientras tanto, frente a una ambulancia improvisada en el centro de Bogotá, cientos de jóvenes colombianos hacen cola para recibir su "vacuna contra la violencia". Dentro de la ambulancia, Álvaro, de catorce años, pinta la cara de un enemigo suyo en un globo° y luego lo rompe, fija° un deseo en "el árbol de los deseos" y recibe su vacuna simbólica, una gota de agua en la lengua.

Durante los últimos dos meses unos cuarenta mil bogotanos han recibido un "tratamiento" similar. El plan de Mockus iba dirigido a los jóvenes de la ciudad, pero la idea tuvo tanto éxito° que la fila está llena de adultos: hombres de negocios, impecablemente vestidos, elegantes amas de casa y una cantidad sorprendente de taxistas. Dice Supercívico: "Creo que si las personas conocen las reglas° y aprecian el arte, el humor y la creatividad, es más probable que acepten el cambio".

D. Otra avenida a la diversión. En la tercera parte del artículo, sabrás lo que ha hecho Mockus para combatir otro problema. Lee este segmento y contesta las siguientes preguntas.

1. Durante las fiestas de Navidad, surgen dos problemas. ¿Cuáles son?
2. ¿Qué reglas impuso Mockus para proteger a la gente?
3. ¿Qué símbolo usó Mockus para cambiar la imagen de "pasarlo bien"?
4. ¿Qué les regaló a los ciudadanos para promover esta imagen?
5. Con tus propias palabras, explica qué es "un festejo zanahoria".
6. ¿A qué se atribuye el éxito de este programa?

SÍNTESIS

Answers:
1. El alcohol y los fuegos artificiales. 2. Cerrar los bares a la una de la mañana y prohibir los fuegos artificiales. 3. La zanahoria-el aburrimiento. 4. Paquetes con una gaseosa y una zanahoria. 5. Es una celebración del aburrimiento donde la gente usa zanahorias como decoraciones y distribuye paquetes con gaseosas y zanahorias. 6. Al sentido del humor de las propuestas del alcalde.

III. El idiosincrático alcalde se ha arriesgado° para probar sus ideas. Hace unos años, Mockus decidió transformar el trabajo de los hospitales de Bogotá. El alcalde decidió que todos los bares debían cerrar a la una de la mañana y prohibió el uso de fuegos artificiales. A cualquier otro político tales tácticas podrían haberle resultado desastrosas, pero a Mockus le dieron excelentes resultados. Logró convertir en virtud el *ser aburrido.*

Una clave del éxito de Mockus ha sido su sentido del humor: incitó a los bogotanos a que tuvieran una "Navidad zanahoria. " (En Colombia, la palabra, zanahoria, también significa una persona aburrida.) El humilde tubérculo anaranjado reemplazó a las decoraciones navideñas y se distribuyeron paquetes que contenían una gaseosa (en vez del tradicional aguardiente°) y una zanahoria.

IV. Recientemente el alcalde, junto con la iglesia católica y la British Petroleum, ofreció una recompensa de cien mil pesos ($100) por cada arma entregada a las autoridades durante un mes. Para finales del mes se habían entregado 1.863 pistolas, cuarenta granadas y un par de semiautomáticas. Se extendió el plazo° otro mes, ofreciendo una recompensa más: un juego de cubiertos° hecho de las armas fundidas°. El metal que antes se utilizaba para matar, ahora se utilizaría para comer y apoyar la vida.

Palabras útiles

se ha arriesgado *has taken a risk*
el aguardiente un licor
el plazo *term, deadline*
los cubiertos utensilios para comer
fundidas *melted down*

E. ¿Armarse o alimentarse? En la cuarta parte del artículo, verás que el alcalde trata de motivar a la gente para combatir otro problema que existe en las grandes ciudades del mundo, incluso las de los Estados Unidos. Lee esta parte para contestar las siguientes preguntas.

1. ¿A qué problema se refiere?
2. ¿Qué sectores de la población apoyan estos esfuerzos de Mockus?
3. Al principio (*At first*), ¿qué motivación le ofrece Mockus a la gente?
4. Al extender el programa, ¿qué símbolo del futuro le ofrece a la gente?

Answers: 1. Al uso de armas. 2. La iglesia católica y la British Petroleum. 3. Cien mil pesos (el equivalente a cien dólares). 4. Un juego de cubiertos hecho de las armas fundidas, símbolo de la vida

SÍNTESIS

F. ¿El civismo o el cinismo? En la quinta parte del artículo, verás cómo este alcalde "diferente" trata de combatir los problemas de la apatía y la falta de respeto por la ley. Completa el siguiente párrafo para resumir esta sección.

Contando (1) historias y organizando fiestas al aire libre, el alcalde trata de establecer una comunión de ideas y despertar el espíritu de los desamparados (2) de los barrios pobres. Pero todos reciben (3) la terapia de Mockus. El alcalde usa grupos de mimos (4) para imitar los gestos de cualquier persona que no esté obedeciendo la ley. Emplea este tipo de presión social para que la gente reconozca y cambie/ se avergüence de (5) sus malos hábitos. Según el alcalde, es importante que el civismo o el espíritu de comunión y cooperación cambien/ disminuyan (6) la apatía, el egoísmo, el cinismo. Muchos policías no llevan armas cuando patrullan las ciudades. En vez de llevar (7) armas, se visten de otra manera para dar una imagen de paz. Según Mockus, es importante que la gente aprenda (8) a corregir sus errores sin maltratos ni agresividad.

Palabras útiles

se avergüencen *they get embarrassed*
el mago *magician*

V. Con frecuencia se puede encontrar a Mockus en los barrios pobres del sur de Bogotá. Visita las plazas llenas de gente para contar historias y organizar fiestas al aire libre para los desamparados.

Los taxistas y los peatones también reciben la terapia de Mockus. Los imprudentes se arriesgan a que los persigan mimos al estilo de Marcel Marceau, que imitan sus gestos. La idea es que se avergüencen° y cambien sus hábitos ante la risa de la multitud. Según Mockus: El punto clave de una cultura ciudadana es aprender a corregir a los demás sin maltratos o agresividad general. Necesitamos crear una sociedad más cooperadora antes de salir a patrullar las calles con semiautomáticas.

VI. Por supuesto, no faltan los críticos. Algunos dudan que Mockus sea un mensajero del progreso. Señalan que el número de desamparados no ha disminuido, que todavía hay problemas en las calles de Bogotá, que gran parte del sur de la ciudad todavía no cuenta con servicios básicos, que todavía hay un millón de desempleados. Mockus se da cuenta de estos problemas, pero responde: "No soy mago°. Los problemas de Bogotá no aparecieron de un día para otro y no puedo resolverlos de la noche a la mañana. Por lo menos, estamos avanzando".

De: Jeremy Lennard, "Un alcalde diferente", *Américas*, vol. 49, No. 2 (Marzo/Abril 1997), 40-45.

G. No faltan los críticos. Cuando una persona se arriesga a hacer cambios, nunca faltan los críticos. Lee la última parte del artículo y, después, completa el siguiente resumen, usando formas apropiadas del subjuntivo.

Algunos críticos no creen que Mockus ___sea___ (1) un mensajero del progreso. Les molesta que el número de desamparados no ___haya___ (2) disminuido, que ___siga___ (3) siendo igual. Dicen que es una lástima que un millón de personas todavía ___estén___ (4) desempleadas y que muchos todavía no ___cuenten___ (5) con servicios básicos. Pero Mockus les responde que él no es mago, que es imposible que todos los problemas se ___resuelvan___ (6) de la noche a la mañana. Se alegra de que la ciudad, por lo menos, ___esté___ (7) avanzando.

3 **H. En vivo.** Tú y tu compañero/a están en las calles de Bogotá como reporteros/as de la radio. Elijan uno de los siguientes eventos y descríbanle al público lo que está ocurriendo momento por momento, usando el tiempo presente progresivo. Agreguen sus comentarios.

La gente celebra las fiestas navideñas.
La gente hace cola para recibir su vacuna contra la violencia.
Un peatón ha cometido un acto imprudente.
El alcalde anuncia que los bares van a cerrar a la una.

Ejemplo:
Estoy en una calle de la ciudad de Bogotá para las fiestas navideñas. La gente está... y anda... Antes, todos pasaban la noche..., pero ahora están....

Para escribir

Una carta al alcalde

Esta sección te ayudará a expresar formalmente las quejas de un ciudadano por correspondencia escrita.

A. Hay que pensar. Mira atentamente la lista de ideas a continuación y piensa en un aspecto que necesite reforma inmediata en tu ciudad. Piensa en tu opinión del problema, en cómo describirlo claramente, y en qué soluciones concretas puedes ofrecer para resolverlo.

Contaminación: ruido (de bocinas, de construcción), basura, calles sucias, humo de las fábricas, río (lago, mar) contaminado, contaminación visual (letreros en las carreteras), etc.

SÍNTESIS

Señalización y tráfico: semáforos (que no funcionan), (falta de) letreros, carreteras malas, construcción de autopistas, demoras *(delays)* en las obras en construcción, (falta de) sendas para bicicletas, tráfico atascado, conductores o taxistas descorteses, (falta de) aceras para peatones/ transporte colectivo/ estaciones de metro, obstáculos en las calles o carreteras que impiden la vista, etc.

Finanzas: impuestos muy altos, deuda pública, sueldos de los empleados municipales, multas *(traffic fines, tickets)*, etc.

Seguridad de los ciudadanos: delincuencia, vendedores de drogas, guerras de pandillas *(gang wars)*, robos, peligro en..., castigo de los delincuentes, condiciones de las cárceles, etc.

Uso del espacio: espacios abiertos, jardines y zonas verdes, obras en construcción, obras de arte y jardines exteriores, condiciones de monumentos o sitios históricos, estadios, bibliotecas, instalaciones comerciales en zonas residenciales, etc.

B. Evocar imágenes. Describe el problema con tantos detalles como puedas. Usa el presente progresivo para crear imágenes visuales, para capturar de forma vívida la escena del momento, y para expresar una actividad que sigue pasando.

Ejemplo:

En la esquina de la calle..., en el barrio residencial de... acaban de construir una de esas enormes estaciones de gasolina. Como está abierta las 24 horas del día, **está destruyendo** la tranquilidad de la zona. Allí **se están congregando** grupos de jóvenes que **pasan las noches tomando** cerveza, **tirando** basura, **gritando y tocando** la bocina al ritmo de la música. A pesar de las numerosas quejas que hemos hecho, esto **sigue ocurriendo**. El ruido **nos está volviendo** locos y actualmente casi nadie **está durmiendo**. Además de estos jóvenes, el sitio **está atrayendo** a perros, gatos y ratones que **andan buscando** comida en la basura. Los residentes de este barrio **estamos llegando** al límite de nuestra paciencia.

C. Expandir con soluciones. Vas a expresarle tu queja al alcalde de la ciudad. Piensa en el problema que has descrito y da al menos **tres sugerencias** para resolverlo sin crear nuevos problemas. Tus sugerencias deben ser realistas y concretas. Por ejemplo, para responder al problema descrito en la Actividad B, puedes proponerle al alcalde soluciones como éstas:

Mandar al dueño que fije letreros para prohibir estas actividades.
Mandar al dueño que mantenga limpia el área.
Aumentar la vigilancia de este sitio por la policía.
Impedir más construcción comercial en esta zona residencial.

D. Redactar la carta. Ahora, combina tu descripción del problema con tus soluciones en una carta para el alcalde de tu ciudad. Usa las siguientes expresiones de cortesía para este tipo de correspondencia formal y asegúrate de usar **Ud.** cuando te dirijas al alcalde.

Ciudad y fecha: ciudad, (día) de (mes) de (año)

Para saludar: Respetado/a señor/a alcalde/sa:

Primer párrafo para presentar el problema: Me dirijo a Ud. para informarle del problema de... (Resume el problema y descríbelo.)

Segundo párrafo para ofrecerle soluciones: Me permito sugerirle que... También me tomo la libertad de recomendarle que... Además, quisiera solicitarle (*request*) que... (Con estas frases vas a usar el subjuntivo.)

La despedida y la firma:
Rogándole (*Urging you*) presentar estas ideas al consejo municipal, se despide de Ud.,
Su affmo. (su afectísimo = *Your obedient*)
(firma)
Dirección:

E. Corregir. Lee lo que has escrito, prestando atención especial a los siguientes aspectos.

1. **Contenido.** ¿Has descrito el problema con mucho detalle? ¿Son concretas tus soluciones? La gente les presta más atención a las quejas cuando están descritas claramente y cuando se ofrecen soluciones realistas.

2. **Cortesía.** Te has dirigido al alcalde de **Ud.** Comprueba que no hayas usado la forma **tú** de ningún verbo o pronombre.

3. **Gramática.** Comprueba los siguientes elementos gramaticales uno por uno. Cuando hayas terminado, pon una marca de comprobación (✓) en la parte superior de la página para indicar que has revisado la gramática y no has encontrado ningún error.

a. Concordancia de adjetivos. Pon un círculo alrededor de cada adjetivo. ¿Has usado la forma apropiada (masculino/femenino, singular/plural)? Tu círculo indicará que has comprobado este aspecto.

b. Uso de reflexivos o pronombres. ¿Has usado pronombres de complemento indirecto cuando era necesario? Recuerda que con muchos verbos, como **escribir, dar, pedir,** y **mandar**, se usa el pronombre de complemento indirecto, aunque no se use en inglés. Si tienes dudas sobre si incluir o no un pronombre de complemento indirecto, escribe **p?** sobre el lugar donde piensas ponerlo.

c. Uso de participios de presente. Debes usar participios de presente y el presente progresivo en esta carta. Sin embargo, ten en cuenta que el uso de estas formas en español es mucho más limitado que el uso de la forma *-ing* en inglés. Pon un círculo en todos los participios que hayas usado. Comprueba las reglas en las páginas 415–416 para asegurarte de que tu inglés no influya en tu español en este aspecto. En el margen junto a cada uso de participio, pon una (✓) para mostrar que has comprobado este aspecto.

Vocabulario

Sustantivos

la acera sidewalk
el acero steel
el alcalde/ la alcaldesa mayor
el/la anciano/a senior citizen, elderly person
el apoyo support
la autopista expressway
la bocina (*car*) horn
la calle street
la cárcel jail
la carretera highway
el centro downtown
el choque (*car*) crash, collision
el/la ciudadano/a citizen
el/la conductor/a driver
la contaminación pollution
la cuadra (*city*) block
la delincuencia crime
la deuda pública national deficit
el/la discapacitado/a disabled person
el/la empleado/a employee
la esquina corner
la estación de metro subway station
el estacionamiento parking area
la fábrica factory
el/la funcionario/a government official
el hogar de ancianos retirement home
la huelga strike
el impuesto tax
las instalaciones facilities
el letrero sign
la máquina machine, machinery
la municipalidad municipality, city hall
la obra de construcción construction; building under construction
la organización organization
la parada (*bus*) stop
el peatón/ la peatona pedestrian
el puente bridge
el rascacielos skyscraper
el semáforo traffic light
la senda path
el servicio service
el taxi taxi
el/la trabajador/a worker
el tráfico traffic
el transporte colectivo (público) public transportation
las zonas verdes green areas

Adjetivos

ancho/a broad, wide
atascado/a congested, clogged
caritativo/a charitable
desamparado/a homeless
desempleado/a unemployed
próximo/a next

Verbos

apoyar to support
aumentar to increase
conectar to connect
dirigir to control, to direct
disminuir to decrease
doblar to turn
echar humo to emit smoke
encontrarse (ue) to be located/found
funcionar to work, to function
girar to turn
invertir (ie) to invest
mantener to maintain
seguir derecho to go straight

Otras palabras y expresiones

actualmente currently
habrá there will be
hasta que until
se ve/n can be seen

CAPÍTULO

15

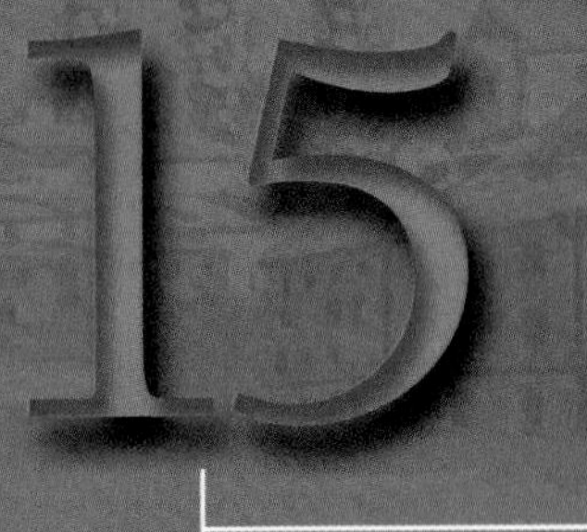

¿Qué nos reserva el futuro?

ÍNDICE

¿Será ésta la imagen del siglo XXI?

Dicen los expertos que la temperatura promedio de la Tierra está subiendo y que el cambio climático puede causar grandes desastres. Tu generación quizás tenga más posibilidades, beneficios y decisiones difíciles que tomar que ninguna otra.

Mira el mapa y completa las siguientes frases, escogiendo una de las varias opciones. Luego, con tus compañeros, preséntenle los resultados a la clase.

1. Cuando pienso en el futuro de nuestro planeta, me siento tan...

nervioso/a / tranquilo/a	optimista / pesimista
deprimido/a / feliz	tranquilo/a / tímido/a
seguro/a / inseguro/a	entusiasmado/a / preocupado/a

2. Con respecto al clima de nuestro planeta, creo que el futuro nos traerá más...

comida/ agua	enfermedades infecciosas
inundaciones	erosión
extinción de animales y plantas	pérdidas de glaciares

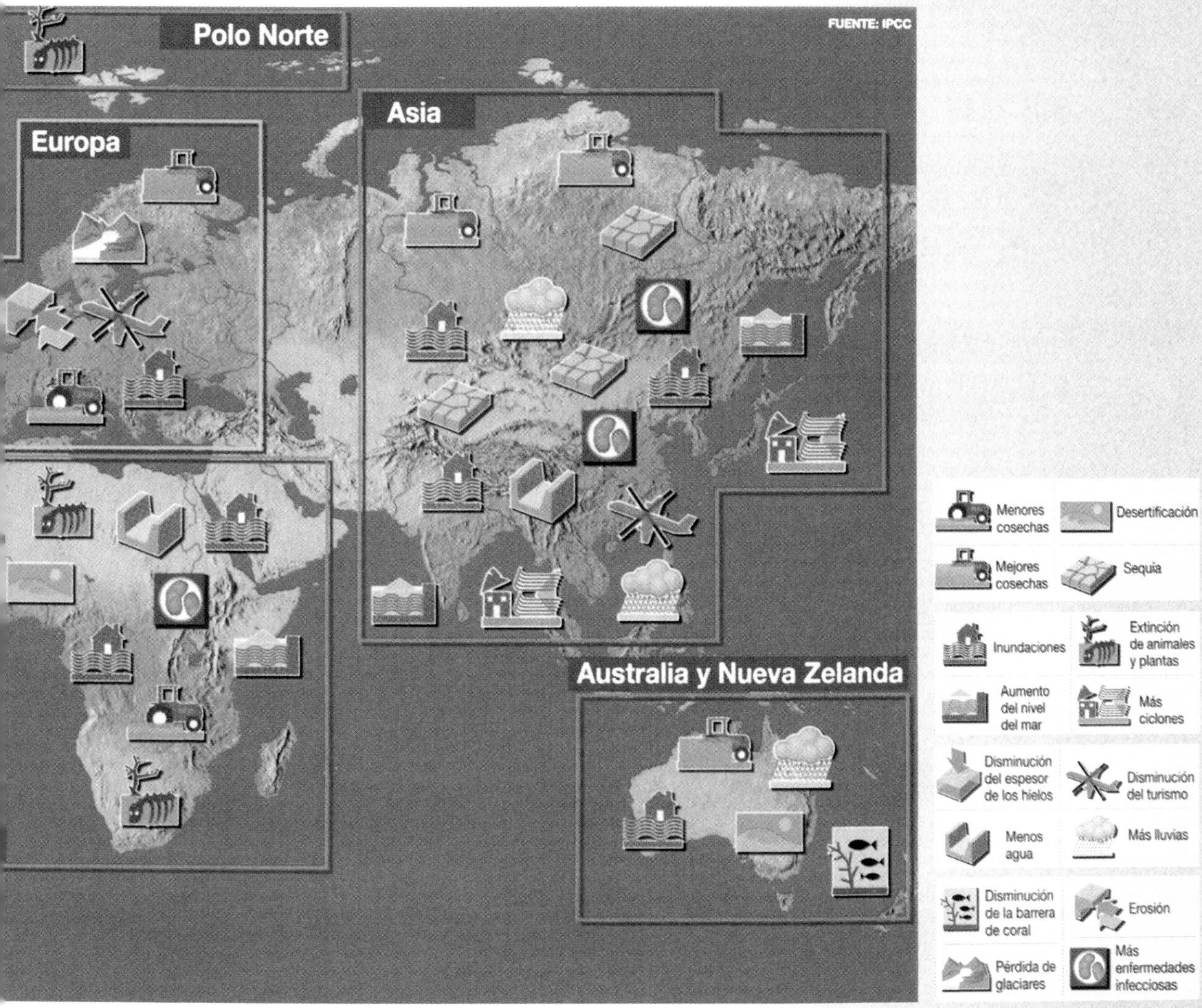

Polo Norte

FUENTE: IPCC

Europa

Asia

Australia y Nueva Zelanda

Answers: Tema principal: El medio ambiente. Ejemplos: Muchos animales están en peligro de extinción. Si se destruye la capa de ozono, las próximas generaciones tendrán que usar máscaras antigás. Hay que controlar la contaminación, cuidar los bosques... etc.

Conversación

15–1. ¿Cómo ves el futuro? En el artículo vas a leer las opiniones de un grupo de jóvenes sobre algunos problemas actuales. Léelo rápidamente para identificar el tema principal de sus comentarios. Luego, busca y copia ejemplos específicos del tema que se está discutiendo.

Reportaje especial **los problemas de nuestra generación**

Tú y los chicos de tu edad comparten sueños, circunstancias e inquietudes. ¿Qué piensan Uds. del momento en que viven? ¿Cómo ven el futuro? ¿De qué forma tratan de llevar su vida día a día y qué soluciones les dan a los problemas comunes? Si pudieran hacer algunos cambios, ¿qué cosas cambiarían? Aquí tienes las opiniones de un grupo de chicas y chicos hispanoamericanos.

Silvia, mexicana, 20 años

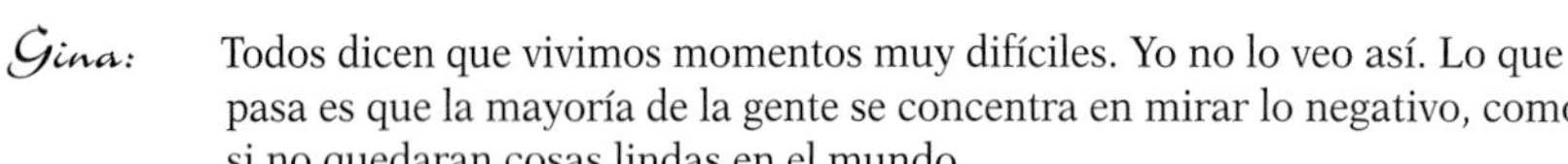

Gina: Todos dicen que vivimos momentos muy difíciles. Yo no lo veo así. Lo que pasa es que la mayoría de la gente se concentra en mirar lo negativo, como si no quedaran cosas lindas en el mundo.

Silvia: ¡Como si no quedaran...! Pero si cada vez quedan menos. ¿Ustedes no leen el periódico? Muchos animales están en peligro de extinción, estamos acabando con la capa de ozono y alterando la ecología del planeta... En la ciudad de México la contaminación ambiental es insoportable... Ojalá no existieran, pero éstos son problemas reales, Gina. Hay que mirar las cosas positivas, como tú dices, pero también tenemos que hacernos conscientes de los peligros, para comenzar a hacer algo antes de que sea demasiado tarde.

Ernesto, venezolano, 22 años

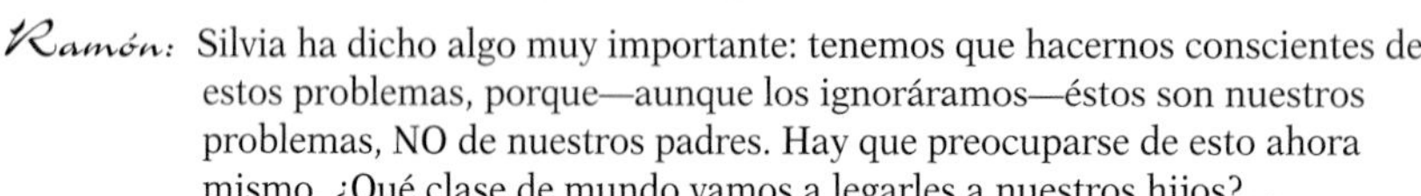

Ramón: Silvia ha dicho algo muy importante: tenemos que hacernos conscientes de estos problemas, porque—aunque los ignoráramos—éstos son nuestros problemas, NO de nuestros padres. Hay que preocuparse de esto ahora mismo. ¿Qué clase de mundo vamos a legarles a nuestros hijos?....

Ernesto: Lo que pasa es que la gente piensa: "Eso está en el futuro". No se ponen a pensar que si seguimos destruyendo la capa de ozono, por ejemplo, sus nietos tendrán que salir a la calle con máscaras antigás para poder respirar.

Gina, puertorriqueña, 18 años

Miriam: Pero entonces alguien fabricará máscaras antigás "de marca" y la gente se acostumbrará a usarlas y el planeta seguirá decayendo hasta...

Ernesto: Oye... ¡Qué deprimente está eso que dices, Miriam!

Miriam: Pero ahí llegará la cosa. Nos están advirtiendo: "Hay que controlar la contaminación, cuidar los bosques y los animales, reciclar la basura; la ecología del planeta está en peligro, no lo hagamos inhabitable..." Pero la gente piensa que eso pasará dentro de cien años y que, después de todo, a ellos no les va a afectar.

Ramón, colombiano, 20 años

Silvia: La cosa está en actuar. Yo, por ejemplo, no uso productos de compañías que fabrican atomizadores que dañan la capa de ozono y hago donaciones a un grupo que protege a las ballenas que están en peligro de extinción.

Ramón: Uno puede escribirles a los políticos. (Risas.) ¡No!, en serio. Se puede recoger firmas y escribirles a los políticos y pedirles que organicen programas de conservación de los recursos naturales...

Miriam, cubana radicada en los Estados Unidos, 21 años

Ernesto: No, yo creo en ser directo, en movilizar a la gente y decirle: "No compren tal producto, porque las fábricas de esa compañía echan los desperdicios en el río, pudren el agua y matan los peces. Hasta que dejen de hacerlo, no les damos ni un centavo". Hay que organizarse. En la unión está la fuerza.

Adaptado de *Tú*, Vol. 10, No. 4 (abril de 1989), 80.

15–2. Personas y personalidades. Considera los comentarios de estos jóvenes y da el nombre de la persona que, en tu opinión, represente mejor las siguientes actitudes y personalidades. En cada caso, cita frases del artículo para justificar tu respuesta.

1. pesimista
2. optimista
3. apasionado/a
4. serio/a
5. responsable
6. exagerado/a
7. deprimente
8. alarmista
9. directo/a
10. rebelde
11. práctico/a
12. alegre

15–3. Actualmente. En la conversación hay descripciones de lo que está pasando ahora. Usa el tiempo presente progresivo para escribir por lo menos cinco frases que describan lo que le seguimos haciendo a nuestro planeta según este artículo.

> *Ejemplo:*
> **Estamos acabando** con la capa de ozono y **alterando** la ecología del planeta. Estan muriendo las ballenas (*whales*) porque no estamos protegiéndolas.

15–4. Soluciones. Busquen la línea del artículo donde se ofrece cada una de las siguientes soluciones. Luego, con sus propias palabras, completen las frases y resuman las recomendaciones de los jóvenes, según el modelo. Usen el tiempo presente del subjuntivo.

> *Ejemplo:*
> **Los jóvenes nos sugieren que...** **Nos recomiendan que...**
> **Nos aconsejan que...** **Nos advierten** (*warn*) **que...**

1. comunicarnos con los políticos para que ellos...
2. hacernos conscientes de los peligros antes de que...
3. reciclar la basura para que...
4. apoyar organizaciones que...
5. cuidar los animales para que...
6. dejar de comprar cualquier producto que...
7. organizarnos y unirnos para que...
8. recoger firmas para que los políticos...
9. no acostumbrarnos a la crisis para que el planeta no...

Answers: 1. Los jóvenes nos sugieren que nos comuniquemos con los políticos para que ellos organicen programas de conservación de los recursos naturales. 2. Nos recomiendan que nos hagamos conscientes de los peligros antes de que sea demasiado tarde. 3. Nos aconsejan que reciclemos la basura para que el planeta no se vuelva inhabitable. 4. Nos sugieren que apoyemos a las organizaciones que protegen el medio ambiente. 5. Nos advierten que tenemos que cuidar a los animales para que no se extingan. 6. Nos aconsejan que dejemos de comprar cualquier producto que use atomizadores. 7. Nos recomiendan que nos organicemos y nos unamos para que tengamos más fuerza. 8. Nos sugieren que recojamos firmas para que los políticos organicen programas de preservación del ambiente. 9. Nos recomiendan que no nos acostumbremos a la crisis para que el planeta no se vuelva inhabitable.

15–5. Ayer, hoy y mañana. Elijan uno de los siguientes temas presentados en el artículo y prepárense para responder a las preguntas específicas con sus propias observaciones, imágenes o recomendaciones, según el contexto.

1. Gina cree que todos miramos lo negativo como si no quedaran cosas lindas. ¿Qué cosas lindas ven Uds. en el mundo de hoy? ¿Qué cosas lindas se imaginan para el futuro?
2. Ramón cree que tenemos que hacernos conscientes de los problemas de nuestro planeta. Den algunos ejemplos de cómo se ignoran los problemas ecológicos. Luego, cuenten algo que hayan visto recientemente.
3. Miriam cree que la gente seguirá acostumbrándose a cualquier crisis como si no pasara nada. Den ejemplos específicos de cómo nos hemos acostumbrado a las crisis de la vida moderna.
4. Ramón cree que nos portamos (*we behave*) como si no tuviéramos que legarles (*leave*) nada a nuestros hijos y nietos. ¿Están de acuerdo? Den una descripción de cómo será el mundo que Uds. quisieran legarles a sus hijos y nietos.
5. Silvia cree que si todos actuáramos, podríamos producir cambios. ¿Qué debemos hacer para producirlos? Escriban una lista de órdenes para presentárselas a la clase.

15–6. Entrevista. Primero, hagan una lista de los tres temas que más les preocupan cuando piensan del futuro. Luego, para cada tema de su lista, escriban una pregunta con tres opciones para entrevistar a otro grupo. Comuníquenle los resultados a la clase.

1. la energía
2. la educación
3. la delincuencia
4. la sobrepoblación
5. la comunicación
6. el cambio climático
7. las armas nucleares
8. los derechos civiles
9. la pobreza
10. las drogas
11. la tecnología
12. la vejez
13. la familia
14. el hambre
15. la ecología
16. la salud

Ejemplo:

la vejez

Cuando sean ancianos, ¿dónde querrán vivir y por qué?

a. En un hogar de ancianos.
b. En casa de sus hijos.
c. Solos.

A la clase: Roger y Miriam dicen que querrán vivir en un hogar de ancianos porque probablemente necesitarán ayuda. Stephen dice que vivirá con sus hijos porque se sentirá más cómodo rodeado de su familia. Luz dice que querrá vivir sola porque es muy independiente.

IMÁGENES Y PALABRAS

Con respecto al medio ambiente, ojalá hubiera más...

reciclaje de materiales

agua potable

energía solar o del viento

alimentos para los desamparados

inversiones en la ecología

paisajes vírgenes

leyes para proteger la naturaleza

y menos...

pesticidas

botaderos

especies amenazadas

contaminación

Have students find derivatives of the following: **invertir, dañar, reciclar, amenazar, extinguir, conservar.**

Have students provide words they associate with: **disminuir, basura, vegetación, fuego, peligroso/ peligro, árbol, naturaleza, insecto, cuidar, cosa difícil, muerte, fábrica, humo.**

Ojalá todos pudieran aprovechar las oportunidades…

de…		en vez de…

prevenir los incendios forestales	→	amenazar los bosques

reducir la deforestación	→	matar la vegetación de las selvas

recoger y reciclar basura	→	tirar más desperdicios

darse cuenta de los retos	→	ignorar los riesgos

cuidar la capa de ozono	→	fabricar productos dañinos

ahorrar para el futuro del planeta	→	agotar los recursos naturales

Ojalá pudiéramos proteger los animales en peligro de extinción, como...

el delfín

la tortuga

el águila

el tigre

la ballena

el caimán

el león

Si yo fuera presidente, promovería más cosas lindas y menos feas.

más...

solidaridad

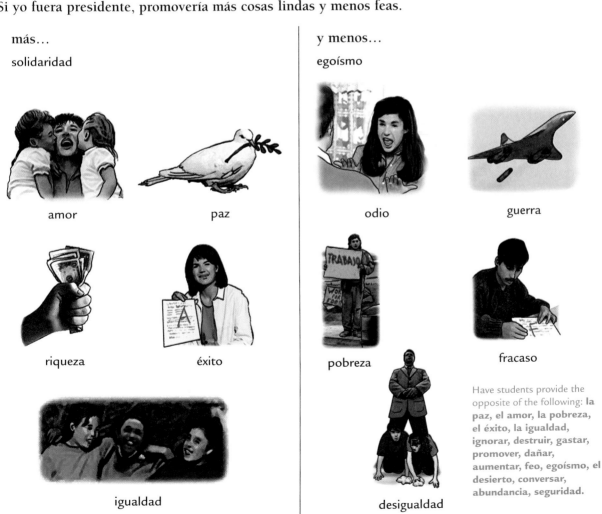

amor

paz

riqueza

éxito

igualdad

y menos...

egoísmo

odio

guerra

pobreza

fracaso

desigualdad

Have students provide the opposite of the following: **la paz, el amor, la pobreza, el éxito, la igualdad, ignorar, destruir, gastar, promover, dañar, aumentar, feo, egoísmo, el desierto, conversar, abundancia, seguridad.**

Práctica

15–7. Una campaña ecológica. Una organización está trabajando para promover la ecología. Ayúdale a crear carteles para su campaña. Completa los siguientes carteles con tus propios mensajes ecológicos.

> *Ejemplo:*
> **Apoye al Partido Verde. Proteja** nuestras selvas.
> Para un mundo más transparente, **recicle** los envases de vidrio.

15–8. Todos somos responsables. Cuando hablamos de problemas del medio ambiente, hay que reconocer que todos somos responsables en mayor o menor medida. Para los siguientes temas, di lo que estamos haciendo actualmente en este país.

> *Ejemplo:*
> **la basura**
> **Seguimos produciendo** mucha basura. **Estamos reciclando** más, pero todavía no es suficiente.

1. la energía solar
2. leyes y políticas de conservación
3. botaderos
4. pesticidas que contaminan los ríos
5. la capa de ozono
6. animales en peligro de extinción
7. oportunidades para mejorar el medio ambiente
8. los bosques y las selvas

15-9. ¿Reducir o aumentar? Digan si debemos tratar de reducir o aumentar lo siguiente y expliquen cómo lo podemos hacer. En su respuesta, traten de integrar el vocabulario de **Imágenes y palabras**.

Ejemplo:

Hay **escasez** de agua y debemos tratar de **reducir el consumo**. Para **ahorrar** más agua, **recomiendo que evitemos** las duchas largas, que **dejemos de** regar el césped tan a menudo, que...

1. la delincuencia
2. el reciclaje
3. el crecimiento de la población
4. la pobreza
5. la educación
6. la extinción de las especies
7. la deforestación
8. la mortalidad infantil
9. el desempleo
10. la contaminación

15-10. Símbolos e imágenes. Usa el vocabulario de **Imágenes y palabras** para describir las ideas abstractas que representan estas ilustraciones.

Ejemplo:

el odio

Cuando pienso en el odio, veo la destrucción, un incendio forestal, un río contaminado de desperdicios, una ballena muerta en la playa, poblaciones amenazadas.

1.

2.

3.

4.

5.

6.

7.

8.

IOR

15–11. Riesgos y resultados. Para las siguientes acciones, da un resultado lógico, usando el tiempo futuro.

Ejemplo:
Previniendo los incendios forestales, protegeremos nuestros bosques.
Echando desperdicios en el mar, mataremos los peces.

1. Obedeciendo la ley de la selva,...
2. Tirando basura en los botaderos,...
3. Invirtiendo en la ecología,...
4. Aprovechando las nuevas tecnologías,...
5. Agotando los recursos naturales,...
6. Quemando los bosques,...
7. Dejando de comprar aerosoles dañinos,...
8. Siendo buenos ciudadanos,...

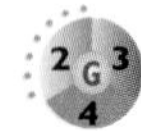

15–12. Retos y riesgos. Escojan uno de los siguientes retos. **(1)** Expliquen qué riesgos correremos si no actuamos de una manera inteligente y **(2)** den una recomendación.

Ejemplo:
Hay muchas plantas en peligro de extinción.
(1) Si no protegemos las plantas en peligro de extinción, **correremos el riesgo de** perderlas.
(2) Es importante que las empresas **se den cuenta** de la importancia de la naturaleza. Esperamos que **recojan ejemplares** de la vegetación antes de construir algo.

Read each of these with the class first, to make sure all understand. Divide themes among pairs or groups of three students. Encourage as much use of new vocabulary as possible.

1. La familia estadounidense típica produce aproximadamente 100 libras de basura a la semana.
2. El 75% del agua que se usa en nuestras casas, se usa en el baño.
3. El estadounidense típico usa el equivalente a siete árboles al año.
4. Un galón de gasolina puede contaminar 750.000 galones de agua potable.
5. Muchos pesticidas se usan únicamente para fines cosméticos. Un millón de personas sufren accidentes de envenenamiento con pesticidas al año.
6. La botella de vidrio que se tira hoy estará todavía en el botadero en el año 3000.
7. Cada minuto se destruirán 50 acres de bosques tropicales. En el año 2002, el 80% de ellos ya no existe.
8. Cien mil mamíferos marinos mueren al año por comer o enredarse con residuos de plástico.
9. Los estadounidenses tiran más de 870.000 libras de comida al día.

GRAMÁTICA

Para proponer situaciones y condiciones: el imperfecto del subjuntivo

1. Use the imperfect (past) subjunctive . . .

(1) Point out that in colloquial speech, the word **que** after **Ojalá** is often omitted: **Ojalá hubiera menos guerra**. (2) For a review of preterit forms, refer students to *Capítulos 6* and *7*.

- with **ojalá** to express your wishes about the way you would like things to be. **Ojalá** has various translations, as in the examples.

  ¡**Ojalá que hubiera** menos guerras! *__If only__ there were fewer wars!*

  ¡**Ojalá que pudieran** detener la destrucción del ozono! *__I wish__ they could stop the problem of ozone depletion.*

- after **como si...** (*as if*) to make descriptions in hypothetical terms.

  Mucha gente gasta electricidad **como si no tuviéramos** escasez de energía.
  Many people waste electricity __as if we didn't have__ an energy shortage.

- if the context is in *present time*, use the present subjunctive; if it is in *past time*, use the past subjunctive tense.

  Quiero que laves y recicles los envases de vidrio.
  __I want you to__ wash and recycle the glass containers.

  Quería que lavaras y reciclaras los envases de vidrio.
  __I wanted you to__ wash and recycle the glass containers.

2. To form the past subjunctive, drop the **-on** ending of the preterit **ellos/ellas/Uds**. form of the verb and add the endings **-a, -as, -a, -amos, *-ais*, -an**, as shown in the chart. Note that the **nosotros** form requires a written accent.

reciclar		**recoger**		**sobrevivir** (*to survive*)	
pretérito: reciclaron (reciclar-)		**pretérito: recogieron (recogier-)**		**pretérito: sobrevivieron (sobrevivier-)**	
recicla**ra**	reciclá**ramos**	recogie**ra**	recogié**ramos**	sobrevivie**ra**	sobrevivié**ramos**
recicla**ras**	*recicla**rais***	recogie**ras**	*recogie**rais***	sobrevivie**ras**	*sobrevivie**rais***
recicla**ra**	recicla**ran**	recogie**ra**	recogie**ran**	sobrevivie**ra**	sobrevivie**ran**

Since you form the past subjunctive from the preterit tense, if the verb is irregular or has a stem or spelling change, that change will be carried over to the stem of the past subjunctive.

Other stem changers: **pedir, elegir, corregir, vestir, repetir, (con)seguir, sugerir, convertir, divertirse, sentirse, advertir, hervir, mentir, dormir.**

3. Recall that **-ir** stem-changing verbs have changes in the preterit and, therefore, in the past subjunctive. (These are the same verbs that also had stem changes in the present participle or *-ing* form.)

	Preterit	**Imperfect subjunctive**
invertir	invirtieron	invirtiera, invirtieras, invirtiera, invirtiéramos,...
reírse	se rieron	me riera, te rieras, se riera, nos riéramos,...
morirse	se murieron	me muriera, te murieras, se muriera, nos muriéramos,...

4. The verbs **creer, caer, leer, oír** and those ending in **-uir (influir, incluir, construir)** have a **y** in the preterit and past subjunctive forms.

caer	ca**y**eron	→	ca**y**era
disminuir	disminu**y**eron	→	disminu**y**era
oír	o**y**eron	→	o**y**era
destruir	destru**y**eron	→	destru**y**era

5. Verbs that are irregular in the preterit carry over this irregularity to the past subjunctive. Here are some common examples.

Other irregular verbs: **traer, andar.**

ser, ir (fueron)	fuera, fueras, fuera, fuéramos, *fuerais*, fueran
decir (dijeron)	dijera, dijeras, dijera, dijéramos, *dijerais*, dijeran
(a)traer ([a]trajeron)	(a)trajera, (a)trajeras, (a)trajera, (a)trajéramos, *(a)trajerais*, (a)trajeran
reducir* (redujeron)	redujera, redujeras, redujera, redujéramos, *redujerais*, redujeran
estar, tener** ([es]tuvieron)	(es)tuviera, (es)tuvieras, (es)tuviera, (es)tuviéramos, *(es)tuvierais*, (es)tuvieran
poder (pudieron)	pudiera, pudieras, pudiera, pudiéramos, *pudierais*, pudieran
saber (supieron)	supiera, supieras, supiera, supiéramos, *supierais*, supieran
haber (hubieron)	hubiera, hubieras, hubiera, hubiéramos, *hubierais*, hubieran
dar (dieron)	diera, dieras, diera, diéramos, *dierais*, dieran
(pre)venir ([pre]vinieron)	(pre)viniera, (pre)vinieras, (pre)viniera, (pre)viniéramos, *(pre)vinierais*, (pre)vinieran
hacer (hicieron)	hiciera, hicieras, hiciera, hiciéramos, *hicierais*, hicieran

*Other verbs ending in **–ucir** follow this same pattern: **producir → produjera, traducir → tradujera, conducir → condujera**.

The forms of **andar are similar to those of **estar** and **tener**: **anduvieran → anduviera.**

Práctica

15–13. Resume lo que dijo. Usa el imperfecto del subjuntivo para resumir lo que quería la persona que te dio las siguientes órdenes.

Ejemplo:
Siéntate.
Quería que me sentara.

1. Conviertan su basura en algo útil. Nos dijeron que...
2. Dame un vaso de agua, por favor. Me pidió que le...
3. Reciclen los envases de plástico. Nos aconsejó que...
4. Uds. tienen que darse cuenta de los problemas. Quería que...
5. Recoge este papelito. Insistió en que...
6. No te rías. No quería que...
7. Invierte tus ahorros. Sugirió que...
8. Reduzcan su consumo de agua. Nos recomendó que...
9. Hagan lo que puedan. Quería que...
10. Organiza programas de conservación. Quería que...
11. Protejan las águilas. Nos aconsejó que...
12. Traduzcan Uds. el párrafo. Quería que nosotros...

Answers:
1. convirtiéramos nuestra basura en algo útil. 2. diera un vaso de agua.
3. recicláramos los envases de plástico. 4. nos diéramos cuenta de los problemas.
5. recogiera ese papelito.
6. me riera. 7. invirtiera mis ahorros. 8. redujéramos el consumo de agua.
9. hiciéra lo que pudiéra.
10. organizara programas de conservación.
11. protegiéramos las águilas. 12. tradujéramos el párrafo.

15–14. Ojalá. Para cada uno de los siguientes comentarios, expresa un deseo usando el imperfecto del subjuntivo con **ojalá**.

Ejemplo:
No sé ahorrar para el futuro.
Ojalá supiera ahorrar.

1. No prevenimos la deforestación.
2. Las industrias están echando desperdicios en el río.
3. Muchos peces mueren por la pesca descontrolada.
4. Seguimos matando las ballenas sin razón.
5. No puedo hacer nada para parar la destrucción.
6. Muchos no se dan cuenta de la gravedad del problema.
7. Hay tantos animales en peligro de extinción.
8. La mortalidad infantil no disminuye.
9. La familia típica produce tantas toneladas de basura.

Answers:
1. Ojalá previniéramos la deforestación. 2. Ojalá las industrias no echaran desperdicios en el río.
3. Ojalá no murieran tantos peces por la pesca descontrolada. 4. Ojalá no siguiéramos matando las ballenas sin razón. 5. Ojalá pudiera hacer algo para parar la destrucción.
6. Ojalá más se dieran cuenta de la gravedad del problema. 7. Ojalá no hubiera tantos animales en peligro de extinción. 8. Ojalá disminuyera la mortalidad infantil. 9. Ojalá la familia típica no produjera tantas toneladas de basura.

15-15. Así se comportan. Di cómo se comportan las siguientes personas.

Ejemplo:
los pescadores
A veces los pescadores **se comportan como si** sólo les **importaran** los peces para el consumo.

1. los políticos
2. los médicos
3. los administradores de la universidad
4. los cibernautas
5. los turistas
6. los alumnos universitarios
7. los policías
8. los conductores

15-16. ¿Qué te dijo? Tu compañero te dice varias cosas que tienes que hacer. Resume lo que te dijo que tenías que hacer.

Answers: 1. Dijo que le llevara esa novela de ciencia ficción y que le leyera el primer párrafo. 2. Dijo que recogiera la basura para que no atrajera insectos. 3. Dijo que invirtiera el cheque de mi sueldo para que pudiera aumentar mis ahorros. 4. Dijo que me acostara y durmiera hasta que me sintiera mejor. 5. Dijo que le dijera la verdad, a menos que fuera un secreto, y que por favor no le mintiera. 6. Dijo que no siguiera saliendo con esa gente porque no creía que influyeran bien en mí.

Ejemplo:
Tu compañero/a: Ponte un abrigo. No quiero que te enfermes.
Tú: **Dijo que me pusiera** un abrigo porque **no quería que me enfermara**.

1. Tráeme esa novela de ciencia ficción y léeme el primer párrafo.
2. Recoge la basura para que no atraiga insectos.
3. Invierte el cheque de tu sueldo para que puedas aumentar tus ahorros.
4. Acuéstate y duerme hasta que te sientas mejor.
5. Dime la verdad a menos que sea un secreto. No me mientas, por favor.
6. No sigas saliendo con esa gente. No creo que influyan bien en ti.

15-17. Ojalá hubiera soluciones. Digan lo que quisieran que pasara para responder a los siguientes retos.

Ejemplo:
para proteger la capa de ozono
Ojalá disminuyéramos el uso de aerosoles.

1. para prevenir la delincuencia
2. para reducir el aislamiento de los ancianos
3. para reducir la pobreza
4. para ser ciudadanos más responsables
5. para educar mejor a nuestros niños
6. para eliminar los choques en las carreteras
7. para curar las enfermedades graves
8. para no agotar nuestras fuentes de energía

Las cataratas de Iguazú y la presa hidroeléctrica de Itaipú entre Argentina, Brasil y Paraguay

15–18. De niños. Usa el imperfecto del subjuntivo para describir los siguientes aspectos de tu niñez o adolescencia.

Ejemplo:
lo que querían que hicieras tus padres
Mis padres siempre **querían que me riera más** y que **no tomara** las cosas tan en serio.

1. lo que siempre te aconsejaban los mayores
2. algo que no creías que fuera posible
3. lo que tú querías que hicieran tus padres
4. lo que querías que hicieran los maestros
5. algo que le recomendabas a un/a amigo/a
6. lo que no te gustaba que otros hicieran

La RED de cada día

Mientras en el planeta Tierra nos preocupamos por la salud de las zonas verdes y mientras los astronautas exploran las zonas misteriosas del universo, hay otra zona que queda por comprender—la **zona** donde viajan los cibernautas, es decir, **el ciberespacio**. Muchos opinan que la masificación de la Internet nos traerá enormes cambios sociales, económicos y, sobre todo, personales. ¿Qué retos, riesgos y oportunidades se presentan en un ciberspacio sin fronteras?

Answers for Activity A.
Norteamérica: Flora: 3.587
Centroamérica y el Caribe: Flora: 1.979
Sudamérica: Flora: 1.139
Sudamérica: Fauna: 378
Norteamérica: Fauna: 125
Centroamérica y el Caribe: Fauna: 88

Biodiversidad amenazada

La *biodiversidad* es la variabilidad de la vida, la diversidad dentro de cada especie y a través de las especies. De los 12 países del mundo considerados como de *megadiversidad* biológica, diez de éstos se encuentran en Latinoamérica. En tu opinión, ¿por qué es importante mantener y proteger la biodiversidad del mundo? Lee el siguiente artículo para ver qué le está pasando a esta diversidad biológica.

Con apenas el 1,4% de la superficie del planeta, México posee cerca del 10% del total de especies conocidas en el mundo. Ocupa el cuarto lugar mundial con respecto al número de especies de plantas y el segundo lugar en cuanto a los mamíferos. A nivel mundial, es el país con mayor diversidad de reptiles. Se destaca además por sus *endemismos*, es decir, por la presencia de organismos que no existen en ningún otro país. Considerando tan sólo la flora, el porcentaje de endemismos oscila entre el 44 y el 63%, mientras que para los vertebrados, la proporción es del 30% en promedio. México, por su clima y vegetación, es santuario de múltiples especies de animales migrantes, como la tortuga marina, la ballena gris, la mariposa monarca y el flamenco rosa, entre otras.

Sin embargo, México ha sufrido elevadas tasas de deforestación: ¡más del 95% de sus bosques tropicales húmedos! Los bosques han cedido terreno a las actividades agropecuarias (*farming and animal husbandry*), el desarrollo urbano o la construcción de infraestructura. Los procesos de expansión agropecuaria han producido, además de la deforestación y destrucción de ecosistemas, otros problemas. Por ejemplo, la erosión irreversible afecta ya casi el 80% del territorio nacional; el uso excesivo de agroquímicos ha contaminado los suelos y las aguas subterráneas; el número de especies raras amenazadas o en peligro de extinción suma casi 4.000 especies. Esta destrucción de la riqueza biótica de México es un verdadero cataclismo ecológico, si se piensa que muchas especies desaparecieron para siempre antes de que pudieran ser catalogadas y analizadas sus características nutritivas, farmacológicas, tóxicas y ecológicas.

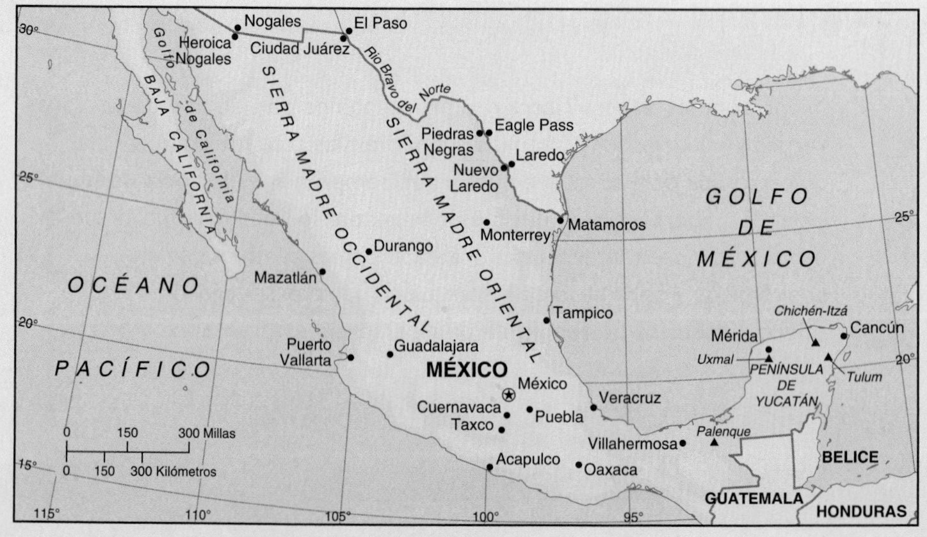

A. Según el *Almanaque mundial*, éstos son los diez países hispanos con mayor cantidad de especies en peligro de extinción. Ordena la lista según la zona del mundo (Norteamérica, Sudamérica, Centroamérica/ el Caribe) y de mayor a menor número de especies amenazadas.

País	Flora	Fauna
Argentina	157	78
Chile	192	27
Colombia	316	94
Costa Rica	456	24
Cuba	874	17
Ecuador	121	85
Guatemala	305	20
México	1.111	61
Panamá	344	27
Perú	353	94
Estados Unidos	2.476	64

B. En grupos, contesten las siguientes preguntas. Luego, formulen su propia pregunta para hacerle a la clase.

1. ¿Por qué debe preocuparnos la deforestación?
2. ¿Qué relaciones hay entre la flora y la fauna en un ecosistema?
3. ¿Qué país necesita más ayuda?
4. ¿...?

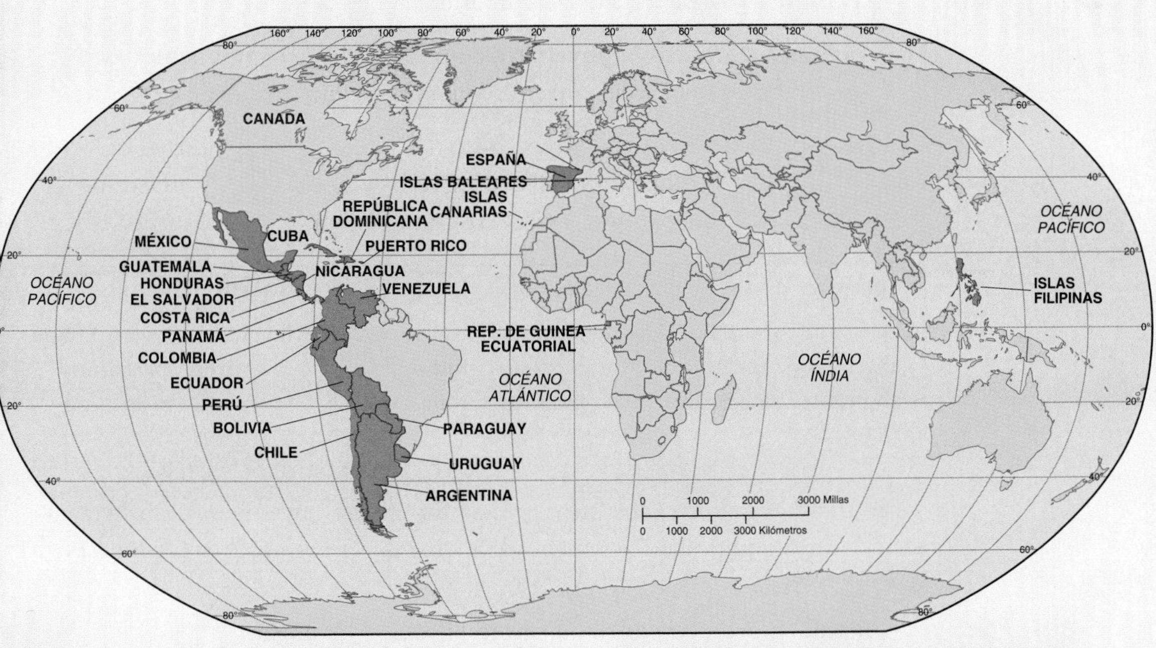

Para especular sobre los resultados y las consecuencias: el tiempo condicional

In the previous grammar section, you learned to use the imperfect subjunctive to propose hypothetical conditions and situations.

Ojalá las empresas **fabricaran** menos productos dañinos.
Ojalá tantas plantas no **estuvieran** en peligro de extinción.

Inform students that **si** (*if*) is never used with the present subjunctive.

1. To speculate on the consequences or results of proposals such as these, use the *conditional tense*. The conditional tense corresponds to English expressions with *would*, as in "The world *would* be a better place." For example, to state a hypothesis about the future or to express what *would* happen if something else were true, use the following *if . . . then . . .* model.

si + past subjunctive + conditional

Si tuviera más dinero, lo **invertiría** en proteger los recursos naturales.
If I had more money, I would invest it to protect natural resources.

2. The conditional tense is formed from the same stem as that used to form the future tense. In other words, for most verbs you will simply attach the endings **-ía, -ías, -ía, -íamos,** ***-íais***, **-ían** to the *infinitive*.

ahorrar		**promover**		**invertir**	
ahorrar**ía**	ahorrar**íamos**	promover**ía**	promover**íamos**	invertir**ía**	invertir**íamos**
ahorrar**ías**	*ahorrar**íais***	promover**ías**	*promover**íais***	invertir**ías**	*invertir**íais***
ahorrar**ía**	ahorrar**ían**	promover**ía**	promover**ían**	invertir**ía**	invertir**ían**

Verbs that have an irregular stem in the future tense have the same irregular stem in the conditional. To review these irregular verbs, refer to *Capítulo 14*, pages 410–411.

Si pudiera, yo **prevendría** la deforestación de la jungla.
If I could, I would prevent the deforestation of the jungle.

Les **diría** a los oficiales del gobierno que **deberíamos** cambiar la situación.
I would tell government officials that we ought to change the situation.

Luego, mis amigos y yo **saldríamos** a la calle a protestar.
Then, my friends and I would go out on the street to protest.

Práctica

15-19. Si... Completa las siguientes oraciones con la forma correcta del condicional.

1. Si tuviera más dinero... (comprarme un coche nuevo, ir de viaje a España, donárselo a organizaciones caritativas, alquilar un apartamento de lujo)
2. Si tuviera más tiempo... (poner mi cuarto en orden, visitar a mis abuelos, dormir una siesta, salir con mis amigos todas las noches)
3. Si estudiara más... (sacar buenas notas, poder conseguir una beca, recibir buenas recomendaciones de mis profesores, sentirme menos estresado/a)
4. Si quisiera llevar una vida más sana... (hacer más ejercicio, dejar de fumar, evitar el alcohol y las drogas, cuidar mi dieta)

Answers: 1. me compraría un coche nuevo, iría de viaje a España, se lo donaría a organizaciones caritativas, alquilaría un apartamento de lujo 2. pondría mi cuarto en orden, visitaría a mis abuelos, dormiría una siesta, saldría con mis amigos todas las noches 3. sacaría buenas notas, podría conseguir una beca, recibiría buenas recomendaciones de mis profesores, me sentiría menos estresado/a 4. haría más ejercicio, dejaría de fumar, evitaría el alcohol y las drogas, cuidaría mi dieta

3 **15-20. ¿Qué harían en estos lugares?** Digan lo que harían si fueran a los siguientes lugares.

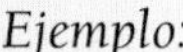

Ejemplo:

Tú: Si yo me fuera a la playa, nadaría.

Tu compañero/a: Pues, si yo me fuera a la playa tomaría el sol.

1. 

2. 

3. 

4. 

5. 

15–21. Situaciones personales. Di dos cosas que harías en las siguientes circunstancias.

1. Si se te rompieran los pantalones antes de una entrevista de trabajo...
2. Si encontraras un billete de cien dólares en una mesa de la cafetería...
3. Si supieras que tu amigo había copiado en una prueba...
4. Si no pudieras dormirte por la noche...
5. Si vieras una cucaracha en tu sopa...
6. Si tuvieras una semana de vacaciones...

15–22. Una vida diferente. ¿Cómo cambiaría tu vida y la de otros en los siguientes casos?

1. con tres hermanos más
2. sin tanto trabajo
3. sin clases
4. con una beca
5. con una casa en la playa
6. con un trabajo estupendo
7. con un coche deportivo
8. con un/a esposo/a

15–23. Chismes. Cuéntales a tus compañeros/as los siguientes chismes (*gossip*). Usa el tiempo pretérito y el tiempo condicional.

Answers: 1. Dijo que los alumnos asistirían (podrían asistir) a clase sin pagar la matrícula. 2. Dijeron que pondrían televisores en todos los dormitorios de las residencias. 3. Mi profesor creía que nadie recibiría menos de una C en su clase. 4. Prometieron que no tirarían más basura sin reciclarla. 5. La directora de la biblioteca anunció que adquirirían más publicaciones sobre el medio ambiente. 6. El ayudante nos informó que prohibirían hacer ruido en todas las residencias después de las 11.

Ejemplo:
El presidente de la universidad dice que no va a haber más exámenes.
El presidente dijo que no **habría** más exámenes.

1. Dice que los alumnos pueden asistir a clase sin pagar la matrícula.
2. Dicen que van a poner televisores en todos los dormitorios de las residencias.
3. Mi profesor cree que nadie va a recibir menos de una C en su clase.
4. Prometen que no van a tirar más basura sin reciclarla.
5. La directora de la biblioteca anuncia que pronto van a venir más publicaciones en español.
6. El ayudante nos informa que van a prohibir hacer ruido en todas las residencias después de las 11.

15–24. ¿Qué harías en los siguientes casos? Cambia los infinitivos entre paréntesis al tiempo condicional, y completa las frases con tus propias ideas.

Answers: 1. Si pudiera dirigirme a los distintos grupos de la ciudad, **les diría** que... 2. Cuando finalmente estos grupos me prestaran atención, **los pondría** a trabajar en... 3. Creo que si más jóvenes se preocuparan de los problemas comunitarios, más **se darían cuenta** de... 4. Si el éxito dependiera de las buenas relaciones que pudiéramos mantener, todo el mundo **tendría** que... 5. Si la paz pudiera por fin ser realidad, nosotros, los jóvenes, **podríamos** dedicarnos a...

1. Si pudiera dirigirme a los distintos grupos de la ciudad, (decirles) que...
2. Cuando finalmente estos grupos me prestaran atención, (ponerlos) a trabajar en...
3. Creo que si más jóvenes se preocuparan de los problemas comunitarios, más (darse cuenta) de...
4. Si el éxito dependiera de las buenas relaciones que pudiéramos mantener, todo el mundo (tener) que...
5. Si la paz pudiera por fin ser realidad, nosotros, los jóvenes, (poder) dedicarnos a...

15-25. Si pudiera... Di qué harías en los casos 1 a 5 y qué no harías en los casos 6 a 10.

¿Qué harías si...?

1. pudieras cambiar una ley
2. pudieras ser otra persona
3. pudieras prevenir algo
4. fueras del tamaño de un insecto
5. no tuvieras que dormir

¿Qué no harías si...?

6. no hubiera electricidad
7. no hubiera coches
8. no hubiera computadoras
9. ya no hubiera árboles
10. no hubiera relojes

15-26. ¿Qué consejos puedes dar? Usa la frase **Si yo fuera**..., según el modelo.

Ejemplo:
Si yo fuera mi amigo Josh, no contaminaría el aire fumando.

1. tu papá o tu mamá
2. tu profesor/a
3. el presidente de EE.UU.
4. el/ la alcalde/sa de la ciudad
5. el/ la presidente de la universidad
6. el/ la jefe/a de programación de la televisión

15-27. Papá y mamá. Di qué les dirías o qué harías si tú fueras papá o mamá y tus hijos hicieran las siguientes cosas. Explica por qué o para qué.

Ejemplo:
Tu hijo de 14 años fuma.
Si mi hijo fumara, le aconsejaría/ diría que... porque.../ para que...

1. Tu hijo ve mucha televisión.
2. Tu hija quiere pasar un año en la selva amazónica.
3. Tu hijo deja de asistir a clases.
4. Tu hija conduce tu coche sin tener licencia.
5. Tu hijo se hizo un tatuaje (*tattoo*) en el pecho.
6. Tu hija de 17 años quiere casarse.
7. A tu hija de 4 años le da miedo la oscuridad.
8. Tu hijo de 10 años navega por la red con una identidad falsa.

15-28. Encuesta. Desarrollen cinco preguntas para proponerles a tus compañeros unas condiciones hipotéticas. Háganles preguntas a tres compañeros y luego infórmenle a la clase.

Ejemplo:
¿Qué harían ustedes si sólo les quedara un mes de vida?
¿Adónde irían Uds. si pudieran hacer un viaje fabuloso?

1. ¿...?
2. ¿...?
3. ¿...?
4. ¿...?
5. ¿...?

EN VOZ ALTA

For the audioscript for *Capítulo 15*, please refer to p. 500.

A. Escucha la conversación en esta clase de Historia de las Civilizaciones, y contesta si es cierto (**C**) o falso (**F**) lo siguiente:

F Los mayas eran una sola tribu que vivía en México.
C Eran matemáticos y astrónomos avanzados.
C Conocían el cero y su uso y los sistemas de calendario.
F Construyeron edificios simples con ayuda de vehículos con ruedas.
C En áreas de agua escasa, construyeron reservas para almacenar (*to store*) agua.

B. Menciona en estas listas algunos de los conocimientos y obras de los mayas.

Arquitectura	**Agricultura**	**Matemáticas**
templos	canales	el cero
pirámides	chinampas	los sistemas de calendario
observatorios	reservas de agua	
palacios	recursos forestales	
rutas	plantas alimenticias y medicinales	

C. Escucha la grabación nuevamente y escribe las cuatro primeras preguntas que le hace la Srta. Sánchez al profesor Gaona.

1. ¿Me permite una pregunta?
2. ¿Dónde estaban localizados los mayas?
3. ¿Fueron los mayas los que descubrieron el cero?
4. ¿Es posible que hayan conocido la astronomía y los sistemas de calendario?

Mi refranero. Aquí tienes dos refranes relacionados con el tema de este capítulo. ¿Puedes encontrar el equivalente en inglés?

El que quiera celeste, que le cueste.
Pluma a pluma se queda el gallo sin ninguna.

Estos dos refranes también son populares. Escúchalos a ver si estás de acuerdo.

El que no se arriesga, no pasa la mar.
No todo lo grande es bueno, pero todo lo bueno es grande.

Voces hispanas

Si tan sólo pudiera...

De vez en cuando, todos sentimos remordimiento (*regret*). Cuando recordamos ciertos episodios de nuestra vida, a veces pensamos que ojalá hubiéramos actuado de otra manera. ¿Qué remordimientos tienes tú? Expresa tus sentimientos con la frase **Ojalá (no) hubiera...**

Ejemplo:
Ojalá no me hubiera peleado con mi amiga.
Ojalá le hubiera dicho la verdad.

A. ¿Piensas a veces en lo que harías si pudieras vivir nuevamente un episodio o una época de tu vida? Lee el siguiente poema y escribe cinco frases para expresar el remordimiento que siente el poeta al pensar en su vida.

Ejemplo:
Ojalá me hubiera relajado más.
Ojalá hubiera corrido más riesgos.

Instantes

Jorge Luis Borges

Si pudiera vivir nuevamente mi vida,
en la próxima trataría de cometer más errores;
No intentaría ser tan perfecto,
me relajaría más.
Sería más tonto° de lo que he sido.
De hecho, tomaría muy pocas cosas con seriedad.
Sería menos higiénico.
Correría más riesgos, haría más viajes
y contemplaría más atardeceres°.
Subiría más montañas, nadaría más ríos,
iría a más lugares a donde nunca he ido,
comería más helados y menos habas°;
Tendría más problemas reales y menos imaginarios.

B. Elige uno de los siguientes temas y expresa tus propios sentimientos.
Si pudiera vivir nuevamente la semana pasada...
Si pudiera ser niño/a otra vez...
Si pudiera vivir en otra época...
Si pudiera cambiar un aspecto de mi vida...

Palabras útiles

tonto *silly*
el atardecer *sunset*
las habas las habichuelas

SÍNTESIS

Para leer

Todo pasa y todo queda

A. Imagínense cómo será el mundo en cien años. Digan qué problemas ya se habrán resuelto, según Uds.

1. la contaminación de...
2. la escasez de...
3. las inversiones en...
4. la desintegración de...
5. la reducción de...
6. la fabricación de...
7. la alta/ baja tasa (*rate*) de...
8. el aumento de...
9. la destrucción de...
10. la extinción de...
11. el riesgo de...
12. la matanza de...

B. Si Uds. pudieran vivir en el año 2100, ¿qué cosas verían? ¿Cómo viviría la gente? Completen las siguientes frases para compartir su visión con la clase.

1. La gente aprovecharía más oportunidades para...
2. Habría vacunas contra...
3. La gente viviría hasta la edad de...
4. Todos harían excursiones a... viajarían en...
5. Ya no veríamos...
6. Todos usarían energía...
7. Se comunicarían con...
8. Habría leyes contra...
9. La gente echaría de menos (*would miss*)...
10. El reto más importante sería...

C. Últimos avances. ¿Qué grandes avances científicos han ocurrido durante el siglo XXI? En tu opinión, ¿los avances científicos, médicos y tecnológicos siempre son positivos o puede que haya otra cara de la moneda? El siguiente cuento, del escritor peruano José Bernardo Adolph, presenta una escena del futuro. Lee sólo la primera parte y contesta las siguientes preguntas.

1. ¿Qué año es?
2. ¿Qué gran revolución biológica había ocurrido?
3. ¿Cómo se comunicaron las noticias?
4. ¿Cómo reaccionó la gente?
5. ¿Cómo reaccionarías tú si oyeras este anuncio?

SÍNTESIS

Answers: 1. 2168
2. el hombre había conquistado la inmortalidad
3. por las campanillas de los teletipos, los altavoces, los transmisores de imágenes, los boletines del mundo
4. con gritos de triunfo y alegría 5. las respuestas variarán

Nosotros, no

I. Aquella tarde, cuando tintinearon las campanillas° de los teletipos y fue repartida la noticia como un milagro, los hombres de todas las latitudes se confundieron en un solo grito de triunfo. Tal como había sido predicho doscientos años antes, finalmente el hombre había conquistado la inmortalidad en 2168.

Todos los altavoces° del mundo, todos los transmisores de imágenes, todos los boletines destacaron esta gran revolución biológica. También yo me alegré, naturalmente, en un primer instante.

¡Cuánto habíamos esperado este día!

Palabras útiles

las campanillas *bells*
los altavoces *loudspeakers*

D. Éxitos agridulces. Ahora lee la segunda parte del cuento.

1. Completa las frases para resumir lo bueno y lo malo de este avance científico.

   Si la gente recibiera __una inyección__ cada período de __cien años__, no __moriría__ nunca, a menos que tuviera un accidente, y el cuerpo no se __descompondría__. Desafortunadamente, lo malo era que ningún ser humano que tuviera __más de veinte años__ podría participar.

2. Si ahora vivieras tú en esta época ¿tendrías la oportunidad de participar en el programa o ya serías demasiado viejo/a?

3. Cita las frases que te informan sobre el sistema de gobierno y la exploración del espacio de esta época.

Answer: 3. Un sistema de gobierno federal mundial; ya había colonias terrestres en el espacio.

SÍNTESIS

Palabras útiles

jamás nunca
la senectud *senility*
las ampolletas *vials*

II. Una sola inyección, de cien centímetros cúbicos, era todo lo que hacía falta para no morir jamás°. Una sola inyección, aplicada cada cien años, garantizaba que ningún cuerpo humano se descompondría nunca. Desde ese día, sólo un accidente podría acabar con una vida humana. Adiós a la enfermedad, a la senectud°, a la muerte por desfallecimiento orgánico. Una sola inyección, cada cien años.

Hasta que vino la segunda noticia, complementaria de la primera. La inyección sólo surtiría efecto entre los menores de veinte años. Ningún ser humano que hubiera traspasado la edad del crecimiento podría detener su descomposición interna a tiempo. Sólo los jóvenes serían inmortales. El gobierno federal mundial se aprestaba ya a organizar el envío, reparto y aplicación de las dosis a todos los niños y adolescentes de la tierra. Las ampolletas° se llevarían a las más lejanas colonias terrestres del espacio.

E. Nosotros y ellos. Lee la tercera parte del cuento que te describe los sentimientos y las actitudes de dos sectores de una sociedad dividida. Después, responde a lo siguiente.

1. En dos columnas, cita las palabras que el autor emplea para describir a los jóvenes y a los mayores.

JÓVENES	MAYORES
muchachos	nosotros
inmortales	adultos
animales de otra especie	formados
ya no seres humanos	con la semilla de la muerte ya implantada
radicalmente diferente	la última generación mortal
dueños del universo	la despedida
libres	el adiós
fecundos	el pañuelo de huesos y sangre
dioses	marginados de pronto
raza de titanes	los últimos abuelos
nuestros verdugos	habitantes de un asilo de ancianos
	confusos conejos asustados
	otra cosa, repulsiva y enferma, ilógica y monstruosa
	"Los que morirán"

2. Di a quiénes se refieren las siguientes descripciones y, en cada caso, explica qué ideas quiere comunicar el autor.

a. animales de otra especie los jóvenes
b. alegría ingenua los jóvenes
c. ocultando su desprecio los jóvenes
d. la semilla de la muerte los mayores
e. una raza de titanes los jóvenes
f. confusos conejos los mayores

III. Todos serían inmortales. Menos nosotros, los mayores, los adultos, los formados, en cuyo organismo la semilla° de la muerte estaba ya definitivamente implantada.

Todos los muchachos sobrevivirían para siempre. Serían inmortales y, de hecho, animales de otra especie. Ya no seres humanos: su psicología, su visión, su perspectiva, eran radicalmente diferentes a las nuestras. Todos serían inmortales. Dueños del universo para siempre. Libres. Fecundos. Dioses.

Nosotros, no. Nosotros, los hombres y mujeres de más de veinte años éramos la última generación mortal. Éramos la despedida, el adiós, el pañuelo de huesos y sangre que ondeaba° por última vez sobre la faz° de la tierra.

Nosotros, no. Marginados de pronto, como los últimos abuelos, de pronto nos habíamos convertido en habitantes de un asilo para ancianos, confusos conejos asustados entre una raza de titanes. Estos jóvenes, súbitamente, comenzaban a ser nuestros verdugos° sin proponérselo. Ya no éramos sus padres. Desde ese día, éramos otra cosa; una cosa repulsiva y enferma, ilógica y monstruosa. Éramos "Los que Morirán". Ellos derramarían lágrimas°, ocultando su desprecio, mezclándolo con su alegría. Con esa alegría ingenua° con la cual expresaban su certeza de que ahora, ahora sí, todo tendría que ir bien.

Palabras útiles

la semilla *seed*
ondeaba *waved*
la faz *face*
los verdugos *executioners*
las lágrimas *tears*
ingenua *naive*

F. Deseos, emociones, remordimientos. Lee la cuarta parte del cuento a ver qué emociones y remordimientos se expresan.

1. ¿Qué no verían nunca estos jóvenes?
2. ¿Qué no verían nunca los mayores?
3. ¿Qué emociones o deseos evoca el darse cuenta de esta nueva realidad? Cita ejemplos.

Answers: 1. a Dios, el Más Allá, 2. la ceremonia de la segunda inyección, 3. la envidia, ganas de asesinar

IV. Nosotros sólo esperábamos. Los veríamos crecer, hacerse hermosos, continuar jóvenes y prepararse para la segunda inyección, una ceremonia —que nosotros ya no veríamos— cuyo carácter religioso se haría evidente. Ellos no se encontrarían jamás con Dios. El último cargamento de almas rumbo al Más Allá, era el nuestro.

¡Ahora cuánto nos costaría dejar la tierra! ¡Cómo nos iría carcomiendo° una dolorosa envidia! ¡Cuántas ganas de asesinar nos llenarían el alma, desde hoy y hasta el día de nuestra muerte!

Palabras útiles

carcomiendo consumiendo

G. ¿Bendición o maldición? Lee la última parte del cuento. Verás cómo cambia la perspectiva de los mayores. Luego, responde a lo siguiente.

1. ¿Qué episodio cambió la perspectiva de "los mayores"? ¿Por qué?
2. Cita las palabras y expresiones que emplea el autor para comunicar lo negativo del futuro de los jóvenes.
3. ¿En qué períodos se vería este escenario negativo del futuro?

Answers: 1. el suicido de un chico de 15 años 2. pobres renacuajos condenados a prisión perpetua en la vida; perpetua; eterna; la policía saldrá a buscar a miles de in mortales para imponérsela; será horrenda la cacería; perpetuos miserables 3. el día de la segunda, tercera, cuarta inyección y el quinto, sexto (cada siglo)

V. Hasta ayer. Cuando el primer chico de quince años, con su inyección en el organismo, decidió suicidarse. Cuando llegó esa noticia, nosotros, los mortales, recién comenzamos a amar y a comprender a los inmortales. Porque ellos son unos pobres renacuajos° condenados a prisión perpetua en la vida. Perpetua. Eterna. Y empezamos a sospechar que dentro de 99 años, el día de la segunda inyección, la policía saldrá a buscar a miles de inmortales para imponérsela. Y la tercera inyección, y la cuarta, y el quinto siglo y el sexto; cada vez menos voluntarios, cada vez más niños eternos que imploran la evasión, el final, el rescate°. Será horrenda la cacería°. Serán perpetuos miserables.

Nosotros, no.

De: José B. Adolph, "Nosotros, no".

Palabras útiles

los renacuajos *tadpoles*
el rescate *rescue*
la cacería *hunt*

H. Imagínense. Este cuento es magnífico para hacernos pensar. Discutan las siguientes preguntas.

1. Si tuvieran la oportunidad de vacunarse contra la muerte, ¿la aprovecharían? ¿Por qué?
2. Si supieran que eran inmortales, ¿qué tan diferentes serían su **psicología, su visión, su perspectiva**?
3. Si toda la gente del mundo fuera inmortal, ¿qué nuevo significado tendrían los siguientes verbos?

esperar	prepararse	ahorrar
correr riesgos	envejecerse	crecer

4. Si toda la gente del mundo fuera inmortal, ¿cómo cambiaría el uso de los recursos naturales del planeta?
5. ¿Qué problemas nuevos se crearían?
6. Si no hubiera "mayores", sino sólo "jóvenes de muchos siglos", ¿qué diferencias habría entre la vida de ahora y la del futuro?

I. La vida sin fin. Escribe un párrafo para expresar cómo cambiarías tu vida si supieras que vivirás para siempre.

Para escribir

Las últimas noticias

Esta sección te va a ayudar a analizar problemas, a resumir puntos de vista y a fijarte en la exactitud al transcribir una conversación transcrita.

A. Imaginar. Piensa en un tema del que se habla a menudo en tu campus. Escoge uno de los siguientes o piensa en otro.

espacios públicos y zonas verdes	estacionamiento
construcción de un complejo deportivo	delincuencia
rampas/ ascensores para discapacitados	residencias inadecuadas

B. Citar. Para tu tema escogido, da dos perspectivas opuestas. Por ejemplo, podría ser **alumnos-autoridades de la universidad, naturalistas-el/ la vocero/a de la universidad/ciudad, derechistas-izquierdistas, feministas-machistas, los que viven en el campus-los que no viven en el campus, los de las hermandades** (*fraternities*)**-los que no están en hermandades.** Para cada perspectiva, lista al menos cinco citas (*quotes*) que seguramente daría el grupo (incluye imperativos).

Ejemplo:

Los alumnos que viven aquí dijeron:	**El/ La vocero/a de la universidad dijo:**
"Construyan residencias más..."	"No es posible construir más..."
"Reparen el techo/ los baños de..."	"Esperen tres años más..."
"No corten los árboles de..."	"Cuando decidan qué hacer con..."
"Queremos residencias que..."	"No hay nada que se pueda hacer..."

C. Reportar. Escribe un artículo, como si fuera para el periódico de tu universidad, para describir el problema y resumir ambos lados de la discusión, citando lo que dice cada grupo. Fíjate cómo se hace esto en español y en inglés.

"We will build more dorms," they said.	*They said they* ***would build*** *more dorms.*
"Construyan mejores instalaciones para los discapacitados."	Los alumnos exigieron que la universidad **construyera** mejores instalaciones...
"Construiremos mejores instalaciones cuando terminemos nuestro análisis de los costos."	El vocero de la universidad dijo que **construirían** las instalaciones cuando **terminaran** su análisis...

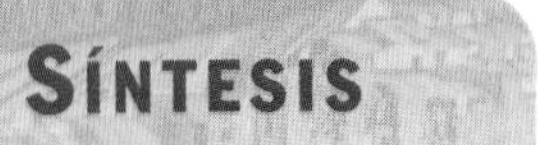

D. Corregir. A la hora de editar, comprueba tu exactitud al transcribir citas directas en estilo indirecto, según la fórmula:

Si la cita original contiene	el estilo indirecto cambia
el tiempo presente	el tiempo imperfecto
el tiempo futuro	el tiempo condicional
imperativo o el presente del subjuntivo	al imperfecto del subjuntivo

Revisa el contenido de tu informe. ¿Tu primer párrafo, expresa y describe claramente el problema? ¿Has incluido una conclusión apropiada? Y sobre todo, ¿es tu informe interesante y relevante? Si es así, **¡felicitaciones!**

Vocabulario

Sustantivos

el águila (f.) eagle
el animal animal
la ballena whale
el bosque virgen virgin forest
el botadero dump
el caimán alligator
el delfín dolphin
el desperdicio refuse
el león lion
la ley law
la oportunidad opportunity
el paisaje landscape, countryside
el pesticida pesticide
el planeta planet
el reciclaje recycling
el reto challenge
el riesgo risk
la selva jungle
la Tierra Earth
el tigre tiger
la vegetación vegetation

Sustantivos abstractos

el amor love
la desigualdad inequality
el egoísmo selfishness
el éxito success
el fracaso failure
la guerra war
la igualdad equality
el odio hatred
la paz peace
la pobreza poverty
la riqueza wealth
la solidaridad solidarity

Términos del medio ambiente

el agua potable drinking water
la capa de ozono ozone layer
la deforestación deforestation
la energía solar/ del viento solar/wind energy
la escasez de alimentos food shortage
la especie amenazada threatened species
el incendio forestal forest fire
la inversión en la ecología investment in ecology
el medio ambiente environment
en peligro de extinción in danger of extinction
el producto dañino harmful product
los recursos naturales natural resources

Verbos

agotar to exhaust
ahorrar to save
amenazar to threaten
aprovechar to take advantage of
darse cuenta de to realize
fabricar to manufacture
ignorar to ignore
matar to kill
prevenir to prevent
promover (ue) to promote
proteger to protect
reciclar to recycle
recoger to collect; to pick up
reducir to reduce

Otras palabras y expresiones

como si as if
ojalá I wish, if only

Verbos

A. Regular Verbs

INFINITIVE

-ar	-er	-ir
hablar	**correr**	**vivir**

INDICATIVE MOOD

Present

hablo	hablamos	corro	corremos	vivo	vivimos
hablas	habláis	corres	corréis	vives	vivís
habla	hablan	corre	corren	vive	viven

Preterit

hablé	hablamos	corrí	corrimos	viví	vivimos
hablaste	hablasteis	corriste	corristeis	viviste	vivisteis
habló	hablaron	corrió	corrieron	vivió	vivieron

Imperfect

hablaba	hablábamos	corría	corríamos	vivía	vivíamos
hablabas	hablabais	corrías	corríais	vivías	vivíais
hablaba	hablaban	corría	corrían	vivía	vivían

Future

hablaré	hablaremos	correré	correremos	viviré	viviremos
hablarás	hablaréis	correrás	correréis	vivirás	viviréis
hablará	hablarán	correrá	correrán	vivirá	vivirán

Conditional

hablaría	hablaríamos	correría	correríamos	viviría	viviríamos
hablarías	hablaríais	correrías	correríais	vivirías	viviríais
hablaría	hablarían	correría	correrían	viviría	vivirían

Present Perfect

he / has / ha / hemos / habéis / han } + hablado | corrido | vivido

Present Progressive

estoy / estás / está / estamos / estáis / están } + hablando | corriendo | viviendo

INFINITIVE

-ar		-er		-ir	
hablar		**correr**		**vivir**	

SUBJUNCTIVE MOOD

Present Subjunctive

hable	hablemos	corra	corramos	viva	vivamos
hables	habléis	corras	corráis	vivas	viváis
hable	hablen	corra	corran	viva	vivan

Imperfect Subjunctive

hablara	habláramos	corriera	corriéramos	viviera	viviéramos
hablaras	hablarais	corrieras	corrierais	vivieras	vivierais
hablara	hablaran	corriera	corrieran	viviera	vivieran

Present Perfect Subjunctive

haya
hayas
haya
hayamos
hayáis
hayan
} + hablado | corrido | vivido

Command Forms

tú	habla, no hables	corre, no corras	vive, no vivas
usted	hable, no hable	corra, no corra	viva, no viva
ustedes	hablen, no hablen	corran, no corran	vivan, no vivan

B. Stem-Changing Verbs

Only the tenses with stem changes are given.

1. -ar and **-er** stem-changing verbs: **e** > **ie** and **o** > **ue**

pensar (ie)

Present Indicative: p**ie**nso, p**ie**nsas, p**ie**nsa, pensamos, pensáis, p**ie**nsan
Present Subjunctive: p**ie**nse, p**ie**nses, p**ie**nse, pensemos, penséis, p**ie**nsen
Commands: p**ie**nsa, no p**ie**nses (tú), p**ie**nse (Ud.), p**ie**nsen (Uds.)

resolver (ue)

Present Indicative: res**ue**lvo, res**ue**lves, res**ue**lve, resolvemos, resolvéis, res**ue**lven
Present Subjunctive: res**ue**lva, res**ue**lvas, res**ue**lva, resolvamos, resolváis, res**ue**lvan
Commands: res**ue**lve, no res**ue**lvas (tú), res**ue**lva (Ud.), res**ue**lvan (Uds.)

Other verbs of this type are:

e > ie		**o > ue**	
cerrar	nevar	acostarse	mover
comenzar	perder	almorzar	poder
despertarse	querer	contar	probarse
empezar	recomendar	costar	recordar
encender	regar	encontrar	soñar
entender	sentarse	jugar*	volver
		mostrar	

* **Jugar** changes from **u** > **ue**.

2. -ir stem-changing verbs: **e** > **ie**, **i**; **o** > **ue**, **u**

sugerir (ie, i)

Present Participle: sug**i**riendo
Present Indicative: sug**ie**ro, sug**ie**res, sug**ie**re, sugerimos, sugerís, sug**ie**ren
Preterit: sugerí, sugeriste, sug**i**rió, sugerimos, sugeristeis, sug**i**rieron
Present Subjunctive: sug**ie**ra, sug**ie**ras, sug**ie**ra, sug**i**ramos, sug**i**ráis, sug**ie**ran
Imperfect Subjunctive: sug**i**riera, sug**i**rieras, sug**i**riera, sug**i**riéramos, sug**i**rierais, sug**i**rieran
Commands: sug**ie**re, no sug**ie**ras (tú), sug**ie**ra (Ud.), sug**ie**ran (Uds.)

dormir (ue, u)

Present Participle: d**u**rmiendo
Present Indicative: d**ue**rmo, d**ue**rmes, d**ue**rme, dormimos, dormís, d**ue**rmen
Preterit: dormí, dormiste, d**u**rmió, dormimos, dormisteis, d**u**rmieron
Present Subjunctive: d**ue**rma, d**ue**rmas, d**ue**rma, d**u**rmamos, d**u**rmáis, d**ue**rman
Imperfect Subjunctive: d**u**rmiera, d**u**rmieras, d**u**rmiera, d**u**rmiéramos, d**u**rmierais, d**u**rmieran
Commands: d**ue**rme, no d**ue**rmas (tú), d**ue**rma (Ud.), d**ue**rman (Uds.)

Other verbs of this type are:

e > ie, i	**o > ue, u**
convertir	**morir (se)**
divertirse	
hervir	
invertir	
mentir	
preferir	
sentir (se)	
sentirse	

3. -ir stem-changing verbs: **e** > **i, i**

pedir (i, i)

Present Participle: p**i**diendo
Present Indicative: p**i**do, p**i**des, p**i**de, pedimos, pedís, p**i**den
Preterit: pedí, pediste, p**i**dió, pedimos, pedisteis, p**i**dieron
Present Subjunctive: p**i**da, p**i**das, p**i**da, p**i**damos, p**i**dáis, p**i**dan
Imperfect Subjunctive: p**i**diera, p**i**dieras, p**i**diera, p**i**diéramos, p**i**dierais, p**i**dieran
Commands: p**i**de, no p**i**das (tú), p**i**da (Ud.), p**i**dan (Uds.)

Other verbs of this type are:

e > i, i

conseguir
corregir
despedirse (de)
elegir
reírse
repetir
seguir
servir
teñir
vestirse

C. Verbs With Spelling Changes

Only the tenses with spelling changes are given.

1. verbs ending in **-car**: **c** > **qu** before **e**

buscar

Preterit: bus**qué**, buscaste, buscó, buscamos, buscasteis, buscaron
Present Subjunctive: bus**que**, bus**ques**, bus**que**, bus**que**mos, bus**qué**is, bus**que**n
Commands: busca, no bus**ques** (tú), bus**que** (Ud.), bus**que**n (Uds.)

Verbs like **buscar: explicar, fabricar, pescar, practicar, sacar, secar, tocar**

2. verbs ending in **-zar**: **z** > **c** before **e**

empezar (ie)

Preterit: empe**cé**, empezaste, empezó, empezamos, empezasteis, empezaron
Present Subjunctive: empie**ce**, empie**ce**s, empie**ce**, empe**ce**mos, empe**cé**is, empie**ce**n
Commands: empieza, no empie**ces** (tú), empie**ce** (Ud.), empie**cen** (Uds.)

Verbs like **empezar: abrazar, almorzar, amenazar, comenzar, cruzar, organizar**

3. verbs ending in **-gar**: **g** > **gu** before **e**

llegar

Preterit: lle**gué**, llegaste, llegó, llegamos, llegasteis, llegaron
Present Subjunctive: lle**gue**, lle**gue**s, lle**gue**, lle**gue**mos, lle**gué**is, lle**gue**n
Commands: llega, no lle**gue**s (tú), lle**gue** (Ud.), lle**gue**n (Uds.)

Verbs like **llegar: agregar, apagar, arrugar(se), jugar, pagar, regar**

4. verbs ending in **-guir**: **gu** > **g** before **a**, **o**

seguir (i, i)

Present Indicative: si**go**, sigues, sigue, seguimos, seguís, siguen
Present Subjunctive: si**ga**, si**ga**s, si**ga**, si**ga**mos, si**gá**is, si**ga**n
Commands: sigue, no si**ga**s (tú) si**ga** (Ud.), si**ga**n (Uds.)

Like **seguir: conseguir**

5. verbs ending in **-ger/-gir**: **g** > **j** before **o, a**

recoger

Present Indicative: reco**jo**, recoges, recoge, recogemos, recogéis, recogen
Present Subjunctive: reco**ja**, reco**ja**s, reco**ja**, reco**ja**mos, reco**já**is, reco**ja**n
Commands: recoge, no reco**ja**s (tú), reco**ja** (Ud.), reco**ja**n (Uds.)

Verbs ending in **-ger/-gir**: **corregir, dirigir, elegir, escoger, proteger**

6. verbs with change **i** > **y**

leer

Present Participle: le**y**endo
Preterit: leí, leíste, le**y**ó, leímos, leíste, le**y**eron
Imperfect Subjunctive: le**y**era, le**y**eras, le**y**era, le**y**éramos, le**y**erais, le**y**eran

Like **leer: creer**

construir

Present Participle: constru**y**endo
Present Indicative: constru**y**o, constru**y**es, constru**y**e, construimos, construís, constru**y**en
Preterit: construí, construiste, constru**y**ó, construimos, construisteis, constru**y**eron
Present Subjunctive: constru**y**a, constru**y**as, constru**y**a, constru**y**amos, constru**y**áis, constru**y**an
Imperfect Subjunctive: constru**y**era, constru**y**eras, constru**y**era, constru**y**éramos, constru**y**erais, constru**y**eran
Commands: constru**y**e, no constru**y**as (tú), constru**y**a (Ud.), constru**y**an (Uds.)

Verb like **construir: destruir, disminuir, influir**

D. Irregular Verbs

Only the tenses and commands that have irregular forms are given.

andar

Preterit: anduve, anduviste, anduvo, anduvimos, anduvisteis, anduvieron
Imperfect Subjunctive: anduviera, anduvieras, anduviera, anduviéramos, anduvierais, anduvieran

caer

Present Participle: cayendo
Past Participle: caído
Present Indicative: caigo, caes, cae, caemos, caéis, caen
Preterit: caí, caíste, cayó, caímos, caísteis, cayeron
Present Subjunctive: caiga, caigas, caiga, caigamos, caigáis, caigan
Imperfect Subjunctive: cayera, cayeras, cayera, cayéramos, cayerais, cayeran

conocer

Present Indicative: conozco, conoces, conoce, conocemos, conocéis, conocen
Present Subjunctive: conozca, conozcas, conozca, conozcamos, conozcáis, conozcan

conducir

Present Indicative: conduzco, conduces, conduce, conducimos, conducís, conducen
Preterit: conduje, condujiste, condujo, condujimos, condujisteis, condujeron
Present Subjunctive: conduzca, conduzcas, conduzca, conduzcamos, conduzcáis, conduzcan
Imperfect Subjunctive: condujera, condujeras, condujera, condujéramos, condujerais, condujeran

Like **conducir: traducir, producir, reducir**

dar

Present Indicative: doy, das, da, damos, dais, dan
Preterit: di, diste, dio, dimos, disteis, dieron
Present Subjunctive: dé, des, dé, demos, deis, den
Imperfect Subjunctive: diera, dieras, diera, diéramos, dierais, dieran

decir

Present Participle: diciendo
Past Participle: dicho
Present Indicative: digo, dices, dice, decimos, decís, dicen
Preterit: dije, dijiste, dijo, dijimos, dijisteis, dijeron
Present Subjunctive: diga, digas, diga, digamos, digáis, digan
Imperfect Subjunctive: dijera, dijeras, dijera, dijéramos, dijerais, dijeran
Future: diré, dirás, dirá, diremos, diréis, dirán
Conditional: diría, dirías, diría, diríamos, diríais, dirían
Commands: di (*affirmative* tú)

estar

Present Indicative: estoy, estás, está, estamos, estáis, están
Preterit: estuve, estuviste, estuvo, estuvimos, estuvisteis, estuvieron
Present Subjunctive: esté, estés, esté, estemos, estéis, estén
Imperfect Subjunctive: estuviera, estuvieras, estuviera, estuviéramos, estuvierais, estuvieran

haber

Present Indicative: he, has, ha, hemos, habéis, han
Preterit: hube, hubiste, hubo, hubimos, hubisteis, hubieron
Present Subjunctive: haya, hayas, haya, hayamos, hayáis, hayan
Imperfect Subjunctive: hubiera, hubieras, hubiera, hubiéramos, hubierais, hubieran
Future: habré, habrás, habrá, habremos, habréis, habrán
Conditional: habría, habrías, habría, habríamos, habríais, habrían

hacer

Past Participle: hecho
Present Indicative: hago, haces, hace, hacemos, hacéis, hacen
Preterit: hice, hiciste, hizo, hicimos, hicisteis, hicieron
Present Subjunctive: haga, hagas, haga, hagamos, hagáis, hagan
Imperfect Subjunctive: hiciera, hicieras, hiciera, hiciéramos, hicierais, hicieran
Future: haré, harás, hará, haremos, haréis, harán
Conditional: haría, harías, haría, haríamos, haríais, harían
Commands: haz (*affirmative* tú)

ir

Present Participle: yendo
Past Participle: ido
Present Indicative: voy, vas, va, vamos, vais, van
Preterit: fui, fuiste, fue, fuimos, fuisteis, fueron
Imperfect: iba, ibas, iba, íbamos, ibais, iban
Present Subjunctive: vaya, vayas, vaya, vayamos, vayáis, vayan
Imperfect Subjunctive: fuera, fueras, fuera, fuéramos, fuerais, fueran
Commands: ve (*affirmative* tú), vayamos (*affirmative* nosotros)

oír

Present Participle: oyendo
Past Participle: oído
Present Indicative: oigo, oyes, oye, oímos, oís, oyen
Preterit: oí, oíste, oyó, oímos, oísteis, oyeron
Present Subjunctive: oiga, oigas, oiga, oigamos, oigáis, oigan
Imperfect Subjunctive: oyera, oyeras, oyera, oyéramos, oyerais, oyeran

poder

Present Participle: pudiendo
Present Indicative: puedo, puedes, puede, podemos, podéis, pueden
Preterit: pude, pudiste, pudo, pudimos, pudisteis, pudieron
Present Subjunctive: pueda, puedas, pueda, podamos, podáis, puedan
Imperfect Subjunctive: pudiera, pudieras, pudiera, pudiéramos, pudierais, pudieran
Future: podré, podrás, podrá, podremos, podréis, podrán
Conditional: podría, podrías, podría, podríamos, podríais, podrían

poner

Past Participle: puesto
Present Indicative: pongo, pones, pone, ponemos, ponéis, ponen
Preterit: puse, pusiste, puso, pusimos, pusisteis, pusieron
Present Subjunctive: ponga, pongas, ponga, pongamos, pongáis, pongan
Imperfect Subjunctive: pusiera, pusieras, pusiera, pusiéramos, pusierais, pusieran
Future: pondré, pondrás, pondrá, pondremos, pondréis, pondrán
Conditional: pondría, pondrías, pondría, pondríamos, pondríais, pondrían
Commands: pon (*affirmative* tú)

Verbs like **poner: proponer, suponer**

querer

Present Indicative: quiero, quieres, quiere, queremos, queréis, quieren
Preterit: quise, quisiste, quiso, quisimos, quisisteis, quisieron
Present Subjunctive: quiera, quieras, quiera, queramos, queráis, quieran
Imperfect Subjunctive: quisiera, quisieras, quisiera, quisiéramos, quisierais, quisieran
Future: querré, querrás, querrá, querremos, querréis, querrán
Conditional: querría, querrías, querría, querríamos, querríais, querrían

saber

Present Indicative: sé, sabes, sabe, sabemos, sabéis, saben
Preterit: supe, supiste, supo, supimos, supisteis, supieron
Present Subjunctive: sepa, sepas, sepa, sepamos, sepáis, sepan
Imperfect Subjunctive: supiera, supieras, supiera, supiéramos, supierais, supieran
Future: sabré, sabrás, sabrá, sabremos, sabréis, sabrán
Conditional: sabría, sabrías, sabría, sabríamos, sabríais, sabrían

salir

Present Indicative: salgo, sales, sale, salimos, salís, salen
Present Subjunctive: salga, salgas, salga, salgamos, salgáis, salgan
Future: saldré, saldrás, saldrá, saldremos, saldréis, saldrán
Conditional: saldría, saldrías, saldría, saldríamos, saldríais, saldrían
Commands: sal (*affirmative* tú)

ser

Present Indicative: soy, eres, es, somos, sois, son
Preterit: fui, fuiste, fue, fuimos, fuisteis, fueron
Imperfect: era, eras, era, éramos, erais, eran
Present Subjunctive: sea, seas, sea, seamos, seáis, sean
Imperfect Subjunctive: fuera, fueras, fuera, fuéramos, fuerais, fueran
Commands: sé (*affirmative* tú)

tener

Present Indicative: tengo, tienes, tiene, tenemos, tenéis, tienen
Preterit: tuve, tuviste, tuvo, tuvimos, tuvisteis, tuvieron
Present Subjunctive: tenga, tengas, tenga, tengamos, tengáis, tengan
Imperfect Subjunctive: tuviera, tuvieras, tuviera, tuviéramos, tuvierais, tuvieran
Future: tendré, tendrás, tendrá, tendremos, tendréis, tendrán
Conditional: tendría, tendrías, tendría, tendríamos, tendríais, tendrían
Commands: ten (*affirmative* tú)

Like **tener: contener, mantener, detener**

traer

Present Participle: trayendo
Past Participle: traído
Present Indicative: traigo, traes, trae, traemos, traéis, traen
Preterit: traje, trajiste, trajo, trajimos, trajisteis, trajeron
Present Subjunctive: traiga, traigas, traiga, traigamos, traigáis, traigan
Imperfect Subjunctive: trajera, trajeras, trajera, trajéramos, trajerais, trajeran

Like **traer: atraer**

venir

Present Participle: viniendo
Present Indicative: vengo, vienes, viene, venimos, venís, vienen
Preterit: vine, viniste, vino, vinimos, vinisteis, vinieron
Present Subjunctive: venga, vengas, venga, vengamos, vengáis, vengan
Imperfect Subjunctive: viniera, vinieras, viniera, viniéramos, vinierais, vinieran
Future: vendré, vendrás, vendrá, vendremos, vendréis, vendrán
Conditional: vendría, vendrías, vendría, vendríamos, vendríais, vendrían
Commands: ven (*affirmative* tú)

Like **venir: prevenir**

ver

Past Participle: visto
Present Indicative: veo, ves, ve, vemos, veis, ven
Preterit: vi, viste, vio, vimos, visteis, vieron
Imperfect: veía, veías, veía, veíamos, veíais, veían
Present Subjunctive: vea, veas, vea, veamos, veáis, vean

DICCIONARIO español-inglés

A

a/ al to, towards, 1; **a cuadros** checkered, 11; **a menos que** unless, 13; **a menudo** often, 3; **a rayas** striped, 11; **a veces** sometimes, 2; **al año** a/ per year, 2; **al lado de** next to, 8; **al + infinitivo** on/upon doing something, 11; **a la una** at one o'clock, 1; **a la derecha** to the right, 8; **a la izquierda** to the left, 8; **a las...** at . . . o'clock, 1
abeja *f* bee, 13
abierto open, 5
abogado/a *m/f* lawyer, 2
abrelatas *m* can opener, 8
abrigado warm (clothing), 11
abrigo *m* overcoat, 11
abril April, 2
abrir to open, 5
abuelo/a grandfather/granmother, 6
aburrido bored, 4; **aburrimiento** *m* boredom, 4
acampar to go camping, 3
aceite *m* oil, 7
acera *f* sidewalk, 14
acero *m* steel, 14
acostarme (ue) to put oneself to bed, 4
actor *m* actor, 10; **actriz** *f* actress, 10
actualmente currently, 14
adelante (pase) come in, 1
¿Adónde...? Where to . . . ? 1
administración management, 2
afueras *f, pl* suburbs, 9
águila *f* eagle, 15
agosto August, 2
agotar to exhaust, 15
agradarle to like, enjoy, 7
agregar to add, 8
agrio sour, 7
agua (mineral) *f* (mineral) water, 7; **agua potable** drinking water, 15
ahijado/a godson/goddaughter, 6
ahorrar to save, 15
ajo *m* garlic, 8
alcalde *m* mayor, 14; alcaldesa *f* mayor, 14
alegrarse to be happy; **me alegro de que** I'm happy that, 13; **alegre** happy, cheerful, 4
alemán German language, 2
alergia *f* allergy, 13; **alérgico/a** allergic, 13
alfombra *f* carpet, 9
algo something, 1
algodón *m* cotton, 11
alimento *m* food, staple, 7
allí there, 3
almeja *f* clam, 7
almorzar (ue) to have lunch, 6, to eat lunch, 7; **almuerzo** *m* lunch, 7
alquilar rent, 3
alto tall, 2
alumno/a *m/f* student, 1
amable kind, 2
amarillo yellow, 3
amenazar to threaten, 15
amigo/a *m/f* friend, 1; **amistoso** friendly, 2
amor *m* love, 15
analista de sistemas *m/f* systems analyst, 2
anaranjado orange, 3
ancho broad, wide, 14
anciano/a *m/f* senior citizen, elderly person, 14
anillo *m* ring, 11
animal *m* animal, 15; **animalito de felpa** *m* stuffed animal, 10
aniversario anniversary, 5
anoche last night, 6
anteayer the day before yesterday, 6
anteojos *m, pl* glasses, 11
antes (de)... before . . ., 2
antiácido *m* antacid, 13
antibiótico *m* antibiotic, 13
antiguo old, of antique quality, 9
antihistamínico *m* antihistamine, 13
antojitos *m, pl* snacks, 8
año *m* year, 2
apoyo *m* support, 14; **apoyar** to support, 14
aprender (bien) to learn (well), 1
aprovechar to take advantage of, 15
apuntes *m, pl* notes, 1
aquí here, 1
árabe Arabic, 2
arbol *m* tree, 3
arderle to burn, to be burning (sensation), 13
aretes *m, pl* earrings, 5
armar to put together, build, 10
armario *m* wardrobe, closet, 9
aroma *m* aroma, 8
arquitecto/a *m/f* architect, 2
arreglarse to get ready, to groom oneself, 4
arroz *m* rice, 7
arte *m* art, 2
asado roasted, 7
ascensor *m* elevator, 9
aseo *m* half bath, 9
asiento *m* seat, 1
asistir a to attend, 4
aspiradora *f* vacuum cleaner, 9
astronauta *m/f* astronaut, 10
asustar to scare, 10
ataque cardíaco *m* heart attack, 13
atascado congested, clogged, 14
atún *m* tuna fish, 7
aumentar to increase, 14
autopista *f* expressway, 14
(el) ave *f* poultry, 7
avena *f* oatmeal, 8
avión *m* airplane, 10
ayer yesterday, 6
ayuda *f* help, 1
azúcar *m* sugar, 7
azul blue, 3

B

bailar (bien/ mal) to dance (well/badly), 2
bajo short, 2
banana *f* banana, 7
banco *m* bank, 2
bañarse to take a bath, 4
baño *m* bathroom, 4
ballena *f* whale, 15
barato inexpensive, 4
barra de chocolate *f* chocolate bar, 8
básquetbol *m* basketball, 1
bastante mal pretty bad, 1
basura *f* trash, garbage, 9
beber to drink, 7; **bebida** *f* drink, 7
beca *f* scholarship, 1
beige beige, 11
béisbol *m* baseball, 1
beso kiss, 6
biblioteca *f* library, 1
bien O.K., 1; well, skillfully, 2
billetera *f* wallet, 5
biología *f* biology, 1
bisabuelos great grandparents, 6
blanco white, 3
blusa *f* blouse, 11
boca *f* mouth, 12
bocina *f* (car) horn, 14
boda *f* wedding, 5
bolígrafo *m* pen, 1
bolsillo *m* pocket, 11
bolso *m* bag, 11
bosque *m* forest; **bosque virgen** virgin forest, 15
botas *f, pl* boots, 5
botadero *m* dump, 15
botella *f* bottle, 5
brazo *m* arm, 12
brillante shiny, 12
brócoli *m* broccoli, 7
bucear en el mar to scuba dive, 3
bufanda *f* winter scarf, 11
buenísimo very good, 7
bueno good, 1; **bueno (pues), adiós** Well, good-bye, 1
buscar (un puesto/ una pareja) to look for (a job/mate), 2

C

caballeros *m, pl* gentlemen, 11
cabeza *f* head, 12
cachorro/a *m/f* puppy, 10
cadena *f* chain, 5
cadera *f* hip, 12
caerse to fall down, 10
café *m* coffee, 7
cafetería *f* cafeteria, 1
caimán *m* alligator, 15
caja *f* box, 5
calcetines *m, pl* socks, 5
cálculo *m* calculus, 1
caliente hot, 7
calle *f* street, 14
calor *m* heat, 3
cama *f* bed, 9
camarera *f* waitress, 7; **camarero** *m* waiter, 7
camarón *m* shrimp, 7
caminar to walk, 3
camisa *f* shirt, 5; **camiseta** *f* tee shirt, 5
campo *m* countryside, 3
cáncer *m* cancer, 13
canela *f* cinnamon, 8
cansado tired, 4
cantar to sing, 2; **cantante** *m/f* singer, 10
capa de ozono ozone layer, 15
cárcel *f* jail, 14
cara *f* face, 12
carie *f* cavity, 12
cariñoso/a affectionate, 6
caritativo charitable, 14
carne *f* meat, 7
caro expensive, 4
carretera *f* highway, 14
carro (el coche) *m* car, 9
carta *f* letter, 2
cartel *m* poster, 9
casa (en casa) *f* house (at home), 1
casarse con to marry someone, 6
casi (siempre/ nunca) almost (always/never), 3
cebolla *f* onion, 7
ceja *f* eyebrow, 12
cenar to eat supper, 7; **cena** *f* dinner, 5
centro *m* downtown, 14; **centro de deportes** sports center, 1; **centro de estudiantes** student center, 1
cepillarse los dientes to brush one's teeth, 4
cerdo *m* pork, 7
cerveza *f* beer, 7
césped *m* lawn, 9
chaqueta *f* jacket, 5
chica *f* girl, 1; **chico** *m* boy, 1
chiles verdes *m, pl* green chilies, 8
chino Chinese language, 2
chocolate *m* chocolate, 5
choque *m* (car) crash, collision, 14
cien one hundred, 2
científico/a *m/f* scientist, 10
cierto certain, 13
cintura *f* waist, 12
ciencias *f, pl* sciences, 2
cine *m* (movie) theater, "the" movies, 1
cinturón *m* belt, 11
circulación *f* circulation, 12
ciudad *f* city, 2
ciudadano/a *m/f* citizen, 14
clase *f* class, course, 1
cocer (ue) to cook, boil, 7
coche *m* car, 2
cocido boiled, steamed, cooked, 7
cocina *f* cuisine, kitchen, 8
cocinar to cook, 2
codo *m* elbow, 12
coleccionar to collect, 10
colegio (primario/ secundario) school (elementary/high), 2
coliflor *f* cauliflower, 7
collar *m* necklace, 11
columpiarse to play on a swing, 10
combatir to fight, to combat, 12
comedor *m* dining room, 9
comer to eat, 1
comida *f* food, meal, 7

como since, 1; **como si** as if, 15
¿Cómo? How?, 1; **¿Cómo eres?** What do you look like?, 2; **¿Cómo está/s?** How are you?, 1; **¿Cómo se dice...?** How do you say . . . ?, 1; **¿Cómo se llama usted?** What's your name? (*formal*), 1; **¿Cómo te llamas?** What's your name? (*familiar*), 1
cómoda *f* dresser, 9
cómodo/a comfortable, 9
compañero/a *m/f* classmate, 1
compartir to share, 5
completo full, complete, 9
comprar to buy, 2
comprender to understand, 1
(en/ por) la computadora *f* computer, (online), 1
computación *f* computer science, 1
con with, 1; **con respecto a...** regarding . . . , 2; **con tal de que** provided that, 13; **con vista a/ al... (a la plaza/ a la playa/ al mar)** with a view of the . . . (town square/beach/ sea), 4
conchas de mar *f*, pl sea shells, 10
conductor/a *m/f* driver, 14
conectar to connect, 14
conejo *m* rabbit, 10
congelado frozen, 8
conjunto *m* outfit, 11
conocer to be familiar with someone/something, 3; **conocer (a)** to know someone/a place, 2; **conocido/a** well-known, 11
conseguir(se) (i) to get, find, 4
consejos *m, pl* advice, 5
contaminación *f* pollution, 14
contento happy, contented, 4
construir to build, 10
conversar con/por (computadora) to talk with, to chat online, 1
conviviencia living together, 6
copa *f* wine glass, 7
corazón *m* heart, 12
corbata *f* tie, 11
cordero *m* lamb, 7
correr (rápido) to jog (fast), 2
cortar to cut, 8; **cortarse** to cut oneself, 13; **cortadura** *f* cut, 13; **cortado (en aros)** cut, sliced (in rings), 8
cosméticos *m, pl* cosmetics, 13
crema *f* cream, 13
crudo raw, 7
cruzar cross, 12
cuaderno *m* notebook, 1
cuadra *f* (city) block, 14
¿cuándo...? when . . . ? 1
¿cuánto...? how many . . . ? 1
cuarto *m* room, 1
cubrir to cover, 7
cuchara *f* spoon, 8; **cucharada** *f* tablespoonful, 8
cucharita *f* teaspoon, 8; **cucharadita** *f* teaspoonful, 8
cuchillo *m* knife, 8
cuello *m* neck, 12
cuero leather, 11; **de cuero** made of leather, 5
cuerpo *m* body, 12
cura *f* cure, 13
curita *f* bandaid, 13
cuidado careful; **tener cuidado** to be careful, 13
cuidar to take care of, 10
cumpleaños *m* birthday, 5
curso *m* course (of studies), 1

D

damas *f, pl* ladies, 11
dar to give; **dar un paseo** to take a walk, 3; **dar una fiesta** to throw a party, 5
darse cuenta de to realize, 15
de/ del of, from, 1; **de estatura mediana** of medium height, 2; **de lujo** luxury, expensive, 4; **de lunares** polka dotted, 11; **de nada** you're welcome, 1; **de repente** suddenly, 10; **de un solo color** one-colored, solid, 11; **de vacaciones/ viaje** on a vacation/trip, 4
dedo *m* finger, 12; **dedo del pie** toe, 12
delfín *m* dolphin, 15
deforestación deforestation, 15
dejar (en el suelo) to leave (on the floor), 10
dejar de + infinitivo to stop + *-ing*, 12
del from, 1
delante de in front of, 8
delgado thin, 2
delincuencia *f* crime, 14
demasiado too much, 2
dentista *m/f* dentist, 2
deporte *m* sports, 1
deportista athletic, 2
deprimido depressed, 4
derecho right, 12
desagradarle to dislike, 7
desamparado homeless, 14
desayunar to eat breakfast, 7; **desayuno** *m* breakfast, 4, 7
descansar to rest, 1; **el descanso** resting, 1
desempleado unemployed, 14
desigualdad inequality, 15
desordenado messy, 2
desperdicio *m* refuse, 15
despertarse (ie) to wake up, 4
después de... after . . . , 2
detrás de behind, 8
deuda pública *f* national deficit, 14
día *m* day; **buenos días** Good morning. 1; **todo el día** all day long, 3; **todo el tiempo** all the time, 10; **todos los días** every day, 3
diamante *m* diamond, 11
dibujos animados *m* cartoons, 10
diccionario *m* dictionary, 1
diciembre December, 2
diente *m* tooth, 12
dirigir to control, to direct, 14
discapacitado/a disabled person, 14
disco compacto CD, 1
discoteca *f* disco, dance club, 1
diseñar to design, 2
disfrazarse de (fantasma) to dress up as a (ghost), 10
disminuir to decrease, 14
divertirse (ie) to have a good time, enjoy oneself, 4
doblar to turn, 14; **doblarse** to twist, to turn, 13
doctor/a *m/f* **(Dr./ Dra.)** doctor (title), 1
dólar *m* dollar, 2
dolerle (ue) to hurt, to ache, 12
domingo *m* Sunday, 1
donde where. 1; **¿dónde está/s?** where are you . . .? 1; **¿dónde está/n...?** where is/are . . .? 1
dormitorio *m* bedroom, 9
droga *f* medicine, drug, 13
ducharse to take a shower, 4

dudo que I doubt that . . . , 13
dueño/a de... *m/f* owner of . . . , 2
dulce *m* sweet, 7
durazno *m* peach, 7
duro hard, 7

E

echar humo to emit smoke, 14
ecología *f* ecology, 2
economía *f* economics, 1
edificio *m* building, 1
egoísmo *m* selfishness, 15
ejercicio *m* exercise, exercising, 1
electrodomésticos *m, pl* home appliances, 5
empezar (ie) to begin, to start, 3
empleado/a *m/f* employee, 14
empresa *f* company, firm, 2
en in, on, at, 1; **en ese momento** at that moment, 10; **en ese tiempo** during that time, 10; **en grande** in a grand way, 4; **en seguida** immediately, 10; **en su punto** cooked to perfection, 7; **ese día/ mes/ año** that day/month/year, 10
encaje *m* lace, 11
encantado pleased to meet you, 1
encontrarse (ue) to be located/found, 14
energía *f* energy, 4; **energía solar/ del viento** solar/wind energy, 15; **enérgico/a** energetic, 4
enero January, 2
enfermo sick, ill, 4; **enfermedad** *f* disease, illness, 12
enojado upset, mad, 4
ensalada *f* salad, 7
enseñar to teach, 5
entre between, 8
entrevista *f* **(de trabajo)** (job) interview, 2
equipo *m* team, 2
escalera *f* staircase, 9
escalofríos *m, pl* chills, 13
escasez de alimentos food shortage, 15
escondite *m* hideaway, hide-and-seek, 10
escribir to write, 1
escritorio *m* desk, 9
escuchar to listen to, 1
espalda *f* back, 12
español *m* Spanish, 1
espárragos *m, pl* asparagus, 7
especia *f* spices, 8
especie amenazada threatened species, 15
espejo *m* mirror, 4
esquiar to ski; **esquiar en el agua** to water ski, 3 **esquiar en la nieve** to snow ski, 3
esquina *f* corner, 14
estación de metro *f* subway station, 14
estacionamiento *m* parking area, 14
estado de... *m* the state of . . . , 1
estampado *f* patterned, 11
estampilla *f* stamp, 10
estante (para libros) (book) shelf, 9
estar to be, 1; *estar* **(harto/ cansado/ aburrido) de...** to be (sick of/tired of/bored) with..., 4
estirar to stretch, 12
estómago *m* stomach, 12
estornudar to sneeze, 13
estrés *m* stress, 12; **estresado** stressed out, 4
estudiante *f/m* student, 1
estudiar (mucho) to study (a lot), 1
estudios *m, pl* study, school (work), 4
estufa *f* stove, 9
evitar to avoid, 12
éxito *m* success, 15
explorar to explore, 10
extranjero foreign, 10

F

fácilmente easily, 2
fábrica *f* factory, 14
fabricar to manufacture, 16
falda *f* skirt, 11
familia *f* family, 1; **familiar** blood relative, 6
famoso famous, 10
febrero February, 2
feliz happy, 4
fideos *m, pl* noodles, spaghetti, 8
fiebre *f* fever, 13
fiesta *f* party, 1
fin de semana *m* weekend, 3
finanzas *f, pl* finance, 2
fingir to pretend, 10
física *f* physics, 1
flor flower, 3
fotografía *f* photography, 2
fracaso *m* failure, 15
fractura *f* fracture, 13
francés French language, 2
frasco *m* jar, container, 8
frase *f* sentence, 1
freír (i) to fry, 7
frente *f* forehead, 12
frente al *f* in front of, 4
fresa *f* strawberry, 7
fresco *m* fresh, 7
frijoles *m, pl* beans, 7
frío *m* cold, 3
frito fried, 7
frotar(se) to rub, 12
fruta *f* fruit, 7
fuente *f* serving dish, 8
fuera de temporada off-season, 4
fuerte strong, 12
fumar to smoke, 12
funcionar to work, to function, 14
funcionario/a *m/f* government official, 14
fútbol *m* soccer, 1; **fútbol americano** *m* football, 1

G

gafas *f, pl* glasses, 11
galletas *f, pl* cookies, crackers, 8
gamba *f* shrimp, 7
ganar to earn (money), to win a race, 2
garaje *m* garage, 9
garganta *f* throat, 13
gas *m* carbonation; **con/ sin gas natural** carbonation/natural, 7
gastar (dinero) to spend (money), 11
gato *m* cat, 9; **gatito/a** *m/f* kitten, 10
gemelo/a identical twin, 6

generalmente usually, 1
gente *f* people, 1
gerente *m/f* manager, 2
gimnasio *m* gym, 1
girar to turn, 14
gobierno *m* government, 2
golosinas *f, pl* sweets, 8
gorra *f* cap, hat, 11
gota *f* drop, 8
gracias thank you; **(muchas) gracias** thank you (very much), 1; **gracias por haber...** thank you for having . . . , 5; **Todos bien, gracias.** Everyone is fine, thank you. 1
graduación graduation, 5
grande large, big, 9
grave serious (condition), 13
gripe *f* flu, 13
gris gray, 3
grueso heavy, 2
guantes *m, pl* gloves, 11
guapo good looking, 6
guardar to put away, to keep, 9
guardarropa *m* closet, 11
guerra *f* war, 15
guía de viajes *f* travel guide, 5
guisantes *m, pl* peas, 7
gustar (me gusta/me gustan) to like, 2

H

habichuelas *f, pl* string beans, 7
hablar to speak; **hablar español** to speak Spanish, 1; **hablar por teléfono** to talk on the phone, 1
habrá there will be, 14
hacer to do, 1; **hace... años/ meses/ días** . . . years/ months/days ago, 6; **hace buen/ mal tiempo** the weather is nice/bad, 3; **hace (mucho) calor/ frío/ humedad/ sol** it's (very) warm/cold/ humid/sunny, 3; **hace fresco** it's cool, 3; **hacer deporte/ ejercicio** to practice sports/exercise, 1; **hacer ejercicios** to do exercises, 12; **hacer las tareas** to do homework, 1; **hacer preguntas** to ask questions, 1; **hacer la cama** to make the bed, 9; **hacer excursions** to go hiking, 3; **hacer ruido** to make noise, 10; **hacer (dar) una fiesta** to throw a party, 3; **hacerse daño** to hurt oneself, 10
hambre *f* hunger; **tener hambre** to be hungry, 7, 10
harina *f* flour, 8
harto sick (and tired) of, 4
hasta until; **hasta luego/ pronto/ mañana** see you later/soon/tomorrow, 1; **hasta que** until, 14
hay there is, there are; **(no) hay** there is (not)/there are (not), 1
helado *m* ice cream, 7
hermana *f* sister, 5; **hermano** *m* brother, 5
herramientas *f, pl* tools, 5
hervir (ie, i) to boil, 8
hielo *m* ice, 3
hierbas *f, pl* herbs, 8
hígado *m* liver, 12
hija *f* daughter, 6; **hijo** *m* son, 6; **hijos** *m, pl* children, 5
hinchado swollen, 13
hipo *m* hiccups, 13
historia *f* history, 2
hogar *m* home; **hogar de ancianos** retirement home, 14
hoja *f* leaf, 3
hola hi; **¡Hola!, ¿Qué tal?** Hi! How are you?, 1
hombro *m* shoulder, 12
hora *f* hour, time; **¿A qué hora?** At what time?, 1; **¿Qué hora es?** what time is it?, 4
horario *m* *(class)* schedule, 1
hospital *m* hospital, 2
hotel *m* hotel, 2; **hotel de lujo** luxury hotel, 4
hoy today, 1
huelga *f* strike, 14
hueso *m* bone, 12
huevo *m* egg, 8
humedad *f* humidity, 3
humo *m* smoke, 13

I

idioma *m* language, 1
ignorar to ignore, 15
igualdad *f* equality, 15
impaciente impatient, 2
impermeable *m* raincoat, 11
importarle to care, 12
impuesto *m* tax, 14
impulsivo impulsive, 2
incendio forestal *m* forest fire, 15
increíble incredible; **es increíble que** it's incredible that, 13
inflamado inflamed, swollen, 14
influir (en) to influence, to have influence (on), 5
ingeniero/a *m/f* engineer, 2
inglés *m* English, 1
ingrediente *m* ingredient, 8
insecto *m* insect, 10
instalaciones *f, pl* facilities, 14
instrumento *m* (musical) instrument, 2
inteligente intelligent, 2
inversión en la ecología investment in ecology, 15
invertir (ie) to invest, 14
invierno *m* winter, 3
inyección *f* shot, 14; **poner una inyección** to give a shot, 14
ir a (voy/ vas) to go to, 2; **ir de compras** to go shopping, 1; **irse de vacaciones** to go on vacation, 4; **ir(se)** to go *(away)*, 4; **ir a/ al/ a la...** to go to . . . , 1
izquierdo left, 12

J

jabón *m* soap, 13
jamón *m* ham, 7
japonés Japanese language, 2
jarabe *m* (cough) syrup, 13
jardín *m* flower garden, 9
jefe/a *m/f* boss, chief, 2
joven young, 2
joyas *f, pl* jewelry, 5
joyería *f* jewelry store, 6
jubilado/a *m/f* retired, 5
judías verdes *f, pl* string beans, 7
jueves *m* Thursday, 1
jugador/a *m/f* player, 10
jugar (ue) to play; **jugar al papá y la mamá** to play house, 10; **jugar básquetbol/ beísbol/ frisbi/ naipes/ tenis** to play basketball/baseball/frisbee/cards/tennis 3
jugo *m* juice, 7

juguete *m* toy, 10
julio July, 2
junio June, 2
juntarse con... to get together with . . . , 4
juntos together, 5
juvenil youthful, 4

K

kilo(gramo) *m* kilo(gram), 8

L

laboratorio *m* lab, 1
lagartija *f* lizard, 10
lago *m* lake, 3
lámpara *f* lamp, 9
lana *f* wool, 5
langosta *f* lobster, 7
lápiz (los lápices) *m* pencil(s), 1
lástima *f* pity; **es una lástima/ pena que** it's a pity that, 13; **¡Qué lástima!** What a pity!, 13
lastimarse to hurt, to bruise, to cut oneself, 13; **lastimadura** *f* bruise, cut, scrape, 13
lata *f* (tin) can, 8
lavadora de ropa *f* washer, 9
lavaplatos *m* dish washer, 9
lavar to wash; **lavar la ropa** to wash clothes, 3; **lavarse** to wash oneself, 4
leche *f* milk, 7
lechuga *f* lettuce, 7
lectura *f* reading, 1
leer to read, 1; **leer el periódico** to read the newspaper, 3
legumbres *f, pl* legumes (beans, lentils); vegetables, 7
lejos (de aquí) far (from here), 4
león *m* lion, 15
letrero *m* sign, 14
levantarse to get up, 4
ley *f* law, 15
libra *f* pound, 8
librería *f* bookstore, 6
libro *m* book, 1
licuadora blender, 8
limón lemon, 7
limpiar to clean; **limpiar mi habitación** to clean my room, 3
literatura *f* literature, 1
llamar to call; **me llamo...** My name is . . . , 1; **llamar a mis amigos** to call my friends, 3; **llamada** *f* (phone) call, 6
llave *f* lock, key, 5
llegar a to arrive in, to get to (a place), 5
lleno de full of, 4
llevar to carry, take, 4; to wear, 11; **llevar una vida sana** to lead a healthy life, 12; **llevarse bien/ mal con** to get along well/poorly with, 6
llorar to weep, 6
llover (ue) to rain, 3; **llueve** it rains, it's raining, 3
loco/a crazy, 10
luego then, later, 6
lunes *m* Monday, 1

M

madera *f* wood, 5
madre *f* mother, 5
madrina *f* godmother, 6
maduro ripe, 8
maíz *m* corn, 7
mal (o/a) *f/m* bad, 3
maleta *f* suitcase, 5
mandar to send, 5
mano *f* hand, 12
mantel *m* tablecloth, 8
mantener to maintain, 14
mantequilla *f* butter, 7
manzana *f* apple, 7
mañana tomorrow; **de la mañana** in the morning (with time), 4; **hasta mañana** see you tomorrow, 1; **por la mañana** in the morning, 4; **toda la mañana** all morning, 3
máquina *f* machine, machinery, 14
marca *f* brand-name, 11; **de marca** designer clothes, 11
margarina *f* margarine, 8
marido *m* husband, 6
mariscos *m, pl* shellfish, seafood, 7
marrón brown, 3
martes *m* Tuesday, 1
marzo March, 2
más more than, 1; **más de... años** older than . . . years, 2; **más o menos** more or less, 2
masajear to massage, 12
mascota *f* pet, 10
matar to kill, 15
matemáticas *f* mathematics, 1
mayo May, 2
mayonesa *f* mayonnaise, 7
mayor older, 2; **mayor que** greater/older than, 6
medianoche *f* midnight, 2
medicamento *m* drug, remedy, 13
médico/a *m/f* medical doctor, 2
medio half, 8; **y media** and a half (with time), 4
medio ambiente *m* environment, 15
mediodía *m* noon, 2
medir (i) to measure, 8
mejillón *m* mussel, 7
mejor better, 6; **el/ la mejor** the best, 6
mejorar to improve, 12; **mejorarse** to get better, 13
melocotón *m* peach, 7
menor younger, 5
menos... to . . . (when telling time), 2; **menos de... años** younger than . . . años, 2
mensaje *m* message, 1
mentir (ie, i) to lie, 12; **mentira** *f* lie, 5
menú *m* menu, 7
mermelada *f* jam, preserves, 8
mesa *f* table, 9
mesera *f* waitress, 7; **mesero** *m* waiter, 7
mesita *f* side/small table, 9
mezclar to mix, 8
mi my; **mis** mine, 1
microondas *m* microwave oven, 9
miedo *m* fear; **tener miedo** to be afraid, 10
miel *f* honey, 7
mientras while, 10
miércoles *m* Wednesday, 1
mil one thousand, 2
mirar to watch, 1; **mirarse en el espejo** to look at oneself in the mirror, 4
mochila *f* backpack, 1

moda *f* fashion; **estar a la moda** to be dressed in fashion, 11; **estar de moda** to be in fashion, 11; **pasado de moda** out of fashion, 11
moderno contemporary, 9
molestarle to bother, 12
moneda *f* coin; currency, 10
monstruo *m* monster, 10
montaña *f* mountain, 3
montar a caballo/ en monopatín/ en patineta/ en bicicleta to ride a horse/a scooter/skateboard/bike, 3
morado purple, 3
moreno/a dark (hair, skin), 1
morirse (ue) de to be dying for, die from, 4
mostaza *f* mustard, 8
mostrar (ue) to show, 6
mover (ue) to move, 12
mucho many, 1; **mucho gusto** pleased to meet you, 1
mudarse to move to, 6
mueble *m* piece of furniture, 9
muela *f* molar, 12
mujer *f* woman, wife, 6
mundo *m* world, 3
muñeca *f* doll, 10; wrist, 12
municipalidad *f* municipality, city hall, 14
músculo *m* muscle, 12
muy very, 1; **(no) muy bien**. (not) very well. 1; **muy bien** very well, O.K., fine, 1

N

nacer to be born, 6
nada nothing; **de nada** you're welcome, 1; **no hacer nada** to do nothing, 3
nadar to swim, 2
nadie no one, 10
naranja *f* orange, 7
nariz *f* nose, 12
náuseas *f, pl* nausea, 13
navegar en bote de vela to sail, 3; **navegar por la red** to surf the Web, 1
negocio *m* firm, business, 2
nervioso nervous, 4
nevar (ie) to snow, 3; **nieva** it snows, it's snowing, 3
nieta *f* granddaughter, 6; **nieto** *m* grandson, 6
niña *f* child, little girl, 8; **niño** *m* child, little boy, 8
niñez *f* childhood, 9
no no, not, 1; **no más de...** not more than . . . , 4; **no quiero hacer nada** I don't want to do anything, 2; **no muy** not very, 2; **no voy a hacer nada** I'm not going to do anything, 2; **no voy a ninguna parte** I'm not going anywhere, 2
noche *f* night; **buenas noches** good night, 1; **de la noche** at night (with time), 4; **por una noche/ un día/ un año** for one night/day/year, 10
nota *f* grade, 1
noviembre November, 2
novio/a boyfriend/girlfriend, 5
nuestro our, 1
nunca never, 3

O

obras en construcción *f, pl* construction; building under construction, 14
octubre October, 2
odio *m* hatred, 15
oficina *f* office; **oficina de becas** scholarship office, 1
ofrecer to offer, 4
oído *m* inner ear; hearing, 12
ojalá I wish, if only, 15; **ojalá que** I hope that, 13
ojo *m* eye; **de ojos claros/ oscuros** light/dark-eyed, 2
oler (ue) a to smell like, 8
olla *f* pot (for cooking), 8
olvidarse de to forget about, 4
oportunidad *f* opportunity, 15
ordenar to straighten/tidy up, 1
orégano *m* oregano, 8
oreja *f* outer ear, 12
organización *f* organization, 14
oro *m* gold, 5
otoño *m* fall (season), 3
otro another, 1

P

padre *m* father, 5
padres *m, pl* parents, 5
padrino *m* godfather, 6
pagar (las cuentas) to pay (bills), 2
página *f* **de la red** Web page, 2
país *m* country, 2
paisaje *m* landscape, countryside, 15
pájaro *m* bird, 10
palabra *f* word, 1
palomitas de maíz *f, pl* popcorn, 10
pan *m* bread, 7
pana *f* corduroy, 11
panecillos *m, pl* rolls, 8
panqueques *m, pl* pancakes, 8
pantalón *m* pants, 11; **pantalones** *m, pl* pants, 11
pañuelo *m* neck scarf; handkerchief, 11
papa *f* potato, 7; **puré de papas** *m* mashed potatoes, 7; **papitas fritas** *f, pl* potato chips, 8
paquete *m* package, 8
para for, 2; **para que** so that, in order that,13
parada *f* (bus) stop, 14
paraguas *m* umbrella, 11
parecerse a... to look like. . . , 6
pared *f* wall (interior), 9
parque *m* park; **parque de atracciones** *m* amusement park, 3
partido *m* game, 1
pasado old, 7; **el año pasado** last year, 6; **el lunes/ el martes pasado** last Monday/Tuesday, 6; **pasado de moda** out of fashion, 11
pasaje *m* (airline) ticket, 4
pasar la aspiradora to vacuum, 9
pasarlo bien to have a good time, 3
paseo *m* walk, 3
pastel *m* cake, pastry, 5
patata *f* potato, 7
patinar to roller skate, 3; **patinar en el hielo** to ice skate, 3
patio *m* yard, patio, courtyard, 9
pato *m* duck, 7
pavo *m* turkey, 7
paz *f* peace, 15
peatón *m* pedestrian, 14; **peatona** *f* pedestrian, 14
peces *m, pl* fish, 10
pecho *m* chest, 12

pedir (i) to request, to ask for (favor, gift), 5
peinarse to comb one's hair, 4
pelar to peel, 8
pelearse (con) to fight (with), 6
peligro *m* danger; **en peligro de extinción** in danger of extinction, 15; **peligroso** dangerous, 10
pelirrojo red-haired, 2
pelo *m* hair; **de pelo castaño/ negro/ rubio** brown/black/blonde hair, 2
pelota *f* ball, 10
pensar… (+ *inf.*) to plan to, 2
peor worse, 6; **el/ la peor** the worst, 6
pequeño small, petite, 2
perderse (ie) to get lost, 10
perdón Excuse me. 1
perezoso lazy, 2
perfume *m* perfume, 13
perlas *f, pl* pearls, 11
permiso may I come in, 1
pero but, 1
perro/a *m/f* dog, 9; **perrito/a** *m/f* puppy, 10
pescar to fish, 3; **pescado** *m* fish, 7
pesticida *m* pesticide, 15
pez *m* fish, 10
picado chopped, 8
picadura *f* (insect) bite, 13
picante hot (spicy), 7
picarle to itch, 13
pie *m* foot, 12
piedra *f* rock, 10
piel *f* skin; **de piel clara/ morena/ trigueña** light/dark/brown skin, 2
pierna *f* leg, 12
pijama *m* pajamas, 11
píldora *f* pill, 13
piloto/a *m/f* pilot, 10
pimienta *f* (black) pepper, 7
pintar to paint, 2
piña *f* pineapple, 7
piscina *f* swimming pool, 3
pizarra *f* chalkboard, 1
planeta *m* planet, 15
plata *f* silver, 5
plátano *m* banana, 7
platos *m, pl* dishes (food), plates, 5; **plato principal** main dish, entrée, 8
pobreza *f* poverty, 15
poco little (amount), 1
poder… (+ inf.) (puedo/ puedes) to know, to be able to, 2
polen *m* pollen, 13
política *f* politics, 2
pollo *m* chicken, 7
polvo *m* (house) dust, 13
poner to put, 5; **poner la mesa** to set the table, 8; **poner una inyección** to give a shot/injection, 13; **ponerse** to put on (clothing), 11; **¡No tengo nada que ponerme!** I've nothing to wear! 11
por around, on, by, 1; **por ejemplo** for example, 2; **por eso** that's why, 2; **por favor** please, 1; **por fin** finally, 6; **por lo general** in general, 10; **por un rato** for a few minutes/hours, 10; **por un tiempo** for a while, 10; **por una semana/ dos horas** for a week/two hours, 10; **por unos días/ meses/ años** for a few days/months/years, 10
¿por qué? why?, 1
porción *f* serving, 8
porque because, 1
postre *m* dessert, 7
práctico practical, 2
preferido/a favorite, 5
preguntar to ask, 6; **pregunta** *f* question, 1
preocuparse por to worry about, 4
preparar to prepare, 5; **prepararse** to prepare oneself, 4
prestar (atención) to loan (to pay attention), 5
prevenir to prevent, 15
primavera *f* spring, 3
primo/a *m/f* cousin, 5
privado private, exclusive, 4
probar (ue) to try, 7; **probarse (ue)** to try on, 11
problema *m* problem, 4
producto *m* product; **producto dañino** harmful product, 15
profesor/a *m/f* professor, 1
programador/a *m/f* programmer, 2
promover (ue) to promote, 15
pronto soon, 6
propina *f* tip, 7
proteger to protect, 15; **protegerse** to protect oneself, 13
próximo next, 14
prueba *f* test, quiz, 1
psicología *f* psychology, 1
psicólogo/a *m/f* psychologist, 2
puente *m* bridge, 14
puerta *f* door, 1
Pues, hasta luego. Well, see you later., 1
puesto *m* job, post, 2
pulgar *m* thumb, 12
pulmón *m* lung, 12
pulsera *f* bracelet, 11

Q

que that, which, 1
¿qué? what?, 1; **¿qué quiere decir…?** what does . . . mean?, 1; **¿qué quieres hacer?** what do you want to do?, 1; **¿Qué tal?** How is it going?, 1
quebrarse (ie) un hueso to break a bone, 13
quedarle bien/ mal to fit/not fit well; **me queda bien** it fits well/looks good on me, 11
quedarse (en) to stay (at), 4
quehaceres *m, pl* household chores, 9
quejarse (de) to complain about . . . , 4
quemado burnt, 7; **quemadura** *f* burn, 13
queso *m* cheese, 7
¿quién? who? 1
quiero/ quieres I/you want to . . . , 1; **quisiera** I'd like, 7
quitarse to take off (clothes), 11
quizás maybe, perhaps, 7

R

ramo *m* bunch, bouquet, 5
rápido quickly, 2, 4
rascacielos *m* skyscraper, 14
ratoncito *m* mouse, 10
rebanada *f* slice (of bread), 8
receta *f* recipe, 5
recetar to prescribe, 13
reciclar to recycle, 15; **reciclaje** *m* recycling, 15
recoger to collect; to pick up, 15

recomendar (ie) to recommend, 7
recordar (ue) to remember, 6
recursos naturales *m* natural resource, 15
red *f* the Web, 1
reducir to reduce, 15
refresco *m* soft drink, 7
refrigerador *m* refrigerator, 9
regalar to give a present, 5
regalo *m* present, gift, 5
regar (ie) to water (plants), 9
reírse (i) de to laugh about/at, 4
relajarse to relax, 4
relleno stuffed, 7
reloj *m* clock, watch, 1
remar to row, 3
res *f* beef, 7
reservado reserved, 2
resfrío *m* cold, 13
residencia *f* residence, dorm, 1
resolver (ue) to solve, 2; **resolver** problemas to solve problems, 2
responsable *m/f* responsible, 2
restaurante *m* restaurant, 1
reto *m* challenge, 15
retrato *m* portrait, 9
reunirse to get together, 6
revista magazine, 3
revuelto tossed, scrambled, 7
rico delicious (food); rich; wealthy, 5, 7
riesgo *m* risk, 15
riñón *m* kidney/s, 12
río *m* river, 3
riqueza *f* wealth, 15
rodeado/a de surrounded by, 6
rodilla *f* knee, 12
rojo red, 3
romántico romantic, 2
romper to break, to tear; to break up, 5
roncha *f* skin rash or eruption, 13
ropa *f* clothes, 4; ropa interior underwear, 11
rosa *f* rose, 5
rosado pink, 11
rubio blonde, 2
ruido *m* noise, 10
ruso Russian language, 2
rutina *f* routine, 4

S

sábado *m* Saturday, 1
sabe a... it tastes like . . . , 7; **sabe bien/mal** tastes good/bad, 7
saber... (+ *inf.*) to know how to, 2; **no sé** I don't know., 1; **sé** I know (a language/a fact/a skill), 2
sabroso delicious, 7
sacar to remove, to take out, 8; **sacar buenas notas** to get good grades, 1; **sacar fotos** to take pictures, 3; **sacar (el título/ mi maestría)** to get (the degree/my MA), to graduate, 2
saco *m* jacket, 11
sacudir to dust, 9
sal *f* salt, 7
sala de... *f* (class) room, 1
salir to go out, 2; **salir juntos** to go out together, to date, 5
salmón *m* salmon, 7
salón *m* living room, 9
salsa de tomate *f* tomato sauce, ketchup, 8
saltar to jump, to leap, 10
salud *f* health, 12
saludable healthy, 8
sanar to heal, 12
sándwich *m* sandwich, 7
sangre *f* blood, 12
sano healthy, 4
sartén *f* frying pan, 8
se ve/n can be seen, 14
secadora de ropa *f* clothes dryer, 9
secar to dry, 9; **seco** dry, 7
seda *f* silk, 11
selva *f* jungle, 15
seguir derecho to go straight, 14
semáforo *m* traffic light, 14
semana *f* week; **semana pasada** last week, 6
senda *f* path, 14
señor (Sr.) *m* Mr., 1; **señora (Sra.)** *f* Mrs., 1; **señorita (Srta.)** *f* Miss, 1
sensible sensitive, 2
sentarse to sit down, 6
sentir (ie, i) to feel, 1; **sentirse (ie, i)** to feel, 4
septiembre September, 2
ser to be, 2
serio serious, 2
servicio *m* service, 14
servilleta *f* napkin, 8
servir (i) to serve, 7
sí yes, 1
SIDA *m* AIDS, 13
siempre always, 3
silla *f* chair, 9
simpatico/a nice, pleasant, 2
sin without, 1
síntoma *m* symptom, 13
sirope *m* syrup, 8
sobre todo above all, 12
sobrino/a nephew/niece, 6
sociología *f* sociology, 1
sofá *m* sofa, 9
sol *m* sun, 3
solidaridad *f* solidarity, 15
solo alone, 4; **sólo** only, 7
soltero single, 6
soñar (ue) (con) to dream (about), 10
sopa *f* soup, 7
sorpresa *f* surprise, 5
sótano *m* basement, 9
su your (*formal*), his, her, 1
subir to go upstairs, to climb, 9
sudadera *f* sweat suit, 11
suegros (parents)-in-law, 6
sueldo *m* salary, 2
suelo *m* floor, 9
suéter *m* sweater, 5
sufrir to suffer, to hurt, 13

T

talento *m* talent, 2
también also, 2

tampoco either, neither, 2
tan so, 6
tanto *adv* so much, 5
tapado congested, stuffed up, 13
taparse to cover, 12
tarde *f* afternoon, 4; **buenas tardes** good afternoon/evening, 1; **de la tarde** in the afternoon/evening (with time), 2
tarea *f* homework (assignment), 1
tarjeta *f* card, 5; **tarjeta postal** postcard, 10
tarta *f* tart, pie, 7
taxi *m* taxi, 14
taza *f* cup, 8
tecnología *f* technology, 2
tele *f* TV, 1
teléfono *m* telephone, 1; **teléfono cellular** cellular phone, 5
temprano early, 4
tenedor *m* fork, 8
tengo/ tienes que... I/you have to . . . ,1; **tener que** (+ inf.) to have to . . . , 2; **tener... años** to be . . . years old, 2; **tener calor** to be warm, 10; **tener cuidado (de)** to be careful (to), 13; **tener frío** to be cold, 10; **tener ganas de...** to really want to . . ., 4; **tener hambre** to be hungry, 10; **tener miedo** to be afraid, 10; **tener prisa** to be in a hurry, 4; **tener razón** to be right, 10; **tener sed** to be thirsty, 10; **tener sueño** to be sleepy, 4
terciopelo *m* velvet, 11
terminar to finish, 5
tía *f* aunt, 5; **tío** *m* uncle, 5
tiempo *m* weather, 3
tienda *f* store, 5
Tierra *f* Earth, 15
tigre *m* tiger, 15
tímido timid, 2
tinto red (wine), 7
tirar to throw; **tirar bolas de nieve** to throw snow balls, 3; **tirar piedras** to throw rocks, 10
tiras cómicas *f, pl* comics, 10
título *m* degree, 2
tobillo *m* ankle, 12
tocar un instrumento to play an instrument, 2
tocino *m* bacon, 8
todavía no not yet, 5; **todavía no + haber** still haven't, 5
todo everything, 6; **todo el tiempo** all the time, 8; **todos** everyone; **todos bien, gracias** everyone is fine, thank you, 1
tomar to take; **tomar apuntes/ pruebas** to take notes/tests, 1; **tomar el sol/ chocolate caliente** to sunbathe/drink hot chocolate, 3
tomate *m* tomato, 7
toronja *f* grapefruit, 7
torta *f* cake, 8
tortilla *f* tortilla (*Mex.*); **omelette** (*Spain*), 7
tortuga *f* turtle, 10
tos *f* cough, 13
tostado toasted, 8
trabajador/a *m/f* worker, 14; **trabajador** hard-working, 2
trabajar (en) to work (at), 1; **trabajo** *m* work, 1
traer to bring (over here), 5
tráfico *m* traffic, 14
traje *m* suit; dress, 11; **traje de baño** *m* swimsuit, 11
tranquilo calm, 2, 4
transporte colectivo/ público *m* public transportation, 14
tratar de... to try to . . . , 4
travieso mischievous, 10
treparse a to climb, 10
triste sad, low, 4
trozo *m* piece, 8
trucha *f* trout, 7
tu your (*familiar*), 1

U

universidad *f* college, university, 1
usar to use, 1
usted (Ud.) you (*formal*), 1
uvas *f, pl* grapes, 7

V

vacaciones *f, pl* vacation, 3
vacuna *f* vaccination, 13
vainilla *f* vanilla, 7
vaso *m* glass (to drink), 5
vecindario *m* neighborhood, 10
vegetación *f* vegetation, 15
vegetariano vegetarian, 7
vela *f* sail; **bote de vela** *m* sailboat, 3
venda *f* bandage, 13
vender to sell, 5
venir (ie) to come, 3
ventana *f* window, 9
ver to see, check messages 3
verano *m* summer, 3
verde green, 3; unripe, 7
verduras *f, pl* greens, vegetables, 7
vestido *m* dress, 11
vestirse (i) to get dressed, 4
vez *f* time; **alguna vez** ever, 7; **de vez en cuando** from time to time, 10; **esa vez** that time, 10; **en vez de** instead of, 12; **una vez** once, 4
viajar to travel, 2
vida *f* life, 5
viejo old, 4
viento *m* wind, 16
viernes *m* Friday, 1
vinagre *m* vinegar, 7
vino *m* wine, 5
visitar to visit, 2
viudo/a widow/widower, 6
vivir to live, 2
vivo bright (color), 11
volver (ue) to return, go back, 6

Y

y and, 1; **...y cuarto/ media** . . . and a quarter/half (when telling time), 2; **¿Y tu/ su familia?** And your family?, 1; **¿Y tú?/ ¿Y usted?** And you?, 1
ya already, 5, 7
yeso *m* plaster (cast), 13
yogurt *m* yogurt, 8

Z

zanahoria *f* carrot, 7
zapatos *m, pl* shoes, 11; **zapatos de tenis** *m, pl* sneakers, 11
zonas verdes *f, pl* green areas, 14

DICCIONARIO inglés-español

A

a/per year al año, 2
above all sobre todo, 12
actor actor *m*,10
actress actriz *f*, 10
add agregar, 8
advice consejo *m*, 5
affectionate cariñoso/a, 6
after . . . después de..., 2
afternoon tarde *f*, 4; **good afternoon/evening**, buenas tardes, 1; **in the afternoon/evening (with time)** en/ de la tarde, 2
ago (years/months/days . . .) hace...años/ meses/ días, 6
AIDS SIDA, 13
airplane avión *m*, 10
all the time todo el tiempo, 10
allergic alérgico/a, 13
allergy alergia *f*, 13
alligator caimán *m*, 15
almost (always/never) casi (siempre/ nunca), 3
alone solo, 4
already ya, 5, 7
also también, 2
always siempre, 3
and y, 1; . . . **and a quarter/half (when telling time)** ...y cuarto/ media, 2; **And your family?** ¿Y tu/ su familia?, 1; **And you?** ¿Y tú?/ ¿Y usted?, 1
animal animal *m*, 15; **stuffed animal** animalito de felpa *m*, 10
ankle tobillo *m*, 12
anniversary aniversario, 5
another otro, 1
antacid antiácido *m*, 13
antibiotic antibiótico *m*, 13
antihistamine antihistamínico *m*, 13
apple manzana *f*, 7
April abril, 2
Arabic árabe, 2
architect arquitecto/a *m/f*, 2
arm brazo *m*, 12
aroma aroma *m*, 8
arrive (to get to a place) llegar a (un lugar), 5
art arte *m/f*, 2
around por, 1
as if como si, 15
ask questions hacer preguntas, 1
asparagus espárragos *m, pl*, 7
astronaut astronauta *m/f*, 10
at en; **at one o'clock** a la una, 1; **at that moment** en ese momento, 10
athletic deportista, 2
attend asistir a, 4
August agosto, 2
aunt tía *f*, 5
avoid evitar, 12

B

back espalda *f*, 12
backpack mochila *f*, 1
bacon tocino *m*, 8
bad mal (o/a) *f/m*, 3
bag bolso *m*, 11
ball pelota *f*, 10
banana banano *m*, plátano *m*, 7
bandage venda *f*, 13
bandaid curita *f*, 13
bank banco *m*, 2
baseball béisbol *m*, 1
basement sótano *m*, 9
basketball básquetbol *m*, 1
bathroom baño *m*, 4
be ser (soy/ eres), 2; estar, 1; **to be . . . years old** tener... años, 2; **to be warm** tener calor, 10; **to be careful (to)** tener cuidado (de), 13; **to be hungry** tener hambre, 10; **to be in a hurry** tener prisa, 4; **to be right** tener razón, 10; **to be thirsty** tener sed, 10; **to be sleepy** tener sueño, 4; **to be afraid** tener miedo, 10; **to be bored with (sick of/tired of)** estar (harto/ cansado/ aburrido) de, 4; **to be dying for (die from)** morirse (ue) de, 4; **to be familiar with someone/something** conocer, 3; **to be located/found** encontrarse (ue), 14
beans frijoles *m, pl*, 7
because porque, 1
bed cama *f*, 9
bedroom dormitorio *m*, 9
bee abeja *f*, 13
beef res *f*, 7
beer cerveza *f*, 7
before . . . antes (de)..., 2
begin, to start empezar (ie), 3
behind detrás de, 8
beige beige, 11
belt cinturón *m*, 11
best el/la mejor, 6
better mejor, 6
between entre, 8
biology biología *f*, 1
bird pájaro *m*, 10
birthday cumpleaños *m*, 5
blender licuadora *f*, 8
blonde rubio, 2
blood sangre *f*, 12
blouse blusa *f*, 11
blue azul, 3
body cuerpo *m*, 12
boil hervir (ie, i), 8; **boiled (steamed, cooked)** cocido, 7
book libro *m*, 1
boots botas *f, pl*, 5
bored aburrido, 4; **boredom** aburrimiento *m*, 4
born (to be . . .) nacer, 6
boss (chief) jefe/a *m/f*, 2
bother molestarle, 12
bottle botella *f*, 5
box caja *f*, 5
boy chico *m*, 1; niño *m*, 8; **boyfriend** novio, 5
bracelet pulsera *f*, 11

brand name marca *f*, 11
bread pan *m*, 7
break (to tear; to break up) romper, 5; **break a bone** quebrarse (ie) un hueso, 13
breakfast desayuno *m*, 4, 7; **to eat breakfast** desayunar, 7
bridge puente *m*, 14
bright (color) vivo, 11
bring (over here) traer , 5
broad (wide) ancho, 14
broccoli brócoli *m*, 7
brother hermano *m*, 5
brown marrón, 3
bruise (cut, scrape) lastimadura *f*, 13
brush one's teeth cepillarse los dientes, 4; **brush one's hair** peinarse, 4
build construir, armar, 10
building edificio *m*, 1
bunch (bouquet of flowers) ramo *m*, 5
burn quemadura *f*, 13; **to be burning (sensation)** arderle, 13; **burnt** quemado, 7
business negocio *m*, 2
but pero, 1
butter mantequilla *f*, 7
buy comprar, 2
by por, 1

C

cafeteria cafetería *f*, 1
cake torta *f*, 8
calculus cálculo m, 1
call llamar; **my name is (I call myself) . . .** me llamo..., 1; **to call my friends** llamar a mis amigos, 3
calm tranquilo, 2
can (tin) lata *f*, 8
can be seen se ve/n, 14
can opener abrelatas *m*, 8
cancer cáncer *m*, 13
cap (hat) gorra *f*, 11
car coche *m*, 2; carro *m*, 9
card tarjeta *f*, 5
care importarle, 12
careful cuidado, 13; **to be careful** tener cuidado, 13
carpet alfombra *f*, 9
carrot zanahoria *f*, 7
carry (to take) llevar, 4
cartoons dibujos animados *m*, *pl*, 10
cat gato *m*, 9
cauliflower coliflor *f*, 7
cavity carie *f*, 12
CD disco compacto, 1
certain cierto, 13
chain cadena *f*, 5
chair silla *f*, 9
chalkboard pizarra *f*, 1
challenge reto *m*, 15
charitable caritativo, 14
checkered a cuadros, 11
cheese queso *m*, 7
chemistry química, 1
chest pecho *m*, 12
chicken pollo *m*, 7
childhood niñez *f*, 9
children hijos *m*, *pl*, 6
chilis (green) chiles verdes *m*, *pl*, 8
chills escalofríos *m*, *pl*, 13
Chinese language chino, 2
chocolate chocolate *m*, 5; **chocolate bar** barra de chocolate *f*, 8
chopped picado, 8
cinnamon canela *f*, 8
circulation circulación *f*, 12
citizen ciudadano/a *m/f*, 14
city ciudad *f*, 2; **municipality (city hall)** municipalidad *f*, 14
clam almeja *f*, 7
class clase *f*, 1
classmate compañero/a *m/f*, 1
clean limpiar; **to clean my room** limpiar mi habitación, 3
climb treparse a, 10
clock (watch) reloj *m*, 1
closet guardarropa *m*, 11
clothes ropa *f*, 4
coffee café *m*, 7
coin moneda *f*, 10
cold frío *m*, 3; **to have a cold** resfrío *m*, 13; **to be cold** tener frío, 10
collect coleccionar, 10; **to pick up** recoger, 15
college (university) universidad *f*, 1
come venir (ie), 3
comics tiras cómicas *f*, *pl*, 10
company empresa *f*, 2
complain about . . . quejarse (de)..., 4
computer science computación *f*, 1
computer (online) (en/ por) la computadora *f*, 1
comfortable cómodo, 9
congested (clogged) atascado, 14; **congested (stuffed up)** tapado/a, 13
connect conectar, 14
construction construcción; **building under construction** obras en construcción *f*, *pl*, 14
contemporary moderno, 9
control (to direct) dirigir, 14
cook cocinar, 2; **cook (boil)** cocer (ue), 7; **cooked (boiled)** cocido/a, 7
cookies galletas *f*, *pl*, 8
corduroy pana *f*, 11
corn maíz *m*, 7
corner esquina *f*, 14
cosmetics cosméticos *m*, *pl*, 13
cotton algodón *m*, 11
cough tos *f*, 13
country país *m*, 2
countryside campo *m*, 3
course (of studies) curso *m*, 1
cousin primo/a *m/f*, 5
cover cubrir, 7; **to cover oneself** taparse, 12
crackers galletas *f*, *pl*, 8
crazy loco/a, 10
cream crema *f*, 13
crime delincuencia *f*, 14
cross cruzar, 12
cuisine cocina *f*, 8
cup taza *f*, 8
cure cura *f*, 13
currency moneda *f*, 10

currently actualmente, 14
cut cortadura *f*, 13; **cut (sliced in rings)** cortado (en aros), 8; **to cut** cortar, 8; **to cut oneself** cortarse, 13

D

dance (well/badly) bailar (bien/ mal), 2
dance club (disco) discoteca *f*, 1
danger peligro *m*; **in danger of extinction** en peligro de extinción, 15
dangerous peligroso, 10
dark (hair, skin) moreno/a, 1
daughter hija *f*, 6
day día m; **all day long** todo el día, 3; **every day** todos los días, 3; **the day before yesterday** anteayer, 6
December diciembre, 2
decrease disminuir, 14
deforestation deforestación, 15
degree título *m*, 2
delicious sabroso, 7
dentist dentista *m/f*, 2
depressed deprimido, 4
design diseñar, 2; **designer clothes** de marca, 11
desk escritorio *m*, 9
dessert postre *m*, 7
diamond diamante *m*, 11
dictionary diccionario *m*, 1
dinner cena *f*, 5
dinning room comedor *m*, 9
direct (to control) dirigir, 14
disabled person discapacitado/a *m/f*, 14
disease (illness) enfermedad *f*, 12
dishwasher lavaplatos *m*, 9
dishes (of food, plates) plato *m*, 5; **main dish (entrée)** plato principal, 8
dislike desagradarle, 7
do hacer, 1; **do exercises** hacer ejercicios, 12; **do homework** hacer las tareas, 1
doctor (title) doctor/a m/f (Dr./Dra.), 1
dog perro/a *m/f*, 9
doll muñeca *f*, 10
dollar dólar *m*, 2
dolphin delfín *m*, 15
door puerta *f*, 1
doubt dudo; **I doubt that** dudo que, 13
downtown centro *m*, 14;
dream (about) soñar (ue) (con), 10
dress vestido *m*, 11
dress up as a (ghost) disfrazarse de (fantasma), 10
dresser cómoda *f*, 9
drink bebida *f*, 7; **to drink** beber, 7; **to drink hot chocolate** tomar el chocolate caliente, 3
driver conductor/a *m/f*, 14
drop gota *f*, 8
drug (remedy) medicamento *m*, 13
dry seco, 7; **to dry** secar, 9
dryer (clothes) secadora de ropa *f*, 9
duck pato *m*, 7
dump botadero *m*, 15
during that time en ese tiempo, 10
dust polvo *m*, 13; **to dust** sacudir, 9

E

eagle águila *f*, 15
ear (outer ear) oreja *f*, 12; **inner ear** oído, 12
early temprano, 4
earn (money) ganar, 2
earrings aretes *m, pl*, 5
Earth Tierra *f*, 15
easily fácilmente, 2
eat comer, 1
ecology ecología *f*, 2
economics economía *f*, 1
egg huevo *m*, 8
either tampoco, 2
elbow codo *m*, 12
elementary school colegio primario, 2
elevator ascensor *m*, 9
emit smoke echar humo, 14
employee empleado/a *m/f*, 14
energy energía *f*, 4; **solar/wind energy** energía solar/ del viento, 15; **energetic** enérgico/a, 4
engineer ingeniero/a *m/f*, 2
English inglés *m*, 1
environment medio ambiente *m*, 15
equality igualdad *f*, 15
excuse me perdón, 1
exercise (exercising) ejercicio *m*, 1; **to do exercises** hacer ejercicios, 12
exhaust agotar, 15
expensive caro, 4
explore explorar, 10
expressway autopista *f*, 14
ever alguna vez, 7
everyone todo, 6
everything todos, 6
eye ojo m; **light/dark-eyed** de ojos claros/ oscuros, 2
eyebrow ceja *f*, 12

F

face cara *f*, 12
facilities instalaciones *f, pl*, 14
factory fábrica *f*, 14
failure fracaso *m*, 15
fall (season) otoño *m*, 3
fall (down) caerse, 10
family familia *f*, 1
famous famoso, 10
far (from here) lejos (de aquí), 4
fashion moda *f*; **to be dressed in fashion** estar a la moda, 11; **to be in fashion** estar de moda, 11; **out of fashion** pasado de moda, 11
father padre *m*, 5
favorite preferido/a, 5
fear miedo m; **to be afraid** tener miedo, 10
February febrero, 2
feel sentirse (ie, i), 4
fever fiebre *f*, 13
fight (with) pelearse (con), 6; **to combat** combatir, 12
finally por fin, 6
finance finanzas *f, pl*, 2
find encontrar; **to be found (located)** encontrarse (ue), 14
finger dedo *m*, 12

finish terminar, 5
firm empresa *f*, 2; **business firm** negocio *m*, 2
fish pescado *m*, pez *m*, peces *m*, *pl*, 10; **to fish** pescar, 3
fit/not fit well quedarle bien/ mal; **it fits well/looks good on me** me queda bien, 11
floor suelo *m*, 9
flour harina *f*, 8
flower la flor, 3
flu gripe *f*, 13
food (meal) comida *f*, 7; **food shortage** escasez de alimentos, 15; **food (staple)** alimento *m*, 7
foot pie *m*, 12
football fútbol americano *m*, 1
for para, 2; **for example** por ejemplo, 2; **for a few minutes/hours** por un rato, 10; **for a while** por un tiempo, 10; **for a week/two hours** por una semana/ dos horas, 10; **for a few days/months/years** por unos días/ meses/ años, 10
forehead frente *f*, 12
foreign extranjero, 10
forest bosque *m*; **forest fire** incendio forestal *m*, 15; **virgin forest** bosque virgen, 15
forget about olvidarse de, 4
fork tenedor *m*, 8
fracture fractura *f*, 13
French language francés, 2
fresh fresco, 7
Friday viernes *m*, 1
fried frito, 7
friend amigo/a *m/f*, 1
friendly amistoso, 2
from del, 1
frozen congelado, 8
fruit fruta *f*, 7
fry freir (i), 7
frying pan sartén *f*, 8
full of lleno de, 4
full (complete) completo, 9
function funcionar, 14
furniture (piece of) mueble *m*, 9

G

game partido *m*, 1
garage garaje *m*, 9
garden (flower) jardín *m*, 9
garlic ajo *m*, 8
gas *m* carbonation; **carbonation/natural** con/sin gas natural, 7
gentleman caballero *m*, 11
German language alemán, 2
get (find) conseguir(se) (i), 4; **to get (the degree/my MA, to graduate)** sacar (el título/ mi maestría), 2; **to get better** mejorarse, 13; **to get dressed** vestirse (i), 4; **to get good grades** sacar buenas notas, 1; **to get lost** perderse (ie), 10; **to get ready, groom oneself** arreglarse, 4; **to get together** reunirse, 6; **to get together with . . .** juntarse con…, 4; **to get up** levantarse, 4; **to get along well/poorly with** llevarse bien/ mal con, 6
girl chica *f*, 1; niña *f* 8; **girlfriend** novia, 5
give dar, 3; **give a present** regalar, 5; **give a shot/injection** poner una inyección, 13
glass (drinking glass) vaso *m*, 5
glasses anteojos *m*, *pl*, gafas *f*, *pl*, 11
gloves guantes *m*, *pl*, 11
go ir; **go to** ir a, 2; **go shopping** ir de compras, 1; **go on vacation** irse de vacaciones, 4; **go (away)** ir(se), 4; **go to . . .** ir a/ al/ a la… 1; **go straight** seguir derecho, 14; **go out** salir, 2; **go out together (to date)** salir juntos, 5
go camping acampar, 3
go hiking hacer excursions, 3
go upstairs (to climb) subir, 9
godfather padrino *m*, 6; **godmother** madrina *f*, 6; **goddaughter** ahijada, 6; **godson** ahijado, 6
gold oro *m*, 5
good bueno/a, 1
good looking guapo, 6
good morning buenos días, 1
government gobierno *m*, 2
government official funcionario/a *m/f*, 14
grade nota *f*, 1
graduation graduación, 5
granddaughter nieta *f*, 6; **grandson** nieto *m*, 6; **grandmother/grandfather** la/el abuela/o, 6
grapefruit toronja *f*, 7
grapes uvas *f*, *pl*, 7
gray gris, 3
great grandparents bisabuelos, 6
green verde, 3; **green beans** las habichuelas, judias verdes, 7; **green areas** zonas verdes *f*, *pl*, 14; **greens (vegetables)** verduras *f*, *pl*, 7
gym gimnasio *m*, 1

H

hair pelo *m*; **brown/black/blonde hair** de pelo castaño/ negro/ rubio, 2
half medio, 8; **and a half (with time)** y media, 2; **half bath** aseo *m*, 9
ham jamón *m*, 7
hand mano *f*, 12
handkerchief pañuelo *m*, 11
happy feliz, 4; alegre, 4; contento, 4; **I'm happy that** me alegro de que, 13
hard duro, 7
harmful dañino; **harmful product** producto dañino, 15
hat (cap) gorra *f*, 11
hatred odio *m*, 15
have tener; **have a good time, enjoy oneself** divertirse (ie), 4; **have lunch** almorzar (ue), 6; **I/you have to . . .,** tengo/ tienes que… 1; **to have to. . . ,** tener que (+ *inf.*) 2
head cabeza *f*, 12
heal sanar, 12
health salud *f*, 12; **healthy** saludable, 8; sano, 4; **to lead a healthy life** llevar una vida sana, 12
heart corazón *m*, 12; **heart attack** ataque cardíaco *m*, 13
heat calor *m*, 3
heavy grueso, 2
help ayuda *f*, 1
her su, 1
herbs hierbas *f*, *pl*, 8
here aquí, 1
hi hola, 1; **Hi! How are you?** ¡Hola! ¿Qué tal?, 1
hiccups hipo *m*, 13
hideaway (hide-and-seek) escondite *m*, 10
high school colegio (secundario), 2
highway carretera *f*, 14
hip cadera *f*, 12

his su, 1
history historia *f*, 2
home hogar *m*; **retirement home** hogar de ancianos, 14
home appliances electrodomésticos *m, pl*, 5
homeless desamparado, 14
homework (assignment) tarea *f*, 1
honey miel *f*, 7
hospital hospital *m*, 2
hot caliente, 7; **hot (spicy)** picante, 7
hotel *m* hotel, 2; **luxury hotel** hotel de lujo, 4
hour (time) hora *f*; **At what time?** ¿A qué hora?, 1
house casa *f*; **at home** en casa, 1
household chores quehaceres *m, pl*, 9
how many...? ¿cuánto...?, 1
humidity humedad *f*, 3
hungry (to be hungry) tener hambre, 7, 10
hurt (to ache) dolerle (ue), 12; **hurt (to bruise, to cut oneself)** lastimarse, 13; **hurt (to suffer)** sufrir, 13; **to hurt oneself** hacerse daño, 10
husband marido *m*, 6

I

I don't want to do anything no quiero hacer nada, 2
I doubt that . . . dudo que, 13
I'm not going anywhere no voy a ninguna parte, 2
I'm not going to do anything no voy a hacer nada, 2
ice hielo *m*, 3; **to ice skate** patinar en el hielo, 3
ice cream helado *m*, 7
ignore ignorar, 15
immediately en seguida, 10
impatient impaciente, 2
improve mejorar, 12
impulsive impulsivo, 2
in en, 1
in front of delante de, 8; **in front of (facing)** frente al *f*, 4
in a grand way en grande, 4
in general por lo general, 10
in order that para que, 13
increase aumentar, 14
incredible increíble; **it's incredible that** es increíble que, 13
inequality desigualdad, 15
inexpensive barato, 4
inflamed (swollen) inflamado, 14
influence (to have influence on) influir (en), 5
ingredient ingrediente *m*, 8
injection (shot) inyección *f*, 14; **to give an injection (shot)** poner una inyección, 14
in-laws los suegros, 6
inner ear (hearing) oído *m*, 12
insect insecto *m*, 10
instrument (musical) instrumento *m*, 2
intelligent inteligente, 2
invest invertir (ie), 14
investment in ecology inversión en la ecología, 15
itch picarle, 13

J

jacket chaqueta *f*, 5, saco *m*, 11
jail cárcel *f*, 14
jam (preserves) mermelada *f*, 8
January enero, 2
Japanese language japonés, 2
jar (container) frasco *m*, 8
jewelry joyas *f, pl*, 5
job (post) puesto *m*, 2
jog (fast) correr (rápido), 2
juice jugo *m*, 7
July julio, 2
jump (to leap) saltar, 10
June junio, 2
jungle selva *f*, 15

K

keep guardar, 9
ketchup salsa de tomate *f*, 8
key llave *f*, 5
kidney/s riñón *m*, 12
kill matar, 15
kilo(gram) kilo(gramo) *m*, 8
kind amable, 2
kiss beso, 6
kitchen cocina *f*, 8
kitten gatito/a *m/f*, 10
knee rodilla *f*, 12
knife cuchillo *m*, 8
know someone/a place conocer (a), 2

L

lab laboratorio, *m*, 1
lace encaje *m*, 11
ladies las damas *f, pl*, 11
lake lago *m*, 3
lamb cordero *m*, 7
lamp lámpara *f*, 9
landscape (countryside) paisaje *m*, 15
language idioma *m*, 1
large (big) grande, 9
last pasado; **last night** anoche, 6; **last year** el año pasado, 6; **last Monday/Tuesday** el lunes/ el martes pasado, 6
later luego, 6
laugh about/at reírse (i) de, 4
law ley *f*, 15
lawn césped *m*, 9
lawyer abogado/a *m/f*, 2
lazy perezoso, 2
leaf hoja *f*, 3
learn (well) aprender (bien), 1
leather cuero *f*, 5, 11
leave (on the floor) dejar (en el suelo), 10
left izquierdo/a, 12
leg pierna *f*, 12
legumes (beans, lentils) legumbres *f, pl*, 7
lemon limón, 7
lend prestar, 5
letter carta *f*, 2
lettuce lechuga *f*, 7
library biblioteca *f*, 1
lie mentira *f*, 5; **to lie** mentir (ie, i), 12
life vida *f*, 5
like gustar (me gusta/me gustan), 2; **like (to enjoy)** agradarle, 7; **I'd like** quisiera, 7
lion león *m*, 15
listen (to) escuchar, 1
literature literatura *f*, 1

little (amount) poco, 1
live vivir, 2; **living together** convivencia, 6
liver hígado *m*, 12
living room salón *m*, 9
lizard lagartija *f*, 10
lobster langosta *f*, 7
look for (a job/mate) buscar (un puesto/ una pareja), 2; **look like . . .** parecerse a..., 6; **look at oneself in the mirror** mirarse en el espejo, 4
love amor *m*, 15
lunch almuerzo *m*, 7
lung pulmón *m*, 12

M

machine (machinery) máquina *f*, 14
magazine revista *f*, 3
maintain mantener, 14
make hacer, 3; **make noise** hacer ruido, 10; **make the bed** hacer la cama, 9
Management administración, 2
manager gerente *m/f*, 2
manufacture fabricar, 16
many mucho, 1
March marzo, 2
margarine margarina *f*, 8
marry someone casarse con, 6
massage masajear, 12
mathematics matemáticas *f*, 1
May mayo, 2
May I come in? ¿Permiso?, 1
maybe quizás, 7
mayonnaise mayonesa *f*, 7
mayor alcalde *m*, alcaldesa *f*, 14
measure medir (i), 8
meat carne *f*, 7
medical doctor médico/a *m/f*, 2
medicine (drug) droga *f*, 13
men caballeros *m, pl*, 11
menu menú *m*, 7
message mensaje *m*, 1
messy desordenado, 2
microwave oven microondas *m*, 9
midnight medianoche *f*, 2
milk leche *f*, 7
mine mis, 1
mineral water agua (mineral) *f*, 7
mirror espejo *m*, 4
mischievous travieso, 10
Miss señorita (Srta.) *f*, 1
mix mezclar, 8
molar muela *f*, 12
Monday lunes *m*, 1
monster monstruo *m*, 10
more than más, 1; **more or less** más o menos, 2
morning mañana, 3; **all morning** todo la mañana, 3
mother madre *f*, 5
mountain montaña *f*, 3
mouse ratoncito *m*, 10
mouth boca *f*, 12
move mover (ue), 12; **move to** mudarse, 6
Mr. señor (Sr.) *m*, 1
Mrs. señora (Sra.) *f*, 1
muscle músculo *m*, 12
mussel mejillón *m*, 7
mustard mostaza *f*, 8
my mi, 1

N

napkin servilleta *f*, 8
national deficit deuda pública *f*, 14
natural resource recursos naturales *m*, 15
nausea náuseas *f, pl*, 13
neck cuello *m*, 12
necklace collar *m*, 11
neighborhood vecindario *m*, 10
neither tampoco, 2
nephew/niece sobrino/a, 6
nervous nervioso, 4
never nunca, 3
next próximo, 14; **next to** al lado de, 8
nice simpatico/a, 2
night noche *f*; **good night** buenas noches, 1; **at night (with time)** de la noche, 4; por una noche/ un día/ un año **for one night/day/year**, 10
no one nadie, 10
no (not) no, 1; **not more than . . .** no más de..., 4; **not very** no muy, 2; **not yet** todavía no, 5; **still haven't** todavía
noise ruido *m*, 10
noodles (spaghetti) fideos *m, pl*, 8
noon mediodía *m*, 2
nose nariz *f*, 12
notebook cuaderno *m*, 1
notes apuntes *m, pl*, 1
November noviembre, 2

O

O.K. bien, 1
oatmeal avena *f*, 8
October octubre, 2
offer ofrecer, 4
off-season fuera de temporada, 4
office oficina *f*; **scholarship office** oficina de becas, 1
often a menudo, 3
oil aceite *m*, 7
old pasado, 7; **old** viejo, 4; **old (of antique quality)** antiguo, 9
older mayor, 2; **older/greater than** mayor que, 6; **older than . . . years** más de... años, 2
on en, por, 1; **on/upon doing something** al + *infinitivo*, 11
once una vez, 4
one hundred cien, 2
one thousand mil, 2
onion cebolla *f*, 7
only sólo, 7
open abierto, 5; **to open** abrir, 5
opportunity oportunidad *f*, 15
orange (color) anaranjado, 3; **orange (fruit)** naranja *f*, 7
oregano orégano *m*, 8
organization organización *f*, 14
our nuestro, 1
outfit conjunto *m*, 11
overcoat abrigo *m* 11
owner of . . . dueño/a de... *m/f*, 2
ozone layer capa de ozono, 15

P

package paquete *m*, 8
paint pintar, 2
pajamas pijama *m*, 11
pancakes panqueques *m, pl*, 8
pants pantalón *m*, pantalones *m, pl*, 11
parents padres *m, pl*, 5
park parque *m*; **amusement park** parque de atracciones *m*, 3
parking area estacionamiento *m*, 14
party fiesta *f*, 1
pastry pastel *m*, 5
path senda *f*, 14
patterned estampado *f*, 11
pay attention prestar atención, 5
pay (bills) pagar (las cuentas), 2
peace paz *f*, 15
peach durazno *m*, melocotón *m*, 7
pearls perlas *f, pl*, 11
peas guisantes *m, pl*, 7
pedestrian peatón *m*, peatona *f*, 14
peel pelar, 8
pen bolígrafo *m*, 1
pencil/s lápiz (lápices) *m*, 1
people gente *f*, 1
perfume perfume *m*, 13
perhaps quizás, 7
pesticide pesticida *m*, 15
pet mascota *f*, 10
photography fotografía *f*, 2
physics física *f*, 1
piece (of pie) trozo m, 8
pill píldora *f*, 13
pilot piloto/a *m/f*, 10
pineapple piña *f*, 7
pink rosado, 11
pity lástima *f*; **it's a pity that** es una lástima/ pena que, 13; **What a pity!** ¡Qué lástima!, 13
plan to pensar (pienso/ piensas)... (+ inf.), 2
planet planeta *m*, 15
plaster (cast) yeso *m*, 13
plates platos *m, pl*, 5
play jugar (ue); **play house** jugar al papá y la mamá, 10; **play basketball/baseball/ frisbee/cards/tennis**; jugar básquetbol/ beísbol/ frisbi/ naipes/ tennis, 3; **play an instrument** tocar un instrumento, 2; **play on a swing** columpiarse, 10
player jugador/a *m/f*, 10
please por favor, 1; **pleased to meet you** encantado, mucho gusto, 1
pocket bolsillo *m*, 11
politics política *f*, 2
polka dotted de lunares, 11
pollen polen *m*, 13
pollution contaminación *f*, 14
popcorn palomitas de maíz *f, pl*, 10
pork cerdo *m*, 7
portrait retrato *m*, 9
postcard (tarjeta) postal, 10
poster cartel *m*, 9
pot (for cooking) olla *f*, 8
potato papa *f*, patata *f*, 7; **mashed potatoes** puré de papas *m*, 7; **potato chips** papitas fritas *f, pl*, 8
poultry (el) ave *f*, 7
pound libra *f*, 8
poverty pobreza *f*, 15
practical práctico, 2
practice sports/exercise hacer deporte/ ejercicio, 1
prepare preparar, 5; **to prepare oneself** prepararse, 4
prescribe recetar, 13
present (gift) regalo *m*, 5
pretend fingir, 10
pretty bad bastante mal, 1
prevent prevenir, 15
private (exclusive) privado, 4
problem problema *m*, 4
professor profesor/a *m/f*, 1
programmer programador/a *m/f*, 2
project proyecto *m*, 3
promote promover (ue), 15
protect proteger, 15; **to protect oneself** protegerse, 13
provided that con tal de que, 13
psychologist psicólogo/a *m/f*, 2
psychology psicología *f*, 1
public transportation transporte colectivo (público) *m*, 14
puppy cachorro/a *m/f*, perrito/a *m/f*, 10
purple morado, 3
put poner, 5; **put on (clothing)** ponerse, 11; **put away** guardar, 9; **put oneself to bed** acostarme (ue), 4; **put together (build)** armar, 10

Q

question pregunta *f*, 1

R

rabbit conejo *m*, 10
rain llover (ue), 3; **it rains, it's raining** llueve, 3
raincoat impermeable *m*, 11
raw crudo, 7
read leer, 1; **read the newspaper** leer el periódico, 3
reading lectura *f*, 1
realize darse cuenta de, 15
recipe receta *f*, 5
recommend recomendar (ie), 7
recycle reciclar, 15; **recycling** reciclaje *m*, 15
red rojo, 3; **red-haired** pelirrojo, 2; **red (wine)** tinto, 7
reduce reducir, 15
refrigerator refrigerador *m*, 9
refuse desperdicio *m*, 15
regarding . . . con respecto a..., 2
relative (blood) familiar, 6
relax relajarse, 4; **to relax** relajar, 13
remember recordar (ue), 6
remove (to take out) sacar, 8
rent alquilar, 3
repair reparación *f*, 12; **to repair (to fix)** reparar, 12
request (to ask for a favor, gift) pedir (i), 5
reserved reservado, 2
residence (dorm) residencia *f*, 1
responsible responsable *m/f*, 2
rest descansar, 1
restaurant restaurante *m*, 1
retired jubilado, 5; **retirement home** hogar de ancianos, 14
return (go back) volver (ue), 6
rice arroz *m*, 7

ride a horse/a scooter/skateboard/bike montar a caballo/ en monopatín/ en patineta/ en bicicleta, 3
right derecho, 12
ring anillo *m*, 11
ripe maduro, 8
risk riesgo *m*, 15
river río *m*, 3
roasted asado, 7
rock piedra *f*, 10
roller skate patinar, 3
rolls panecillos *m*, *pl*, 8
romantic romántico, 2
room cuarto *m*, 1
rose rosa *f*, 5
routine rutina *f*, 4
row remar, 3
rub frotar(se), 12
Russian language ruso, 2

S

sad triste, 4
sail navegar en bote de vela, 3
salad ensalada *f*, 7
salary sueldo *m*, 2
salmon salmón *m*, 7
salt sal *f*, 7
sandwich sándwich *m*, 7
Saturday sábado *m*, 1
save ahorrar, 15
scare asustar, 10
scarf pañuelo *m*, 11
schedule (class) horario *m*, 1
scholarship beca *f*, 1
science/s ciencias *f*, *pl*, 2
scientist científico/a *m/f*, 10
scuba dive bucear en el mar, 3
seashells conchas de mar *f*, *pl*, 10
seat asiento *m*, 1
see (check messages) ver, 3; **see you later/soon/tomorrow** hasta luego/ pronto/ mañana, 1
selfishness egoísmo *m*, 15
sell vender, 5
send mandar, 5
senior citizen (elderly person) anciano/a *m/f*, 14
sensitive sensible, 2
sentence frase *f*, 1
September septiembre, 2
serious serio, 2; **serious (condition)** grave, 13
serve servir (i), 7
service servicio *m*, 14
serving (of food) porción *f*, 8; **serving dish** fuente *f*, 8
set the table poner la mesa, 8
share compartir, 5
shellfish (seafood) mariscos *m*, *pl*, 7
shiny brillante, 12
shirt camisa *f*, 5
shoes zapatos *m*, *pl*, 11
short bajo, 2
shoulder hombro *m*, 12
shrimp camarón *m*, gamba *f*, 7
sick (ill) enfermo, 4; **sick (and tired) of** harto, 4
sidewalk acera *f*, 14
sign letrero *m*, 14
silk seda *f*, 11
silver plata *f*, 5
since como, 1
sing cantar, 2; **singer** cantante *m/f*, 10
single soltero, 6
sister hermana *f*, 5
sit down sentarse (ie), 6
ski esquiar; **water ski** esquiar en el agua, 3; **snow ski** esquiar en la nieve, 3
skillfully bien, 2
skin piel *f*; **light/dark/brown skin** de piel clara/ morena/ trigueña, 2
skin rash (or eruption) roncha *f*, 13
skirt falda *f*, 11
skyscraper rascacielos *m*, 14
slice (of bread) rebanada *f*, 8
small (petite) pequeño/a, 2
smell like oler (ue) a, 8
smoke humo *m*, 13; **to smoke** fumar, 12
snacks antojitos *m*, *pl*, 8
sneakers zapatos de tenis *m*, *pl*, 11
sneeze estornudar, 13
snow nevar (ie), 3; **it snows (it's snowing)** nieva, 3
so tan, 6; **so much** tanto, 5
soap jabón *m*, 13
soccer fútbol *m*, 1
sociology sociología *f*, 1
socks calcetines *m*, *pl*, 5
sofa sofá *m*, 9
soft drink refresco *m*, 7
solidarity solidaridad *f*, 15
solve resolver (ue), 2; **to solve problems** resolver problemas, 2
something algo, 1
sometimes a veces, 2
son hijo *m*, 6
soon pronto, 6
sorry lo siento, 13
soup sopa *f*, 7
sour agrio, 7
Spanish español *m*, 1
speak hablar; **to speak Spanish** hablar español, 1
spend (money) gastar (dinero), 11
spice especia *f*, 8
spoon cuchara *f*, 8
sport deporte *m*, 1; **sports center** centro de deportes, 1
spring primavera *f*, 3
staircase escalera *f*, 9
stamp estampilla *f*, 10
state of . . . estado de *m*, 1
stay (at) quedarse (en), 4
steel acero *m*, 14
stomach estómago *m*, 12
stop + *-ing* dejar de + *infinitivo*, 12
store tienda *f*, 5
stove estufa *f*, 9
straighten/tidy up ordenar, 1
strawberry fresa *f*, 7
street calle *f*, 14
stress estrés *m*, 12; **stressed out** estresado, 4
stretch estirar, 12
strike huelga *f*, 14

string beans habichuelas *f, pl*, judías verdes *f, pl*, 7
striped a rayas, 11
strong fuerte, 12
student alumno/a *m/f*, estudiante *f/m*, 1; **student center** centro de estudiantes, 1
study (a lot) estudiar (mucho), 1; **study (schoolwork)** estudios *m, pl*, 4
stuffed relleno, 7
suburbs afueras *f, pl*, 9
subway metro; **subway station** estación de metro *f*, 14
success éxito *m*, 15
suffer sufrir, 13
sugar azúcar *m*, 7
suit (dress) traje *m*, 11
suitcase maleta *f*, 5
summer verano *m*, 3
sun sol *m*, 3
sunbathe tomar el sol, 3
Sunday domingo *m*, 1
support apoyo *m*, 14; **to support** apoyar, 14
surrounded by rodeodo de, 6
surprise sorpresa *f*, 5
sweat suit sudadera *f*, 11
sweater suéter *m*, 5
sweet dulce *m*, 7; **sweets** golosinas *f, pl*, 8
swim nadar, 2
swimming pool piscina *f*, 3
swimsuit traje de baño *m*, 11
swollen hinchado, 13
symptom síntoma *m*, 13
syrup sirope *m*, 8; **cough syrup** jarabe *m*, 13
systems analyst analista de sistemas *m/f*, 2

T

table mesa *f*, 9; **side/small table** mesita *f*, 9
tablecloth mantel *m*, 8
tablespoon cuchara *f*, 8; **tablespoonful** cucharada *f*, 8
take tomar; **take a bath** bañarse, 4; **take a shower** ducharse, 4; **take advantage of** aprovechar, 15; **take care of** cuidar, 10; **take notes/tests** tomar apuntes/ pruebas, 1; **take pictures** sacar fotos, 3; **to take off (clothes)** quitarse, 12; **take a walk** dar un paseo, 3
talent talento *m*, 2
talk with (to chat online) conversar con (por computadora), 1; **to talk on the phone** hablar por teléfono, 1
tall alto, 2
tart (pie) tarta *f*, 7
tastes like... sabe a... , 7; **tastes good/bad** sabe bien/mal, 7
tax impuesto *m*, 14
taxi taxi *m*, 14
teach enseñar, 5
team equipo *m*, 2
teaspoon cucharita *f*, 8; **teaspoonful** cucharadita *f*, 8
technology tecnología *f*, 2
telephone teléfono *m*, 1; **cellular phone** teléfono cellular, 5
television (TV) tele *f*, 1
test (quiz) prueba *f*, 1
thank you gracias; **thank you (very much)** (muchas) gracias,1; **thank you for having . . .** gracias por haber..., 5; **Everyone is fine, thank you.** Todos bien, gracias., 1
that, which, que, 1; **that's why** por eso, 2; **that day/month/year** ese día/ mes/ año, 10
then luego, 6
there allí, 3; **there is/are** hay; **there is (not)/there are (not)** (no) hay, 1; **there will be** habrá, 14
thin delgado/a, 2
threaten amenazar, 15; **threatened** amenazar; **threatened species** especie amenazada, 15
throat garganta *f*, 13
throw tirar; **to throw snow balls** tirar bolas de nieve, 3; **to throw rocks** tirar piedras, 10; **throw a party** hacer (dar) una fiesta, 3
thumb pulgar *m*, 12
Thursday jueves *m*, 1
tie corbata *f*, 11
tiger tigre *m*, 15
time vez *f*, 7; **from time to time** de vez en cuando, 10; **that time** esa vez, 10; to . . . **(when telling time)** menos..., 2; **to have a good time** pasarlo bien, 3; **all the time** todo el tiempo, 8
timid tímido, 2
tip propina *f*, 7
tired cansado, 4
to (towards) a/ al, 1; **to the left/right** a la izquierda/ a la derecha, 8
toasted tostado, 8
today hoy, 3
toe dedo del pie *m*, 12
together juntos, 5
tomato tomate *m*, 7; **tomato sauce** salsa de tomate *f*, 8
tomorrow mañana, 4; **see you tomorrow** hasta mañana, 1
too much demasiado, 2
tools herramientas *f, pl*, 5
tooth diente *m*, 12
tortilla *f* tortilla (*Mex.*); **omelette** (*Spain*), 7
tossed, scrambled revuelto/a, 7
toy juguete *m*, 10
traffic tráfico *m*, 14; **traffic light** semáforo *m*, 14
trash (garbage) basura *f*, 9
travel viajar, 2; **travel guide** guía de viajes *f*, 5
tree arbol *m*, 3
trout trucha *f*, 7
try probar (ue), 7; **to try on** probarse (ue), 11; **try to . . .** tratar de..., 4
T-shirt camiseta *f*, 5
Tuesday martes *m*, 1
tuna fish atún *m*, 7
turkey pavo *m*, 7
turn doblar, girar, 14
turtle tortuga *f*, 10
twin (identical) el/la gemelo/a, 6
twist doblarse, 13

U

umbrella paraguas *m*, 11
uncle tío *m*, 5
understand comprender, 1
underwear ropa interior, 11
unemployed desempleado, 14
unless a menos que, 13
unripe verde, 7
until hasta que, 14
upset (mad) enojado, 4
use usar, 1
usually generalmente, 1

V

vacation vacaciones *f, pl*, 3
vaccination vacuna *f*, 13
vacuum pasar la aspiradora, 9; **vacuum cleaner** aspiradora *f*, 9
vanilla vainilla *f*, 7
vegetables verduras *f, pl*, legumbres *f, pl*, 7
vegetarian vegetariano, 7
vegetation vegetación *f*, 15
velvet terciopelo *m*, 11
very muy, 1; **(not) very well** (no) muy bien. 1; **very well (O.K., fine)** muy bien, 1; **very good** buenísimo, 7
vinegar vinagre *m*, 7
visit visitar, 2

W

waist cintura *f*, 12
waiter camarero *m*, mesero *m*, 7; **waitress** camarera *f*, mesera *f*, 7
wake up despertarse (ie), 4
walk caminar, 3; **to take a walk** dar un paseo, 3
wall (interior) pared *f*, 9
wallet billetera *f*, 5
want (I/you want . . .) querer (quiero/ quieres) ..., 1; **to really want to . . .** tener ganas de..., 4
war guerra *f*, 15
wardrobe (closet) armario *m*, 9
warm (clothing) abrigado, 11
wash lavar; **wash clothes** lavar la ropa, 3; **wash oneself** lavarse, 4
washer lavadora de ropa *f*, 9
watch mirar, 1
water agua; **drinking water** agua potable, 15; **water (plants)** regar (ie), 9
wealth riqueza *f*, 15
wear llevar, 11
weather tiempo *m*, 3; **the weather is nice/bad** hace buen/ mal tiempo, 3; **it's (very) warm/cold/ humid/sunny** hace (mucho) calor/ frío/ humedad/sol, 3; **it's cool** hace fresco, 3
Web la red *f*, 1; **Web page** página *f* de la red, 2; **to surf the Web** navegar por la red, 1
wedding boda *f*, 5
Wednesday miércoles *m*, 1
week semana *f*; **last week** semana pasada, 6
weekend fin de semana *m*, 3
weep llorar, 6
well-know conocido/a, 11
whale ballena *f*, 15
when...? ¿cuándo...?, 1
where to . . .? ¿adónde...? 1
while mientras, 10
white blanco, 3
widow/er viudo/a, 6
win (a race) ganar, 2
wind viento *m*, 16
window ventana *f*, 9
wine vino *m*, 5
wine glass copa *f*, 7
winter invierno *m*, 3
winter scarf bufanda *f*, 11
wish (I wish, if only) ojalá, 15; **I hope that** ojalá que, 13
with con, 1; **with a view of the . . . (town square/beach/ sea)** con vista a/ al... (a la plaza/ a la playa/ al mar), 4
without sin, 1
woman (wife) mujer *f*, 6
wood madera *f*, 5
wool lana *f*, 5
word palabra *f*, 1
work trabajo *m*, 1; **hard-working** trabajador, 2; **worker** trabajador/a *m/f*, 14; **to work (at)** trabajar (en), 1; **to work (to function)** funcionar, 14
world mundo *m*, 3
worry about preocuparse por, 4
wrist muñeca, 12
write escribir, 1

Y

yard (courtyard) patio *m*, 9
year año *m*, 2; **last year** el año pasado, 6
yellow amarillo, 3
yes sí, 1
yesterday ayer, 6
yogurt yogurt *m*, 8
you (*familiar*) tu, 1; **(*formal*)** usted (Ud.), 1
young joven, 2; **younger** menor, 5; **younger than . . .** menos de... años, 2
your (*familiar*) tu, 1; **(*formal*)** su, 1
youthful juvenil, 4

ÍNDICE

PHOTO CREDITS

Chapter 1 Page 2 (left): Esbin-Anderson/The Image Works. Page 2 (center): Dan Bosler/Stone. Page 2 (right): Bruce Ayres/Stone. Page 10 (top): Robert Frerck/Odyssey Productions. Page 10 (bottom): Stuart Cohen/The Image Works. Page 23: ©PhotoDisc, Inc. Page 27: ©PhotoDisc. Page 29: Pablo Corral Vega/Corbis Images.

Chapter 2 Page 39 (top): ©PhotoDisc. Page 39 (center): Charles Gupton/Corbis Stock Market. Page 39 (bottom): Photomondo/FPG International. Page 55 (left): Ken Fisher/Stone. Page 55 (center): Index Stock. Page 55 (right): Esbin-Anderson/The Image Works. Page 55 (far right): Peter Correz/Stone.

Chapter 3 Page 87: David Young-Wolff/PhotoEdit. Page 89: George Holton/Photo Researchers. Page 91 (left): Robert Frerck/Stone. Page 91 (center): Mike Brinson/The Image Bank. Page 91 (right): Richard Passmore/Stone.

Chapter 4 Page 94: Marc Romanelli/The Image Bank. Page 96: Corbis Images. Page 117 (top left): George Holton/Photo Researchers. Page 117 (top right and center photos): ©PhotoDisc. Page 117 (bottom left): Tom Bean/Stone. Page 117 (bottom right): Jacques Jangoux/Photo Researchers. Page 118: Matthias Clamer/Stone.

Chapter 5 Page 142: Chuck Savage/Corbis Stock Market. Page 144: Europa Press. Page 145 (top): Andersen/Liaison. Page 145 (photos below top photo): Europa Press.

Chapter 6 Page 150: Juan Silva/The Image Bank. Page 163 (top): ©AP/Wide World Photos. Page 163 (center, left): Yann Arthus-Bertrand /Corbis Images. Page 163 (center, right): ©PhotoDisc. Page 163 (bottom left): Reuters NewMedia, Inc/Corbis Images. Page 163 (bottom right): David Cannon/Allsport. Page 180 (left): ©AP/Wide World Photos. Page 180 (right): Bill Gentile/Corbis Images.

Chapter 7 Page 184: V.O. Press/PhotoEdit. Page 190: Francisco Ontanon/The Image Bank. Page 205 (left and bottom right photos): ©PhotoDisc, Inc. Page 205 (top right): Corbis Digital Stock.

Chapter 8 Page 226 (top): Keith Gunnar/FPG International. Page 226 (bottom): Ulrike Welsch Photography. Page 232: Ulrike Welsch Photography. Page 233: Stuart Cohen/The Image Works. Page 243 (top left): Wolfgang Kaehler/Corbis Images. Page 243 (top right): Wolfgang Kaehler/Corbis Images.

Chapter 9 Page 256 (top left): James Marshall/Corbis Stock Market. Page 256 (top right): Beryl Goldberg. Page 256 (bottom left): Rogers/Monkmeyer Press Photo. Page 256 (bottom right): Eduardo Gill/Black Star. Page 261: Evodio Martinez, *Mexico visto por su niños*, 1981. Courtesy NEA Foundation for Improvement of Education, Washington, D.C. Reproduced with permission. Page 268: Antonio Ruiz, Verano, 1937. (Oil on wood, 11×13 in.) Collection of the Ministry of Finance, Mexico. Reproduced with permission.

Chapter 10 Page 274: Cover of *Hobby*, reprinted by permission of Hobby Press, S.A., Madrid. Cover of *Aventura*, published by Gupo 16. Cover of *Trofe*, reprinted by permission of Revista Trofeo, Prensa Española General de Revistas. Page 296: ©Quino. Reproduced with permission.

Chapter 11 Page 304 (top left): Steven Gottlieb/FPG International. Page 304 (center, left): Sam Sargent/Gamma Liaison. Page 304 (center, right): Index Stock. Page 304 (bottom left): Dick Luria/FPG International. Page 304 (bottom right): Europa Press. Page 312 (left): Charles Krebs/Stone. Page 312 (right): Cindy Karp/Black Star. Page 315: ©PhotoDisc, Inc. Page 325 (center): ©PhotoDisc, Inc. Page 325 (left): Corbis Digital Stock. Page 325 (right): Jim Cummins/Corbis Stock Market. Page 332: Paul Grebliunas/Stone.

Chapter 12 Page 352: Gilles Mernet/Gamma Liaison.

Chapter 13 Page 376 (left): M. Rangell/The Image Works. Page 376 (right): ©Ulrike Welsch Photography. Page 391: ©Eduardo Ramirez. Page 393: Chris Brown/Stock, Boston.

Chapter 14 Page 398 (top): Don Klumpp/The Image Bank. Page 398 (center): Poulides/Thatcher/Stone. Page 398 (bottom): Rafael Macia/Photo Researchers. Page 399 (top): David R. Frazier/Photo Researchers. Page 399 (center, left): John Neubauer/PhotoEdit. Page 399 (center, right): ©Cameramann/The Image Works. Page 400: Doug Armand/Stone. Page 421 (top left): Algaze/The Image Works. Page 421 (top right): Farrell Grehan/FPG International. Page 421 (bottom left): ©RAGA-PERU/Corbis Stock Market. Page 421 (bottom right): Sylvain Grandadam/Stone. Page 424 (top left): Rafael Baena/Cambio 16. Page 424 (bottom): Meredith Davenport. Pages 425 and 426: Meredith Davenport.

Chapter 15 Page 434 (top): Robert Frerck/Odyssey Productions. Page 434 (just below top): Stuart Cohen/The Image Works. Page 434 (center): Bob Torrez/Stone. Page 434 (just below center): Chris Bryant/Stone. Page 434 (bottom): Bill Miles/Corbis Stock Market. Page 447 (left): Alan Smith/Stone. Page 447 (right): Robert Fried/Stock, Boston. Page 449 (left): Don Klumpp/The Image Bank. Page 449 (right): Robert Frerck/Odyssey Productions. Page 461: Stuart Cohen/The Image Works.

Text and Realia Credits

Acknowledgment is hereby made to the owners of the following copyrighted material excerpted in this book.

Chapter 1. Page 25: Cover of *Sanos*, Cover of *Conocer*, Cover of *Muy Interesante* published by / reprinted by permission of Editorial Televisa. Cover of *Conozca Más*, Cover of *Geomundo*, Cover of *Handycap*, Cover of *Muy Interesante*, Cover of *PC Plus*, Cover of *Internet 21*. Page 26: Cover and excerpt from "La encrucijada de Rubén Blades" from *Más*, vol. IV, no. 5, September 1992, p. 47. Reprinted with permission of Univision Publications, New York. Page 27: "Bilingual Sestina" by Julia Alvarez, from *The Other Side/El Otro Lado*. Copyright © 1995 by Julia Alvarez. Published by Dutton, a division of Penguin Putnam Inc. Reprinted by permission of Susan Bergholz Literary Services, New York. All rights reserved.

Chapter 2. Page 59: "La entrevista de trabajo," *Universitarios hoy*, June 1991, pp. 46-47.

Chapter 3. Page 64: Advertisement for RENFE from Red Nacional de Ferrocarriles Españoles. Page 73: Tiempo dedicado a la televisión en los días festivos y fines de semana and Programas más interesantes, programas más vistos, Datos de opinión , Boletín 16, enero de 1998, *http://www.cis.es/* Page 83: Los jóvenes españoles en sus ratos libres, Datos de opinión, Boletín 23, enero-marzo 2000, *http://www.cis.es/* Page 89: "Los superpuentes," *ABC de Madrid*, April 28, 1990, p. 17. Reproduced by permission of ABC de Madrid.

Chapter 4. Page 118: "Entre el Polo y el Trópico: Infinitas posibilidades para un verano con imaginación," *Diaro 16*. Published by Grupo 16.

Chapter 5. Page144: Excerpts from "Papá, ¡hazme caso!" by Florinda Salinas, *Telva* No. 627, July 1991, pp. 158-161. Published by Ediciones Cónica, Madrid.

Chapter 6. Page 151: "Sintonía de amor," *Vistazo*, "Gente," February 8, 1996, *http://www2.vistazo.com.ec:80/feb08; b-96/htm/gente0.htm* Page 170 El cuarto nieto de los Reyes de España recibió el bautismo ayer en la Zarzuela, *La Opinión de Tenerife* (21 de enero de 2001). Reprinted by permission of La Opinión de Tenerife. Page 177; De: Foro, Mujer a mujer sección de *www.latercera.cl/* Page 179: "Mujer vs. esposa," *Tú internacional*, Vol. 9 No. 7 (July, 1988), p. 91. Reprinted by permission of Revista Tú, Editorial Televisa, Mexico.

Chapter 7. Page 185: Advertisement from Simago Superstores, Madrid. Page 193: Menu, Restaurante Antigua Casa Sobrino de Botín, Madrid. Reprinted by permission. Pages 210-211: "El menú precolombino" by Gabriela Frings, El Mercurio, *Revista de Domingo*, November 25, 1990, pp. 16-17. Reprinted by permission of El Mercurio, Santiago, Chile.

Chapter 8. Pages 236-237: *Oda al tomate* by Pablo Neruda, in *Odas elementales*. Reprinted in *Selected Poems of Pablo Neruda* (New York: Grove Press, 1961), p. 192. Used by permission of Fundación de Pablo Neruda, represented by Agencia Literaria Carmen Balcells, Barcelona. Pages 243-244: "El mercado pacasmayino" by Octavio Polo Briseño ("Don Polito") from *Estampas: Costumbres pacasmayinas, http://rtpnet.org:80/ ~felipe/estampas/costumbr.htm#Mercado*

Chapter 9. Page 248: Advertisement for Fontainebleau Park, a Trafalgar Community, Miami, Florida. Page 249: Advertisement for Valle de Bravo, in *Cambio 16* no. 970, June 25, 1990. pp. 76-77. Advertisement for Casa en Cali, in *Semana* February 15, 1994, p. 111. Advertisement for Bariloche Residencial, reprinted by permission of Bariloche Residencial, Argentina. Advertisement for Condominio Scorpio. Advertisement for Tenerife: 49 millones, in *Cambio 16* no. 970, June 25, 1990, p. 77. Pages 268-269: "La ruta de los pobres," *El País*, Sunday, April 1, 1990, p. 26. Diario El País, S.A., Madrid.

Chapter 10. Page 274: Cover of *Hobby*, reprinted by permission of Hobby Press, S.A., Madrid. Cover of *Aventura*, published by Editorial Sin Fronteras, Spain. Cover of *Motor 16*, published by Grupo 16. Page 296: "Mafalda" comics published by Ediciones de la Flor, reprinted by permission of Julieta Colombo, Buenos Aires. Pages 298-300: "La casa nueva" by Silvia Molina, in *Narrative de Hispanoamérica 1816-1981. Historia y antología: VI, La generación de 1939 en adelante*, by Siglo XIX Editores, S.A. de C.V., Mexico.

Chapter 12. Page 336: "Combatiendo el jet-lag" by Lillian Delgado de Vechiarelli, *Hombre internacional*, Vol. 19, No. 1, January 1994, pp. 66-68. Page 351: "Una receta de fantasía" from Abraza Palabras, Caracas, *http://www.etheron.net/ usuarios/virtual/cuentos.htm#NUESTROSCUENTOS* Page 351: "Instrucciones para cantar" by Julio Cortazar, in Historias de cronopios y de famas (Barcelona: Edhasa, 1988), 11-12. Used by permission of Agencia Literaria Carmen Balcells, Barcelona.

Page 352: "¡Estos sí son viejos!" from *Hombre internacional*, Vol. 19, No. 2, p. 78. Pages 361-363: "Una operación" by Andrés Acosta, Secretary General of the Writers' Association of Mexico.

Chapter 13. Page 368; Tadin Herb & Tea Company, advertising for teas. Page 390-391: "El loco del volante" by Miguel Castell Esteban, from *Poemas de la autopista*, p. 29, published by Tusquets Editores, Barcelona. "Concentratión de alcohol" and "Eliminación de alcohol" from *Revista Hoy* No. 1.001, September 30-October 6, 1996. Pages 392-394: *Como agua para chocolate* by Laura Esquivel. Copyright © 1989 by Laura Esquivel. Used by permission of Doubleday, a division of Random House, Inc.

Chapter 14. Page 400: "Verano, verano" by Carmen Rico-Godoy, *Cambio 16*, No. 1.024 (August 7, 1991), p. 114. Published by Grupo 16. Pages 401: "¿Qué pasa, USA?" by Carmen Rico-Godoy, *Cambio 16* No. 828, 1991, p. 210. Published by Grupo 16. Pages 408-410: "México visto por sus niños," 1981. Reprinted by permission of National Foundation for the Improvement of Education, Washington, D.C. Pages 424-426: "Un alcalde diferente" by Jeremy Lennard, *Américas*, March/April 1997, Vol. 49 No. 2, pp. 40-45. Published by Organization of American States, Washington, D.C.

Chapter 15. Pages 432-433: ¿Será ésta la imagen del siglo XXI? From *Muy interesante*, Año XVIII, No. 10, reprinted with the permission of Televisa. Page 434: "Reportaje especial: Los problemas de nuestra generación," *Tú*, Vol. 10 No. 4 (April 1989), p. 80. Reprinted by permission of Revista Tú, México. Page 448: "Biodiversidad privilegiada tiene México" by Héctor Ruiz Barranco, Director, Sistema de Areas Naturales Protegidas del Instituto Nacional de Ecología. In *El nacional*, Suplemento, 1995. Page 455: "Instantes" by Jorge Luis Borges. Copyright © 1995 Maria Kodama, first published in *The New Yorker*, reprinted by permission of The Wylie Agency, Inc. Pages 457-460: "Nosotros, no" by José Bernardo Adolph. In *Literatura moderna hispánica* (Lincolnwood, IL: National Textbook Co.) and *Acción* (Westerville, OH: Glencoe/McGraw-Hill). Reprinted with the permission of the author.

Audioscript for *Capítulo* 8, p. 240.

The *En voz alta* audioscripts are recorded on the student tape or CD that accompanies each textbook.

Audioscript:

ELIDA: ¿Aló?

DOÑA ÁNGELA: Hija, soy yo. ¿Qué dice ni nuera favorita? ¿Cómo estás?

ELIDA: Estupendo, doña Ángela. ¿Y usted?

DOÑA ÁNGELA: Bien, gracias. Mira, hija, te llamaba para pedirte la receta del arroz como lo preparan en España. ¿Me puedes enseñar a hacerlo?

ELIDA: Pues claro que sí, doña Ángela, es muy sencillo. ¿Tiene lápiz y papel para anotar?

DOÑA ÁNGELA: Sí, sí; estoy lista.

ELIDA: Vale. Primero, tiene que freir dos tazas de arroz en aceite de oliva... picar una cebolla, echarle sal, un poco de hierbas y especias y...

DOÑA ÁNGELA: ¿Cómo?, ¿cómo? Espera; no tan rápido. Dos tazas de arroz en el aceite de oliva,... claro, con sal y especias; ya está. ¿Una cebolla picada en trocitos? Claro.

ELIDA: Bueno, si lo consigue, también puede ponerle azafrán, que es muy sabroso. Ah, y por supuesto, le pone ajo picado también. ¿Tiene pollo? O puede ponerle mariscos también.

DOÑA ÁNGELA: Sí, sí; tengo pollo y camarones congelados. Ah, y también tengo una lata de almejas por ahí. Pero, mira; no tengo azafrán. Es muy caro.

ELIDA: No importa, porque también lo hacen sin azafrán. Sigamos. Cuando el arroz ya esté un poco frito, agrege los trozos de pollo... yo diría que dos trozos por persona; no muy grandes.

DOÑA ÁNGELA: Bueno, agregar el pollo, ¿y qué más?

ELIDA: Zanahorias cortadas en trocitos.

DOÑA ÁNGELA: ¿Y le puedo poner pimiento rojo en trocitos también? Me encanta.

ELIDA: Sí, por supuesto. Así le da un sabor muy especial. ¡Qué rico! En realidad, puede ponerle todas las verduras que le gusten. Revuelva todo una vez y se acabó.

DOÑA ÁNGELA: ¿Cómo que se acabó? Hay que echarle agua o caldo, ¿no?

ELIDA: Sí, doña Ángela. Añada una taza y media de agua o de caldo por cada taza de arroz. Si usa dos tazas de arroz, agrege tres de caldo.

DOÑA ÁNGELA: Y entonces tapo la cazuela y...

ELIDA: Le baja el fuego; para que no se queme, doña Ángela. Estará listo en un cuarto de hora. Debe hacerse con el fuego bajito. No deje que se le queme. En total, son de veinte a veinticinco minutos.

DOÑA ÁNGELA: Bien, está bien. Comida que mucho hierve, sabor pierde.

ELIDA: Si quiere, cinco minutos antes de que termine de cocerse el arroz, le agrega los camarones o las almejas.

DOÑA ÁNGELA: Bueno, para resumir: cebolla, ajo, zanahorias, el pollo, las especias y las hierbas, azafrán no, y claro, el arroz y los mariscos. ¡Ay!; ¿y si se me quema? ¿Por qué no vienes y me ayudas, Élida? Tú tienes experiencia y pueden venir a cenar Mario y tú...

ELIDA: Vale, doña Ángela, si es lo que quería oír. ¡Yo no me pierdo un buen arroz por nada del mundo!

DOÑA ÁNGELA: ¡Estupendo! Te veo pronto entonces, hija. Y muchas gracias.

Audioscript for *Capítulo* 9, p. 265.

The *En voz alta* audioscripts are recorded on the student tape or CD that accompanies each textbook.

Audioscript:

CARMENCITA: ¡Qué bueno que pudiste acompañarnos, mamá! ¡Estoy ansiosa por ver los muebles para mi nueva casa!

JORGE: Cielo, no te apures, ¡si todavía falta mucho para la boda!

CARMENCITA: ¿Qué dices? ¡Sólo faltan tres meses y todavía no tenemos ni la cama!

MANUELA: Carmencita tiene razón, Jorge. Hay tantos detalles de qué ocuparse. ¡En mis tiempos, todo se hacía con meses de anticipación!

DEPENDIENTE: Buenos días. ¿En qué puedo ayudarlos?

CARMENCITA: Queremos ver muebles para nuestra nueva casa. Juegos de dormitorio, juegos de sala, de comedor...

DEPENDIENTE: Le ofrecemos una línea completa de muebles modernos y de estilo, las maderas más finas y el trabajo de nuestros mejores artesanos. ¿Tienen alguna preferencia?

JORGE: Sí, para el dormitorio nos gustan los muebles modernos, de laca blanca o negra...

MANUELA: ¡Ay, no, Jorgito! Los muebles modernos son muy feos. Es mejor un estilo clásico, en madera oscura. En mis tiempos, el juego de dormitorio era siempre de estilo clásico.

CARMENCITA: Mamá tiene razón, cariño. Mira, ¿por qué no vemos primero los juegos de sala?

DEPENDIENTE: Para la sala tenemos todo tipo de sofás confortables, grandes o pequeños, modernos o coloniales, desde mil a mil quinientos dólares. Mesas y mesitas de cualquier tamaño ahora están rebajadas a doscientos dólares. Estantes para su biblioteca, a sólo cuatrocientos dólares. ¿De qué color le gustaría el juego, señor?

JORGE: Me gustaría de un color claro, con asientos cómodos y una mesa giratoria para el televisor...

MANUELA: Pero Jorgito, ¿cómo piensas que va a quedar ese sofá cuando tengan niños? ¡Y el televisor en la sala, por Dios! En mis tiempos, en la sala sólo se recibían visitas...

CARMENCITA: Sí, mamá, sí. Ya pensaremos en los niños más adelante. Jorge, mi vida, ¿qué te parece este juego completo de comedor con mesa, seis sillas, armario, dos mesitas y lámparas preciosas de cristal, todo rebajado en un cincuenta por ciento?

JORGE: ¡El precio me parece excelente!

MANUELA: Pero, ¿no se dan cuenta de que no es oro todo lo que reluce? No les va a durar ni un año, la calidad es malísima. Además,...

JORGE: [*Interrupting*] Sí, doña Manuela. ¡En sus tiempos, los muebles duraban más que la abuela!

Audioscript for *Capítulo 10*, p. 295.

The *En voz alta* audioscripts are recorded on the student tape or CD that accompanies each textbook.

Audioscript:

TODOS: [*Laughs*] Ja, ja, ja, ja. ¡Qué risa! ¡Qué divertido!

GUSTAVO: Sí, oigan, es como cuando jugábamos juegos de niños, ¿no?

SEBASTIÁN: Sí, claro; esos juegos sí que eran buenos. ¡Qué entretenidos!

GUSTAVO: A ti, ¿a qué te gustaba jugar?

SEBASTIÁN: A mí me gustaba un juego en que yo venía del trabajo y...

SILVANA: ...jugabas con Teresita?

SEBASTIÁN: Sí. Vamos a ver si ustedes lo adivinan.

GUSTAVO: A ver.

SEBASTIÁN: Yo venía del trabajo y... llegaba a la casa y... y le decía a mi esposa "¿Dónde está la comida?".

GUSTAVO: Ahhh, yo sé qué juego es...jugaban al papá y la mamá. ¿Y qué hacía ella?

SEBASTIÁN: Bueno, ella cocinaba la comida y lavaba la ropa...

SILVANA: ...y limpiaba la casa...

GUSTAVO: ...y tú no la ayudabas nunca.

SILVANA: No; ¡Teresita lo hacía todo!

SEBASTIÁN: ...y yo comía y después me iba a descansar, porque siempre estaba muy cansado del trabajo de la oficina. ¡Y todavía hago lo mismo, por Dios! Lo que se aprende en la cuna, siempre dura.

SILVANA: ¿Y tú, Gustavo? ¿A qué jugabas?

GUSTAVO: Pues, a mí me encantaban los animalitos. Tenía lagartijas, tortugas y ratoncitos por todas partes de la casa. A mi mamá no le gustaban nada y me los sacaba de mi habitación, pero siempre volvían porque a cada pajarillo le gusta su nidillo. Yo les daba mucha comida y les ponía la radio.

MARISA: ¿Cómo? ¿Para qué querían música los animales?

GUSTAVO: Es que yo quería ver cómo reaccionaban a la música clásica, Marisa. Era un experimento científico.

MARISA: Ah, no. Eso sí que me parece de locos.

SEBASTIÁN: Bueno, ya sabemos qué juego te gustaba a ti, Gustavo. Ahora van las chicas.

MARISA: Yo primero; yo primero. ¡Ay, qué risa! Yo me divertía tanto. Miren; yo tenía mi lugar secreto en el jardín y nadie, nadie podía encontrarme cuando jugábamos. Un día, todos se cansaron de buscarme y se fueron a otra casa y yo me desperté sola en el jardín y me puse a llorar porque tenía miedo.

SILVANA: ¿Y no te ibas al ático también? Tu casa era muy grande.

MARISA: Claro, me encantaba mi nidillo, como dice Gustavo. En el ático, jugaba al hombre invisible.

GUSTAVO: Yo me escondía de personas imaginarias, de monstruos gigantescos y cosas así.

SILVANA: ¿Y les tirabas piedras? A mí me encantaba tirarle piedras a todas las cosas, incluso al policía de mi vecindario. El policía habló con mi papá; ¡qué susto! Después lloraba cuando lo veía en la calle.

GUSTAVO: A mí también me gustaba jugar con objetos pequeños que eran como exploradores o soldados. También tenía coches, camiones y tanques pequeños.

MARISA: Yo me pasaba horas con las muñecas. Las vestía y las desvestía y les daba de comer y las bañaba y las acostaba en sus camitas.

SEBASTIÁN: Ah, pero era muy aburrido eso. Yo con mis hermanos jugábamos con soldados, tanques y aviones. Eran unas batallas muy largas y muy complicadas, con satélites, misiles y todo. Eso sí que era interesante.

SILVANA: Típico de los niños; puros conflictos y peleas. Era mejor cuando pretendíamos que eramos astronautas y viajábamos a Marte o a otros planetas. ¡Qué bonito es soñar!

GUSTAVO: Bueno, eso es lo que debemos hacer ahora. Ir a descansar porque mañana hay que trabajar.

Audioscript for *Capítulo 11*, p. 326.

The *En voz alta* audioscripts are recorded on the student tape or CD that accompanies each textbook.

Audioscript:

CARLOS: En nuestra tarde de comentarios sobre la moda actual y lo que a unos afea, a otros hermosea, continúa nuestra conversación con María Carolina Ferreira, famosa diseñadora dominicana que está haciendo sensación en Miami. ¿Verdad Cristina?

CRISTINA: Correcto Carlos. Es necesario que alguien sepa interpretar muy bien los gustos de las muchachas jóvenes. María Carolina, te pido que nos expliques por qué tus diseños son tan, tan diferentes y tan atractivos a la vez.

MARIA C.: Como lesdecía, todo se centra en las telas, los diseños y la textura de los materiales que uso. Por ejemplo, si veo una tela con diseños tropicales, de inmediato pienso en un vestido más bien largo, vaporoso, fresco, pero cómodo para el calor y la actividad frenética de la juventud, ¿ven?

CARLOS: ¡Qué interesante! Sigue, sigue.

MARIA C.: Por otro lado, también puedo usar esa misma tela y diseñar una blusa cómoda para la oficina, para que haya más color en esos ambientes más serios. También se tiene que pensar en los lugares en donde se va a usar la ropa.

CRISTINA: Ya que hablas de color, ¿qué colores usas con más frecuencia?

MARIA C.: En realidad, los uso todos. Sin embargo, si miras los guardarropas de verano que he diseñado, hay una gran abundancia de colores del sol, como los llamo yo... anaranjado, rosado fuerte, rojo vivo, amarillo... porque quiero que el color influya en los ambientes de mis clientes.

CARLOS: Y dime, ¿qué colores usas para los diseños masculinos?

MARIA C.: Básicamente los mismos. La única diferencia es que la tela puede ser de diferente textura y el corte, por supuesto, es más recto, ¿no?... porque ustedes no tienen curvas, ¿verdad?

CRISTINA: [*laughter*] Ay, esta María Carolina...

CARLOS: Ahora dime... ¿tu crees que tu moda es sólo la novedad de hoy y lo antiguo de mañana?

MARIA C.: Mis diseños son clásicos y vitales, y se basan en la textura de las telas y en el corte. Por ejemplo, si piensas en el algodón, hay algodón que es como seda; y ése es el que me gusta para las camisas y chaquetas de caballero. También hay algodón que no se arruga y ése es perfecto para los trajes de oficina, tanto de hombres como de mujeres. Y luego, tenemos el rayón, que también se mezcla con el algodón o el lino.

CARLOS: ¡Increíble, mujer! ¿Quién va a pensar que una tela pueda sugerir un corte o un diseño? Bueno, pasemos a un comercial ahora y luego continuaremos esta amable charla con María Carolina Ferreira.

CRISTINA: No se vayan; ya volvemos.

Audioscript
for *Capítulo 12*, p. 360.

The *En voz alta* audioscripts are recorded on the student tape or CD that accompanies each textbook.

Audioscript:

ALBERTO: Y ahora los dejo con Gabriela para que hagan ejercicio en la comodidad de su casa, acompañados por ella.

GABRIELA: ¡Hola a todos! [*Start background music*] Nada mejor que empezar el día con unos ejercicios de relajación que te permitan prepararte bien para la jornada de trabajo. Para mantener tu figura y para sentirte bien, haz estos ejercicios todas las mañanas y verás qué cambio en tu ánimo y tu nivel de energía. Bien, veamos, pon atención y sigue las instrucciones con cuidado:

- Acuéstate en el suelo, levanta las piernas y respira rítmicamente. Atención,... las piernas se levantan y se bajan así, ¿ven? Y...uno, y dos, y tres. Respira profundamente. ¡Abajo! Ahora descansa, descansa.
- Ahora, vamos a estirar la espalda. Así, en el suelo, pon las manos en la parte superior de la cabeza, así, con los dedos cruzados detrás de la cabeza. Perfecto. Ahora, levanta la cabeza y estira los dedos de los pies. Así, con fuerza. Mira, la cabeza y los dedos de los pies a la vez. Ahora, ¡levanta! ¡Estira! ¡Descansa! ¡Respira hondo! ¡Muy bien! Así,... y uno, y dos; y uno, y dos. Respira; respira profundo y lentamente.
- Ahora, pónte de pie. Suelta los brazos a los lados. Relájalos. Suelta las piernas bien. Gira la cabeza suavemente; a la izquierda, a la derecha. Así. Izquierda, derecha... [*pausa*] Izquierda, derecha... [*pausa*]. Y uno, y dos. Gira... Gira. Perfecto. Bien. Descansa.
- Y el último ejercicio de esta mañana. Levanta los brazos, mantén el estómago firme, duro. Estira el brazo derecho como si quisieras tocar el cielo. Bájalo. Ahora el izquierdo... bájalo. El otro... uno, dos, tres. El izquierdo ahora... Uno, dos, tres. Y ahora da media vuelta a la izquierda. Uno, dos, tres... Vuelve al frente, uno, dos, tres. Perfecto; respira, respira siempre. ¿Viste que no era tan difícil? [*Slowly difuse background music.*]

ALBERTO: Pero, claro. Como Gabriela, Uds. también pueden tener un magnífico cuerpo si ven su programa todos los días, cuando se levanta el sol, aquí en su canal favorito. Haz ejercicio todos los días, y como ella, ¡vas a poder decir que no es difícil! Hasta mañana, queridos televidentes; hasta mañana a la misma hora.

Audioscript
for *Capítulo 15*, p. 454.

The *En voz alta* audioscripts are recorded on the student tape or CD that accompanies each textbook.

Audioscript:

PROF. GAONA: En la clase de esta semana vamos a hablar de cómo conservaron los recursos naturales los mayas.

SRITA. SÁNCHEZ: Profesor Gaona, ¿me permite una pregunta?

PROF. GAONA: Por supuesto, señorita Sánchez.

SRITA. SÁNCHEZ: ¿Dónde estaban localizados los mayas?

PROF. GAONA: Sí,... Los mayas eran un grupo de tribus localizados en la peninsula de Yucatán, los actuales estados de Veracruz, Campeche, Tabasco, Chiapas y en partes de Guatemala, Belice y Honduras. La mayoría ocupaba territorios continuos, y llegaron a máximos desarollos de su cultura dentro de las civilizaciones de Occidente.

SRITA. SÁNCHEZ: Pero, profesor, disculpe...

PROF. GAONA: Sí, señorita Sánchez, diga...

SRITA. SÁNCHEZ: ¿Fueron los mayas los que descubrieron el cero?

PROF. GAONA: Se cree que ellos conocieron el cero y su uso, es verdad, y eran muy avanzados en sus conocimientos matemáticos. Los mayas, cuya civilización construyó maravillosos templos y pirámides sin tener conocimiento de la rueda, tenían canales y chinampas para irrigar sus campos. Desde los años 300 al 900 Después de Cristo, la civilización de los mayas floreció gracias a la preservación de sus bosques tropicales, a pesar de que tenían una densidad de población sumamente alta, entre 400 a 600 habitantes por kilómetro cuadrado. Esta alta densidad es semejante a las de Java e Indonesia hoy en día.

SRITA. SÁNCHEZ: ¿Es posible que hayan conocido la astronomía y sistemas de calendario?

PROF. GAONA: Sí, señorita Sánchez, si me permite terminar la idea, los mayas construyeron observatorios, palacios y templos como pirámides, con decoraciones elaboradas....

SRITA. SÁNCHEZ: Disculpe, profesor, entonces...también eran excelentes arquitectos, ¿no?

PROF. GAONA: Sí, sí. También eran granjeros expertos, y supieron construir reservas para agua de lluvia en las áreas donde el agua era escasa. Abrieron rutas en la jungla para conectarse con puntos remotos.

SRITA. SÁNCHEZ: ¿Es verdad que el doctor Arturo Gómez Botella, profesor de ecología forestal, y la antropóloga Kathleen Truman han recibido una subvención de la Fundación MacArthur para llevar a cabo un proyecto de tres años?

PROF. GAONA: Si, es verdad. En esta investigación, se estudiarán los métodos que usaron los mayas para conservar los recursos forestales y las plantas alimenticias y medicinales.

SRITA. SÁNCHEZ: ¡Ojalá pudiera ir con ellos! Y dígame...

PROF. GAONA: Señorita Sánchez, ¡veo que ha preparado la clase para hoy! Ahora, si me permite, ¡voy a terminar la disertación sin más interrupciones!

SRITA. SÁNCHEZ: ¡Ay, disculpe, profesor! Es que me resultan tan interesantes sus clases...

PROF. GAONA: Entonces, si mis clases son interesantes, ¿no sería mejor tratar de escucharlas?